CURSO DE FILOSOFIA DO DIREITO
O DIREITO COMO PRÁTICA

O GEN | Grupo Editorial Nacional – maior plataforma editorial brasileira no segmento científico, técnico e profissional – publica conteúdos nas áreas de concursos, ciências jurídicas, humanas, exatas, da saúde e sociais aplicadas, além de prover serviços direcionados à educação continuada.

As editoras que integram o GEN, das mais respeitadas no mercado editorial, construíram catálogos inigualáveis, com obras decisivas para a formação acadêmica e o aperfeiçoamento de várias gerações de profissionais e estudantes, tendo se tornado sinônimo de qualidade e seriedade.

A missão do GEN e dos núcleos de conteúdo que o compõem é prover a melhor informação científica e distribuí-la de maneira flexível e conveniente, a preços justos, gerando benefícios e servindo a autores, docentes, livreiros, funcionários, colaboradores e acionistas.

Nosso comportamento ético incondicional e nossa responsabilidade social e ambiental são reforçados pela natureza educacional de nossa atividade e dão sustentabilidade ao crescimento contínuo e à rentabilidade do grupo.

JOSÉ REINALDO DE LIMA LOPES

CURSO DE FILOSOFIA DO DIREITO
O DIREITO COMO PRÁTICA

2ª edição revista e atualizada

■ O autor deste livro e a editora empenharam seus melhores esforços para assegurar que as informações e os procedimentos apresentados no texto estejam em acordo com os padrões aceitos à época da publicação, e todos os dados foram atualizados pelo autor até a data de fechamento do livro. Entretanto, tendo em conta a evolução das ciências, as atualizações legislativas, as mudanças regulamentares governamentais e o constante fluxo de novas informações sobre os temas que constam do livro, recomendamos enfaticamente que os leitores consultem sempre outras fontes fidedignas, de modo a se certificarem de que as informações contidas no texto estão corretas e de que não houve alterações nas recomendações ou na legislação regulamentadora.

■ Fechamento desta edição: *24.11.2021*

■ O Autor e a editora se empenharam para citar adequadamente e dar o devido crédito a todos os detentores de direitos autorais de qualquer material utilizado neste livro, dispondo-se a possíveis acertos posteriores caso, inadvertida e involuntariamente, a identificação de algum deles tenha sido omitida.

■ **Atendimento ao cliente:** (11) 5080-0751 | faleconosco@grupogen.com.br

■ Direitos exclusivos para a língua portuguesa
Copyright © 2022 by
Editora Atlas Ltda.
Uma editora integrante do GEN | Grupo Editorial Nacional
Al. Arapoema, 659, sala 05, Tamboré
Barueri – SP – 06460-080
www.grupogen.com.br

■ Reservados todos os direitos. É proibida a duplicação ou reprodução deste volume, no todo ou em parte, em quaisquer formas ou por quaisquer meios (eletrônico, mecânico, gravação, fotocópia, distribuição pela Internet ou outros), sem permissão, por escrito, da Editora Forense Ltda.

■ Capa: Aurélio Corrêa
■ Editoração eletrônica: Set-up Time Artes Gráficas

■ **CIP – BRASIL. CATALOGAÇÃO NA FONTE.
SINDICATO NACIONAL DOS EDITORES DE LIVROS, RJ.**

L853c
Lopes, José Reinaldo de Lima

Curso de Filosofia do Direito – o direito como prática / José Reinaldo de Lima Lopes. – 2. ed. – Barueri [SP] Atlas, 2022.

Inclui bibliografia e índice
ISBN 978-65-59-77153-0

1. Direito – Filosofia. I. Título.

21-74252 CDU: 340.12

Leandra Felix da Cruz Candido – Bibliotecária – CRB-7/6135

AGRADECIMENTOS

Os agradecimentos vão em primeiro lugar ao povo do estado de São Paulo, que financiou meus estudos em escolas públicas, desde o ensino médio (no Instituto Estadual de Educação Conde José Vicente de Azevedo), até os dois cursos de graduação que completei (direito e letras modernas), a pós-graduação (mestrado e doutorado), todos na Universidade de São Paulo (USP), seguidos de um estágio de pesquisa pós-doutoral na Universidade da Califórnia (San Diego) com apoio financeiro da Fundação de Amparo à Pesquisa do Estado de São Paulo (Fapesp), assim como, mais tarde, com bolsa de excelência acadêmica da própria USP para pesquisa junto à Universidade de Roma "La Sapienza". Este livro é fruto desse investimento incessante que se fez em mim e que, espero mostrar, não foi totalmente em vão. Em tempos de bravatas altissonantes, vulgares e ignorantes contra o papel do Estado na manutenção da pesquisa no país, é bom apresentar alguma evidência do contrário e reconhecer publicamente os benefícios recebidos de quem paga impostos sobre o consumo, os mais indiretos e regressivos.

Alguns colegas foram interlocutores importantes para o desenvolvimento e esclarecimento de algumas ideias ou ouviram versões preliminares de argumentos aqui desenvolvidos, entre eles principalmente Alejandro Alvarez, Alfredo Storck, Guilherme Boff, João Vergílio Cuter, José Giacomuzzi, Luis Fernando Barzotto, Marco Zingano e Wladimir Barreto Lisboa. Dedicados a outras disciplinas, gostaria de lembrar os nomes dos amigos Mauricio García Villegas, de Bogotá, Italo Birocchi, de Roma, e Karlfriedrich Herb, de Ratisbona, que, no âmbito respectivamente da sociologia, da história e da filosofia política, forneceram estímulo para minhas pesquisas e matéria para discussão.

Agradeço particularmente a Luiz Felipe Roque, meu aluno e orientando, que leu os originais e fez a primeira revisão integral do texto, com observações que ajudaram a melhorá-lo muito, além de ser constante incentivador do trabalho. Compartilhou, portanto, um pouco do cansaço e dos aborrecimentos que o momento de redação impõe.

Gostaria também de lembrar meu editor, Henderson Fürst, pela generosidade e entusiasmo com que acolheu o projeto do livro já nas primeiras conversas que tivemos.

Em forma de agradecimento, gostaria também de dedicar o trabalho aos alunos e alunas da Faculdade de Direito da USP, e à turma de 2010-2015 da Escola de Direito de São Paulo da Fundação Getulio Vargas (FGV Direito SP), cujo interesse e entusiasmo sempre me acompanharam nesses últimos anos. Muitos e muitas passaram pelas minhas aulas, alguns permaneceram como monitores, outros vieram ainda a seguir o mestrado e o doutorado comigo ou com outros, no direito ou na filosofia, na USP ou fora dela. Alguns se tornaram jovens amigos pessoais. Como sinal de sua presença, gostaria de lembrar os que, na qualidade de monitores, seguiram mais de perto as lições agora transformadas em livro: Almir Teubl Sanches, André Jorgetto de Almeida, Ariel Engel Pesso, Arthur Cristóvão Prado, Carlos Magno de Abreu Neiva, Carolina Martins Marinho, Danilo Panzeri Carlotti, Felipe Augusto Gato Dutra, Gabriel Salles Maia, Guilherme Gudin, Gustavo Angelelli, João Carlos Pinter, João Felippe de Oliveira, João Henrique Dias, Leonardo Rosa, Lucas Martinez Faria, Luiz Felipe Roque, Maike Wile dos Santos, Mariana Barbieri, Marina S. Barreto, Natan G. Carvalho, Osny da Silva Filho, Pedro Camargos, Rafael Barros de Oliveira, Rafael Diniz Pucci, Rafael Parisi Abdouch, Ravi Campos, Rubens Eduardo Glezer, Stephanie Pedreiro, Thales Coimbra, Thiago Acca, Tiago Megale, Vinicius Novo Soares de Araújo, Vinicius Vieira e Wilson Souto Maior Barroso.

SOBRE O AUTOR

É professor titular da Faculdade de Direito da Universidade de São Paulo, onde ensina filosofia do direito e história do pensamento jurídico nos cursos de graduação e pós-graduação. Foi professor fundador da Escola de Direito da FGV em São Paulo (2003-2014) e professor visitante em diversas universidades estrangeiras, entre elas a Universidade da Califórnia em San Diego (EUA), a Universidade de Munique (Alemanha), a Universidade Nacional de Bogotá (Colômbia), e as Universidades de Toulouse e Bordéus (França). É autor de *O Direito na História* (2000), *As palavras e a lei – direito, ordem e justiça no pensamento jurídico moderno* (2004), *Direitos sociais – teoria e prática* (2006), *Curso de história do direito* (2006, com Rafael M. R. Queiroz e Thiago S. Acca), *O Oráculo de Delfos – Conselho de Estado e direito no Brasil Império* (2010), *Supremo Tribunal de Justiça do Império* (2010, com Andrea Slemian, Paulo Macedo Garcia Neto e a colaboração de André Javier Payar), *Naturalismo jurídico no pensamento brasileiro* (2014) e *História da justiça e do processo no Brasil do século XIX* (2017), além de inúmeros artigos em periódicos no Brasil e no exterior. Venceu o Prêmio Jabuti de 2007 (na categoria de Melhor Livro Jurídico) e a Medalha do Mérito Científico da Academia Brasileira de Ciências (2010).

NOTA À 2ª EDIÇÃO

Trata-se de uma segunda edição que contém apenas algumas correções de erros no texto e pequenos acréscimos em pontos bem determinados.

ABREVIAÇÕES E TRADUÇÕES

Ao longo deste livro, foram utilizadas em referências e citações as abreviações abaixo para indicar as seguintes obras:

EN = *Ética a Nicômaco*, ou *Ética Nicomaqueia*, de ARISTÓTELES
ST = *Suma teológica*, ou *Suma de teologia*, de Tomás de AQUINO
IF = *Investigações filosóficas*, de Ludwig WITTGENSTEIN

Usei diversas traduções das obras de Aristóteles: *The complete works of Aristotle* – the revised Oxford translation, editada por Jonathan BARNES, em dois volumes (Princeton: Princeton University Press, 1995); as traduções contidas no volume *Aristóteles*, da coleção Os pensadores (São Paulo: Abril Cultural, 1973); *Ethica Nicomachea V 1-15* – Tratado da Justiça, traduzida por Marco ZINGANO (São Paulo: Odysseu, 2017).

Para os textos de PLATÃO, vali-me das traduções de Carlos Alberto NUNES, publicadas por Benedito NUNES pela Editora da Universidade Federal do Pará (UFPA, Belém, PA) a partir de 2001, 3ª edição.

A *Suma teológica* foi preferencialmente citada na tradução publicada pelas Edições Loyola (São Paulo, 2001) em nove volumes, coordenada por Carlos Josaphat Pinto de OLIVEIRA, edição bilíngue (2001-2006).

Os textos do direito romano foram extraídos de *Corpus Juris Civilis Academicum Parisense* (ed. por G. M. Galisset. Paris: A. Cotelle, 1881). As traduções mais utilizadas foram as de Hélcio Madeira (*Digesto de Justiniano Liber Primus*. São Paulo: Unifeo/RT, 2002) e a de Manoel da Cunha Lopes e Vasconcellos (*Digesto ou Pandectas do Imperador Justiniano*. São Paulo: YK Editora).

Sempre que não houver indicação de tradutor ou da edição específica, as traduções são de minha responsabilidade.

Deixei de traduzir nas notas de rodapé os textos em inglês, porque essa língua tornou-se uma espécie de língua franca na academia.

SUMÁRIO

Introdução XIX

Capítulo 1 – Filosofia, ciência e direito... 1

1.1. Introdução geral à filosofia do direito 1

    1.1.1. Filosofia e ciência.. 1

    1.1.2. O direito não é ciência no sentido estrito e moderno..... 4

    1.1.3. A filosofia também não é uma ciência 8

1.2. A filosofia esclarece e põe ordem no pensamento 11

1.3. A discussão filosófica... 16

    1.3.1. Princípio de inteligibilidade 18

1.4. Os diferentes objetos do pensamento: universais e particulares, necessários e contingentes.. 23

1.5. Filosofia do direito 25

    1.5.1. A ciência moderna e a filosofia do direito 32

1.6. A concepção moderna de razão: a limitação............................. 33

    1.6.1. Concepção limitada de razão: momentos de ruptura...... 33

    1.6.2. Primeiro momento: o século XVII e três aspectos da mudança...... 35

    1.6.3. Segundo momento: do iluminismo para o positivismo ... 38

1.7. Ciência do direito.. 40

Capítulo 2 – Diferentes teorias do Direito 47

2.1. A metafísica do direito 47

2.2. O legado positivista.. 51

    2.2.1. O positivismo naturalista... 58

    2.2.2. O positivismo da lei (o normativismo)........................... 62

2.3. Tentativas de abandono do positivismo.................................... 64

    2.3.1. Críticas das ciências sociais? 64

    2.3.2. Tentativas de abandono do positivismo – retórica e argumentação?... 67

2.4. A tradicional teoria das normas... 68

    2.4.1. As questões colocadas 68

CURSO DE FILOSOFIA DO DIREITO – *José Reinaldo de Lima Lopes*

2.4.2. A teoria das normas – uma teoria especulativa 72

2.4.3. Limites da teoria das normas 73

2.5. A dimensão prática do direito 76

2.6. A teoria da ação e da decisão 79

2.6.1. Ação e ética do discurso (especialmente Karl-Otto Apel)................. 81

2.6.2. Ação e hermenêutica (especialmente Paul Ricoeur)........................ 82

2.6.3. Ação, normas e a tradição analítica 83

2.6.3.1. Compreender as regras pela perspectiva do agente (Herbert Hart) 84

2.7. Teorias da ação e da decisão 91

Capítulo 3 – O direito como ação, prática e instituição 95

3.1. A renovação geral da filosofia de interesse para o direito 95

3.1.1. Uma analogia produtiva: língua e discurso, ordenamento e decisão ... 97

3.2. Das ciências da ação à filosofia da ação... 100

3.2.1. Ação e fato 101

3.2.2. A ação não é um fato como outros 103

3.2.3. Ação, finalidade e sentido 105

3.3. Ações, práticas, seguimento de regras 110

3.3.1. O que é uma prática... 111

3.3.2. Práticas e ações... 114

3.3.3. Ações contingentes dentro de práticas permanentes 119

3.4. Práticas e jogos 121

3.4.1. O que é um jogo? De Huizinga a Wittgenstein................................ 121

3.4.2. Wittgenstein e os jogos de linguagem 123

3.4.3. Um conceito de jogo e prática para uso no direito.......................... 125

3.5. O direito como prática.. 127

3.5.1. Práticas, regras constitutivas e regulativas..................................... 127

3.5.2. Seguir regras e compreender sentidos (palavras, frases e discursos).... 129

3.5.3. Direito: uma prática aberta.. 137

3.6. Institutos, instituições e natureza institucional...................................... 139

3.6.1. Fatos brutos, fatos institucionais, conceitos funcionais.................. 139

3.6.2. Individualismo, realismo, empirismo 143

3.6.3. Natureza institucional do direito 146

Capítulo 4 – O uso prático da razão: compreender, interpretar e aplicar....... 157

4.1. O objeto da razão prática 157

4.1.1. Pensar, agir, produzir... 157

SUMÁRIO | XV

4.1.2. Virtudes intelectuais: pensar também se aprende 163

4.1.3. Pensar, articular, falar: razão, linguagem e discurso 171

4.1.4. Os limites da razão prática 174

4.1.5. Uma visão restrita da racionalidade 178

4.2. Uma alternativa? 182

4.2.1. A retórica de Perelman 183

4.2.2. A diferença da retórica aristotélica 185

4.2.3. Retórica, lógica, tópica: diferentes objetos 187

4.2.4. Falácias e retórica 188

4.3. O uso da razão prática no direito: excurso histórico 190

4.3.1. A perspectiva pré-moderna 190

4.3.2. A perspectiva moderna: direito positivo 194

4.3.3. A hermenêutica romântica 199

4.4. A questão contemporânea 201

Capítulo 5 – Interpretação, hermenêutica e analítica 205

5.1. Interpretação e aplicação do direito 205

5.1.1. O que é interpretação: conhecer, reproduzir, aplicar, traduzir, parafrasear? 206

5.1.2. Traduzir: do passado ao presente, do universal ao particular 210

5.1.2.1. Tarefa hermenêutica: trazer o passado para o presente 212

5.1.2.2. Tarefa hermenêutica: relacionar o universal e o particular 214

5.2. A interpretação na história do direito 218

5.2.1. Os medievais 220

5.2.2. Modernidade 224

5.2.3. A hermenêutica romântica e sua longevidade no Brasil 227

5.3 A hermenêutica contemporânea 232

5.3.1. A virada hermenêutica (Gadamer) 234

5.3.2. O direito como discurso (Paul Ricoeur) 239

5.3.2.1. A objetividade do discurso 242

5.3.2.2. O texto 245

5.3.3. Compreensão precede interpretação (Wittgenstein) 251

5.3.4. O ponto de vista do agente (Hart) 257

5.4. Compreender 264

5.4.1. Círculo hermenêutico e formas de vida 264

5.4.2. Ações inteligíveis e sentidos 272

5.4.3. Interpretação ou compreensão? 273

XVI | CURSO DE FILOSOFIA DO DIREITO – *José Reinaldo de Lima Lopes*

5.4.4. A objetividade 275

5.5. Os métodos revisitados: gramatical, lógico, sistemático, histórico e teleológico 276

    5.5.1. O desafio de Savigny 276

    5.5.2. Savigny revisitado 279

5.6. O antissubjetivismo contemporâneo e a intencionalidade 281

Capítulo 6 – A justiça é o sentido do direito 285

6.1. A questão fundamental 285

    6.1.1. Resposta cética 287

    6.1.2. A justiça como *princípio* de inteligibilidade do direito 289

6.2. O conceito de justiça 296

    6.2.1. A igualdade 296

    6.2.2. A teoria clássica da justiça como igualdade 301

6.3. A virtude da justiça 303

    6.3.1. A justiça como resposta à injustiça 303

    6.3.2. Uma virtude para os outros, não para si 303

    6.3.3. O justo e o conceito de justiça 305

6.4. As formas da justiça 308

    6.4.1. A justiça geral 308

    6.4.2. John Rawls: *Justice as fairness*, a justiça do legislador e o bem político 314

    6.4.3. A justiça particular – comutativa e distributiva: trocas e partilhas 319

        6.4.3.1. Critérios de distribuição 322

6.5. A justiça do juiz e a justiça do legislador 323

    6.5.1. A justiça do juiz 324

    6.5.2. Entre a justiça do juiz e a do legislador: a justiça constitucional 335

    6.5.3. A justiça do legislador 337

6.6. A teoria dos bens e a teoria da justiça: direito, economia e filosofia moral 348

    6.6.1. A teoria dos bens no direito 350

    6.6.2. A racionalidade individual estratégica x cooperação 364

    6.6.3. Direitos individuais e bens comuns 365

6.7. Justiça e Estado de direito (*rule of law*) 368

    6.7.1. Justiça formal: o direito cria igualdades institucionais 370

    6.7.2. A justiça material ou substantiva 371

    6.7.3. Bens públicos, coletivos, bens intrinsecamente comuns 378

SUMÁRIO | XVII

Conclusão 383

    1.   O percurso: do direito como prática à teoria da justiça 383

    2.   Implicação geral 384

    3.   Implicações para o ensino do direito 386

Referências 389

Índice de quadros 409

Índice onomástico 413

INTRODUÇÃO

Este livro é fruto de uma década de lições de filosofia do direito na Universidade de São Paulo (USP). Obedece, portanto, principalmente a um objetivo didático. Ao iniciar o curso, pretendia trazer para os alunos uma disciplina que não fosse apenas um desfile de nomes e autores em ordem cronológica, como se fosse uma história da filosofia do direito. Para uma verdadeira história da filosofia do direito, seria necessária outra metodologia com os aportes recentes da história intelectual, incluindo as contribuições da história dos discursos e dos conceitos, e outra pesquisa; seria preciso levar mais a sério a história mesma e não confundi--la com um enfileiramento cronológico de autores e livros. Existem algumas boas, embora poucas, histórias do pensamento jurídico que bem podem servir a esse propósito. Os autores aqui, independentemente da história, comparecem como interlocutores e representantes de certas concepções. Não se trata, pois, de história. Eles pertencem à história, mas deles tomamos ideias e intuições valiosas. "Somos anões nos ombros de gigantes..." Não pensamos a partir do nada, a partir do ponto zero, mas a partir de certa altura a que nos elevaram nossos predecessores, os gigantes de que falava Bernardo de CHARTRES[1].

Queria também que os alunos fossem expostos aos próprios temas da filosofia do direito, ou seja, questões teóricas relativas à natureza e à operação do sistema jurídico. Não deveria ser uma repetição dos cursos de teoria geral, nem de introdução ao estudo do direito, muito menos de qualquer outra disciplina da fase "propedêutica" do curso. Para isso, escolhi então enfrentar as três grandes questões propriamente filosóficas. Primeira: o que é, qual a natureza, ou, provocativamente, qual a *metafísica* do direito? Segunda: que espécie de objetividade é possível no conhecimento jurídico e como ela é possível, se sua aplicação, uso e operação são sempre dependentes de um agente? Terceira: que relação existe entre direito e justiça, ou, amplamente, entre direito e moral?

Embora seja elaborado como um manual, reproduzindo o curso de filosofia do direito da graduação, este livro não deixa de ter sua própria teoria explicitada no título: o direito é uma prática social, e como tal deve ser compreendido. Identificar

---

[1] "Dicebat Bernardus Carnotensis nos esse quasi nanos gigantium humeris insidentes, ut possimus plura eis et remotiora videre, no utisque proprii visus acumine aut eminentia corporis, sed quia in altum subvenhimur et extollimur magnitudine gigantea" ["Dizia Bernardo de CHARTRES que somos como anões nos ombros de gigantes, de modo que podemos ver mais e mais longe não por causa da acuidade de nossa própria visão ou de nossa altura, mas porque somos erguidos e levantados por sua grandeza gigantesca"] (*apud* Paolo GROSSI, *L'ordine giuridico medievale* [Roma/Bari: Laterza, 1995], p. 161).

imediatamente o direito como uma prática implica diversas consequências relevantes. Em primeiro lugar, afeta o método de conhecimento dessa realidade, que não pode ser senão *hermenêutico*. Em segundo lugar, exige que se compreenda com clareza o sentido dessa prática, que não pode ser senão a *justiça*. Nesses termos, a teoria pressuposta no curso vai contra ideias muito populares, divulgadas e dominantes no Brasil, mesmo algumas mais recentes que se identificam como *avant-garde* do pensamento jurídico. Parece-me que se equivocam os que negam as relações logicamente necessárias entre direito e justiça e, portanto, todos os que imaginam que podem dominar adequadamente o direito sem terem esclarecido o conceito e a teoria da justiça. Também se equivocam aqueles que tomam o método das ciências sociais em geral como o método próprio do direito e supõem poder compreendê-lo sem dominar seu ponto de vista interno, a doutrina jurídica. O curso tem, portanto, alguns adversários intelectuais polêmicos: certas formas de positivismo naturalista e o relativismo e ceticismo morais mais ou menos generalizados entre nós.

Isso justifica o encadeamento dos capítulos: de uma introdução geral, que distingue filosofia e ciência – a fim de que não esperemos de uma o que só pode nos ser dado pela outra, passa-se à determinação do objeto da filosofia do direito propriamente dita, a rigor uma disciplina moderna.

Em seguida, como o curso tem lá sua tese e sua teoria, pareceu necessário discutir filosoficamente a ação humana e a razão que lhe corresponde, a razão prática. O tema, cuja nomenclatura parece tão tradicional, ganhou proeminência ao longo do século XX, seja por sua especial retomada na filosofia política e moral (BERTI, 1997), seja pela nova relevância da filosofia da mente, hoje em diálogo com disciplinas tão diferentes quanto a ciência da computação (inteligência artificial), ou a neurociência (KENNY, 1993). Aqui já se aponta para o tema da objetividade: se cada ação é singular, como podemos falar de objetividade? Como podemos pensar que "fazemos sempre a mesma coisa", ou que "fulano fez a mesma coisa que beltrano", ou que "fulano fez hoje o mesmo que fez ontem e o mesmo que fará amanhã"?

Da concepção de racionalidade deriva um dos elementos centrais e definidores do curso: o conceito do direito como prática social, ou, para não ser pleonástico, prática simplesmente. De fato, da maneira como usada aqui, "prática" só pode ser social, visto não se confundir com hábitos pessoais, nem modos de fazer o que podemos fazer sozinhos.

Segue-se uma reflexão sobre hermenêutica e aplicação do direito, tema que recebeu inúmeras e significativas contribuições teóricas nas últimas décadas, nem sempre bem incorporadas entre nós, como diz STRECK (2007). O assunto é diretamente dependente da concepção de direito que se tem: as formas idealistas, dualistas e positivistas valem-se de distinções e termos progressivamente abandonados durante o século XX. Tanto a filosofia hermenêutica quanto a filosofia analítica postulam que o entendimento e a compreensão dependem do *sentido*: para uma o sentido é o objeto típico da percepção racional (linguística) da vida humana; para a outra, o elemento básico da enunciação – e, portanto, da lógica.

INTRODUÇÃO | **XXI**

O que isso nos revela a respeito do direito? Nos dois casos, se o direito é concebido como prática – campo de significações ou "jogo de linguagem" –, ele deve ter algum sentido para ser inteligível. O capítulo final explica que esse sentido é a justiça. Como o tema é hoje alheio aos juristas e às faculdades de direito, sofrendo sob uma "decisão liminar" de exílio intelectual que lhe foi imposta no século XIX, vivendo no esquecimento e abandono como aqueles presos provisórios de nossas cadeias, foi preciso reabilitá-lo, para não confundi-lo com a misericórdia, a caridade, ou outras virtudes, nem esquecê-lo forçosamente, sob a ignorância dos soberbos que afirmam, do alto de rematada estultice, "as faculdades de direito não são faculdades de justiça".

Apesar da extensão do volume, o curso é concentrado e apresenta a teoria e a visão dos assuntos unificadas. Pretende mostrar que esta disciplina – a filosofia do direito – não é dispensável se quisermos viver segundo as leis. Se não o quisermos, nada disso tem muito valor, pois nesse caso realmente não importam o certo, o errado, o pensamento rigoroso e consequente: basta a vontade do mais forte, como sugeria Trasímaco a Sócrates, na *República* de PLATÃO– de "servos da lei", convertemo-nos em "servos de homens", mesmo de homens que ostentem vaidosamente posições burocráticas ou cargos com nomes pomposos. Estaremos sujeitos ao arbítrio do mais forte. Não é de admirar que sejam os mais fortes os que mais cinicamente desprezam o rigor do pensamento e da consequência. Sofistas ou chicaneiros, interessa-lhes a situação de emaranhado intelectual e confusão em que podem torcer e distorcer fatos, verdades e sentidos.

Em função dessa concentração de temas e da articulação do curso em torno dos que parecem mais fundamentais, ficaram de fora algumas questões que bem poderiam ter seus capítulos especiais, ou que talvez fizessem parte de uma história contemporânea da filosofia do direito. Aparecem aqui e ali referidas indiretamente, mas não aprofundadas. É o que se dá com algumas indicações de teoria crítica, teoria dos sistemas ou direito e economia: tais escolas têm suas respectivas "metafísicas" e por elas poderiam ser avaliadas e criticadas. Não obstante, trata-se de concepções da natureza do direito muito diferentes da que é apresentada aqui. Não pareceu adequado abrir atalhos sobre o assunto, diante do risco de fazer com autores e escolas contemporâneas o que havia me recusado a fazer com autores e escolas históricas: um desfile de ideias sem aprofundamento. São assuntos levantados frequentemente nas faculdades de direito hoje em dia, muito mais frequentemente do que a filosofia da ação, a discussão da natureza da razão prática, ou a teoria da justiça. Isso não obstante, a discussão nem sempre satisfaz de um ponto de vista propriamente filosófico, ou, mais especificamente, da filosofia do direito, ou, ainda mais restritamente, da filosofia do direito concebido como prática. Na economia, por exemplo, a racionalidade pode ser facilmente tomada como razão estratégica e restringir o campo de visão do jurista, muito embora seja claro que o diálogo entre as disciplinas seja importante[2]. Isso fica demonstrado no capítulo sobre a justiça,

---

2   Tratei do assunto em pelo menos dois textos: José Reinaldo de Lima LOPES, "Raciocínio jurídico e economia", *Revista de Direito Público da Economia*, v. 8 (out.-dez. 2004), p. 137-170; José

particularmente a respeito da teoria dos bens, em que se percebe a falta que faz aos juristas reelaborar suas categorias em função de conceitos como os de bens públicos ou coletivos desenvolvidos na economia, para ficar apenas em um exemplo.

Um dos defeitos que afetam o ensino da disciplina nos atuais cursos de direito, segundo penso, está no caráter pseudo-histórico dos programas. Não é raro encontrarmos cursos cuja pretensão em um semestre ou às vezes em um ano é expor toda a filosofia ocidental, dos pré-socráticos à teoria crítica do século XX. Tais programas não podem deixar de sugerir o tratamento meramente superficial, ou de propor aos futuros bacharéis a anacrônica ideia da perenidade do direito e da filosofia do direito nos termos em que nós os compreendemos hoje. Cursos assim não podem deixar de reforçar certos evolucionismos históricos, em geral suprimindo as grandes rupturas dentro da tradição ocidental. Frequentemente, também, tais cursos dão saltos de séculos passando por alto, com afirmações simplistas e equivocadas, exatamente sobre o período de nascimento das escolas de direito, ou seja, os séculos XII a XV de nossa era.

A filosofia do direito aparece como massa errática e inútil de erudição nos cursos de direito quando não é tratada adequadamente. Reflexo desse profundo equívoco, intelectual e pedagógico, tem sido a introdução da matéria como objeto de umas duas questões pontuais nos exames de admissão à Ordem dos Advogados do Brasil (OAB), ou a cargos públicos. De que me serve saber o que disseram ARISTÓTELES ou KANT a esmo? Essa forma de tratar a filosofia leva a sua trivialização, exigindo memória mais do que entendimento. Este curso pretende ser diferente disso, mostrando aos alunos como o pensamento filosófico é a forma mais própria de pensar dos juristas e como o cerne dessa forma de pensar está em ser rigoroso, analítico, consequente. Para isso serve a filosofia do direito numa escola profissional. Serve também para desmascarar os mistificadores, os sofistas, que pululam entre nós, os prestidigitadores de termos e palavras.

O curso está montado sobre a base de correntes filosóficas pouco exploradas entre nós, combinando a perspectiva analítica e a hermenêutica, aportes trazidos no século XX pela linguística e pelas filosofias do discurso, e pondo em diálogo visões à primeira vista contrastantes. Quanto às grandes filosofias da segunda metade do século XX, este manual pretende abrir uma janela nas faculdades de direito. E o faz não listando nomes e etiquetas, mas mostrando a discussão propriamente teórico--jurídica dos temas e – por meio de notas ou referências no curso do próprio texto – quem contribuiu para ela. Nesses termos, comparecem as contribuições e os autores: na vertente analítica, fazem-se presentes ARISTÓTELES e Tomás de AQUINO, ao lado de WITTGENSTEIN, HART, WINCH e FINNIS; e na vertente hermenêutica, vêm não apenas GADAMER, mas também RICOEUR, coadjuvados por autores procedentes da tradição kantiana, como APEL, KORSGAARD e O'NEILL. Trazendo para dentro do direito a discussão da filosofia da justiça, o curso tem a intenção de dialogar com

---

Reinaldo de Lima LOPES, "Direito e economia: os caminhos do debate", em *Direito e economia*: 30 anos de Brasil, ed. M. L. P. Lima (São Paulo: Saraiva, 2012, v. 1), p. 231-260.

as contribuições não apenas clássicas, mas também com alguns dos nomes mais relevantes na segunda metade do século XX.

Alguns dos temas tratados neste curso já haviam sido objeto de aulas, textos, conferências, publicados sob outra forma em diferentes lugares, entre eles "Hermenêutica e completude do ordenamento" (Lopes, 1989); "Raciocínio jurídico e economia" (Lopes, 2004 b); "Entre a teoria da norma e a teoria da ação" (Lopes, 2009); "A justiça é o sentido do direito" (Lopes, 2013); "Filosofia analítica e hermenêutica: preliminares a uma teoria do direito como prática" (Lopes, 2016); e "Da *interpretatio* à interpretação: um percurso histórico e teórico" (Lopes, 2018). O livro ordena, sistematiza e refina as ideias, mas não as inova nem as abandona Alguns dos temas tratados neste curso já haviam sido objeto de aulas, textos, conferências, publicados sob outra forma em diferentes lugares, entre eles "Hermenêutica e completude do ordenamento" (Lopes, 1989); "Raciocínio jurídico e economia" (Lopes, 2004 b); "Entre a teoria da norma e a teoria da ação" (Lopes, 2009); "A justiça é o sentido do direito" (Lopes, 2013); "Filosofia analítica e hermenêutica: preliminares a uma teoria do direito como prática" (Lopes, 2016); e "Da interpretatio à interpretação: um percurso histórico e teórico" (Lopes, 2018). O livro ordena, sistematiza e refina as ideias, mas não as inova nem as abandona

Capítulo 1
FILOSOFIA, CIÊNCIA E DIREITO

"Quia studium philosophiae non est ad hoc, quod sciatur quid homines senserint, sed qualiter se habeat veritas rerum." ["O estudo da filosofia não visa saber o que os homens pensaram, mas como se apresenta a verdade das coisas."]

(TOMÁS DE AQUINO, *Comentários ao De Caelo et Mundo*, Livro I, Cap. X, Lição XXII, 8)

"A filosofia chega sempre muito tarde. Como pensamento do mundo, só aparece quando a realidade efetuou e completou o processo de sua formação. (...) Quando a filosofia chega com a sua luz crepuscular a um mundo já a anoitecer, é quando uma manifestação de vida está prestes a findar. Não vem a filosofia para a rejuvenescer, mas apenas reconhecê-la. Quando as sombras da noite começaram a cair é que levanta o voo o pássaro de Minerva."

(G. F. HEGEL, *Princípios da filosofia do direito*)

"Die Philosophie ist keine Lehre, sondern eine Tätigkeit." ["A filosofia não é uma doutrina, mas uma atividade."]

(L. WITTGENSTEIN, *Tractatus logico-philosophicus*, 4.112)[1]

1.1. INTRODUÇÃO GERAL À FILOSOFIA DO DIREITO

1.1.1. Filosofia e ciência

A filosofia não é uma ciência, mas as ciências têm uma filosofia. O que significa isso? Significa que a filosofia ocupa-se de questões às quais não se respondem da mesma maneira que se responde às perguntas das ciências particulares. Ao longo do livro, vou usar a palavra "ciência" em dois sentidos. Primeiro, num sentido que inclui as ciências modernas da natureza (algumas delas chamadas ciências exatas), as ciências ditas formais (como a matemática) e as chamadas ciências sociais. Este é o sentido estrito e moderno. Num segundo sentido, falo de ciência como qualquer

---

[1] Afirmação parafraseada por um filósofo do direito do século XX: "Philosophy is an activity, not a trade". N. MacCORMICK, "Contemporary legal philosophy: the rediscovery of practical reason", *Journal of Law & Society* 10 (1983), p. 1.

CURSO DE FILOSOFIA DO DIREITO – *José Reinaldo de Lima Lopes*

saber organizado, metódico (conceitual e procedimentalmente definido), ou "gramaticado". É ciência no sentido amplo, e aqui pode ser incluída a ciência do direito[2].

Hempel, por exemplo, filósofo da ciência do século XX, divide as ciências em empíricas e não empíricas (Hempel, 1966). Para ele, e para muitos, as empíricas são ou naturais (biologia, química, física) ou sociais (antropologia, economia, ciência política, ciências sociais). As ciências não empíricas seriam a lógica e a matemática. As afirmações das ciências naturais, diz ele, só podem ser aceitas se forem apoiadas por evidências empíricas, obtidas pela experimentação, observação sistemática, entrevistas ou pesquisas (*surveys*), testes psicológicos ou clínicos, exame de vestígios arqueológicos e assim por diante (Hempel, 1966, p. 1). É duvidoso que a definição de Hempel se aplique completamente às ciências sociais, sobretudo levando em conta o caráter interpretativo e não preditivo de tais disciplinas, como sugerido tanto por Winch (2008) quanto por MacIntyre (1984)[3]. Mas pode bem ser que seja adequada às ciências naturais.

Quadro 1

Divisão das ciências segundo Hempel	
Ciências empíricas	Ciências não empíricas
Ciências naturais	Lógica, matemática
Ciências sociais	

O debate filosófico em torno da natureza das ciências, de métodos e de sua diferença com relação às *pseudociências* continua importante, na medida em que distinguir ciências de não ciências ainda interessa a vários campos intelectuais[4].

Sabemos que na universidade contemporânea existem muitas áreas cujo modelo de conhecimento não equivale ao das ciências no sentido estrito apontado por Hempel, como se dá nas assim chamadas humanidades.

---

[2] Cf. a definição de W. Dilthey: "Por 'ciência' queremos indicar, ordinariamente, um complexo de proposições (1) cujos elementos são conceitos completamente definidos, i.e., válidos permanente e universalmente dentro do sistema lógico geral, (2) cujas relações são bem fundamentadas, e (3) no qual as partes, finalmente, estão ligadas em um todo para fins de comunicação". Wilhelm Dilthey, *Introduction to the human sciences*, ed. R. Markkreel e F. Rodi, trad. Michael Neville (Princeton: Princeton University Press, 1989, v. I), p. 56-57.

[3] Peter Winch, a quem voltaremos em outras oportunidades, afirma que as ciências sociais valem-se necessariamente de conceitos usados pelos próprios agentes que elas "observam", de modo que suas descrições não equivalem às apresentadas pelas ciências naturais, cujos objetos se presumem incapazes de intenções. MacIntyre, por seu turno, entende que as ciências sociais não podem pretender explicar ou prever de forma semelhante às naturais justamente porque seus objetos são distintos. Seria ilusório pensar que a dificuldade de previsão de fenômenos pelas ciências sociais seja devida à falta de instrumentos de observação ou medição adequados: o problema está na distinção de objetos.

[4] Cf. Martin Curd, J. A. Cover e Christopher Pincock, ed., *Philosophy of science*: the central issues (New York/London: W. W. Norton & Co., 1998).

Entre as características atribuídas à ciência, no sentido estrito e moderno do termo, estão:

a) A existência de um programa articulado de pesquisa que leva à *descoberta de fatos antes desconhecidos*, ou fatos que antes eram considerados contrários aos resultados esperados (LAKATOS, 1998).

b) O direcionamento de sua atenção para o mundo empírico para ali procurar estabelecer *leis*, ou seja, regularidades naturais e sem exceção, pois quando a exceção aparece, a lei precisa ser modificada.

c) A explicação e previsão de eventos futuros com o uso dessas leis, mas não a previsão geral e trivial, senão a previsão precisa. Uma previsão trivial seria, por exemplo, de que os preços de certo produto podem subir. Uma previsão científica seria que tal preço subirá em tal valor e em tal data e em tal lugar, como fazem os que preveem a passagem de um cometa. E

d) A possibilidade de confirmar ou refutar a explicação por testes (RUSE, 1998).

As ciências, no *sentido amplo*, não se reduzem a essas ciências empíricas, que procedem com método próprio e fazem afirmações sobre leis necessárias entre os elementos existentes na natureza, nem às ciências formais como a matemática e a lógica. Temos então um sentido amplo e geral de ciência que bem poderia ser o de *saber* ou *disciplina*, e um sentido estrito, limitado às ciências naturais ou formais. No sentido amplo, ciências são *campos do saber*, cada qual com sua própria "gramática", isto é, com suas regras de formação de discursos sensatos. E cada qual com objetos muito distintos. Em outras palavras, nas "ciências" (ou "saberes") *em sentido amplo* também existem regras a seguir. A ciência nestes termos indica uma atividade regrada de discussão ou discurso. Tomemos o exemplo de disciplina regrada, mas não científica no sentido estrito: a crítica literária. Não se trata de simples manifestação pessoal de gosto: trata-se de análise regrada e controlada de obras literárias. Existe, portanto, um padrão ou critério a ser aprendido, desenvolvido e transmitido. Isto se faz hoje em escolas dentro da universidade. A indagação ou investigação não procede livremente, não se trata de uma livre associação de ideias nem de intuições. Assim, tanto na matemática, uma ciência formal, quanto na crítica literária, uma disciplina não científica no sentido estrito, existem padrões de pensamento aceitos para se "entrar na conversa" – isto é, num campo de entendimento e diálogo – ou para nela prosseguir. Em cada uma existem também os conceitos fundamentais, os pontos de partida. Assim funcionam o conceito de força ou de energia na física e o conceito de obrigação no direito. Cada campo, saber ou ciência se organiza a partir de conceitos, princípios, pontos de partida que se devem saber e que se pressupõem, e formas de encadeamento ou sintaxes de seus argumentos.

A própria definição de ciência, contudo, não é científica: não é uma conclusão que os cientistas tiram usando seu método, não é o resultado de experimentos, de verificação ou do método hipotético-dedutivo. Fosse assim, cada ciência em particular teria uma definição sua. Não é isso que acontece. São filósofos da ciência os que, tomando por base a ciência que se faz, exploram a definição e esclarecem o

CURSO DE FILOSOFIA DO DIREITO – José Reinaldo de Lima Lopes

conceito de ciência mesma. São cientistas mesmos que refletem sobre o que fazem e oferecem explicações filosóficas de sua própria prática. Também acontece de alguns cientistas fazerem tal revolução nos métodos, nas pesquisas e na concepção de um campo do saber, que seu trabalho se torna o ponto de partida de outros trabalhos. Nesses casos, eles passam a ser os definidores da ciência em questão. Seus trabalhos tornam-se filosóficos, pois redefinem e reconceituam não alguns fatos ou fenômenos, mas o campo inteiro. A novidade de seu trabalho passa a ser propriamente filosófica.

Exemplo disso foram Galileu GALILEI e Charles DARWIN. Galileu matematizou as relações dos corpos, de modo que suas descrições dos fenômenos não poderiam mais ser feitas em termos sensoriais apenas. DARWIN transformou a história natural de seu tempo ao propor que as espécies evoluíam, de modo que o trabalho do cientista não poderia mais ser apenas o de classificar os seres vivos, mas também o de explicar como as espécies mudavam naturalmente (seleção natural, dirá ele). Eles fizeram mais do que dar sequência ao que faziam outros antes deles: eles reformularam nossa maneira de pensar sobre seus respectivos campos (a astronomia, a biologia). E assim fazendo, apresentaram uma concepção diferente do que é o mundo. Ora, uma concepção geral do mundo dá um fundamento propriamente filosófico à maneira de fazer ciência, ou de desenvolver conhecimento num certo setor. Trata-se da inovação teórica a que se refere Thomas KUHN ao falar das revoluções científicas[5].

1.1.2. O direito não é ciência no sentido estrito e moderno

É óbvio, portanto, que no sentido estrito o direito (e muitas outras disciplinas sociais, inclusive a economia) não é uma ciência[6]. É bastante compreensível que HEMPEL, citado acima, não o inclua entre as ciências (nem mesmo as sociais) propriamente ditas, pois o direito não visa prever eventos futuros, nem refutar por meio de testes uma explicação ou justificação de um agente (um contratante, um réu, um juiz), nem pretende ou pode explicar o mundo empírico por meio de leis sem exceção. Nada disso se faz com o instrumental teórico e conceitual do direito.

O "direito" – enquanto objeto de estudo entendido como *ordenamento, sistema, conjunto de normas*, ou enquanto *disciplina, ciência, campo do saber* – não tem a pretensão de descrever fenômenos, nem prever ocorrências futuras. Uma norma jurídica ou uma doutrina não prevê ação alguma. Nem uma nem outra são verificáveis, ou testáveis no sentido usado nas ciências *stricto sensu*. Com o direito pretendemos qualificar ações, não prevê-las. O direito e os juristas não se desinteressam pelas

---

5   Uma revolução científica afasta-se da ciência normal, porque esta acumula muito conhecimento, mas não descobre propriamente novidades fatuais (pois aplica métodos conhecidos) nem teóricas (pois vale-se de um *paradigma*, ou seja, um modelo do mundo e das explicações sobre o mundo, digamos). Cf. Thomas KUHN, *A estrutura das revoluções científicas*, 6. ed., trad. B. V. Boeira e N. Boeira (São Paulo: Perspectiva, 2001).

6   Pedro LESSA, primeiro professor de filosofia do direito propriamente dita na Faculdade de Direito de São Paulo, pensava justamente nisso quando dizia que o direito não é uma ciência, mas uma arte. Pedro LESSA, "A arte, a sciencia e a philosophia do direito", 14 (1906), p. 32-54.

Capítulo 1 · FILOSOFIA, CIÊNCIA E DIREITO | 5

explicações nem pelas previsões, mas seu aparato conceitual e a "gramática" de seu saber não lhes permitem isso. Quando alguém se dirige a um jurista pedindo alguma ideia de como os tribunais podem considerar certo caso, ele não consulta uma tabela estatística de probabilidades. Consulta, sim, o direito vigente, a lei (na maioria dos casos do direito moderno), a boa doutrina e a prática reiterada dos tribunais. Sua resposta resulta de uma interpretação do direito vigente (lei, doutrina, jurisprudência) e das circunstâncias específicas do caso. De certo modo, todos eles são "dados" que ele recolhe porque não são produzidos por ele pessoalmente. Mas ele não prevê uma decisão, nem prevê que seu cliente fará ou deixará de fazer um contrato ou negócio. Sua resposta será mais ou menos assim: "se o juiz ou o tribunal se ativer ao que é o direito vigente (a lei, interpretada pela jurisprudência 'mansa e pacífica' e pela 'boa doutrina'), decidirá em tal ou qual sentido".

"Se você quiser realizar um negócio válido, deverá fazê-lo da seguinte maneira." Pode ser que as circunstâncias do caso permitam que um juiz decida diferentemente, pois a lei refere-se a tipos, não a casos concretos. E no caso concreto pode ser que se descubram elementos que permitem uma decisão diferente. Também as partes podem introduzir cláusulas novas no contrato de modo que se alterem as condições dele.

O direito como objeto, o *direito objetivo* de que se fala, tem naturalmente certo caráter de "dado". É, em primeiro lugar, como disse, a lei. Mas a lei nunca está sozinha. Para que ela entre na prática, precisa da doutrina, a qual equivale a um primeiro nível de abstração, em cuja esfera encontramos os termos operacionais dos muitos ramos do direito: os contratos, os negócios, os bens, as pessoas, e assim por diante. Trata-se de conceitos, de modo que a doutrina já exige ou pressupõe um mínimo de esforço filosófico, porque conceitual. O estudo do jurista para responder a um caso concreto, como juiz ou advogado, convoca esse direito objetivo e junto com ele o aparato conceitual da doutrina. Mas qualquer resposta se subordina às circunstâncias particulares do caso, as quais necessariamente tornam a resposta e o direito objetivo invocado sujeitos a uma cláusula *coeteris paribus*. A ciência, ou saber, que conhece esse conjunto de dados, o *direito objetivo*, não o trata como um objeto a descrever: a descrição que se pretende é para orientar uma ação. Nesses termos, o conhecimento do objeto difere muito da simples observação das ciências naturais. Como veremos mais adiante, podemos observar a natureza "de fora", mas não é possível observar o direito "de fora" da mesma maneira.

Quadro 2

Derrotabilidade: exceções do caso concreto. Hoje, ouve-se "derrotabilidade" da lei. A expressão vem do inglês, *defeasibility*, e foi usada por Herbert HART num artigo de 1948, "The ascription of responsibility and rights". Significa que circunstâncias especiais podem impedir a aplicação da norma a um caso que à primeira vista (*prima facie*) se enquadraria na sua previsão. A norma ou o conceito (*contrato válido*, por exemplo) deixam de ser aplicados, são "derrotados" pelas circunstâncias. Também se usa o termo em lógica para indicar raciocínios convincentes e aceitáveis, mas não dedutivamente válidos (KOONS, 2017). HART escreveu seu artigo com a intenção de mostrar que a linguagem não deve ser exclusivamente descritiva, mas o ponto que nos interessa é sua afirmação de que a expressão "exceto se..." é um componente essencial do juízo de aplicação da lei. O problema do juízo jurídico de aplicação não está apenas em que os conceitos ("contrato", "ocupação") sejam vagos, mas principalmente em que as normas são aplicadas sempre com a cláusula "exceto se..." (HART, 1948-1949, p. 174). Ela equivale ao *et caetera* quando damos exemplos. Deve-se, contudo, notar que o tema é conhecido dos juristas há muitos séculos. Encontra-se já em ARISTÓTELES, quando diz que os legisladores nunca podem prever todos os casos (v. *Arte retórica*, Livro I, 13, 1374a, 25-32, 35, 1374b, 1-5): "É impossível introduzir numa discussão as próprias coisas discutidas: em lugar delas usamos os seus nomes como símbolos e, por conseguinte, supomos que as consequências que decorrem dos nomes também decorram das próprias coisas, assim como aqueles que fazem cálculos supõem o mesmo em relação às pedrinhas que usam para esse fim. Mas os dois casos (nomes e coisas) não são semelhantes, pois os nomes são finitos, como também o é a soma total das fórmulas, enquanto as coisas são infinitas em número. É inevitável, portanto, que a mesma fórmula e um nome só tenham diferentes significados" (ARISTÓTELES, *Dos argumentos sofísticos*, trad. L. Vallandro e G. Bornheim [São Paulo: Abril Cultural, 1973], p. 161). O jurista romano JULIANO disse: "Neque leges, neque senatusconsulta ita scribi possunt, ut omnes casus, qui quandoque inciderint, comprehendantur; sed sufficit [et] ea quae plerumque accidunt contineri" ["Nem as leis e nem os senátus-consultos podem ser concebidos de modo a compreender todos os casos possíveis; basta que contenham o que possa acontecer mais frequentemente" (D 1, 3, 10, conforme tradução de VASCONCELLOS, 2017)]. Em resumo, não se pode redigir leis senão referindo-se genericamente ao que acontece na maioria das vezes, não a casos que ocorrem vez ou outra: assim, por vezes pode-se constatar que a regra geral não é aplicável, é afastada ou "derrotada". Indicar casos ou tipos na lei é semelhante a dar exemplos: quem entendeu o exemplo estende-o aos novos casos.

Quem quiser começar em qualquer campo precisa dominar seus conceitos elementares. O direito também tem seus *conceitos fundamentais*, como os de obrigação, validade, fontes de direito, por exemplo, e suas *formas de encadear e argumentar*, nas quais a hierarquia das fontes e sua autoridade têm um papel essencial. Juridicamente, não posso ignorar que certas "fontes" podem ser invocadas e outras não, que algumas têm autoridade e outras não, e que entre as muitas fontes algumas precedem as outras numa hierarquia de leis (constituição, lei complementar, lei ordinária). Admite-se em direito o uso da analogia em lugar do pensamento exclusivamente dedutivo, em alguns casos pode-se invocar costumes, em outros o sentido uniforme das decisões dos tribunais (jurisprudência), e assim por diante. É nesse sentido muito amplo que o direito faz parte das ciências, ou seja, do campo dos saberes organizados ou gramaticados[7]. Mas certamente não do campo das ciências no sentido estrito, ou moderno.

Alguém poderia objetar que hoje dispomos já de dados acumulados ou acumuláveis sobre as decisões anteriores de juízes e tribunais, ou mesmo do que fizeram ou fazem regularmente certos sujeitos, inclusive os membros do Congresso Nacional.

---

7 Tercio Sampaio FERRAZ JR. usa a palavra "sistematizado": o direito é um saber, não uma ciência no sentido da ciência moderna, um saber "sistemático", ou seja, que tem suas próprias regras de articulação. É uma "atividade ordenada segundo princípios próprios e regras peculiares". Tercio Sampaio FERRAZ JR., *A ciência do direito*, 2. ed. (São Paulo: Atlas, 1980), p. 13.

Capítulo 1 · FILOSOFIA, CIÊNCIA E DIREITO | **7**

Disso querem concluir que a função da ciência do direito seria prover análises sobre tais dados, proferindo juízos probabilísticos sobre o comportamento futuro de certos agentes no meio jurídico. Devemos notar que a coleta de tais dados, seu processamento e sua interpretação estatística e probabilística não são exatamente jurídicos. São uma forma possível de conhecimento sobre comportamentos, mas não uma qualificação, um juízo sobre a correção do comportamento. Naturalmente, na coleta e na interpretação dos dados, o jurista tem e terá um papel importante, pois ele detém os princípios do campo dentro do qual os sujeitos expressam decisões e agem. Ele, e não um engenheiro de sistemas ou um programador, é quem conhece a *relação de sentido* entre os diversos elementos de uma ação, ato ou negócio jurídicos (contrato, sentença, lei etc.): ele domina a gramática desses atos (textos) e pode fornecer elementos para outros "cientistas", mas isso não altera o essencial, pois a coleta de dados brutos, em si mesma, não é algo que se faça por meios disponíveis ao saber jurídico.

A consideração dessa natureza do direito levou os juristas a explicarem seu saber de muitas formas ao longo da história. Alguns procuraram fazer do direito ciência empírica, especialmente ciência social empírica, mas terminaram em certos equívocos. A maioria dos grandes juristas de nossa tradição reconhece que seu saber não é ciência empírica. No final do século XVII, Samuel Pufendorf (1632-1694) indicava uma espécie de "seres" no mundo que não eram fruto de "criação", ou seja, da natureza, mas frutos da "imposição"[8]. Para ele, esses eram "seres" morais (*entia moralia*). Creio que se pode entender melhor o objeto de preocupação de Pufendorf dizendo que se tratava de "sentidos" morais, ou sentidos jurídicos das ações. Eles não dão em árvores, mas existem. E existem na medida em que os impomos ao real. Outro autor importante na história do pensamento jurídico no início do século XVIII foi Gottfried Wilhelm Leibniz (1646-1716), também ele atento ao caráter não empírico da ciência do direito, que, dizia, "não depende de experimentos mas de definições", ou seja, uma disciplina discursiva. Se tivermos os conceitos elementares, prosseguia ele, movemo-nos dentro do campo jurídico[9]. Outro autor nem sempre bem compreendido e que se deu bem conta de que o objeto da "ciência" do direito não é a natureza e que, portanto, os métodos das ciências naturais são completamente inadequados, foi Hans Kelsen (1881-1973). Ele afirmou expressamente que sua *Teoria pura do direito* "fornece uma teoria da interpretação" e que "a norma [jurídica] funciona como um esquema de interpretação" (Kelsen, 1979, p. 20)[10].

---

[8] Samuel Pufendorf, *De jure naturae et gentium libri octo* (Amsterdam: Andrea ab Hoogenhuisen, 1688), p. 3.

[9] Gottfried W. Leibniz, *Los elementos del derecho natural*, trad. T. Guillén Vera (Madrid: Tecnos, 1991).

[10] O "evento sensorialmente perceptível não constitui objeto do conhecimento especificamente jurídico. O sentido jurídico recebe-o de uma norma. A norma funciona como esquema de interpretação. O juízo que enquadrara um fato como um ato jurídico é o resultado de uma interpretação específica". Hans Kelsen, *Teoria pura do direito*, 4. ed., trad. J. B. Machado (Coimbra: Arménio Amado, 1979), p. 20. Por isso Kelsen distingue *o sentido subjetivo*, a intenção

Quadro 3

> **Causalidade e imputação.** KELSEN distingue causalidade e imputação como dois princípios aplicáveis a duas esferas de conhecimento, duas famílias de ciências, distintas entre si. A causalidade é o princípio pelo qual as ciências da natureza descrevem seus objetos. A imputação é aquela pelo qual a ciência jurídica opera. O cientista natural percebe e expressa relações de causa e efeito entre dois fenômenos. Essa é sua explicação do mundo. O jurista percebe a ligação entre um ato (ilícito) e uma pena, mas essa ligação não existe naturalmente, mas por "uma norma estabelecida pela autoridade jurídica" (KELSEN, 1979, p. 119-120).

O objeto do conhecimento jurídico não é, portanto, o fato bruto do movimento dos corpos humanos, nem o fato psicológico, neurológico ou psiquiátrico das pulsões, instintos e paixões. Os autores acima referidos, dois jusnaturalistas e um positivista, concordam nisso: a disciplina ou a ciência do direito não tem por objeto eventos e fenômenos empíricos e, portanto, não pode ter como método de conhecimento os métodos empíricos.

1.1.3. A filosofia também não é uma ciência

Assim como o direito, a filosofia igualmente não é uma das ciências modernas. Ela não prevê nada, nem pode ser testada ou verificada empiricamente. Precisamos então saber o que faz da filosofia uma disciplina especial, embora ela mesma não seja uma ciência no sentido moderno e empírico.

A filosofia opera pelo esclarecimento e pela organização do pensamento. De certo modo, ela está sempre às voltas com os mesmos problemas. Por isso, os filósofos antigos não perdem sua atualidade. Como diz Anthony KENNY, a filosofia parece-se com a ciência porque procura uma verdade e quer que suas afirmações sejam verdadeiras. Mas é também como as artes, porque suas obras clássicas não se superam da mesma maneira como nas ciências. Aprendemos a filosofar com os grandes filósofos, não aprendemos deles apenas certos conhecimentos. A filosofia, portanto, tem algo de um estilo, uma forma de pensar. Como disse KANT, ninguém aprende filosofia, aprende a filosofar. Cito KENNY outra vez:

> As obras clássicas não ficam datadas. Se quisermos aprender física ou química, e não a história dessas disciplinas, não leremos hoje NEWTON nem FARADAY.

---

individual, psicológica, o que o sujeito pode querer atribuir ao ato, do *sentido objetivo* dado pela norma, ou seja, o sentido objetivo não pertence ao sujeito individualmente. Para ele, o direito, a lógica, a ética e a gramática eram ciências normativas, cujo objeto é compreender e dar conta de normas, não de fatos. Cf. a conferência que pronunciou em Viena ainda jovem em 1911 na Sociedade Sociológica de Viena, publicada como "Über die Grenzen zwischen juristischer und soziologischer Methode", in H. KLECATSKY, R. MARCIC e H. SCHAMBECK (eds.), *Die Wiener rechtstheoretische Schule*. Frankfurt, Zürich, Salzburg, München: EuropaVerlag Universitätsverlag Anton Pustet, 1968. Ver sobre o mesmo tema Luis Fernando SCHUARTZ, "A práxis recalcada na teoria da norma de Kelsen", in *Norma, contingência e racionalidade* (Rio de Janeiro: Renovar, 2009), p. 1-61, especialmente p. 25-35.

Mas, ao lermos as obras de HOMERO e SHAKESPEARE, o fazemos não apenas para aprender algo sobre as coisas singulares que passavam pela cabeça das pessoas nos distantes dias há muito passados. (...) Não é meramente com o espírito de uma curiosidade de antiquário que lemos hoje em dia. (...) A filosofia não trata do conhecimento, mas do entendimento, vale dizer, de organizar o conhecimento. (...) Por ser a filosofia tão abrangente, tão universalista em seu campo, a organização do conhecimento que ela exige é tão difícil que somente gênios podem realizá-la. Para aqueles de nós que não são gênios, o único modo pelo qual podemos esperar chegar a lidar com a filosofia é aproximando-nos da mente de algum grande filósofo do passado (KENNY, 2008, p. 14-15)[11].

E, num sentido semelhante, HABERMAS:

Juristas [*legal experts*] têm a vantagem de discutir questões normativas com relação a casos a serem decididos. Seu raciocínio se orienta para a aplicação. Os filósofos evitam essa precisão decisória: *como contemporâneos de ideias clássicas que se estendem por mais de dois mil anos, não se envergonham de considerar-se participantes de uma conversação que continuará para sempre* (HABERMAS, 1994, p. 135) (grifo meu).

Ou, ainda, Paul RICOEUR:

No fundo o que é ser um filósofo? De minha parte diria que é continuar sempre a escrever o Grande Livro da filosofia. Neste sentido, estamos sempre voltando... (*apud* MICHEL, 2006, p. 11).

Em primeiro lugar, portanto, a filosofia não é ciência no sentido moderno porque não acrescenta conhecimento específico sobre o mundo. Não compete à filosofia, por exemplo, responder sobre se há ou não há vida em outros planetas. Não compete à filosofia responder por que ou como as características dos seres vivos se transmitem àqueles que deles nascem. Estas são questões da ciência, não da filosofia. Digamos que as respostas a estas questões acrescentam-nos informações.

Em segundo lugar, a filosofia pretende apenas *pôr ordem* no pensamento e pretende *indagar as condições* em que o pensamento procede. Uma das características principais da filosofia está nisso: ela não responde às mesmas perguntas das ciências, mas está na base do pensamento articulado, do qual toda ciência particular se vale.

A filosofia não é uma questão de expandir o conhecimento, de aquisição de novas verdades sobre o mundo. O filósofo não se encontra em posse de informações

---

[11] Miguel REALE refere-se à mesma questão: a filosofia tem por objeto indagar dos pressupostos de possibilidade de todas as ciências particulares, ou a filosofia é um conhecimento que converte em problema os pressupostos das ciências. cf. Miguel REALE, *Filosofia do direito*, 17. ed. (São Paulo: Saraiva, 1996), p. 12-13.

que são negadas aos outros. A filosofia não trata do conhecimento, mas do entendimento, vale dizer, de se organizar o que se conhece (KENNY, 2008, p. 15).

No mesmo sentido, Peter WINCH nos lembra que o cientista investiga "a natureza, causas e efeitos de coisas e processos reais e específicos", enquanto "o filósofo preocupa-se com a natureza do real enquanto real e em geral". A pergunta "o que é real?" ou "o que é o real?" não se responde, acrescenta ele, com métodos experimentais, ou por observação, porque é uma pergunta conceitual, não empírica (WINCH, 2008, p. 8).

Em terceiro lugar, pode-se dizer, com PIEPER, que "filosofar consiste em uma ação na qual o mundo do trabalho é ultrapassado" (PIEPER, 2007, p. 8). O mundo do trabalho é o mundo cotidiano, das utilidades, "o mundo da fome e do modo de saciá-la", da atividade útil cujo fim é determinado e cujo termo é a satisfação de uma necessidade. A filosofia rompe, ou "transcende" este mundo, que provoca questões do tipo "como se pode adquirir esta ou aquela coisa necessária para a existência cotidiana? De que modo adquirimos isso? Onde existe tal produto?". A pergunta filosófica, entretanto, é de outra espécie. Um exemplo disso é a pergunta "Por que existe sobretudo o ser, e não antes o nada?". É uma pergunta com relação ao todo, por isso não é *de-terminada*, nem pode ser respondida de maneira definitiva; pode, contudo, ser sempre *re-proposta* (PIEPER, 2007, p. 11). Hannah ARENDT chama nossa atenção para essa dimensão que transcende o cotidiano: "Pensar sempre está fora do lugar, interrompe todas as atividades ordinárias, e é por elas interrompido" (ARENDT, 1978, p. 197).

Dessa maneira, se a filosofia é uma espécie de reflexão cujo propósito não é explicar causalmente o mundo (assunto que pertence às ciências), ela equivale a uma retirada ou recesso do tempo e do espaço. "Onde estamos quando pensamos?", indaga ARENDT. O pensamento e a filosofia impõem um afastamento: nossas atividades mentais e nossa reflexão consciente sempre "lidam com ausências e se removem do que é presente e está à mão" (ARENDT, 1978, p. 199). Trata-se de um recesso deliberado das aparências, uma suspensão da presença do mundo em nossos sentidos. "Todo ato mental se apoia na capacidade da mente de tornar presente diante de si o que está ausente dos sentidos" (ARENDT, 1978, p. 76). Todo pensamento se dá por meio de conceitos e todo pensamento é, neste sentido, uma abstração.

Quadro 4

Abstração × idealização. Abstrair não é o mesmo que ignorar a realidade. É uma forma de tratar a realidade por meio da linguagem. "Todo uso da linguagem deve ser mais ou menos abstrato; assim como deve ser todo pensamento. (...) Idealização é outra coisa: pode facilmente levar à falsidade. Uma pressuposição, e consequentemente uma teoria, idealiza quando atribui predicados – muitas vezes vistos como predicados 'ideais', ampliados – falsos no caso, e com isso nega predicados verdadeiros para o caso. Por exemplo, se presumirmos que os seres humanos têm capacidades e habilidades de escolha racional ou autossuficiência ou independência dos outros que, evidentemente, não são alcançadas por muitos, ou mesmo por nenhum ser humano de verdade o resultado não será mera abstração: será uma idealização" (O'NEILL, 1996, p. 40-41).

Capítulo 1 • FILOSOFIA, CIÊNCIA E DIREITO | 11

1.2. A FILOSOFIA ESCLARECE E PÕE ORDEM NO PENSAMENTO

Como pode a filosofia pôr ordem no pensamento, sem acrescentar conhecimento sobre algum objeto em particular, ou sobre um campo em particular? Primeiramente, pela exploração daquilo que chamamos conceitos. Ela explora os conceitos (as ideias, digamos assim), as definições (a expressão linguística dos conceitos) e a articulação entre eles[12]. Em resumo, a filosofia é fundamental para o pensamento claro, mas não é de seu âmbito fornecer informações sobre o mundo, o que pertence às muitas ciências particulares. A filosofia clássica diz-nos que os conceitos são apreendidos, não são demonstrados[13]. Ora, essa capacidade de apreender conceitos, de pensar abstratamente, chama-se inteligência, intelecção (*intellectus*). Na filosofia moderna, particularmente em KANT, chama-se entendimento[14].

---

[12] É o que esclarece SALGADO, ao explicar a distinção kantiana entre juízos analíticos e juízos sintéticos: "São os juízos analíticos que podem ser formulados independentemente da experiência, isto é, *a priori*. Daí o problema: *os juízos empíricos são sintéticos, aumentam o conhecimento*, mas não são necessários nem universais, razão por que não podem expressar as leis das ciências matemática ou da física pura. *Os juízos analíticos*, embora *a priori, em nada podem contribuir para o conhecimento, porque são simples explicações do sujeito*". Joaquim Carlos SALGADO, *A ideia de justiça em Kant* (Belo Horizonte: UFMG, 1995), p. 85. Em outras palavras, existem as "explicações" da filosofia, que tendem a ser esclarecimentos, e as "explicações" das ciências, que acrescentam conhecimento.

[13] Cf. a interpretação de Oswaldo Porchat PEREIRA: "descreve-nos a dialética como uma propedêutica às ciências 'filosóficas' em geral, isto é, às que o são no sentido rigoroso da definição proposta nos *Analíticos*, como um método que conduz (...) à apreensão dos princípios científicos. (...) Sobre a dialética à qual compete tão elevada missão, qual seja a de conduzir-nos à apreensão das verdades primeiras das ciências, concebe-a o filósofo como uma arte de argumentar criticamente, de examinar, de pôr à prova... Em verdade, até certo ponto todos os homens examinam e sustentam teses, defendem e acusam. Ocorre apenas que 'da maior parte uns o fazem ao acaso, os outros graças a um costume que provém de uma disposição ou hábito... ora, é evidente que se podem fazer essas mesmas coisas metodicamente, por meio de uma técnica, que as considera sob o ponto de vista da causalidade". Oswaldo Porchat PEREIRA, *Ciência e dialética em Aristóteles* (São Paulo: Unesp, 2001), p. 357 e 359. E igualmente em Enrico BERTI, *As razões de Aristóteles*, trad. Dion D. Macedo (São Paulo: Loyola, 1998), *passim*.

[14] "A faculdade do conhecimento a partir de princípios *a priori* pode ser chamada razão pura e a investigação de sua possiblidade e de seus limites em geral, crítica da razão pura. (...) [Ela] concerne então simplesmente à nossa faculdade de conhecer *a priori* coisas e ocupa-se, portanto, só com a *faculdade* do conhecimento (...) e entre as faculdades de conhecimento ocupa-se com o *entendimento*... Nenhuma outra faculdade do conhecimento, além do *entendimento*, pode fornecer *a priori* princípios de conhecimento constitutivos". Immanuel KANT, *Crítica da faculdade do juízo*, 2. ed., trad. V. Rohden e A. Marques (Rio de Janeiro: Forense Universitária, 1995), p. 11. E como explica SALGADO, "o entendimento em geral desdobra-se em entendimento propriamente dito ou *entendimento em sentido estrito (o intelecto) que é a faculdade dos conceitos* (...); a capacidade de julgar, que é a faculdade dos juízos, e a razão, que é a faculdade de raciocínio". Joaquim Carlos SALGADO, *A ideia de justiça em Kant* (Belo Horizonte: UFMG, 1995), p. 108, grifo meu.

Quadro 5

Virtude significa hábito desenvolvido, habilidade adquirida. Ninguém é virtuoso porque nasceu assim, não se trata de algo *inato*. A virtude é, como o nome indica, apenas possível, ou seja, virtual. Uma vez desenvolvida, a pessoa passa a *ter* (*deter* habitualmente) a virtude. Daí ela ser chamada de *disposição permanente*, ou *habitus*, o que se tem por ter sido adquirido. As virtudes, na filosofia clássica, eram *morais* ou *intelectuais*. As virtudes morais referem-se ao *agir bem*, e as intelectuais ao *pensar bem*. Para compreendermos bem o que são as virtudes, podemos lembrar-nos de hábitos que temos e, quando exercidos, mostram-se como *habilidades*. Falar uma língua (sua língua materna ou língua estrangeira) é uma habilidade adquirida, assim como dirigir um automóvel. Uma vez desenvolvidas e aprendidas, somos capazes de fazer essas coisas cada vez melhor. Igualmente as virtudes intelectuais: quem nunca exercitou o pensamento abstrato não consegue pensar bem em certas coisas. Nas virtudes morais também: quem nunca se exercitou na justiça, na coragem ou na temperança, não saberá, no momento oportuno, praticar os atos daquelas virtudes. Assim como quem nunca dirigiu ou não se exercita na direção de um automóvel não saberá o que fazer na hora do "aperto". Uma vez exercitado, porém, será capaz de fazer o melhor movimento ou tomar a melhor decisão quase "sem pensar", automaticamente, *habitualmente*, como diziam os clássicos. Cf. Capítulo 3.

A filosofia ocupa-se, pois, primeiramente do *entendimento* e apreensão dos conceitos. Essa é uma *faculdade*, como diz KANT, mas é também uma *virtude*, como dizia Tomás de AQUINO[15], pois precisa ser desenvolvida pelo uso da linguagem, o qual se torna mais amplo para cada falante com o passar do tempo. Uma criança de dois anos tem um domínio da linguagem; uma de dez, outro; e um adulto, outro ainda, e em cada momento há incorporação de conceitos, ou seja, de ideias, e ampliação de capacidade de lidar com coisas e relações mais complexas. O *entendimento, intelecto, inteligência*, nestes termos, é uma virtude, uma *capacidade desenvolvível e desenvolvida*. Como esclarece Anthony KENNY:

> [Tomás de AQUINO] está mais interessado em semântica do que em sintaxe ou gramática; ele se preocupa sobretudo com a capacidade mental de compreender sentido. (...) Para Tomás de AQUINO o intelecto é algo muito parecido com a habilidade de dominar uma língua. Pois o intelecto é uma capacidade, a capacidade de pensar, e capacidades se especificam pelo seu exercício. (...) Assim, para compreender o que é o intelecto precisamos examinar quais são suas atividades; e de acordo com AQUINO as várias atividades do intelecto podem todas ser definidas em termos de uso da linguagem (KENNY, 1994, p. 47-48).

---

[15] V. Tomás de AQUINO, *Commentary on Aristotle's Nicomachean Ethics*, ed. Ralph McInerny, trad. C. I. Litzinger (Notre Dame: Dumb Ox, 1993), p. 365-368 (L. III, sobre o Livro VI da *EN*). A apreensão dos conceitos, *intellectus* ou intelecção é o hábito dos princípios, *habitus principiorum*. Poderíamos dizer que é a virtude (capacidade desenvolvida e tornada habitual) de pensar abstratamente, isto é, por conceitos. A relação entre conceitos e proposições formadas por conceitos é a ciência mesma, a capacidade (outra vez, virtude) de demonstrar e extrair do que já se sabe alguma coisa que não se sabe ainda (*habitus demonstrativus*).

Capítulo 1 · FILOSOFIA, CIÊNCIA E DIREITO | **13**

Quadro 6

Pensar, conceituar, falar. "'Locutio est proprium opus rationis' (I, 91, 3 ad 3), 'falar' – diz Tomás – 'é operação própria da inteligência'. Ora, entre a realidade designada pela linguagem e o som da palavra proferida há um terceiro elemento, essencial na linguagem, que é o *conceptus*, o conceito, a palavra interior (*verbum interius*), que se forma no espírito de quem fala e que se exterioriza pela linguagem, que constitui seu signo audível (o conceito, por sua vez, tem sua origem na realidade). Mas, se a palavra sonora é um signo convencional (a água pode chamar-se água, *water*, *eau* etc.), o conceito, pelo contrário, é um signo necessário da coisa designada: nossos conceitos se formam por adequação à realidade. Pois a realidade, cada coisa real, tem um conteúdo inteligível, um significado, um 'quê', uma verdade que por um lado faz com que a coisa seja aquilo que é, e, por outro, a torna cognoscível para a inteligência humana. É precisamente isso que se designa por *ratio*. Assim, indagar 'o que é isto?' ('O que é uma árvore?', 'O que é o homem?') significa, afinal de contas, perguntar pelo ser, pelo 'quê' (*quidditas*, *whatness*, quididade), pela *ratio*, pela estruturação interna de um ente que faz com que ele seja aquilo que é (...) E esta *ratio* que estrutura, que plasma um ente, é a mesma que se oferece à inteligência humana para formar o conceito" (LAUAND; SPROVIERO, 1999, p. 53).

Não devemos confundir conceitos com palavras. Palavras são a expressão linguística, verbal, dos conceitos. Palavras são os *termos*. Podemos ter conceitos expressos por diferentes palavras, diferentes *termos*. Assim, quando traduzimos, usamos termos diferentes das diferentes línguas para nos referirmos a um mesmo conceito. Nisto, aliás, consiste a tradução propriamente: transferir as ideias (ou melhor, os *sentidos*) para diferentes palavras em diferentes línguas. Para traduzirmos de uma língua para outra, precisamos dominar os conceitos do *assunto* que estamos traduzindo, pois cada assunto tem sua *linguagem*, ou seja, seu próprio conjunto de conceitos. Traduzir é expressar o mesmo sentido e os mesmos conceitos com diferentes termos.

Na mesma língua pode haver um só termo para designar conceitos distintos, caso em que falamos da ambiguidade ou equivocação (do latim, *equi-vocatio*, ou seja, chamar coisas diferentes pelo mesmo nome – *equi*, igual). Por exemplo: falamos de mesa tanto para falar de um móvel doméstico ou industrial (a mesa de jantar, a mesa de trabalho) quanto para falar de um conjunto de pessoas que se dispõem a discorrer sobre um assunto (a mesa científica). Em casa temos uma mesa; contudo, num congresso acadêmico, temos diversas mesas discutindo assuntos científicos. Se não dominamos as diferentes linguagens, ou os diferentes jargões, e os diferentes campos em que a mesma palavra serve para designar diferentes conceitos, teremos seguramente problemas de mal-entendidos. Nossa mesa doméstica diz-se *table* em inglês, mas a mesa científica diz-se *panel*. Os termos ou palavras têm significados dependentes de seus contextos e esse contexto é tanto o da língua natural (o português, o mandarim, o castelhano) quanto o da língua de uma determinada atividade ou campo do conhecimento (a linguagem jurídica, a linguagem literária, a linguagem filosófica, a linguagem científica, a linguagem da navegação etc.). Por isso, quando traduzimos, precisamos ter uma boa ideia dos conceitos de um certo campo. Por exemplo: quem vai traduzir um livro jurídico, ou de filosofia do direito, precisa conhecer os conceitos desses campos, não apenas as palavras. Tomando *apenas a língua* usada cotidianamente em família como o contexto de uma palavra, podemos pensar, por exemplo, que em português *mesa* se distingue de *cadeira*; mas se tomamos como contexto *o discurso* ou o *campo* em que ocorre e nos colocamos num ambiente acadêmico, *mesa* se opõe a *conferência*, ou *aula*, ou a outras formas de comunicação verbal e pública. O conceito de campo será retomado no Capítulo 3.

Quadro 7

Palavras e conceitos. Dou um exemplo de confusão gerada pela falta de domínio dos conceitos num campo determinado. Neil MacCormick publicou *Legal reasoning and legal theory* (Oxford: Oxford University Press, 1978, republicado com correções em 1995). O título em português seria *Raciocínio jurídico e teoria do direito*. No entanto, apareceu como *Argumentação jurídica e teoria do direito* (São Paulo: Martins Fontes, 2006). Existe um exemplo claro de confusão no capítulo 8 da tradução. Em inglês, "The requirement of consistency and the problem of interpretation: clear cases and hard cases" foi traduzido como "O requisito da coesão e o problema da interpretação: casos evidentes e casos exemplares". Quem traduziu não usou a linguagem adequada, pois em português *consistency* é *consistência* e, no caso do direito, fidelidade a decisões anteriores. A coisa piora porque há séculos que se usa no direito a expressão "casos claros". A tradução seria "casos claros" e "casos difíceis". A falta de domínio de conceitos do campo fica cada vez mais patente e as confusões se multiplicam. *Lei*, no sentido de ato legislativo, em inglês é *statute*. Logo, *statutory interpretation* é interpretação de lei. Mas a palavra *statutory* em inglês pode significar também o que é "definido pela lei", ou "obrigatório". No caso da tradução brasileira, a expressão *statutory interpretation* foi traduzida por *interpretação necessária* (p. 266). A ideia do autor é bem diferente: ele quer dizer apenas que às vezes não aparecem problemas de interpretação (porque existem *casos claros*), tanto com respeito às leis (*statutes*) quanto à jurisprudência dos tribunais (precedentes)! Quem traduziu deve conhecer o inglês (conhece *as palavras* do inglês), mas não conhece o campo do direito (não conhece os *conceitos* do direito). A tradução ficou imprópria para o estudo das ideias de teoria do direito de Neil MacCormick.

Em outras palavras, cada discurso é feito dentro de um contexto de sentido. Esse contexto define a natureza do que se está falando. Wittgenstein chama a isso de "jogo de linguagem": cada campo corresponde a um jogo.

> Chamarei também de "jogos de linguagem" o conjunto da linguagem e das atividades com as quais está interligada (*IF*, § 7).

Assim, uma linguagem (um discurso, digamos) está interligada a uma atividade. No famoso § 23 das *Investigações filosóficas*, ele volta a esclarecer que o "jogo de linguagem (...) é uma parte de uma atividade ou forma de vida" e que, por isso, existe uma multiplicidade de jogos de linguagem que vão desde "comandar e agir seguindo comandos" até "pedir, agradecer, maldizer, saudar, orar", passando por "apresentar os resultados de um experimento" ou "representar teatro" (*IF*, § 23).

Isso significa que a poesia é uma coisa, a prosa narrativa de ficção é outra coisa, a prosa de narrativa histórica uma terceira, e assim por diante. Se alguém não sabe

Capítulo 1 · FILOSOFIA, CIÊNCIA E DIREITO | 15

distinguir uma das outras não vai entender o que ou do que alguém está falando. Se for um poeta compondo poesia com elementos históricos – pense-se nos poemas homéricos, na literatura medieval em torno do Santo Graal, nas tragédias clássicas com personagens históricos ou míticos no *grand siècle* francês, na poesia romântica do século XIX, exaltando as nações como nosso *I-Juca-Pirama*, de GONÇALVES DIAS – o leitor precisa distinguir isso da exposição de um historiador, ou de um texto de prosa que "romanceia" história semelhante. Essas formas são *gêneros literários*, e o auditório-leitor precisa conhecê-los para atribuir sentido à obra. Em outras palavras, um gênero literário, como uma atividade, determina a espécie de "jogo de linguagem" dentro do qual o que se faz ou o que se diz adquire sentido, pode ser compreendido, torna-se inteligível. Fora disso entramos no *nonsense*. Uma das fontes de humor é justamente o *nonsense*, ao mostrar, por exemplo, dois personagens falando coisas diferentes e acreditando que estão se entendendo. Pode-se dizer, da mesma forma, que viver debaixo de leis, fazê-las, aplicá-las, é uma *forma de vida* e, nesses termos, pressupõe e implica seu próprio jogo de linguagem. Não se trata apenas de palavras, mas de compreensão de uma atividade. Voltaremos a isso no Capítulo 6, a respeito do *sentido do direito*.

A filosofia – e esse é o ponto central a ser retomado - diz respeito aos conceitos, à ordem das ideias e de sua articulação. Muita gente confunde a discussão filosófica com uma discussão de palavras. É compreensível que isso aconteça e apareça assim aos menos experientes. Mas não se trata disso. A filosofia pretende esclarecer não as palavras, mas as ideias, que, naturalmente, expressamos por meio de palavras. Como diz Peter WINCH: a preocupação do filósofo não é esclarecer problemas linguísticos, ele não esclarece confusões linguísticas particulares, mas a confusão geral a respeito da natureza da linguagem (WINCH, 2008, p. 10). A questão filosófica aparece quando certas expressões e certos conceitos não estão adequadamente esclarecidos: a filosofia então nos diz o que e como organizamos nosso mundo e como o organizamos de forma conceitual, pois não há como pensar sem valer-se de conceitos; se mudamos os conceitos, mudamos também nosso conceito de mundo.

> Enquanto o cientista investiga a natureza, causas e efeitos de coisas e processos reais singulares, o filósofo ocupa-se da natureza da realidade como tal e em geral. (...) O sentido em que o filósofo pergunta "o que é real?" envolve o problema da relação do homem com a realidade, o que nos leva para além da pura ciência. "Temos que perguntar se a mente humana pode ter algum contato com a realidade e, se puder, que diferença isso fará para sua vida." Ora, pensar que essa pergunta de BURNET poderia ser respondida por métodos experimentais envolve um erro tão sério quanto pensar que a filosofia, com seus métodos *a priori* de raciocínio, poderia competir com a ciência experimental em seu próprio campo (WINCH, 2008, p. 8).

Nessa linha de ideias, a filosofia não prevê nem explica (causalmente) os eventos, como já foi dito, e suas afirmações, argumentos ou proposições não podem ser testadas pela experiência (HACKER, 2000, p. 12). Se não explica nem prevê, a filosofia, contudo, esclarece[16]. Assim, por exemplo, usamos verbos como "comer", "beber" e "existir" e parece que todos, por serem verbos, podem referir-se ao mundo da mesma maneira. Mas fica evidente que isso não é assim quando atentamos para os diferentes usos desses verbos. Podemos sensatamente perguntar: "Quantas pessoas não comem carne ou não bebem álcool na Universidade?". Seria, porém, insensato perguntar: "Quantas pessoas na Universidade não existem?" (HACKER, 2000, p. 12). Os verbos *comer* e *existir* "funcionam" na linguagem de modos diferentes. Há diferença nas respostas para as perguntas, mas a distinção tem a ver com a natureza do que se pergunta. Falamos de comer e beber de um jeito diferente de existir, embora usemos os três como verbos. Esse esclarecimento, a diferença entre comer (uma ação) e existir (um estado), não se dá por meio da ciência, mas por um esclarecimento filosófico. Perguntas da filosofia (sobre o existir) não podem ser respondidas fazendo uso do método experimental ou hipotético-dedutivo das ciências (sobre quem come carne). Ao mesmo tempo ninguém pode dizer que por isso a filosofia não seja uma atividade racional, ou mesmo dispensável e inútil.

Quadro 8

Filosofia, análise conceitual e dialética. Identificar a filosofia com o trabalho de análise conceitual também foi o que Gilbert RYLE (1900-1976) fez. Segundo BERTI, "ele sustentava que os diálogos 'dialéticos' de PLATÃO" eram "documentos de análise conceitual conduzidos por meio da redução ao absurdo das posições que derivam de erros de categorias" e que isso foi continuado por ARISTÓTELES nas *Categorias,* nos *Tópicos* e nos *Argumentos sofísticos.* Assim, RYLE entendia por filosofia propriamente dita essa discussão conceitual, e segundo ele isso era a substância mesma da filosofia para PLATÃO (BERTI 1997, p. 177-178). Sendo assim, parece que direito e filosofia compartilham mesmo algo semelhante, uma vez que uma parte principal dos trabalhos dos juristas, tanto profissionais quanto acadêmicos, é a discussão conceitual (que não se confunde com discussão léxica ou de palavras).

1.3. A DISCUSSÃO FILOSÓFICA

A pergunta pela natureza das coisas, pela natureza daquilo que é, constitui a mais antiga pergunta de caráter filosófico. Um exemplo tirado justamente de um

---

[16] "Sempre houve pessoas dizendo que a filosofia não faz progressos e que os mesmos problemas filosóficos que preocupavam os gregos ainda hoje nos incomodam. Quem diz isso, porém, não entende a razão pela qual isso tem sido assim. A razão é que nossa linguagem permaneceu a mesma e nos conduz sempre às mesmas questões. Enquanto houver um verbo 'ser' que pareça funcionar como 'comer' ou 'beber'; enquanto houver adjetivos como 'idêntico', 'verdadeiro', 'falso', 'possível'; enquanto as pessoas falarem sobre a passagem do tempo, sobre a extensão do espaço, etc.; enquanto tudo isto acontecer, as pessoas sempre irão defrontar-se com as mesmas dificuldades irritantes e ficarão de olhos postos em algo que nenhuma explicação parecerá capaz de remover". (BT 424) *apud* P. M. S. HACKER, *Wittgenstein sobre a natureza humana,* trad. J. V. Cuter (São Paulo: Unesp, 2000), p. 11.

Capítulo 1 · FILOSOFIA, CIÊNCIA E DIREITO | **17**

dos fundadores da filosofia ocidental, PLATÃO, mostra isto. Ele é bem ilustrativo do problema filosófico e de seu papel de clarificação do pensamento. No diálogo *Teeteto*, SÓCRATES coloca uma questão, suscita uma dúvida a seus acompanhantes. Diz ele:

> Eis o que me suscita dúvidas sem nunca eu chegar a uma conclusão satisfatória: o que seja, propriamente, conhecimento. Será que poderíamos defini-lo? (*Teeteto*, I, 146 a)[17].

TEETETO começa a responder, e faz uma lista dos conhecimentos que se podem adquirir ou ter, de quantas e quais são as ciências, as disciplinas, os saberes. SÓCRATES, porém, o interpela dizendo que não havia perguntado "do que existe conhecimento?" nem quantos conhecimentos pode haver, mas queria saber o que era o conhecimento em si mesmo. E diz:

> Se alguém nos perguntasse o que é a lama e lhe respondêssemos que há a lama dos oleiros, a dos construtores de fornos e a dos tijoleiros, não nos tornaríamos ridículos? (*Teeteto*, I, 147 a).

Porque, diz ele, em vez de responder *o que é*, estaríamos assumindo que quem nos perguntou já sabe *o que é* a lama, no caso. Então, quando perguntamos "o que é?" devemos dar a natureza da coisa: "Ou achas que alguém entenderá o nome de alguma coisa, se desconhece sua natureza?" (I, 147 b). A pergunta de SÓCRATES é de caráter conceitual, e a resposta adequada a ela tem de ser conceitual: não pode ser apenas exemplificativa, não pode ser apenas descritiva, não pode apenas indicar ou apontar para as coisas às quais damos certos nomes. Essa atividade conceitual é própria da filosofia, e, em nosso caso, é própria da filosofia do direito.

E já que falamos do *Teeteto*, podemos continuar tomando-o como exemplo de discussão filosófica. SÓCRATES apresenta uma dúvida sobre a natureza de algo, ou seja, pede como resposta um conceito. O restante do diálogo é um exemplo de exercício de pensamento tópico ou dialético, ou seja, de tentativa de partir daquilo que julgamos saber, das *opiniões* mais ou menos fundadas que temos, para submetê-las ao crivo das contradições em que incorremos, das insuficiências de expressão, até chegarmos a um conceito ou ideia mais clara. Ao final, teremos descartado, isto é, *refutado* as "opiniões falsas", teremos dado à luz um conceito.

Quadro 9

Opinião, crença, conhecimento em KANT. "Considerar algo verdadeiro, ou a validade subjetiva do juízo, tem os *três* estágios seguintes em relação à convicção (que são ao mesmo tempo objetivamente válidos): *ter uma opinião, crer e saber*. Ter *uma opinião* é considerar algo verdadeiro com a consciência de que é subjetiva e objetivamente insuficiente. Se considerar algo verdadeiro for

---

17   Usei a edição seguinte: PLATÃO, *Teeteto*, trad. Carlos Alberto Nunes (Belém: UFPA, 2001).

> apenas subjetivamente suficiente e se considera ao mesmo tempo que é objetivamente insuficiente, então será chamado *crença*. Finalmente, quando considerar algo verdadeiro for tanto subjetiva quanto objetivamente suficiente, então será chamado *saber*. A suficiência subjetiva chama-se *convicção* (para mim mesmo), suficiência objetiva, *certeza* (para qualquer um)" (KANT, 2000, A823/B851, p. 686) (grifos no original).
>
> **Entendimento, opinião, ciência em Tomás de AQUINO.** Entendimento (*intellectus*) é o assentimento inquestionável com base na evidência. O assentimento provisório e condicional é a opinião (*opinio*). A suspensão do assentimento ou juízo é a dúvida (*dubitatio*). O assentimento com base em razões é conhecimento (*scientia*). Assentimento inquestionável sem que haja razões é fé ou crença (*fides, credere*) (KENNY, 1994, p. 49).

Essa natureza conceitual das questões diz respeito ao *pensamento*, mas não se confunde com a psicologia, nem com a neurociência, nem com a neurologia. Não se trata de explicar como um indivíduo particular pensa, constrangido por leis do mundo empírico, ou por fatores externos a si. São questões lógicas, não empíricas, a respeito dos modos de pensar em geral, não de *eventos de pensamento* ou *eventos mentais* particulares que acontecem em cada sujeito. As perguntas da filosofia do direito, como veremos, são dessa natureza.

1.3.1. Princípio de inteligibilidade

Tratamos então do pensamento em geral, não do pensamento na esfera da psicologia empírica. Nessa dimensão, podemos nos perguntar: que espécie de relação temos, enquanto sujeitos capazes de pensamento e linguagem, com aquilo que existe? Nossa relação não é meramente sensorial: ela é reflexiva, intencional e consciente e dá-se por meio do pensamento. Como disse ARISTÓTELES justamente no início da *Metafísica*, os animais em geral têm sensibilidade, têm percepção sensória, digamos, mas os seres humanos são diferentes: "Os outros animais vivem das aparências e de memórias, (...) mas a espécie humana vive da arte e do raciocínio" (*Metafísica*, I, 980 b, 26). Lembremos que a arte, ou técnica, é um artifício, de modo a vida humana se desenrola tanto na esfera natural, física e orgânica se quisermos, quanto na esfera de um mundo artificial, o mundo das invenções, sejam elas técnicas, no sentido restrito de artefatos para realizar tarefas físicas e materiais, quanto no sentido amplo de cultura, que abrange as instituições da política, da vida em comum.

Tudo isso vale igualmente para o direito e seus institutos e instituições: uma coisa é saber que existem contratos e saber o que é um contrato, outra coisa é saber se houve ou não um contrato entre fulano e beltrano. Uma coisa é saber que existem a prescrição e a decadência e saber o que são, outra coisa é saber se houve ou não prescrição e decadência num caso determinado. Uma coisa é saber que existe o instituto do *impeachment* e remoção de presidentes e no que consistem, outra coisa é saber se em determinado caso se dão as condições para o impedimento e remoção de um presidente da República ou não. É muito frequente os juristas tentarem confundir essas duas espécies diferentes de questões: uma questão a respeito do

Capítulo 1 · FILOSOFIA, CIÊNCIA E DIREITO | 19

que é (*quod sit*, dizia-se em latim), que se responde conceitualmente, outra questão a respeito de se houve ou se existiu um caso daquilo (*an sit*, em latim). O fato de haver a instituição do impedimento não implica logicamente que neste caso existiu a condição para o impedimento. Dois objetos diferentes e duas maneiras de pensar diferentes: à pergunta "o que é?" respondo com uma explicação ou definição; à pergunta "houve isso?" respondo com uma prova.

Podemos dizer que se tivermos o *conceito de contrato* de compra e venda, dele temos os elementos necessários, aqueles que dependem de sua definição. Todo contrato de compra e venda tem necessariamente *partes* (os agentes capazes), *objeto* (algo que se pode comprar e vender), *acordo* entre as partes e o *preço*, ou, como se diz em latim, *res, pretium, consensus*. Chamava-se a isso de *essentialia negotii*, os elementos essenciais do negócio, que lhe dão sua forma própria de ser, sua essência. Enquanto não for fixado o preço, a compra e venda não se realiza. E se não houver preço em dinheiro, pode ter havido troca ou permuta, mas não compra e venda propriamente dita.

Da ideia ou conceito de compra e venda não posso *demonstrar* que A vendeu alguma coisa a B. O contrato entre A e B é um *singular*, um contingente: pode ou não existir. Para saber se existiu ou não, preciso de provas. As provas da existência do contingente não são demonstrações[18]. As demonstrações são "prova" matemática, ou lógica, mas prova em sentido analógico. Resumindo, organizar o pensamento para fazer demonstrações e organizar o pensamento para provar são duas formas diferentes de pensar. Ambas são formas de pensar, mas são diferentes entre si.

Logo se coloca a questão de "se e como" podemos ter conhecimento do que existe, uma vez que o que existe tem diferentes formas. Essa é a área chamada epistemologia, ou teoria do conhecimento. Pode-se colocar a questão epistemológica para o campo do direito: como podemos conhecer o direito, como distinguimos o que existe como esfera jurídica? Se enquadrarmos o direito, como deve ser enquadrado, no mundo das práticas institucionais, surge a questão de como ele se relaciona a outros "sistemas normativos", outras práticas sociais, que vão da ética à estética. Somos capazes de conhecer as disposições jurídicas da mesma maneira que conhecemos as disposições gramaticais de uma língua? Ou de uma moral particular, chamada por alguns de moralidade? Ou da moral universal, da ética, por exemplo? Ou a esfera da estética, do belo e do sublime?

As ciências particulares servem-se de conceitos primeiros, que precedem logicamente qualquer afirmação ou proposição naquele campo/ciência: *prius incipio*, "antes de começar". Não se pode fazer física sem conceitos como espaço, tempo, massa, energia, matéria, causa, efeito, e assim por diante. Esses conceitos funcionam como as peças mais elementares do discurso do cientista. Antecedente

---

[18] "O juízo científico é um juízo sobre coisas universais e necessárias, e tanto as conclusões da demonstração como o conhecimento científico decorrem de primeiros princípios. (...) pois o que pode ser cientificamente conhecido é passível de demonstração, enquanto a arte e a sabedoria prática [*prudência*] versam sobre coisas variáveis". ARISTÓTELES, Ética a *Nicômaco*, trad. L. Valandro e G. Bornheim (São Paulo: Abril Cultural, 1973), p. 345 (*EN*, L. VI, 6, 1140 b).

da física é também a própria ideia (noção ou conceito) de universo, de sua forma etc. Assim, pode-se dizer que toda ciência tem uma dimensão prévia, antecedente, que é propriamente filosófica.

Essa ideia acha-se no prefácio à *Fundamentação da metafísica dos costumes* de KANT: para ele toda ciência tem uma parte empírica e uma parte racional[19]. A parte racional, ele a chama de metafísica, a qual trata das condições prévias a qualquer abordagem empírica. Assim, para dedicar-me à física preciso possuir alguns conceitos *a priori*, ou seja, que a física utiliza, mas não elabora ou produz. Toda ciência tem essa parte "racional", logicamente anterior à própria ciência.

Quadro 10

Princípios. MACINTYRE chama a atenção para o fato de que, na maneira contemporânea de pensar, os princípios não se referem simultaneamente ao pensamento e ao objeto do pensamento, o que causa grande confusão. Na tradição filosófica mais clássica, o princípio (*principium* em latim, *archê* em grego) era tanto a expressão linguística de um axioma que fornece a premissa ao raciocínio, e se compõe, portanto, de sujeito e predicado, quanto o objeto a que se princípio se refere, "os elementos em que se pode dissolver um corpo complexo". Devemos, pois, compreender o princípio e aquilo a que se refere num mesmo ato de apreensão (MACINTYRE, 1990a, p. 3-4). Veremos adiante que esse ato se chama compreensão, apreensão dos princípios, *intelecção* ou inteligência. No caso do uso prático da razão, como também veremos, o princípio não pode ser outra coisa senão um *fim* (*finis, telos*): toda ação, ou seja, tudo o que diz respeito à prática, começa por um fim. Esses fins, por sua vez, se encadeiam entre si, de modo que alguns fins são últimos e outros são intermediários (funcionam como meios). A negativa, a ignorância ou a incapacidade de compreender os fins últimos prejudica a hierarquização adequada dos fins intermediários, nível no qual se dão inúmeras discussões chamadas "políticas", ou "de conveniência".

Algo equivalente encontra-se em ARISTÓTELES: trata-se do que ele chama de *princípios* próprios de cada ciência. Ele abre seu livro da *Física* dizendo que quando qualquer área científica (no sentido amplo) tem princípios, causas ou elementos, "é pela familiaridade com eles que se obtém conhecimento e compreensão". Esses princípios ou elementos são primeiros na ordem do pensamento (ou seja, na ordem lógica), embora não sejam primeiros na ordem das sensações ou experiências (isto é, na ordem cronológica ou empírica). Ele volta a esse ponto na *Metafísica*, quando diz que:

> os mais universais [princípios] são os mais difíceis de se adquirir, pois estão mais distantes dos sentidos. E as ciências mais exatas são as que lidam mais com os primeiros princípios... (Livro I, 2, 982a 25).

Essa percepção de que a cada campo do saber, a cada "ciência" como se dizia, corresponde um aparato conceitual e de princípios apareceu também em sua Ética a *Nicômaco*, quando alerta para a espécie de clareza e de investigação possível se

---

[19] Immanuel KANT, *Fundamentação da metafísica dos costumes*, trad. P. Quintela (São Paulo: Abril Cultural, 1974), p. 197.

Capítulo 1 · FILOSOFIA, CIÊNCIA E DIREITO | 21

o objeto do estudo for as ações boas e justas. Elas não podem ser as mesmas que a perseguida em outros campos, como no conhecimento da natureza bruta ou orgânica, ou nas técnicas de produção de artefatos (*EN*, I, 3, 1094b, 15-20).

Esses pontos de partida intelectuais, ou princípios, são o que dá inteligibilidade a determinado campo ou atividade. Inteligibilidade significa aqui sentido. Esses princípios dão sentido aos diversos campos. Eles mesmos não são descobertos pelas ciências particulares, mas as precedem. É nessa esfera que nos encontramos quando fazemos as discussões filosóficas que dão base a cada uma das ciências, campos do saber, atividades ou práticas.

Nesse âmbito da investigação filosófica, portanto, fica evidente o elemento essencial da capacidade humana de usar a linguagem, e mais especificamente ainda a capacidade semântica[20], ou capacidade de simbolização, de colocar certas coisas (signos) no lugar de outras coisas. A linguagem depende dessa habilidade de colocar signos no lugar de outras coisas. Nomear é fazer isso, é colocar o nome no lugar da própria coisa. Podemos falar de Maria ou de José sem apontar para eles, sem que eles estejam presentes. Basta nomeá-los. Ao nomear, tornamos presente aquele que de fato está ausente. Usar os nomes é uma das formas básicas de semântica, ou seja, de atribuir significado. Os sons que emitimos chamam, invocam, nomeiam um ser existente (uma pessoa, por exemplo), e assim podemos falar desse ser, mesmo que ele esteja ausente. Essa capacidade humana nos permite andar no tempo de forma original entre todos os animais, que muitas vezes são semelhantes a nós em quase tudo o mais. Ao nomear, trazemos pessoas, coisas, fenômenos, eventos do passado para o presente. Igualmente, podemos nomear pessoas, coisas, fenômenos que ainda não estão aqui, mas no futuro. Assim, vamos do passado ao futuro: pela linguagem libertamo-nos do presente. O mundo não é para nós um eterno presente.

Esse ato elementar de nomear é o ato abstrato de conceituar, ou seja, de nomear não um ser específico, mas uma relação, de modo tal que possamos nos entender com outros seres humanos. Assim, podemos usar a palavra *causa* e nos entendermos com outros seres humanos sobre o que causou isto ou aquilo. O uso da palavra equivale ao domínio de um conceito. Vamos ao médico, ele nos dá um diagnóstico de nossa saúde e perguntamos a ele pela causa daquela nossa condição. Não estamos aqui falando de ideias como se fossem seres. Estamos falando de uma ideia de causa que o médico e

---

[20] Anthony KENNY afirma que para Tomás de AQUINO, como aliás para WITTGENSTEIN, o interesse maior na análise da mente (*ratio*, pensamento) está na capacidade semântica dos sujeitos: "Aquinas is more interested in semantics than in syntax or grammar; he is concerned above all with the mind's capacity to understand meaning. (...) For Aquinas the intellect is something very much akin to the ability to master language. For the intellect is a capacity, the capacity to think, and capacities are specified by their exercises". Anthony KENNY, *Aquinas on mind* (London: Routledge, 1994), p. 47-48. WITTGENSTEIN também destaca nossa capacidade semântica nas *Investigações lógico-filosóficas*, cf. Anthony KENNY, *Wittgenstein* (Harmondsworth: Penguin Books, 1973), esp. cap. 8. V. também Roger POUIVET, *Après Wittgenstein, Saint Thomas*, 2. ed. (Paris: Vrin, 2014), p. 47-54, que explica a proximidade de Tomás de AQUINO e WITTGENSTEIN quando ambos esclarecem nossa faculdade de pensar como capacidade conceitual que deve ser desenvolvida.

nós mesmos compartilhamos. Temos um sentido compartilhado, e esse sentido está num conceito de *causa*.

Se entrarmos em dúvida a respeito de um conceito, temos que suspender provisoriamente seu uso para investigar mais, para determinar do que exatamente estamos falando. Esse procedimento é tipicamente o procedimento filosófico. O caso mais exemplar de análise desse procedimento encontramos na filosofia aristotélica, no livro chamado *Tópicos*. Os argumentos dialéticos, diz ARISTÓTELES, parecem-se com demonstrações, mas seu ponto de partida, suas premissas, não são "verdadeiras e primeiras". Verdadeiras e primeiras são aquelas que conhecemos, digamos assim, por definição. Os princípios primeiros devem ser *evidentes*, ou seja, não é preciso "demonstrar" nem "provar", empírica ou logicamente: basta *mostrá-los*. Quem os compreende não precisa perguntar mais nada, não precisa perguntar "por que?". Já entendeu. Se temos os princípios evidentes da aritmética – a unidade, a quantidade, as operações básicas de adição, subtração etc. –, eles são evidentes e começamos a pensar a partir deles.

Contudo, nem sempre pensamos dentro de quadros assim tão seguros, certos, evidentes. Podemos pensar a partir de "opiniões fundadas", mas não evidentes. As opiniões fundadas são chamadas de "opiniões bem aceitas", "opiniões de reputação". Não podemos ter certeza de tudo, mas para qualquer conversa, raciocínio, discussão ou argumento, temos de partir de algum ponto, de algum lugar, um lugar em que os outros e nós nos pomos de acordo, um "lugar comum". O "lugar comum" às vezes se cristaliza em certas opiniões. Esse ponto de partida, quando não é evidente, é uma opinião bem fundada, bem aceita. Mas podemos colocá-la em dúvida. Quando o fazemos procedemos *topicamente*. Em vez de deduzir, temos que discutir. A discussão precisa partir de algum ponto (um *topos*, um lugar). Colocamos então alternativas, opiniões divergentes, e vamos testando as opiniões de modo a não cairmos em contradição. O objetivo dos assuntos tratados nos *Tópicos* é justamente "raciocinar tendo como ponto de partida opiniões bem aceitas (...) e evitar contradições quando expressarmos um argumento" (*Tópicos*, 1, 1, 100a 20). Trata-se de raciocinar *em busca de premissas*, na direção de premissas aceitáveis, e não raciocinar *a partir das premissas* já aceitas[21].

---

[21] "Não percamos de vista, porém, que há uma diferença entre os argumentos que procedem dos primeiros princípios e os que se voltam para eles". ARISTÓTELES, *Ética a Nicômaco*, trad. L. Valandro e G. Bornheim (São Paulo: Abril Cultural, 1973), p. 251 (*EN*, 1095a, 30). Raciocinar a partir de premissas é partir de princípios: "por princípios da demonstração quero dizer as crenças comuns nas quais todos fundamentam suas provas, ou seja, que se deve sempre afirmar ou negar as coisas e que uma coisa não pode ser e não ser ao mesmo tempo, e todas as outras proposições semelhantes a estas". ARISTÓTELES (1995), *Metaphysics*, III, 996, b 27, v. 2, p. 1575. Esse princípio da demonstração é *evidente*, basta olhar para ele para entender que se afirmo algo não posso – logicamente e ao mesmo tempo – negar a mesma coisa. Muito discurso vulgar, sofístico, mal-intencionado ou simplesmente ignorante não percebe que a questão é lógica, não empírica. As pessoas podem se contradizer, podem falar bobagens e sem-sentidos, empiricamente. Como podem mentir. Mas a existência empírica de contradições nos discursos, assim como a existência da mentira, não invalida a necessidade lógica de os discursos serem coerentes e consequentes.

Capítulo 1 · FILOSOFIA, CIÊNCIA E DIREITO | **23**

Quando entramos nessa esfera de questões, ou seja, quando entramos numa dúvida conceitual, precisamos assegurar-nos de que temos uma "definição", isto é, sabemos "o que é". Precisamos eventualmente também saber se aquilo de que falamos "é" ou "não é", se existe ou não: precisamos de uma "suposição", ou *hipótese*. Uma coisa é saber "o que é" algo, outra coisa é saber se algo existe ou não existe, se posso ou devo pressupor algo. Falar sobre ou discutir "o que é" equivale a discutir a essência ou natureza de alguma coisa, por exemplo o direito. Saber se existe ou não algo é pensar na existência. Se temos uma ideia do que é o direito, podemos então discutir se existe ou não certo direito. Precisamos de um conceito de átomo, ou de neutrino, como precisamos de um conceito de direito. E precisamos supor se existem ou não: "existem neutrinos?", "existe direito?". Trata-se de uma distinção lógica, isto é, de formas de pensar ou de falar. Em resumo, duas formas de pensar, dois esclarecimentos de que precisamos: "o que é", e "se é", *definições* e *pressuposições*. Isso é prévio a toda e qualquer ciência ou campo do saber. Existe uma parte das ciências que nos dá conceitos e outra que nos permite fazer hipóteses e avançar no conhecimento. Essas formas de pensar são a parte filosófica das ciências.

Os cientistas das ciências duras, exatas ou naturais, podem se fazer perguntas filosóficas sobre seu próprio campo. Perguntar "o que é a física?", ou "o que é a biologia?", ou "o que é a medicina?" é fazer perguntas filosóficas, pois a resposta a elas não é uma nova informação sobre o mundo das coisas, dos organismos, da saúde. Cientistas podem também fazer-se perguntas sobre as condições de seu conhecimento, os princípios de sua ciência, os métodos a serem empregados. Essas perguntas também não terão como resposta novas informações sobre o mundo, as coisas, os organismos etc. A resposta correta a elas refere-se às condições de conduzir adequadamente as investigações. Estamos aqui na esfera da filosofia das ciências. Seriam como questões gramaticais que um poeta ou escritor devesse dominar e responder, mas que por si não produziriam poemas nem obras literárias. Trata-se de questões de "condições de possibilidade" de pensar a respeito de um campo determinado (a física, a biologia, a medicina, a literatura, digamos), mas não propriamente questões de física, biologia, medicina ou literatura.

1.4. OS DIFERENTES OBJETOS DO PENSAMENTO: UNIVERSAIS E PARTICULARES, NECESSÁRIOS E CONTINGENTES

A filosofia ocupa-se, portanto, de pôr ordem no pensamento. De que forma pensamos e sobre o que pensamos? Há um modo de pensar por demonstrações: quando a partir de definições vamos tirando conclusões. É o pensamento sobre as coisas que são necessariamente de um certo modo e que existem necessariamente. Essa forma de pensar encontra-se na obra aristotélica de lógica, chamada de *Organon*, que inclui os *Analíticos* (primeiros e segundos). Pensamos sobre o necessário, o que não pode ser de outro modo. Seriam as relações necessárias, como as encontramos na matemática e na lógica. Pode-se dizer que neste caso pensamos sobre os *universais*.

Também raciocinamos, pensamos e refletimos sobre coisas que não *são* necessariamente, que existem e sabemos que existem, mas são contingentes: por exemplo, sabemos que existe a chuva, mas não sabemos se choveu ontem, nem sabemos se choverá amanhã. Os *particulares* são sempre contingentes: esta chuva, aquela chuva etc. Sabemos que existem seres humanos, mas não sabemos se houve um ser humano determinado no passado, nem se haverá um determinado ser humano amanhã. Vejam que usei a expressão "determinado": seres humanos houve ontem, e se amanhã o sol nascer, seres humanos *provavelmente* também haverá. Mas não sabemos de um determinado ser humano, um ser humano em particular. Esse saber, portanto, é apenas "provável". De um ser humano particular não posso *demonstrar* a existência. Posso *provar* que existiu. A existência de um ser humano em particular chamamos de *provável*, ou *possível*. Para conhecer a existência de uma coisa singular, precisamos de prova: provas históricas quanto ao passado, probabilidades estatísticas ou probabilísticas quanto ao futuro! Essa espécie de pensamento foi explorada por ARISTÓTELES com mais profundidade na sua *Retórica*, um tratado sobre o pensamento consequente a respeito do que é apenas provável, possível, contingente.

Pensamos também sobre coisas menos "científicas", menos determináveis por certeza ou por probabilidade. Pode-se pensar se há ou não há deuses ou deus. Essa é uma questão que se coloca quando se põe em dúvida um ponto de partida. E não se responde com provas "científicas" (vestígios ou estatística). A discussão, nesse caso, é dialética, e seu modelo está no livro já mencionado, dos *Tópicos*. Aqui não temos demonstração, nem prova. Isso porque o que está em dúvida não é uma relação formal entre termos ou conceitos, nem a existência empírica e contingente de algo, mas o próprio conceito. Estamos em dúvida sobre a definição. Nesse caso, não temos nem o ponto de partida (necessário para as demonstrações), nem um ser particular diante de nós. Nessas circunstâncias pensamos de forma dialética, estamos em busca do ponto de partida.

Antes do século XVII, o século do nascimento das ciências modernas, falava-se de ciência de um modo geral, a ciência era o saber ordenado e organizado. Considerava-se que a razão punha ordem e estrutura em nosso conhecimento a respeito de coisas diferentes e cada uma dessas coisas exigia um uso diferente da razão, um método diferente, se quisermos. Diante disso, pode-se apresentar o seguinte esquema:

a) Primeiro, a razão ordena nosso saber a respeito das coisas naturais (chamava--se a isso de *filosofia natural*)[22]. Nesse caso, a razão precisa adequar-se a uma ordem que ela mesma não cria, mas encontra: ela deve apenas espelhar, reproduzir essa ordem. Essa ordem que a razão descobre nas coisas impõe-se a ela "de fora". Ela precisa adequar-se a essa ordem dada.

b) Em *segundo* lugar, a razão também cria seus próprios objetos, como no caso da lógica ou da gramática. De certo modo, ela põe ordem em si mesma, nos conceitos, nas formas de pensar. As relações entre as proposições, que são formas criadas pela própria mente humana, são também objeto de conhecimento. Aprendemos

---

[22] Edward GRANT, *História da filosofia natural*, trad. Tiago Attore (São Paulo: Madras, 2009).

a usar as regras da gramática e da lógica e nos subordinamos a elas. Nesse caso, a razão não se debruça sobre objetos externos, empíricos, mas sobre seus próprios objetos, objetos conceituais, podemos dizer. As ciências que dão conta desses objetos são formais, como as matemáticas, a lógica e a gramática mesma.

c) Finalmente, a razão se dirige a objetos que ainda não existem, ou melhor, que para existir dependem diretamente do sujeito: as ações. Uma ação não é um objeto que está no mundo, como a lua ou uma pedra; tampouco é meramente formal, como uma forma geométrica, ou a relação entre duas proposições. Uma ação vai existir apenas se a praticarmos, mas antes de a praticarmos nós a imaginamos e avaliamos. Esse é o campo da razão prática. As ciências (ou saberes) que a razão prática pode produzir são as ciências práticas: a política, a ética, o direito[23]. Voltaremos a esse ponto no Capítulo 3, sobre o uso prático da razão.

Quadro 11

Ação é uma novidade no mundo. "Uma das características da ação humana é a de sempre iniciar algo novo, o que não significa que possa sempre partir *ab ovo*, criar *ex nihilo*. Para dar lugar à ação, algo que já estava assentado deve ser removido ou destruído, e desse modo as coisas são mudadas. Tal mudança seria impossível se não pudéssemos nos remover mentalmente de onde estamos fisicamente colocados e *imaginar* que as coisas poderiam ser diferentes do que realmente são" (ARENDT, 1973, p. 15).

Esse esquema será revisto e ultrapassado a partir do século XVII. Não se fará isso de forma repentina, mas progressivamente. E como o direito estava incluído no terceiro modo de usar a razão, o modo prático, à medida que o esquema se alterar, a posição do direito na *episteme* moderna também vai se alterar.

1.5. FILOSOFIA DO DIREITO

A filosofia do direito não tem por finalidade fornecer imediatamente critérios para a aplicação das leis. Mas sendo seu objeto uma prática social, como veremos em detalhe, ela pode servir para esclarecer questões sobre a natureza mesma do objeto[24]. Na medida em que o direito se ensina em nível superior dentro da universidade, as perguntas filosóficas tornam-se mais frequentes e mesmo inevitáveis. Assim como existe uma esfera teórica da física, ou da biologia, ou mesmo da sociologia, existe uma esfera teórica do direito. E assim como a esfera teórica dessas outras disciplinas tem uma dimensão filosófica ("o que é a física?", "quais são os objetos

---

[23]   Esse o esquema que aparece nos comentários de Tomás de AQUINO à Ética Nicomaqueia de ARISTÓTELES. Cf. *Commentary on Aristotle's Nicomachean Ethics*, ed. Ralph McInerny, trad. C. I. Litzinger (Notre Dame: Dumb Ox, 1993), p. 1-5.

[24]   Tercio Sampaio FERRAZ JR. fala em "direito-objeto" e "direito-ciência" para distinguir algo semelhante ao que chamo de direito como ordenamento e direito como disciplina. Cf. Tercio Sampaio FERRAZ JR., *Introdução ao estudo do direito* (São Paulo: Atlas, 1988), p. 55.

possíveis da física?", "quais são os métodos adequados de estudo da física?"), assim também para o direito encontramos essa mesma esfera.

Neste livro, vamos tratar de algumas das questões que se encontram nessa esfera, as mais importantes a meu ver no contexto em que nos achamos. Esse contexto inclui a cultura jurídica contemporânea e as instituições nas quais vivemos, como sejam as faculdades de direito, os tribunais, as instituições de poder, e assim por diante. Elas podem ser divididas em duas grandes classes: questões relativas à natureza mesma do direito e questões relativas a sua aplicação. As primeiras envolvem nosso entendimento do que é o direito: o fenômeno social da vida sob um ordenamento jurídico, a natureza de um ordenamento jurídico e em seguida as relações entre o ordenamento jurídico e outras instâncias normativas que compõem a sociedade, particularmente a moral, mas também da natureza do conhecimento do direito, da "ciência" do direito, da disciplina intelectual chamada direito.

Em termos filosóficos, podemos dizer que passaremos pelo campo da metafísica ou ontologia do direito (isto é, a análise e reflexão sobre o ser, daí ontologia ou metafísica), para avançar em direção à epistemologia e à moral. Dada nossa concepção do direito, como aprendê-lo, ensiná-lo, desenvolvê-lo? No campo da aplicação, aparecem ainda as relações entre o direito e a moral, ou seja, o outro campo normativo que determina a constituição da sociedade humana. A filosofia do direito ocupa-se dessas *três* questões ou esferas.

Quadro 12

Objeto da filosofia do direito. A filosofia do direito ocupa-se da "explicação racional ou da interpretação da *natureza* do direito" e tem por objeto a teoria, não diretamente os materiais dos quais os juristas se ocupam (OAKESHOTT, 2007, p. 154). No curso de direito, ela é mais ou menos anômala, diz MacCORMICK, porque, de um lado, seu ensino não tem, como um curso de direito das obrigações, um objeto limitado e bem definido, e, de outro, ela pretende simultaneamente ensinar rigor conceitual no tratamento do direito e instilar espírito crítico: ao mesmo tempo que ajuda a determinar o que é o direito, alerta para o que pode ser dubitável, histórico e penetrado por valores políticos e morais no próprio direito (MacCORMICK, 1975, *passim*).

A *primeira* é a da *natureza do direito*, uma *questão metafísica*, ou seja, antecedente e fundamental: o que é propriamente o direito?[25]. A pergunta pode ser

---

[25] Justamente isso diz STAMMLER, que se batia a seu tempo, como KELSEN, contra a redução da filosofia do direito a uma das ciências particulares, ou da teoria do direito a uma ciência social empírica. A pergunta filosófica é pela essência do direito e da justiça, suas formas de manifestação na história e seus respectivos tratamentos e operação e se coloca sempre e em toda parte em que os seres humanos refletem sobre si: "Die rechtsphilosophische Frage ist die Frage nach dem Begriffe und nach der Idee des Rechtes. Sie forscht nach dem Wesen von Recht und Gerechtigkeit, nach ihrem Auftreten in der Geschichte, nach ihrer Behandlung und Bewährung. Diese Frage ist immer und überall eine und dieselbe. Sie war allezeit da und wird in ihrer einheitlichen Art sich stets einfinden, wo Menschen leben und über ihr Dasein nachdenken" [A pergunta jusfilosófica é a pergunta pelo conceito e pela ideia de direito. Ela

Capítulo 1 · FILOSOFIA, CIÊNCIA E DIREITO | **27**

colocada e recolocada permanentemente porque, sendo o direito uma prática e, por isso mesmo, histórico, ele se produz e reproduz apenas enquanto houver sujeitos que o façam. E como para fazer ou viver o direito é preciso compreendê-lo e saber do que se trata, a pergunta por sua natureza é sempre atual. O direito depende da maneira como as pessoas o entendem para ser atuado, reproduzido, transmitido. Quando temos do direito a concepção – dominante desde o século XVIII – de que a legislação emana do soberano (parlamento eleito por sufrágio universal, ou corporações reunidas em assembleias periódicas, ou monarca etc.), teremos uma certa teoria e ontologia do direito. Se o direito for escrito, mas nele for a opinião dos professores e não a dos legisladores o que mais importa – como se passou na Europa medieval –, teremos do sistema outra imagem[26]. Para cada um desses "modelos" de sistema, será adequado um ensino diferente. Por exemplo, no sistema em que os professores sejam a autoridade mais importante, será mais relevante estudar doutrina e tradição doutrinal. Mas nos regimes em que o precedente dos tribunais contar mais, será mais adequado ensinar o direito por meio de casos[27].

A *segunda questão* fundamental diz respeito à aplicação do direito, a pergunta pelo "como seguir as regras jurídicas", e neste vasto campo entram as indagações permanentes a respeito da interpretação, da argumentação, da hermenêutica jurídica. A relação entre as normas expressas no ordenamento e seu uso ou aplicação, ou mesmo a explicação da atividade mesma de aplicar o direito, de viver segundo as regras jurídicas, constitui um segundo campo da filosofia do direito. Não se trata apenas de expor ou ensinar técnicas interpretativas, mas de compreender em que consiste essa atividade mesma. Trata-se do debate sobre a objetividade, a segurança, a certeza. O campo aqui é imenso e sempre renovado.

Finalmente, uma *terceira* ordem de questões surge com relação ao sentido da prática do direito, ou seja, o estatuto ético ou moral do ordenamento positivo e de seus agentes. É o campo imenso da justiça e de sua implicação com o direito mesmo[28].

---

investiga a essência do direito, sua passagem pela história, pela sua operação e valor. Essa pergunta é sempre e em toda parte a mesma. Sempre esteve presente e se encontrará em sua forma material onde quer que os seres humanos vivam e reflitam sobre sua presença]. Rudolf Stammler, *Lehrbuch der Rechtsphilosophie* (Berlin/Leipzig: VWV Walter de Gruyter & Co, 1927), p. 15.

[26] Cf. sobre o sistema jurídico medieval: Paolo Grossi, *L'ordine giuridico medievale* (Roma/Bari: Laterza, 1995); Ennio Cortese, *La norma giuridica*: spunti teorici nel diritto comune classico (Milano: Giuffré, 1962, v. 1); Ennio Cortese, *Il rinascimento giuridico medievale*, 2. ed. (Roma: Bulzoni, 1996).

[27] Ver Raoul van Caenegem, *Judges, legislators & professors* (Cambridge: Cambridge University Press, 1987), trad. bras. *Juízes, legisladores e professores* (trad. L. C. Borges, Rio de Janeiro: Elsevier, 2010).

[28] Trata-se da mesma ordem de questões ou temas sugeridos, com nomes e classificação ligeiramente diferentes, por Anthony Kronman. Para ele *jurisprudence* é um ramo da filosofia com perguntas determinadas a respeito do direito: "o que é um sistema jurídico?", "qual a natureza da obrigação jurídica?", "a lei deve ser justa?", "quais as propriedades do argumento jurídico?". Cf. Anthony Kronman, "Jurisprudence is not just a course: it's the key to liberating the lawyer", *Learning & Law* 4 (1977). Para ilustrar a necessidade da filosofia no direito (como

28 | CURSO DE FILOSOFIA DO DIREITO – *José Reinaldo de Lima Lopes*

Pode-se assim compreender melhor o objeto da filosofia do direito. Ela não se confunde com a "ciência do direito", a doutrina, a teoria geral do direito ou o que hoje se tornou comum chamar de "dogmática jurídica". Como filosofia, ela nos conduz a refletir sobre as condições de possibilidade e inteligibilidade do pensamento jurídico. Estamos fazendo filosofia do direito quando tentamos dar sentido ou entender um campo de atividade ou uma "ciência" chamada direito. Enquanto a filosofia do direito se ocupa dessas questões, uma ciência do direito interessa-se apenas por um direito positivo em particular (REALE, 2002, p. 17).

A necessidade dessa reflexão coloca-se especialmente para o grupo dos juristas. As pessoas em geral seguem o direito, ou seja, submetem-se às leis, às autoridades, a um ordenamento jurídico sem precisarem indagar muito sobre sua natureza, sem precisarem fazer perguntas filosóficas explícitas sobre o direito. Muita gente se torna mesmo operadora do direito, profissional exclusivamente do direito, ou combinando direito e outros saberes (finanças, administração, *v.g.*) sem precisar fazer essas perguntas. Se formos a uma empresa ou a uma repartição pública, vamos encontrar muita gente que opera o direito, que realiza atos e formaliza relações jurídicas diariamente sem precisar fazer perguntas jurídicas. Estão imersas na prática e a prática tornou-se para elas rotineira. Enquanto não precisarem tomar decisões, enquanto os casos forem repetitivos, estão perfeitamente preparadas para agir sem maior reflexão. Tomam o direito pelo seu valor de face. Usam as normas como "razões excludentes"[29] de outras razões (morais, por exemplo) diante da situação rotineira.

Quando a rotina não bastar, então será preciso dar um outro passo. Imaginemos alguém que seja capaz de dirigir um automóvel. Em condições rotineiras, essa pessoa não se distingue de ninguém. Mas no momento em que houver necessidade de enfrentar uma situação nova, ou uma emergência, veremos que alguns se sairão melhor, porque são melhores motoristas e são capazes de decidir fora dos casos rotineiros da estrada. Os que forem capazes de enfrentar essas novas situações, quando chamados a explicar o que fizeram e por que o fizeram, vão dar razões gerais para sua ação. E se farão entender.

Por essas diferenças de funções e atividades, há diversas disciplinas em torno do direito. Chamamos de dogmática ou doutrina a atividade que abstrai dos casos particulares e das leis singulares para oferecer conceitos gerais adequados para a tarefa de aplicação do direito[30]. Assim forma-se uma teoria dos contratos,

---

aliás em qualquer disciplina), usa de uma pitoresca imagem: assim como a fertilidade do solo aumenta à medida que o revolvemos, a fertilidade de um campo do saber é garantida se o revolvermos periodicamente por meio de questões filosóficas.

[29] A expressão (*exclusionary rules*) é de Joseph RAZ, *Practical reason and norms* (Princeton: Princeton University Press, 1990) para indicar que certas regras têm precedência sobre outras e por isso umas excluem a aplicação de outras. As regras excludentes já bastam no momento de uma decisão, elas afastam dúvidas. Mas nem todas as situações de deliberação são simples e rotineiras.

[30] Para um esclarecimento preciso das funções da dogmática jurídica ver Christian COURTIS, "El juego de los juristas", em *Observar la ley* (Madrid: Trotta, 2006), p. 105-156.

Capítulo 1 · FILOSOFIA, CIÊNCIA E DIREITO | **29**

dos negócios, dos bens. A palavra "teoria" equivale aqui a doutrina, um conjunto de conceitos articulados. Não se trata de modelos semelhantes ao das ciências modernas. A doutrina permite a aplicação do direito, ou seja, o uso pelas partes, aconselhadas por seus advogados, e o uso pelas autoridades judiciais na decisão de conflitos. Mas a doutrina também está presente na atividade legislativa, pois os legisladores usam os conceitos e categorias definidas pelos doutrinadores para fazer leis. Um exemplo disso encontra-se no Código Tributário Nacional (CTN) brasileiro. Seu art. 110 diz que "a lei tributária não pode alterar a definição, o conteúdo e o alcance de institutos, conceitos e formas de direito privado, utilizados, expressa ou implicitamente, pela Constituição Federal, pelas Constituições dos Estados, ou pelas Leis Orgânicas do Distrito Federal ou dos Municípios, para definir ou limitar competências tributárias". Ou seja, o legislador tributário deve adequar-se aos "institutos e conceitos" elaborados pela doutrina jurídica[31].

A filosofia do direito é, portanto, a aplicação da filosofia sobre o direito, ou seja, colocamos ao direito as questões filosóficas mais gerais, dentro naturalmente da tradição filosófica do Ocidente. Assim, a pergunta pela natureza do direito, ou seja, "o que é o direito?", é uma questão de ontologia, ou de metafísica, no sentido clássico da metafísica[32].

---

[31] José Afonso da Silva chama a atenção para o fato de a ciência do direito depender de esclarecimentos conceituais por meio do discurso. "O problema da linguagem constitui o grande drama da metodologia jurídica. A busca do termo próprio, a especificação do sentido em que uma palavra está sendo empregada, são tarefas que colocam como preliminares, especialmente para o publicista, a quem não fica mal possuir a neurose do termo certo, da precisão técnica". José Afonso da Silva, *Aplicabilidade das normas constitucionais*, 2. ed. (São Paulo: Revista dos Tribunais, 1982), p. 106. E prossegue: "A palavra princípio ou princípios é equívoca. (...) Quando falamos em normas definidoras de *princípio institutivo*, a palavra princípio se apresenta na acepção própria de começo ou início, (...) como dá exemplo o art. 3º da Constituição Federal: 'A criação de Estados e Territórios dependerá de lei complementar'. (...) Diferentes são as normas constitucionais de *princípios gerais*, ou normas-princípio. (...) Mais adequado seria chamá-las *normas fundamentais* (...) Fundamentais são, por exemplo, as seguintes normas da Constituição: a) 'O Brasil é uma República Federativa, constituída sob o regime representativo, pela união indissolúvel dos Estados, Distrito Federal e dos Territórios' (art. 1º) (...) Certas normas constitucionais não são propriamente fundamentais, mas contêm *princípios gerais* informadores de toda a ordem jurídica nacional, como as que consagram o princípio da isonomia, o princípio da legalidade, o princípio da irretroatividade das leis, os princípios da organização partidária. (...) Mas essas normas-princípio [que contêm princípios gerais] distinguem-se daquelas que denominamos normas constitucionais de princípio ou esquema, pois estas são de eficácia limitada e de aplicabilidade indireta, enquanto aquelas são de eficácia plena e aplicabilidade imediata" (Id., p. 107-109). Vê-se que os esclarecimentos não são de dicionário, mas conceituais.

[32] Por isso Miguel Reale diz: "O jurista, *enquanto jurista*, não pode dar uma definição do Direito, porque no instante em que o faz, já se coloca em momento logicamente anterior à sua própria ciência". Miguel Reale, *Filosofia do direito*, 17. ed. (São Paulo: Saraiva, 1996), p. 34, ênfase minha.

A metafísica é a disciplina fundamental sobre o ser, como dizia Aristóteles, é o saber que se ocupa do *ser enquanto ser*[33]. O que quer dizer isso? Que se trata da pergunta pela natureza de alguma coisa que pode existir. Visto que há muitas coisas que podem existir e de fato existem, a ontologia ou metafísica pergunta-se sobre a existência mesma. Podemos fazer essa pergunta a respeito do direito, e dado que podemos encontrar o fenômeno jurídico em toda parte, essa pergunta sobre o direito aproxima-se facilmente das perguntas sobre a existência em geral, sobre a existência e a forma das sociedades (as filosofias da sociedade), sobre a natureza do próprio ser humano (a antropologia filosófica, dizem alguns), e assim por diante.[34]

Quadro 13

Metafísica: disciplina dos conceitos fundamentais. A metafísica, na tradição aristotélica, é a disciplina dos conceitos mais fundamentais de nosso conhecimento. A *Metafísica* de Aristóteles começa justamente pela afirmação de que todos os seres humanos naturalmente desejam conhecer. O problema é que existem distintos objetos do conhecimento e distintos métodos. A metafísica trata das formas mais abrangentes, de como conhecemos, como aprendemos e como transmitimos conhecimentos que não sejam as simples experiências pessoais. Estas são intransmissíveis. A metafísica, portanto, trata de temas abstratos, mas não de temas "sobrenaturais". Na expressão de Aristóteles, trata do "ser enquanto ser", ou seja, enquanto objeto de apreensão intelectual, não enquanto objeto de experiência sensorial. Seu método é propriamente o *dialético*, que consiste em enfrentar as *aporias*, ou os *impasses*, como diz Berti (1998, p. 78). O núcleo da metafísica, ciência primeira, é espécie de *análise semântica* de seu objeto. Com isso, forma-se o ponto central da tradição filosófica analítica, ou seja, a pesquisa da "distinção entre os muitos significados de um mesmo termo" (Berti, 1998, p. 86). A metafísica é, portanto, em primeiro lugar o esforço de escapar das armadilhas colocadas pela linguagem e suas indefinições. E toma por objeto o que é, o *ente*. A palavra *ente* corresponde ao particípio presente contínuo de "é". Assim como *o que corre é corrente*, o que *flui é fluente*, o que *preside é presidente*, o que "está sendo" é *ente*. "Três quartos da metafísica constituem um simples capítulo da história do verbo ser", escreve Valery (*apud* Nunes, 1992, p. 34).

---

[33] Aristóteles esclarece que a metafísica consiste nessa investigação das *primeiras coisas*, uma investigação semelhante à que se faz num processo judicial, em que as partes oferecem diferentes narrativas e provas: "Quem investiga sem primeiro esclarecer as dificuldades é como quem não sabe para onde deve ir; além disso, não sabe nem se encontrou aquilo que estava procurando, pois o fim não está claro para alguém assim, mas está claro para quem primeiro discutiu as dificuldades. Ademais, quem ouviu todos os argumentos em disputa, como se fossem partes num processo judicial, deverá estar numa posição melhor para julgar" (Aristóteles, *Metaphysics*, III, 995, b 2-4, v. 2, p. 1573).

[34] Uma introdução interessante ao tema mais geral do conhecimento (inclusive do *ser* e, portanto, da metafísica) encontra-se em Jonathan Lear, *Aristotle: the desire to understand*. Cambridge: Cambridge University Press, 1988. Vale também citar o conjunto de textos organizado por Marco Zingano em *Sobre a Metafísica de Aristóteles: textos selecionados*, São Paulo: Odysseus, 2009.

Capítulo 1 · FILOSOFIA, CIÊNCIA E DIREITO | 31

São, portanto, as questões vindas da filosofia que compõem o campo da filosofia do direito[35]. E essa perspectiva serve para alguma coisa? – perguntariam os mais céticos – Ou seria inútil? – como dizem os menos esclarecidos, os anti-intelectuais que se encontram em toda parte, mesmo entre os juristas. Sim, essa perspectiva é fundamental porque sendo o direito, como veremos adiante, um "fenômeno" de natureza prática, ou seja, do mundo da ação – que não se trata de um fenômeno da natureza bruta, nem do conhecimento meramente formal (matemática, lógica) –, a ideia que fazemos dele é determinante de como procedemos quando estamos no seu campo. Avanço apenas com a seguinte ideia: como o direito tem uma existência não "bruta", aquilo que pensamos que é o direito determina o modo como realizamos o direito[36].

Quadro 14

A consciência determina a vida? Numa célebre passagem de *A ideologia alemã*, MARX e ENGELS afirmam que "não é a consciência que determina a vida, mas a vida que determina a consciência" (MARX; ENGELS, 1979, p. 37). Será que dizer que o que pensamos do direito determina o que fazemos com o direito é uma forma extrema e inaceitável de idealismo? Claro que não. Trata-se de reconhecer que o direito, justamente porque existe como condição geral de interações sociais, só pode existir institucionalmente. Trata-se de estarmos atentos para uma dialética lembrada no mesmo texto, segundo a qual a produção material da própria vida e da vida alheia (procriação) adquire na espécie humana uma dupla relação: natural (orgânica, dos fatos brutos) e social (relacional, social, "ligada a um determinado modo de cooperação") (MARX; ENGELS, 1979, p. 42) e, portanto, determinada por como concebemos essa relação. Conceber não quer dizer imaginar, fantasiar, iludir-se.

Quando me refiro ao "pensar", não quero dizer o que cada um pensa em particular, porém o que compartilhamos como ideia. O que pensamos sobre uma árvore não cria a árvore, nem o que pensamos sobre os astros cria o universo sideral. Aquilo que pensamos em comum sobre o que é um hospital determinará, porém, aquilo que faremos quando usarmos um hospital, como médicos, pacientes ou servidores dele. Em outras palavras, só podemos fazer uso de um hospital, e só podemos criar um

---

[35]   Miguel REALE afirma que "o filósofo do direito indaga dos princípios *lógicos, éticos* e *histórico-culturais* do Direito". *Lições preliminares de direito*, 26. ed. (São Paulo: Saraiva, 2002), p. 16, grifos no original. A filosofia do direito para ele, portanto, confronta-se com a ciência do direito para indagar das suas "condições de possibilidade" (possibilidade da ciência do direito) (Id., Ib.). Dito de outra forma, a "três ordens de pesquisa" responde a filosofia do direito: "Que é Direito? Em que se funda ou se legitima o Direito? Qual o sentido da história do Direito?" (Id., p. 15).

[36]   Essa natureza "não bruta" do direito é lembrada por KELSEN, quando afirma que "nisto reside uma particularidade do material oferecido ao conhecimento jurídico. Uma planta nada pode comunicar sobre si própria ao investigador da natureza que a procura classificar cientificamente. Ela não faz qualquer tentativa para cientificamente se explicar a si própria. Um ato de conduta humana, porém, pode muito bem levar consigo uma autoexplicação jurídica, isto é, uma declaração sobre aquilo que juridicamente significa". Hans KELSEN, *Teoria pura do direito*, 4. ed., trad. J. B. Machado (Coimbra: Arménio Amado, 1979), p. 19. Voltaremos a isso quando falarmos da ciência do direito mais adiante.

hospital, se tivermos um conceito de hospital. Este conceito não pode estar apenas na minha cabeça. Deve ser compartilhado e, por isso, é público ou objetivo: da mesma maneira que aquilo que pensarmos ser uma universidade determinará o que faremos como professores, dirigentes, alunos de uma universidade, o que pensarmos sobre um tribunal será determinante para criarmos e pormos em funcionamento um tribunal.

O que pensamos a respeito do direito determinará o que faremos quando estivermos no campo do direito. Se nós, como juristas, imaginarmos que o direito pode ser interpretado por cada um em particular conforme suas convicções, ou que os juízes têm a liberdade de seguir ou não seguir os precedentes, ou que no direito nada é certo, mas tudo pode ser dito e desdito, viveremos sob um regime determinado. Se pensarmos diferente, viveremos em outro regime. Essa, aliás, é a questão posta e esclarecida por Ronald DWORKIN em seu *O império do direito*, ao dizer que assim como importa o modo pelo qual os juízes decidem os casos, "importa também o que eles pensam que é o direito, e quando discordam a esse respeito, importa que espécie de desacordo existe entre eles" (DWORKIN, 1986, p. 3). Assim como o que acreditamos ser uma boa peça de teatro, uma boa música, uma boa partida de futebol, determina como realizamos cada uma dessas coisas, o que acreditamos ser o direito determina como o realizamos.

1.5.1. A ciência moderna e a filosofia do direito

Voltemos à distinção entre a ciência e a filosofia. As ciências modernas pressupõem que a natureza não tem intencionalidade. No máximo os elementos da natureza se relacionam de forma funcional, ou seja, quando articulados de certa maneira, produzem consequências ou resultados. Além de não intencionais, os elementos da natureza seguem certos padrões de interação, e tais padrões são necessários. Isso seria a lei da natureza. As ciências, portanto, deveriam ser capazes de predição, quando suas hipóteses fossem confirmadas e transformadas em asserções de tipo causal (leis). Caso não se confirmassem as previsões, a hipótese teria que ser revista, e o conhecimento baseado naquela hipótese deveria ser abandonado.

Quadro 15

O **início da filosofia do direito**. O que chamamos de filosofia do direito começou propriamente com o direito natural moderno, uma reflexão teórico-filosófica que esclarecia e justificava o próprio direito. Em 1670, o rei da Suécia, Carlos GUSTAVO, ofereceu a Samuel PUFENDORF (1632-1694) uma cadeira na Universidade de Lund, na qual ensinaria justamente os princípios teóricos fundamentais do ensino jurídico, à parte do aspecto profissionalizante e da exegese dos textos de direito positivo. Passado mais de um século, Immanuel KANT (1724-1804) elaborou essa perspectiva e distinguiu claramente o estudo do que é o direito (*quid ius*) do estudo do direito aplicável (*quid iuris*). Friedrich Carl Von SAVIGNY (1779-1861), jurista alemão chamado a ensinar direito romano em Berlim (1810), já incorporou a perspectiva de uma "teoria do direito" acima dos direitos positivos (direito romano, direito alemão) e se ocupou de temas epistemológicos e metodológicos em suas obras. Georg W. F. HEGEL (1770-1831) foi muito crítico da filosofia tanto de KANT quanto de SAVIGNY a respeito do direito, e nessa perspectiva escreveu seus *Princípios da filosofia do direito* (1820).

Se, por um lado, as questões filosóficas sempre se podem fazer para o direito, e se de fato sempre se fizeram, por outro, nem sempre se reconheceu a disciplina com essa denominação, *filosofia do direito*. Como e quando a filosofia do direito torna-se uma disciplina? Por que ela se torna necessária? Do que ela trata? Como chegamos a ela? O tempo em que ela se converte em disciplina é bem marcado pelo advento da modernidade. E nesta, existem dois momentos determinantes.

Em KANT, começa a filosofia do direito propriamente dita, já independente do direito natural ensinado antes dele. Já vimos antes seu prefácio à *Fundamentação da metafísica dos costumes*: toda ciência tem uma parte empírica e uma parte racional[37]. No caso do direito, que também é uma ciência, ou saber, existem a parte empírica e a parte racional. A primeira responde à pergunta "qual o direito neste caso?", "o que é de direito neste caso?" (*quid iuris?*), enquanto a segunda responde à pergunta "o que é o direito?" (*quid ius?*). À primeira responde-se com as leis de determinado lugar ou tempo; à segunda, "com os princípios da razão somente"[38]. Em KANT, a filosofia do direito adquire, portanto, um quê de epistemologia, de teoria do conhecimento (ou concepção) do que é o direito em si, independentemente dos diversos sistemas jurídicos positivos.

Quadro 16

> **Entendimento, razão, juízo.** A faculdade de conhecer conceitos chama-se *entendimento*, na filosofia de KANT: trata-se da faculdade, como ele a chama, de apreender o mundo pela razão. Apreendemos o mundo pela razão, isto é, conceitualmente (por meio de conceitos) e por isso dela passamos a conhecer. Este *conhecimento* tanto do mundo natural quanto daquele que os seres humanos criam para si por meio de suas ações (mundo da *prática*, que pode ser *técnica* – quando dirigida a coisas –, ou *moral* – quando dirigida a si e a seus semelhantes) é fruto da razão. Entre esse *conhecimento* (uso da razão) e os *conceitos* (entendimento) com que entendemos o mundo situa-se, na filosofia kantiana, a *faculdade de julgar*, ou *faculdade de juízo*. "A faculdade do juízo em geral é a faculdade de pensar o particular como contido no universal. No caso de este (a regra, o princípio, a lei) ser dado, a faculdade do juízo (...) é determinante. (...) Porém, se só o particular for dado, para o qual ela deve encontrar o universal, então a faculdade de juízo é simplesmente reflexiva" (KANT, 1995, p. 23).

1.6. A CONCEPÇÃO MODERNA DE RAZÃO: A LIMITAÇÃO

1.6.1. Concepção limitada de razão: momentos de ruptura

A ciência moderna transmitiu-nos uma imagem limitada de racionalidade, a qual contribui não apenas para afastar o direito do âmbito das ciências modernas, o que se compreende, mas também do âmbito da racionalidade em geral, o que é um equívoco. O direito não é seguramente uma ciência positiva e empírica como outras, e o sistema jurídico (o ordenamento) não é um fato da natureza, ou fato bruto, não é uma *res extensa* (ANSCOMBE, 1958b). Mas nem uma coisa nem outra significa que o direito como

---

[37] Immanuel KANT, *Fundamentação da metafísica dos costumes*, trad. P. Quintela (São Paulo: Abril Cultural, 1974), p. 197.

[38] Immanuel KANT, *Doutrina do direito*, trad. E. Bini (São Paulo: Ícone, 1993), p. 44-45.

34 | CURSO DE FILOSOFIA DO DIREITO – *José Reinaldo de Lima Lopes*

campo do saber ou o sistema jurídico como instituição não podem ser racionalmente abordados. Pode-se dizer ainda que a disciplina filosofia do direito procede de dois momentos de ruptura, ambos ligados à mudança mais geral do quadro dos saberes[39].

Quadro 17

Ciência do direito e filosofia: elaboração e uso de conceitos. Uma das mais importantes tarefas do saber jurídico é conceituar. Sem os conceitos não conseguimos observar ou organizar o mundo e a vida ao nosso redor. Alguns exemplos mais ou menos recentes podem ajudar a perceber a importância da *conceituação* no direito e, por meio dela, a relação intrínseca entre a função da filosofia de esclarecer o pensamento, e a função do saber jurídico de ordenar o mundo ao nosso redor. O primeiro exemplo é o do conceito de *consumidor*. As relações jurídicas das pessoas no mercado eram suficientemente bem concebidas sob a forma dos contratos previstos no Código Civil de 1916? Com a mudança da estrutura social ocorrida, ficou cada vez mais evidente que não[40]. As compras e vendas entre indivíduos privados nem sempre se parecia com a compra e venda do Código Civil, pois de um lado estava um profissional, de outro um *consumidor*. Mas o conceito de consumidor era corrente na economia, não no direito. Foi preciso conceber de maneira nova as relações de mercado, e os juristas tiveram que elaborar novos conceitos: consumidor, produtor, relação de consumo etc. De forma semelhante, a prestação de serviços entre particulares já não obedecia aos dois grandes modelos herdados no Brasil: a escravidão (servidão), o trabalho doméstico (fâmulos) ou a prestação de serviços. Foi preciso criar conceitualmente a *relação de trabalho*, dentro da qual se disciplinaram os *contratos de trabalho*. Outro exemplo, um pouco mais antigo, foi a elaboração do conceito de *empresa* e de *estabelecimento*. A empresa não é o empresário (o sujeito da atividade), nem o agregado de bens dos quais se tem a disponibilidade (como proprietário ou de outra forma). Os juristas tiveram que elaborar um novo conceito para dar conta de novas relações[41].

---

[39] Poderíamos usar a expressão de Michel Foucault, *episteme*, para indicar o que se passou. Para Foucault, *episteme* é um ambiente ou quadro intelectual dentro do qual se movem os especialistas de um tempo. Foucault fala em "códigos fundamentais de uma cultura, aqueles que *regem* sua linguagem", assim como de uma "região" fundamental, arcaica e sólida que ele pretende desvelar. Essa análise, diz ele, não é história das ideias, nem descrição de um progresso na direção da objetividade, mas "o que se quer é trazer à luz um campo epistemológico, a *epistèmê* onde os conhecimentos, encarados fora de qualquer critério referente a seu valor racional ou a suas formas objetivas enraízam sua positividade e manifestam assim uma história que não é a de sua perfeição crescente, mas, antes, a de suas condições de possibilidade (...). Mais que uma história no sentido tradicional da palavra, trata-se de uma 'arqueologia'". Michel Foucault, *As palavras e as coisas*, trad. Salma T. Muchail (São Paulo: Martins Fontes, 2002), p. xvi-xix. Não seriam esses "códigos fundamentais" longinquamente aparentados com os "jogos de linguagem"? Afinal, o próprio Wittgenstein nos alerta que esses jogos não são nada fixos, mas surgem e desaparecem, "novos tipos de linguagem, novos jogos de linguagem, como poderíamos dizer, nascem e outros envelhecem e são esquecidos". Ludwig Wittgenstein, *Investigações filosóficas*, trad. João C. Bruni (São Paulo: Nova Cultural, 1991), p. 18 (*IF*, § 23).

[40] Um autor que se dá conta do problema é Inglez de Souza, ao considerar os projetos de Código Civil anacrônicos já no começo do século XX, uma vez que não tratavam das novas relações estabelecidas no mercado de bens, serviços e capitais. Cf. H. Inglez de Souza, "Convém fazer um codigo civil?", *Revista Brazileira* (1899), p. 257-275; e H. Inglez de Souza, *Projecto de codigo commercial* (Rio de Janeiro: Imprensa Nacional, 1913).

[41] Para o conceito de consumidor, os autores do anteprojeto do Código Brasileiro de Defesa do Consumidor, assim como os pioneiros da área, inclinaram-se todos pela absorção do

> Esses conceitos não se encontram no mundo, não são resultado de achados empíricos. O processo de elaboração dos conceitos não é nada fácil e nada garantido para o futuro. "Omnis definitio in jure civili periculosa est: parum est enim ut non subverti possit" ["Toda definição é perigosa em direito civil, pois é rara a que não se pode subverter"], advertia-nos o jurista JAVOLENO (D. 50, 17, 202). Mas o fato de ser difícil ou perigoso dar definições não elimina a necessidade de os juristas determinarem sentidos e dar à luz conceitos.

A origem dessa concepção, que limita nossa ideia de razão, pode-se encontrar na filosofia empirista de David HUME (1711-1776), segundo ANSCOMBE. A certa altura de sua *Investigação sobre o entendimento humano*, diz ele que existem apenas duas espécies de uso adequado da razão: aquele em que se dão relações entre ideias, e aquele em que se constatam relações entre fatos. O primeiro é o campo das ciências formais, da lógica e das matemáticas. As relações ali são, de certo modo, causais, ou seja, uma ideia implica a outra: as implicações são uma forma de causalidade. O segundo campo é o das relações causais que percebemos entre fatos, eventos, coisas. Para ele, portanto, chamamos racional ou a implicação entre termos (lógica), ou a regularidade causal observável. Tudo o que foge disso não pode ser considerado propriamente racional. No campo da lógica e das matemáticas temos *certezas*, e no campo da experimentação e da causalidade empírica temos *probabilidades*. A razão diz respeito apenas a isso.

> Quando percorremos as bibliotecas convencidos destes princípios, que devastação não devemos provocar? Se pegarmos qualquer volume de teologia ou de metafísica escolástica, por exemplo, perguntemos: *Ele contém algum raciocínio abstrato relativo a quantidade ou número?* Não. *Ele contém algum raciocínio experimental relativo a fato ou existência?* Não. Lance-o às chamas, pois não pode conter senão sofismas e ilusão (HUME, 1990, p. 430).

1.6.2. Primeiro momento: o século XVII e três aspectos da mudança

Já no século XVII, porém, apareciam novidades intelectuais importantes. Fiquemos com três aspectos, apenas.

---

conceito econômico de consumidor, ou seja, pelo conceito restrito, segundo o qual o agente econômico que está na cadeia produtiva não é consumidor, mesmo que "consuma" bens ou serviços. Esse seu "consumo" é, na verdade, insumo. Cf. Cláudia Lima MARQUES, *Contratos no Código de Defesa do Consumidor*, 3. ed. (São Paulo: Revista dos Tribunais, 1999), p. 140-145; José Geraldo Brito FILOMENO, "Disposições gerais", em *Código Brasileiro de Defesa do Consumidor comentado pelos autores do anteprojeto* (Rio de Janeiro: Forense Universitária, 1992), p. 24-27; Toshio MUKAI, "Dos direitos do consumidor", em *Comentários ao Código de Proteção ao Consumidor* (São Paulo: Saraiva, 1991), p. 6-8; José Reinaldo de Lima LOPES, *Responsabilidade civil do fabricante e a defesa do consumidor* (São Paulo: Revista dos Tribunais, 1992), p. 77-79. Foi a jurisprudência que estendeu o código aos produtores, comprometendo a finalidade precípua da lei, provavelmente por incapacidade de ver as distinções elementares vindas da economia, com a qual não se familiarizaram tribunais e juízes, ou por desconhecerem as diversas teorias e doutrinas do direito comum que permitiriam adequado reequilíbrio valendo-se da interpretação benéfica de contratos de adesão e condições gerais de contratação.

a) *Primeiro*, nele se desenham as novas ciências, as quais terão no direito um equivalente no *direito natural racional*. Basta citar os nomes dos cientistas e filósofos do tempo: Galileu Galilei (1564-1642), Johannes Kepler (1571-1630), Francis Bacon (1561-1626), René Descartes (1596-1650), Thomas Hobbes (1588-1679), Francisco Suárez (1548-1617), Hugo Grócio (1583-1645), Samuel Pufendorf (1632-1694), Gottfried Wilhelm Leibniz (1646-1716), Isaac Newton (1643-1727), Blaise Pascal (1623-1662). Alguns deles dedicaram-se expressamente ao estudo da vida política, às ciências morais como se dizia, ao direito propriamente dito, como Francisco Suárez, Hugo Grócio, Thomas Hobbes e Samuel Pufendorf. *O primeiro ponto*, o das novas ciências, consiste, pois, em novo olhar sobre o mundo. Suspende-se o exame das *causas* aristotélicas, as famosas *quatro causas* (material, formal, eficiente e final), e vai-se reduzindo a ciência ao exame da causa eficiente, a relação necessária de antecedente e consequente. Essa causa deve ser submetida à matematização.

Na tradição aristotélica, as "causas dos seres" não se reduziam a essa *causa eficiente*. Tratava-se antes das dimensões e da essência dos seres (ou de sua *natureza*). As causas na filosofia aristotélica respondiam à pergunta "o que é isto?". Tudo o que existe, na perspectiva das causas aristotélicas, pode ser compreendido e explicado por sua matéria (causa material), por sua estrutura (causa formal), por sua origem (causa eficiente) e por sua finalidade (causa final). Essas são as causas dos seres, elas dão, em conjunto, a "razão de ser" de alguma coisa. Por exemplo: um objeto como um automóvel tem certa matéria, mas só é aquele automóvel porque o material foi disposto de certo modo, tem uma estrutura, um desenho, digamos. Tem, portanto, matéria e forma. O que põe a matéria e a forma do automóvel juntas é seu fabricante (causa eficiente). Mas a matéria e a forma do automóvel se unificam para que ele realize algum fim ou função (causa final). Um gato também: tem sua matéria (orgânica) e se distingue de outros animais pela sua estrutura ou forma (um gato é diferente de um papagaio). O que mantém suas partes juntas, porém, é diferente do que mantém juntas as partes de um automóvel: é a vida, ou, como diziam os antigos, sua *alma* (*anima*, em latim). Um gato é uma unidade orgânica, não mecânica. Da mesma maneira uma instituição, como um tribunal, pode ser abordada pelas suas *causas*: compõe-se de recursos humanos e materiais (causa material), organiza-se de certo modo (causa formal), é criado por seres humanos em unidades políticas (causa eficiente) e se entende porque tem uma finalidade (causa final)[42]. Um tribunal não é uma unidade orgânica, como um gato, nem uma unidade mecânica, como um automóvel, mas uma unidade institucional, cuja natureza será explicada nos capítulos seguintes.

Ora, o olhar da ciência moderna altera essa perspectiva. A ciência exclui a *intencionalidade*. Olha para o mundo suspendendo a *causa final*: não preciso e não devo procurar uma finalidade externa para a lua ou para os astros. Basta conhecer

---

[42] Cf. a excelente síntese de Christine Korsgaard, *Self-constitution*: agency, identity and integrity (Oxford: Oxford University Press, 2013), p. 27-44.

sua matéria e sua forma intrínseca. Em seguida explico suas relações com os outros corpos e seu espaço por meio de fórmulas matematizadas e mecânicas. O sucesso da ciência moderna foi imenso na explicação dos fenômenos naturais, permitindo previsões cada vez mais precisas, experimentações que reproduzem os fenômenos e uma forma de domínio sobre a natureza de modo mais eficaz e eficiente para os seres humanos. A explicação das ciências torna-se o melhor exemplo de como conhecer o mundo; para muitos torna-se o único exemplo de conhecimento e de racionalidade.

b) *Segundo ponto* a destacar no século XVII: a necessidade de um *ceticismo metódico* e metodológico. Colocar tudo em dúvida, de forma radical. O representante exemplar dessa perspectiva é René DESCARTES. De que posso ter certeza? A resposta cartesiana é também radical: a única certeza de que disponho é de minha própria existência, e de minha própria consciência de que existo. *Cogito, ergo sum*. Penso, logo existo: para mim mesmo tenho certeza de que não sou uma ilusão. Sou eu mesmo. A dúvida radical é respondida pelo radical subjetivismo. O sujeito só pode ter certeza de suas ideias. E essas ideias são inatas.

c) Outro ponto fundamental, o *terceiro*, foi o abandono progressivo da reflexão a respeito da ação humana e sua transformação em *movimento*. Veremos isso melhor no próximo capítulo. Basta, por ora, dizer que esse abandono transforma o estudo da sociedade, da política e do direito. O representante mais exemplar desse esforço é Thomas HOBBES. A metáfora que ele usa na introdução do *Leviatã* é sugestiva: examine-se o ser humano e a sociedade como um *artefato mecânico*. Cada parte desempenha um papel dentro de um mecanismo: sua imagem da sociedade é mecânica. Logo, aquilo que antes eram as ações e as interações agora, para fins de análise e conhecimento, converte-se em movimentos[43]. Trata-se da adoção de um *modelo mecânico ou mecanicista* aplicado à vida institucional e moral.

Como esses pontos afetam o direito e como eles estão na base da filosofia do direito? Primeiro passo, que não é dado por todos, mas apenas por alguns (e os mais lidos com o passar do tempo), é a suspensão de uma forma de ver a finalidade da vida social chamada *bem*. O bem e o bom são colocados em dúvida, como lemos nas palavras de PASCAL.[44] Algo é bom, passa-se a dizer, enquanto a lei determina

---

[43] Thomas HOBBES, *Leviathan*, ed. C. B. MacPherson (London: Penguin Books, 1985), p. 81.

[44] "Três graus de elevação do polo derrubam a jurisprudência. Um meridiano decide a verdade; em poucos anos de posse, as leis fundamentais mudam; o direito tem suas estações. A entrada de Saturno em Leão marca-nos a origem de um crime. Divertida justiça, que um rio limita! Verdade aquém dos Pirineus, erro além. (...) Dessa confusão resulta que um diz que a essência da justiça é a autoridade do legislador; outro, a comodidade do soberano; outro, o costume presente, e é o mais certo: nada, segundo a sua razão, é justo em si; tudo se abala com o tempo" (PASCAL, 1973, p. 294).

que seja assim, mas a lei determina uma coisa na França ("aquém dos Pirineus") e outra coisa na Espanha ("além dos Pirineus"). Suspende-se então o exame das causas finais da sociedade e se reduz o exame dos fins da vida política ao exame do indivíduo, do interesse individual.

Sobre os bens da vida social não se pode ter certeza. Pode-se ter certeza apenas daquilo que serve para a manutenção da vida orgânica de cada indivíduo. O esforço de imaginar um bem que não seja discutível é semelhante ao esforço de pensar sobre uma verdade da qual não se pode duvidar. O bem que não se pode discutir se encontra na vida de cada ser humano, um individualismo de partida, ou, como se diz hoje, um individualismo metodológico. Os jusnaturalistas vão assumir a seguinte perspectiva: os seres humanos individuais têm, cada um deles, seu próprio bem, consistente em viver e sobreviver. Isso é *evidente*. A partir daí podemos tratar cada ser humano como uma peça autônoma. O indivíduo humano é *logicamente anterior*, o ponto de partida, ele é a unidade básica e elementar. A sociedade propriamente dita é *logicamente* posterior aos seres humanos: é uma construção, como um mecanismo, máquina ou artefato, um contrato, e nesses termos tem algo de artificial. "Os pactos e a aliança pelos quais as partes do corpo político foram primeiramente feitas, montadas e unidas assemelham-se àquele *Fiat* ou *façamos o homem*, pronunciado por Deus na criação" (HOBBES, 1985, p. 81-82). Os pactos e contratos são o meio mecânico pelo qual se fazem as relações sociais. Natural mesmo é o *indivíduo* humano. A sociedade começa a parecer-se com um acréscimo ao ser humano individual. Esse passo essencial é dado pelo jusnaturalismo moderno. E o jusnaturalismo vai tornar-se a filosofia de base, o fundamento teórico para o direito. Grandes juristas do século XVII passam a ver o mundo desta maneira. Seria muito mais complicado falar de cada um deles, pois as diferenças são marcantes também, mas podemos usar essa simplificação.

1.6.3. Segundo momento: do iluminismo para o positivismo

Um segundo momento, de grande consequência, é o século XVIII, especialmente o fim do século XVIII, e o início do século XIX. A bem dizer, esse é o momento em que nasce o *direito moderno*, sintetizado no movimento de codificação, e a *ciência moderna do direito*, ou dogmática jurídica, exemplificada na teoria geral proposta por um SAVIGNY, bem como *a filosofia do direito* propriamente dita, expressa tanto na obra de KANT quanto na de HEGEL (ver quadro 15, *supra*). Como se vê, tomei como exemplares os casos da cultura de língua alemã, mas o esforço é geral no âmbito europeu. Dá-se na França dos códigos, mas também na Inglaterra de Jeremy BENTHAM e John Stuart MILL, onde John AUSTIN começa a ensinar direito (e teoria do direito) na recém-criada Universidade de Londres. Não precisamos fazer uma história completa desse movimento, basta acenar para os elementos mais estruturais e propriamente filosóficos dessa passagem[45].

---

[45] Para um exame histórico ver Italo BIROCCHI, *Alla ricerca dell'ordine* (Torino: Giappichelli, 2002); António Manuel HESPANHA, *Cultura jurídica europeia*: síntese de um milénio, 3. ed. (Lisboa: Publicações Europa-América, 2003); António Manuel HESPANHA, *Como os juristas viam o mundo 1550-1750* (Lisboa, 2015); Franz WIEACKER, *História do direito privado moderno*, trad. A.

Se comparada com a longa história do estudo superior do direito, a autonomia e o surgimento da *filosofia do direito* como disciplina parecem ter acontecido ontem. Sabemos que no tardo império romano e durante o principado de JUSTINIANO havia escolas de direito em algumas das mais importantes cidades, como Constantinopla ou Beirute. Bolonha, na Itália, contava com estudos de direito desde o século XI, e a institucionalização da escola de jurisprudência pode ser traçada desde o século XII. A filosofia do direito, contudo, surge com este nome apenas no século XIX, quando estava em curso o processo de mudança generalizado dentro da civilização de matriz europeia ocidental. Ela substitui o direito natural como disciplina de base.

Essa mudança provinha da grande revolução científica operada nos séculos anteriores e, naquela altura, atingia em cheio a própria instituição universitária. Nas três últimas décadas do século XVIII, via-se em toda parte o movimento de reforma das universidades no qual convergiam vários movimentos. Em primeiro lugar, a secularização crescente e o afastamento do modelo de escola confessional vigente desde o século XVI, quando as guerras de religião, a inquisição e a Reforma protestante haviam dado às universidades importante papel de órgão de Estado capaz de garantir alguma unidade ideológico-cultural. Em seguida, as reformas pretendiam incorporar finalmente a nova ciência, cujo desenvolvimento havia ocorrido fora dos currículos tradicionais. Nesse embate, o papel do direito como disciplina superior estava também em jogo. Por outro lado, a Revolução Francesa levara de roldão juristas e faculdades de direito. Por alguns anos, até que Napoleão as restaurasse em 1804, as faculdades de direito ficaram fechadas. Quando reabertas, apresentaram nova face e seu currículo havia sido transformado. O direito pátrio positivo transformara-se em centro de gravitação do novo curso[46]. Nesse ambiente de reviravolta cultural, a filosofia do direito faz sua entrada e sintetiza grandes tradições que a precederam: a grande escola do direito natural moderno, chamado de jusracionalista e a filosofia crítico-transcendental kantiana. Talvez pudéssemos acrescentar a filosofia do direito de HEGEL, uma espécie de resposta a ambas as tradições que dominavam o cenário intelectual da Alemanha.

A filosofia do direito, portanto, é forjada entre os séculos XVII, XVIII e XIX, quando o direito toma a forma que hoje adotamos: legislado mais do que costumeiro, regulando campos antes deixados aos particulares, como o direito comercial, ou à Igreja, como a família. Antes disso, claro, reconhecia-se também um nível positivo do direito ao lado de seu nível ideal e crítico, chamado direito natural. Essa distinção era bem mais antiga do que a nomenclatura *filosofia do direito*: encontrava-se nas reflexões da filosofia grega clássica, passou para os pensadores e juristas romanos influenciados pelas escolas filosóficas gregas, reapareceu na universidade medieval e nos juristas a ela ligados. De fato, na tradição a que nos filiamos historicamente,

---

M. Hespanha (Lisboa: Fundação Calouste Gulbenkian, 1980); José Reinaldo de Lima LOPES, *As palavras e a lei*: direito, ordem e justiça no pensamento jurídico moderno (São Paulo: Editora 34/FGV, 2004).

46 Sobre a história do direito moderno nesse período que nos interessa ver especialmente Italo BIROCCHI, *Alla ricerca dell'ordine* (Torino: Giappichelli, 2002); Italo BIROCCHI e Antonello MATTONE, *Il diritto patrio – tra diritto comune e codificazione* (Roma: Viella, 2006).

40 CURSO DE FILOSOFIA DO DIREITO – *José Reinaldo de Lima Lopes*

talvez se possa mesmo dizer que o direito e a filosofia vão nascendo juntos. Sem essa ligação, o direito não teria sobrevivido como disciplina superior, universitária.

Diante de um direito legislado, positivo e abrangente, e no ambiente de renovação da própria ideia de ciência e razão, apareceu uma reflexão não apenas geral (como dogmática geral), mas filosófica. Um dos elementos mais característicos dessa reflexão é o papel enorme que o problema da *legitimidade* representa: por que obedecer? Essa pergunta não pode ser respondida de dentro da dogmática geral do direito.

1.7. CIÊNCIA DO DIREITO

Para finalizar esta introdução, vamos falar da "ciência do direito". A filosofia do direito precede *logicamente* – não cronologicamente – a ciência do direito, ou seja, para fazer ciência do direito deve-se ter uma ideia do que seja o direito mesmo e essa ideia é propriamente filosófica. Mesmo que raramente se fale de filosofia do direito, ou que os juristas façam filosofia do direito sem o saber – como Monsieur Jourdain, o burguês da peça de MOLIÈRE, *O burguês fidalgo*, que falava em prosa sem saber –, os juristas fazem sua ciência do direito.

Se a filosofia é "esclarecimento", enquanto a ciência propriamente dita é "conhecimento", pode-se dizer que a ciência do direito nos faz conhecer o direito, a prática jurídica e seus componentes normativos próprios. "Costuma-se (...) entender a Ciência do Direito como um 'sistema' de conhecimentos sobre a 'realidade jurídica'" (FERRAZ JR., 1980, p. 9). Assim como o direito, digamos, o direito-objeto[47], mudou ao longo da história, igualmente o conhecimento, o direito-ciência, mudou. Uma das teses deste livro é que no caso do direito, por sua natureza – que será explorada no capítulo seguinte –, a maneira de conceber o objeto determina o próprio objeto, como já foi dito acima. Estamos no universo das instituições que não existem senão pela ação humana. E o método que se julgar o mais adequado para o conhecimento do direito também influirá na configuração do direito mesmo, no seu ensino, sua transmissão e sua prática.

Ora, no caso do direito, o *cientista* (quem o conhece) e o *agente* (o operador do direito positivo) se confundem, na medida em que para agir como jurista (*agente*) é preciso ter uma ideia do direito (*ciência*). O jurista é simultaneamente quem produz o conhecimento sobre o direito e quem o opera e atualiza[48]. O que se pensa do direito, o que se produz como ciência do direito, contribui para a existência mesma do direito e de seu modo de ser. Diz ASCARELLI com elegância:

> A história do direito e a história do pensamento jurídico terminam por convergir, porque do desenvolvimento do segundo depende a própria dimensão do primeiro (ASCARELLI, 1959, p. 12).

---

[47] Expressão de FERRAZ JR. em *Introdução ao estudo do direito* (São Paulo: Atlas, 1988), p. 55.

[48] "No caso do direito (...) uma separação mais ou menos clara entre o cientista e o agente social é extremamente difícil de ser feita, o que pode ser percebido pela antiga questão de se saber se a doutrina jurídica como tal é, ela própria, uma das *fontes* do próprio Direito". Tercio Sampaio FERRAZ JR., *A ciência do direito*, 2. ed. (São Paulo: Atlas, 1980), p. 12.

A ciência do direito, ou dogmática jurídica, desempenha algumas tarefas, como diz Christian COURTIS[49]. Primeiramente, (a) uma tarefa *expositiva ou sistematizadora*, que descreve um conjunto de normas do direito positivo, como ao comentar um código, arranja a matéria sob certa classificação e expõe as relações entre suas partes. Trata-se de uma tarefa *de lege lata*, pois a solução se encontra na lei. Depois, (b) uma *tarefa de orientação*, ao explicar e justificar certas possibilidades de decisão. Segundo COURTIS, essa tarefa tem um lado descritivo, pois se refere a possibilidades reconhecidas como existentes no ordenamento positivo, mas também tem um lado prescritivo, pois recomenda certas soluções como melhores que outras. A ciência do direito também desempenha (c) uma função *crítico-prescritiva*, conhecida como *de lege ferenda*, pois nesse caso o jurista reconhece que a solução que propõe não está atualmente contemplada pelo direito positivo.

Em todos os casos, a ciência do direito depende de seu caráter discursivo, pois deve determinar sentidos e interpretações possíveis para os casos. Como diz COURTIS, ela lida com problemas de indeterminação linguística, questões lógicas (incompletudes, lacunas, antinomias, contradições, inconsistências, redundâncias), determinação de finalidades, funções e bens, problemas relacionados à estrutura escalonada e hierárquica dos ordenamentos e de relações entre ordenamentos (conflitos de leis, conflitos de sistemas jurídicos). Em muitos casos, contudo, depende de conhecimentos vindos de outras áreas do saber. Quando defendia o projeto de código civil francês diante do Corpo Legislativo em 1804, Jean-Étienne-Marie PORTALIS alertava para essa mescla de conhecimento por evidência lógica interna ao direito com conhecimentos vindos de outras áreas. Por exemplo, dizia ele, não preciso de nenhum conhecimento de agricultura para saber que uma sociedade na qual um dos sócios é totalmente excluído dos lucros é inaceitável. Mas para determinar a abusividade do preço de um produto não me bastam conceitos jurídicos[50].

O que pode ocorrer com a ciência do direito, e que de fato ocorreu ao longo dos últimos 150 anos, é a perda da consciência de seu caráter singular e prático. O resultado foi o progressivo afastamento entre teoria e prática. A teoria pretendeu-se científica e com isso desconheceu o caráter prático de seu campo. A esse método de abordagem pode-se chamar de *positivismo*, nos dois sentidos que a palavra indica: o *positivismo da ciência*, pois o tratamento dado ao objeto (o conjunto de normas ou ordenamento jurídico) era semelhante ao das ciências "naturais" e "positivas"; e o *positivismo do direito*, pois o objeto de estudo deveria ser um direito posto por alguma autoridade (legislador e tribunais), positivo, portanto. Essa espécie de ensino levou – especialmente nos direitos de tradição romano-canônica[51] – ao famoso distanciamento da "prática". Embora com a cabeça cheia de conceitos e com uma enorme e sofisticada gramática, os alunos

---

[49]   Christian COURTIS, "El juego de los juristas", em *Observar la ley* (Madrid: Trotta, 2006), p. 105-156.

[50]   Jean-Etiene-Marie de PORTALIS, *Discours préliminaire au premier projet de Code civil*, ed. Michel Massenet (Bordeaux: Éditions Confluences, 1999).

[51]   Também o direito da *common law* conheceu seu positivismo. O representante mais exemplar disso foi John AUSTIN (1790-1859), amigo dos reformadores utilitaristas ingleses. É bom lembrar, porém, que o conceitualismo positivista foi objeto de uma reação enorme pelo movimento

CURSO DE FILOSOFIA DO DIREITO – *José Reinaldo de Lima Lopes*

muitas vezes saíam incapazes de elaborar de forma autônoma as "decisões" jurídicas. Dominavam a "gramática do direito", se é que a dominavam, mas não dominavam a fala jurídica, o discurso. O resultado disto teve pelo menos três lados a considerar: uma queixa generalizada da ineficácia do estudo, muito distante da "prática"; a reprodução em todos os trabalhos jurídicos do mesmo estilo de "manuais", discursivos mas inconcludentes; o sentimento de que afinal de contas pode-se dizer qualquer coisa e que qualquer coisa pode finalmente valer no direito.

Quadro 18

Reações contemporâneas ao conceito moderno de ciência. A insatisfação com a perspectiva da ciência moderna conduziu a uma série de controvérsias dentro da *teoria geral* do direito ao longo do século XX. A primeira mudança dá-se na obra de Herbert HART, *O conceito de direito*, na qual ele se refere ao direito como *prática social*. Publicado em 1960, o livro teve enorme repercussão, que se pode encontrar na obra de Ronald DWORKIN, em Neil MACCORMICK, Klaus GÜNTHER e Robert ALEXY, para ficar nos mais populares. O livro de HART reflete um movimento que já se dava na filosofia inglesa e do qual se deve destacar tanto Peter WINCH (1926-1997), autor de *The idea of a social science and its relation to philosophy* (2. ed., London: Routledge, 2008 [1958]), quanto Elizabeth ANSCOMBE (1919-2001) e seu *Intention* (2. ed., Cambridge: Harvard University Press, 2000 [1957]), sem falar em Richard HARE (1919-2002) e seu *A linguagem da moral* (São Paulo: Martins Fontes, 1996 [1956]). No âmbito da filosofia, há muitos outros nomes, destacando--se, a meu ver, Karl-Otto APEL (ética do discurso), Ernst TUGENDHAT (retomada da teoria das virtudes), Charles TAYLOR (a ação humana, *human agency*), e herdeiros da filosofia analítica, como Bernard WILLIAMS. A reflexão sobre a razão prática inclui hoje uma legião de pensadores.

Uma analogia pode ajudar a perceber o que quero dizer com uma ciência prática. O direito é uma disciplina prática no sentido de que seu domínio é "demonstrado" na ação, não na repetição de palavras ou frases feitas, como alguns psitacídeos fazem. O domínio de uma língua é demonstrado quando o sujeito "faz" as frases de maneira correta, compreensível, aceitável para a comunidade dos falantes, segundo as regras da comunidade dos falantes. Em que consiste aprender a falar – isto é, em que consiste aprender a usar uma língua (o português, o espanhol, o árabe, o híndi) – e qual a diferença entre aprender a falar e aprender gramática? Será que aprender a falar e aprender gramática, ou decorar palavras de um dicionário, são a mesma coisa? Esta analogia entre língua, gramática e linguística pode bem servir ao que nos interessa. Pois alguns confundem aprender direito com aprender definições, como quem confunde aprender uma língua com decorar um dicionário; outros confundem aprender direito com saber de cor as regras de uma gramática; outros acreditam ainda que aprender direito é aprender uma teoria geral ou uma "linguística" do direito.

Não há dúvida de que tudo isto importa. Um falante de uma língua que, além de falá-la cotidianamente, conhece muitas palavras – mesmo as de uso menos

---

do *realismo americano*, que a seu modo recolocou o problema da decisão em um lugar de destaque no pensamento jurídico.

frequente – sabe mais, domina melhor a língua. Da mesma forma, se conhece as regras da gramática e se tem uma ideia mais geral das funções da linguagem, será provavelmente mais capaz de entender estilos, gêneros, discursos diferentes, de perceber as diferenças entre eles e pelo menos tentar elaborar coisas criativas. Logo, há níveis de menor ou maior "competência linguística" como há níveis de maior ou menor domínio de um sistema jurídico.

Aprende-se a falar de maneira "natural": o uso da língua, como uma necessidade básica de inserção social, é aprendido em casa e na infância[52]. Trata-se da aprendizagem de um artefato profundamente sofisticado este da língua, mas as crianças o aprendem relativamente cedo. Quando aprendem uma língua, aprendem a fazer *discursos*: assim, aprender uma língua e aprender a fazer discursos são a mesma coisa. Não se pode dizer que alguém aprendeu uma língua se esta pessoa não é capaz de "falar" (fazer discurso, discorrer) naquela língua.

Depois de aprender a língua, as crianças vão à escola e ali são instruídas em gramática. A gramática "aperfeiçoa" a língua que as crianças já falam. Quando elas passam a dominar a gramática, elas mesmas "se corrigem" e usam a chamada "norma culta": são capazes de conversar tanto em nível coloquial, íntimo, usando expressões típicas de sua história familiar, de sua vizinhança, de seus pares e seus amigos, quanto de falar com a correção que as torna compreendidas por outros grupos, mais distantes de sua história pessoal, de seu local de nascimento ou convivência. Pode ser que elas parem por aí, mas pode ser que elas avancem no estudo da gramática: e aí tomam o caminho da gramática comparada e da gramática histórica. Aprendem e pesquisam como o português, o castelhano, o catalão, o sardo, o italiano podem ser comparados (suas gramáticas, por exemplo) entre si, ou com outras línguas que têm menos em comum: o alemão, o holandês, o inglês, ou quiçá o japonês, o árabe, o chinês.

Depois de tanto comparar, o estudante perceberá que há alguma coisa que caracteriza todas as línguas humanas e passa então da gramática à linguística. Percebe que não importa a língua ou família de línguas, todas elas valem-se de sons e a relação dos sons com os objetos que designam (coisas ou ideias) é arbitrária. Percebe também que o repertório de sons de uma língua é diferente daquele de outra e que em cada uma delas os contrastes entre sons podem ser significativos apenas dentro de um repertório de oposições muito limitadas. Por exemplo, no português pode-se pronunciar o som representado pela letra "e" de duas maneiras: aberto (representado graficamente por "é") ou fechado (representado graficamente por "ê"). A oposição "é"-"ê" é significativa e uma das maneiras mais fáceis de reconhecer um estrangeiro (sobretudo os de língua castelhana) é sua incapacidade de fazer esta distinção, pois em espanhol esta distinção não é significativa.

---

[52] WITTGENSTEIN ressalta o fato de que aprendemos a falar falando e de que a aquisição da primeira língua, a língua materna, é diferente da aquisição de uma segunda língua, porque no primeiro caso ao aprender a língua aprendemos a "pensar com palavras", e no segundo caso não. Cf. esp. Ludwig WITTGENSTEIN, *Investigações filosóficas*, trad. João C. Bruni (São Paulo: Nova Cultural, 1991) (*IF*, §32).

CURSO DE FILOSOFIA DO DIREITO – *José Reinaldo de Lima Lopes*

A linguística, como uma teoria geral da língua, determina (e pressupõe) que o "signo linguístico" articula-se em vários níveis: no nível fonético, no nível semântico e no nível sintático. Teoricamente, diz-se que o fenômeno da língua pode ser apreendido em três níveis: (i) fala, (ii) norma e (iii) língua. A *fala é o ato concreto* e singular de pronunciar discursos. A *norma* consiste num primeiro *nível de homogeneidades*, que inserem o ato singular de falar em algum grupo de falantes: geográfico (dialetos, idiomas, prosódias, pronúncias usados em certos lugares e não em outros), social (jargões, palavras vulgares, cultas etc.) ou de estilo e gêneros literários (discursos, explicações, diálogos coloquiais, declarações de amor etc.). Finalmente, há um nível de abstração que abarca os outros, o da *língua*, no qual se encontram *as regras mais básicas*: regras de gramática (sintaxe, semântica), regras fonéticas (quais as diferenças fonéticas que correspondem a diferenças semânticas), e assim por diante. *Uma língua só se mantém viva por meio de discursos, que por sua vez só podem ser compreendidos a partir de um sistema geral de regras que permitem sua identificação.*

A analogia é ainda mais esclarecedora quando tomamos o clássico *Curso de linguística geral* de Saussure (1972) e atentamos para algumas características da linguagem humana que ele destaca:

> A linguagem tem um lado individual e um lado social, sendo impossível conceber um sem o outro. Finalmente: a cada instante, a linguagem implica ao mesmo tempo um sistema estabelecido e uma evolução: a cada instante ela é uma instituição atual e um produto do passado. (...) Há, segundo nos parece, uma solução para todas essas dificuldades: é necessário colocar-me primeiramente no terreno da língua e tomá-la como norma de todas as outras manifestações da linguagem. (...) Mas o que é a língua? (...) É um produto social da faculdade da linguagem e um conjunto de convenções necessárias, adotadas pelo corpo social, para permitir o exercício dessa faculdade nos indivíduos (Saussure, 1972, p. 16-17)[53].

Saussure sugere que há uma tensão entre o sistema da língua e a realização concreta dos discursos ou da fala. A tensão significa que o sistema (língua) é, por definição, abstrato e normativo, enquanto a fala (discurso) é, por definição, concreta, empírica e contingente. Um e outra, porém, estão em dependência recíproca. Nenhuma língua se mantém como sistema vivo se não for realizada na prática por

---

[53] Justamente a respeito desse aspecto Paul Ricoeur nos lembra que Saussure deixara-se influenciar por Durkheim e entendia a linguística como semelhante à sociologia. "Uma mensagem é individual, o seu código coletivo (fortemente influenciado por Durkheim, Saussure considerou a linguística como um ramo da sociologia). A mensagem e o código não pertencem ao tempo da mesma maneira. Uma mensagem é um acontecimento temporal na sucessão de acontecimentos que constituem a dimensão diacrônica do tempo, ao passo que o código está no tempo como um conjunto de elementos contemporâneos". Paul Ricoeur, *Teoria da interpretação*: o discurso e o excesso de significação, trad. Artur Morão (Lisboa: Edições 70, 2019), p. 13-14. Não por acaso, o estruturalismo, que Saussure desenvolveu como método próprio, espraiou-se mais tarde para as ciências sociais.

discursos concretos de falantes, e nenhum discurso concreto é compreensível sem a referência a um padrão ou norma.

Para melhor esclarecer, retomo aqui uma série de distinções feitas por Paul RICOEUR entre língua e discurso. Em resumo, ele nos alerta para o seguinte: a língua é atemporal; não tem sujeito; nela os signos se definem por sua relação recíproca, quer dizer, ela "não tem mundo". Tudo isto se inverte no caso dos discursos: todo discurso é pronunciado em um momento; todo discurso é pronunciado por um sujeito; nos discursos, os signos têm um mundo ao qual se referem, conhecido – real ou potencialmente – pelo falante e seu auditório, ou interlocutor[54]. E justamente isto está em jogo também no caso do direito: pode-se falar do "direito" como um sistema, isto é, como uma língua. Assim, pode-se falar do "direito brasileiro", ou "direito argentino", ou "direito chinês"; pode-se da mesma forma falar de "direito civil", "direito administrativo", "direito do consumidor". Da mesma maneira que reconheço alguém que "conhece" uma língua (sistema) não quando ele descreve aquela língua, mas quando a fala (pronuncia discursos), assim também reconheço quem sabe direito não quando "descreve" ou "reproduz palavras e conceitos", mas quando aplica (usa) o direito (sistema). Naturalmente, alguém é capaz de pronunciar o discurso (falar) em uma língua, sob a condição de dominar o sistema e *ter o que dizer*. Analogamente, alguém sabe direito quando, dominando o sistema[55], *decide* alguma coisa em um sentido ou outro. Para decidir, precisa dominar o sistema em termos de justificação e aplicação, claro está, mas isto já nos levaria muito longe – para a atual teoria da decisão jurídica –, o que não vem a calhar para os modestos propósitos deste curso.

Creio que isto é um começo para entender o direito, já que, assim como a língua, o direito é ao mesmo tempo um sistema de regras que permite discursos (*o direito como objeto* de uma teoria geral ou de uma dogmática jurídica) e a realização dos discursos mesmos (*o direito como prática ou aplicação* das regras aos casos concretos, por decisão dos tribunais, respostas a consultas, e assim por diante).

É possível interessar-se pela língua olhando-a de fora? Sim, claro: há quem faça a história da língua, há quem faça gramática histórica, há quem faça sociolinguística, há quem estude linguística, há quem estude línguas comparadas. Nesses casos, o objeto de estudo é a língua e quem estuda uma dessas disciplinas não está aprendendo e nem ensinando uma língua propriamente. Ninguém espera aprender uma língua qualquer em uma aula de linguística. A linguística não ensina ninguém

---

[54] Essa ideia foi expressa primeiramente "Evénement et sens", em Paul RICOEUR, *Révelation et histoire* (Paris: Aubier, 1971), p. 15-34, hoje disponível em: http://www.fondsricoeur.fr/en/pages/accueil.html. A mesma ideia foi retomada diversas vezes, particularmente em Paul RICOEUR, "The task of hermeneutics", em *From text to action* (Evanston: Northwestern University Press, 1991), p. 53-74; e "The model of the text", em *From text to action* (Evanston: Northwestern University Press, 1991), p. 144-167.

[55] O sistema que se deve conhecer consiste no direito positivo, legislado, e no arcabouço de unidade que lhe é dado pela doutrina (dogmática).

a falar uma língua, ao contrário, pressupõe que o estudioso já saiba falar uma língua, isto é, já conheça a língua que deseja estudar.

Conhecer o direito é saber tomar decisões jurídicas, ou seja, um saber agir segundo o direito. Não digo que seja um *know-how*, para não cair no perigo de equipará-lo ao saber tecnológico. Este difere do saber prático de caráter moral, político ou jurídico quanto ao seguinte: no saber tecnológico, o produto (resultado) é externo à própria ação, digamos que é algo (uma coisa, por assim dizer). Nele o que está em jogo não são os fins, mas os meios. Tomemos um exemplo banal: a técnica organiza sistematicamente meios para atingir certos fins, e esses fins são predeterminados. Fazer uma mesa, fazer uma cirurgia, fazer uma ponte, organizar uma atividade empresarial são todos "fins" ou produtos. Se queremos fazer qualquer dessas coisas, devemos dispor dos meios adequados. Essa operação de dispor dos meios adequados é relativamente fechada, embora nela também haja alguma coisa a decidir. No direito não se dá exatamente a mesma coisa. Se nos voltarmos para a atividade de decidir segundo regras, não estamos apenas avaliando meios para certo fim. O fim não está necessariamente dado. O direito, assim como a moral e a política, é uma disciplina que organiza, ordena, sistematiza a tomada de decisões também com relação aos fins. De que maneira quero viver minha vida? De que maneira, como sociedade, queremos viver coletivamente? O que é justo fazer nestas circunstâncias? Estas não são perguntas pelos meios, mas, de certa forma, são perguntas pelo fim, ou pelo sentido a ser dado a uma ação que ainda não se realizou. Para onde ir? Essa a questão. O que fazer? Nestes termos, conhecer direito ou saber direito é, como diz mesmo Wittgenstein, um saber fazer, um poder, um dominar uma prática, mas diferente do puro saber instrumental ou tecnológico. O direito só é tecnológico em certa dimensão metafórica: se é assim que desejamos viver, devemos proceder assim. Por isso mesmo, saber aplicar uma regra e saber interpretar uma regra são espécies muito determinadas de saber[56].

Quando a ciência do direito esquece que seu papel é mais semelhante ao da gramática de uma língua, do que ao da análise estrutural e descritiva de certo objeto, dá-se o lamentado distanciamento da prática. O que vamos ver no restante deste livro é por quais caminhos a aproximação da teoria jurídica do direito vivo vem se dando e isso em três âmbitos: o da consideração da *natureza do direito*, o dos problemas de *aplicação, uso e interpretação do direito*, e, finalmente, o do *sentido da prática jurídica*.

---

[56] Para alguns a deliberação se resume à escolha dos meios, seguindo certa interpretação de uma passagem da Ética a Nicômaco segundo a qual deliberamos sobre os meios. Essa interpretação sempre foi objeto de controvérsia. Por isso para eles toda deliberação se assemelha à *técnica* ou à *tecnologia*. Para o estado atual da questão ver David Wiggins, "Deliberação e razão prática", em *Sobre a Ética Nicomaqueia de* Aristóteles – *textos selecionados*, trad. A. M. da Rocha Barros Neto (São Paulo: Odysseus, 2010), p. 126-154. Wiggins argumenta que, na passagem referida, Aristóteles presume que o fim está dado, mas em outras passagens ele esclarece que os fins também são objeto de escolha. Uma vez que escolhi ser médico, passo a deliberar sobre o que fazer para ser médico. Mas ser médico é, num momento anterior, também o objeto de minha deliberação. Na verdade, os fins se encadeiam e se hierarquizam. Dessa deliberação sobre os fins mesmos trata o Livro VI da Ética a Nicômaco.

Capítulo 2

DIFERENTES TEORIAS DO DIREITO

"Todos os homens têm, por natureza, desejo de conhecer: uma prova disso é o prazer das sensações, pois, fora até da sua utilidade, elas nos agradam por si mesmas e, mais que todas as outras, as visuais. (...)

Os outros animais vivem portanto de imagens e recordações, e de experiência. Mas a espécie humana vive também de arte e de raciocínios. (...)

E a arte aparece quando, de um complexo de noções experimentadas, se exprime um único juízo universal dos [casos] semelhantes."

(ARISTÓTELES, *Metafísica*, Livro I)

"The problem we all face is not whether to be realistic, but how, not whether to portray law as fact rather than fiction, but what counts as a fact and what, therefore, as a factual portrayal of it. (…) If law exists at all, it exists not on the level of brute creation along with shoes and ships and sealing wax or for that matter cabbages, but rather along with kings and other paid officers of state on the plane of institutional fact."

(N. MacCormick, "Law as an institutional fact", 1986, p. 49)

"Thinking, willing, and judging are the three basic mental activities; they cannot be derived from each other and though they have certain common characteristics they cannot be reduced to a common denominator."

(ARENDT, *The life of the mind*, 1978, p. 69)

2.1. A METAFÍSICA DO DIREITO

Visto que a filosofia é diferente da ciência, como nós a entendemos hoje, também a filosofia do direito difere da ciência do direito ou doutrina, chamada por alguns dogmática jurídica. A primeira pergunta da filosofia é a pergunta metafísica, pela natureza de algo, uma investigação da "razão de ser", daquilo que faz alguma coisa ser aquilo que ela é. A pergunta metafísica não se confunde com o que vulgar e popularmente as pessoas chamam de metafísica, ou seja, algo fora da realidade, existente apenas na imaginação, ou mesmo algo sobrenatural. Daí a citação acima, extraída da *Metafísica* de ARISTÓTELES, que nos leva a refletir sobre "as causas primeiras", sobre o bem (ou a *finalidade*) e o porquê. Ora, a investigação sobre a finalidade, o porquê, a razão de ser ou, na linguagem de ARISTÓTELES, a "causa primeira" do direito constitui a filosofia do direito.

Essa filosofia primeira ocupa-se da crítica ou investigação dos primeiros princípios do pensamento. Esses primeiros princípios ou conceitos, que apreendemos pela inteligência – e, portanto, pela linguagem –, fazem toda a diferença. A capacidade de pensar por conceitos e apreender a realidade de forma "intelectiva" ou "intelectual" é que nos torna, como *membros da espécie* humana, capazes de uma forma *específica* de conhecimento. "A experiência", diz ARISTÓTELES, "é conhecimento dos singulares, e a arte, dos universais". A experiência é uma forma de conhecimento. De fato, por meio dela posso ser capaz de fazer as coisas, pois tudo o que fazemos é da ordem do singular "porque as operações e as gerações todas dizem respeito ao singular". Ele não deixa dúvidas sobre a importância desse conhecimento, produto da experiência:

> Não é o Homem, com efeito, a quem o médico cura, se não por acidente, mas Cálias ou SÓCRATES, ou a qualquer outro assim designado, ao qual aconteceu também de ser homem[1]. Portanto, quem possua a noção sem a experiência e conheça o universal ignorando o particular nele contido, enganar-se-á muitas vezes no tratamento. No entanto, nós julgamos que há mais saber e conhecimento na arte do que na experiência, e consideramos os homens de arte mais sábios que empíricos, visto a sabedoria acompanhar em todos, de preferência, o saber. Isto porque uns conhecem a causa, e os outros não. Com efeito, os empíricos sabem "o quê", mas não o "porquê"; ao passo que os outros sabem o "porquê" e a causa (ARISTÓTELES, 1973, 212, *Metafísica*, Livro I, 981a 15).

A experiência precisa, porém, juntar-se a um "conhecimento das causas". Sem o conhecimento das causas e dos porquês o tolo pode até acertar, mas acertará muitas vezes por acaso. Aquele que conhece as causas, por sua vez, terá consciência de quando e por que errou: o tolo acerta por acaso, o sábio conhece porque errou, diz o ditado popular. A metafísica trata, pois, dessas primeiras condições para se conhecer alguma coisa. Entre elas, naturalmente, a determinação do objeto do conhecimento, do *quê* e do *porquê* daquilo que se apresenta a nós.

Creio que não seria grande traição ao pensamento de Immanuel KANT dizer que também ele estava à procura das respostas a essas mesmas questões quando disse, na *Doutrina do direito* (*Rechtslehre*), que existe uma ciência do justo (*juris scientia*) a qual não depende do conhecimento das leis positivas. Este, o conhecimento das leis positivas, constitui a ciência do direito positivo, que ele chama de *juris prudentia*. Segundo ele, quem se ocupa do direito positivo é o *jurisconsulto*, mas quem se ocupa da ciência da *jurisciência* é o *filósofo*. A ciência do direito (*jurisciência*) sistematiza aquilo que podemos saber sobre o direito e, para KANT, saber

---

[1] Ou seja, o médico cura um indivíduo, que traz em si a marca da humanidade, que é um "ser humano". Por isso o médico cura "por acidente" o "Homem". Sua ação (*operação*) dirige-se primeiramente ao paciente individual.

de forma racional. Para ele, esse saber de forma racional significa saber independentemente dos dados positivos, ou do direito positivo. Essa ciência sistematiza o "direito natural", ou seja, o direito que se pode conceber racionalmente, de modo natural. Em outras palavras, se tivermos um conceito do que é a vida em sociedade debaixo de leis, seremos capazes de natural e racionalmente pensarmos em certas condições necessárias para essa vida. Outras condições serão apenas contingentes, e, portanto, não racionalmente naturais (necessárias). Por exemplo: é natural que, se quisermos todos usar a rua ao mesmo tempo, deve haver regras de trânsito. Mas quais exatamente são as regras de trânsito não sabemos. Saber que são necessárias regras de trânsito é natural e racional. Saber quais são ou quais devem ser as regras de trânsito em um tempo e lugar específicos é contingente, empírico, positivo.

Durante séculos no Ocidente, as questões filosóficas a respeito dos primeiros princípios, ou seja, dos pontos de partida e dos conceitos elementares do pensamento jurídico, foram agrupadas sob a denominação "direito natural". Não se tratava de direito "sobrenatural", mas das ideias mais básicas a respeito do que hoje chamamos sistema jurídico, ordenamento jurídico, sistema legal etc. Quando KANT escreve, propõe-nos de forma renovada essa mesma ideia. Para ele o que poderíamos chamar de direito natural é muito claramente um arcabouço conceitual, não um conjunto de normas positivas. Se de normas pudéssemos falar, seria algo semelhante às normas (ou regras) de caráter lógico, isto é, das condições de pensamento. Na linguagem de KANT, isto teria caráter *transcendental*, vale dizer, não adquirido pela experiência sensorial.

Assim, no pensamento kantiano, fundador da filosofia do direito contemporânea como visto no capítulo anterior, pode-se distinguir a indagação teórica a respeito do direito da indagação "empírica" ou positiva, a qual se refere a *um* direito, ou seja, a *um* determinado ordenamento jurídico ou lei. Diz ele no prefácio da *Fundamentação da metafísica dos costumes*, sua obra abrangente e básica a respeito da vida humana, ou melhor, daquela parte da vida humana não orgânica, não física:

> A velha filosofia grega dividia-se em três ciências: a *Física*, a *Ética* e a *Lógica*. Esta divisão está perfeitamente conforme com a natureza das coisas, e nada há a corrigir nela a não ser apenas acrescentar o princípio em que se baseia, para deste modo, por um lado, nos assegurarmos da sua perfeição, e, por outro, podermos determinar exatamente as necessárias subdivisões. Todo conhecimento racional é: ou *material* e considera qualquer objeto, ou *formal* e ocupa-se apenas da forma do entendimento e da razão em si mesmas e das regras universais do pensar em geral, sem distinção dos objetos. A filosofia formal chama-se *Lógica*; a material, porém, que se ocupa de determinados objetos e das leis a que eles estão submetidos, é por sua vez dupla, pois estas leis ou são leis da *natureza* ou leis da *liberdade*. A ciência da primeira chama-se *Física*, a da outra é a *Ética*; aquela chama-se também Teoria da Natureza, esta, Teoria dos Costumes. (...) Pode-se chamar *empírica* a toda filosofia que se baseie em princípios da experiência, àquela, porém, cujas doutrinas se apoiam em princípios *a priori* chama-se filosofia pura. Esta última, quando é simplesmente formal, chama-se *Lógica*; mas quando se limita a determinados objetos do entendimento chama-se *Metafísica*.

CURSO DE FILOSOFIA DO DIREITO – *José Reinaldo de Lima Lopes*

Desta maneira surge a ideia duma dupla metafísica, uma *Metafísica da Natureza* e uma *Metafísica dos Costumes*. A Física terá portanto a sua parte empírica, mas também uma parte racional; igualmente a Ética, se bem que nesta a parte empírica se poderia chamar especialmente *Antropologia prática,* enquanto a racional seria a *Moral* propriamente dita (KANT, 1974, p. 197).

Algo semelhante ele repete na introdução à sua *Crítica da faculdade do juízo*:

> Se dividirmos a Filosofia (...) como é usual em *teórica* e *prática*, procedemos com total correção. Mas então os conceitos que indicam aos princípios deste conhecimento da razão qual é o seu objeto têm também que ser especificamente diferentes. (...) Todavia, existem somente duas espécies de conceitos que precisamente permitem outros tantos princípios da possibilidade dos seus objetos. Referimo-nos aos *conceitos de natureza* e ao de *liberdade*. Ora, como os primeiros tornam possível um conhecimento teórico segundo princípios *a priori*, e o segundo em relação a estes comporta já em si mesmo somente um princípio negativo (de simples oposição) e todavia em contrapartida institui para a determinação da vontade princípios que lhe conferem uma maior extensão, então a Filosofia é corretamente dividida em duas partes completamente diferentes segundo os princípios, isto é, em teórica, como filosofia da natureza, e em prática, como filosofia da moral (...). (KANT, 1995, p. 15).

A *filosofia* da natureza não oferece às ciências naturais os dados da experiência, mas a crítica, isto é, o exame reflexivo de sua condição, possibilidade e limites. Assim a filosofia moral oferece às "ciências morais" uma crítica semelhante e paralela. Cada uma delas, a filosofia da natureza e a filosofia moral, parte de conceitos claros, mas bem distintos: o de natureza (no qual se entendem regularidades, causalidade etc.) e o de liberdade (no qual se entende a vontade, a capacidade de agir etc.).[2] Ora, a ideia de regularidade ou de causalidade não se obtém por experiência: ela é fruto da reflexão; é, portanto, elaborada. É um conceito. Igualmente, a ideia de liberdade é um conceito. Desses dois conceitos elementares e distintos resultam duas filosofias distintas, uma da natureza, e outra da prática, dentro da qual se insere o direito. Toda ciência positiva tem uma parte filosófica, aquela parte que lhe fixa os conceitos primeiros (por exemplo, espaço, tempo, força, energia etc.). Existe, porém, uma filosofia independente da experiência, que KANT chama de *pura*. Esta ou é a *lógica* mesma, que tem por objeto o pensar consequente e consistente, ou é a *metafísica*, que tem por objeto o pensamento voltado para certos objetos, ou seja, como se pensa quando se pensa sobre alguma coisa.

Segundo KANT, portanto, a pergunta primeira para o filósofo do direito é "o que é o direito?" (*quid sit jus*). Tem caráter não empírico, como se fosse uma *metafísica* do direito, parte da *metafísica dos costumes*, ou seja, parte da *filosofia*

---

2   Esclarecimento dessa divisão em ARISTÓTELES pode ser lido com muito proveito nas lições de Henrique C. de Lima VAZ, *Introdução à ética filosófica.* 7ª. ed. São Paulo: Loyola, 2015, p. 109-126.

Capítulo 2 · DIFERENTES TEORIAS DO DIREITO | **51**

primeira da vida de ação, liberdade, daquilo que "não dá em árvores", que é *criado* e não *gerado* pelos seres humanos. A pergunta que o jurisconsulto (jurisperito, jurista) quer responder, por seu turno, é "qual o direito aplicável?" ou "o que é *de direito* neste caso?" (*quid sit juris?*). A filosofia ocupa-se da questão sobre a natureza do direito, sobre uma questão primeira, portanto. Isso porque se alguém não sabe o que é sua atividade, se não conhece a natureza ou razão de ser de sua própria ocupação, não chegará a saber o que fazer, como fazer uso de sua ciência. Imaginemos um médico que não tenha ideia clara do que é a medicina, e que a exerça de forma indiferente com relação a sua finalidade essencial – salvar vidas, diminuir dores. Será um mau médico, ficará muitas vezes em dúvida sobre o curso de ação a tomar, será incapaz de decidir adequadamente entre tratamentos, e assim por diante. Portanto, existe um nível de atividade que depende de uma compreensão teórica, abstrata ou conceitual do campo em que alguém se insere. Essa esfera de reflexão teórica sobre o campo, inclusive o campo do direito, constitui a filosofia daquele campo e, para nós, a filosofia do direito.

2.2. O LEGADO POSITIVISTA

O direito contemporâneo se expressa em textos, em mandamentos da autoridade política, em costumes, na moralidade positiva (tradicional, arraigada, inconsciente)? Como se distingue de outros conjuntos de mandamentos, normas, regras, ordens? O direito é o justo mesmo? Se o direito não dá em árvores, quem o define? O que lhe dá sua *razão de ser*? As respostas dadas a essas perguntas são um capítulo importante da história do direito mesmo. Como a intenção deste livro não é fazer história do direito, narrar o que foi dito sobre o assunto, nem listar os autores que sobre o assunto se manifestaram, o que se deve fazer é apresentar propriamente as filosofias, ou seja, as teorias que mais correntemente apelam ao público hoje.

Há sempre uma influência do ambiente cultural, do contexto, dos conflitos em andamento na sociedade e das soluções institucionais tentadas em certos momentos históricos. De certa forma, tudo isso converge nas maneiras de pensar dos juristas. Pode-se dizer que na primeira modernidade, nos séculos XVII e XVIII, o modelo cultural mais impressionante foi o que concebeu o mundo mecanicamente, foi a ciência da natureza. No direito isso teve inúmeras consequências, entre elas a de conceber a sociedade e o direito como frutos de contratos, como vimos no capítulo anterior. Em seguida, no século XIX, ganhou força a ideia de um sistema orgânico, segundo o qual a sociedade é um organismo de organismos. Mais recentemente, o desenvolvimento da linguística fez que nos anos 60 e 70 do século passado se consagrasse uma visão da sociedade e do direito como sistemas cibernéticos, isto é, sistemas operativos analisados pelas relações possíveis entre seus distintos elementos. Essas relações entre os elementos seriam o "sentido" dos sistemas, algo totalmente distinto de "sentido" como "ideal compartilhado"[3].

---

³   "O sentido de um elemento é a sua capacidade de entrar em relação com outros elementos e com a totalidade da obra". Aplicado à sociedade, temos uma "transposição do método

É possível também associar o positivismo ao desenvolvimento histórico do Estado moderno, como o faz entre nós Luis Fernando Barzotto. Diz, com razão, que o Estado moderno inicialmente torna-se o guardião da convivência e da paz civil impondo-se sobre as sociedades europeias fraturadas pelas guerras de religião. Isso ele faz por meio da imposição da lei. (BARZOTTO 2007, 14-15) Isso explica porque em meio ao direito *universal*, o direito comum da Europa ocidental (direito romano e direito canônico) a pouco e pouco se afirma o direito pátrio (cf. BIROCCHI 2002, BIROCCHI e MATTONE 2006). Nesses termos, a valorização do direito positivo vindo do soberano cresce de importância: afinal, o soberano torna-se o maior protetor do cidadão contra a violência de outro cidadão que professe religião diferente. Isso ele o faz submetendo todos a uma só lei. Esse movimento evolui prossegue para a organização do Estado liberal e constitucional. Neste é novamente a lei em sua forma de constituição, que passa a proteger o cidadão contra a violência ou arbítrio do próprio soberano. Esse largo movimento histórico leva ao progressivo estabelecimento do direito posto como a mais importante garantia de paz e liberdade civil. Nessa direção, o direito e seu estudo confundem-se com o ordenamento positivo.

Quadro 19

Estruturalismo, funcionalismo, sistemas e seus limites. As análises ditas estruturais ou sistêmicas suspendem *o sentido ou referência* do que analisam – ações e instituições. Estas são estudadas em termos das relações internas de suas partes ou elementos. O sentido é para elas a relação de uma parte com outra ou com o todo. O método procede da linguística, onde serve para estudar a língua (*sistema*) independentemente da fala ou discurso (*o que se diz*). O que se pode indagar é se o exame ou análise estrutural dá mesmo conta do que se quer saber quando se analisa um texto (ou uma sociedade). Afinal, todo texto, embora tenha uma estrutura, *quer dizer alguma coisa*, e é essa coisa que interessa ao leitor. Essas e outras ideias críticas a respeito do estruturalismo provêm de Paul RICOEUR (1991), especialmente do ensaio "What is a text?", no qual adverte sobre o perigo de converter a análise sistêmico-estrutural naquilo que chamará, em outro lugar, "num jogo estéril, numa álgebra divisória" (RICOEUR, 2019, p. 121).

A mais importante teoria ou filosofia do direito no século XX foi sem dúvida o positivismo jurídico. Deve-se distinguir dentro do positivismo distintas vertentes, ou mais propriamente distintas concepções do que é ou do que poderia ser uma ciência positiva do direito. Essas correntes diferenciam-se, mas seu traço comum é a ideia de que

---

comutativo" forjado para dar conta dos elementos fonológicos da língua em primeiro lugar. Paul RICOEUR, *Teoria da interpretação*: o discurso e o excesso de significação, trad. Artur Morão (Lisboa: Edições 70, 2019), p. 118. Sentido, no estruturalismo, nada tem a ver com sentido (*Sinn*, *meaning*) ou referência (*Deutung*) na filosofia analítica ou na filosofia hermenêutica. Trata-se da relação entre os elementos de um sistema, relação de oposição entre eles. Os diversos elementos distinguem-se aos pares. A ideia procede da linguística estrutural de Ferdinand de Saussure.

Capítulo 2 · DIFERENTES TEORIAS DO DIREITO | **53**

o direito é algo a ser tratado, algo que *está aí*, algo posto (*positum*)[4]. É a essas correntes, entre outras, que Dworkin se refere quando fala de uma perspectiva puramente fatual do direito, a "plain-fact view" (Dworkin, 1986, p. 6-11). Para adotar o positivismo é preciso transformar o direito em um objeto como outros, um objeto qualquer que está aí.

O positivismo no direito, como teoria e concepção geral do que é ou pode ser o direito, teve alguns caminhos alternativos que foram seguidos a partir do século XIX. Como eles continuam a formar muitos juristas, talvez mesmo a maioria dos juristas que não realizam o trabalho propriamente filosófico, é preciso esclarecer quais foram esses caminhos. Bobbio assume que se pode falar de positivismo jurídico em três acepções diferentes: (a) como um *modo de abordagem* (uma metodologia ou definição, digo eu) do direito, (b) como uma *teoria* do direito, (c) como uma *ideologia* da justiça (Bobbio, 1965, p. 39-40).

Como modo de abordagem, o positivismo distingue o *direito como fato* do *direito como valor*, o direito real do direito ideal, e disso resulta que a atitude do jurista positivista é de descrição e explicação do direito tal qual ele é (portanto, do direito positivo). Isso normalmente se vincula a uma concepção do direito como produto do Estado, desta forma particular de poder político que é o Estado consolidado no século XIX, ou seja, uma teoria legalista, não no sentido pejorativo de legalismo (como limitação mental), mas no sentido mais simples de que a teoria do direito é uma teoria das leis (ou *teoria das normas* como vou chamá-la). Deste último traço resulta que a teoria positivista do direito decanta-se em alguns temas centrais: *a coerção jurídica, o imperativismo* da norma jurídica, *as fontes do direito* – como dirá mais tarde Dworkin, uma teoria do *pedigree* das normas (Dworkin, 1977, p. 17) –, *a ordem jurídica* (sistematização das normas), a atividade de interpretação (*exegese*, na tradição francesa, ou *dogmática* conceitual, na tradição alemã) (Bobbio, 1965, p. 41-47)[5]. Outro tema é a *distinção específica da lei*, o que a diferencia de outras normas em geral, particularmente da moral[6].

O *modo de abordagem* positivista, ou *positivismo metodológico*, diz Bobbio, é uma questão de conveniência: "partir do direito tal qual é (...) serve melhor ao fim principal da ciência jurídica" para a jurisprudência (ao fornecer esquemas de decisão e elaborar um sistema do direito vigente).

Já a *teoria* positivista apoia-se sobre um juízo de fato: o direito vigente está aí e é aplicado pelo Estado (Bobbio, 1965, p. 50). Essa teoria constata o direito existente examinando o critério de validade das normas e de seu conjunto e está a serviço da aplicação.

---

4   A expressão "direito positivo" neste sentido traduz a expressão latina "ius positum", direito posto, corrente entre os juristas e filósofos medievais. O direito posto – pela vontade, humana ou divina, que tomava a forma de costume (a vontade difusa de uma comunidade), de lei (a vontade expressa de uma autoridade) ou *interpretatio* (a doutrina exposta pelos juristas ou pelos juízes) era uma coisa. O direito não posto, mas apreendido pela inteligência, como condição da vida em sociedade, era o direito natural.

5   Ele reafirma essa caracterização em Norberto Bobbio, "Tullio Ascarelli", em *Dalla struttura alla funzione* (Bologna: Edizioni di Comunità, 1977), p. 217-274.

6   Nisso também Dworkin se separa do positivismo. Cf. Ronald Dworkin, *Taking rights seriously* (Cambridge: Harvard University Press, 1977), p. 59-61.

Finalmente, Bobbio concede que a *ideologia* positivista do direito é a expressão de um sistema de valores, que assim se resume: "O direito, pela maneira como está posto e se faz valer, ou pelo fim a que serve, qualquer que seja seu conteúdo, tem por si mesmo um valor positivo e deve-se prestar obediência incondicionada a suas prescrições" (Bobbio, 1965, p. 51). O positivismo como ideologia ou crença toma a obediiência à lei como bem.

Ao final, diz Bobbio, é possível não aceitar a *ideologia* positivista e continuar aceitando a *teoria* positivista e, por consequência, o *modo de abordagem* ou metodologia positivista.

Carlos Santiago Nino resume ideia semelhante de positivismo metodológico (*modo de abordagem*) dizendo que nele a tese principal é que "o conceito de direito não deve caracterizar-se segundo propriedades valorativas, mas tomar em conta apenas propriedades descritivas (...) fazendo alusão apenas a propriedades fáticas" (Santiago Nino, 1984, p. 37).

Teses assim indicam a convicção profunda do positivismo e dos positivistas: a de que o direito posto ou positivo é algo que está aí e pode ser entendido e explicado em seus próprios termos. Uma afirmação assim pode, no entanto, ser mais complicada do que parece, pois diferentemente de uma planta, que nada diz sobre si mesma, o direito talvez diga algo sobre si, como já vimos Kelsen mesmo afirmar (Kelsen, 1979, p. 19), e nem sempre esse algo está dito exclusivamente ou completamente pelas normas jurídicas ou pelo poder político (o Estado). Mesmo para um positivista tão distinguido como Kelsen, o positivismo do jurista precisa tomar cuidado com a aproximação simples de seus métodos aos métodos da ciência natural, das ciências empíricas e das ciências sociais.

O positivismo jurídico metodológico tem um débito claro para com o positivismo científico em geral em dois aspectos importantes. *Em primeiro lugar*, na postura de observação do mundo. Assim como as ciências (naturais e positivas) elaboram um método para olhar de certa forma para o mundo, assim também o faz o positivismo jurídico. O positivismo científico geral pretende ser descritivo e suprime do mundo, ou da natureza, uma finalidade que lhe seja imposta ou dada por sujeitos humanos. A natureza simplesmente existe, está aí, e o olhar descritivo deve suprimir a intencionalidade: a natureza não tem intenção, logo não tem finalidade ou função. Finalidades são impostas às coisas pelos sujeitos humanos. Como diz o verso de Fernando Pessoa, "a natureza não tem dentro, senão não era natureza". Ou seja, a natureza não é um sujeito.

Por isso o positivismo metodológico distingue o direito que existe do direito ideal: o direito que existe pode ser conhecido e observado pelo cientista do direito, enquanto o direito ideal não pode ser observado, mas apenas projetado ou imaginado pelo... político do direito, pelos criadores do direito novo. Por isso, o olhar científico positivo sobre o direito não pode examiná-lo sob o ponto de vista do bem (finalidade geral), ou da justiça (um sentido para ações, e para as leis), ou de qualquer outra finalidade. Assim como um cientista observa um telefone e pode descrevê-lo apenas por sua matéria e estrutura, o cientista do direito observa o direito apenas pelo que ele é.

Quadro 20

A natureza não tem intencionalidade: pode ser *conhecida* de fora

Li hoje quase duas páginas
Do livro de um poeta místico,
E ri como quem tem chorado muito.
Os poetas místicos são filósofos doentes,
E os filósofos são homens doidos.
Porque os poetas místicos dizem que as flores sentem
E dizem que as pedras têm alma
E que os rios têm êxtases ao luar.
Mas as flores, se sentissem, não eram flores,
Eram gente;
E se as pedras tivessem alma, eram cousas vivas, não eram pedras;
E se os rios tivessem êxtases ao luar,
Os rios seriam homens doentes.
É preciso não saber o que são flores e pedras e rios
Para falar dos sentimentos deles.
Falar da alma das pedras, das flores, dos rios,
É falar de si próprio e dos seus falsos pensamentos.
Graças a Deus que as pedras são só pedras,
E que os rios não são senão rios.
E que as flores são apenas flores.
Por mim, escrevo a prosa dos meus versos
E fico contente,
Porque sei que compreendo a Natureza por fora;
E não a compreendo por dentro
Porque a Natureza não tem dentro;
Senão, não era a Natureza.

(Alberto CAEIRO [Fernando PESSOA], *Ficções do interlúdio*, XXVII)

Em segundo lugar, o positivismo jurídico aceita a ideia de que quem conhece/observa (o jurista, como o cientista) deve considerar seu "objeto" (o direito, a natureza) como algo que existe fora de si mesmo. Quando observa a natureza, o cientista "olha a natureza de fora" e a única hipótese geral que tem a respeito dela é que está sujeita a regularidades causais, a leis naturais. Ele pode fazer experimentos para replicar o fenômeno, para confirmar sua hipótese, mas enquanto faz os experimentos ele não está usando a natureza para benefício seu. A aplicação de sua teoria ou descoberta será feita num momento posterior, por quem desenvolve tecnologia ou ciência aplicada. O jurista positivista, igualmente, observa o direto, mas não para utilizá-lo: ele não é juiz, nem advogado, nem parte; não examina o direito para aplicá-lo. Examina-o para descrevê-lo. O aplicador ("operador do direito") é um agente e, como tal, olha para o objeto tendo em vista um fim (seu próprio objetivo estratégico). O cientista propriamente dito, em termos positivos, quer apenas observar e, portanto, deve considerar o direito como algo que "está aí fora".

Isso leva um autor coerente e consistente como Kelsen a suspender o exame tanto do momento de criação do direito (*política do direito*), quanto do momento da aplicação (*decisão jurídica*). Ele sabe que se trata de dois momentos necessários e insuperáveis da vida de um ordenamento. Mas em ambos entra em jogo um papel ativo de algum sujeito (o legislador, o julgador) e a observação do direito que ele propõe não se estende a esses dois momentos, porque neles o que entra em cena não é uma "coisa", mas as ações: de *maneira geral (para todos)* no caso do legislador, de *maneira particular (para as partes)* no caso do juiz. Em outras palavras, para dar conta das ações de criação do direito positivo (lei ou sentença), ele teria que transformar essas ações (criação e aplicação) em seu objeto de análise e estudo. Mas ele pretende estudar e analisar as leis, não as ações. Na obra de um positivista como Kelsen, o estudo e o exame da criação e da aplicação do direito se convertem no objeto de outra disciplina, o que ele chama de política do direito. Por isso não se encontra em sua obra, particularmente na *Teoria pura*, o estudo da hermenêutica ou da política legislativa. Ele não as nega, mas como pretende fazer apenas teoria do direito que está aí, delas não cuida.

Recentemente no Brasil, Dimitri Dimoulis formulou uma outra grande classificação do positivismo jurídico, dividindo-o em positivismo *lato sensu* e positivismo *stricto sensu*[7]. O positivismo em sentido amplo "define o direito com base em elementos empíricos e, necessariamente mutáveis no tempo" (Dimoulis, 2006, p. 79) e sustenta-se nas teses do fato social, da fonte e do convencionalismo. Isso quer dizer que a (1) "validade das normas jurídicas depende de fatos sociais" e não decorre senão da vontade humana, (2) que somente a norma positiva é fonte de direito, e (3) que as normas de direito não são deduzidas da razão, mas fruto de decisões. Em sentido estrito, o positivismo distingue-se do que ele chama de *jusmoralismo*. O jusmoralismo faria a validade das normas jurídicas dependerem de "elementos vinculados a valores" e seriam "correspondentes" a "mandamentos de origem moral" (Dimoulis, 2006, p. 87). A posição de Dimitri Dimoulis pretende contrapor-se, portanto, a teses que vinculem direito e moral, mais do que às teses que pretendem distinguir o objeto *direito* do objeto *natureza*.

Ao longo deste livro deverá ficar mais claro por que e como aqui se propõe uma vinculação *conceitual* entre direito e moral, e por que essa vinculação não precisa apelar para uma vontade divina, nem confunde preceitos morais com mandamentos. Veremos justamente que um dos problemas conceituais do positivismo está em tomar a lei por um mandamento ou ordem, nem sempre considerando as variedades *lógicas* de normas que existem.

Outra maneira de abordar o positivismo contemporâneo é ilustrada pelo trabalho de Luis Fernando Barzotto já citado (Barzotto 2007). Tratando de três dos mais importantes teóricos do positivismo no século XX (Hans Kelsen, Alf Ross, Herbert Hart), Barzotto concentra-se na ideia de validade que os une e ao mesmo tempo distingue. Une-os porque a validade é um problema central para os positivistas: é por meio dela que o direito se distingue dos fatos brutos. "Com a categoria de validade, os positivistas pretenderam isolar o direito da moral e da política. Isso

---

[7] No debate internacional que se seguiu à obra de Herbert Hart passou-se a falar de um *positivismo inclusivo* e de outro *positivismo exclusivo*.

Capítulo 2 · DIFERENTES TEORIAS DO DIREITO | 57

foi possível na medida em que a validade é determinada pelo próprio ordenamento jurídico, enquanto este controla a produção das suas normas." (Barzotto 2007, 128) Cada um deles, porém, saiu-se de maneira diferente: para Kelsen a validade é "uma categoria lógica", enquanto para Alf Ross "ee uma categoria psicológica", vale dizer, expressa uma realidade empírica (a psicologia dos agentes do sistema), e finalmente para Hart ela é uma "categoria social" (Barzotto 2007, 128). Temos então perspectivas diferentes: para Kelsen o estudo do direito será semelhante ao estudo de uma gramática geral das normas jurídicas. Isso se revela facilmente na estrutura de sua obra maior, *Teoria pura do direito*: trata-se de uma espécie de morfologia do direito, que ele chama de "estática jurídica" (conceitos básicos como responsabilidade, dever, norma, sujeito, etc.) e de uma sintaxe fundamental, o que ele chama de "dinâmica jurídica" (relações das normas entre si, hierarquia, regras e competência, produção das normas, etc.). Para Ross, a validade é a maneira como os agentes encaram as normas, o que depende essencialmente de crenças (psicologia, portanto) e o estudo do direito é uma observação dos comportamentos. Mas ee com Hart que, a meu juízo, o positivismo dá um passo qualitativamente diferente. Para ele o direito positivo não pode ser compreendido (ou concebido) como um conjunto ordenado de comandos (ordens seguidas de sanção), nem uma simples regularidade de comportamentos convergentes. O filósofo oxfordiano aponta para a existência de uma ordem das ações humanas dotadas de sentido, o que ele vai chamar um prática. As práticas são realmente positivas, isto é, existem fora dos agentes singulares, como as línguas, mas não se reduzem aos comportamentos Veremos nos próximos capítulos o pano de fundo necessário para bem compreender Hart, mas podemos já nos adiantar e ir sugerindo a analogia com a linguagem e/ou a língua. A fertilidade dessa novidade nota-se no fato de serem os seguidores de Hart, tanto os que o apoiaram como seus críticos, os autores mais importantes da segunda metade do século XX e inícios do século XXI.

Quadro 21

Imperativos e preceitos. Críticos do jusnaturalismo incorrem em confusão ao imaginar que o *direito natural* consiste num ordenamento paralelo ao direito positivo (hoje em dia, direito positivo estatal), como o faz Dimitri Dimoulis (2006, p. 81). Segundo essa visão, o direito natural constitui um ordenamento paralelo que *vigora* ao lado do ordenamento positivo, com a diferença de que foi editado por Deus (origem divina). Essa confusão ignora a mais elementar diferença reconhecida pelos jusnaturalistas de todos os tempos: a de que existem ordenamentos positivos humanos (no seu tempo: costumes locais, direito romano, direito canônico, leis régias etc.), mandamentos positivos divinos (guardar o domingo, *v.g.*) e existe o direito natural. Logo, o direito natural não é um ordenamento como os positivos. Não é um "direito sobrenatural". Uma segunda confusão desses críticos está em desconhecerem a diferença entre mandamentos e preceitos. Ordens como "feche a porta" ou "não estacione do lado direito da rua" são mandamentos. Regras da gramática ou da lógica são preceptivas, sem serem mandamento: não me dizem o que devo dizer, nem que estilo devo usar numa frase. O direito natural é constituído de "preceitos de razão", não mandamentos ou ordens. Só mais recentemente alguns filósofos voltaram a perceber a importância dessas diferenças. Cf. Von Wright (1971).

Muitos usam a expressão "positivismo" de um modo muito simples para se referir ao *positivismo ideológico*, e tendem a usá-la como acusação ou insulto: "você é um positivista!", querendo dizer "você ignora que o direito é um fenômeno social e histórico". Trata-se de simplificação e equívoco. Simplificação porque, como vimos, há várias acepções do termo "positivismo jurídico". Equívoco porque os mais importantes positivistas do século passado – Hans KELSEN, Alf ROSS e Herbert HART – tinham consciência de que o direito tanto tem um papel na organização da sociedade, quanto é fenômeno histórico e abrange alguma ou várias concepções de bem e moral. Nenhum deles nega isso. Deixemos de lado, portanto, o *positivismo ideológico*, aquele que postula um valor positivo para a obediência pura e simples das leis, chamado às vezes *legalismo* ou *formalismo*, para analisarmos melhor os *positivismos metodológicos*.

2.2.1. O positivismo naturalista

No Brasil, uma corrente positivista de grande sucesso foi e é de cunho naturalista e sociologizante[8]. Chamo de *positivismo naturalista, empirista* ou simplesmente *naturalismo* aquela concepção de direito que vê nele um fenômeno natural, de caráter empírico. Para quem o percebe dessa maneira, o direito é uma "coisa" que está aí no mundo. Certo, reconhecem que essa "coisa" foi posta no mundo, como um artefato. Seu conhecimento, entretanto, deve ser feito como o de quaisquer outras coisas. Para conhecer o direito, nesses termos, precisamos de instrumentos intelectuais semelhantes aos usados nas outras ciências empíricas. Precisamos ser capazes de descrever, de medir, de contar, como descrevemos objetos naturais (terra, organismos etc.). Essa vertente foi particularmente importante nas primeiras décadas do século XX, quando as ciências naturais, em especial a biologia, dominavam a cena cultural. A biologia, em sua forma de história natural, era a ciência mais inovadora e relevante. Nela se encontravam o espírito sistematizador, visível nas classificações e na taxonomia dos seres vivos, ao qual se somara, com DARWIN, a dinâmica da evolução: não apenas as espécies estavam aí para serem analisadas anatômica e funcionalmente[9], como elas também geravam outras espécies, pela seleção natural. Não era preciso que os homens fizessem o trabalho da natureza, como haviam feito durante milênios, selecionando artificialmente e domesticando espécies. A seleção artificial dependia do intento humano, enquanto a seleção natural era aleatória. Mesmo assim, como parte do processo natural, era de se supor

---

[8] Fiz uma análise desse fenômeno em José R. de L. LOPES, *Naturalismo jurídico no pensamento brasileiro* (São Paulo: Saraiva, 2014).

[9] Até DARWIN, era esta a ideia predominante, a da existência das espécies de forma estática. "Until recently the great majority of naturalists believed that species were immutable productions, and had been separately created. This view has been ably maintained by many authors. Some few naturalists, on the other hand, have believed that species undergo modification, and that the existing forms of life are the descendants by true generation of the pre-existing form" (Até recentemente a grande maioria dos naturalistas acreditava que as espécies eram produtos imutáveis e haviam sido criadas separadamente. Essa visão foi sustentada competentemente por muitos autores. Alguns poucos naturalistas, por outro lado, acreditavam que as espécies sofriam modificações, e que as formas existentes de vida descendem por verdadeira geração de formas preexistentes). Charles DARWIN, *The origin of species* (London: Penguin Classics, 1985 [1859]), p. 53.

Capítulo 2 · DIFERENTES TEORIAS DO DIREITO | 59

que estava sujeita a leis naturais, e compreender as leis da evolução e da seleção natural era um importante aspecto da nova biologia. Ela pressupunha que todos os seres vivos estavam de algum modo relacionados e que as variações ocorriam no tempo entre as gerações, levando a modificações nos indivíduos e nas complexas interações entre indivíduos e espécies. O mais importante era que a nova biologia suprimia definitivamente o pressuposto da *intencionalidade* de um sujeito por trás da vida e da *criação* separada de cada espécie, pelo conceito de evolução e seleção natural.

A ideia foi logo apropriada por alguns cultores da nascente sociologia. Especialmente importante entre eles foi Herbert SPENCER. Com base na ideia de evolução e de leis da evolução, SPENCER transfere para a "sociedade" o que DARWIN havia proposto para os organismos e as espécies. O passo era muito ousado e não foi bem visto nem mesmo por Charles DARWIN. De fato, consta que ele achava que SPENCER fazia mais filosofia do que ciência e usava seu tempo mais para elaborar suas intuições do que para fazer observações[10]. Para estes entusiastas da sociologia de começo do século XX, a sociedade era um ente natural, como as espécies animais, e assim como para estas era possível falar de leis da evolução e da transformação, deveria ser possível, para as sociedades, falar das leis sociais. A sociologia nasceu, portanto, deste impulso empirista. E o positivismo que ela engendra tem a marca do empirismo.

Quadro 22

Herbert SPENCER (1820-1903). O inglês Herbert SPENCER figura entre os fundadores da ciência social no século XIX. Foi extremamente importante no Brasil. Era lido por todos. Procurou elaborar um sistema que fizesse uma síntese de todas as conquistas da filosofia e da ciência e aplicá-las ao estudo da sociedade, daí inclusive os títulos de suas obras: *Princípios de sociologia* (1874), *Princípios de ética* (1879), *Princípios de biologia* (1864) etc. Na mesma Inglaterra, John Stuart MILL (1806-1873) tentara também colocar as *ciências morais* nos trilhos da ciência moderna com seu *A system of logic*, de 1843, dentro do qual propunha que o estado atrasado das ciências morais fosse remediado "aplicando a elas os métodos da ciência física"[10].

---

[10] "He is a considerable thinker, though anything but a safe one... The conservation of force has hardly yet got to be believed, & already its negation is declared inconceivable. But this is SPENCER all over: he throws himself with a certain deliberate impetuosity into the last new theory that chimes his general way of thinking & treats it as proved as soon as he is able to found a connected exposition of phenomena upon it" (*apud* John OFFER, Introduction, em Herbert SPENCER, *Political writings,* 1994, p. xx). Em sua autobiografia, DARWIN disse de SPENCER, com toda clareza: "Sua maneira dedutiva de tratar todos os assuntos é completamente oposta ao meu quadro mental. Suas conclusões nunca me convencem: e eu repetidamente digo para mim mesmo, depois de ler suas discussões: 'Aqui se encontraria um bom assunto para trabalhar meia-dúzia de anos'. Suas generalizações fundamentais (que foram comparadas por alguns às leis de Newton!) – que, ouso dizer, podem ter valor do ponto de vista filosófico, são de uma natureza tal que não servem para nada do ponto de vista científico. Têm mais a natureza de definições do que leis da natureza. Não ajudam a prever o que vai ocorrer em nenhum caso em particular. De todo modo, não me serviram para nada" (*apud* FREEMAN, 1974, p. 219).

[11] Existe tradução brasileira: J. S. MILL, *A lógica das ciências morais,* trad. Alexandre B. Massella (São Paulo: Iluminuras, 1999).

Assim, durante boas décadas a concepção de direito esteve atrelada a esses dois pontos: *primeiro,* que o direito era um fato empírico da vida social; *segundo,* que a verdadeira ciência do direito era uma ciência social empírica. O cientista do direito deveria, portanto, ocupar-se dos fatos do direito. Sua função social seria colaborar com o legislador, essa personagem prática, não cientista, para que as leis que se fizessem de um lado gerassem os resultados esperados, de outro fossem adequadas à sociedade para a qual se legislava. Tudo isso representa uma forma do positivismo jurídico, e se encontra presente ainda hoje quando se trata o direito como um fato do poder, ou pura e simplesmente como poder. Nesse caso, tende-se a desconsiderar a dimensão normativa propriamente, e até a dimensão prática do direito, para identificá-lo imediatamente com a política e o *poder político.*

Essa tendência leva a conceber o poder como uma coisa, ou um estado de coisas, que não apenas existe, mas se torna aquilo que todos visam, todos querem. No caso do poder político tratar-se-ia da capacidade empírica de impor a própria vontade. Nessa linguagem, concebe-se a vida política como uma instância da vida orgânica, e as relações entre os sujeitos concebem-se como relações entre um agente e uma coisa (o agente que *sofre* a ação do outro). Nessa ordem de ideias, imagina-se que o agente está sempre agindo estrategicamente. Toda ação que interessa, dessa perspectiva, é a ação estratégica, manipuladora do comportamento alheio. Como diz MacIntyre, esse é um tipo social dominante na vida do capitalismo moderno: o administrador (MacIntyre 1984, 74). Mais recentemente essa tendência levou a uma espécie de colonização do pensamento de alguns juristas ou teóricos pelas categorias econômicas, ou por um certo consequencialismo. Para eles, os juízes, por exemplo, devem converter-se em administradores e para tanto devem "levar em conta as conseqüências práticas de suas decisões" (Cf. D. L. 4.657/41, art. 20, com redação dada pela lei no. 13.655/2018). Não haveria nada de errado se isso apenas quisesse dizer trivialmente que em qualquer decisão levamos em conta seus resultados. Da maneira como vem se apresentando, no entanto, revela algo mais: uma tentativa de transformar os juízes em administradores. Em síntese, confirma a visão de que os juristas são gestores do mercado, antes que guardiães de um regime de direitos e liberdades.[12]

Em que consistiam os fatos do direito? Em última análise, nos fatos do poder, fosse ele o poder político, fosse ele o poder econômico, fosse qualquer outra forma de poder. Para analisar esse poder era preciso determinar-lhe a natureza e as causas que o geravam. Karl Marx propunha que os fatos do poder eram diretamente ligados ao modo de produção material da vida. Os seres humanos precisavam viver, e para viver e

---

[12] Existe já uma abundante bibliografia sobre o assunto, nem sempre referida no direito brasileiro. Texto fundamental é o de Germain Grisez, "Against consequentialism", *American Journal of Jurisprudence,* 23, p. 21-72 (1978); Robert Wood (ed.) *Remedial law: when courts become administrators.* Amherst (MA): Univ. Of Massachussets Press, 1990; Martin Shapiro, *Who guards the guardians? Judicial control of Adminstration.* Athens: Univ. Of Geórgia Press, 1988. Como decidem e como devem decidir os juízes é também o tema de Gerald Rosenberg, *The hollow hope: can courts bring about social change?* Chicago (IL): Univ. Of Chicago, 1993; e Owen Fiss, *Um novo processo civil.* (C. A. Salles, org.; trad. D. Silva e M. Rós) São Paulo: RT, 2004.

sobreviver enquanto organismos precisavam de formas de sociedade, uma vez que dependem da sociedade, como ele mesmo diz, desde a forma mais íntima de relação – que é a associação sexual entre a fêmea e o macho para produzir um novo organismo humano – até as formas mais complexas, duradouras e abrangentes, os "modos de produção". Nestes termos, embora um pensador de seu tempo, MARX ultrapassava as concepções mais simples de sociedade, geralmente expressas no primeiro positivismo, o de Auguste COMTE, tão admirado ainda no Brasil por ninguém menos que Silvio ROMERO.

Quadro 23

> **Teoria (social) crítica × critérios de crítica.** "Uma teoria crítica da sociedade, por mais importante que seja, não pode entrar no lugar de uma ética, mas deve pressupor uma moral. Reflexões de crítica da ideologia podem questionar princípios morais na terceira pessoa, mas uma tal crítica pode obter um sentido normativo apenas quando, por sua vez, princípios morais forem pressupostos na 'primeira pessoa'" (TUGENDHAT, 1997, p. 19). A teoria crítica é uma *filosofia da sociedade* na medida em que pretende dizer em que consiste e como se mantém uma sociedade. Pretende também mostrar os limites da sustentação dos arranjos sociais. Traz implícito, porém, um critério avaliativo, e é esse critério que não pode ser tirado apenas de estudos descritivos da realidade. Eles exigem fundamentação moral, diz TUGENDHAT. Ou seja, formas de naturalismo ou de *explicação* não dão conta da dimensão normativa.

O positivismo empirista está sempre rondando os juristas, que olham com alguma inveja os avanços, mesmo que apenas aparentes, dos outros saberes. A matematização (ou aritmetização) das finanças, os esforços estatísticos da sociologia e coisas semelhantes parecem despertar neles um complexo de inferioridade. Antes de usar das informações fornecidas por esses outros saberes para decidirem o que fazer (como agir, como julgar, como legislar), tentam importar os próprios métodos para seu objeto. De certo modo, voltam a incorporar um positivismo naturalista e naturalizante.[13]

O crítico do empirismo de maior sucesso foi certamente Hans KELSEN, cuja obra defende um positivismo de cunho lógico. KELSEN não negava o caráter histórico do direito, simplesmente dizia que os métodos do jurista não são os métodos do historiador ou do sociólogo. Em lugar de uma ciência empírica, que tomasse por objeto os "fatos sociais", ou uma ciência exegética, que se ocupasse dos "conceitos", propôs uma ciência do *sentido* normativo. De fato, existe em sua obra uma intuição fundamental, ao perceber que o direito não pode ser tratado como um fato, um fato bruto, e que, portanto, os métodos das ciências naturais não lhe são adequados. Ele

---

[13] Um interessante alerta contra as formas mais simples desse engano pode ser visto em Joseph Singer, Normative methods for lawyers, 56 *UCLA Law Review* (2009); também interessante Meir DAN-COHEN, Listeners and evesdroppers: substantive legal theory andits audience, 63 *Colorado Law Review* (1992). No Brasil v. Otavio Luiz RODRIGUES JUNIOR, Dogmática e crítica da jurisprudência (ou da vocação da doutrina em nosso tempo), *Revista dos Tribunais*, v. 99, n. 891, p. 65-106 (2010).

recepciona, porém, uma concepção de norma como mandamento de um superior. E associa a norma jurídica intrinsecamente, conceitualmente, à sanção. O modelo desenvolvido por KELSEN para combater o positivismo empirista, o positivismo dos fatos brutos, se quisermos, não quer negar as vantagens do positivismo em geral, ou seja, da busca de conhecimento objetivo de uma certa realidade. Essa realidade, para ele, será a norma jurídica, aquela que dá ou impõe um sentido objetivo aos atos dos sujeitos humanos (atos subjetivos). Seu positivismo é o refinamento do método, adaptado ao campo do direito. Contudo, a norma jurídica por excelência teria, para ele, a forma da lei penal: "Se um crime, então uma pena". A concepção de norma jurídica aqui é *mandamental*: a norma jurídica por excelência é tomada como um comando, uma ordem. Essa concepção de norma é um dos objetos centrais da crítica recebida de Herbert HART. Mas convém examinar mais de perto esse positivismo.

2.2.2. O positivismo da lei (o normativismo)

O aporte de KELSEN terminou, *malgré lui même,* por reforçar outra forma de positivismo, o *legalismo.* O legalismo consiste em tomar a lei – o direito positivo, expressão da vontade do legislador, ou seja, do poder político completo – por objeto não apenas central, mas muitas vezes exclusivo da ciência do direito. De certo modo o legalismo se associa ao *positivismo ideológico* de que falaram BOBBIO e SANTIAGO NINO, mencionados na seção anterior. Quem assim o faz tem do direito uma ideia: a de que consiste no conjunto sistematizado ou articulado de comandos e ordens (as normas jurídicas), e o primeiro deles é a lei (incluída a constituição, tratada normalmente como a lei superior). O estudo do direito – a ciência do direito – seria pois o estudo das leis. Nenhum problema haveria com essa redução se ela não se estendesse ao conceito mesmo de direito. Veremos depois por que essa concepção é insuficiente. Basta dizer aqui que, se a lei for tomada como objeto da ciência do direito, e se o conceito de direito vier a ser identificado com a lei, a atividade do jurista vai concentrar-se em "explicar" a lei, ou as leis.

Quadro 24

Friedrich Carl von SAVIGNY (1779-1861) talvez seja o verdadeiro pai da ciência do direito como a conhecemos. Para ele a ciência exemplar não era ainda a sociologia, mas a história, cujo objeto eram as ações humanas *compreendidas* e logicamente *sistematizadas* em instituições decantadas pela tradição e pelo tempo. Fazer ciência do direito era, para ele, interpretar lógica e historicamente esses institutos, conservados nos costumes e nos textos clássicos. Opôs-se firmemente à tentativa de codificar e legislar o direito por meio da autoridade legislativa do Estado num célebre manifesto publicado em 1814, *Da vocação de nosso tempo para a legislação e a jurisprudência.* Pretendia que a sistematização deveria ser primeiramente feita pelos doutrinadores, e só depois pelos legisladores, e via na tentativa de codificação do direito um esforço artificial, baseado no direito natural racional que ele rejeitava. Teve um adversário potente em Georg Wilhelm Friedrich HEGEL (1770-1831), cujos *Princípios da filosofia do direito,* de 1820, são uma resposta crítica à teoria de SAVIGNY.

Capítulo 2 · DIFERENTES TEORIAS DO DIREITO | 63

O que significa explicar a lei neste contexto? Talvez fazer uma exegese do texto, e isso é o que mais facilmente acontece. Contudo, para fazer a exegese, ou tradução do texto para os não juristas, será preciso ter clareza quanto aos termos usados pela lei, e esses termos têm alguns significados próprios, ou técnicos, isto é, são usados com sentido corrente na linguagem jurídica, não na linguagem comum. Um bom exemplo seria o de "decadência", que em direito significa a perda de um direito pelo seu não exercício num prazo determinado. Por exemplo, alguém que é aprovado em um concurso público e não toma posse no prazo determinado pelo edital ou pela lei perde o direito ao cargo. Outro termo existente na linguagem comum, mas técnico para os juristas, é "prescrição", que indica a perda do direito de exigir (judicialmente) uma conduta, ou mais simplesmente a perda do "direito de ação". No direito dos contratos outros exemplos aparecem, como "resilição", "resolução", e assim por diante. Ora, explicar a lei, neste nível, quer dizer traduzir ou fazer exegese. Existe, porém, um outro nível de explicação, ou seja, o de estabelecer as relações entre as leis. Assim, é preciso saber se uma lei posterior mantém ou revoga a lei anterior, se ela abrange ou não todos os casos de um certo campo, atividade, se ela contradiz ou não outros dispositivos legais aparentemente válidos e assim por diante. Algumas dessas questões são resolvidas no que normalmente se chama a *teoria geral do direito*, que pode ser realmente geral, ou seja, abranger todos os ramos do direito, ou apenas parcial, ou seja, abranger um certo campo, como o do direito civil ou direito penal. A tarefa de classificação nem sempre é simples, pois uma determinada lei pode parecer referir-se a questões entre particulares, quando na verdade diz respeito a certa instituição. Um exemplo contemporâneo é o do direito do consumidor no Brasil, cujo código inclui diversos dispositivos a respeito de relações contratuais, mas cujo objetivo é precipuamente organizar o mercado de consumo (uma lei, digamos, de direito econômico).

Quadro 25

> **O administrador, herói da modernidade.** Alasdair MacIntyre descreve o personagem que encarna o ideal da modernidade: o administrador, que nada mais é do que um manipulador da ação alheia. Pressupondo que as ações alheias são reações a estímulos determinados, ele se coloca como um observador (científico), capaz de usar seu conhecimento para manipular a sociedade como um todo e outros sujeitos humanos em particular. Mas ele se enreda numa contradição prática (contradição performativa): para fazer isso ele considera que sua própria ação está imune à manipulação. Em outras palavras: ele vê sua ação como sua (ele se vê como agente), mas vê a ação alheia como simples reação (movimento) (MacIntyre, 1984, p. 25-35; 79-87).

Essa redução da ciência do direito a uma tarefa exegética dos textos legais nunca foi reconhecida completa e unanimemente entre os juristas teóricos, mas é bastante bem recebida entre leigos e juristas de formação mediana. Basta ver que, quando alguém se apresenta como jurista em qualquer ambiente, as perguntas que lhe são dirigidas pelos leigos querem esclarecimentos sobre leis em particular e suas explicações. As respostas dos juristas em geral parecem aos não iniciados

CURSO DE FILOSOFIA DO DIREITO – José Reinaldo de Lima Lopes

desnecessariamente complicadas. De fato, não podem ser simples exatamente porque cada lei e cada dispositivo legal precisam ser inseridos em um todo e têm relações entre si. Essas relações consolidam-se em conceitos e institutos que frequentemente não estão definidos no texto da lei. São produto da *doutrina,* isto é, da elaboração teórica. Isso se dá também por algo que será visto mais adiante, quando falarmos da interpretação e da aplicação das leis.

2.3. TENTATIVAS DE ABANDONO DO POSITIVISMO

2.3.1. Críticas das ciências sociais?

Esses dois positivismos, o empirista, para o qual o estudo do direito – a verdadeira ciência do direito – consiste no estudo e determinação das condições empírico-sociais em que surge e se aplica um determinado sistema jurídico, e o legalista, para o qual a ciência do direito tem como objeto a lei, encontram-se em comunhão de propósitos quanto à procura de uma ciência que emule as ciências naturais ou sociais. Em emulação a estas, eles pretendem definir um objeto externo ao observador (a sociedade, o poder, o ordenamento). Com isso pretendem aproximar-se justamente da ciência positiva, a que se ocupa de fatos e dados. Pretendem ainda que os métodos sejam observação e explicação por leis gerais: lei da evolução da sociedade, leis da integração das normas entre si.

Algumas consequências importantes seguem-se disto. De um lado, o empirismo vai progressivamente impondo uma diminuição do caráter propriamente acadêmico e teórico do direito, fazendo-o uma espécie de apêndice da ciência política, da ciência econômica, da ciência social, ciências que, na opinião de alguns, seriam verdadeiras ciências sociais. O direito, como disciplina intelectual, deveria ceder lugar a elas e não ultrapassar o nível de técnica de redação de propósitos formulados pelos intelectuais dessas outras áreas. De outro, o empirismo legalista tende a cultivar uma espécie de conceitualismo, um estudo de conceitos, sem atenção ao fato de que se trata de conceitos da esfera da ação e não das necessidades físicas ou orgânicas, seja dos indivíduos, seja dos grupos sociais em que se inserem.

Importantes reações contra o empirismo no direito foram feitas já no final do século XIX. No Brasil, Tobias BARRETO (1839-1889), divulgador das teorias alemãs de fim de século, num primeiro momento valeu-se do caráter inovador do pensamento de Rudolf Von JHERING (1818-1892). Foi, porém, crítico da assimilação fácil do direito ao estudo da sociedade na forma de sociologia. Na Alemanha importante voz contra o empirismo foi a de Rudolf STAMMLER (1856-1938), preocupado em contestar diretamente uma vertente do pensamento social, o materialismo histórico. Uma leitura atenta e cuidadosa de seu trabalho mostra que seu alvo era bem mais geral, pois chamava nossa atenção para o fato de que as relações sociais eram inerentemente institucionais, regradas, portanto, e que a simples observação dessas relações como fatos brutos era ou impossível ou insuficiente.

Miguel REALE (1910-2006), no Brasil, tentou assumir uma posição crítica tanto em relação ao formalismo (*norma*) quanto ao sociologismo (*fato*), mas acrescentou

Capítulo 2 · DIFERENTES TEORIAS DO DIREITO | 65

um terceiro termo ao problema: *valor*[14]. Para ele o direito era fato, valor e norma. Essa posição nunca chegou a uma síntese própria. Ele tratava de diversos temas relevantes, mas faltou-lhe uma verdadeira síntese. Dois pontos são relevantes para detectar a limitação da tentativa de REALE.

Em primeiro lugar, o fato de ele tratar o direito de forma tal que às vezes se confundem diversas coisas diferentes. O direito é o ordenamento jurídico? É o conjunto das normas postas? Ou inclui também a ciência do direito, a doutrina jurídica, o que pensam os juristas que põem em ação o sistema normativo? Muito provavelmente REALE está pensando no ordenamento jurídico, no conjunto do direito posto, antes de mais nada. Se isso é assim, sua teoria ainda é uma teoria das normas, acrescida de uma consideração de que toda norma se encontra empiricamente situada no processo histórico e, por causa disso, contém um valor a que se dirige.

Um segundo ponto é que REALE destaca a "conduta humana" como um lugar próprio de onde o direito surge ou para o qual se volta. Essa atenção à conduta bem poderia levar a uma teoria nova e distinta, mas ao fazer a sua própria fenomenologia da conduta ele a expõe de um modo tributário de forte individualismo e psicologismo (REALE, 1996, p. 377-393). Sua linguagem é a da ação de um sujeito que se volta para um fim, "ação dirigida finalisticamente" (REALE, 1996, p. 378), para algo que é um valor. "Comportar-se é (...) proporcionar-se a uma regra; é integrar (...) aquela pauta que marca a sua razão de ser". E mais adiante:

> Norma e conduta são termos que se exigem e se implicam, mas sem se reduzirem um ao outro: subsistem em implicação recíproca, segundo a que temos denominado "dialética de complementaridade", que caracteriza e governa todo o processo histórico-cultural (REALE, 1996, p. 385).

Essa intuição de que há uma relação entre conduta e norma não o leva, contudo, a esclarecer que a ação humana é parte de um todo inteligível que podemos chamar inicialmente de *atividade* e que se pode hoje chamar mesmo de *prática*. O que falta à intuição de REALE é esta síntese, pela qual a ação deixa de ser a ação de um indivíduo interessado em conseguir um fim (ação estratégica), ou de um indivíduo que visa a um valor[15].

---

[14] Sua crítica ao papel atribuído à filosofia pelo positivismo é, contudo, acertada, exceto no que diz respeito a WITTGENSTEIN, pois deste último ele só se refere ao *Tractatus,* desconhecendo completamente a virada pragmática e linguística dos anos 1930 em diante. Cf. Miguel REALE, *Teoria tridimensional do direito*: preliminares históricas e sistemáticas (São Paulo: Saraiva, 1968); e Miguel REALE, *Filosofia do direito*, 17. ed. (São Paulo: Saraiva, 1996), p. 15 e ss. REALE nunca abandonou certo historicismo idealista.

[15] Lourival VILANOVA tampouco foi capaz de enfrentar a questão, pois manteve-se fiel ao positivismo superado na metade do século XX. Sem o conceito unitário de ação e sem a natureza institucional do direito, ele afirma: "O direito é uma realidade com duas dimensões. Uma é factual, no sentido largo do termo: compõe-se de fatos do mundo físico e de fatos de conduta inter-humana. Outra é a objetivação de significados normativos". Lourival VILANOVA, *Causalidade e relação no direito*, 4. ed. (São Paulo: Revista dos Tribunais, 2000), p. 59. O autor fala em "dualismo" e junção de "dimensões", sem se referir à ação, onde esse dualismo de fato se resolve.

CURSO DE FILOSOFIA DO DIREITO – *José Reinaldo de Lima Lopes*

Quadro 26

> **Imperativos hipotéticos e categóricos.** Immanuel KANT (1724-1804) dividiu as *normas de ação* em espécies distintas: condicionais (*hipotéticas*), ou incondicionais (*categóricas*). Normas hipotéticas têm a forma "se..., então...": são normas *técnicas* ("para obter *x*, faça *y*") ou *prudenciais* ("se quiser ser feliz, aja assim..."). As normas do direito são hipotéticas e prudenciais, porque segui-las significa evitar uma punição, ou obter uma vantagem. A moral, entretanto, está na esfera das normas incondicionais. "Faça isso porque é seu dever, independente do resultado", uma vez que o resultado é contingente e incerto.

Na verdade, o que lhe falta é uma filosofia propriamente da ação. Uma filosofia da ação em que esta seja compreendida não como o movimento de um indivíduo, nem do ponto de vista de uma intencionalidade individual. De fato, o que se nota é que REALE deixou de interagir com a filosofia de seu tempo. Nele não aparece nada da filosofia da ação desenvolvida a partir da contribuição de diversos autores dos anos 1950 em diante[16]. A limitação de sua teoria depende ainda de ele tomar a palavra *direito*, que é plurívoca (tem mais de um sentido) e análoga (refere-se a distintos fenômenos parecidos ou próximos), por uma só e mesma coisa. Afinal, que coisa é essa ao mesmo tempo factual, normativa e valorativa? Que espécie de objeto seria, que espécie de conhecimento se poderia ter dele? Três conhecimentos distintos? Seriam então distintas dimensões ou faces de uma mesma coisa? É certo que podemos chamar de direito o conjunto das leis, assim como podemos chamar de direito o valor de justiça que ele pretende realizar. Mas um objeto verdadeiro e próprio não parece emergir dessa tentativa. REALE reconhecia que sua posição inspirara-se em Icilio VANNI, professor italiano morto relativamente jovem, muito antes de terem surgido as grandes filosofias mais marcantes do século XX: a linhagem fenomenológica que vai de Edmund HUSSERL a Hans-Georg GADAMER, tendo como maior expoente Martin HEIDEGGER; e a filosofia de perspectiva analítica, que teve em Ludwig WITTGENSTEIN seu representante por excelência, e cujo impacto na filosofia do direito veio a expressar-se na obra de Herbert HART. Ora, REALE nunca se abriu ao diálogo efetivo com tais filosofias e sua obra parece ter estacionado nos anos 1940.

Existe ainda outro autor brasileiro consciente dos limites do positivismo empirista e naturalista. Trata-se de Daniel Coelho de SOUZA, para quem "toda tese

---

[16] Esses autores ligam-se mais ou menos proximamente à filosofia analítica e às diversas formas que o estudo da linguagem propiciou na segunda metade do século XX. Assim, não se encontram referências nem a WITTGENSTEIN, nem a Elizabeth ANSCOMBE, nem à linguística, nem à hermenêutica filosófica (GADAMER, RICOEUR), nem a filósofos da ação posteriores. Compreende-se. A partir de um certo ponto, a tendência política passou a dominar a vida de Miguel REALE, que se tornou político, antes que filósofo, membro de partido político com pretensões a cargos eletivos e de administração (foi duas vezes reitor da Universidade de São Paulo – USP), e coordenador da redação do novo código civil brasileiro. Além disso, por motivos que outros poderiam explicar mais detalhadamente, afastou-se do grupo de pensadores da faculdade de filosofia da USP, colaborando para o próprio isolamento. Suas memórias foram publicadas em dois volumes: *Destinos cruzados* e *A balança e a espada* (São Paulo: Saraiva).

Capítulo 2 · DIFERENTES TEORIAS DO DIREITO | 67

naturalística dentro do direito, por mais fascinantes que sejam as suas roupagens científicas, dado que habitualmente são estas consideradas apanágio das ciências naturais, é, pode-se afirmar, antijurídica" (SOUZA, 1946, p. 89).

A despeito dessa intuição fundamental e de sua originalidade para o Brasil, seu aprofundamento não foi levado adiante, embora a mesma ideia apareça no seu curso de introdução ao direito (SOUZA, 1972, p. 4-5).

2.3.2. Tentativas de abandono do positivismo – retórica e argumentação?

Afirmando uma direção nova para a teoria do direito apareceram já na metade do século XX pelos menos duas perspectivas importantes. Em primeiro lugar a retomada da tradição da retórica, tendo como seu mais importante representante Chaim PERELMAN (1912-1984), professor belga. Em segundo lugar os muitos autores dedicados à teoria da argumentação jurídica, destacando-se entre eles Robert ALEXY (1989) e Manuel ATIENZA (2000). Os trabalhos de todos eles encontram-se traduzidos no Brasil, onde também Tércio Sampaio Ferraz Junior tornou-se conhecido por alguma produção ligada de certo modo a essas pesquisas.

Essas correntes de certo modo deslocam a atenção do exame do sistema ou conjunto de normas (ordenamento jurídico) para o processo de produção das normas especialmente na instância judicial. Dando por resolvido, de certa forma, o problema das fontes do direito e de seu caráter positivo, integrado no ordenamento do Estado nacional soberano, lançam-se a examinar o modo de produzir novas normas, ou mais especialmente, ao processo de tomada de decisões fundamentadas. Em primeiro lugar as teorias da argumentação consideram, como expressamente faz ALEXY (1989), que a tomada de decisão no direito é um caso particular da tomada de decisão prática (não técnica, como veremos no capítulo 4), ou seja, decisão a respeito de como agir em situações contingentes. Admitindo que o sistema jurídico é composto de regras universais (e não de mandamentos ou ordens singulares de alguém – como "o legislador" – para outrem – o "cidadão"), o problema mais importante a compreender é como se pode aplicar ou usar a lei em casos singulares.

A questão de certo modo retoma o problema essencial abordado na tradição clássica da filosofia por Aristóteles (PERELMAN 1979 e PERELMAN e OLBRECHTS-TYTECA 2000). O autor de *Ética a Nicômaco* ficou conhecido na história da filosofia por seu "particularismo", segundo o qual toda decisão (como toda ação) é particular e se dá em situações particulares, razão pela qual não seria possível um juízo puramente dedutivo para constatar simplesmente a correção da atitude a tomar. Ao mesmo tempo, porém, o particularismo ou situacionismo de ARISTÓTELES é tudo menos relativista ou cético: existe uma decisão certa ou melhor do que outra. A ela chega-se, porém, *deliberando,* valendo-se de uma virtude intelectual a ser desenvolvida, chamada prudência (v. capítulo 4, adiante). Para Chaim Perelman, essa tradição merecia ser retomada e isso ele propõe em seus estudos sobre a retórica. Infelizmente, da maneira como foi divulgado e recebido no Brasil, seus estudos serviram mais para divulgar um relativismo quase sofista do que para desenvolver entre nós uma reflexão elaborada sobre o juízo jurídico propriamente dito.[17] Passou-se a confundir a retórica com a oratória, em sentido contrario ao que pretendia a tradição clássica, toda ela construída contra a sofística, a manipulação do discurso, ou a simples ornamentação oratória.

Já a teoria da argumentação debruçou-se sobre a lógica da decisão, destacando que o argumento é parte do processo deliberativo. O fim do processo encontra-se quando por muitos motivos alinhados de forma consistente e coerente encontra--se uma solução que resiste melhor aos argumentos contrários. O andamento da argumentação não é, porém, simples nem linear. Um pouco como desenvolvera Karl-Otto APEL, é preciso estar atento às premissas mais fundamentais de um tal discurso e à distribuição do "ônus argumentativo": o que pode ser colocado em dúvida? Por quem? Em que momento ou em que passo?

A essas duas perspectivas pode-se eventualmente alinhar o esforço de Ronald DWORKIN, cuja atenção também se concentra na decisão, principal, senão exclusivamente, na decisão judicial. Mas ao contrário dos que se voltam para a argumentação em seu caráter lógico, ele se interessa pela dimensão hermenêutica, interpretativa ou semântica.

Todas essas tentativas manifestam-se na segunda metade do século XX, sendo que a de Perelman, na retórica, e a de ALEXY e ATIENZA, na argumentação, não propõem uma nova ontologia do direito propriamente. O caso de DWORKIN é ligeiramente diferente porque tendo feito seu percurso intelectual na oposição à teoria de Herbert HART, era preciso oferecer um *conceito de direito* alternativo ao do filósofos oxfordiano.[18]

2.4. A TRADICIONAL TEORIA DAS NORMAS

2.4.1. As questões colocadas

De certo modo, todos os positivismos tomam o direito por norma e procuram falar dela e de seu conjunto (o *ordenamento*) como o objeto privilegiado do jurista. Assim, a teoria e a filosofia do direito converteram-se à teoria das normas, e grande parte da discussão filosófica durante a primeira metade do século XX foi uma discussão em torno de uma espécie de *ontologia da norma jurídica* organizada em torno de alguns pontos.

O que é a norma jurídica?

Primeiro, estas teorias giram em torno da pergunta: *O que é a norma jurídica?* A pergunta ganhou especial importância em função de circunstâncias históricas, da tentativa de isolar o direito das influências religiosas (isto é, dos discursos das religiões institucionalizadas) que tanto mal haviam causado, como guerras civis e perseguições

---

[17] Ver a respeito a crítica certeira de Wladimir Barreto LISBOA, As novas sofísticas jurídicas: Chaim Perelman e Stanley Fish. In: STORCK, A. e LISBOA, W. (org.) *Norma, moralidade e interpretação.* Porto Alegre: Linus, 2009, p. 167-192.

[18] Ver sobre o assunto o esclarecedor estudo de Paul RICOEUR: Interpretação e/ou argumentação. *O Justo.* Trad. I. Benedetti. São Paulo: Martins Fontes, 2008. v. 1.

Capítulo 2 · DIFERENTES TEORIAS DO DIREITO | 69

políticas e ideológicas, morte de inimigos da fé ortodoxa e assim por diante. Como muitas pessoas confundem a moral com a religião – particularmente com as tradições monoteístas do cristianismo, do judaísmo e do islamismo –, a separação do direito da religião significou para elas a separação do direito da moral. Se o discurso moral pudesse ser claramente isolado do discurso religioso (tarefa a que se dedicaram os jusnaturalistas modernos) e se o direito pudesse ser isolado do discurso moral, talvez fosse possível minimizar os estragos sociais que se haviam conhecido ao longo da história[19]. Essa era a intenção de quem falava em distinguir claramente moral e direito. Separar o discurso religioso do discurso moral foi, no entanto, uma tarefa permanente do direito natural. Esta escola filosófica sempre afirmou que o direito natural não se confundia com um direito sobrenatural. Não é preciso crer em Deus nem ser religioso para admitir que existem normas fundamentais da moral que dão base para qualquer vida civil, diziam os jusnaturalistas. Tanto assim que vem deles uma boa parte da doutrina da liberdade de pensamento e de consciência.

Para os que confundiam religião e moral, direito sobrenatural e direito natural, o caminho mais fácil para afirmar a autonomia ou separação do direito foi limitar o direito ao conjunto de normas positivas. Em sociedades como as nossas, nas quais se reconhece apenas uma fonte de direito pública e abrangente como a lei, o positivismo jurídico misturou-se ao legalismo. O positivismo, nestes termos, concentrou-se na busca do que diferenciava a norma jurídica das outras normas (morais). Uma pergunta relevante apareceu mais forte do que outras: "O que é a norma jurídica?". A essa pergunta a resposta teórica mais ouvida foi a de que se tratava de um comando (imperativo) dotado de sanção em si mesmo ou no sistema (ordenamento jurídico) em que estivesse inserido. Isso marcaria a distinção específica entre normas jurídicas e normas morais (e normas técnicas e lógicas).

A norma é um mandamento

Em *segundo lugar*, as teorias da norma destacaram que a norma jurídica assemelha-se a quaisquer outras normas por serem imperativos, ou mais simplesmente ainda, mandamentos ou comandos. Normas em geral são comandos, ordens, mandamentos *de alguém*. Normas jurídicas, portanto, têm um alguém por trás, e esse alguém é o soberano, o Estado, o poder político. Normas jurídicas se distinguem de outras normas porque, em caso de desobediência ou descumprimento, o sujeito a quem se dirigem será de algum modo punido: há uma sanção imposta pela autoridade pública. Essa concepção da norma como um comando deixa de lado um vasto conjunto de normas que usamos no dia a dia sem que haja comando

---

[19] Uma definição de norma jurídica e dos problemas de sua aplicação está presente desde há muito tempo na filosofia ocidental. Apenas a título de lembrança, recordo aqui a famosa Questão 90 da IIae da *Suma teológica* de Tomás de Aquino. O que se explica ali é a *essência* da lei e a questão termina com uma definição: a lei é uma regra compreensível (racional), voltada para a manutenção do bem comum (de uma comunidade política), procedente da autoridade competente (quem representa a comunidade) e adequadamente promulgada. Normas assim são positivas, jurídicas e obrigatórias.

ou ordem, tais como as regras da linguagem e as da lógica. A concepção de norma jurídica limita-se à ideia de norma como mandamento.

Ordenamento

Em *terceiro lugar*, segundo as teorias positivistas, a norma jurídica precisa pertencer a um conjunto positivado de normas: um ordenamento ou sistema normativo. A pertença neste caso não pode ser apenas lógica ou pressuposta. Deve ser formalmente definida: normas jurídicas são as normas que pertencem a tal ordenamento por *pedigree*, por serem produzidas dentro dele e na forma por ele determinada, por procederem de uma certa autoridade, a autoridade jurídica. Normas jurídicas assim têm uma mesma fonte, ou subordinam-se umas às outras até chegarem a uma única fonte. Pertencem ao ordenamento de modo hierárquico – como todas pertencem ou devem pertencer a um só conjunto, para que não conflitem entre si, elas devem ser escalonadas ou hierarquizadas. O critério da hierarquia permite reduzir o sistema à unidade. Assim, o *pedigree*[20] implica também hierarquia: normas superiores, mais extensas (mais abrangentes, em termos lógicos) e menos definidas (menos intensas, em termos lógicos), em oposição a normas inferiores, menos abrangentes (ou menos extensas) e mais restritas (mais intensas, em termos lógicos).

Normas jurídicas são mandamentos seguidos de sanção

Em *quarto lugar*, os juristas dessa vertente perguntam-se pelo caráter obrigatório dessas normas, ou seja, por sua *validade*. Visto que são percebidas como ordens apoiadas em sanções e visto, no entanto, que empiricamente qualquer um se dá conta de que as normas jurídicas são descumpridas sem que por isso deixem de valer, surge para os teóricos o embaraçoso problema da relação entre validade e eficácia. A validade, ou seja, o caráter obrigatório das normas jurídicas, depende de serem elas efetivamente cumpridas? Nesse caso, como saber quando deixam de ser obrigatórias? O que fazer com todas as características de um mandamento dado por um sujeito determinado a outro sujeito determinado no caso dos ordenamentos estatais, em que o sujeito determinado se converte num abstrato Estado e o sujeito obediente se converte no abstrato cidadão? As diferentes correntes de teóricos das normas aceitam em geral que a validade depende da eficácia, mas divergem quanto às soluções dadas às questões aqui postas. Conforme a validade dependa integral, parcial ou nulamente da eficácia, chamam-se esses teóricos de realistas ou idealistas. Ao fim, porém, fica sempre por resolver qual é o limite dessa relação. KELSEN, por exemplo, sugere de maneira clara, mas não definida, que a validade depende de algum grau de eficácia (KELSEN, 1979, p. 292-300).

Alf Ross cai na pura descrição dos comportamentos: os comportamentos que lhe interessam são os dos profissionais do Estado encarregados da sanção,

---

[20] Como mencionado antes, a expressão *pedigree* foi divulgada por Ronald DWORKIN, *Taking rights seriously* (Cambridge: Harvard University Press, 1977), p. 17.

Capítulo 2 · DIFERENTES TEORIAS DO DIREITO | **71**

logo o direito é não propriamente comando, mas obediência pura e simples, o fato não qualificado do poder[21]. No entanto, visto que os profissionais do Estado são profissionais por um fato não bruto[22], fica sempre o incômodo de dizer por que, afinal, alguém é ou não juiz.

Normas jurídicas são produto da vontade do soberano

Quinto traço: uma teoria das normas é geralmente associada a uma concepção do direito como poder, isto é, como capacidade de imposição da própria vontade a outrem (Max Weber). Se as normas são propriamente comandos ou ordens de alguém para alguém, é natural que o objeto central da doutrina jurídica seja subjetivista e individualista. Subjetivista porque as normas são equiparadas à expressão de uma vontade: essa vontade só pode pertencer a um sujeito real ou ficcional, dizem os teóricos da norma. O sujeito real é o legislador empírico, digamos; o sujeito ficcional é o legislador imaginado (institucionalizado). Individualista porque mesmo nos casos em que evidentemente não há um alguém empírico, a linguagem usada para falar das normas é sempre referida a um indivíduo e a relação que se imagina é de caráter binário: alguém manda – alguém obedece. Por consequência, outra característica das teorias de que estamos falando é que o direito é visto como um elemento de controle de alguém sobre alguém. O direito controla, ou mais expressamente, constrange e restringe comportamentos. Essa perspectiva não enfatiza as normas como guias de conduta autônoma, ou como orientações para a ação. Já que se trata de ordens seguidas de sanção, e já que a sanção é percebida como uma consequência negativa a ser evitada pelo cumprimento da norma, o direito passa a ser concebido como se fosse dirigido ao homem mau, ao delinquente, ao transgressor. Normas são formas de controlar os desviantes, os transgressores: não orientam no que fazer, mas dizem o que não fazer, pela sanção. O legislador, nestes termos, pode ser referido como sendo imaginário ou fictício, porque essas

---

[21] "A interpretação da ciência do direito exposta neste livro repousa no postulado de que o princípio de verificação deve aplicar-se também a este campo do conhecimento, ou seja, que a ciência do direito deve ser reconhecida como uma ciência social empírica. Isto significa que não devemos interpretar as proposições acerca do direito vigente com proposições que aludem a uma validade inobservável ou 'força obrigatória' derivada de princípios ou postulados *a priori*, senão como proposições que se referem a fatos sociais. (...) o conteúdo real das proposições da ciência do direito se refere às ações dos tribunais sob certas condições". Alf Ross, *Sobre el derecho y la justicia*, 3. ed., trad. Genaro Carrió (Buenos Aires: Editorial Universitaria Buenos Aires, 1974), p. 39.

[22] O fato não bruto é o *fato institucional*. A ideia foi ultimamente elaborada seja por John Searle, na filosofia em geral, seja por Neil MacCormick, na teoria do direito. No direito, entretanto, o assunto é velho conhecido: foi sofisticadamente estudado como *fato jurídico* e como *ato e negócio jurídico*. A doutrina distinguiu não apenas o fato de suas consequências, mas também o fato e sua dimensão propriamente jurídica. Essa dimensão transforma um evento ou uma ação em algo que *vale como*, isto é, num fato institucional. Determinadas palavras pronunciadas de certa maneira em certas condições *valem como* obrigação (obrigação unilateral, por exemplo), ou *valem como* casamento (logo, como entrada em um estado civil composto de obrigações recíprocas entre marido e mulher).

teorias não concebem o "legislador" como um "ponto de vista" de um agente, o agente que põe as normas.

A teoria das normas não se ocupa do uso ou aplicação das normas

Finalmente, pode-se dizer que a teoria das normas é semelhante, no campo do direito, à linguística no campo das línguas. A linguística não ensina ninguém a falar uma língua, embora seja um saber a respeito do falar e das línguas, sem dúvida. Ela fornece uma espécie de lógica ou gramática universal da linguagem sem ser, ela mesma, uma gramática de alguma língua particular e sem habilitar seus cultores a realizar um discurso. Em outras palavras, a linguística não é prática[23].

2.4.2. A teoria das normas – uma teoria especulativa

Em síntese, essa forma de pensar é essencialmente especulativa: pretende descrever, "espelhar" o direito. Assume que conhecer o direito é conhecer um certo objeto. Tem da ciência do direito uma ideia análoga à das ciências modernas e positivas com relação ao mundo natural. E tem do direito um conceito que o transforma em algo que pode ser observado de fora, ou melhor ainda, cujo ângulo de observação privilegiado é externo. Para essa teoria das normas, na qual as normas jurídicas são um objeto a ser observado, descrito e explicado, é importante distanciar-se do interesse prático. O teórico ou cientista do direito é um observador, não um agente, segundo esta teoria.

É fácil perceber que essa visão encerra um problema: a "emulação mal-entendida da ciência". Isto ocasiona grande confusão na filosofia moderna. Nas palavras de Christine KORSGAARD:

> A emulação mal-entendida da ciência tem sido fonte constante de confusão na filosofia do mundo moderno. Uma de suas manifestações tem sido que grande número de filósofos têm sofrido de uma tendência inconsciente de apresentar todas as questões filosóficas em termos epistemológicos (KORSGAARD, 2000, p. xii)[24].

---

[23] É assim que KELSEN concebe sua teoria do direito: "A Teoria Pura do direito é uma teoria do Direito positivo – do Direito positivo em geral, não de uma ordem jurídica especial. É teoria geral do Direito, não interpretação de particulares normas jurídicas". Hans KELSEN, *Teoria pura do direito*, 4. ed., trad. J. B. Machado (Coimbra: Arménio Amado, 1979), p. 18.

[24] KORSGAARD continua: "This way of looking at ethical problems [eu diria problemas práticos em geral] suggests from the start that their solution will turn out to be, in a broad sense *technological*: a matter of finding some piece of knowledge which we can apply. But there is no need to assume that a reason's guidance of practice must look like *that*. It may lie instead in the provisions of principles of practical reason – principles that govern choice in the same way that the principles of logic govern the formation of our beliefs about nature. Since such principles are in the first instance addressed *to us,* the philosophical question about them is not so much how we know them as why we have to conform to them". Christine KORSGAARD, *Creating the kingdom of ends* (Cambridge: Cambridge University Press, 2000), p. xii.

A ciência do direito sofreu deste mal nos últimos dois séculos e grande parte de seus debates travaram-se nesse âmbito epistemológico, tentando resolver problemas colocados pela natureza do direito. Como o direito não é uma espécie de coisa que exista como os objetos naturais, como ele não é uma "coisa lá fora" como os outros objetos naturais, é claro que a tentativa de emular as ciências naturais modernas para estudar e compreender o direito tende ao fracasso.

Uma *teoria das normas* não é prática. Pretende ser exclusivamente descritiva ou *especulativa*. Pretende imitar, de forma "mal-entendida" e "inconsciente", uma teoria explicativa do mundo natural, uma espécie de ciência da observação. Embora faça sentido em si mesma, se for entendida como aquilo que o jurista deve saber para exercer sua atividade, incorre em um problema sério. Ela fala de fora e não habilita seus cultores a *fazer* direito. Eles continuam a fazê-lo, mas não dependem de uma teoria das normas para fazê-lo, ou pelo menos não dependem da teoria das normas que se tornou corriqueira entre nós. A ilustração melhor deste problema é dada na seguinte afirmação de VEACH:

> Afinal de contas, para um homem que deseja dirigir um carro, seria uma experiência bastante frustrante se seu instrutor sistematicamente se recusasse a dizer-lhe o que fazer, limitando inteiramente suas observações a uma análise da linguagem usada nos manuais de direção e evitando qualquer comentário quanto a se as instruções que efetivamente constam do manual eram para ser seguidas ou não (VEACH, s.d., p. 42).

2.4.3. Limites da teoria das normas

Uma teoria assim apresenta algumas dificuldades, descritas por HART em seu *O conceito de direito*. HART tentou renovar o positivismo em meados do século passado, contestando que a norma jurídica seja um simples comando. Nestes termos, ele criticou as teorias de BENTHAM, AUSTIN e KELSEN[25]. Ao criticar a concepção de direito como um simples conjunto de imperativos seguidos de sanção, afirmou que ela realmente não dá conta de todas as formas de ação, nas quais as normas não correspondam claramente a essa forma de imperativo ou ordem.

Nem toda norma é um mandamento seguido de sanção

O primeiro caso em que a recondução de todas as normas jurídicas à sanção parece não funcionar muito bem dá-se na invalidade ou nulidade dos atos jurídicos, as quais não são sanções ou punições propriamente ditas. Parecem-se mais com uma falta de vigor para atingir fins. O ato nulo ou anulável não é o que leva à punição de alguém, mas o que não consegue *valer como...* Uma compra e venda de imóveis requer não apenas o consenso dos agentes e o preço do negócio, mas

---

[25] Do positivismo HART conservou a ideia de separação entre direito e moral, ou seja, do direito como um sistema autônomo, embora mesmo isso seja matizado em sua obra.

também uma forma especial, a escritura pública (Código Civil, art. 108). Mesmo que as partes queiram comprar e vender, se não usarem a escritura pública, não atingirão o fim visado. Não sofrem nenhuma punição, pois, bem aconselhadas e assessoradas por algum advogado, terminarão por concluir o negócio. Os sujeitos não foram capazes, incorreram no que John AUSTIN chamou de uma *infelicity*, ou seja, queriam dizer alguma coisa, mas não conseguiram; queriam fazer algo, mas não foram capazes. Isso não é um ilícito em si mesmo, não se trata de um caso de sancionar ou aplicar pena.

Situações assim não se explicam facilmente dentro da teoria das normas de que falo. Regras de *validade*, ou as regras de caráter constitutivo (por exemplo: "o Brasil é uma república"), não cabem no esquema que iguala normas a mandamentos com sanções[26]. Regras constitutivas[27], que HART veio a chamar de regras secundárias, são as que definem os propósitos, as finalidades, as formas do jogo. Não são regulativas, isto é, não proíbem ou punem jogadas, comportamentos, ações. Regras constitutivas são normas de validade propriamente: *isto vale por aquilo, x vale y*. Pensemos no jogo de futebol. Dizer: "a bola que alcança a rede passando entre as traves vale gol" não tem exatamente o mesmo caráter de dizer "a jogada com a mão durante a partida impõe ao time do jogador que usa a mão uma punição qualquer", pois a punição pode ser um tiro direto a gol (pênalti) ou uma interrupção da jogada e a transferência da bola para o time adversário. A primeira é uma regra constitutiva, uma regra definidora, um princípio do jogo, a segunda é regulativa: pressupõe uma definição (as jogadas válidas só se executam com os pés), mas pode ser alterada sem alterar a natureza do jogo. Isso é importante para quem deseja realizar uma ação, atividade, ou guiar sua vida segundo um padrão (critério) sem esperar, a cada passo, um mandamento de alguém. A regra é uma medida com a qual avaliar sua própria ação[28].

Não se cumprem as normas por causa de um soberano em particular

Um segundo caso difícil de explicar quando tomamos as normas apenas por mandamentos ou comandos dá-se quando concebemos o sistema a partir de um sujeito que manda e impõe regras (chamemo-lo *Rex*, diz HART). Por que continuamos a segui-las quando esse sujeito morre? Elas não eram comandos de *Rex*? Se

---

[26] Regras de caráter constitutivo.

[27] Luigi FERRAJOLI reprova em KELSEN o pressuposto de que "a forma hipotética é a única forma lógica das normas jurídicas". Isso impede KELSEN de perceber a existência não apenas de normas categóricas, mas também justamente a de todas as normas constitutivas, "as quais não dispõem nem predispõem um 'dever ser', isto é uma figura deôntica, mas figuras ônticas como são as de *status* de sujeitos e objetos, como por exemplo a norma segundo a qual 'a capacidade jurídica se adquire no nascimento', ou a que qualifica 'bens comuns a todos' certos lugares, como os rios, os lagos, as praias e semelhantes". Luigi FERRAJOLI, *La logica del diritto*: dieci aporie nell'opera di Hans KELSEN (Roma/Bari: Laterza, 2016), p. 21.

[28] Abordei esse mesmo tema em José Reinaldo de Lima LOPES, *As palavras e a lei*: direito, ordem e justiça no pensamento jurídico moderno (São Paulo: Editora 34/FGV, 2004a).

continuamos a segui-las, o que seguimos afinal: as regras ou as ordens de um morto? Seguimo-las por temor, ou por simples costume? Mas é evidente que não temos o hábito de seguir o sucessor de *Rex*. Logo, não seguimos as regras como ordens de alguém. E se surgirem dúvidas a respeito de como seguir a regra-comando, como as resolveremos? Consultando o morto ou quem fala com os mortos? Essa é uma pequena série de problemas quando se trata a regra jurídica como um comando para o qual não há razões de obedecer a não ser o temor de uma autoridade.

Quadro 27

Hábitos, costumes, padrões – a distinção de Peter Winch. Como foi visto, a distinção entre hábitos e padrões obrigatórios é fundamental na perspectiva de *prática social* adotada ao longo deste livro. Mais recentemente, ela foi proposta por Peter Winch, mas decerto se encontrava na tradição jurídica, para a qual um costume era fonte de direito quando havia a "consciência de sua obrigatoriedade" e sua "conformidade com princípios racionais". Práticas sociais fundam-se em padrões, *standards*, princípios refletidos e conscientes, não em fatos puros e simples. A regra que permite a "identificação de padrões" é a regra constitutiva. Quem está dentro da prática (de um certo *jogo de linguagem*) ou quem deseja entrar nela precisa *captá-la*, ou seja, compreendê-la, concebê-la, ter ou formar um conceito da *natureza* dessa prática. Precisa desenvolver o *ponto de vista interno*, isto é, o ponto de vista de um agente que sabe o que está fazendo e conhece aquela esfera de vida.

Quando a norma jurídica é o centro da teoria, e quando se caracteriza fundamentalmente pela ideia de sanção, os sujeitos à regra não agem no sentido próprio, apenas reagem. A concepção do sujeito é *comportamentalista (behaviorista)*. Com o passar da história, a sempre mais importante ideia de que vivemos sob as leis e não sob as ordens de indivíduos leva-nos à reflexão sobre "como garantir que não estejamos apenas e necessariamente sujeitos a ordens de loucos, predadores, criminosos?". Em outras palavras, a teoria da norma jurídica como um simples comando não permite entender uma razão pela qual obedecemos, nem uma razão pela qual interpretamos as normas em casos duvidosos.

Conhecer as normas não consiste em falar das normas, mas em usá-las

Finalmente, deixando em segundo plano a ação e a decisão, a teoria das normas dá a impressão de que essas não são racionalmente reguladas e, talvez ainda mais importante, não se prestam à tarefa de ensino dessa atividade que é decidir segundo o direito. Isso porque a teoria das normas concebe a ciência como um discurso sobre alguma coisa, e desse ponto de vista a ciência do direito só pode ser um discurso sobre as normas.

O caso mais exemplar e consequente dessa maneira de pensar é o de Hans Kelsen. Em sua forma de compreender, o discurso sobre a norma pode ser científico, mas a decisão singular não é senão um ato de vontade aplicada a um caso. Conhecer o direito e aplicar o direito são completamente distintos. E o conhecimento do direito, para ele, consiste em conhecer normas: ser capaz de

CURSO DE FILOSOFIA DO DIREITO – *José Reinaldo de Lima Lopes*

apreender suas relações internas (a *dinâmica jurídica*) e os conceitos a que elas se referem (*estática jurídica*). Para ele há uma distinção entre o sentido *cognoscitivo* de interpretar (fixação de sentido da norma) e a *aplicação* ao caso concreto, que não é uma tarefa propriamente cognoscitiva (KELSEN, 1979, p. 467). A teoria do direito tem por objeto as normas, não seu uso, nem a ação segundo as regras. Assim, quem olha o ordenamento sem *ter de aplicá-lo* vê inúmeras soluções possíveis (inúmeros sentidos, num quadro geral). No entanto, quem o olha como agente é obrigado a escolher um só sentido. Essa escolha, para KELSEN, é um ato de vontade, não de conhecimento[29].

Essa perspectiva é perfeitamente coerente com seu modo de entender as coisas. De fato, como ele pretende fazer uma teoria do direito à moda de uma linguística geral das normas, a realização concreta do direito não é de seu imediato interesse. Nesse sentido, a lógica aplicada ao direito não lhe serve de instrumento, pois, a rigor, a lógica é capaz apenas de juízos analíticos, e a decisão singular é um juízo sintético. Isso se expressa claramente em sua *Teoria geral das normas,* quando diz: "a conclusão não é movimento do pensamento que conduza a uma nova verdade, senão apenas faz explícita uma verdade que já é implicada na verdade das premissas" (KELSEN, 1986, p. 291). A conclusão do raciocínio fica sempre na esfera do pensamento, isto é, do universal. O julgamento jurídico (do juiz que condena ou absolve, mas também das partes de um contrato, ou do homem comum que se orienta pelas normas) é sempre singular. Ora, se a decisão jurídica for uma ação, como postulei no início, então é claro que uma teoria das normas, que pretende concentrar-se sobre o universal, não retrata o que fazem os juristas, nem explica como o fazem. Daí o resultado realmente insatisfatório da interpretação na perspectiva de KELSEN e sua potencial confluência com o decisionismo. Afinal, Kelsen procura desenvolver uma espécie de "gramática geral do direito". Isso permite-lhe afastar-se do empirismo naturalista dos sociólogos, e ao mesmo tempo reivindicar um estatuto de conhecimento objetivo dos ordenamentos jurídicos. O limite desse modelo está no fato de não entrar na esfera da aplicação ou do uso do direito. Afinal, embora não se possa falar uma língua sem lhe seguir as regras (a gramática), uma teoria geral da gramática não habilita ninguém a falar qualquer língua.

2.5. A DIMENSÃO PRÁTICA DO DIREITO

Ora, do ponto de vista dos juristas, o direito existe para indicar e permitir soluções concretas a casos jurídicos. Como expressava a filosofia clássica da ação, é bem possível pensar universalmente, mas só é possível agir singularmente. Não há várias soluções possíveis, do ponto de vista do agente, mas uma só: a melhor para aquele caso, a que ele escolhe. Isso não é tematizado dessa forma por uma teoria que põe em suspenso a razão de ser (prática) de um sistema jurídico. Por essa teoria, a decisão propriamente dita parece lançada ao mar de sargaços da

---

[29] Uma crítica recente a essa perspectiva aparece em Luigi FERRAJOLI, *La logica del diritto*: dieci aporie nell'opera di Hans KELSEN (Roma/Bari: Laterza, 2016).

Capítulo 2 · DIFERENTES TEORIAS DO DIREITO | **77**

irracionalidade individual, do apetite, do capricho, ou da racionalização pura e simples (racionalização como esforço consciente de justificar atitudes tomadas em resposta a impulsos passionais, sejam eles psicológicos, sejam eles ideológicos).

Quadro 28

> **Primeiro pensar (ter pensamentos) e depois falar (expressar o que pensamos)?** "Se alguém então perguntasse: 'Você tem os pensamentos antes de ter as expressões?' que deveríamos responder? E que deveríamos responder à questão: 'De que consistiria o pensamento, tal como existia antes da expressão?'" (WITTGENSTEIN, *IF,* § 335). Com esse paradoxo WITTGENSTEIN quer mostrar que a língua não existe apenas para expressar (exteriorizar) um processo psicológico interno, o "pensamento". Não: o pensamento é linguístico. "Pensar não é nenhum processo incorpóreo que empresta vida e sentido ao ato de falar, e que pudéssemos separar do falar" (*IF,* § 339). A língua, portanto, não é veículo de transmissão de pensamento de uma pessoa para outra, mas condição do próprio pensamento. E como a língua é um artefato social, também o pensamento o é.

Para resumir, pode-se dizer que as teorias do direito como norma pretendem--se *descritivas* e incorporam as seguintes características:

a) Concebem a linguagem como um veículo de pensamento, como instrumento de comunicação de pensamentos de alguém para outrem[30]. Essa ideia considera o modelo de comunicação a partir de uma noção atomista e solipsista dos seres humanos (cada um é um e pela comunicação passam seus pensamentos individuais de uns para os outros)[31].

b) Concebem as normas como formas de comunicação hierárquica: um manda, outro obedece. Quem manda comunica sua vontade, quem obedece recebe e entende a ordem do outro.

c) Concebem o soberano como alguém (real ou fictício, criado "ideologicamente", "mentirosamente", "enganadoramente") que manda e comanda; concebem quem obedece como alguém que aniquila sua vontade diante da vontade alheia (por temor, por ignorância, ou por qualquer motivo pessoal).

d) Concebem a ação humana como uma espécie de movimento psicobiológico: não se trata de simples movimento fisiológico, mas de movimento iniciado por causas externas ao sujeito (o ambiente físico, social, familiar, seu passado etc.); o sujeito não é primariamente um agente, mas um *reagente*.

---

[30] Para Charles TAYLOR, HOBBES e LOCKE representam exemplarmente essa concepção de linguagem. Cf. Charles TAYLOR, "Introduction," em *Human agency and language* (Cambridge: Cambridge University Press, 1993).

[31] Justamente esta visão da linguagem foi criticada por WITTGENSTEIN. Em *IF,* § 304, ele nos convoca a "[rompermos] radicalmente com a ideia de que a linguagem funciona sempre de *um* modo, serve sempre ao mesmo objetivo: transmitir pensamentos".

e) Concebem a racionalidade de quem segue as regras como se fosse uma racionalidade meramente prudencial: seguir regras é escapar de punições ou sanções. A regra não orienta positivamente o sujeito. Orienta-o negativamente. As regras funcionam como obstáculos dos quais deve escapar, pois são ordens que impõem sanções.

No fundo, essa espécie de teoria não se indaga pelo "*o que é seguir uma regra*" de forma autônoma. O comportamento de quem segue uma regra é percebido, para os cultores da teoria da norma, como o comportamento de alguém que reage a um castigo: trata-se de uma abordagem de caráter *comportamentalista (behaviorista)*. Ora, o comportamento de seguir uma regra é mais fundamental do que o de obedecer a alguém. Regras lógicas, regras gramaticais e regras matemáticas são exemplos de regras que se seguem, sem que seja por razões instrumentais ou por medo. O seguir regras é distintivo da espécie humana, uma vez que regras podem ser expressas em linguagem. Nossa forma de "seguir regras" não se confunde com os simples hábitos, as regularidades naturais, as tradições irrefletidas, o adestramento puro e simples.

A despeito disso, a teoria da norma continua a ser um modelo muito comum. Mesmo quando seu autor procura distanciar-se dela, é corriqueiro que seus comentadores o divulguem ainda sob uma perspectiva de teoria da norma. Veja-se o caso relativamente recente de um teórico grandemente popularizado no Brasil como é Robert ALEXY, o qual várias vezes dá a entender que sua teoria é da lógica dos juristas, ou mais própria e expressamente da razão prática: "A argumentação jurídica é concebida como uma atividade linguística. (...) O discurso jurídico é um caso especial do discurso prático em geral" (ALEXY, 1989, p. 34).

Ou ainda:

> Isto [que a argumentação jurídica é um caso especial do discurso prático] se fundamentava: (1) em que as discussões jurídicas referem-se a questões práticas, isto é, a questões sobre o que há de ser feito ou omitido, ou sobre o que pode ser feito ou omitido e (2) estas questões são discutidas do ponto de vista de uma pretensão de correção. Trata-se de um caso especial porque a discussão jurídica (3) tem lugar sob condições de limitação do tipo mencionado (ALEXY, 1989, p. 206-207).

No entanto, a espécie de debate que sua divulgação gera no Brasil é frequentemente sobre a teoria das normas: a pergunta pela ontologia das normas passa a envergar a roupagem das perguntas sobre a ontologia dos princípios (uma espécie de norma) e das regras (outra espécie). Tudo pode ainda girar em torno da teoria das normas, ou mais propriamente em torno da ontologia das normas, como se princípios ou regras fossem coisas cuja natureza se pudesse distinguir e, uma vez distinguidos, pudessem ser ensinados como objetos distintos. O resultado disso é que se passa a concentrar atenção nas normas outra vez. Os alunos passam a ter a impressão de que o importante é saber distinguir uma regra de um princípio, e que

Capítulo 2 · DIFERENTES TEORIAS DO DIREITO | 79

uma vez feita a distinção todo o arsenal conceitual da lógica das normas torna-se mais fácil de ser aplicado[32].

Por diversas razões, algumas propriamente teóricas – ou seja, relativas às deficiências explicativas de uma teoria das normas – e outras práticas – ou seja, relativas às circunstâncias em que as autoridades democráticas surgem e decidem –, a teoria das normas como teoria geral do direito vem sendo posta em dúvida e substituída por outras teorias gerais, que vou chamar de forma bastante genérica de teorias da decisão. Não se trata, claro, de teorias decisionistas, que são muito mais próximas às teorias da norma como ordem do que das teorias do direito de que tratarei a seguir.

2.6. A TEORIA DA AÇÃO E DA DECISÃO

Nossa primeira tarefa é, portanto, saber do que exatamente estamos falando quando falamos do direito. E a primeira resposta é que o direito não é uma coisa material, corpórea. Não é uma *res extensa*. O direito também não é um conjunto ou soma de comandos, de imposições "faça isso", ou de proibições "não faça aquilo". Se falarmos de *ordenamento*, temos que saber que espécie de *ordem* organiza o direito, que espécie de ordem transforma inúmeras normas em um todo. Esse foi um dos pontos examinados pelos positivistas do século XX. Alguns concluíram que a ordem se encontrava na unidade de comando, no soberano. Se todas as normas procedessem de uma unidade de comando, elas formariam, por isso mesmo, um todo, uma unidade, uma ordem. A essa espécie de teoria Ronald DWORKIN acusou de pensar que a unidade do direito assemelha-se ao *pedigree* (DWORKIN, 1977, p. 17), de modo que a unidade das normas seria quase genética.

O direito também não é apenas o livro de leis. Embora haja um conjunto de leis – ou *direito objetivo* –, não se trata de um simples amontoado delas. Tampouco se trata apenas de um aglomerado de poderes, faculdades, liberdades, imunidades ou *direitos subjetivos*. Tudo isso existe, mas o direito de que falamos é mais semelhante a uma prática, que poderíamos chamar de prática social, embora o acréscimo "social" seja um pleonasmo. Como prática, ele é semelhante a uma língua. A língua é regrada, mas as regras ou a gramática da língua não existem a não ser na língua falada. Embora possam ser estudadas separadamente – regras morfológicas, sintáticas etc. –, formam um todo. Para falar uma língua não basta falar de suas regras ou descrevê-las. Da mesma forma o direito: só se pode fazê-lo adequadamente tratando-o como prática.

---

[32] Sobre os problemas no ensino do direito ver José Reinaldo de Lima LOPES, "Regla y compás: metodología para un trabajo jurídico sensato", em *Observar la ley*: ensayos sobre la metodología de la investigación jurídica (Madrid: Trotta, 2006), p. 41-67; e sobre regras, ver José Reinaldo de Lima LOPES, "Juízo jurídico e a falsa solução dos princípios e das regras", *Revista de Informação Legislativa do Senado Federal* 40, n. 160 (2003), p. 49-64.

Quadro 29

Por que toda prática é social? Talvez seja mesmo pleonástico dizer *prática social*, pois é difícil pensar na existência de uma prática individual, subjetiva, não social[33]. *Práticas são sociais por definição, embora os agentes que lhes dão vida sejam indivíduos.* A espécie humana é gregária e tem capacidade de linguagem, que não pode ser criada, aprendida, nem exercitada individualmente. A linguagem é nossa primeira instituição social e caso exemplar de prática social. Trata-se da prática universal e de base, sobre a qual todas as outras se constroem (SEARLE, 1995, p. 59 e ss.). Uma vez que aprendemos a falar, não nos desligamos mais da sociedade[34]. Nosso diálogo interior é mimético de nossos diálogos com outros, desde os primeiros diálogos com nossos pais, de modo que a consciência é sempre uma consciência adquirida ou construída no confronto com outros, uma vez que seja consciência articulada e articulável linguisticamente[35].

Teorias diferentes começam quando já não se põe no centro da investigação uma diferença específica da norma jurídica, mas o problema mais geral do "seguir uma regra", ou "decidir segundo regras". O que é seguir uma regra? Como pode alguém seguir uma regra e como pode algum juiz aplicar uma regra jurídica? Mais especificamente ainda, o que é uma ação? Quais as diferenças da ação para os outros "fatos" ou "eventos" do mundo. Para uma teoria do direito como teoria da ação, é necessário voltar a uma teoria da ação propriamente dita e considerar que decisões jurídicas são elas mesmas ações. Uma norma não produz outra norma, a não ser por meio de uma decisão de algum sujeito. Uma norma de hierarquia inferior não se origina de uma norma de hierarquia superior a não ser por meio de uma decisão, ou seja, de uma ação de alguém. Uma norma particular, ou seja, um comando específico, não surge de um comando genérico a não ser por meio de uma ação de alguém que o cria em certo momento. Quando os juristas romanos explicavam por que uma regra posta pelo imperador se chamava *constituição*, explicavam cândida e singelamente que era porque o imperador, por seu ato, *constituía* algo novo.

A teoria da ação ou da decisão desenvolve-se na medida em que lança luz sobre o processo deliberativo e escapa vagarosamente da força atrativa da teoria

---

[33] Talvez aqui estejamos diante do problema proposto por WITTGENSTEIN de que não é possível haver linguagem individual e não é possível seguir regras privadamente.

[34] "Language originally comes to us from others, from a community. But how much does it remain an activity essentially bound to a community? Once I learn a language can I just continue to use it, even extend it, quite monologically, talking and writing only for myself?". Charles TAYLOR, *Philosophy and the human sciences* (Cambridge: Cambridge University Press, 1985), p. 237.

[35] "Language is fashioned and grows not principally in monologue, but in dialogue, or better, in the life of the speech community". Charles TAYLOR, *Philosophy and the human sciences* (Cambridge: Cambridge University Press, 1985), p. 234. A definição de nossa identidade também é contrastiva e, portanto, social. "We define this [nossa identidade] always in dialogue with, sometimes in struggle against, the identities our significant others want to recognize in us. And even when we outgrow some of the latter – our parents, for instance – and they disappear from our lives, the conversation with them continues within us as long as we live" (TAYLOR, 1991, p. 33).

Capítulo 2 · DIFERENTES TEORIAS DO DIREITO | 81

das normas. Essa novidade foi impulsionada ou, de certa forma, apoiada por uma série de mudanças na própria filosofia, a mais importante das quais, a meu ver – que falo aqui sem ser filósofo no sentido profissional e técnico do termo –, é a variada gama de filosofias da linguagem, ou de maneira mais geral, filosofias cujo centro de reflexão deslocou-se do ato simples e isolado do *conhecer* uma norma, para o ato mais cotidiano (e quase imperceptível de tão cotidiano) do *seguir* normas. Note-se que a palavra seguir (usada também em outras línguas, como o "suivre une règle", "to follow a rule", "seguire una regola" etc.) indica essa ideia de que a regra é um *indicador* de um caminho no qual nos iniciamos e que devemos, se entendemos a regra, continuar por nossa própria conta. Essas diversas filosofias deslocaram o centro de gravidade de suas preocupações da tensão sujeito-objeto, para outro centro de gravidade: o da linguagem como atividade regrada e como condição de possibilidade primeira da cooperação social humana. Justamente por não ser filósofo profissional, ouso aqui colocar lado a lado correntes que os filósofos apartam como se carregassem em si uma *vis repulsiva* em relação umas com as outras.

2.6.1. Ação e ética do discurso (especialmente Karl-Otto Apel)

Na primeira vertente, é de especial interesse a filosofia de Karl-Otto Apel, o verdadeiro pai da ética do discurso. O que Apel faz, ao projetar uma operação de resgate do criticismo kantiano, é rejeitar de Kant os traços solipsistas do pensamento. Não se trata de refletir sobre o sujeito voltado para os objetos do mundo (o mundo das coisas, na razão pura, ou o mundo das ações, na razão prática), mas sobre o sujeito que pensa em meio aos outros sujeitos valendo-se de uma razão comum, encarnada na língua. Daí Apel falar de uma *pragmática transcendental*: a linguagem e a comunidade linguística ideal são de caráter transcendental (Apel, 2000, p. 249). Em sua concepção,

> a possibilidade de um acordo mútuo quanto a critérios (paradigmas, padrões) da decisão correta (...) pressupõe [a seu ver] que o próprio acordo mútuo linguístico está *a priori* vinculado a regras que não podem ser fixadas só por "convenções", mas que vêm, na verdade, possibilitar as convenções (Apel, 2000, p. 279-280).

Por isso, Apel vale-se da distinção entre a comunidade ideal de comunicação e a comunidade real de comunicação. A comunidade ideal fornece aos falantes um ambiente em que estão pressupostas regras estruturais ou gramaticais do discurso em que todos nos envolvemos. Na comunidade real essas regras pressupostas balizam a realização dos discursos singulares. As regras, portanto, não são apenas constrangimentos e limites, mas condições de possibilidade da comunicação: são constitutivas dessa possibilidade (Apel, 2004, p. 112-114). As regras lógicas são o caso mais fundamental dessa implicação entre regras e comunicação:

> A validação lógica de argumentos não pode ser testada sem que se suponha em princípio uma comunidade de pensadores que estejam capacitados ao acordo

mútuo intersubjetivo e à formação de consensos. Mesmo o pensador realmente solitário só pode explicar e testar realmente sua argumentação à medida que logra internalizar o diálogo de uma comunidade de argumentação potencial no diálogo crítico "da alma consigo mesma" (PLATÃO)" (APEL, 2000, p. 451).

A linguagem, sendo sempre linguagem comum (de uma comunidade ideal e de uma comunidade real), afasta a ideia de um sujeito isolado (solipsista) confrontado com um mundo que ele tem de criar do zero por sua própria atividade de pensar. A linguagem fornece, portanto, o caso exemplar do pensamento, mas sendo ela social por definição, o pensamento para se realizar precisa seguir regras conhecidas de todos. Desta forma, seja quem for que esteja dentro dessa comunidade, e em qualquer posição, está tão sujeito a regras quanto o outro. A regra perde, portanto, o caráter forte e unilateral de comando e de limite à ação, para transformar-se em guia e condição de possibilidade da ação mesma. Torna-se um instrumento de ação autônoma.

2.6.2. Ação e hermenêutica (especialmente PAUL RICOEUR)

Uma segunda vertente vem a ser a filosofia hermenêutica. Naturalmente há na filosofia hermenêutica correntes ainda tributárias de formas idealistas ou mesmo solipsistas de pensamento, semelhantes às que estiveram na origem da teoria do direito como doutrina dos comandos, tanto por algum traço psicologizante (entender o outro e entender um outro como problemas centrais da hermenêutica), quanto por um traço idealizante (entender uma forma objetivante do pensamento alheio). Há, no entanto, uma linha expressa na obra de Paul RICOEUR, cujo propósito é escapar do psicologismo e do idealismo. RICOEUR tem o expresso projeto de estabelecer uma ponte entre a filosofia analítica de matriz anglófona e a filosofia hermenêutica continental – e ele o faz tomando por base o conceito de *sentido*. O que se entende nos processos de compreensão recíproca são sentidos, não pessoas, nem coisas ideais. Os sentidos são, como ele diz, o "permanente do discurso", isto é, aquilo que não se confunde com o evento (empírico e contingente) pelo qual o sentido se expressa, transmite e fixa. Sentidos são produtos da ação humana, naturalmente, mas não há ação propriamente humana sem sentido. Logo, toda ação se realiza num ambiente de sentido, que de certo modo a preexiste.

Ora, pode-se entender perfeitamente que normas jurídicas são a expressão de sentidos jurídicos das ações humanas. Qualquer ação humana pode ser compreendida juridicamente se a ela forem atribuídos sentidos jurídicos, tais como a permissão, a proibição, a obrigação[36]. Nesses termos, a tarefa da hermenêutica jurídica liga-se diretamente ao ato de julgar uma ação, aprendendo seu sentido jurídico, antes que ao ato de conhecer uma

---

[36] Isso não difere da expressão de KELSEN. Para o jurista austríaco, como visto acima, o direito confere sentidos jurídicos às ações, sem dúvida nenhuma.

norma para depois aplicá-la. Assim como alguém vale-se habitualmente de uma língua para produzir discursos – língua na qual produzirá os discursos –, mas não conhece a língua em um momento diferente do momento em que a usa, também aqui alguém age juridicamente (como cidadão ou como jurista) valendo-se imediatamente das normas sem que haja uma disjuntiva entre o ato realizado segundo as normas e seu conhecimento das normas. Em outras palavras, discursos são singulares e contingentes, mas realizam-se por meio de línguas abstratas e permanentes. Línguas são línguas apenas na medida em que permitem a realização de discurso, e discursos são discursos apenas quando veiculados por meio de línguas. Decisões regradas são singulares, e regras universais permitem decisões regradas, e ambas se implicam.

A filosofia hermenêutica, nessa perspectiva, permite-nos compreender melhor o que se dá no processo do agir segundo regras. Em sua filosofia da ação, em que entende toda ação como ação significativa – sujeita, pois, a regras como o discurso –, Ricoeur chama a atenção para o fato de que a filosofia da ação (o que venho chamando neste texto de uma teoria da ação) não se confunde nem com a ciência da ação nem com a ética. Distingue-se das ciências porque não explica a ação como um movimento ou um comportamento visto de fora, sobre o qual fala algum observador (Ricoeur, 2012, p. 41). Distingue-se da ética porque não tem por objeto próprio de reflexão nem a ideia de fim último (ao qual todas as razões podem ou devem se dirigir), nem está particularmente interessada na valoração moral do bem (o *desejável*) em si (Ricoeur, 2012, p. 57). A filosofia da ação compreende o agir humano: nem o explica causalmente (de fora), nem o julga moralmente. O relevo dado na filosofia da ação é para os conceitos de intenção, fim, razão de agir, motivo, desejo, preferência, escolha, agente e responsabilidade, todos eles também úteis na reflexão ética (Ricoeur, 2012, p. 43). Ao separar a filosofia da ação das ciências da ação, a filosofia de Ricoeur lança luz sobre a natureza mesma do processo deliberativo implicado em cada ação.

2.6.3. Ação, normas e a tradição analítica

Uma terceira vertente, talvez a mais importante, é justamente a da filosofia analítica anglófona, especialmente inspirada no chamado *segundo* Wittgenstein, o das *Investigações filosóficas*. Essa tradição analítica voltada à filosofia moral deu inúmeras contribuições na segunda metade do século XX, sendo de mencionar muito especialmente a obra de Richard Hare. Nessa linha sou particularmente sensível à contribuição de John Searle, o qual levou a filosofia da linguagem a um patamar novo, ultrapassando mesmo a contribuição de John Austin (*How to do things with words,* 1975) não tanto pela novidade absoluta do foco, quanto pela insistência do lugar constitutivo ocupado pela linguagem no universo humano. Tanto em *Speech acts* quanto em *The social construction of reality* temos em Searle uma contribuição esclarecedora dos fatos institucionais.

Estas são apenas as referências filosóficas mais próximas responsáveis por um contexto ao lado do qual também surgiram as novas teorias do direito. Essas novas teorias assumem como problema central, para voltar à expressão de BOB-BIO, a "lógica" dos juristas, isto é, o que é agir conforme o direito, o que é seguir uma regra. E esse problema central, o de seguir uma regra, é um problema não apenas do seguir as regras jurídicas, mas o de seguir quaisquer regras: regras lógicas, regras gramaticais, regras ou convenções sociais e assim por diante. Em qualquer atividade regrada, em qualquer prática social regrada, há problemas de ação, decisão, aplicação. Isso muda o foco da teoria: já não se trata mais, ou sobretudo, de uma ontologia das regras jurídicas, mas de uma filosofia da ação segundo regras jurídicas.

Normas ou regras são formas de ingresso em práticas sociais, isto é, ativi-dades humanas em que se compartilham sentidos de ação. Uma dessas práticas mais evidentes é a própria atividade de falar uma língua. As normas gramaticais são ou não são normas? Caso sejam, por que o são? Alguém as impõem aos fa-lantes? Como? Por que, depois que saímos da escola e não tememos mais a vara de marmelo da professora, continuamos a seguir as regras da língua? Será que tememos a vara de marmelo da Academia Brasileira de Letras (ABL)? Será que seguimos as regras gramaticais por simples temor? Será que seguimos as regras da lógica formal por simples temor? Será que alguém nos vigia permanentemente para seguirmos essas regras? Na verdade, falamos uma língua seguindo as regras porque precisamos e queremos participar de uma comunidade linguística, e, mais ainda, porque, se não seguirmos essas regras, nem mesmo estaremos pensando. Mas, atenção, a simples necessidade de seguir regras só existe para que falemos. Assim, quem fala conhece as regras da língua, mas quem só conhece a gramática de uma língua (se isso for possível) não é *ipso facto* capaz de falar.

2.6.3.1. Compreender as regras pela perspectiva do agente (HERBERT HART)

Essa distinção entre seguir as regras porque as encaramos como guias de ação e seguir as regras porque tememos as consequências está na base da divergência entre HART e KELSEN. A teoria de KELSEN é uma teoria das regras jurídicas centrada no cumprimento por temor. HART distingue claramente o cumprimento por simples temor da perspectiva *interna* de quem segue uma regra:

> Uma sociedade que tenha direito inclui aqueles que veem as regras de um ponto de vista interno, como padrões de comportamento aceitos, e não como simples previsões confiáveis do que lhes acontecerá, nas mãos das autoridades, se as descumprirem. Mas também inclui aqueles sobre os quais, ou porque são mal-feitores ou porque são vítimas inevitáveis do sistema, tais regras serão impostas pela força ou pela ameaça da força; estes estão preocupados com as regras apenas enquanto fonte de possível punição (HART, 1997, p. 201).

Ele distingue, pois, duas perspectivas: a interna, isto é, a de quem aceita a regra, e a externa, a de quem da regra vê apenas a sanção. A primeira perspectiva consiste em seguir uma regra; a segunda, não. A segunda consiste em evitar a sanção

Capítulo 2 · DIFERENTES TEORIAS DO DIREITO | 85

e não apenas em desobedecer a uma regra para obedecer a outra regra que se pode justificar de forma mais adequada[37].

Começo por um exemplo, o do próprio HART, cujo papel inovador parece-me irrecusável. A despeito de os problemas que ele enfrenta em *O conceito de direito* serem ainda muito semelhantes aos da teoria da norma, como bem esclareceu BARZOTTO (2007, *passim*), há um ponto de sua obra que merece destaque como partida da nova teoria. HART foi talvez uma espécie de MOISÉS da filosofia jurídica contemporânea: trouxe-nos até a fronteira da terra prometida da razão prática, sem entrar nela, avistando-a de longe. Na verdade, HART abandonou a teoria das normas no sentido *behaviorista*, mas manteve-se dentro de uma teoria geral do direito, como bem mostra SHAPIRO: o ponto de vista de HART pretende-se ainda teórico, não prático, mas dentro do âmbito teórico pretende-se hermenêutico, não *behaviorista*. Esse ponto de vista é, porém, ainda assim externo (SHAPIRO, 2000, p. 206-207). Ora, justamente o horizonte que HART viu, e que nos ajudou a investigar, encontra-se num ponto polêmico de seu texto. Trata-se da sua rápida, mas fundamental referência à *prática social*. O tema pode parecer menor, lateral ou pouco importante, mas ele é, a meu ver, extremamente significativo. A prática social, como o jogo de xadrez ou qualquer outro jogo, consiste em formas regradas de ação, embora não formas regradas à maneira do comando ou da ordem (HART, 1997, p. 56-57). Tanto na prática social quanto no jogo de xadrez, a figura do soberano, do legislador, de *Rex* é muito menos importante, para não dizer mesmo inexistente. E o que é a prática social ou o jogo de xadrez? É algo próximo, senão mesmo igual, ao que WITTGENSTEIN chamou de *forma de vida*, ou jogo de linguagem[38].

Quadro 30

Observar comportamentos e saber o que fazer. "Pensemos num homem andando pela cidade com uma lista de compras na mão. Claro que a relação dessa lista com a lista de coisas que ele realmente comprou é a mesma, tenha a lista sido dada pela sua mulher ou feita por ele mesmo; e há uma relação diferente quando a lista é feita por um detetive que o segue. Se ele mesmo fez a lista, ela era uma expressão de intenção; se foi sua mulher quem lhe deu, ela tinha a função de uma ordem. O que então é a relação de identidade entre a expressão de uma intenção e uma ordem, que não é igual ao relatório [do detetive]? É justamente isso: se a lista e as coisas que o homem

---

[37] Nesses termos, na polêmica entre PERRY e SHAPIRO, minha tendência é reconhecer a verdade do argumento de SHAPIRO: o homem mau, que age por razões prudenciais (para evitar a sanção), não é o tipo de quem segue uma regra. Cf. Stephen PERRY, "HOLMES versus HART: the bad man in legal theory", em *The path of the law and its influence* (Cambridge: Cambridge University Press, 2000); e Scott SHAPIRO, "The bad man and the internal point of view", em *The path of the law and its influence* (Cambridge: Cambridge University Press, 2000).

[38] Embora as referências a WITTGENSTEIN sejam poucas no livro de HART, elas são essenciais. Seu próprio exemplo do jogo de xadrez mostra a proximidade de sua visão com aquela de WITTGENSTEIN e, em nota ao capítulo sobre ceticismo com relação às regras – e ao problema de sua transmissão –, diz que WITTGENSTEIN faz, em *Investigações filosóficas,* importantes observações sobre ensinar regras e segui-las.

efetivamente comprar não coincidirem, e se isso for um erro, então o erro não está na lista, mas no que o homem fez. (...) enquanto o relatório do detetive e o que o homem fez não coincidirem, o erro está no relatório (...) Será que há alguma coisa que a filosofia moderna não entendeu, ou seja, aquilo que os filósofos antigos e medievais chamavam de *conhecimento prático*? Na filosofia moderna temos sem dúvida uma concepção incorrigivelmente contemplativa do conhecimento. Conhecimento deve ser algo julgado pela sua conformidade com os fatos. Fatos, a realidade, são anteriores e ditam o que dizer. E isso explica a escuridão completa em que nos encontramos. Pois se existem dois conhecimentos – um de observação e outro de intenção – parece então que deve haver dois objetos de conhecimento; mas se dizemos que os objetos são os mesmos, procuramos em vão um modo de conhecimento contemplativo da ação" (ANSCOMBE, 2000 [1957], p. 56-57).

Dentro de uma teoria da norma, os exemplos de prática social e jogos parecem insuficientemente explicados. Por quê? Justamente porque prática e jogos – a despeito de não nascerem em árvores – não precisam ou mesmo não pressupõem um soberano, um pai, um comandante a nos dizer o que fazer, um mestre e senhor com uma palmatória levantada permanentemente a nos ameaçar. Quem deseja cumprir o direito, nessa perspectiva da prática social, não é um delinquente cuja vida é pautada por fugir das sanções. Quem deseja cumprir o direito é o homem honesto que deseja entrar num jogo. Quer saber as regras do jogo para jogá-lo, não para burlá-las. "Você quer entrar no jogo? Bem, isso joga-se assim". "Quer fazer parte dessa sociedade democrática, liberal, moderna? É assim que se faz". Dessa perspectiva, o direito é uma prática regrada, particularmente regrada, sobre uma área ampla da vida humana. Certamente diz respeito às interações humanas em geral, mas não se aplica a certos níveis de nossa vida. Não nos diz como devemos amar nossos amigos, nossos pais e nossos filhos[39]. Para falar com a velha tradição kantiana, obriga-nos ao respeito, mas não à afeição.

A porta entreaberta por HART está bastante clara no trecho em que ele afirma o seguinte:

O uso de regras de reconhecimento implícitas, por tribunais e por outros, ao identificar regras particulares do sistema, é característico do ponto de vista interno. Os que as usam assim manifestam, por isso mesmo, sua própria aceitação delas como guias e com essa atitude vem um vocabulário diferente das expressões naturais ao ponto de vista externo. Talvez, sua forma mais simples seja a expressão "é de direito que...", que encontramos na boca não apenas de juízes, mas das pessoas comuns que vivem sob um sistema jurídico. Isso, da mesma forma que a expressão "fora!" ou "gol!" é a linguagem de quem está avaliando uma situação em função de regras que ele reconhece, junto com

---

[39] ARISTÓTELES dava-se perfeita conta disso ao dizer que a justiça existe propriamente entre pessoas cujas relações são governadas pela lei, e onde as relações não são dessa natureza não pode haver propriamente injustiça. Assim, haveria mais lugar para justiça entre marido e mulher do que entre pai e filho (*EN*, L. V, 6).

outros, como adequadas a seu propósito. Esta atitude de *aceitação comparti-lhada* de regras há de ser contrastada com a de um observador que registra *ab extra* o fato de um grupo social aceitar certas regras, que ele mesmo não aceita (HART, 1997, p. 102, grifo meu).

Notemos duas coisas importantes no trecho. A primeira é o famoso "ponto de vista interno", isto é, o ponto de vista de quem *usa* a regra (o ponto de vista *prático*, de que fala SHAPIRO [2000]), ponto de vista completamente diferente daquele que *fala da* regra (o ponto de vista externo). A segunda é a referência à "aceitação compartilhada" (*shared acceptance*). Não se trata apenas de um fato externo, mas de um fato – se quisermos – no qual o que é partilhado é um *sentido* da ação. Exatamente, aliás, como se dá no uso da língua para realizar discursos. As línguas são sistemas compartilhados, visto não haver propriamente línguas privadas (isto é, individuais). Temos aí dois elementos importantes, quais sejam: uma prática social (a *shared acceptance*) e o uso (*ponto de vista interno, ponto de vista prático* ou ponto de vista da primeira pessoa) da própria regra.

Desse ponto de vista já não basta falar das diferenças entre normas jurídicas e normas morais, ou mesmo de direito natural e direito positivo. O próprio HART reconhece que, afinal de contas, os sistemas jurídicos têm um mínimo de direito natural (HART, 1997, p. 193-200), porque se o direito diz respeito às interações humanas, algumas coisas seriam absurdas em qualquer forma de vida social humana (por exemplo, estabelecer como obrigação que cada um mate seu vizinho! Essa espécie de regra implicaria afinal a autodestruição, antes que a autopreservação de um grupo social). O que é relevante é que normas existem como condição necessária de interação, de *práticas sociais* cuja continuidade é garantida porque são práticas regradas. Qualquer um pode entrar no "jogo" e dar continuidade a ele desde que tenha entendido as regras do jogo.

Assim como foi possível caracterizar uma teoria da norma com traços particulares, convém indicar os traços mais típicos das teorias da decisão.

O *primeiro* deles é sem dúvida a centralidade dos problemas de *aplicação* do direito. Exatamente aquilo que as teorias da norma descartaram, ora dizendo que tratar-se de algo irracional e insuscetível de "ciência normativa" propriamente, ora relegando-o à zona de penumbra do contexto aberto de toda norma, a teoria da decisão toma como elemento central, e afirma que saber direito é saber decidir segundo o direito, e ensinar direito é ensinar a decidir juridicamente. O processo deliberativo é ele mesmo o coração da teoria da decisão. Dessa forma, a aplicação e a necessária compreensão das normas é o que se deve descrever, explicar e até mesmo prescrever. Em outras palavras, uma teoria jurídica da decisão desloca o foco de visão dos juristas de uma *metafísica* das regras para o *uso* das regras. A pergunta central dessas teorias já não diz: "o que é a regra jurídica?", mas "o que é decidir segundo o direito?". E logo em seguida: "Esta é uma boa decisão segundo o direito?", "Como o uso do direito é adequado ou inadequado, certo ou errado, conveniente ou inconveniente?". Ensinar e aprender direito passam a ser vistos como transmitir usos adequados das regras jurídicas[40]. Naturalmente a teoria das fontes do direito limita ou determina o universo das regras a serem usadas. As fontes do direito são o limite, as fronteiras do jogo. Mas essa teoria da decisão pode ser tal que permita uma porosidade entre noções mais restritas (por exemplo, uma noção *legalista*) e mais abrangentes (por exemplo, uma noção *cultural*) de fontes do direito. Isso, entretanto, não altera o caráter normativo do direito e muito menos ainda lhe afeta o caráter prático.

Um *segundo* traço característico é o tratamento do assunto do *ponto de vista do agente*, do ponto de vista prático. Neste sentido, a decisão segundo a regra é sempre uma decisão justificável e por isso mesmo criticável pela regra mesma. A regra volta a ser régua e medida das ações ou decisões[41]. Regra como medida é usada pelo agente tanto para determinar e guiar sua ação, quanto para medi-la ou confrontá-la com um padrão (retitude, conformidade, legalidade, constitucionalidade). Estando o agente dentro de um grupo que pretende ter uma prática compartilhada – o direito de determinada sociedade –, a regra lhe serve de guia. Ele inicia sua ação guiado pela conformidade com o direito e, caso seja chamado a explicar sua decisão, dá razões, isto é, justifica-a por referência a esse padrão. Os outros, que também entendem a regra e a utilizam, os que fazem parte dessa comunidade jurídica, desse grupo que compartilha esses sentidos e essa prática, podem usá-la também para criticar a decisão alheia. Mostram como a decisão não se justifica segundo aquela regra. Tanto quem age quanto quem critica a ação alheia vale-se das regras como critérios de decisão.

Nestes termos, a teoria da decisão (segundo o direito) é uma reflexão sobre o discurso de aplicação, de justificação, de razões para agir e razões para decidir. A teoria da decisão é uma teoria do raciocínio *a partir de regras* (regras jurídicas, no caso do direito). A justificação não é tratada como "racionalização" no sentido negativo do termo, ou seja, como simples encobrimento das razões de agir, encobrimento das razões "más" por razões "boas" e publicáveis; racionalização não é tratada como uma forma de mentira, digamos. Justificação é a exposição das diversas passagens do pensamento de quem aplica e usa a regra. A justificação tem função analítica nessa altura. O discurso de justificação é o discurso natural da ação explicada[42]: quando se pergunta a alguém "o que estás fazendo?",

---

[40] V. José Reinaldo de Lima Lopes, "Regla y compás: metodología para un trabajo jurídico sensato", em *Observar la ley*: ensayos sobre la metodología de la investigación jurídica (Madrid: Trotta, 2006), p. 41-67.

[41] Esse é um objeto longamente desenvolvido em José Reinaldo de Lima Lopes, *As palavras e a lei*: direito, ordem e justiça no pensamento jurídico moderno (São Paulo: Editora 34/FGV, 2004a).

[42] Não estou aqui fazendo a diferença feita por Klaus Günther entre *aplicação* e *justificação*. Na bem conhecida tese de Günther (*The sense of appropriateness*: application discourse in morality and law, trad. John Farrell. Albany: SUNY Press, 1993), discursos de justificação referem-se ao fundamento de um princípio ou máxima de ação em abstrato. Justifica-se, por exemplo, a proibição da mentira. Aplicação é o momento posterior, depois de aceito o princípio, no qual o que está em jogo é a predicação do caso e das circunstâncias concretas. *Grosso modo,*

ou "por que fizeste isto?", a resposta não é uma descrição de coisas alheias que se passaram em algum lugar neutro e alheio (sua cabeça, seu coração, suas entranhas). Trata-se de levar a sério o que Paul RICOEUR chama de "o discurso pelo qual o homem *diz* o seu *fazer*" (RICOEUR, 2012, p. 43). Não se trata de expor fatos, mas de expor intenções, finalidades ou narrativas, isto é, uma série de fatos com uma ordem compreensível por alguém que também é capaz de ação. A resposta, mesmo dada na linguagem descritiva, é uma resposta pelas razões que o levaram a escolher tal ou qual curso de ação. No caso do direito, essas razões são normativas, naturalmente, e nas sociedades modernas, são razões fundadas primeiramente no direito positivo.

O discurso de justificação é parte integrante do discurso jurídico. Depois de reconhecer que a dedução pode ser usada no raciocínio jurídico, Neil MACCORMICK inicia uma discussão que ele denomina busca por razões de segundo grau com os seguintes termos:

> Podemos, porém, esgotar as regras sem ter eliminado a necessidade de decidir de acordo com a lei – ou porque as regras são obscuras, ou porque a classificação adequada dos fatos relevantes é controversa, ou mesmo porque há divergência sobre se há ou não há alguma base legal para certa pretensão ou decisão jurídica (MACCORMICK, 1995, p. 100-128).

Ora, quando esgotamos as regras, precisamos então construir certo regramento. Fazemos ou não isso? Claro que fazemos e isso é o terreno próprio da velha conhecida da filosofia clássica, a *discussão dialética*, literariamente representada nos diálogos platônicos, e analiticamente decomposta e examinada nos *Tópicos* de ARISTÓTELES, dos quais voltarei a falar mais adiante.

Quadro 31

Raciocinar a partir de princípios ou em direção aos princípios. Se temos os princípios (os pontos de partida), podemos raciocinar com eles, a partir deles. Se não os temos, devemos encontrá-los. "Há uma diferença", diz ARISTÓTELES, "entre os argumentos que procedem dos primeiros princípios e os que se voltam para eles" (*EN*, 1095 a, 30). Em certos casos jurídicos estamos à procura desse princípio, especialmente quando estamos diante de casos inusitados: acidentes ou produtos desconhecidos, relações novas (de trabalho, de família, de consumo, de investimento), tecnologias inovadoras (como o *streaming*) e assim por diante. Na falta desses princípios começamos a discutir para encontrar novos institutos, novas regras, ou trazer da esfera moral princípios compatíveis com a ideia mesma de direito.

---

poder-se-ia dizer que a justificação está na esfera da *tópica* ou *dialética* aristotélica, ou seja, a esfera de discurso em que se determinam as coisas opináveis, enquanto a aplicação está na esfera da *retórica*, ou seja, na esfera das coisas prováveis (isto é, coisas que se conhecem no geral, mas não no particular: sabe-se que chove, mas não se sabe se choveu ontem ou se choverá amanhã).

Isso permite entender como um autor confessadamente positivista como Joseph Raz trate as normas jurídicas como razões para agir (Raz, 1990, p. 58-59)[43]. Essa teoria considera o discurso de justificação como seu apoio mais importante: não trata as normas como coisas externas, ou como vontade alheia pura e simplesmente, mas como verdadeiras razões para agir. Isso não impede que se considere a vontade do outro como razão para agir, desde que essa vontade não seja pura e simplesmente uma imposição de fato (pela submissão física, pelo terror etc.). Caso tal submissão se desse assim, ou mesmo se desse pela mentira e pelo engano, a razão apresentada pelo outro não seria motivo para consideração, mas simples obstáculo factual insuperável. Nesse caso, a razão do outro não seria vista como *motivo* propriamente, mas uma *causa* externa. Aquele que explica sua ação por meio da insuperável oposição de outrem dá uma causa para agir, mas não uma justificativa no sentido que se pode atribuir apenas à ação livre. Não é por acaso que o exemplo do assaltante é crucial para explicar a teoria do direito de Hart (1997, p. 19-20; 82-91). O assaltado que entrega o dinheiro a um assaltante não pode ser equiparado ao contribuinte que paga seus impostos ao fisco. O primeiro tem uma causa externa para sua ação, o segundo tem um motivo internalizado. Para o segundo, a exigência do fisco é desconfortável e onerosa: se ele pudesse, pagaria menos, ou pagaria diferentemente, mas as razões para participar de uma vida comum em uma sociedade política são suficientemente boas para fazê-lo entender e aquiescer. O assaltado não tem nenhuma razão para aquiescer[44].

---

[43] Raz esclarece em *Practical reason and norms* que seu propósito é fazer uma espécie de teoria das normas, mas o faz considerando-as como uma espécie de *razões para agir*. E reconhece mais adiante (Joseph Raz, *Practical reason and norms*, Princeton: Princeton University Press, 1990, p. 11) que a filosofia do direito faz parte, junto com a filosofia moral e a filosofia política, do âmbito mais geral da filosofia prática, que pode perfeitamente ser tratada como um campo unificado. Daí que para ele o estudo das normas não deve ser visto isoladamente, mas como parte de um "empreendimento maior", qual seja, a filosofia prática mesma. Ele chega mesmo a afirmar que "a filosofia do direito não é nada mais do que a filosofia prática aplicada a uma instituição social" (Id., p. 149).

[44] A despeito de criticar longamente a formulação de Hart, Raz está muito próximo de seu mentor quando diz o seguinte: "Normalmente pensamos que as razões para agir são razões para uma pessoa realizar uma ação quando se derem determinadas circunstâncias. A realização de uma ação por um agente em dadas circunstâncias pode ser encarada como um fato, e pode-se pensar que razões são relações entre fatos. É uma sugestão plausível na medida em que estivermos preocupados em explicar ou avaliar ações que foram efetivamente realizadas ('suas razões para agir foram...', 'ele tinha [ou tem] boas razões para agir', etc.). No entanto, ela não dá conta das razões para avaliar casos hipotéticos ('todos nessa situação têm razão para fazer...', etc.), nem para guiar o comportamento quando a ação ainda não foi efetivamente realizada. Para dar conta desses casos, pode ser tentador encarar as razões como relações entre fatos reais ou possíveis. Eu gostaria, entretanto, de evitar ser obrigado a referir-me a fatos possíveis e, portanto, tratarei as razões como razões para as pessoas". Joseph Raz, *Practical reason and norms* (Princeton: Princeton University Press, 1990), p. 19.

2.7. TEORIAS DA AÇÃO E DA DECISÃO

Assim, ao tratar normas jurídicas como elementos da razão para agir (ou para decidir), as novas teorias voltam a valorizar o aspecto propriamente prático do direito.

Se a teoria das normas converteu-se em uma gramática geral do direito, cujo objeto pode ser analogamente compreendido como uma sintaxe das normas, a teoria da decisão coloca-se em outro nível do discurso. É uma espécie de pragmática das normas, mais claramente ainda, uma espécie de teoria do discurso. Embora o discurso pressuponha a morfologia (os termos) e a sintaxe (as proposições), ele apenas se realiza num ato sintético que é a articulação de sentidos (semântica) realizada em discursos completos.

Outra vez, isso tem sua importância, pois de modo geral é preciso saber se o que fazemos quando ensinamos direito é ensinar morfologia (os conceitos jurídicos), sintaxe (teorias da norma), ou realização de discursos (decisão segundo o direito). Creio que muitos dos desconfortos sentidos por alguns professores e provavelmente a maior parte dos alunos reside nessa incompletude de nossa maneira de ensinar. Esse desconforto também se encontra, menos explícito e verbalizado, nas pessoas comuns. Para estas, os juristas falam um linguajar incompreensível, sendo que os resultados efetivos desse jargão incompreensível são frequentemente *nonsenses*. Ou seja, do ponto de vista de uma justificação das decisões (e de seus resultados), parece difícil aceitar que os conceitos jurídicos levem a uma situação paradoxal, incompreensível ou injusta, como seja a de tratar desigualmente casos semelhantes, ou de, em nome da ordem dos conceitos, terminar por ferir estados de coisas conforme ao direito.

Em contraste com teorias da norma, as teorias do direito a partir da ação são *práticas e* apresentam as seguintes características:

a) Concebem a linguagem como condição de interação humana, que permite a cooperação e tem função não simplesmente referencial (apontar para coisas que existem ou expressar pensamentos individuais), mas constitutiva da realidade. O sujeito aqui não é solipsista, mas necessariamente social, ou seja, participante de uma atividade comum.

b) A regra é concebida à semelhança das regras de gramática ou das regras constitutivas de um campo qualquer de atividade. A regra é impessoal e objetiva, mesmo que a ação de cada um seja individual: a regra vincula--se antes à atividade que às pessoas, por isso as pessoas podem mudar e a atividade continuar a existir.

c) O soberano não é alguém que manda, mas a própria autoridade, um recurso comum a ser exercido e utilizado para dirigir o grupo a seus fins.

d) A ação humana não é movimento causado de fora, nem simples reação ao mundo exterior ao sujeito, mas é movimento autônomo com motivos; não acontece por acaso nem por força de uma causa externa, mas por *razões* que se podem dar e entender.

Teoria da norma e teoria da ação

I Questões relevantes	
Teoria da norma	**Teoria da ação**
Pergunta: o que é uma norma jurídica?	Pergunta: como é possível seguir uma norma?
Concepção de norma jurídica: é imperativo/comando. A norma jurídica se assemelha a um mandamento, e mandamento hipotético: "Faz isso, senão...".	Concepção de norma jurídica: semelhante a todas as outras normas; é uma medida (humana, mas não pessoal, não subjetiva...).
Procede de uma autoridade (alguém manda).	Normas têm sentido compartilhado.
Como uma norma se torna válida? A validade (vinculação/obrigatoriedade) depende da eficácia?	A obrigatoriedade é um traço da normatividade – a norma jurídica se torna válida por ato institucional (não físico, não de simples força).
Direito é poder (imposição de vontade alheia).	Direito é a prática organizativa e pública (um esquema subjetivo não o explica).
Norma transmite o que um sujeito pensa para um sujeito que apenas ouve e aceita.	Norma determina sentidos, não vontade.
Modelo individualista e subjetivista.	Não há linguagem privada.
Fornece a gramática (a estrutura) de uma linguagem, mas não fornece o sentido de um discurso.	Toda ação tem sentido e pelo seu sentido é compreendida, explicada, justificada.
Linguagem: concebida como meio para transmitir pensamentos de alguém para outrem; meio pelo qual um pensamento passa da cabeça de uma pessoa para a cabeça de outra pessoa.	Linguagem: concebida como condição de pensamento para qualquer um, portanto objeto comum e compartilhado; quando nos entendemos é porque estamos pensando a mesma coisa; pensamos a mesma coisa porque a linguagem é meio de criação de ideias.

II Problemas conceituais para a teoria das normas	
NORMAS DE ORGANIZAÇÃO (que não têm sanção) – como ficam na teoria?	Não é a sanção que define o direito, mas o caráter público.
Se a validade depende da eficácia, como predicar A VALIDADE DE UMA REGRA NOVA? (se *Rex* morrer, o que garante que seus imperativos continuarão a ser normas?).	A obediência não é um hábito, mas uma prática regrada, pela qual reconheço a autoridade.
As DECISÕES SÃO IRRACIONAIS? São arbitrárias? O que vincula a explicação de uma regra a sua aplicação?	DECISÕES SÃO RACIONAIS. Decisões se compreendem e se explicam por critérios objetivos.
Ênfase na AÇÃO COMO REAÇÃO A ESTÍMULOS: estímulos naturais (instintos), ou estímulos legais (a lei funciona como estímulo). Ação é movimento da psique, compreendida à maneira da psicologia clínica ou empírica.	Ênfase no PAPEL ATIVO DO AGENTE: a ação não é apenas reação a estímulos ou movimento, mas propriamente iniciativa do agente. Modelo de análise não é empírico, mas filosófico.

III Pontos de divergência entre as duas teorias	
Teoria da norma	**Teoria da ação**
CONCEPÇÃO DE LINGUAGEM = veículo de pensamento, da cabeça de um para a cabeça de outro.	CONCEPÇÃO DE LINGUAGEM = condição de interação, seu propósito é exponenciar a cooperação – ela constitui a realidade social, está fora da cabeça de cada um... (é social).
CONCEPÇÃO DE NORMA = comando, vontade, *imperativo*. Seguir uma regra é obedecer ao soberano.	CONCEPÇÃO DE NORMA = regra, gramática de um campo, *preceito*. Seguir uma regra é continuar por si, autonomamente uma atividade.
CONCEPÇÃO DE SOBERANO = é aquele que manda, capaz de impor sua vontade (quem obedece não tem vontade própria).	CONCEPÇÃO DE SOBERANO = a autoridade, um recurso comum que permite cooperação.
CONCEPÇÃO DE AÇÃO = reação, movimento, tem causas externas ao sujeito – explica-se por estímulos, antecedentes, *causas, explicações psicológicas ou estratégicas*.	CONCEPÇÃO DE AÇÃO = iniciativa, movimento autônomo, causas são circunstanciais e motivos são a iniciativa do sujeito, explica-se por *motivos e razões*.
Essa teoria precisa de um soberano e explica o direito de um ponto de vista externo. O PONTO DE VISTA DO AGENTE É ESTRATÉGICO, o de quem quer escapar da regra, não de quem quer entender a regra. O PONTO DE VISTA DO "HOMEM MAU", do "delinquente".	Uma teoria do direito assim precisa de uma ação motivada, de deliberação. O PONTO DE VISTA DO AGENTE É INTERNO, O PONTO DE VISTA DO PARTICIPANTE.

Capítulo 3

O DIREITO COMO AÇÃO, PRÁTICA E INSTITUIÇÃO

"O discurso é o evento da linguagem."

(RICOEUR, *Teoria da interpretação*, p. 21)

"Como explicaríamos a alguém o que é um jogo? Creio que lhe descreveríamos jogos, e poderíamos acrescentar à descrição: 'isto e outras coisas semelhantes chamamos jogos'. E nós próprios, sabemos mais?"

(WITTGENSTEIN, *Investigações filosóficas*, § 69)

"Anything we may say about the nature of law is, within its limits, a theory, explanation or interpretation of the nature of law; and we can say nothing about the nature of law which does not imply and involve a theory of law."

(OAKESHOTT, *The concept of a philosophical jurisprudence*, p. 155)

"Uma imagem fala mais do que mil palavras. Diga isso em imagens."

(Millôr FERNANDES)

3.1. A RENOVAÇÃO GERAL DA FILOSOFIA DE INTERESSE PARA O DIREITO

No capítulo anterior, vimos a transformação pela qual passou a filosofia do direito na segunda metade do século XX, como ela se deslocou de uma teoria das normas e do ordenamento para uma teoria da ação (e da decisão). Essa mudança refletiu-se em várias propostas, particularmente: (a) nas teorias da argumentação[1], cujo objeto principal foi o raciocínio ou forma de argumentar dos juristas diante de qualquer tipo de norma ou caso; (b) nas diversas teorias da razão prática, cujo objeto principal vem sendo não só a espécie de raciocínio, mas uma fenomenologia

---

[1] Cf. Manuel ATIENZA, *As razões do direito*, trad. M. C. G. Cupertino (São Paulo: Landy, 2000); Neil MacCORMICK, "Contemporary legal philosophy: the rediscovery of practical reason", *Journal of Law & Society* 10 (1983); Neil MacCORMICK, *Legal reasoning and legal theory* (Oxford: Oxford University Press, 1995); Chaïm PERELMAN e Lucie OLBRECHTS-TYTECA, *Tratado da argumentação*: a nova retórica, trad. M. E. Galvão (São Paulo: Martins Fontes, 2000).

da decisão propriamente dita[2]; (c) nas teorias da justiça e do direito[3]. Podemos ficar nessas três grandes vertentes, apenas a título de exemplo. Nossa tarefa se transforma agora em saber o que mais exatamente é uma prática. Uma noção fundamental de prática requer previamente que compreendamos o que é uma ação, pois a prática pode ser concebida primeiro como um conjunto ordenado e integrado de ações. Uma noção fundamental de prática requer previamente que compreendamos o que é uma ação, pois a prática pode ser concebida como um conjunto ordenado e integrado de ações. Uma prática pode ser mais bem explicada como um jogo, e cada jogo inclui jogadas ou lances. As jogadas e os lances de um jogo são ações.

Neste capítulo, vamos investigar os termos em que o debate filosófico contribuiu para a renovação da filosofia do direito em particular. Creio que essa contribuição deu-se em dimensões diferentes, mas reciprocamente implicadas. O núcleo da inovação encontra-se (1) na volta da *filosofia ou teoria da ação* propriamente dita. Veremos a seguir em que a filosofia ou teoria da ação se distingue das ciências da ação. O importante é o desenvolvimento da filosofia da ação propriamente dita. Ao seu lado, como uma espécie de implicação, apareceram (2) indagações relevantes sobre *seu caráter própria e necessariamente regrado*, distinguindo ação de movimento, evento ou reação, destacando-se o tema do "seguir regras", núcleo da filosofia do "segundo" WITTGENSTEIN desenvolvido por diversos pósteros, de ANSCOMBE a VON WRIGHT, de WINCH a Herbert HART. Essa novidade implicou distinguir e valorizar mais adequadamente as espécies de regras a que as ações se submetem, ou das quais dependem. Nesses termos, tanto o trabalho de John SEARLE quanto o de Georg VON WRIGHT foram de especial relevância. Esses trabalhos incluíam (3) *o conceito de instituição*, em contraste com o de natureza (importante na filosofia moderna), e o de prática (ou prática social) elaborado por ANSCOMBE, SEARLE, WINCH, diversos renovadores da interpretação de ARISTÓTELES[4] e um pouco mais tarde no direito por MACCORMICK. Também se destacou a (4) renovação de *investigações sobre referência, significado e sentido*, uma vez que ações têm sentido, o que não se dá com os simples movimentos ou eventos do mundo[5]. A investigação sobre o sentido exigiu uma reflexão sobre os discursos, que são uma espécie de ação, tema fundamental da filosofia de Paul RICOEUR, por exemplo. Assim, pelo menos quatro temas relevantes e implicados entre si renovam nossa compreensão do direito e serão objeto deste capítulo: a ação, o seguir regras em geral, as instituições e a dimensão institucional do mundo em que vivemos, e a filosofia do discurso.

---

2   John FINNIS, *Natural law and natural rights* (Oxford: Oxford University Press, 1992). Joseph RAZ, *Practical reason and norms* (Princeton: Princeton University Press, 1990).

3   Ronald DWORKIN, *Law's empire* (Cambridge: Harvard University Press, 1986).

4   Marco ZINGANO, *Sobre a Ética Nicomaqueia de Aristóteles*, ed. M. Zingano (São Paulo: Odysseus – CNPq, 2010).

5   Os chamados "processos históricos" também não são simples fatos do mundo, pois são dotados de sentido e resultado de ações e interações humanas. Sobre os problemas colocados pelo "processo histórico" como objeto de análise e conhecimento, ver Donald KELLEY, *The beginning of ideology*: consciousness and society in French Reformation (Cambridge: Cambridge University Press, 1981), p. 5-10.

Capítulo 3 · O DIREITO COMO AÇÃO, PRÁTICA E INSTITUIÇÃO | 97

3.1.1. Uma analogia produtiva: língua e discurso, ordenamento e decisão

Ao falar da teoria do direito como uma teoria da ação, ou, melhor, ao conceber o direito como um campo de ação e como prática, antes que como ordenamento ou sistema de regras, aproprio-me da contribuição de Paul Ricoeur em sua verdadeira filosofia do discurso e do sentido, a qual, por seu turno, depende da distinção enfatizada por Saussure entre língua (*langue*) e fala (*parole*)[6]. Ricoeur apropria-se da distinção essencial de Saussure entre *langue* e *parole, língua e fala* (Saussure, 1972, *passim*) e a converte na distinção entre *língua* e *discurso*. A língua é o sistema permanente e necessário que permite os discursos, eventuais e contingentes. Os discursos, porém, ao contrário das línguas, veiculam sentidos, os quais se elevam acima do contingente. Os sentidos são o permanente do discurso.

A síntese que se pode apresentar no início deste capítulo ajuda a compreender melhor o restante da discussão, pois se trata de usar elementos conceituais tirados da linguística e da teoria do discurso para entender as relações entre "sistema normativo jurídico" e "decisões" ou "ações conforme o direito".

Quadro 32

Razão, discurso e fala. Em *Ser e tempo*, Heidegger lembra que em grego "o significado básico de *logos* é discurso", não no sentido restrito das línguas e filosofias modernas, em que se pensa em termos de *juízo* e encadeamento de juízos. "O *logos* deixa e faz ver aquilo sobre o que se discorre e o faz para *quem* discorre (médium) e para todos aqueles que discursam uns com os outros. (...) Em seu exercício concreto, o discurso (deixar ver) tem o caráter de fala, de articulação em palavras. O λογος é *foné* e, na verdade, φονη μετα φαντασιας – articulação verbal em que, sempre, algo é visualizado" (Heidegger, 1988, p. 62-63).

Trata-se, pois, em primeiro lugar, de distinguir o ordenamento, as normas jurídicas em geral, das decisões e ações concretas dos agentes que as utilizam. Juízes aplicam as regras, e uma decisão judicial é uma ação. Não é um simples texto ou uma outra regra, apenas. A proposta é que vejamos na sentença uma ação. Alguém a produziu. Ela não "deu numa árvore". Diferentemente de um cálculo matemático, ela não foi *deduzida* do ordenamento. Assim como as decisões judiciais, leis também resultam de ação. Tampouco são simplesmente deduzidas de outras leis. Negócios jurídicos e contratos, igualmente: embora produzidos conforme as leis, não existem antes de serem feitos pelas partes. Ninguém *deduz* seu casamento do

---

[6] Essas distinções são usadas diversas vezes por Paul Ricoeur, desde "Evénement et sens", em *Révelation et histoire* (Paris: Aubier, 1971), p. 15-34, até os muitos ensaios de *From text to action – essays in hermeneutics II*, trad. K. Blamey and J. Thompson (Evanston: Northwestern University Press, 1991). A primeira vez que me vali da filosofia de Ricoeur foi durante uma aula sobre as lacunas no direito em 1987, no concurso de ingresso na carreira de professor de direito da Universidade de São Paulo, posteriormente publicada em forma de ensaio; cf. José Reinaldo de Lima Lopes, "Hermenêutica e completude do ordenamento", (Senado Federal) XXVI, n. 104 (out./dez. 1989), p. 237-246.

sistema jurídico, ninguém *deduz* seu contrato do Código Civil. Em outras palavras, o relevante é perceber a dimensão prática do direito, é vê-lo como resultado de ações.

Essa ideia é esclarecida pela relação que RICOEUR diz existir entre os discursos e as línguas. As línguas estão para os discursos como os ordenamentos jurídicos estão para as decisões dos sujeitos na esfera do direito: são os códigos que possibilitam todos os discursos. Discursos são realizações singulares, eventuais, como acontecimentos cuja compreensão, sensatez, inteligibilidade, propósito e sentido só são possíveis por causa da língua e porque todos os falantes compartilham o mesmo código.

A linguística desenvolvida no século XX apoiou-se nessa distinção para se consolidar e constituir seu objeto próprio. De fato, a linguística criou para si o objeto *língua*, deixando a fala para outras disciplinas, como diz o mesmo RICOEUR[7]. Que diferenças existem entre língua e discurso? Façamos um quadro que permita ver isso com mais clareza[8]:

Língua e discurso

	Língua	**Discurso**
Sujeito	Não tem sujeito: "As línguas não falam" (RICOEUR, 2019, p. 26).	Tem um autor, falante, sujeito.
Tempo	Permanente: línguas não têm tempo (analisam-se sincronicamente).	Passageiro, acontece em certo momento (analisa-se, lê-se, entende-se diacronicamente).
Contexto	Abstrata, não tem contexto.	Tem contexto: para compreender o discurso, o contexto é indispensável.
Sentido	Não tem sentido, mas permite qualquer sentido: não diz nada.	Tem sentido, especifica um sentido valendo-se de uma língua: diz algo.
Referência	Não tem referência, (assunto), mas pode referir-se a qualquer objeto.	Sempre tem uma referência (um assunto, um objeto).

---

[7] "E mesmo que a *parole* se possa escrever, cientificamente cai sob a alçada de muitas ciências, incluindo a acústica, a filosofia, a sociologia e a história das mudanças semânticas, ao passo que a *langue* é o objeto de uma única ciência, a descrição dos sistemas sincrônicos da linguagem". Paul RICOEUR, *Teoria da interpretação*: o discurso e o excesso de significação, trad. Artur Morão (Lisboa: Edições 70, 2019), p. 14. Ou ainda: "As is well known, the language-speech distinction is the fundamental distinction that gives linguistics a homogeneous object; speech belongs to physiology, psychology, and sociology, whereas language, as rules of the game of which speech is the execution, belongs only to linguistics. As is equally well known, linguistics considers only systems of units devoid of proper meaning, each of which is defined only in terms of its difference from all the others". Paul RICOEUR, "What is a text?", em *From text to action* (Evanston: Northwestern University Press, 1991), p. 113.

[8] Os quadros resumem as ideias de Paul RICOEUR exemplarmente expressas em "Evénement et sens", em *Révelation et histoire* (Paris: Aubier, 1971), p. 15-34, e Paul RICOEUR, *Teoria da interpretação*: o discurso e o excesso de significação, trad. Artur Morão (Lisboa: Edições 70, 2019), esp. p. 11-40 ("Linguagem como discurso").

Se usarmos este esquema para analisar o direito, veremos como ele nos permite analogicamente entender melhor uma teoria da ação:

Ordenamento e decisão

	Ordenamento	Ação / decisão
Sujeito	Não tem sujeito (qualquer um que viva sob aquele ordenamento é sujeito em potencial).	Tem sujeito (legislador, juiz, partes da relação, partes do contrato etc.).
Tempo	É permanente (não tem tempo).	Um ato singular (ato administrativo, negócio jurídico, sentença etc.) começa a existir, mas pressupõe que a norma que o rege existe antes dele (cronológica e logicamente).
Contexto	Não tem contexto: serve de contexto para os atos.	Um negócio, uma decisão judicial, uma lei em particular são dotados de um contexto e nascem para "criar, modificar, extinguir direitos" dentro de um contexto.
Sentido	No ordenamento em geral, os sentidos são os amplos limites da vida jurídica e muitas vezes aparecem como "princípios" (legalidade, liberdade, dignidade, moralidade etc.).	Nos atos singulares, os sentidos são determinados pelo e dependentes do contexto. A sentença precisa ter um sentido, não pode ser a proclamação genérica de princípios, por isso precisa de *fundamentação e relatório*, união de contexto, fatos e normas. *Vide o Código de Processo Civil*, art. 489: "*São elementos essenciais da sentença: I – o relatório (...); II – os fundamentos (...); III – o dispositivo (...)*".
Referência	O ordenamento permite todos os atos (legislativos, judiciais, negociais) porque pretende ser abrangente de todos os casos *potenciais e possíveis*. Ele mesmo não se refere a nenhum caso.	Atos singulares (do legislador, do juiz, das partes) referem-se a algo. Uma lei que crie uma pessoa jurídica de direito público, que proíba ou obrigue certas coisas, um negócio jurídico particular, precisam de referência. Todo negócio jurídico precisa ter *objeto* lícito. *Vide o Código Civil* – art. 104, II.

Esses quadros mostram por que nas colunas "*língua*" e "*ordenamento*" estamos sempre na dimensão atemporal, formal, estrutural e sistêmica, ao passo que na coluna "*discurso*" e "*ação-decisão*" estamos sempre no temporal, no localizado, no substancial. Enquanto o ordenamento e a língua são condição para qualquer decisão ou discurso, apenas as decisões, ações e discursos têm realmente referência e sentido. A língua permite dizer qualquer coisa, mas ela mesma não diz nada. A coluna ação-decisão pressupõe, portanto, que as ações são contingentes, locais, singulares, como ensina a filosofia da ação propriamente.

O que interessa aqui é a coluna do discurso e da ação-decisão, em sua relação com a coluna da língua. Em outras palavras, uma compreensão adequada do direito leva-nos a pensá-lo integradamente como código (língua) e ação (discurso). Nenhuma língua existe senão para permitir a realização dos discursos. O estudo exclusivamente estrutural, formal, da língua não dá conta do que é dito. Quanto ao direito, é evidente que não se pode negar seu caráter normativo e formal, seu caráter de sistema e de código. Entretanto, a razão de ser do código e do sistema jurídico é permitir a realização dos atos singulares (sentenças, negócios e até mesmo leis). Permitir em dois sentidos: (1) constituir suas condições de possibilidade e (2) criar – ou definir, instituir – os sentidos compartilhados elementares do campo, ou seja, da *vida civil*. Dar as condições de possibilidade é fornecer as regras constitutivas do campo[9]. Permitir sentidos compartilhados é fixar o sentido geral do campo. Assim como a matemática tem seus sentidos determinados, e quem deseja estudar matemática precisa conhecê-los, assim também no direito é preciso haver sentidos compartilhados por todos. Sem dominar os sentidos da matemática, alguém não pode pertencer ao grupo dos matemáticos, ou mesmo ao grupo dos que são capazes de fazer as operações mais simples no dia a dia. Igualmente, a falta de domínio dos sentidos do direito impede que alguém integre o grupo dos juristas, mas, num nível mais elementar, impede mesmo que alguém conviva civilmente com estranhos.

Conceber o direito como ação, percebê-lo em sua dimensão prática, significa justamente voltar a uma filosofia da ação. Como visto, o discurso é produzido por alguém dentro de uma língua qualquer. É, portanto, uma ação. O discurso não brota espontaneamente de uma língua, encontra-se, pois, na esfera da ação propriamente dita. Entendido como uma ação que se realiza, o discurso serve de elo entre a filosofia da ação e a filosofia da linguagem. As próximas seções tentam recuperar essa filosofia da ação, apontando desde já para sua presença na filosofia geral da segunda metade do século XX, infelizmente pouco conhecida dos juristas brasileiros.

3.2. DAS CIÊNCIAS DA AÇÃO À FILOSOFIA DA AÇÃO

A filosofia geral de meados do século XX assiste ao nascimento, ou talvez renascimento, de estudos filosóficos a respeito da ação humana. A filosofia da ação, como lembra RICOEUR e como mencionado antes, é diferente da ciência da ação. O século XIX e a primeira metade do século XX haviam sido dominados pela pretensão da ciência de superar a filosofia em geral. Nessa onda, a filosofia da ação fora subestimada e em seu lugar sobressaíram-se as ciências da ação. Entre elas estava a psicologia empírica e experimental, a sociologia, a economia, a própria história e a seu lado várias explicações científicas da ação. Em algumas dessas novas ciências,

---

9   Para SEARLE, uma regra constitutiva é definidora e tem a forma "X vale como Y". É regra porque determina como se age dentro de um campo. É definidora porque sem ela não existe um campo ou atividade concretos. "As regras de xeque-mate no xadrez ou gol no futebol devem *definir* o que é xeque-mate ou gol da mesma maneira que as regras do xadrez e do futebol definem o que é xadrez ou futebol. E costumam ter a forma 'X' vale como ou funciona como 'Y'". John SEARLE, *Speech acts*: an essay in the philosophy of language (Cambridge: Cambridge University Press, 1969), p. 34.

Capítulo 3 · O DIREITO COMO AÇÃO, PRÁTICA E INSTITUIÇÃO | 101

particularmente nas ciências sociais como a economia, a sociologia e a ciência política, tentava-se explicar as ações, mostrar suas causas, transformando o agente numa espécie de joguete de forças impessoais que lhe seriam superiores e determinantes. Os agentes precisavam ser tratados como simples *reagentes* a circunstâncias externas. Nesses termos, minimizava-se o caráter primordial da ação, seu caráter ativo, a iniciativa que existe nos sujeitos, e enfatizava-se o caráter determinante e determinado das *condições objetivas*. Era como se os limites, sem dúvida existentes nas circunstâncias, não fossem apenas limites, mas também causas determinantes. Essa estratégia era muito importante para constituir objetos próprios dessas novas ciências. Assim como na linguística era preciso ignorar os discursos propriamente ditos (produtos de cada agente) para se chegar à língua (sistema ou código do falar), nessas outras ciências era preciso deixar de lado o agente para ver o sistema dentro do qual ele se movia. O preço pago por essas tentativas foi ignorar progressivamente a própria ação, tratando-a como o resultado determinado das circunstâncias.

Quadro 33

A ciência moderna e o modelo de David HUME (1711-1776) no **Tratado da natureza humana** (1739). Para ele, somos capazes de fazer duas grandes espécies de relação com nosso pensamento: "algumas que dependem inteiramente de ideias", e outras que independem de ideias. Da ideia de triângulo descobrimos a relação de igualdade que seus três ângulos têm com dois ângulos retos: são relações entre ideias. Mas a noção de *causa e efeito* nos vem da *experiência* de ver a "contiguidade" constante de dois objetos. Em resumo, somos capazes de raciocinar dedutivamente quanto aos objetos ideais das matemáticas, e somos capazes de pensar indutivamente quanto aos objetos naturais. A isso se resume nosso conhecimento (HUME, 1978 [1739], p. 69, Livro I, III parte, 1ª seção). Nossa razão consiste na descoberta da verdade e da falsidade, que são "conformidade ou desconformidade com as relações *reais* de ideias ou com a existência real de matéria de fato" (Livro III, I parte, 1ª seção). Em resumo: (a) usar da lógica para descobrir verdades analíticas e (b) constatar fatos. Tudo o mais não seria propriamente racional, mas fruto das paixões (sensibilidade). As ciências sociais tentaram durante muito tempo enquadrar-se nesse modelo limitado de racionalidade.

No decorrer do século XX, especialmente na sua segunda metade, a ação foi novamente colocada no centro da filosofia. A filosofia do "segundo" WITTGENSTEIN teve papel fundamental nessa reviravolta, chamada de linguística ou pragmática. Se, para os filósofos continentais, diz RICOEUR, "a filosofia da linguagem parece limitada", ela teve, contudo, uma "influência libertadora", porque superou do positivismo lógico a ideia de que apenas as proposições descritivas e verificáveis empiricamente têm sentido, e recuperou a noção de que "existe sentido fora da descrição dos fatos". "A linguagem da ação faz sentido numa situação que não é de observação" (RICOEUR, 2012, p. 47-48).

3.2.1. Ação e fato

As ciências tomavam a ação como *evento do mundo*, evento como outros, como fato, na linha do que o empirismo de David HUME havia sugerido. Somos capazes de conhecer apenas o que é lógico ou o que existe de fato, pensava-se. Nesses termos, a explicação científica da ação procurava causas eficientes, antecedentes necessários do evento chamado ação. Tratava-se de uma explicação que, como o restante das ciências, dispensava a presença do agente. Sem o agente, a ação tornava-se fato. Não por acaso, Émile DURKHEIM havia proposto nos inícios da sociologia moderna que no método sociológico "a primeira regra e a mais fundamental é a de *considerar os fatos sociais como coisas*" (DURKHEIM, 1978, p. 94). O agente tornava-se um veículo para a ação, mas não seu autor propriamente. Buscava-se algo que pudesse dar a "razão suficiente" para a ocorrência. No caso da psicologia, procurava-se algo que independia do agente, que pudesse ser tratado como um fato antecedente. O conceito de inconsciente prestou-se perfeitamente a essa espécie de explicação, divulgação e vulgarização, pois no inconsciente, como o nome diz, estavam guardadas lembranças que não eram propriamente do sujeito ativo e consciente. Podia funcionar, portanto, como algo exterior ao sujeito, pois, embora guardasse suas lembranças, não sendo elas conscientes, não poderiam ser propriamente suas.

Os problemas que esse modelo encontrou ao ultrapassar o âmbito restrito em que fazia sentido não foram poucos. Depois de mais de dois séculos de tentativas, ficou claro que as ciências sociais não teriam capacidade preditiva como as ciências naturais. Nas ciências sociais exemplos que desmentem generalizações feitas continuam existindo e sendo aceitos, sem que as generalizações sejam renegadas. Ninguém prevê revoluções, mudanças na política ou na economia. Depois que algo acontece, cientistas sociais podem ser capazes de explicar, mas não preveem como seus colegas das ciências *duras ou exatas*. Cientistas sociais, inclusive os economistas, apresentam-se como conselheiros especializados, mas mesmo aí falham. Como diz MACINTYRE:

> Nenhum economista previu a "estagflação" antes que ela ocorresse, os textos dos teóricos monetaristas falharam significativamente na previsão de taxas de inflação e D. J. C. SMYTH e J. C. K. ASH mostraram que as previsões produzidas pela OCDE com base na mais sofisticada teoria econômica desde 1967 resultaram em predições menos bem-sucedidas do que as que poderiam ter sido feitas usando-se o simples bom senso, ou, como dizem, métodos ingênuos de prever taxas de crescimento pelo simples uso da média anual de crescimento dos últimos dez anos como orientação, ou as taxas de inflação simplesmente pressupondo que os próximos seis meses serão semelhantes aos últimos seis (MACINTYRE, 1984, p. 89).

Esses limites permitiram que, a partir de um certo momento, a filosofia da ação voltasse para a cena filosófica e ganhasse cada vez maior espaço[10].

---

[10] É o que diz Neil MACCORMICK, "Contemporary legal philosophy: the rediscovery of practical reason", *Journal of Law & Society* 10 (1983), p. 1. Os mais importantes teóricos do direito da segunda metade do século XX andaram às voltas com os temas da ação e da razão prática.

Capítulo 3 · O DIREITO COMO AÇÃO, PRÁTICA E INSTITUIÇÃO | 103

O assunto *"ação e decisão"* retornou em primeiro lugar na economia. Como toda ciência precisa constituir um objeto único e próprio, na economia passou-se do modelo simples de Robinson CRUSOÉ, que manipula a natureza para obter sua sobrevivência material, ao modelo mais complexo das ações estratégicas e da teoria dos jogos. Esse modelo foi depois apropriado – ou talvez mesmo redescoberto[11] – pela ciência política, e aparece na teoria da justiça de John RAWLS[12].

Quadro 34

> **Ação e decisão: economia e ciência política.** Marco importante sobre a decisão e a ação foi *Theory of games and economic behavior*, de J. VON NEUMANN e O. MORGENSTERN, em 1944. Em 1950, John NASH deu a público seu "The bargaining problem", na revista *Econometrica*, e em 1951 apareceu *Social choice and individual values*, de Kenneth ARROW. De certo modo, todos esses trabalhos referiam-se à "escolha racional", mas limitada ao campo da economia, em que a racionalidade é estratégica, competitiva e regida pela relação custo-benefício. Aproveitando essas pesquisas sobre ação estratégica e decisão, John RAWLS publicou *Uma teoria da justiça* em 1972, em que afirma que "a teoria da justiça é parte, talvez a parte mais significativa, da teoria da escolha racional" (RAWLS, 1992, p. 16). Esse apego à racionalidade da ação estratégica valeu-lhe a crítica de muitos, e muito certeiramente a de Otfried HÖFFE (1997, p. 153-200).

3.2.2. A ação não é um fato como outros

Em filosofia, o marco de retorno ao problema da ação, como dito diversas vezes antes, pode ser visto no segundo WITTGENSTEIN, principalmente concentrado em trabalhos como *Investigações filosóficas, Da certeza*, e nos livros *Marrom* e *Azul*. A primeira preocupação de WITTGENSTEIN era sabidamente a lógica[13]. Esta levou-o em seguida a pensar sobre a linguagem mesma e a perceber a existência de diversos *campos*, diversas *formas de vida*, ou diversos *jogos de linguagem*. A lógica matemática, cujas expressões são todas formais, indica uma parte da lógica, desde que se perceba que a lógica consiste no pensar consequente e coerente. Sua concepção de que a linguagem está presente na

---

Ele cita expressamente Herbert HART, Joseph RAZ, Robert ALEXY, John FINNIS. Uma geração antes deles, já Chaïm PERELMAN, Joseph ESSER, Lon FULLER haviam expressado preocupação semelhante.

[11] Pode-se dizer *redescoberto* porque a filosofia política moderna sempre se ocupou do problema e, em geral com dificuldades conceituais próprias, ocupava-se, digamos assim, da transição do indivíduo singular para a situação social. Os meios de entender isso eram as teorias contratuais da sociedade, a distinção entre liberdade natural e liberdade civil (ou estado de natureza e estado civil) e os muitos paradoxos da ação individual e seus resultados coletivos e sociais não intencionais. Esses temas encontram-se em todos os clássicos do pensamento moderno, de HOBBES a MARX.

[12] John RAWLS, *A theory of justice* (Oxford: Oxford University Press, 1992).

[13] "A filosofia de WITTGENSTEIN é certamente um exemplo típico do que podemos chamar de uma filosofia do conceito em oposição a uma filosofia da consciência". Jacques BOUVERESSE, *Le mythe de l'intériorité*: expérience, signification et langage privé chez Wittgenstein (Paris: Les Éditions de Minuit, 2010), p. 26. Luigi PERISSINOTTO (*Wittgenstein*: una guida, 3. ed. [Milano: Feltrinelli, 2017], p. 24-25) reitera que o trabalho de WITTGENSTEIN consistia em explicar a essência da proposição.

própria ação, de que somos capazes de dizer e fazer ao mesmo tempo, de que a linguagem não é um *posterior*, quer ao pensar, quer ao agir, foi a grande inovação que trouxe. "A linguagem comum é uma parte do organismo humano e não menos complicada do que ele" (WITTGENSTEIN, 2001, § 4002). Ora, em todos os campos de atividade, em todas as *formas de vida* existe pensamento consequente e coerente. Existem, portanto, formas coerentes e consequentes de pensar, de falar e... de agir. Cantar uma cantiga é diferente de resolver um problema de cálculo ou realizar um experimento laboratorial, mas todas essas atividades, jogos ou "formas de vida" se realizem por meio da linguagem. E foi assim que a filosofia da linguagem e a filosofia da ação contribuíram grandemente para uma reviravolta em nossa maneira de pensar sobre o direito.

O tema chegou explicitamente ao pensamento jurídico em 1960 pelo livro *O conceito de direito* de Herbert HART, mas vinha sendo preparado por uma série de filósofos, cujos estudos iniciais se desenvolveram em boa medida em contato com WITTGENSTEIN e seus cursos e seminários em Cambridge, na Inglaterra. Entre eles, como foi dito, destacaram-se G. E. ANSCOMBE (1919-2001) e G. VON WRIGHT (1916-2003), ambos discípulos de WITTGENSTEIN. Poucos anos mais jovem do que eles, também Peter WINCH (1926-1997) se apropriou da obra do filósofo austríaco. A obra wittgensteiniana teve, portanto, impacto duradouro e profundo na filosofia do final do século XX e se irradiou depois pelo direito, por meio de Herbert HART, Joseph RAZ, Neil MACCORMICK e John FINNIS.

Se, do ponto de vista da ciência moderna a ação é um *fato*, ou um evento dentro de uma cadeia de eventos e como tal deve ser analisada, do ponto de vista da filosofia a ação não é um fato como os outros: não *acontece* como outros fenômenos, nem tem antecedentes necessários e suficientes que se possam isolar. A ação constitui um campo de investigação em si mesmo. Como dito no primeiro capítulo, a filosofia esclarece, mas não informa como as ciências, de modo que uma filosofia da ação não se substitui às ciências da ação, embora possa mostrar-lhes os limites e condições de possibilidade. Uma filosofia do direito que se interesse pela ação não será, portanto, uma alternativa não científica e terá por tarefa esclarecer conceitualmente a ideia mesma de ação e compreender como o próprio direito é um campo da ação, campo cujo esclarecimento depende de uma ideia clara de ação.

O primeiro passo é distinguir ações de fatos, eventos, acontecimentos, ou fatos brutos, como disse ANSCOMBE[14].

O fato é algo que está aí, que aparece (acontece), que se encaixa numa sucessão de outros fatos. Naturalmente, é possível pensar num estado de coisas produzido por ações ou interações sociais, e, nesse sentido, tal estado de coisas é diferente do resultado concreto e singular de uma ação. Muitas ações e interações intencionais, que têm uma finalidade determinada, podem não alcançar o objetivo para que foram pensadas e resultar, no agregado, em algo diferente do que havia sido planejado por um agente singular. Nesses casos, o *processo social e histórico*, resultado de ações humanas, parece-se com um *fato*. Trata-se do problema das consequências aleatórias ou indesejadas das ações intencionais. Também se conhece o paradoxo social

---

[14] G. E. M. ANSCOMBE, "On brute facts", *Analysis* 18, n. 3 (January 1958), p. 69-72.

Capítulo 3 · O DIREITO COMO AÇÃO, PRÁTICA E INSTITUIÇÃO | **105**

da racionalidade individual aplicado a situações coletivas: o que é racional para um agente isolado termina produzindo um resultado indesejável e irracional para o todo.

Mas é preciso distinguir. Embora provoque e esteja na base de *estados de coisas* no mundo social ou institucional, a ação não é simples movimento, como os movimentos mecânicos em geral, ou os movimentos involuntários, vegetativos, dos nossos organismos vivos. Meu coração e minhas entranhas se movimentam, meus músculos e nervos podem mesmo se contrair sem minha *intenção,* por simples espasmo. Nesses termos, dizemos que se trata de movimentos vegetativos. Se alguém perde a consciência, alguns desses movimentos orgânicos continuam, e por isso dizemos que a pessoa, ou o animal, está em estado vegetativo. Esses movimentos podem ser mantidos ou estimulados por meios mecânicos (aparelhos respiratórios, aparelhos que movimentem seus membros, movimentos provocados por fisioterapeutas e assim por diante), mas não são *ações* da pessoa. Também se podem induzir alguns movimentos por meios químicos. Também nesse caso não chamamos esses movimentos de ação. A todos eles falta alguma coisa, a intencionalidade e a consciência.

Quadro 35

> **Consciência e intencionalidade se implicam**. Ter consciência, diz SEARLE, é ter sensibilidade e conhecimento (*awareness*) do que se passa. Intencionalidade é a capacidade de nos dirigirmos ao que se passa no mundo (SEARLE, 2010). Para Tomás de AQUINO, a intenção, diz MCCABE, equivale ao simples *tender para*. Há, porém, diferença entre o *tender para* dos sentidos, que todos os animais compartilham conosco, e o *tender para* dos seres dotados de linguagem: os primeiros agem voluntariamente porque são atraídos por alguma coisa; nós agimos intencionalmente porque somos capazes de responder à pergunta "por quê?". "O que é especial nos animais humanos é que não apenas temos coisas das quais naturalmente gostamos (...): somos capazes de formular objetivos e intenções. (...) Quando ajo intencionalmente, você sempre pode me perguntar: 'Para que você fez isso?' (...) E qualquer resposta que eu dê será informativa justamente porque poderia haver outras respostas" (MCCABE, 2008, p. 47). MCCABE conclui que, por causa disso, "agir intencionalmente" está para a razão prática como o "compreender algo" está para a razão teórica (MCCABE, 2008, p. 82). Intenção implica conhecimento, e é diferente da simples *inclinação.*

3.2.3. Ação, finalidade e sentido

Agir exige a ideia de fim[15]. Uma jogada dentro de uma partida de futebol pode ser explicada da seguinte maneira: o jogador tinha o fim imediato de passar a bola para um parceiro mais bem posicionado, seja para dar andamento ao avanço

---

[15] "Todas as ações, de todos os homens são praticadas com vistas ao que lhes parece um bem". ARISTÓTELES, *Política* (1252a), 2. ed., trad. Mario da G. Kury (Brasília: Ed. UnB, 1988), p. 13. O bem aqui é tomado em sentido formal. Para uma explicação, ver especialmente Germain GRISEZ, "The first principle of practical reason: a commentary on the Summa Theologiae 1, 2, question 94, article 2", *Natural Law Forum* (1965), p. 168-201. Como explica ANSCOMBE, "Ancient and medieval philosophers – or some of them at any rate – regarded it as evident, demonstrable, that human beings always act with some end in view". G. E. M. ANSCOMBE, *Intention*, 2. ed. (Cambridge: Harvard University Press, 2000 [1957]), p. 33.

do time, seja para concluir a jogada com um gol. Mas também podemos explicar a jogada inserindo-a de forma mais geral no objetivo do time de futebol: marcar pontos (gols) e ganhar a partida. Para isso, não basta ver o fim específico do jogador naquele caso: convém ter em mente o objetivo geral da partida e do próprio esporte, o *sentido* do jogo. Pode-se inserir o jogo de futebol em fins mais gerais, como a organização social na qual o jogo pode ser apenas entretenimento, ou um empreendimento econômico e profissional, ou mesmo político, como na frase de Nelson RODRIGUES: "A seleção (brasileira de futebol) é a pátria de chuteiras".

Claro que essas dimensões cada vez mais amplas, que vão transcendendo o imediato, dependem da capacidade especificamente humana que é o uso da linguagem. Pela linguagem, ou pensamento, somos capazes de ir além do imediato. Pela linhagem, temos um conhecimento que não se resume ao sensorial, ao empírico. Quando se trata de apreender, captar o sentido, entender (*intelligere*) ou explicar uma ação, podemos dizer: "a ação começa pelo seu fim". Ou, mais propriamente na explicação de AQUINO:

> Embora o fim seja o último na execução é o primeiro na intenção de quem age. Por isso o fim tem *razão*[16] de *causa*[17] (AQUINO, *ST*, Ia IIae, q. 1, ad 1)[18].

---

[16] A palavra *"ratio"* na filosofia de AQUINO pode ser traduzida de diversas maneiras. Tradicionalmente, traduz-se pura e simplesmente por "razão", mas isso pode resultar em simples pedantismo, pois só será compreendido por quem já está familiarizado com o latim medieval e seu uso na filosofia escolástica. Pode parecer apenas profissionalismo, mas na verdade afasta muita gente de uma boa compreensão do Aquinate. Muitas vezes, pode-se traduzir por "sentido", ou por "natureza", ou pela expressão portuguesa "razão de ser". No trecho acima, poderia ser "sentido" ou "natureza" mesmo. Uma expressão como *"ratio legis"*, *v.g.*, é mais bem traduzida como "sentido de lei". Uma lei absurda é, para Tomás de AQUINO, uma lei a que falta *"ratio legis"*, ou seja, "sentido de lei": é uma lei sem sentido. Ver também o que diz Christopher MARTIN, *The Philosophy of Thomas Aquinas*: introductory readings (London: Routledge, 1989), p. 14.

[17] A palavra "causa" também pode ser mal entendida, pois nossa linguagem ordinária entende-a como o antecedente necessário de um fenômeno. Tomás a utiliza no sentido aristotélico (em grego *aitia*), como uma "dimensão", "lado" ou "fator explicativo" (cf. Thomas MAUTNER, *Dictionary of philosophy* [London: Penguin, 1999]) de qualquer coisa que exista. Também se pode entender como "tudo aquilo que determina a constituição e a natureza de um ser ou de um fenômeno", como dizem Hilton JAPIASSU e Danilo MARCONDES, *Dicionário básico de filosofia* (Rio de Janeiro: Jorge Zahar Editor, 1990), p. 45. De tudo que existe, podemos afirmar as "causas". Quando pensamos na finalidade de algo, por exemplo, pensamos esse algo por sua "causa final". Para Jonathan LEAR, o chamado "entendimento pelas causas" de ARISTÓTELES é o conhecimento do *porquê* das coisas. O porquê explicita a *razão de ser* das coisas. Lear esclarece que na verdade não de "quatro causas" propriamente, mas de quatro "maneiras" pelas quais nos referimos à causa. Entre elas está a simples matéria bruta, mas esta é percebida pelos sentidos do corpo e não apreendida intelectualmente: em si mesma ela não é "inteligível". Inteligíveis são as outras: a forma ou estrutura na qual se realiza a constituição e permanência de algo, as finalidades ou funções que se podem perceber ou atribuir ao que existe e o processo pelo qual algo surge (causa eficiente), ou "o primeiro princípio da mudança". Cf. Jonathan LEAR, *Aristotle: the desire to understand*. Cambridge: Univ. Cambridge Press, 1988, p. 26-42.

[18] "Finis, etsi sit postremus in executione, est tamem primus in intentione agentis. Et hoc modo habet rationem causae".

Compreendemos o agir, seja como agentes, seja como observadores das ações alheias, pelo fim, pelo *telos,* ou pelo *bem* buscado. Esse fim, no caso das ações humanas, não equivale simplesmente a uma tendência natural. Se age de forma propriamente humana, o agente tem uma consciência do fim que não é apenas sensorial, mas também inteligente e inteligível, vale dizer, conceitual.

> O homem, quando por si mesmo age, age em vista do fim, conhece o fim. Mas quando age ou é conduzido por outro, por exemplo, quando age sob o império de outro, ou quando é movido por outro que o impele, não tem necessidade de conhecer o fim (Aquino, *ST,* Ia IIae, q. 1, a. 2, ad 1).

Não é possível falar das ações, nem as descrever, sem lhes atribuir um fim, um sentido, um *bem.* Todos conhecem a anedota a respeito de um amigo que deseja cativar o outro para apreciar os prazeres de ver um jogo de futebol. Sem explicar nada a seu amigo, leva-o ao estádio e deixa-o assistir ao jogo pelos noventa minutos regulamentares. Ao final pergunta o que ele achou. A resposta é desconcertante, pois ele diz: "Mas o que estavam fazendo aqueles marmanjos todos correndo atrás de uma bola? Ninguém teve a ideia de dar uma bola para cada um de modo que ficassem todos satisfeitos?" Ou seja, sem que a pessoa primeiro conheça a regra constitutiva do jogo, ela não é capaz de *ver* o jogo acontecendo. No caso dessas "coisas" que existem institucionalmente, como o direito, não somos capazes de vê-las a não ser conceitualmente[19].

A prática – ou jogo –, para ser executada, precisa de algum sentido, e os jogadores devem estar conscientes dele e compartilhá-lo. A prática é compartilhada (todos os que jogam devem apreender o mesmo *sentido* global do jogo) e é um todo de sentido. Se falamos de uma prática que se distingue de outras – como cantar uma cantiga, resolver um problema matemático ou fazer uma proposta de lei – é porque ela se desenvolve dentro de certas regras definidoras próprias. Isso, lembre--se a título de curiosidade, não é essencialmente diferente do que diz Aristóteles a respeito dos princípios de cada ciência, ou de cada campo do saber[20].

---

[19] Nesse sentido a observação de Carlos Santiago Nino: "No es posible describir, por ejemplo, el derecho argentino, sin saber lo que 'derecho' significa. Por otra parte, sin prejuicio de que podamos estipular un significado original o más preciso para la palabra que tenemos en vista, es conveniente investigar su significado en el lenguaje ordinario como un medio de descubrir distinciones conceptuales importantes, que presuponemos sin tener conciencia de ellas y cuyo desprecio puede provocar seudo cuestiones filosóficas. (...) De este modo, la caracterización del concepto de derecho se desplazará de la obscura y vana búsqueda de la naturaleza o esencia del derecho a la investigación sobre los criterios vigentes en el uso común para usar la palabra 'derecho'". Carlos Santiago Nino, *Introducción al análisis del derecho,* 2. ed. (Buenos Aires: Astrea, 1984), p. 13.

[20] Cf. Aristóteles, *Física,* Livro I, 1 (184a 10): "Quando os objetos de indagação em qualquer área têm princípios, causas ou elementos é pela aquisição destes que se alcança o conhecimento e a compreensão. Pois não julgamos saber coisa alguma se não estivermos familiarizados com suas causas primeiras ou primeiros princípios e não tivermos chegado a tais elementos em nossa análise".

Seria possível aprender uma prática sem que se aprendesse seu sentido? Seria conceitualmente possível? Seria possível inteligentemente? Para que haja uma prática, é preciso que ela permita interação *inteligível*. É preciso que os agentes ou os sujeitos *interagentes* compartilhem sentidos que os transcendam, que se apresentem como objetivos e exteriores a cada indivíduo. Nesses termos, a analogia com a língua é esclarecedora: certa língua natural está disponível para os falantes que podem com ela realizar os discursos que quiserem. Cada falante é dono de seu discurso, não da língua, nem dos gêneros literários, nem das atividades socialmente possíveis por meio da língua. Os falantes de uma língua natural, pelo simples fato de a falarem, aceitam, no mínimo, as regras da gramática dessa língua. E, quando se manifestam, inserem-se em contextos nos quais usam certos gêneros. Falantes de uma língua submetem-se a regras as quais ao mesmo tempo limitam o que podem dizer (certas coisas não se conseguem dizer) e tornam possível o próprio ato de dizer (dão as condições de dizer). A língua que falam constitui uma prática.

Diz Elizabeth ANSCOMBE:

> Estou sentada em uma cadeira escrevendo, e alguém que já atingiu a idade da razão no [meu] mesmo mundo saberia disso imediatamente ao me ver, e seria, normalmente, sua primeira explicação do que eu estava fazendo; se ele chegasse a essa conclusão apenas com certa dificuldade, e se o que ele percebesse imediatamente fosse que eu estava interferindo nas propriedades acústicas da sala (uma informação muito secundária, para mim) então a comunicação entre nós estaria seriamente prejudicada (ANSCOMBE, 2000 [1957], p. 8)[21].

O que ela está dizendo é que existe uma dimensão da realidade cuja compreensão (*apreensão intelectual, entendimento*) não se pode fazer senão do ponto de vista das intenções e das finalidades *compartilhadas*.

As ações têm motivos, mas não exatamente causas[22]. Em que diferem? A explicação mais clara na filosofia contemporânea é dada novamente por ANSCOMBE. Diz ela que, quando a pergunta "por quê?" é respondida dando-se uma *causa*, o que se oferece é uma evidência, uma prova. O agente mesmo não precisa responder, ele pode até dizer "não sei", "não pensei sobre o assunto". Mas há um sentido da questão "por quê?" que só pode ser respondido pelo agente, e então ele nos oferece

---

[21] No original: "I am sitting in a chair writing, and anyone grown to the age of reason in the same world would know this as soon as he saw me, and in general it would be his first account of what I was doing; if this were something he arrived at with difficulty, and what he knew straight off were precisely how I was affecting the acoustic properties of the room (to me a very recondite piece of information), then communication between us would be rather severely impaired".

[22] A diferença aqui apontada é filosófica e conceitual. Podem-se equiparar ações a movimentos e, nesses termos, procurar causas. O que está sendo afirmado aqui é que, se fizermos isso, estaremos deixando de lado o conceito de ação propriamente e colocando em seu lugar o conceito de movimento. Para as ciências duras e naturais, como já foi dito antes, o conceito de ação é irrelevante e tudo pode ser compreendido em termos de movimento.

um motivo. Se perguntarmos a alguém que está serrando um pedaço de madeira o que ele está fazendo ou por que ele o está fazendo, sua resposta não poderia ser "não sei", "sei lá" ou "não pensei sobre isso". Ele não pode, diz ANSCOMBE, dizer-nos que não sabia que estava serrando um pedaço de madeira. Ele, se não tiver problemas mentais graves, deverá apresentar-nos um *motivo* (ANSCOMBE, 2000 [1957], p. 9)[23]. Por isso, continua, ação intencional é aquela à qual se aplica a pergunta "por quê?", aquela que pode ser respondida com uma "razão para agir".

Já foi dito que nossos corpos têm movimentos, mas eles não se confundem pura e simplesmente com nossas ações, embora estas dependam deles. Por exemplo, a ação de pedir permissão para falar em uma assembleia ou na sala de aula é realizada pelo movimento de erguer o braço e, para fazer isso, é preciso que meu coração esteja batendo. Mas, se alguém me perguntar o que estou *fazendo* ao levantar meu braço, a resposta não será uma descrição orgânico-mecânica do movimento: direi simplesmente que quero fazer uma pergunta ou tomar a palavra. A explicação da ação, portanto, não pode ser dada pela descrição mecânica ou pelo método descritivo, ou por algum método usado em outras ciências. A explicação é dada inserindo minha ação em uma prática conhecida no ambiente em que estou. No caso, a prática de falar numa assembleia ou numa sala de aula.

A explicação da ação dá-se, portanto, expondo o motivo, que às vezes se confunde com a finalidade ou com o sentido da ação[24]. A resposta que dê uma razão para agir não pode ser respondida a não ser do ponto de vista de um agente. E aquele que pretende explicar a ação alheia nesses termos precisa oferecer uma resposta que o agente mesmo daria. A melhor resposta não pode ser da esfera das causas puras e simples, mas dos motivos. Estes, entretanto, explicam ações, mas não as determinam: eles lhes dão sentido (ANSCOMBE, 2000 [1957], p. 19).

Dito de outra forma, por outro filósofo:

> Trata-se de um lugar comum conceitual, tanto para filósofos quanto para as pessoas agentes em geral que um único e mesmo evento de comportamento humano pode ser corretamente caracterizado de várias maneiras diferentes. À pergunta "o que ele está fazendo?" as respostas podem ser, adequada e verdadeiramente, "cavando", "cuidando do jardim", "fazendo exercício", "preparando-se para o inverno" ou "agradando sua esposa". Algumas dessas respostas caracterizarão as intenções do agente, outras as consequências não intencionais de suas ações, e

---

[23] Para uma discussão detalhada do conceito de motivo e muitas de suas dificuldades, ver Anthony KENNY, *Action, emotion and will* (London: Routledge & Kegan Paul, 1963), em que se elabora um confronto entre as explicações de G. RYLE e ANSCOMBE, particularmente no Capítulo 4, "Motives".

[24] "To give a motive (of the sort I have labeled 'motive-in-general, as opposed to backward--looking motives and intentions) is to say something like 'See the action in this light'. To explain one's own actions by an account indicating a motive is to put them in a certain light. This sort of explanation is often elicited by the question 'Why?' The question whether the light in which one so puts one's action is a true light is a notoriously difficult one". G. E. M. ANSCOMBE, *Intention*, 2. ed. (Cambridge: Harvard University Press, 2000 [1957]), p. 21.

110 CURSO DE FILOSOFIA DO DIREITO – *José Reinaldo de Lima Lopes*

destas algumas podem ser tais que o agente tenha consciência delas e de outras não. (...) Ou seja, não podemos definir comportamentos independentemente de intenções, e não podemos definir intenções independentemente das circunstâncias que tornam aquelas intenções compreensíveis tanto para os agentes quanto para outros (MACINTYRE, 1984, p. 206)[25].

Por ora, basta dizer que os sentidos jurídicos das ações não podem ser captados pelos *"sete buracos de minha cabeça"*, pelo meu olfato, paladar, audição, visão ou mesmo tato. Não é pelos sentidos corporais (sensibilidade, *sensibility*), mas pelo bom senso (sensatez, *sense*), ou pelo senso comum, que aprendemos o permanente dos movimentos de um agente. Voltaremos a esse assunto no capítulo relativo à aplicação, interpretação e hermenêutica.

3.3. AÇÕES, PRÁTICAS, SEGUIMENTO DE REGRAS

A explicação ou justificação da ação, como dito antes, exige que a ação particular se encaixe numa prática. Explicar e justificar, aqui, significam dar uma *razão,* responder à pergunta "por quê?". Em outras palavras, o sentido da ação é dado pela prática dentro da qual ela se dá. O contexto, o pano de fundo, o todo das ações é determinante (definidor) dos sentidos que lhe podem ser atribuídos inteligentemente. Esse todo, do ponto de vista lógico, é a prática. Assim, o já mencionado levantar a mão numa assembleia ou numa sala de aula torna-se inteligível pelo pano de fundo do estar presente como deputado ou como aluno no plenário de uma assembleia ou no auditório de uma aula. Em termos lógicos, a prática (o *todo*) precede a ação (a *parte*). Todos conhecemos aquelas comédias de erro em que o personagem ingressa num ambiente estranho e faz algum gesto que os outros entendem de uma maneira e ele mesmo não tinha nenhuma intenção de que fosse entendido assim: ele equivocadamente entra numa sala onde está acontecendo um leilão, levanta a mão num gesto de susto e o leiloeiro lhe adjudica algum bem,

---

[25] No original: "It is a conceptual commonplace, both for philosophers and for ordinary agents, that one and the same segment of human behavior may be correctly characterized in a number of different ways. To the question 'What is he doing' the answers may with equal truth and appropriateness be 'Digging', 'Gardening', 'Taking exercise', 'Preparing for winter' or 'Pleasing his wife'. Some of these answers will characterize the agent's intention, other unintended consequences of his actions, and of these unintended consequences some may be such that the agent is aware of them and others not. (...) We cannot, that is to say, characterize behavior independently of intentions, and we cannot characterize intentions independently of the settings which make those intentions intelligible both to agents themselves and to others. (...) I use the word 'setting' here as a relatively inclusive term. A social setting may be an institution, it may be what I have called a practice, or it may be a milieu of some other human kind. But it is central to the notion of setting as I am going to understand it that a setting has a history, a history within which the histories of individual agents not only are, but have to be, situated, just because without the setting and its changes through time the history of the individual agent and his changes through time will be unintelligible". Alasdair MACINTYRE, *After Virtue* (Notre Dame University Press, 1984), p. 206.

porque entendeu que ele dera um lance. Trata-se de um equívoco porque o gesto (a ação) não era parte da prática (do leilão).

WITTGENSTEIN expressa essa ideia ao dizer que a intenção "está inserida na situação", ou seja, é o contexto dado pela "situação, os hábitos humanos (o que normalmente se faz na situação) e nas instituições" o que torna uma ação singular inteligível. Eu só posso querer jogar xadrez se existir o jogo de xadrez, assim como só posso querer comprar ou vender um imóvel se existir a compra e venda de imóveis; só posso querer emitir debêntures de uma companhia se existirem debêntures etc.

> A intenção está inserida na situação, nos hábitos humanos e nas instituições. Se não existisse a técnica de jogar xadrez, eu não poderia ter a intenção de jogar uma partida de xadrez. Desde que tenho antecipadamente a intenção da forma da frase, isto só é possível pelo fato de eu poder falar esta língua (WITTGENSTEIN, *IF*, § 337).

Isso tem relevância para o direito particularmente quando falamos de boa-fé e lealdade. O que significa que os contratos se criam (fazem) e se cumprem em boa--fé, senão que as partes sabem quais são as condições normais, regulares, habituais, institucionais de certos negócios? A boa-fé está entranhada na ideia de contrato: não se pressupõe, não se pode pressupor nem instituir um contrato, senão admitindo que as partes que nele entram sabem quais são suas condições e como se cumprem. O que significa o "agir com lealdade" de um administrador de sociedade ou companhia senão que ele está envolvido numa rede de relações nas quais se entende que certos poderes que ele tem, como administrador de algo comum, de um patrimônio de terceiros – a pessoa jurídica e os sócios, ou acionistas –, impõem-lhe certa responsabilidade, certo dever com os outros? Essas condições de realização de negócios são elementos constitutivos dos próprios negócios, condições *institucionais* dos negócios, mas são ao mesmo tempo princípios morais inerentes aos negócios jurídicos. Como veremos adiante, trata-se de mais uma evidência da relação necessária entre direito e moral.

3.3.1. O que é uma prática

Ações inserem-se em práticas, mas distinguem-se delas. A prática está para a ação assim como um jogo está para um lance ou jogada, assim como uma língua está para um discurso, assim como um campo de conhecimento está para uma afirmação ou explicação dentro dele. Assim como entendemos um lance ou uma jogada porque entendemos o jogo dentro do qual são realizados, assim entendemos as ações dentro de práticas. A prática é estrutural e estruturante, é institucional por natureza. Ela é o pano de fundo ou contexto dentro do qual nossas ações e gestos adquirem inteligibilidade. É a prática que

> reúne as pessoas: isto é, um procedimento adequado ou útil que se deve observar e que, portanto, pode ser abandonado ou transgredido e que pode, também, ser observado na submissão voluntária dos agentes. Uma prática pode ser identifi-cada como um sistema de considerações, modos, usos, observâncias, costumes,

padrões, máximas canônicas, princípios, regras e encargos especificadores de procedimentos úteis ou que denotam obrigações ou deveres que dizem respeito a ações ou expressões humanas (OAKESHOTT, 1975, p. 55).

Como poderíamos definir uma prática? Uma boa conceituação pode ser a de MacIntyre:

> Por prática quero dizer qualquer forma coerente e complexa de atividade humana cooperativa instituída socialmente por meio da qual bens internos àquela forma de atividade se atualizam no processo de tentar atingir os padrões de excelência apropriados e em parte definidores daquela forma de atividade, de forma que as capacidades humanas de atingir excelência e as concepções humanas dos fins e objetivos envolvidos são sistematicamente ampliados (MacIntyre, 1984, p. 187).

Práticas sociais são formas de vida, como dizia WITTGENSTEIN. São atividades que realizamos segundo regras. Distinguem-se dos simples hábitos porque não são individuais. Uma prática social não é um costume que diversas pessoas têm, cada uma por si[26]. Não é algo feito seriadamente, agregadamente. Trata-se de algo que diversas pessoas fazem, mas só podem fazê-lo porque o fazem coordenadamente. Falar uma língua é um bom exemplo disso. Embora cada falante domine as regras da linguagem, estas não lhe pertencem individualmente. E, a rigor, só pode falar em situação social. Quem fala sozinho, normalmente consideramos louco, entre outras coisas, porque pode estar falando com um "amigo invisível". O direito é semelhante a uma língua, e essa ideia já havia sido longinquamente percebida pelos juristas românticos do século XIX, que o haviam tratado, porém, de forma subjetivista, atribuindo-lhe, como à língua, um *espírito*, o *espírito de um povo, de uma nação, de uma comunidade*. Ora, a concepção de prática social permite falar de modo diferente, tanto da língua quanto do direito. Permite destacar seu caráter lógico e regrado, e colocar no devido lugar o sujeito, deixando de concebê-lo como indivíduo isolado, de forma solipsista.

Além de não serem individuais, práticas permitem aos sujeitos participantes darem razões para o que fazem, e razões de certa natureza, razões próprias daquela prática. Quando digo que janto sempre a tal hora ou que gosto de comer tais comidas, minhas razões são apenas minhas e não invalidam o fato de que comendo aquelas coisas naquele horário estou propriamente jantando. Outros podem jantar em horários diferentes e comer coisas diferentes. Nesses casos, meu interlocutor, conversando comigo, não espera que eu dê uma resposta *certa* a respeito do meu jantar, porque posso jantar em horários diferentes. Espera uma resposta *verdadeira*. Quando, porém, estou dentro de uma prática regrada, as razões que dou para certas coisas que faço inevitavelmente se referem à correção do que faço. Se me perguntarem por que decidi certo processo litigioso de uma forma e não de outra,

---

[26] A diferença entre hábitos e *práticas sociais* (o que me parece uma expressão pleonástica, mas ajuda nesse contexto) é um dos pontos centrais da tese de Peter WINCH, incorporado por HART. É a partir do conceito de prática que elabora seu conceito de direito e de regra de reconhecimento. Cf. H. L. A. HART, *The concept of law*, 2. ed. (Oxford: Oxford University Press, 1997), p. 55 e ss.

Capítulo 3 · O DIREITO COMO AÇÃO, PRÁTICA E INSTITUIÇÃO | **113**

minha resposta inevitavelmente conterá uma justificação, pela qual digo que dentro da própria prática (jurídica) aquela decisão era inteligível e que era, dadas as circunstâncias, a melhor decisão, a mais correta, ou a única *logicamente* possível, o que quer dizer a única correta. Naturalmente seria possível, do ponto de vista empírico, que eu escrevesse qualquer sentença. Mas, para que ela fosse defensável logicamente, o leque de possibilidades se estreitava.

Implicada na ideia de prática está a ideia de sentido. Práticas são muitas e muito diversas; entretanto, cada uma delas tem seu sentido, razão de ser e regras (constitutivas e regulativas). Qualquer coisa que se faça dentro dela precisa ser explicada conforme suas regras e princípios. A medicina é prática social, assim como o jogo de futebol. Se encararmos o direito como prática, devemos definir seu sentido. Sem ele, as pessoas não serão capazes de entrar nessa prática, não serão capazes de jogar esse jogo.

O sentido ou os sentidos das práticas, como diz MACINTYRE, são seus "bens internos". Aprendemos e entramos na comunidade dos *praticantes* na medida em que compreendemos, isto é, nos apropriamos conceitualmente do bem, finalidade ou sentido daquela prática. Avançaremos no tema no capítulo sobre a justiça precisamente quando falarmos do sentido do direito.

As ações intencionais são significativas, isto é, têm sentido em primeiro lugar dentro de práticas e precisam ser realizadas nas suas formas próprias. Não é por acaso que no direito a validade dos atos ou negócios jurídicos exige "forma prescrita ou não defesa em lei" (Código Civil, art. 104, III). Atos ou negócios praticados fora de um contexto institucional próprio podem falhar: são chamados inválidos, isto é, incapazes de produzir os efeitos para os quais foram feitos. Essa falta se deve ao "contexto" ou às "circunstâncias" inadequadas. O sentido objetivo não é dado pela vontade ou arbítrio do agente: trata-se de um sentido compartilhado, determinado em uma *regra*, social por definição. Nesses termos, as circunstâncias das ações jurídicas são sempre jurídicas para que elas tenham sentido jurídico, da mesma forma que as circunstâncias de uma aula de física, ou química, ou biologia, são os respectivos contextos intelectuais, os *campos* dentro dos quais elas acontecem. Pode-se empiricamente fazer alguma coisa, realizar um gesto. Seu sentido e sua validade, entretanto, não serão dados nem pela intenção subjetiva do agente (intenção psicológica e empírica), nem pelos simples gestos. O sentido atribuível objetivamente (e socialmente) tem caráter lógico, não empírico. É uma forma de compreender o que se faz, não sua forma mecânica, física, biológica, orgânica. Por isso KELSEN dizia, acertadamente, que o agente pode querer atribuir a seu ato um sentido (*sentido subjetivo*), mas esse ato pode não alcançar seu intento porque lhe falta o *sentido objetivo*.

Quadro 36

O que é uma prática? "Uso a palavra prática (...) como uma espécie de termo técnico significando qualquer forma de atividade especificada por meio de um sistema de regras que definem funções, papéis, movimentos, penalidades, defesas e assim por diante, e que dão à atividade sua estrutura. Pode-se pensar, por exemplo, em jogos e rituais, julgamentos e parlamentos" (RAWLS, 1955, p. 3).

> "Denominamos 'práticas' as ações complexas regidas por preceitos de todos os tipos, sejam eles técnicos, estéticos, éticos ou políticos. Os exemplos mais familiares são as profissões ou habilidades, as artes, os jogos. Se mantida a noção de preceito para o critério principal da prática (...) não devemos dar tão depressa um sentido moral ao termo preceitos. (...) as práticas, enquanto distintas de meros gestos, consistem em atividades cooperativas cujas regras constitutivas são instituídas socialmente. Com toda certeza pode-se jogar sozinho ou cuidar sozinho do jardim, e mais ainda entregar-se sozinho a pesquisas em laboratórios, bibliotecas ou mesmo em casa, mas as regras constitutivas vêm de mais longe que o praticante solitário. A prática e o aprendizado de uma habilidade, de um jogo, de uma profissão, de uma arte repousam numa tradição. Além disso, sucesso e excelência requerem o reconhecimento de outros adeptos; isso ainda é válido quando nos entregamos sozinhos a uma prática." (RICOEUR, 2011, p. 52-53)

3.3.2. Práticas e ações

A prática constitui o campo, as circunstâncias que dão sentido e inteligibilidade à ação, como vimos antes e como diz MACINTYRE:

> Uso aqui a palavra "circunstâncias" como um termo relativamente abrangente. Uma circunstância social pode ser uma instituição, pode ser o que eu chamei de prática, ou pode ser um meio humano de alguma outra espécie. Mas é um aspecto central da noção de circunstância, como passo a entendê-la, que uma circunstância tem uma história dentro da qual as histórias dos agentes individuais não apenas se situam, mas têm que estar situadas, simplesmente porque sem essa circunstância e suas mudanças ao longo do tempo a história do agente individual e suas mudanças ao longo do tempo ficam ininteligíveis (MACINTYRE, 1984, p. 206).

Podemos não nos dar conta, mas mesmo as ações mais espontâneas, para serem significativas, precisam enquadrar-se em formas, e essas formas são justamente regradas. Pensemos em algo universal entre nós seres humanos sociais: o namoro. Sentimo-nos atraídos por alguém e queremos dar início a uma conversa. Em cada cultura há algumas formas para isso, mesmo que não as percebamos conscientemente, ou que não sejam explícitas. Algumas atitudes afastarão a pessoa que eu quero, outras a atrairão. Quando viajamos e nos encontramos em outros lugares, ficamos em dúvida sobre como proceder: muitas vezes passamos por grosseiros porque não sabemos como fazer de maneira correta aquilo que desejamos. Essas formas são regradas. Se existe uma maneira correta de fazer alguma coisa, existe também a maneira incorreta. Ora, o correto e o incorreto não se diferenciam senão pelas regras de cada prática, em cada contexto. Podemos saber que em todos os países que visitamos existe a compra e venda, mas como nos aproximamos dos vendedores? Podemos barganhar preços ou não? Devemos esperar que nos entreguem a nota fiscal ou não? Num bar, devemos primeiro pagar para depois sermos servidos, ou devemos nos servir para depois

Capítulo 3 · O DIREITO COMO AÇÃO, PRÁTICA E INSTITUIÇÃO | **115**

pagarmos? Essas pequenas diferenças são todas significativas e todas dependem das ideias que temos do que fazer e do *como* agir.

Em função dessa diferença entre uma prática e uma ação dentro da prática, existe também uma divergência nas respectivas explicações e justificações. Uma coisa é justificar, explicar e tornar inteligível uma ação dentro de um jogo. Se perguntarmos a um jogador por que ele fez certa jogada, o pano de fundo pressuposto em sua explicação serão as regras do próprio jogo. Por que chutou a gol? Porque é isso que se faz nesse jogo. Não teria sentido que o jogador dissesse que chutou a esmo, ou que, não concordando com as regras do jogo, chutou para fora do campo. Nesse último caso, estaria se colocando fora do próprio jogo.

Também um juiz que decide um caso litigioso vai explicar sua decisão inserindo-a no "jogo" do direito ou da legalidade. A *fundamentação* da sentença é justamente esse lugar em que ele mostra como sua decisão (o equivalente ao *lance* ou à *jogada*) se subordina ou se enquadra nas regras do jogo, na *prática* do direito. Por essa diferença entre ação e prática, justificar e explicar uma ação dentro de alguma prática dada é uma coisa, enquanto justificar a própria prática é outra coisa.

Como bem exemplifica John Rawls, uma coisa é a justificação da *punição penal*: podemos justificar ou não o poder do Estado de punir, e podemos justificar ou não certas formas de punição dentro do direito penal. Estaríamos aqui diante de uma questão geral sobre o poder da sociedade ou do Estado: *por que punir?* Mas outra coisa, muito diferente, é um juiz justificar a punição de um indivíduo. Estaríamos diante da pergunta: *"por que punir fulano em particular?"*. Enquanto a justificação da punição em geral, quando se elabora uma lei, pode bem comportar argumentos estatísticos e consequencialistas, por assim dizer, a própria ideia de sentenciar e julgar um indivíduo é bastante diferente, e não se aceita que em nome do terror se possa condenar inocentes. Por quê? Porque a própria ideia de julgar está inserida numa prática jurídica bem determinada, e dentro dela uma ação particular – aquela sentença daquele juiz para aquele réu – não está na mesma esfera da decisão genérica dos legisladores[27].

Dar uma sentença, propor, redigir ou aprovar uma lei, fazer um contrato não são simples conclusões de um raciocínio. Embora falemos de "resolver um problema jurídico" usando uma expressão semelhante ao "resolver um problema de matemática", não podemos nos enganar com as palavras. Trata-se de coisas diferentes, de "jogos de linguagem" muito distintos, como nos lembrou precisamente Ludwig Wittgenstein. Resolver um problema jurídico é resolver um problema prático, ou seja, decidir, deliberar, fazer uma escolha quanto ao que fazer. E decidimos apenas sobre o que pode ser diferente, sobre o possível e provável, não sobre o necessário. Resolver um problema matemático é concluir um raciocínio sobre as relações necessárias entre termos. Coisas completamente diferentes: todo homem culto, diz Aristóteles na Ética a *Nicômaco*, sabe que se trata de coisas

---

[27] John Rawls, "Two concepts of rules", *The Philosophical Review* 64, n. 1 (1955), p. 3-32.

diferentes e não as confunde, não "rouba no jogo".[28] Resolver um problema jurídico consiste, portanto, em pôr no mundo uma solução que não havia antes, que era apenas possível, não necessária. Não se trata apenas de pensar, mas de fazer algo. Estamos sempre e propriamente no mundo da ação (*não do simples movimento,* atenção!), por isso todas essas coisas, a sentença judicial, a lei e o contrato, são necessariamente compreendidos respondendo à questão "por quê?", dando-se fundamento ou justificação.

Quando "resolvemos um problema jurídico" não fazemos a mesma coisa que ao resolver um problema matemático, pois não se trata de uma "conclusão demonstrativa", mas antes de uma "determinação" a partir de uma forma geral. Usamos a razão como um artífice. Para fazer uma ponte, o engenheiro (artífice) precisa de uma ideia de ponte, claro, e precisa de certas ciências (cálculo, resistência dos solos e dos materiais etc.). Mas disso tudo ele não "deduz" uma ponte. Se fosse assim, todas as pontes do mundo seriam iguais: ele cria, faz, "determina", como diz Tomás de Aquino, ou seja, ele dá uma forma específica e especial àquela ponte. Igualmente, o jurista que dá uma sentença redige uma lei ou elabora um negócio: ele não deduz, mas determina a solução jurídica adequada. Uma solução especial que, como a ponte especial e única criada por um engenheiro, seja capaz de se sustentar como solução.

Quadro 37

O direito e as instituições são produtos humanos. "Lembremos, então, em primeiro lugar, que as instituições políticas (a despeito de a afirmação ser ignorada às vezes) são obra dos homens; devem sua origem e toda sua existência à vontade humana. (...) Por outro lado, deve-se também ter em mente que o maquinário da política não age por si. Assim como é primeiramente feito, também tem que ser operado por seres humanos, e mesmo por pessoas humanas comuns. Isso implica três condições. O povo para o qual a forma de governo é pensada deve estar disposto a aceitá-la (...). Deve estar disposto e ser capaz de fazer o que for preciso para mantê-la de pé. E deve estar disposto e ser capaz de fazer o que ela lhes exige para fazê-la alcançar seus propósitos. (...) A falta de qualquer dessas condições torna uma forma de governo inadequada para o caso particular, independente da esperança positiva que possa de outro modo oferecer" (MILL, 1861, Cap. 1).

A decisão judicial, a lei, o negócio jurídico vistos como ações não são fatos brutos nem produtos de *deduções*. Não aparecem no mundo de forma mecânica

---

[28] "Pois não se deve exigir a precisão em todos os raciocínios por igual, assim como não se deve buscá-la nos produtos de todas as artes mecânicas. (...) Ao tratar, pois, de tais assuntos [a matéria da ética, ou da vida bem conduzida] e partindo de tais premissas, devemos contentar-nos em indicar a verdade aproximadamente e em linhas gerais; e ao falar de coisas que são verdadeiras apenas em sua maior parte e com base em premissas da mesma espécie, só poderemos tirar conclusões da mesma natureza. E é dentro do mesmo espírito que cada proposição deverá ser recebida, pois é próprio do homem culto buscar a precisão, em cada gênero de coisas, apenas na medida em que a admite a natureza do assunto". ARISTÓTELES, *EN* (1094b 20), trad. L. Valandro e G. Bornheim (São Paulo: Abril Cultural, 1973), p. 250.

ou orgânica, *não dão em árvores*. Como os discursos, foram realizados por alguém. Ora, fazer um discurso não é um expelir palavras, ou, melhor, expelir sons, não é *flatus vocis*, não é expelir um fluido corporal (fatos orgânicos). Da mesma forma, dar uma decisão, propor um projeto de lei ou redigir um contrato não são excreções involuntárias para fora de um organismo humano. Por isso, o exame da sentença, da lei ou do negócio jurídico só é possível por meio de nosso esforço da compreensão, do esforço hermenêutico e racional, o qual pressupõe sempre intencionalidade dos agentes (não apenas o indivíduo singular e isolado).

Aproximar ação, discurso e decisão permite-nos compreender por que a concepção do direito como prática esclarece muito mais do que outras. Usando os quadros apresentados anteriormente (língua/discurso – ordenamento/decisão), vemos que ações são da ordem dos singulares; ordenamentos, dos universais, razão pela qual o ordenamento não tem sujeito, tempo, contexto ou referência, e sua existência é apenas virtual. As ações são singulares e têm sentido e referência. Como diziam os antigos, ninguém age "em geral", nenhuma ação é abstrata[29]. Ora, no estudo do direito interessa-nos a realização das ações singulares, que se compreendem pelos seus sentidos, os seus elementos permanentes. Pode-se dizer que o que *A* fez foi um contrato de compra e venda ou de arrendamento porque seu ato – singular, real e contingente, acontecido no tempo e no espaço – se *enquadra* – isto é, se compreende – num conceito, um tipo que lhe dá o sentido permanente. Esse enquadramento da ação singular no tipo de ação é a junção do singular com o universal. Podemos pensar universalmente, mas não podemos agir universalmente. Nesse sentido, *tipificamos* e *regulamos* as ações.

O que significa que toda ação é regulada e típica? Significa que podemos repetir as ações, podemos "fazer sempre a mesma coisa". Porque somos capazes de pensar, de usar conceitos, de sair de nossas circunstâncias imediatas por meio do pensamento, somos também capazes de distinguir os objetos que se colocam imediatamente sob nossos sentidos e os objetos do pensamento propriamente ditos. Isso vale tanto para as coisas que existem fora de nós como para nossas próprias ações. Assim, podemos dizer que estamos hoje fazendo a mesma coisa que fizemos ontem, ou seja, participando de uma aula na faculdade de direito. Naturalmente a aula de hoje é uma e a aula de ontem foi outra (dizemos que não há *identidade*

---

[29] "As ações acontecem nos singulares", diz Tomás de Aquino, "por isso é necessário que o prudente conheça tanto os princípios universais da razão, como os singulares, que são o objeto das ações" (*ST*, IIa, IIae, q. 47, art. 3, *respondeo*). E prossegue: "A razão trata em primeiro lugar e principalmente dos universais. Ela pode, no entanto, aplicar as razões universais aos particulares. Por isso as conclusões dos silogismos não são somente universais, senão também particulares" (*ST*, IIa IIae, 47, 3, ad 1). "A infinidade dos singulares não pode ser abarcada pela razão humana (...) No entanto, pela experiência, a infinidade dos singulares é reduzida a um número finito de casos mais frequentes, cujo conhecimento é suficiente para a prudência humana" (*ST*, IIa, IIae, q. 47, 3, ad 2). Ou ainda: "*Como as operações e os atos são a respeito de coisas singulares*, por isso toda ciência operativa termina numa consideração particular" (*ST*, IIa IIae, q. 6, *caput*, destaques meus). Já vimos que dizia que ações estão na esfera do que se passa no mais das vezes, não sempre e necessariamente.

numérica entre elas). Como se trata de aulas, e aulas de direito dos contratos, por exemplo, dizemos, sem estarmos errados, que estamos fazendo a mesma coisa.

Como é possível que as pessoas empiricamente façam cada vez uma coisa no tempo e no espaço e que sua ação, singular e irrepetível, seja incluída num quadro lógico, normativo e significativo não individual ou subjetivo-individual? Em outras palavras, como é possível fazer sempre, em cada caso singular de nossas ações, a mesma coisa? "Como é possível seguir uma regra?" Bem, para isso é preciso justamente distinguir a ação – o evento singular e irrepetível, que ocorre no tempo e no espaço – da regra, que lhe dá justificação, inteligibilidade, critério de comparação com outras ações. Regras tornam as ações singulares comparáveis e comensuráveis. Pela regra, uma ação perde sua singularidade irrepetível e se torna inteligível dentro de uma classe de ações.

Ora, essa "coisa" que estamos fazendo só é a mesma porque reconhecemos conceitualmente o que é uma aula. Como uma aula "não dá em árvores" (não é um fato bruto), só a reconhecemos porque realizada segundo uma regra, a regra que faz de uma aula uma aula. *A regra é a régua*[30] pela qual identificamos as duas ações. Nesses termos, "fazer a mesma coisa" é seguir uma regra. Ao dizer isso, estamos nos referindo a um "tipo" e, mais importante para nós, estamos pressupondo que a "mesma" ação significa, na verdade, uma outra ação feita de acordo com a "mesma regra", caracterizando o mesmo tipo. Somos capazes de fazer isso exatamente porque somos capazes de "seguir regras", de abstrair do caso singular e das circunstâncias particulares para tipos, somos capazes de conceituar.

A regra é regra não apenas de uma ação, mas de uma série de ações concatenadas, ligadas entre si por um propósito (fim, sentido) mais amplo. Assim, participamos de uma aula dentro de um propósito maior. No caso dos alunos, o de concluir um curso de direito; no caso do professor, o de ensinar, incorporar novos membros à classe dos juristas, expor ou desenvolver uma pesquisa. Seja para o professor, que faz sempre a mesma coisa, seja para os alunos, a aula está inserida em totalidades significativas mais amplas que podem ser tanto as instituições universitárias em que se acham quanto suas vidas profissionais ou pessoais, pois ser jurista (como profissional do direito, ou como pesquisador universitário) será parte de suas vidas como sujeitos humanos[31].

---

[30] Em latim, a palavra *"regula"* equivale a "regra" e "régua" em português.

[31] A analogia cria problemas porque fazer algo análogo tanto pode ser fazer a mesma coisa quanto fazer uma coisa diferente. Cf. Louis E. Wolcher, que cita o seguinte trecho de uma conferência de Wittgenstein: "The word 'way' corresponds to the word 'analogous', which means 'something else', not the same thing over again. We cannot wish to explain 'a way' independently if the way is *included in* what is being described... What seems to be assumed is that a way has been described and that one could not get to the end of it. In fact a way has not been described. One cannot reasonably object to not reaching the end of the way if in giving the way one gives also the end of the way. There is no sense in talking of a way where there is only one end and a different end is precluded". Louis E. Wolcher, "Ronald Dworkin's right answers thesis through the lens of Wittgenstein", *Rutgers Law Journal* (1997-1998), p. 64, grifos no original. Sobre a analogia no direito, ver o capítulo seguinte, sobre a interpretação.

Capítulo 3 · O DIREITO COMO AÇÃO, PRÁTICA E INSTITUIÇÃO | 119

Regras existem para guiar ações, ou seja, para determinar o futuro. Não determinar como se fosse um evento, à maneira de uma *causa*, mas para *delimitar e orientar*[32] as possibilidades de escolha abertas ao agente. Por isso, regras não formuladas ou não conhecidas não podem ser regras propriamente falando. Ao mesmo tempo, regras parecem existir fora do tempo, porque permanentes. As ações concretas às quais as regras se referem têm um caráter eventual, cronológica e espacialmente limitado, identificável. Regras, porém, parecem vir do passado para se aplicarem ao futuro. Essa tensão é exponenciada no direito na medida em que ele manipula o tempo pela *retroação*, pela *suspensão dos efeitos*, pelo *perdão*, pela *anistia* e por outros exemplos que poderíamos trazer. Algo que aconteceu como um evento pode ser tratado pelo direito como algo que não aconteceu juridicamente: não precisa gerar efeitos jurídicos.

Regras precisam ser expressas linguisticamente para serem seguidas. A impossibilidade de expressá-las implica a impossibilidade de serem ensinadas e aprendidas. Mas sua expressão linguística varia, conforme sejam regras definidoras de alguma prática ou atividade, ou conforme sejam apenas modificativas de práticas já existentes.

3.3.3. Ações contingentes dentro de práticas permanentes

Ações não são como simples eventos, precisam de um agente que as produza.[33] Uma decisão é uma ação, um ato concreto, individual, que se pratica em momento e lugar determinados. Individual não quer dizer praticado apenas por um indivíduo: um jogo de futebol, assim como a decisão de uma diretoria colegiada de sociedade anônima são individuais no sentido de *singulares,* mesmo se praticados por muitos agentes. Cada decisão acontece apenas uma vez, no tempo e no espaço.

Dessa forma, uma das mais relevantes características das decisões jurídicas é que podem ser compreendidas segundo um critério, uma medida de compreensão, uma medida de sentido, ou uma régua-regra, se quiserem, a despeito de serem singulares. A regra é o padrão pelo qual diversas ações ou diversos atos podem ser comparados. Num jogo, a regra é aquilo que permite transformar a ação em jogada, ou seja, compreender o gesto ou movimento como algo inteligível e sensato dentro daquele jogo. A regra cria, portanto, a comensurabilidade (a comparabilidade das ações), embora cada ação continue sendo uma em si mesma. O que acontece com a ação, o ato, a decisão, é que só podem ser realizados uma vez. Porque são tomados com base em razões (motivos, justificativas), adquirem, contudo, caráter geral.

---

[32] "Orientar" e "nortear" (referências aos pontos cardeais) indicam sentidos. Usamos essas expressões tanto geográfica quanto finalisticamente. Determinar aqui equivale a pôr fim (de-terminar) ao processo de escolha e deliberação, orientando a ação para seu fim.

[33] "Ninguém delibera sobre coisas invariáveis, nem sobre coisas que não tenham uma finalidade, e essa finalidade: um bem que se possa alcançar pela ação", diz ARISTÓTELES (*EN*, 1141 b, 10). E ainda: "Que a sabedoria prática não se identifica com o conhecimento científico, é evidente: porque ela se ocupa, como já se disse, com o fato particular imediato, visto que a coisa a fazer é dessa natureza" (Id., 1142 a, 20).

120 | CURSO DE FILOSOFIA DO DIREITO – *José Reinaldo de Lima Lopes*

Como o sentido ou significado de uma ação é dado por uma regra, "abstrata", "ideal", "universal", "atemporal" por definição, alguém pode confundir o *conhecer* a regra (saber dizer que existe uma regra) com a ideia de que já se sabe o que *vai acontecer*. É o problema de quem imagina que "resolver um problema de cálculo" e "resolver um problema jurídico" são a mesma coisa. Trata-se de idealismo: confunde-se o conhecer o *enunciado* da regra com o *agir* propriamente dito. Essa relação da regra com a ação é que merece explicação. Não é porque conheço o *enunciado* da regra que saberei aplicá-la sempre ou que sempre a aplicarei. Posso errar no momento da aplicação e posso intencionalmente não a aplicar. Posso também entrar legítima e seriamente em dúvida, não apenas na dúvida do cínico, do sofista, do chicaneiro. Em todos esses casos o "conhecimento" da regra não implica o "seguimento da regra".

Quadro 38

Ações e jogadas, instituições e institutos. Por causa da fala, somos capazes de criar *instituições e práticas,* que não se confundem com atos particulares. Em outras palavras, uma coisa é uma partida (um caso), outra coisa é o jogo (uma instituição); uma coisa é alguém escrever um romance, outra coisa é a prática de escrever romances; uma coisa é fazer uma lei, outra é a atividade da legislação; uma coisa é entrar em um contrato, outra é a prática da contratação em geral. Na linguagem jurídica, tentamos distinguir o contrato como *instituto* jurídico do contrato singular e concreto. Para realizar o contrato, é preciso que haja o *instituto* contrato. Um contrato singular depende de contratantes individuais[34]. O contrato específico tem, por isso, natureza institucional, não empírico-física[35]. Isso mostra como as ações (contratar, legislar etc.) explicam-se quando inseridas em práticas (a contratação, a legislação etc.). Uma cláusula contratual deve inserir-se adequadamente num tipo de relação contratual, num *instituto*. Às vezes se discute um contrato singular, às vezes se discute o próprio tipo de contrato. Isso explica porque o *Superior Tribunal de Justiça* tem uma súmula (n. 5: "A simples interpretação de cláusula contratual não enseja recurso especial") relativa a *casos individuais*, e outra (n. 302: "É abusiva a cláusula contratual de plano de saúde que limita no tempo a internação hospitalar do segurado") relativa a um *tipo*. Para realizar uma ação dentro de uma prática, é preciso ter o conceito.

Isso significa que se pode "pensar em várias regras", mas só se pode agir segundo uma delas. O pensamento é, por definição, atemporal. A pergunta "onde estamos quando pensamos" (ARENDT, 1978, p. 197) é desconcertante, porque quando "pensamos" parece que estamos fora do tempo e do espaço. Esse é justamente o caráter reflexivo, consciente e conceitual do pensamento. Pensar é procurar um

---

[34] Como vimos antes, com WITTGENSTEIN, a intenção individual está inserida na prática social: "A intenção está inserida na situação, nos hábitos humanos e nas instituições. Se não existisse a técnica de jogar xadrez, eu não poderia ter a intenção de jogar uma partida de xadrez. Desde que tenho antecipadamente a intenção da forma da frase, isto só é possível pelo fato de eu poder falar esta língua" (WITTGENSTEIN, *IF*, § 337).

[35] O contrato, nesses termos gerais, é o que MacCormick chama de *instituição arranjo*. Neil MacCormick, *Institutions of law*: an essay in legal theory (Oxford: Oxford University Press, 2007), p. 35.

"lugar nenhum" (NAGEL, 1986), um "ponto de vista universal". Mas se esse é o esforço do pensamento, a ação, ao contrário, só pode realizar-se no tempo e no espaço. Em outras palavras, podemos pensar (especular, ver, olhar para) várias regras ao mesmo tempo. Entretanto, como a ação e a tomada de decisão são singulares, não podemos agir segundo várias regras ao mesmo tempo. Só podemos agir segundo uma regra de cada vez. Somos constrangidos, portanto, a escolhas. E escolhas que devemos justificar, explicar, para as quais devemos dar razões. Se as escolhas são jurídicas, devemos fornecer razões jurídicas. As regras e normas funcionam, então, como motivos e razões para as escolhas. Nesse sentido, normas são razões para agir.

Não é sem razão, portanto, que BALDO, comentando o *Digesto velho* (o título III do Livro I – *De legibus*), concluía haver limites para nossa ciência (o direito) tanto porque não somos capazes de tudo (como, *v.g.*, prever todos os casos pela lei) quanto "porque as coisas são infinitamente variadas" e "nossa ciência é dos *acidentes*[36] e dos fatos dos homens" (BALDO, 1562, p. 18). A decisão é um singular que se explica (se justifica) por um universal. Nesse contexto de justificação da decisão surge o problema clássico da interpretação, da aplicação e do conhecer o direito, que será objeto do próximo capítulo.

3.4. PRÁTICAS E JOGOS

Se a ação não é um simples evento, então sua explicação pelo método das ciências naturais não é conveniente. Contra as formas mais simples de entendimento da ação como evento no mundo destacaram-se, já no final do século XIX e primeiras décadas do século XX, dois pensadores alemães formados em direito: Rudolph STAMMLER (1856-1938) e Max WEBER (1864-1920).

Mas a grande virada teórica vai acontecer anos mais tarde, quando WITTGENSTEIN propuser que existe mais do que uma dimensão da racionalidade e que não se pode reduzir nossa capacidade de pensar e usar a linguagem a um só campo de atividade. Nas Investigações filosóficas (§ 23), WITTGENSTEIN diz que existem vários discursos possíveis e que cada um deles está ligado a uma "forma de vida" ou "jogo de linguagem". Está propondo que olhemos não para as palavras em si mesmas, mas para as ações.

3.4.1. O que é um jogo? De HUIZINGA a WITTGENSTEIN

Uma prática, pela qual devo explicar minha ação, assemelha-se aos jogos, mas não se confunde com qualquer jogo em particular. Um jogo no sentido estrito, diz HUIZINGA,

> é uma *atividade ou ocupação* voluntária, exercida dentro de certos e determinados limites de tempo e de espaço, *segundo regras* livremente consentidas, mas *absolutamente obrigatórias*, dotado de um fim em si mesmo, acompanhado de

---

[36] Na filosofia que BALDO maneja, *o acidente e o acidental* são aquilo que pode acontecer, mas não acontece necessariamente. Opõe-se ao *necessário* ou *essencial*. Cf. BALDO, *Commentaria in Digestum vetus* (LUGDUNI, 1562, v. 1).

um sentimento de tensão e de alegria e de uma consciência de ser diferente da "vida quotidiana" (Huizinga, 1980, p. 33).

Embora todos os animais brinquem, não se pode dizer que se trata de algo meramente orgânico ou mecânico: "o jogo é mais do que um fenômeno fisiológico ou um reflexo psicológico. (...) É uma função significante. (...) Encerra um determinado sentido" (Huizinga, 1980, p. 3). Justamente por isso, as abordagens biológicas, psicológicas e científicas em geral encontram seus limites. Não se pode compreender os jogos cientificamente, de fora: é preciso conhecer-lhes o sentido, a regra constitutiva.

Quadro 39

Jogo, entretenimento e atividade a sério. "O jogo pode ser concebido também como entretenimento (*distração, brincadeira*), quer dizer, sem aplicação. (...) A diferença entre o jogo e o que é sério não reside na natureza das regras que governam a atividade respectiva, mas na natureza da atividade mesma e em sua relação com outras atividades, no lugar que ela ocupa em nossa vida" (Bouveresse, 1987, p. 240-241).

Huizinga está pensando em atividades lúdicas, nas quais o jogo apresenta uma série de características, como, por exemplo, (1) a voluntariedade (é preciso entrar no jogo), (2) o isolamento (ele se evade da vida quotidiana, tanto espacial quanto temporalmente – joga-se durante um certo tempo e em certo lugar) e (3) a repetibilidade. Mesmo com essas diferenças, porém, podemos falar analogicamente de jogos porque se trata, sim, de *ocupações* com *regras obrigatórias*. A característica que mais nos interessa aqui é outra: (4) "Ele cria ordem e é ordem" (Huizinga, 1980, p. 13, grifo no original). Ninguém é obrigado a se dedicar ao cálculo, mas, se o fizer, terá de fazê-lo segundo certas regras. Ninguém é obrigado a dedicar-se ao canto lírico, mas, se o fizer, terá que fazê-lo segundo as regras definidoras daquela prática ou daquele jogo. Embora não sejam limitados geográfica e temporalmente, práticas/jogos/formas de vida são limitados conceitualmente. Formam e criam ordem[37].

O sentido de jogo que Huizinga utiliza é restrito, como se vê na seguinte passagem, em que fala da música e a exclui dos jogos propriamente ditos:

> É perfeitamente natural que tenhamos tendência a conceber a música como pertencente ao domínio do jogo (...). A interpretação musical possui desde o início todas as características formais do jogo *propriamente dito*. É uma atividade que se inicia e termina dentro de estreitos limites de tempo e lugar, é passível de repetição, *consiste essencialmente em ordem*, ritmo e alternância, transporta

---

[37] Uma interessante explicação das relações entre as teses de Huizinga e as de Wittgenstein encontra-se em Luiz Rohden, *Hermenêutica filosófica*: entre a linguagem da experiência e a experiência da linguagem (São Leopoldo: Unisinos, 2005), particularmente no Capítulo 2 ("O jogo e o círculo hermenêutico como modos estruturais da experiência hermenêutica").

tanto o público quanto seus intérpretes para fora da vida quotidiana (HUIZINGA, 1980, p. 48).

O que interessa aqui, porém, são as características grifadas por mim no texto acima: a interpretação musical permite repetição e consiste essencialmente em ordem. A relevância desse ponto está em algo de que já falamos, pois a repetição é um *fazer a mesma coisa*, que não significa senão o *seguir uma regra*. Se não houvesse uma regra a seguir, não seria possível dizer que se faz a mesma coisa, que se repete. E a existência da regra equivale à ordem: se os jogos, mesmo os jogos competitivos ou as brincadeiras, permitem repetição e constituem ordem, é porque sua existência identifica-se com a existência de suas regras. A partitura musical e as regras do jogo são, igualmente, regras, e por isso são a condição que permite a repetição, o fazer sempre a mesma coisa (jogar "o mesmo jogo", "tocar a mesma música") e atribuir um sentido ao que se está fazendo.

Quando falamos de jogos em sentido amplo – como o usado por WITTGENSTEIN[38] –, algumas das características apontadas por HUIZINGA não se aplicam. No sentido amplo, os jogos não se limitam no tempo e no espaço como uma brincadeira ou partida esportiva. Nem sempre suas regras são livremente consentidas, nem geram tensão e alegria. Nem sempre escolhemos entrar ou não na atividade.[39]

3.4.2. WITTGENSTEIN e os jogos de linguagem

Embora as características do jogo apresentadas por HUIZINGA sejam interessantes, é bom distinguir o jogo *propriamente dito*, como ele diz, dos *jogos de linguagem* de que fala WITTGENSTEIN e que nos interessam muito mais diretamente. Os jogos de linguagem não servem para explicar apenas as atividades lúdicas, objeto do trabalho de HUIZINGA, mas qualquer prática humana. Os "jogos de linguagem" são a metáfora básica usada por WITTGENSTEIN, diz BLOOR: os jogos são constituídos por práticas

---

[38]   Falo aqui de jogos no sentido estrito referindo-me a essas atividades lúdicas, jogo como entretenimento ou distração, e a jogos no sentido amplo referindo-me a toda prática regrada, a atividades (como explica Jacques BOUVERESSE, *Le mythe de l'intériorité*: expérience, signification et langage privé chez Wittgenstein (Paris: Les Éditions de Minuit, 1987), p. 240-241. HUIZINGA ensina que o que traduzimos por "jogo" designava-se em grego por três diferentes palavras, a indicar três diferentes conceitos: παιδιά, para os jogos infantis com caráter lúdico e pedagógico; άθυρμα, para as atividades frívolas de brincadeira em geral; άγόν, para as atividades competitivas. Johan HUIZINGA, *Homo ludens*, 2. ed., trad. João P. Monteiro (São Paulo: Perspectiva, 1980), p. 35.

[39]   A teoria dos jogos utiliza uma noção ampla de jogo, definindo-o como "interação entre agentes governada por um conjunto de regras que especificam os movimentos possíveis para cada um dos participantes e um conjunto de resultados para toda combinação de movimentos possível." (HEAP & VAROUFAKIS, Game theory: a critical introduction. London: Routledge, 1995, 1. Naturalmente, a teoria dos jogos pretendo definir toda interação social nesse modelo reduz também a racionalidade a seu aspecto estratégico e instrumental, o que merece a observação de HEAP e VAROUFAKIS: "Game theory works with one view of social interaction, which meshes well with the instrumental account of human rationality: but equally there are other views (inspired by Kant, Hegel, Marx, Wittgenstein) which in turn require different models of (rational) action" (id. p. 31).

CURSO DE FILOSOFIA DO DIREITO – *José Reinaldo de Lima Lopes*

e não existem fora de práticas (BLOOR, 2002, p. 37). Eles são "atividades públicas que pressupõem o uso de regras e relações comuns, habilidades, disposições, certas capacidades geradas pelo domínio de técnicas, etc." (Arruda Júnior, 2017, p. 73).

Na verdade, a pretensão de WITTGENSTEIN é mostrar como nossa ação e nosso pensamento a respeito da ação estão implicados reciprocamente. De modo ainda mais preciso, a implicação se dá entre nossa ação e o uso da linguagem pela qual realizamos nossa ação. A linguagem pela qual expressamos nossa ação não é um "posterior", algo externo e descritivo de outra coisa que existiria independentemente de nossa linguagem. Sim, os batimentos de nosso coração existem sem que falemos qualquer língua, mas medicina, o direito, o jogo de xadrez, a convivência humana em cidades, as regras de trânsito, o alfabeto, os fonemas de uma língua, nada disso existe antes e fora de nossas atividades ou de nossas práticas. Portanto, o "mundo" do pensamento não é fantasia, delírio coletivo, nem mero sinal/signo/símbolo de algo que existe "lá fora e antes de nós": o jogo de linguagem é nossa própria prática. Estamos imersos nesse mundo da linguagem[40]. Dele procedem todas as características de uma vida humana. Por ele nos movimentamos no tempo e no espaço[41]. E, visto que somos animais agentes e falantes, não apenas "vegetais reagentes e mudos", nossa forma de viver é ela mesma a linguagem. Vivemos em práticas linguísticas como os peixes vivem na água[42].

A expressão de ARISTÓTELES na *Política,* segundo a qual somos animais sociais (ou políticos), precisa, portanto, ser lida até o fim; somos animais sociais e dotados de fala, discurso, palavra e razão: em grego λογος. A fala acrescenta algo à nossa sociabilidade, algo que outros animais sociais (como abelhas, por exemplo) não têm. A expressão completa é:

> Agora é evidente que o homem, *muito mais que a abelha* ou outro animal gregário, é um animal social. Como costumamos dizer, a natureza nada faz sem um propósito, e o homem é o único entre os animais que tem o dom da fala. Na verdade, a simples voz pode indicar a dor e o prazer, e outros animais a possuem (...), mas *a fala tem a finalidade de indicar o conveniente e o nocivo*, e portanto também o justo e o injusto... (ARISTÓTELES, 1988, 15, *Política* 1253a) (grifos meus).

---

[40] Quando nascemos, entramos num mundo físico e material de coisas, mas também no mundo institucional das relações com seres humanos, tanto presentes quanto passados, pois estes deixaram-nos sua língua, suas tradições. Como diz elegantemente Hannah ARENDT: "To be alive means to live in a world that preceded one's own arrival and will survive one's own departure". Hannah ARENDT, *The life of the mind* (San Diego: Harcourt Brace Jovanovich, 1978), p. 20.

[41] Outra vez Hannah ARENDT: "Thinking annihilates temporal as well as spatial distances. I can anticipate the future, think of it as though it were already present, and I can remember the past as though it had not disappeared". Hannah ARENDT, *The life of the mind* (San Diego: Harcourt Brace Jovanovich, 1978), p. 85.

[42] James TULLY, "Wittgenstein and political philosophy: understanding practices of critical reflection", *Political Theory* 17, n. 2 (1989), p. 197: "Conventional understanding does not involve implicit interpretation (or representations) to bridge the gap between thought and action, language and reality, because no such gap exists. Our conventional understanding of the word *is* just the way we are in the world, 'like fish in the water', not an interpretation of or perspective on it".

3.4.3. Um conceito de jogo e prática para uso no direito

Precisamos então sintetizar. O conceito de jogo esclarece aspectos importantes do direito. Em primeiro lugar seu caráter regrado, em que as regras são de sua essência. As regras do jogo, porém, interessam sobretudo por serem constitutivas do próprio jogo. Não há jogos sem regras, e os jogadores, para serem efetivamente jogadores, devem observar as regras no sentido de compreendê-las e usá-las. A expressão "observar a lei" significa justamente isso: seguir a lei. Conceber o direito como os cidadãos e as autoridades o concebem é o melhor ponto de vista para a teoria do direito. Naturalmente, pode-se observar um jogo como antropólogo, como sociólogo, como médico, como historiador, e de muitas outras maneiras. Mas todas essas observações dependem de haver um jogo identificado por suas regras, ou seja, tratado como um jogo só.

Mas, além de grande semelhança com jogos de *entretenimento* ou *lúdicos,* o jogo do direito tem algumas especificidades importantes. Diferentemente dos jogos de entretenimento, (1) o jogo do direito não tem começo, meio e fim no tempo. Trata-se de um jogo contínuo. Houve tentativas de revolucionar e "começar tudo de novo" e "de repente", como no caso da Revolução Francesa, mas mesmo ali não foi possível mudar tudo de uma vez. No dia seguinte à Queda da Bastilha, à promulgação da Constituição Republicana ou à entrada em vigor do Código Civil dos franceses (Código Napoleão), os padeiros continuaram a fazer o pão da mesma maneira como faziam antes, e seus fregueses continuaram a comprá-lo do mesmo modo. Os juristas imputam às constituições o papel de lei fundamental, mas são obrigados a receber todo, ou quase todo, o acervo de leis já existentes. Isso se dá não apenas porque se recepcionam as leis, mas porque as pessoas que devem operar a "máquina jurídica" são as mesmas que a operavam no dia anterior e trazem consigo suas maneiras de pensar, seus quadros conceituais, para não dizer seus preconceitos. O direito, portanto, não é semelhante aos jogos de entretenimento nesse aspecto. Assim, o direito não se interrompe totalmente, ainda que possa ser mudado em suas partes mais fundamentais e importantes.

O direito também difere desses outros jogos porque é aberto: (2) sua finalidade não é, como nos jogos fechados, algo a alcançar de uma vez por todas, nem algo que se possa definir com alguma meta precisa. O direito tem por finalidade o "bem comum", a manutenção geral da vida civil, permitir que cada um atinja, em meio à convivência regrada e civil, seus próprios objetivos de vida individual. Por isso é um jogo aberto e não pode ser diferente. Continua a ser regrado e instituído, mas, além de não ser escandido temporalmente, não é fixado na obtenção de uma só finalidade, como seria o caso de uma sociedade anônima, que tem seus "fins e objeto sociais" mais bem definidos, ou outras instituições e associações humanas, como um clube de degustação de clarete, ou qualquer outra coisa.

Além de aberto, (3) o direito é abrangente e, por isso, assemelha-se a uma instituição social como a língua. Essa abrangência leva Karl-Otto Apel a dizer que vivemos, como pessoas humanas, imersos em duas espécies de comunidades: a *comunidade ideal* e a *comunidade real,* como vimos antes. No direito, podemos dizer que vivemos também entre uma comunidade ideal de direito, a comunidade de qualquer um que seja capaz de entender as regras constitutivas mínimas de um sistema jurídico (obrigação, autoridade, justiça etc.), e a comunidade real, a dos que vivem e agem sob um regime jurídico historicamente dado. A dialética entre comunidade ideal e comunidade real pode ser explorada também segundo a diferença entre língua e discurso (usada por SAUSSURE e elaborada por RICOEUR), como veremos. Qualquer falante de uma língua pertence a essa comunidade ideal, mas os campos do discurso e os discursos neles realizados dão-se dentro de comunidades reais. Portanto, assim como não escolhemos uma língua e não convencionamos as regras da língua em que somos pela primeira vez integrados na comunidade que nos cerca (socializados), também não escolhemos o sistema jurídico que nos cerca.

O direito não é apenas o discurso de uma comunidade ou de uma autoridade: ele é a condição de todas as interações sociais que não sejam imediatamente relações de afeto e de sangue. Desde sempre existe uma tensão entre o direito e a família ou o círculo dos afetos privados: para estender as relações humanas para além da família ou da comunidade dos afins, é preciso ultrapassar a confiança recíproca do face a face, ou da pertença a uma comunidade homogênea (tribal ou religiosa), e alargá-la para a sociedade civil, depois para o Estado e finalmente para a humanidade inteira. Por isso, o direito é a condição essencial e elementar da vida civil, da vida fora do estreito círculo dos afetos, das emoções, do sangue. Ele é a prática elementar. Isso provavelmente explica por que os antigos diziam que o direito era a verdadeira ciência ou sabedoria civil, isto é, da vida em cidade, vida política.

Essa percepção do caráter fundamental do direito na vida política é recorrente na história ocidental. O conflito principal em *Antígona* dá-se justamente entre a cidade, representada por CREONTE, e a família, representada por ANTÍGONA. No início da *Política*, ARISTÓTELES insiste em dizer que uma cidade é estruturalmente diferente de uma família (uma casa) e, no livro V da Ética a Nicômaco, assevera que entre pais e filhos não há propriamente justiça. Na *Fundamentação da metafísica dos costumes,* KANT explica por que o amor que devemos a todos os seres humanos não se chama afeto, mas respeito: justamente porque ao afeto ninguém pode ser obrigado (KANT, 1974, p. 208). HEGEL igualmente se deu conta da diferença entre os laços afetivo-familiares – que forjam uma esfera de vida íntima – e os laços civis e políticos entre os seres humanos, que formam a sociedade civil e o Estado, respectivamente (HEGEL, 1990, p. 152-200).

Por tudo isso, o direito tem natureza bem complexa: por um lado, parece-se com jogos fechados, de entretenimento e lúdicos, pois suas regras têm certa dimensão convencional, seja porque surgem e desaparecem com costumes mais ou menos conscientemente mantidos, seja porque surgem e desaparecem por promulgação ou revogação, atos determinados da autoridade pública. Isso não se dá com outra prática (atividade, jogo ou forma de vida) como a língua natural ou a cultura em geral. A língua é a instituição social mais elementar para a vida comum dos seres humanos, é o que nos distingue na classe dos grandes primatas e dos outros animais em geral. É, como o direito, aberta. O direito e as línguas artificiais podem, contudo, ser alterados conscientemente, o que faz

Capítulo 3 · O DIREITO COMO AÇÃO, PRÁTICA E INSTITUIÇÃO | **127**

a diferença para com as línguas naturais em geral.[43] Por outro lado, o direito também se assemelha à cultura e às línguas em geral, uma vez que, por trás das normas explicitamente alteradas ou alteráveis, existe um pano de fundo conceitual, maneiras de ver e conceber o próprio direito, que não se mudam de uma hora para outra.

Temos aí, portanto, semelhanças e diferenças que não se podem esquecer, e que, ao mesmo tempo, permitem compreender melhor a natureza do direito.

3.5. O DIREITO COMO PRÁTICA

3.5.1. Práticas, regras constitutivas e regulativas

Quando aprendemos uma prática ou atividade, aprendemos não apenas regras singulares, mas complexos de regras ou todos com sentido. Uma atividade ou prática social é por definição regrada, mas as regras segundo as quais elas se praticam são de diferentes naturezas. Podemos acompanhar von Wright e Searle e dividi-las em *regras constitutivas* e *regras regulativas*[44].

Diz Searle:

> Regras regulativas regulam formas de comportamento já existentes ou independentes delas, como por exemplo as regras de etiqueta que regulam relações interpessoais que existem independentemente de si. As regras constitutivas, contudo, não apenas regulam, elas criam ou definem novas formas de comportamento. As regras de futebol ou xadrez, por exemplo, não apenas regulam o jogo de futebol ou de xadrez, mas criam a possibilidade mesma de jogar tais jogos (Searle, 1969, p. 33)[45].

Na mesma linha, a constatação de Von Wright (1971, p. 6) de que as "regras do jogo determinam (...) os *movimentos* ou padrões – e, por isso mesmo, o jogo 'em

---

[43] Ver Hanna Fenichel Pitkin, *Wittgenstein*: el lenguaje, la política y la justicia, trad. Ricardo Montero Romero (Madrid: Centro de Estudios Constitucionales, 1984), p. 295-298. Além das características mencionadas acima, Hannah Pitkin destaca que a língua não é uma arena de conflito, como o direito.

[44] Atividades ganham unidade pelo seu significado. Um mesmo agente pode estar inserido em mais de um processo e, portanto, estar envolvido em mais de uma atividade, cada uma delas com seu próprio sentido. Como diz Searle, a falta de reconhecimento da existência das regras definidoras de certas atividades leva a perguntas insensatas. Quem pergunta "como pode uma cesta valer dois pontos no jogo de basquete?" não percebe que a resposta simples é: "*X* vale *Y*". Há também quem não quer seguir as regras do jogo, e apenas finge fazê-lo para enganar o outro (que as segue). Georg Henrik von Wright, *Norm and action – a logical enquiry* (London: Routledge & Kegan Paul, 1971), p. 5. Joseph Raz (*Practical reason and norms* [Princeton: Princeton University Press, 1990]) chama de *valor* aquilo que os outros chamam de *regra constitutiva*.

[45] No original: "Regulative rules regulate antecedently or independently existing forms of behavior; for example, may rules of etiquette regulate inter-personal relationships which exist independently of the rules. But constitutive rules do not merely regulate, they create or define new forms of behavior. The rules of football or chess, for example, do not merely regulate playing football or chess, but as it were they create the very possibility of playing such games".

si' e a atividade de jogá-lo". O uso das regras que definem os jogos implica a qualificação (avaliação, julgamento) das ações de cada participante. Assim, continua Von Wright, a pessoa que não as segue (regras definidoras) ou está errada (*joga mal*), ou não está jogando o jogo (*não sabe o que está fazendo*). Quem *joga mal* gostaria de jogar, mas não tem habilidade ou inteligência para fazê-lo e, por isso, erra.

Constitutivas são, portanto, aquelas regras que *definem* a prática ou o jogo, enquanto *regulativas* são as que indicam o que se pode ou não fazer dentro de certa prática: proíbem, permitem ou obrigam a certos comportamentos ou movimentos do jogo. Assim, no xadrez, o objetivo final, o que o *define*, é impedir que uma peça – o rei – possa mover-se, é como aprisionar o rei. Quem consegue fazer isso atinge o final do jogo, o *xeque-mate*. Para chegar a tal objetivo, certos movimentos são obrigatórios, certos movimentos são proibidos, certos movimentos são livres. As regras proibitivas, permissivas e obrigatórias entendem-se em função do sentido geral do jogo.

As regras constitutivas *criam* possibilidades de ação, qualificam e dão sentidos a certas práticas[46]. Assemelham-se e, às vezes, confundem-se com definições: dizemos que elas definem poderes e competências, institutos e instituições, condições de validade e possibilidade. Se a Constituição diz: "A República Federativa do Brasil, formada pela união indissolúvel dos Estados e Municípios e do Distrito Federal, constitui-se em Estado Democrático de Direito" (Constituição Federal, art. 1º), temos uma norma constitutiva, pela qual se fixa (define-se) a prática (política). Regras dessa espécie correspondem a um padrão da atividade toda. Naturalmente, não "nascem em árvore" e precisam de gente para que se estabeleçam. Mas é a partir de regras assim que a prática se define. Esses complexos de regras constitutivas, para serem aprendidos, precisam ter um ponto, um foco, um *sentido* em torno do qual se articulem. Uma vez articulados e expressos linguisticamente, podem ser ensinados e aprendidos. Nossa Constituição Federal não diz apenas que o Brasil é um Estado Democrático, mas também que se funda na soberania, na cidadania, na dignidade da pessoa humana, nos valores sociais do trabalho e da livre-iniciativa etc. (art. 1º, incs. I-V), que tem três poderes independentes e harmônicos (art. 2º), que se volta à consecução de diversos objetivos (art. 3º). Todos esses dispositivos compõem um todo com sentido, e cada uma das diferentes provisões da Constituição se integra nesse todo de sentido.

Em boa parte, a filosofia do direito da segunda metade do século XX preocupou-se com esse aspecto constitutivo do direito, o que resultou numa transformação da teoria: de uma teoria das normas, como foi exemplarmente a teoria de Kelsen, para

---

[46] "Establishing a norm is not telling us how we *ought* to perform an action, but telling us how the action *is* done, or how it is *to be* done. Contrariwise, telling us what we ought to do is not instituting a norm to cover the case, but rather presupposes the existence of such a norm, i.e., presupposes the existence of such a norm, i.e., presupposes that there is something to do which it would be correct to do here. Telling us what we ought to do may involve *appeal* to a pre-existent rule or standard, but I cannot constitute the establishment of that rule or standard". Stanley Cavell, "Must we mean what we say?", em *Must we mean what we say? A book of essays* (Cambridge: Cambridge University Press, 1976), p. 22-23.

Capítulo 3 · O DIREITO COMO AÇÃO, PRÁTICA E INSTITUIÇÃO | 129

uma teoria da ação ou da decisão[47], como é hoje exemplarmente a teoria de John FINNIS[48], e, talvez à sua maneira, de Joseph RAZ[49]. Essa mudança na teoria jurídica foi em grande parte paralela e resultado da filosofia da linguagem, ou da filosofia da mente, e sua pergunta deixou de ser "qual a diferença específica da norma jurídica?" para tornar-se "como é possível seguir uma regra?". Deixamos de procurar a diferença específica da regra jurídica como tema inicial da teoria jurídica. Não quer dizer que neguemos as diferenças entre as regras jurídicas e outras regras (de etiqueta, da composição literária, regras técnicas etc.). Significa apenas que a questão sobre o "seguir uma regra" coloca-se para o direito em primeiro lugar, é a pergunta filosófica primeira, a qual o direito compartilha com outras práticas sociais[50].

3.5.2. Seguir regras e compreender sentidos (palavras, frases e discursos)

O problema do seguir uma regra não é a compreensão de uma fórmula verbal, nem de regras individuais, mas seu uso em situações singulares. Ao trazer para dentro

---

[47] V. José Reinaldo de Lima LOPES, "Entre a teoria da norma e a teoria da ação", em *Norma, moralidade e interpretação – temas de filosofia política e do direito* (Porto Alegre: Linus Editores, 2009), p. 43-80.

[48] Creio que essa é também a leitura adequada da afirmação de HART de que "o uso de regras de reconhecimento não declaradas na identificação de regras particulares do sistema é típico do ponto de vista interno. Os que as usam dessa maneira manifestam por isso mesmo sua aceitação como regras de orientação...". Cf. Herbert HART, *The concept of law*, 2. ed. (Oxford: Oxford University Press, 1997), p. 102. Ora, o que significa isso senão que os participantes da prática assumem as regras definidoras da própria prática? Ele mesmo faz essa analogia: a regra de reconhecimento equivale à regra de pontuação de um jogo. Não se discute a cada caso de gol ou cesta o quanto vale o gol ou a cesta. Aliás, Lon FULLER diz-se surpreso com o caminho que HART toma. De fato, diz FULLER, ao descartar a teoria imperativista do direito (conceber o direito como um conjunto de comandos), HART conclui que não é o poder coativo o fundamento de um sistema jurídico, mas "certas *regras fundamentais* determinantes dos procedimentos legislativos essenciais *aceitas*" (grifo meu). Essas regras fundamentais, aceitas porque dão aos participantes do sistema razões para obedecê-lo, não podem ser elas mesmas fruto de outras regras e, segundo FULLER, só podem ser regras morais. Mas HART curiosamente – segundo o mesmo FULLER – não avança nessa direção, deixando completamente em silêncio essas regras fundantes de seu sistema. Lon FULLER, "Positivism and fidelity to law: a reply to professor Hart", *Harvard Law Review*, n. 71 (1957), p. 638-643.

[49] Sei que pode ser ousado demais alinhar RAZ a essa corrente, entretanto há elementos de sua teoria que me sugerem fazê-lo. Primeiro, sua explicação do "sistema jurídico" assenta-se em sua explicação mais ampla de "sistemas normativos", que, por sua vez, incluem jogos, os quais "são sistemas normativos de *validade compartilhada*", e RAZ mesmo aproxima o direito a um jogo (cf. Joseph RAZ, *Practical reason and norms* (Princeton: Princeton University Press, 1990), p. 113-129). Em segundo lugar, jogos compõem um complexo de regras e valores, sendo os valores aquilo que unifica o jogo e dá a ele um sentido. Os valores, diz ele, fornecem o critério (*the test*) para saber se estamos jogando aquele jogo ou não. Os valores do jogo servem de razão para a ação dos jogadores (cf. Id., p. 118). Encontram-se, portanto, em sua obra preocupações sobre as razões para agir que se podem muito bem estender ao direito.

[50] Uma boa síntese da ideia do direito como prática pode ser consultada em Dennis PATTERSON, "Após a análise conceitual: a ascensão da teoria da prática", em R. P. MACEDO JR. e C. BARBIERI (org.), *Direito e interpretação*: racionalidades e instituições (São Paulo: Saraiva/Direito GV, 2011).

da filosofia do direito o "seguir uma regra", ou o "ser capaz de" ao qual se referia Wittgenstein, trazemos de volta o tema da ação e da aplicação, isto é, do uso da razão prática. Aplicar o direito não é algo independente ou distinto do conhecer o direito, assim como ser capaz de jogar xadrez não é algo distinto do conhecer as regras do xadrez[51]. A compreensão do direito dá-se enquanto se joga, pratica-se ou vive-se segundo o direito, pois ela consiste em saber o que se está fazendo, e a interpretação no sentido estrito consiste em esclarecer os casos duvidosos.

Quadro 40

Descrever, interpretar ou aplicar? Há uma forma de conhecer que se assemelha ao descrever, quando o "intérprete do direito" parafraseia ou reproduz o sentido. Mas o método usado não é, nem pode ser propriamente o método da descrição. Tratando-se o objeto de uma prática, não de uma coisa que corresponda a um mundo exterior, estaremos falando de um *sentido* – e sentidos de ações ou de atividades não podem ser descritos a não ser de uma perspectiva interna, de um participante. Uma pessoa não pode "descrever" um sentido a não ser que o tenha entendido, que o tenha apreendido intelectualmente e que o tenha concebido mentalmente. *Descrever um sentido* **não pode ser reproduzir os sinais** (gráficos, sonoros ou outros) pelos quais os sentidos são veiculados ou mantidos. Descrever o *sentido*, se quisermos, só pode ser *reproduzir* o sentido. Esse parece ser o objeto de uma discussão entre Hart e Kelsen: o inglês não aceitava a ideia de que o jurista, ao falar das leis, estava apenas "mencionando" as palavras. O jurista, como o tradutor, conclui Hart, não "menciona" o discurso alheio, ele faz o discurso alheio em sua própria língua: sua descrição – por assim dizer – do que o outro disse tem o caráter de uma reprodução do que foi dito (Hart, 1983, p. 291-295). Isso pode esclarecer por que, para Emilio Betti, interpretar era (a) *reproduzir o sentido perdido* (ou seja, um sentido que existira para algumas pessoas e que havia desaparecido no tempo do intérprete – como no caso da *interpretação histórica*); ou (b) *reproduzir no presente um sentido fixado no passado* (como no caso da *música ou da tradução*); ou (c) *reproduzir o sentido na aplicação de uma norma* (como no caso do direito ou da teologia) (Betti, 1955, p. 347-350). Em todos esses casos, pode-se falar de uma forma de reprodução. A reprodução não é o mesmo que um falar como um observador que descreve.

O aplicador ou usuário deve pressupor alguns pontos a partir dos quais procederá à resolução da dúvida concreta. Daí se colocar do ponto de vista de quem segue aquela prática para ser capaz de captar-lhe o sentido, o ponto de vista de um *agente*. Não se trata de colocar-se no ponto de vista *psicológico*, mas no de um agente *típico*. Compreender uma jogada de futebol implica e exige que nos coloquemos

---

[51] Até mesmo um realista como Alf Ross concede isso, embora sua expressão seja ainda em termos de "previsibilidade" e, portanto, de experiência empírica. Para saber o que se passa num jogo de xadrez, diz ele, é preciso conhecer as regras do xadrez. Para ser capaz de "prever" jogadas, é preciso conhecer a "teoria do jogo". Alf Ross, *Sobre el derecho y la justicia*, trad. Genaro Carrió, 3. ed. (Buenos Aires: Editorial Universitaria Buenos Aires, 1974), p. 13. Wittgenstein afasta-se do idealismo positivista: particularmente nos §§ 197 e 198 das *IF* ele sugere que uma jogada singular se compreende dentro de um campo geral, já que o sentido total está na "práxis diária do jogo".

do ponto de vista de um jogador de futebol. Sem essa perspectiva interna, descreveremos a jogada pelos seus movimentos mecânicos, não pelo seu sentido, isto é, como parte do jogo de futebol.

O ponto de vista interno, hermenêutico ou significativo não é individual ou solipsista. Tem sua própria forma de objetividade e consiste em certo uso da razão, uma razão que não reflete um objeto externo. Falando com os termos de Tomás de Aquino[52], não se trata da razão a partir de uma ordem dada. Trata-se antes do uso da razão pondo ordem no mundo dos fins que movem nossas ações, aplicada sobre o contingente – não sobre o necessário –, sobre o singular – não sobre o universal – e com vista a alguma ação. Essa razão, que a rigor determina as práticas sociais, não produz coisas de natureza molecular. O que ela produz é *sentido*. Mas o que é o sentido das palavras e dos discursos?

Quadro 41

> **Solipsismo.** "O solipsismo é uma negação explícita da existência de outros seres pensantes ou de um mundo exterior, ou uma forma de ceticismo ou de agnosticismo referente à existência de outras realidades que não o si mesmo pessoal. (...) Mas o solipsismo é considerado de forma geral uma variedade extrema de idealismo subjetivo (como que a realização lógica de toda teoria dessa espécie), a saber, como a doutrina que põe em dúvida não apenas a existência independente de uma realidade outra que não a da subjetividade pensante, mas igualmente a de toda subjetividade que não a da pessoa que fala. Não afirma apenas que toda realidade se reduz aos estados de consciência de um sujeito em geral, mas igualmente que não há senão um sujeito e seus estados de consciência" (BOUVERESSE, 1987, p. 111).

Dizer que "palavras têm sentido" pode significar que palavras têm referência, isto é, apontam para algo, para um objeto, *nomeiam*. Estamos aqui dentro da tradição "designativa" das palavras, que as vê associadas ou anexadas a objetos aos quais se referem[53]. A linguagem, nesse caso, é concebida como meio para dar nome a coisas que encontramos no mundo. Isso, porém, não esgota o uso da linguagem, que vai além do apontar para coisas. Isso porque as palavras não apenas *apontam* para coisas: elas se articulam em frase e *predicam*, afirmam ou negam. A frase

---

[52] Refiro-me às distinções feitas no *Comentário à Ética a Nicômaco*, segundo o qual a razão ordena o mundo fora de nós a partir de uma ordem já dada (filosofia natural), ordena seus próprios conceitos e operação (lógica) e ordena nossas ações (filosofia prática). Tomás de Aquino, *Commentary on Aristotle's Nicomachean Ethics*, ed. Ralph McInerny, trad. C. I. Litzinger (Notre Dame: Dumb Ox, 1993).

[53] Tomo a expressão de Charles Taylor, *Philosophy and the human sciences* (Cambridge: Cambridge University Press, 1985), p. 218 e ss. Dicionários são coleções de referências. É com esse assunto que Wittgenstein começa as *Investigações filosóficas*. Referindo-se às *Confissões* de Santo Agostinho, menciona como as palavras podem significar coisas. Assim, tem-se uma linguagem primitiva, como ele mesmo dirá, na qual em primeiro o que se tem em mente são substantivos (abstratos ou concretos, universais ou singulares). Cf. Ludwig Wittgenstein, *Investigações filosóficas*, trad. João C. Bruni (São Paulo: Nova Cultural, 1991).

passa então a ser a unidade de sentido e de predicação elementar. Mas tampouco frases isoladas significam muito: elas estão subordinadas, por sua vez, *ao todo* chamado *discurso*. Dicionários não contêm frases nem discursos, e por isso mesmo não ajudam a apreender o sentido nesse nível[54]. Temos três esferas ou níveis em que encontramos sentidos: (a) o das palavras (ou referência); (b) o das frases (ou predicação); (c) o dos discursos (o que se *quer dizer*).

Ora, os discursos expressam atividades. Isso, creio eu, é o que contém a bem--sucedida expressão de WITTGENSTEIN: formas de vida. Atividades e formas de vida são os ambientes em que os sentidos podem ser produzidos, são o que está implicado num jogo de linguagem ou discurso. Diz WITTGENSTEIN:

> Compreender uma frase significa compreender uma linguagem. Compreender uma linguagem significa dominar uma técnica (WITTGENSTEIN, *IF*, § 199).

Quer dizer, a frase está inserida na linguagem e a linguagem permite um fazer, um saber fazer alguma coisa.

> Com isto mostramos que existe uma concepção de uma regra que não é uma interpretação e que se manifesta, em cada caso de seu emprego, naquilo que chamamos "seguir a regra" e "ir contra ela" (WITTGENSTEIN, *IF*, § 201).

Quando se pergunta: "Qual o sentido da universidade?" estamos perguntando: "Qual a razão de ser da universidade?", "por que existir universidade?" A pergunta "qual o sentido da vida?" é também dessa natureza. Desse ponto de vista, podemos nos valer do que diz WITTGENSTEIN, segundo o qual falar uma linguagem é uma atividade ou forma de vida. Em *IF*, § 23, ele nos lembra o seguinte:

> Imagine a multiplicidade dos jogos de linguagem por meio destes exemplos e outros: Comandar, e agir segundo comandos; descrever um objeto conforme a aparência ou conforme medidas; produzir um objeto segundo uma descrição (desenho); relatar um acontecimento; conjecturar sobre o acontecimento; expor uma hipótese e prová-la; apresentar os resultados de um experimento por meio de tabelas e diagramas; inventar uma história; ler; representar teatro; cantar uma cantiga de roda; resolver enigmas; fazer uma anedota; contar; resolver um problema de cálculo aplicado; traduzir de uma língua para outra; pedir, agradecer, maldizer, saudar, orar (WITTGENSTEIN, *IF*, § 23).

---

[54] Apenas a título de referência, vale lembrar que no século XX foi Paul RICOEUR quem melhor e mais frequentemente explorou esse problema, chegando mesmo a ser chamado por Hilton JAPIASSU de *filósofo do sentido*. Hilton JAPIASSU, "Paul Ricoeur: filósofo do sentido", em *Hermenêutica e ideologias*, trad. Hilton JAPIASSU (Petrópolis: Vozes, 2011). Um lugar para começar a explorar sua obra pode ser a *Teoria da interpretação*, cujo primeiro capítulo dedica-se ao tema mesmo da unidade significativa. Cf. Paul RICOEUR, *Teoria da interpretação*: o discurso e o excesso de significação, trad. Artur Morão (Lisboa: Edições 70, 2019). Por isso, RICOEUR dirá que a capacidade de *seguir uma narrativa* é uma capacidade de compreensão muito sofisticada. Paul RICOEUR, *From text to action – essays in hermeneutics II*, trad. K. Blamey e J. Thompson (Evanston: Northwestern University Press, 1991), p. 4.

Capítulo 3 · O DIREITO COMO AÇÃO, PRÁTICA E INSTITUIÇÃO | 133

Cada uma dessas atividades ou jogos de linguagem tem um sentido, ou seja, uma "razão de ser". Aquela atividade faz sentido, é inteligível ou compreensível, na medida mesma em que tem uma *razão de ser*. Seria incompreensível se, numa conferência em uma faculdade de direito, o conferencista começasse inesperadamente a cantar a ária de uma ópera ou a recitar um poema épico. Empiricamente isso pode acontecer. Mas, se vier sem uma explicação, seria intuitivo que o auditório duvidasse da saúde mental do conferencista. Seria insensato, sem sentido. Se ele depois incluísse alguma explicação, e dissesse por que fez aquilo, especialmente dissesse como aquilo se insere em sua atividade de apresentar e discutir ideias sobre o direito, então o evento seria encaixado dentro da atividade, isto é, da prática de discussão acadêmica. Poderia não ser óbvio, no primeiro momento, mas, com a devida explicação, o acontecido começaria a *fazer sentido*[55].

Notemos também que o sentido de uma prática, o sentido de um *todo* não é demonstrado por um processo lógico. Ele é apreendido. Trata-se da compreensão, ou do entendimento. Não é sem motivo que nossa palavra "entendimento" corresponde ao termo latino "*intellectus*". "*Intelligere*" é apreender o conceito[56]. O conceito geral de uma prática – ou o conceito de um jogo – desempenha esse papel

---

[55] Dennis Patterson indica-nos essa mesma perspectiva quando chama a atenção para o fato de Wittgenstein distinguir a *compreensão* de uma atividade e a *interpretação* de regras de uma atividade. A interpretação, diz ele, só se torna necessária caso haja dúvidas, mas ela mesma só pode ser compreendida dentro de um quadro maior, o quadro da atividade na qual vai se dar a interpretação. "A compreensão, Wittgenstein sustentou, é fundamental para nosso papel de participantes de práticas. A interpretação, ao contrário, é uma atividade em que nos engajamos quando nosso entendimento de como 'dar seguimento' à prática entra em colapso". David Patterson, "Wittgenstein on understanding and interpretation (comments on the work of Thomas Morawetz)", *Philosophical Investigations* 29, n. 2 (2006), p. 131. A interpretação (jurídica, como qualquer outra) "é uma atividade que depende da existência de um amplo acordo entre os praticantes do direito a respeito da maior parte das características da prática jurídica" (Id., p. 133). A interpretação, diz Patterson, depende de haver previamente entendimento (compreensão) (Id., p. 135).

[56] Berti acredita que essa apreensão dos princípios – que poderíamos bem chamar de apreensão de conceitos, definições e princípios propriamente ditos – foi explicitada por Aristóteles tanto na *Metafísica* (livro IX, 10) quanto nos *Segundos analíticos* (livro II, 19). Esses princípios ou são apreendidos ou não são. Não existe um processo demonstrativo para eles, pois a demonstração parte de alguma coisa e, no caso dos princípios e conceitos, estamos diante ou da ignorância ou de sua compreensão. Por isso, diz Berti, não há erro semelhante aos erros de raciocínio: ou a pessoa apreendeu a ideia ou não a apreendeu. Cf. Enrico Berti, *As razões de Aristóteles*, trad. Dion D. Macedo (São Paulo: Loyola, 1998), p. 14-16. Tomás de Aquino, por sua vez, chama de *intelecto* (inteligência) o hábito (e, portanto, em sua linguagem, a virtude) de conhecer os princípios ("*habitus principiorum*") e chama de *ciência* o hábito (ou virtude) de bem articular princípios em raciocínios e conclusões. O *intelecto* ou *inteligência*, por seu lado, não tira conclusões e não chega a verdades segundas ("*verum per aliud notum*"), mas permite apreender os princípios ("*verum per se notum*"). Trata-se de um hábito, não de uma simples faculdade: a partir de uma faculdade, a *inteligência ou intelecção* precisa ser desenvolvida. Assim, alguém que pretende exercer alguma ciência precisa primeiro entender seus princípios (por exemplo, apreender a ideia de espaço e tempo, a de causalidade etc.). Se for incapaz de distinguir essas coisas, se não "inteligiu" os princípios de um "campo", será incapaz de prosseguir. Cf. Tomás de Aquino, *ST*, q. 57, a.2.

de permitir ao agente saber o que está fazendo. Portanto, o sentido de uma prática, em primeiro lugar, apreende-se. Uma vez apreendido, ele *dá sentido* a todas as ações da prática, ele permite a interpretação de cada ação. Outra vez, uma analogia com os jogos é esclarecedora: o jogo de xadrez e o jogo de futebol têm, cada um deles, seu sentido. Os movimentos ou jogadas dentro de cada um deles adquirem seu sentido se o jogador e a plateia conseguiram, em primeiro lugar, apreender o sentido geral da prática. Mas esse sentido geral não é *demonstrado*: antes, ele foi *mostrado* e *constituído*. O sentido do jogo de futebol não é demonstrado porque ele não deriva logicamente de algum outro sentido ou jogo. Ele é mostrado e constituído porque é o fundamento mesmo da prática.

Quadro 42

Compreender um sentido e apreender um conceito. A apreensão conceitual de um todo é difícil. É ela, contudo, que permite a alguém se movimentar dentro de alguma atividade. Um célebre conto da literatura russa permite-nos compreender do que estamos falando. Trata-se de "A conversão do diabo", de Leonidas ANDREIEV[56]. Nele, um diabo, cansado de suas "diabices", resolve converter-se, e procura um sacerdote, cura de uma igreja, pedindo-lhe: "Meu pai, permita-me fazer o bem, ensine-me a fazê-lo". O conto se desenrola com as muitas tentativas do padre de "ensinar" o diabo: primeiro lhe dá uma lista de bons livros, mas o diabo, depois de lê-los todos, chega à conclusão de que não aprendeu nada. O padre então lhe dá o conselho de Santo AGOSTINHO, "ama e faz o que queres". Mas também isso não foi suficiente. Em seguida, o cura lhe fornece os conselhos evangélicos contidos no Sermão da Montanha: "se alguém lhe pedir a camisa, dá-lhe também o vestido", ou "se alguém lhe ferir na face direita, oferece-lhe também a esquerda". Mas o diabo volta ferido, porque não consegue entender que se alguém lhe bate na cabeça e não na face o conselho ainda assim deve ser seguido. Se alguém lhe batia na cabeça ele batia de volta porque, afinal, a cabeça não é a face... Em resumo, o diabo não conseguia praticar o bem porque não apreendia o sentido de bem e porque, a cada "exemplo" que lhe era dado, não conseguia estendê-lo para além dos casos literais. O diabo conclui: "Viverei no desespero e cumprirei tudo o que está prescrito, sem nunca saber o que faço. Estou amaldiçoado para toda a eternidade" (ANDREIEV, 2004, p. 246). O diabo não captava o sentido de bem nem o sentido de regra, tomando cada conselho como se fosse um mandamento específico. Sem o conceito geral e sem o sentido da prática (digamos, a caridade evangélica, a identificação com o outro), ele não foi capaz de aplicar nenhuma regra que não fosse uma ordem determinada.

Isso talvez se possa ler nas *Investigações* de WITTGENSTEIN em diversas passagens. Por exemplo, quando ele se refere ao momento em que alguém aprende a continuar uma série de números (*IF*, § 151):

> *A* anota séries de números; *B* observa e procura encontrar uma lei na sequência dos números. Se consegue exclama: "Agora posso continuar!" – Assim, essa capacidade, essa compreensão, é algo que surge num instante.

---

[57] Leonidas ANDREIEV, "A conversão do diabo", em *Contos russos eternos*, trad. José Augusto Carvalho (Rio de Janeiro: Bom Texto Editora, 2004), p. 215-246. A lembrança desse conto foi-me feita pelo professor Rubens Eduardo Glezer.

Noutro momento ele diz (*IF*, § 242):

> Para uma compreensão por meio da linguagem é preciso não apenas um acordo sobre as definições, mas (por estranho que pareça) um acordo sobre os juízos. Isso a lógica parece guardar, mas não guarda.

Bem, é nisso exatamente que estou pensando quando proponho a ideia de que as atividades têm *sentido* que não é *referência*. O sentido da atividade desempenha um papel específico, que poderíamos chamar de constitutivo da atividade[58]. É perfeitamente possível pô-lo em discussão, mas, ao fazê-lo, colocamos em suspenso a atividade. Imaginemos um jogo qualquer: os jogadores sabem o que estão fazendo ali. Mas se, de repente, entrarem em uma "crise de identidade" quanto ao jogo, o jogo é paralisado. Quando alguém diz no meio do jogo: "Esperem aí, o que estamos fazendo?", o jogo se suspende. Os que quiserem continuá-lo terão de substituir esse jogador, que não sabe mais por que está ali.

Na prática social chamada direito, podemos entrar em dúvida quanto ao significado de primeiro nível, isto é, à *referência* das palavras da lei. Valemo-nos então da atividade de exegese, interpretação ou hermenêutica (como disciplina instrumental), que sempre começa pela expressão literal da lei. O processo de interpretação tem um cânone: deve-se sempre interpretar de maneira literal, e sempre que uma palavra tem um uso corrente e aceito, deve-se começar por esse uso da palavra. Deve-se pressupor que, nos contextos comuns e ordinários, usa-se o sentido comum e ordinário da palavra. Assim, podemos começar a resolver uma dúvida com a pergunta: "Em que sentido você está usando a palavra *causa*?". Ou ainda, "em que sentido foi usada a palavra *prescrição*?". Mas isso pode não bastar quando essa interpretação levar a um resultado absurdo ou contraditório. Seria então necessário avançar para outros critérios de determinação de sentido, como são o da inclusão da norma (*frase*) em um todo (*interpretação sistemática*) e em um todo com uma razão de ser (*interpretação finalista*).

O sentido como razão de ser é condição geral de qualquer interpretação, é o pressuposto. A boa interpretação (apreensão do sentido) eleva-se do nível simplesmente referencial das palavras para o patamar superior da frase (interpretação lógica) e finalmente para o grau ainda mais superior do discurso e do campo (interpretação sistemática e teleológica). Esses níveis mais altos e mais abrangentes

---

[58] Tercio Sampaio Ferraz Jr. chama de *constitutivo* o aspecto empírico do direito, sua facticidade, por assim dizer. E chama a justiça de elemento *regulativo* do direito. Para ele, pode existir concretamente (ou seja, pode dar-se empiricamente o caso de...) um sistema jurídico injusto, embora ele seja privado de sentido. Minha posição consiste em dizer que *o sentido é constitutivo da prática*: uma prática sem sentido não existe como prática, mas como evento, como fragmento de movimentos. Sem sentido não pode ser ensinada nem aprendida. O exemplo que o mesmo autor dá conduz a isso: um jogo de futebol com quinze jogadores e quatro goleiros pode existir? Pode, mas deixa de ser futebol! Ou seja, a prática "jogo de futebol" desaparece quando o que se faz não tem mais "sentido enquanto jogo de futebol". Nesses termos, o sentido, para mim, constitui a prática: é indissociável da própria noção de prática. Cf. Tercio Sampaio Ferraz Jr., *Introdução ao estudo do direito* (São Paulo: Atlas, 1988), p. 327-329.

136 | CURSO DE FILOSOFIA DO DIREITO – *José Reinaldo de Lima Lopes*

de sentido já não são simples referência. Quando nos referimos às coisas mais importantes e fundamentais de nossa vida, dizemos delas que dão sentido à nossa existência. Quando perdemos algo dessa natureza, um ente amado, por exemplo, dizemos que perdemos junto o sentido da vida. A expressão é analógica, claro, mas indica que perdemos uma coisa importante, em torno da qual tudo o mais gravitava, ou *em razão da qual* tudo o mais se fazia.

Quando falamos de práticas sociais, sempre pressupomos esse sentido. Ele é o que se apreende pelo uso, pelo ingresso na prática. Um jogador de futebol não aprende apenas regras particulares (o que é um escanteio, uma falta, um tiro de meta etc.). Para jogar, é preciso primeiro aprender a razão de ser do jogo como unidade (todo). Esse todo dá inteligibilidade à prática como seu padrão (*regra constitutiva*, como vimos). Cada prática tem critérios de inteligibilidade próprios, os quais permitem sua *compreensão ou interpretação*[59].

Quadro 43

Viver sob as leis: uma forma de vida. "*Ut corpora nostra sine mente, sic civitas sine lege suis partibus, ut nervis et sanguine et membris, uti non potest. Legum ministri magistratus, legum interpretes iudices, legum denique idcirco omnes servi sumus ut liberi esse possimus*" [Como nossos corpos sem a mente não podem servir-se de suas partes, como os nervos, o sangue e os membros, assim a cidade sem lei. O magistrado como ministro das leis, os juízes seus intérpretes, assim todos somos servos das leis para sermos livres] (Cícero, *Pro Cluentio*, 53, p. 158). Viver debaixo das leis é uma forma de vida, pode-se dizer. Aristóteles afirmava que a cidade, isto é, a *pólis*, não se confunde nem com a família ou as famílias que a compõem, nem com uma aliança militar entre pessoas, nem com uma associação para ganhar dinheiro (*Política*, L. I, IV, 1280b). Como nos lembra Michael Oakeshott: "A condição civil ou a relação civil (...) é um certo modo de associação, um entre outros. Necessariamente exclui relações contrárias a si, como a amizade exclui a inimizade, mas enquanto é distinta de relações contrárias, não impede as pessoas de desfrutarem de tais relações. Vou chamá-la de relação de civilidade. (...) Proponho-me a usar a palavra *civitas* para essa condição ideal, *cives* para as *personae* que se relacionam assim, *lex* para os termos de suas relações e *republica* para as condições gerais da associação" (Oakeshott, 1975, p. 108). Essa relação impessoal, de deveres públicos fundados na lei, é o jogo do direito, ou o *Estado de direito*. Para ele, a vida civil é a "condição instituída, não funcional, não hierárquica, referida ao reconhecimento comum de um instrumento constitutivo, autônoma e autárquica, sem um propósito externo" (Oakeshott, 1975, p. 110 e ss.). Ele reconhece que tais características encontram-se já na definição aristotélica de cidade (*pólis*): "Deveremos obviamente dizer que uma cidade é a mesma principalmente por causa de sua constituição, e ela pode ser designada, ou não, pelo mesmo nome, quer seus habitantes sejam os mesmos homens ou sejam inteiramente diferentes" (Aristóteles, 1988, p. 81). Trata-se, para Aristóteles, de uma instituição impessoal e fundada na constituição, que difere da família, do mercado e da organização militar: "Uma cidade não é apenas uma reunião de pessoas num mesmo lugar, com o propósito de evitar ofensas recíprocas e de intercambiar produtos (...); é uma união de famílias e de clãs para viverem melhor, com vistas a uma vida perfeita e independente" (Aristóteles, 1988, p. 94).

---

[59] Essa dimensão interpretativa adquiriu muitos nomes, mas nas últimas décadas ficou conhecida na teoria do direito como o já mencionado *ponto de vista interno,* por obra de Herbert Hart.

Capítulo 3 · O DIREITO COMO AÇÃO, PRÁTICA E INSTITUIÇÃO | 137

Isso posto, surge naturalmente dentro da teoria do direito a questão do *sentido* em termos novos. Ora, o que se pode perceber agora é que jogos têm sentidos. Estamos prontos a enfrentar uma outra questão: o *seguir uma regra* depende de se entrar em uma certa "forma de vida", um certo "jogo de linguagem".

3.5.3. Direito: uma prática aberta

O direito não é apenas o discurso de uma comunidade ou de uma autoridade: ele é a condição de todas as interações sociais que não sejam imediatamente relações de afeto e de sangue. Por isso, ele é a condição essencial e elementar da vida civil, da vida fora do estreito círculo dos afetos, das emoções, do sangue. Ele é a prática elementar. Isso provavelmente explica por que os antigos diziam que o direito era a verdadeira ciência e sabedoria civil, isto é, da vida em cidade, hoje chamada de vida política. Nesses termos, trata-se de uma prática aberta, ou seja, sem um fim específico. Os sistemas jurídicos são abertos no sentido de que seus "fins" são gerais e se identificam com a manutenção de condições que permitam a todos realizarem seus próprios fins, individual ou associadamente, dentro de uma comunidade política. Ou, se quisermos usar a expressão kantiana, os fins do direito permitem a convivência das liberdades de uns com as de outros. Diferentemente de outras práticas ou jogos, o direito é abrangente e *"open-ended"*. Abrangente, como vimos com STAMMLER, porque depois da língua é a instituição que permite mais interações entre pessoas desconhecidas. O que posso realizar por meio das relações jurídicas ultrapassa em muito as esferas da família e dos amigos. E se trata de uma prática aberta porque, diferentemente de outras práticas, o direito nos fornece condições para fazer quase qualquer coisa, não uma coisa só, em termos de interação social.

Joseph RAZ afirma que sistemas jurídicos são (a) abrangentes (não reconhecem limites às esferas de comportamento que pretendem regular); (b) supremos (pretendem ordenar o estabelecimento e o funcionamento de todos os outros sistemas institucionalizados); (c) abertos (incorporam normas que nem sempre eles produzem) (Raz, 1990, p. 150-154). O caráter aberto do direito existe porque a comunidade política (o espaço público, a república, a cidade ou *pólis,* como já foi chamada em distintos momentos) é ela mesma aberta, ou, como foi dito, não se confunde com uma aliança militar para encetar uma guerra, nem com uma associação comercial, para realizar um negócio. Ela é a comunidade que permite a existência de qualquer outra comunidade, sem ter um fim específico. Não se deve supor que a comunidade política tenha um "fim" que se esgote ou possa atingir em momento determinado, porque "comprometer-se com um plano de vida não é nada parecido com comprometer-se a fazer um bolo", diz FINNIS (1992, p. 155). Essa abertura da prática jurídica equivale à abertura da esfera social a que se aplica: não sendo regras de uma profissão, uma técnica ou um grupo social limitado, o direito é tão aberto quanto a própria vida política a que dá forma. Entende-se por vida política, aqui, não a esfera limitada dos poderes institucionais do Estado, mas a vida social institucional que abrange todas as outras: na esfera íntima e familiar temos certas formas de interação, na esfera das necessidades econômicas temos outras tantas, mas na esfera anônima da vida em comum é que estamos realmente diante da política. O direito configura não apenas as duas primeiras esferas (a da família e a do mercado), mas a esfera mais abrangente.

Quando tomamos o direito por uma prática, o hiato entre ação e regras desaparece e pode ser percebido com mais clareza que o direito não é uma coisa "lá fora" e que suas "regras" não são apreendidas, em primeiro lugar, como informações a respeito quer de outras regras, quer das ações. Os séculos XIX e XX haviam insistido no caráter científico (e descritivo) da teoria do direito e, com isso, desviado nossa atenção da própria existência da "vida segundo o direito". Herbert HART, vivendo no ambiente oxfordiano de filosofia, no qual se cultivava tanto a filosofia analítica quanto o estudo dos clássicos, é o primeiro a identificar expressamente o direito a uma prática social. Ele se refere explicitamente à "aceitação da regra de reconhecimento", ou seja, da *regra constitutiva* do direito, como uma "prática social" (HART, 1997, p. 59). E seu conceito de prática social é apresentado como alternativa ao conceito de hábito ou costume (HART, 1997, p. 55). Apropriando-se da distinção feita por Peter WINCH (2008, p. 54-61)[60], HART, como visto, destaca que no hábito ou costume existe apenas uma convergência factual de comportamentos, enquanto na prática existe um padrão capaz de identificá-la (HART, 1997, p. 55). Isso significa que, quando as pessoas vivem dentro de um regime de direito, não o fazem apenas por costume ou hábito. Elas vivem segundo um padrão, critério ou regra:

---

[60]   No trecho em questão, WINCH discorda de certas afirmações de Michael OAKESHOTT e distingue o simples hábito do seguimento de uma regra. Um simples hábito, diz ele, difere do seguimento de uma regra porque nesse último caso existe o certo e o errado. Onde se puder sensatamente dizer que houve um certo ou um errado, houve a aplicação de um critério. E prossegue: "Aprender a fazer alguma coisa não é só copiar o que alguém faz; pode ser que se comece assim, mas um professor estima a competência de seu aluno pela capacidade deste último de fazer coisas que justamente ele não poderia simplesmente ter copiado". Peter WINCH, *The idea of a social science and its relation to philosophy*, 2. ed. (London: Routledge, 2008), p. 55. "Há um sentido em que adquirir um hábito é adquirir uma propensão para continuar fazendo a mesma espécie de coisa; há um outro sentido em que se trata verdadeiramente de aprender uma regra" (Id., p. 56). "O cachorro responde agora aos comandos de fulano de certa forma por causa [*because*] do que lhe aconteceu no passado; se me pedirem para continuar a série dos números naturais acima de 100, eu continuo de um certo jeito por causa [*because*] do meu treinamento anterior. A expressão 'por causa de', entretanto, tem usos diferentes nessas duas situações: o cachorro foi *condicionado* a reagir de certa forma, enquanto eu conheço a maneira correta de continuar *com base no* que me ensinaram" (Id., p. 58). Também Gilbert RYLE tenta distinguir aquilo que se pode fazer por costume ou hábito e aquilo que se faz segundo uma regra. No caso de um simples costume, ou moda, não existe um jeito errado de agir. Mas pode haver usos errados quando se trata de algo determinado regradamente: "Há uma importante diferença entre o emprego de bumerangues, arcos e flechas e remos, de um lado, e o emprego de uma raquete de tênis, cordas de cabo de guerra, moeda, selos e palavras, de outro. Estes últimos são instrumentos de ações interpessoais, isto é, de ações em conjunto (*concerted*) ou de ações competitivas. Robinson CRUSOÉ poderia jogar alguns jogos de paciência, mas não poderia jogar tênis ou críquete. (...) [Uma pessoa] não pode adquirir o domínio das habilidades necessárias a essas transações interpessoais sem descobrir, ao mesmo tempo, certos fatos acerca do emprego ou mau emprego (*misemployment*) que algumas outras pessoas delas fazem". Gilbert RYLE, "A linguagem ordinária", em *Ensaios*, trad. Balthazar Barbosa Filho (São Paulo: Nova Cultural, 1989), p. 10.

Podemos supor que nosso grupo social não dispõe apenas de regras que (...) tornam certo comportamento padrão, mas de uma regra que permite a identificação de padrões de comportamento de forma menos direta (Hart, 1997, p. 57).

A distinção de HART entre regras primárias, que impõem imediatamente obrigações e proibições, e regras secundárias, que dizem respeito a criar ou aplicar regras, pode ser comparada à distinção entre regras regulativas e regras constitutivas de John SEARLE. Regras secundárias, para HART, eram a *regra de reconhecimento* – que permite saber o que está dentro ou fora de certa prática (no caso, do direito) –, as *regras de julgamento* – usadas quando se aplicam em casos singulares as regras gerais – e as *regras de transformação* – que permitem alterar as regras sem sair do campo ou da prática mesmo. A regra de reconhecimento assemelha-se ao padrão reconhecido de uma língua. A língua existe realmente como fenômeno social, mas sua existência não é fato bruto. Como sempre se pode dizer, uma língua não "nasce em árvore". Portanto, embora a regra de reconhecimento possa ser considerada um fato, nunca foi para HART um fato bruto, um *plain fact*. E, embora seja social, aprender uma língua não é a mesma coisa que a observar como fato. *Falar uma língua não é o mesmo que mencionar uma língua ou falar de uma língua*. Falar uma língua implica *usar diretamente* a "regra de reconhecimento" dessa língua, assim como viver sob um ordenamento jurídico e fazer uso dele para conduzir sua vida implica *usar diretamente* a "regra de reconhecimento" daquele ordenamento[61]. Em outras palavras, usar uma língua quer dizer que o falante tem domínio da estrutura da língua.

Quando existe um regime de direito, que ultrapassa o simples hábito ou as simples obrigações singularmente consideradas, estamos diante de uma certa prática, atividade ou forma de vida que pressupõe uma regra constitutiva, a qual funcionará como sua *regra de reconhecimento*.

3.6. INSTITUTOS, INSTITUIÇÕES E NATUREZA INSTITUCIONAL

3.6.1. Fatos brutos, fatos institucionais, conceitos funcionais

Fatos institucionais não estão num mundo imaginário, mas num mundo real, e procedem das ações humanas. A origem dessa nova impostação teórica pode ser localizada imediatamente no importante artigo de Elizabeth ANSCOMBE, "On brute facts"[62], e mais longinquamente na filosofia do WITTGENSTEIN das *Investigações filosóficas*. Pode-se referi-la também à importância que a linguagem adquiriu na filosofia do século XX em mais de uma vertente, seja ela analítica, seja ela hermenêutica[63]. De fato, uma sequência de outros textos surge no final dos anos 1950, como *The Idea of a social science and its relation to Philosophy*, de Peter WINCH em 1958, *Intention* da mesma ANSCOMBE em

---

[61]   Por isso mesmo é que a regra de reconhecimento de HART não é um *plain fact*.

[62]   Publicado em *Analysis* 18, n. 3 (1958).

[63]   Para uma síntese desse interesse pode-se ler Charles TAYLOR, "Language and human nature", em *Human agency and language* (Cambridge: Cambridge University Press, 1993), p. 215-241, e Nick FOTION, *John Searle* (Princeton: Princeton University Press, 2000), p. 1-20 especialmente.

1957 e finalmente *The concept of law* de Herbert HART em 1961. Essas contribuições ultrapassaram a divisão *ser-dever-ser* do neokantismo e reintroduziram a ação humana no centro do debate. Já foi mencionado aqui o nome de Neil MACCORMICK, que, junto com Ota WEINBERGER, desenvolveu uma teoria institucional do direito[64]. Creio que a teoria está basicamente certa, e é preciso esclarecê-la e explorá-la para concluir este capítulo sobre o direito como prática. Para começar, podemos voltar a um clássico, cujo contexto histórico é muito significativo. Trata-se de Samuel PUFENDORF (1632-1694), um dos fundadores do direito natural moderno[65].

PUFENDORF estava imerso no debate da ciência moderna: o que significava conhecimento científico? Era possível o conhecimento científico da esfera moral, isto é, das ações voluntárias e conscientes, mas, sabedor de que o direito não era um objeto natural como o das ciências modernas, propôs uma divisão dos saberes que indicava o que hoje chamamos de *dimensão institucional, fatos institucionais ou natureza institucional*. Disse ele que no mundo existem coisas (*entes*) porque foram criadas, isto é, que estão aí independentemente de nós seres humanos. O mundo criado, presume-se de sua leitura, é o mundo da natureza bruta, a *natura naturans*. Para usar uma expressão que já repeti algumas vezes aqui, o mundo das "coisas que dão em árvores", cuja existência não depende de nós. Mas, diz ele, ao lado desse mundo, existem coisas que nós seres humanos criamos: são os *entes* que surgem por *imposição*. Ele os chama de *entes morais*. Assim, impomos a nossas ações qualidades morais, que não se confundem com suas qualidades brutas. Esses entes morais dão significado e sentido a nossas ações.

> Na verdade, como o modo originário de se produzirem entes físicos é a criação, o modo pelo qual os entes morais se produzem não pode ser melhor expresso do que pela palavra *imposição*. Evidentemente, como eles não provêm de princípios intrínsecos da substância das coisas, mas são acrescentados aos efeitos das coisas já existentes e fisicamente completas pela vontade de seres inteligentes, assim também adquirem existência unicamente pela determinação destes (PUFENDORF, 1688, p. 3) (L. 1, 1, § 4).

Quadro 44

Gêneros naturais, nominais e funcionais. Coisas que existem independentemente dos seres humanos são *naturais*: tigres, montanhas, flores. Coisas que só concebemos quando as nomeamos são *nominais*: o príncipe do Brasil em 2020, o rei da França em 2019, o unicórnio. São palavras que têm referência semântica (entendemos do que se trata), mas não referência empírica (não estão no mundo fora de nós). *Funcionais* são coisas cuja natureza só se compreende por sua função: uma colheitadeira, uma faca, um tribunal, um ordenamento jurídico. Essa é a classificação proposta por Michael MOORE em "Law as a functional kind" (MOORE, 1994).

---

[64] Neil MACCORMICK, "Law as institutional fact", em *An institutional theory of law* (Dordrecht: D. Reidel Publ. Co., 1986), p. 49-76.

[65] O século XVII, de PUFENDORF, é chamado de "século miraculoso" por Pierre CHAUNU, *A Civilização da Europa clássica*, trad. Teresa F. Rodrigues (Lisboa: Editorial Estampa, 1987, v. II), p. 13, por causa dos que nele viveram e pariram a modernidade: LEIBNIZ, GRÓCIO, DESCARTES e outros.

As instituições têm caráter funcional e estão nessa esfera dos entes morais, se pensarmos que elas não "dão em árvores" e, portanto, surgem por *imposição*. Não se trata de fantasia. Instituições e institutos, como veremos adiante, precisam de finalidades para existir. São entes que não se explicam senão falando de seus fins. Não é possível descrevê-los sem lhes atribuir fins. Quando falamos deles, estamos na esfera dos *conceitos funcionais* (MacIntyre, 1984).

Quadro 45

Conceitos descritivos × conceitos atributivos (descrição × imputação). "Propriedade não é um conceito descritivo, e a diferença entre 'Isto é um pedaço de terra' ou 'Silva tem um pedaço de terra' de um lado, e 'Isto é propriedade de alguém', de outro, não pode ser explicada sem nos referirmos a expressões não descritivas por meio das quais se promulgam leis ou se ditam sentenças, ou no mínimo sem referência àquelas com as quais se reconhecem direitos. (...) nosso conceito de ação, como o de propriedade, é um conceito social, logicamente dependente de regras de conduta aceitas. É fundamentalmente não descritivo, mas de caráter atributivo (*ascriptive*), e é um conceito excepcionável (*defeasible*), que se define por exceções e não por um conjunto necessário e suficiente de condições, físicas ou psicológicas" (Hart, 1948-1949, p. 189).

Tomemos um exemplo banal: uma faca tem certas características físicas, materiais, que um exame laboratorial pode bem detectar. São propriedades objetivas, que estão aí e continuarão aí mesmo que nós, o leitor e eu, deixemos de existir. Como diz John Searle, são propriedades *ontologicamente objetivas*. Mas o que a torna uma faca, diferente de um telefone que também é feito de metal, não é nenhuma característica física, molecular. O que a torna uma faca é a função ou uso que lhe atribuímos ou fazemos dela. Isso se chamava em filosofia clássica sua *forma* (a *causa formal* da faca é diferente da causa formal do telefone). Por isso, outro objeto qualquer pode ser usado "como" uma faca se atribuirmos a ele a função de cortar. A definição de faca é *funcional*. Assim como telefone, faca, moeda, muito do que existe no mundo existe porque a essas coisas atribuímos funções. As funções são atribuídas pelos seres humanos.

Quadro 46

Conceitos funcionais (MacIntyre, 1984, p. 59 e ss.). Um relógio, um flautista, uma faca, um jogador de futebol ou um jurista definem-se pelas suas funções ou finalidades. Não se trata de "coisas" que se reconhecem por qualidades físicas, corpóreas, materiais. Quando lidamos com esses conceitos funcionais, lidamos necessariamente com avaliações, porque cada uma dessas "coisas" pode servir melhor ou pior a sua finalidade. Um relógio que não marca as horas ainda é um relógio? Por que nos desfazemos dele? Por que o vendemos como ferro velho pelo valor de sua matéria-prima? Um telefone de brinquedo é um telefone? Um jurista sofista, que fala empolado, mas sem rigor ainda é um jurista? Ou é um mau jurista? "Tudo que se pode chamar de bom ou mau tem, de fato, alguma função ou propósito" (MacIntyre, 1984, p. 59). No direito igualmente: um contrato, uma obrigação, um direito de garantia, uma pessoa jurídica,

> qualquer dessas coisas só se define por sua função, ou finalidade. Daí que o *desvio de função* ou *desvio de finalidade* ou *desvio de poder* são categorias presentes em todos os ramos do direito de diferentes modos e implicam sempre algum defeito (invalidade, nulidade, anulabilidade).

No caso das instituições ou institutos, estamos no mundo dos *seres morais* de PUFENDORF. Criamos esses *entes* pela imposição de funções. Esse mundo realmente existe, mas sua objetividade não é dada por características físicas: sua objetividade se dá porque nós, seres humanos, impomo-la. É o que John SEARLE chama de objetividade *epistemológica*[66]. Trata-se de uma "qualidade lógica peculiar" que distingue "conceitos sociais" de "conceitos naturais", como o de molécula ou montanha. "Algo pode ser uma montanha, mesmo que ninguém acredite que seja." Mas algo não pode ser moeda ou partida de xadrez, ou casamento ou contrato sem que haja uma atitude de seres humanos a seu respeito. Essa atitude, diz ele, é constitutiva do próprio fenômeno social. E isso não tem equivalência no mundo dos fatos brutos ou físicos (SEARLE, 1995, p. 33)[67].

Como instituições são sociais, não se trata de algo que apenas uma pessoa possa criar. A imposição de sentidos é social. Temos aqui uma relação semelhante à dos falantes com a língua. Embora todos os falantes possam usar uma língua e cada um faça seus próprios usos (discursos), eles não dispõem individualmente da língua como se fosse criação sua. Não dispõem dos sentidos nem das palavras como propriedade sua. Há uma certa confusão entre essas duas coisas que gera perplexidade. Uma coisa é a língua, vimos acima, outra coisa é o discurso. A língua é condição de qualquer discurso, e os discursos são próprios de uma comunidade ou de um falante. Mas isso não os torna proprietários da língua ou da instituição. A língua existe objetivamente, para além de cada falante individual. Mas não existe para além dos seres humanos.

É isso que se dá com o direito. O direito é uma instituição social. Não aparece espontaneamente no mundo. Os seres humanos criam o direito, mas criam-no por meio de interações sociais. Algumas dessas interações são formalizadas "como se" fossem uma criação do zero ou do nada. Assim é que alguns explicam a produção legislativa, como se ela fosse produto voluntário de alguém. Porém, trata-se de uma

---

[66] John SEARLE, *The construction of social reality* (New York: The Free Press, 1995), esp. Cap. 1. "Functions are never intrinsic to the physics of any phenomenon but are assigned from the outside by conscious observers and users. *Functions, in short, are never intrinsic but are always observer relatives*" (Id., p. 14).

[67] A seu modo, era também o que já dizia STAMMLER em sua filosofia do direito: "Die soziale Wirtschaft is das Zusammenwirken von Menschen, das auf die Befriedigung von Bedürfnisse gerichtet ist. (...) Es handelt sich um Ziele. (...) Dagegen ist das gesellschaftliche Tun der Menschen nicht ein Inbegriff wahrgenommener Naturerscheinungen, die auch ohne menschliches Streben und ohne den Gedanken des Wägens und Wählens auftreten würden". [A economia social é produto coletivo dos seres humanos dirigida à satisfação de necessidades. (...) Trata-se de fins. (...) O fazer social humano, porém, não é algo semelhante a um fenômeno natural que surgiria sem esforço humano e sem reflexão e escolha.] Rudolf STAMMLER, *Lehrbuch der Rechtsphilosophie* (Berlin/Leipzig: VWV – Walter de Gruyter & Co, 1922), p. 105.

Capítulo 3 · O DIREITO COMO AÇÃO, PRÁTICA E INSTITUIÇÃO | 143

explicação bem incompleta, rápida e superficial. Para que surja uma autoridade capaz de legislar e para que essa autoridade legisle sobre algum tema qualquer, são necessários "panos de fundo" comuns, é necessário um entendimento tácito, pressuposto ou prévio. Basta olhar para um exemplo histórico, o caso da codificação do direito que se inicia no final do século XVIII e se consolida ao longo do século XIX. Ele precisou de muitos antecedentes culturais (o próprio direito natural moderno foi um deles), político-institucionais (um Estado centralizado) e da própria tradição doutrinal do direito culto, acadêmico, professoral (o *droit savant*, dos franceses, o *Professorenrecht*, dos alemães, ou o nosso bom e velho *direito dos letrados*). Esses elementos constituem o pano de fundo sobre o qual se escreve um código.

3.6.2. Individualismo, realismo, empirismo

Nessa altura vêm à memória os autores antigos e clássicos, para quem o individualismo dos modernos não fazia muito sentido. O melhor exemplo seria o de ARISTÓTELES, para quem o ser humano isolado seria uma abstração privada de sentido, pois nossas capacidades mais propriamente humanas – como a linguagem e, com ela, a forma de ter consciência de si e do mundo – só podem existir em seres sociais. Um autor mais próximo, e um pouco incompreendido hoje em dia, também nos alerta contra os problemas do individualismo, problemas que nos impedem de ter uma ideia clara do que são as instituições propriamente ditas. Estou pensando em Karl MARX. Ele insiste no caráter necessariamente social do ser humano. A dimensão social do ser humano não é algo agregado, não é uma qualidade acidental, não é algo que se soma ao ser humano individual. Diz ele na introdução à *Crítica da economia política*:

> O homem é no sentido mais literal, um *zoon politikon*, não só animal social, mas animal que só pode isolar-se em sociedade. A produção do indivíduo isolado da sociedade (...) é uma coisa tão absurda como o desenvolvimento da linguagem sem indivíduos que vivam *juntos e falem entre si*. É inútil deter-se mais tempo sobre isto. Nem sequer seria necessário tocar neste ponto se essa banalidade que teve sentido e razão entre os homens do século XVIII não fosse seriamente reintroduzida na moderna Economia por BASTIAT, CAREY, PROUDHON, etc. (MARX, 1978, p. 104) (grifos meus).

Para o individualismo metodológico mais simples, tão naturalizado entre os juristas, primeiro existe um ser humano (indivíduo), depois se agregam suas características sociais, entre elas a linguagem. Ora, a tradição clássica, aristotélica de um lado, mas também marxista, de outro, sugere a implausibilidade dessa posição. Os seres humanos só existem como seres humanos porque sua espécie é social. Os indivíduos estão dentro da espécie, e a característica inicial dessa espécie não pode ser suprimida. A própria natureza sexual dos seres humanos, que os impele a buscarem outro corpo humano para se completarem, não pode ser ignorada. Outra vez MARX:

> A relação imediata, natural e necessária do homem com o homem é a relação do homem com a mulher. Nesta relação natural dos gêneros, a relação do homem

com a natureza é imediatamente sua relação com o homem, do mesmo modo que a relação com o homem é imediatamente sua relação com a natureza, sua própria destinação natural. Nesta relação aparece, pois, de maneira sensível, reduzida a um fato visível, em que medida a essência humana se converteu para o homem em natureza ou a natureza tornou-se a essência humana do homem (MARX, 1978, p. 7).

Assim, a *sociedade* não é um *plus*, um agregado, uma adição. É condição necessária. O que não significa que as formas de viver em sociedade sejam orgânicas e naturais. Se não podemos viver senão em sociedade, pois apenas as feras ou os anjos não precisam da companhia de outros seres humanos, nós mesmos criamos as formas de viver em sociedade. Analogamente, o fato de a espécie ter desenvolvido a capacidade de falar não implica que as línguas sejam todas iguais. Não há uma língua só para toda a humanidade, em todos os tempos e todos os lugares. As línguas são criações humanas. Mas não são criações dos indivíduos. As línguas estão disponíveis para os falantes fazerem seus próprios discursos, mas o código linguístico não é como um código combinado convencionalmente entre todos os falantes. A falta de clareza nesse aspecto leva alguns a falarem do direito como uma "criação de seus intérpretes" de maneira muito equivocada[68]. A criação é social, não individual. E a criação é convencional, mas não contratual e voluntária, como pode parecer para os menos avisados. A imagem do contrato social não pode ser aplicada sem grandes reservas.

Quadro 47

O contrato social. A imagem do contrato social expandiu-se muito além de seu âmbito de origem e sugere a alguns uma visão equivocada do universo social, uma espécie de convencionalismo ingênuo. Entretanto, o contrato social foi um instrumento crítico para a filosofia moral. Em vez de pensar que a natureza bruta nos impõe um modo de viver, devemos pensar que a organização da sociedade é nossa tarefa. Imaginemo-la, pois, como um contrato, disseram os iluministas e os jusnaturalistas modernos. O contrato social é, portanto, um instrumento da filosofia crítica para combater a moral tradicional. Pensemos que podemos mudar as formas e instituições sociais: quais escolheríamos? Se quiséssemos ser livres e decidir nossas vidas, imaginaríamos cláusulas contratuais que garantissem nossa liberdade. O problema está em confundir esse "experimento mental" com nossa natureza e imaginarmos que só vivemos em sociedade porque aceitamos. Mas quando foi que aceitamos contratualmente falar nossa língua-mãe? Quando foi que aceitamos contratualmente nascer em certo lugar e classe social?

---

[68] Um conto de Peter BICHSEL, "Ein Tisch ist ein Tisch", é um curioso exemplo do que estamos vendo. Conta a história de um velho que decide não mais sair de casa e passa a dar os nomes que lhe vêm à cabeça para cada uma das coisas. Com o tempo, perde a capacidade de se comunicar, porque achava que as palavras lhe pertenciam e as havia mudado a seu arbítrio. É a retomada, em forma literária, da ideia criticada por PLATÃO no *Crátilo*. No diálogo, HERMÓGENES confunde o fato de os nomes serem convencionais – o que é certo – com o fato de ele poder, pessoal e individualmente, dar os nomes que quiser às coisas – o que não é certo. Como diz SEARLE, "convention implies arbitrariness, but constitutive rules in general are not *in that sense* arbitrary". John SEARLE, *The construction of social reality* (New York: The Free Press, 1995), p. 28, meus grifos.

Capítulo 3 · O DIREITO COMO AÇÃO, PRÁTICA E INSTITUIÇÃO | **145**

Como prática que é, o direito não poderia ser captado pela metodologia das ciências naturais, nem reduzido a uma série de comandos ou mandamentos, como visto no Capítulo 2. Ao se reduzir o direito a uma série de comandos, duas consequências se destacam. *Primeira*, a pessoa que vive sob as leis concebidas como mandamentos é percebida como um ser de reação, não de ação. Ela não toma decisões, apenas reage aos estímulos vindos do "sistema jurídico". A *segunda* consequência é equiparar o direito a um instrumento gerencial: o jurista, mas especialmente o legislador, torna-se um gerente que zela para que a sociedade realize uma meta.

O problema dessa segunda visão é que, se a sociedade é um jogo aberto, então o sistema gerencial não consegue oferecer uma razão inteligível para a obediência. Aqui também o sujeito ativo desaparece: quem vive sob o direito está à disposição de "alguém" ou "algo" que toma decisões em seu lugar. O sujeito é visto apenas como reagindo a um estímulo: ou reage ao estímulo da lei e do ordenamento, e os cumpre, ou reage a suas próprias inclinações e as segue. O direito é visto como meio de *controle social* – e não no sentido amplo, de ser instrumento de constituição de interações sociais e de base para cooperação, mas apenas como fronteira e limite das pessoas. Alguém, algum poder, alguma força produz e gerencia esse meio de controle social. E, assim, a sociedade é, dessa perspectiva, assemelhada a uma empresa que tem metas e objetivos determinados. Repetimos aqui o erro de quem assemelha uma sociedade completa (a *pólis*, na linguagem aristotélica) a uma empresa, erro denunciado por ARISTÓTELES na *Política*, quando diz que uma cidade "não é apenas uma reunião de pessoas num mesmo lugar com o propósito de evitar ofensas recíprocas e de intercambiar produtos" (ARISTÓTELES, 1988, p. 94) (*Política*, 1280 b).

Quando um *realista* como Karl OLIVECRONA (1971, p. 246) diz que a palavra "direito" não tem referência semântica, comete um equívoco. E em equívoco semelhante incorre Alf Ross (1974, p. 167). A palavra tem sim uma referência semântica. O que não tem como referência é uma "coisa" lá fora, uma *res extensa* que nomeie. Essa maneira de falar leva-o a dizer:

> O caso da unidade monetária é altamente esclarecedor. Encontramos um substantivo usado ostensivamente para denotar um objeto. Mas não há objeto: a palavra deixou de denotar qualquer coisa. Joga, no entanto, um papel importante quando empregada de certa forma de acordo com a lei ou com o costume social (OLIVECRONA, 1971, p. 249).

Igualmente equivocado está ROSS:

> A expressão "direito subjetivo" não tem qualquer referência semântica. As frases nas quais aparece podem ser reescritas sem fazer uso da expressão, indicando a conexão que nas diretivas jurídicas existem entre os fatos condicionantes e as consequências condicionadas (Ross, 1974, p. 167)[69].

---

[69] A explicação de Ross é banalmente surpreendente: qualquer termo pode ser substituído por frases que explicitem seus sentidos. Posso substituir a palavra "mesa" pela conexão que há entre essa forma de utensílio e móvel doméstico com tudo o que pode existir numa casa e

3.6.3. Natureza institucional do direito

Olivecrona e Ross, a despeito de citarem a obra de um filósofo analítico como John Austin (*How to do things with words*), não percebem o que Searle constatou[70]: que existe um mundo institucional no qual vivemos e do qual a própria linguagem é a base. E esse mundo não é irreal por ser *institucional* e não físico. A linguagem existe como instituição e sua existência é *prática*, ou seja, depende de que existam sujeitos humanos, mas não são apêndices dos organismos humanos[71]. E todas as esferas do mundo institucional só existem porque existe a linguagem.

Olivecrona e Ross aparentemente dão um salto a partir da filosofia analítica, mas em direção oposta ao que outros fizeram. Em nome do realismo, saltam para o cinismo. Não se trata de um desvio moral, senão de um desvio filosófico e, do ponto de vista da filosofia de Wittgenstein, de um salto para trás, porque a linguagem volta a ser, para eles, mecanismo para apontar, nomear, mostrar coisas que aí estão. É um retrocesso na medida em que assim voltamos a pensar que a função essencial da linguagem é *ostensiva*[72]. Eles veem na linguagem jurídica (a) a força coativa e imperativa, ou (b) um instrumento de transmissão de informação. Duas funções limitadas[73], e em esferas muito distintas daquelas desenvolvidas pela filosofia analítica[74].

---

seja usado como utensílio ou móvel. O problema não é esse. A questão é: o direito subjetivo existe como existem as mesas? A resposta é: não. Mas existe ou não existe? A resposta é: sim, existe. Ao contrário das quimeras, do Papai Noel ou de outros termos, que também podem ser usados sensatamente e, portanto, têm referência semântica, reais, dólares, libras, euros, pesos, cargos públicos, repúblicas etc. referem-se a coisas que existem, mas não existem como átomos, moléculas, ondas de energia. Têm, pois, tanto referência semântica quanto referência empírica, se por empírico tomarmos os objetos do mundo institucional, os objetos que, dizia Pufendorf, *existem por imposição*.

[70] Em diálogo com G. E. M. Anscombe, *Intention*, 2. ed. (Cambridge: Harvard University Press, 2000 [1957]), e G. E. M. Anscombe, "On brute facts", *Analysis* 18, n. 3 (janeiro 1958), p. 69-72.

[71] Claudio Michelon Jr. faz uma apreciação importante sobre a obra dos realistas escandinavos: eles tomam por real o mundo físico (fisicalismo), o mundo do tempo e do espaço e o mundo das sensações (fenomenológico). Apesar de falarem tanto de realidade e realismo, diz Michelon Jr., não explicam: um sinal, diz ele, do primado da "concepção absoluta de realidade" típica da filosofia moderna. Cf. Claudio Michelon Jr., *Aceitação e objetividade* (São Paulo: Revista dos Tribunais, 2004), p. 84-89.

[72] Lembrete: ostensivo vem do latim *ostendere*, que significa mostrar, exibir ou, nesse caso, apontar, indicar, dar nome ao que está aí.

[73] "Though legal language is in the first place a directive language it is also used for conveying information". Karl Olivecrona, *Law as fact*, 2. ed. (London: Stevens & Sons, 1971), p. 254.

[74] Os juristas brasileiros continuamente se traem, mostrando que realmente não entenderam a natureza de seu objeto, exibindo o positivismo de fundo no qual foram treinados e o relativismo moral em que praticam seu ofício. Ou os objetos existem no mundo da natureza, com moléculas, massa e energia, ou não existem. "Normas", diz um deles, "não são descrições da realidade. (...) *São ficções*. Basta lê-las, então, com olhos literários". Carlos Ari Sundfeld, "Administração e justiça: um novo equilíbrio?", em *Direito administrativo para céticos* (São Paulo: Malheiros, 2014), p. 319, grifo meu. Parece a mesma concepção de Olivecrona e Ross aqui criticada.

Para OLIVECRONA, o direito e as instituições não são propriamente objetos: trata-se de uma forma moderna e sofisticada de magia. Não por acaso sua forma de realismo pode ultrapassar o simples ceticismo e converter-se em cinismo: como não existe nada de objetivo no mundo institucional, porque o mundo de verdade se compõe apenas de coisas extensas, então nossa linguagem presta-se à prestidigitação (mágica) verbal, puro instrumento de manipulação dos outros, instrumento de exercício de poder[75]. Essa espécie de realismo é vítima de uma tentação, a de assimilar tudo aos objetos físicos, tentação contra a qual alerta SEARLE:

> É tentador pensar que os objetos sociais existem independentemente de forma semelhante aos objetos estudados pelas ciências naturais. É tentador pensar que um governo ou uma cédula de dólar ou um contrato seja um objeto ou um ente no mesmo sentido em que uma molécula de DNA, uma placa tectônica ou um planeta são objetos independentes (SEARLE, 1995, p. 36).

É nessa tentação que caem certos juristas. Constatado que o direito e todas as instituições não são assim, resta-lhes equiparar o direito ao Papai Noel, a uma fantasia etc. A saída cética, ou cínica, revela, contudo, ignorância ou falta de reflexão sobre seu próprio objeto e método. Herbert HART (1983), ao tratar o realismo jurídico norte-americano como um pesadelo, estava chamando a atenção para essa falta.

Outros juristas, distantes do realismo empirista, perceberam o caráter institucional do direito e sua peculiar natureza normativa. O caráter institucional vem de serem as relações sociais interações continuadas, previsíveis, tipificadas entre as pessoas. Como diz MACCORMICK, certa atividade interpessoal, socialmente localizada e orientada pela "opinião normativa" comum, pode ser considerada uma instituição[76]. Essas relações são propriamente as instituições. Para MACCORMICK,

---

[75] Isso tem levado a uma degradação da prática do direito entre nós. Seria um interessante trabalho de pesquisa sociológica e histórica traçar uma prosopografia dos autores que divulgam essas teses e suas relações com os poderes constituídos e com os interesses que defendem. Uma hipótese interpretativa seria que suas teses se prestam como uma régua de Lesbos à defesa de qualquer tese em qualquer momento sem precisar justificar-se com coerência e consistência.

[76] "Even if you and I had a careful discussion and worked at my formulation and refined it so that we had a rule-statement that seemed exactly right to us two, nothing guarantees that this would seem equally right to a third person, or a fourth, let alone everybody in this queue or that one or in all the lines anyone ever stood in. This reveals an important truth: *queuing is a socially located and essentially interpersonal activity that is oriented to a common normative opinion. But the common opinion does not presuppose any single common pre-articulation of the norm at the heart of the normative opinion.* Wherever there is a queue, everybody involved has a similar aim of obtaining a certain service or opportunity and recognizes that others are seeking the same thing at the same time. If people do form a queue, this helps them achieve their several overlapping aims in mutual civility rather than through open conflict. And there has to be mutual understanding of this and hence some common or overlapping normative opinion". Neil MACCORMICK, *Institutions of law*: an essay in legal theory (Oxford: Oxford University Press, 2007), p. 15, grifos meus.

148 | CURSO DE FILOSOFIA DO DIREITO – *José Reinaldo de Lima Lopes*

a ideia do direito como instituição explica melhor o que ele é, superando outras explicações, sobretudo as do positivismo epistemológico (metodológico), como vimos no primeiro capítulo. Diz ele que uma instituição jurídica

> deve-se entender como referindo-se aos *conceitos jurídicos* regulados por conjuntos de regras instituidoras, de consequências e terminativas, cujo efeito é que casos desses conceitos consideram-se propriamente existentes por certo tempo, desde a ocorrência de um ato ou acontecimento até a ocorrência de um ato ou acontecimento terminativo. Perceber-se-á que eu distingo entre a instituição mesma (contrato, fideicomisso, ou qualquer uma) e casos dessa instituição (um contrato, um fideicomisso, etc.)... Há uma diferença importante entre a existência da instituição e a existência de um exemplar dela (MacCORMICK, 1986, p. 53-54) (grifos meus)[77].

O jurista escocês está aqui apresentando aquilo que chamamos mais propriamente de *instituto* jurídico. Em obra posterior, ele chamará tais casos de "instituição--arranjo", que se diferenciam de "instituição-agente" (uma organização ou pessoa jurídica) e de "instituição-coisa" (a moeda, uma ação de sociedade anônima) (MacCORMICK, 2007, p. 35). Trata-se, na verdade, das instituições de que falaram tantos outros juristas, inclusive SAVIGNY. O instituto jurídico realiza-se em casos particulares, mas juristas têm dele a noção universal, o *conceito jurídico*, a noção do que significa aquela relação em particular e como ela pode ser reconhecida legalmente: reconhecida no seu nascimento (o que é? como surge?), pelas suas consequências (que obrigações e efeitos produz) e como se extingue. Todo negócio jurídico surge por ação de alguém, por isso exige *agente capaz* (Código Civil, art. 104, I). Produz seus efeitos se não for eivado de defeitos (Código Civil, arts. 138-184) e pode deixar de existir de diversas maneiras (por revogação, nos casos de atos unilaterais, por resolução ou resilição nos negócios bilaterais ou multipessoais).

Mas, se MacCORMICK escreve na sequência do debate lançado por HART na segunda metade do século XX, outros juristas, hoje conhecidos apenas de círculos restritos, foram a seu tempo notórios defensores da concepção institucional do direito. Um deles, considerado a seu tempo o maior filósofo do direito, foi Rudolf STAMMLER (1856-1938). Em seu *Wirtschaft und Recht Nach der Materialistischen Geschichtsauffassung (Economia e direito segundo a concepção materialista da história), de 1896*, STAMMLER dá uma contribuição decisiva em questão de método e conceito de direito. Ele não nega que existem necessidades materiais determinantes, isto é, limitadoras de como podemos viver como indivíduos (organismos vivos)

---

[77] No original: "The term 'institution of law', as I shall use it, is therefore to be understood as signifying those legal concepts which are regulated by sets of institutive, consequential and terminative rules, with the effect that instances of them are properly said to exist over a period of time, from the occurrence of an institutive act or event until the occurrence of a terminative act or event. It will be seen that I draw a distinction between the institution itself (contract, trust, or whatever) and instances of the institution (a contract, a trust, and so on). ...There is an important difference between the existence of an institution and the existence of any instance of it".

Capítulo 3 · O DIREITO COMO AÇÃO, PRÁTICA E INSTITUIÇÃO | **149**

ou como grupos sociais. Entretanto, o que faz um grupo social não é a simples proximidade física ou a vizinhança geográfica de seus membros, mas

> o conjunto de regras que os seres humanos ditam para o regime de sua convivência e as que submetem suas relações e o comércio de sua vida comum (STAMMLER, 1896, p. 89).

A língua era para ele a "convenção primitiva", que estabelecia a inteligência (compreensão recíproca) entre os indivíduos. Nesses termos, o uso da linguagem ajudar-nos-ia a compreender o método possível para o estudo da sociedade: as normas gramaticais, acrescentava, não são manifestação de um processo causal, embora se possa fazer uma história da língua, pois ela tem uma forma de existência real. Aprender línguas não pode ser aprender sua origem, as causas – orgânicas ou circunstanciais – que deram nascimento a línguas diversas. E explicar uma língua não se faz pelo método causal. Analogamente, explicações do direito (uma segunda esfera da vida social, depois da língua) não podem ser causais nem individualistas. Não podem ser causais porque o processo de formação das convenções não é causal como o dos fenômenos sociais. É limitado, como dito antes, mas não determinista. E não pode ser individualista porque as regras não se formam na cabeça de cada indivíduo.

Vemos em STAMMLER muitos pontos que serão depois desenvolvidos pela filosofia analítica do século XX[78]. *A ciência social, diz ele, não pode ter por objeto a ação dos indivíduos uns sobre os outros, porque ness*e caso perceberíamos apenas o homem orgânico; a unidade conceitual da ciência social seria o organismo humano, não a sociedade propriamente dita. Assim, o objeto da ciência social não poderia ser um movimento (STAMMLER, 1896, p. 94). A sociedade é constituída pela forma das interações, e a economia implica regras, as quais condicionam e possibilitam a cooperação social. Em outras palavras, a economia é, ela também, um campo que só pode ser conhecido por meio de suas regras. As regras da economia não são completamente distintas das regras jurídicas. "Quem quiser estudar economia haverá de ter em conta, como condicionante, a forma que regula e determina a cooperação".

---

[78] Sua ideia é repetida por Karl N. LLEWELYN, porque o mercado é uma instituição dependente do direito: "Legal institutions fix and guarantee the presuppositions on which the economic order rests: that physical violence will be penalized and in large part prevented; that gains by fraud will be penalized, restored and prevented where possible; that anything a man can gain without violence or fraud is rightfully his, for all time; and that changes in these presuppositions will be, in general, slow and long heralded. The presuppositions themselves are for the orthodox economist axiomatic, for the economics of apologists almost ultimate. So they are also for the law. Law and legal theory are incrusted with the past. The twists and angles of disputes are unforeseeable; the decision is always after the event. Law's experience is the classic teaching as to the possibility of conscious change in institutions, as to the conditions of effective change, as to how far a speculation may be made a fact". K. N. Llewelyn, "The effect of legal institutions upon economics", *The American Economic Review* 15, n. 4 (dezembro 1925), p. 678. São as instituições jurídicas, diz ele com razão, que fornecem o ambiente dentro do qual pode haver economia e mercado (Id., p. 667). Elas são a maquinaria inventada para que a economia se desenvolva.

No fundo, toda investigação de economia política pressupõe determinada regulação jurídica ou convencional, que constitui a condição lógica do conceito ou da manifestação econômica correspondente: e quando descartamos mentalmente essa determinada regulação, o conceito ou a doutrina econômica vêm irremediavelmente abaixo (STAMMLER, 1896, p. 169). Para sumariar de forma coloquial: o mercado não dá em árvores! A interação econômica é institucionalmente determinada. Em sua teoria, *a ação social é tratada como ação consciente e regrada. Nisso, ele se afasta das* pretensões das sociologias empiricizantes. É a dimensão normativa (e não mecânica ou orgânica) que faz do direito e da economia campos institucionais.

Algum tempo depois, Max WEBER seguiria em linha semelhante, a despeito de sua controvérsia com STAMMLER[79]. A proposta de WEBER de fazer uma sociologia da compreensão indica seu desejo de afastar-se da explicação causal e preditiva das relações e fatos sociais[80]. A classificação das ações sociais na sociologia weberiana é feita com base na motivação-intenção, não em causas exteriores e determinantes. Elas dizem respeito aos "motivos-razões para obedecer", não às formas de sanção ou de constrangimento. Os agentes, na sociologia weberiana, seriam capazes de "dar razões" para suas ações e para as formas de obediência que aceitam: a tradição (obedecer porque sempre se fez assim), o carisma (obedecer porque se acredita na liderança de alguém), a lei (obedecer porque assim é prescrito no regime formal, jurídico ou político). Nesses termos, WEBER pretende "explicar" oferecendo motivos antes que causas propriamente ditas.

Nesses dois casos, no de STAMMLER e no de WEBER, encontramos um resgate da ideia de ação, pelo qual desta não se pode tratar adequadamente pelos recursos metodológicos das ciências naturais. No que nos interessa, podemos dizer que as ações não são tratadas como fatos que acontecem.

Outro jurista conhecido por sua concepção institucionalista do direito é Maurice HAURIOU (1856-1929). Contemporâneo de STAMMLER e dedicado fundamentalmente ao direito público, HAURIOU formula sua teoria geral para dar conta dos fenômenos jurídicos de sua época, muito especialmente do surgimento das grandes unidades organizadoras de atividades de impacto geral sobre o cotidiano das pessoas. Essas unidades ou são estatais, ou privadas, e em ambos os casos a solução que começa a aparecer é

---

[79] A controvérsia deu-se em 1907 com a publicação do texto de Max WEBER "R. Stammlers 'Ueberwindung' der materialistischen Geschichtsauffassung", *Archiv fiir Sozialwissenschaft und Sozialpolitik,* n. 24 (1907). A resposta de STAMMLER veio na edição posterior de *Wirtschaft und Recht,* na famosa nota 232. V. Rudolph STAMMLER, *Economía y derecho según la concepción materialista de la historia,* trad. da 4. ed. alemã (Madrid: Reus, 1929), p. 653-656.

[80] Peter Winch acreditava que WEBER não fora capaz de abandonar completamente a perspectiva empiricizante do positivismo de seu tempo. Ver Peter WINCH, *The idea of a social science and its relation to philosophy,* 2. ed. (London: Routledge, 2008), p. 104-112. Em primeiro lugar, Winch reprova em WEBER a ideia de que a estatística seria um complemento necessário da compreensão. Embora a estatística possa sugerir que certa interpretação sociológica esteja errada, ela mesma não oferece alternativa. A correção da interpretação será dada por outra interpretação. Na controvérsia com STAMMLER, Peter WINCH também conclui que WEBER estava errado por afirmar (1) que seria possível logicamente imaginar o seguimento de regras independentemente de um contexto social e (2) que não haveria diferença entre manipular coisas e manipular pessoas. Nos dois casos, como se vê, o que estava em jogo era a própria concepção de ação, e WEBER mostrou indiferença com relação ao agir (praticar) e ao fazer (produzir).

Capítulo 3 · O DIREITO COMO AÇÃO, PRÁTICA E INSTITUIÇÃO | 151

a da personalização jurídica desses entes[81]. Para HAURIOU, as instituições eram ou instituições-pessoa, ou instituições-coisa. Instituições como pessoas eram os corpos constituídos com poder interno organizado, com uma ideia de "obra ou empreendimento que se realiza e dura juridicamente num meio social" (HAURIOU, 1968, p. 39). Para isso, a instituição depende de órgãos ativos e da comunhão entre seus membros.

Como se vê, era uma adaptação da ideia mais antiga de corporação. As corporações diferiam das sociedades, no direito pré-liberal, porque existiam independentemente de seus membros. Uma vez criadas (pelo soberano), adquiriam vida própria e seus membros podiam variar sem que sua existência fosse afetada. As vilas, comunas, abadias, igrejas locais etc. eram corporações. Cidadãos, moradores, monges, paroquianos podiam nascer e morrer, mudar-se, ir embora, e mesmo assim as corporações continuavam a existir. As sociedades, nascidas e mantidas por contratos, dependiam de seus membros. Morto um sócio, ou separado dos outros por um distrato, a sociedade desaparecia. HAURIOU teoriza essas entidades permanentes chamando-as de instituições[82]. *São as instituições-agente de que fala* MACCORMICK *mais recentemente*[83]. O jurista francês reconhece também uma outra espécie de instituição, a que não tem um poder organizado, nem ideia de obra ou empreendimento a realizar (HAURIOU, 1968, p. 40-41). São ou as instituições-arranjo (contrato, *v.g.*), ou as instituições-coisa (moeda, *v.g.*) de MACCORMICK.

De certo modo SANTI ROMANO (1875-1947) expressa ideia análoga em seu Ordenamento Jurídico, publicado pela primeira vez em 1917-1918, a despeito de suas reservas para com a obra de Hauriou a qual, no entanto, reconhece como pioneira e importante. Sua intenção era tratar do ordenamento jurídico como instituição e não como agregado de normas, assim como a sociedade deveria ser concebida como uma "entidade" que forma uma "unidade concreta", distinta dos indivíduos (ROMANO, 2018, p. 37). Instituição, para ele era um "ente", isto é, existia independentemente das pessoas singulares, como um "corpo social", fechada, permanente e unitária. (ROMANO, 2018, p. 44-48) Naturalmente, a teoria de Santi Romano indica um desejo expresso de superar seja a coisificação do ordenamento jurídico, seja sua idealização. Percebe-se sua intenção de afastar-se tanto do sociologismo naturalista, quanto do logicismo, duas tendências do pensamento jurídico de seu tempo. Mas é frequente que ele, como Hauriou antes dele, tomassem do conceito de corporação os traços mais relevantes do que pretendiam definir como instituição.[84]

---

[81]　Sobre a personalidade jurídica, ver meu verbete "Personalidade" no *Dicionário histórico de conceitos jurídico-econômicos (Brasil, séculos XVIII-XIX)*. Bruno AIDAR, Andrea SLEMIAN e José Reinaldo de Lima LOPES (org.), São Paulo: Alameda, no prelo.

[82]　Dentro desse debate sobre a natureza contratual ou institucional das sociedades comerciais insere-se historicamente a reflexão clássica de Tullio ASCARELLI, "Il contratto plurilaterale", em *Saggi Giuridici* (Milano: Giuffrè, 1949).

[83]　"Another use of the term institution... hospitals, orphanages, libraries... These are organizations of people which retain their organizational identity through time even though their personnel may change, because they are getting on with some job, and getting on with it in an organized way. Such I shall call 'social institutions'. Neil MACCORMICK, "Law as institutional fact", em *An institutional theory of law* (Dordrecht: D. Reidel Publ. Co., 1986), p. 55.

[84]　Sobre Santi ROMANO a bibliografia é extensa. Para uma introdução adequada cf. Aldo SANDULLI, "Romano, Santi" em I. Birocchi, E.Cortese, A. Mattone e Marco Miletti (org.) *Dizionario biográfico dei giuristi italiani (XII-XX secolo)* v. II. Bologna: Il Mulino,2013.

CURSO DE FILOSOFIA DO DIREITO – *José Reinaldo de Lima Lopes*

Também muito importante para certa tradição "institucional" é John R. Commons (1862-1945). Economista estudioso do sistema jurídico, Commons esteve na origem do institucionalismo em economia e influenciou alguns juristas[85], pois percebeu, como Stammler antes dele, que certas áreas de estudo dos economistas dependiam em boa parte da organização normativa em que se desenrolavam as ações objeto de interesse dos economistas, ou, como escreveu uma vez, os objetos das duas ciências (direito e economia) convergiam, pois os conceitos de uma eram também funcionais para a outra (Commons, 1925). Reconhecia, naturalmente, a polissemia da palavra "instituição", às vezes usada como a moldura de direito positivo ou de direitos naturais dentro da qual os indivíduos agem como se fossem internos, às vezes usada para indicar processos em contraste com mercadorias etc. (Commons, 1931, p. 648). Para ele, porém, instituições eram o quadro estrutural e estruturante das ações individuais. Instituições são a "ação coletiva controlando, liberando ou expandindo a ação individual" (Commons, 1931, p. 649). Trata-se de um uso mais próximo ao de jogo, regras do jogo ou expressões semelhantes que vamos encontrar a partir das *Investigações filosóficas* de Wittgenstein. As instituições, nesse sentido, assemelham-se às práticas: trata-se de empreendimentos, "going concerns", diz ele. São conjuntos de ações interpessoais (que ele chama de ação coletiva), ações que só podem ser praticadas por quem desempenha um papel ou função num conjunto de ações, unificadas, digamos assim, por um sentido, uma finalidade, um propósito. Não se trata apenas de repetições, de costumes, de usos, mas de interações regradas, isto é, constituídas normativamente.

Quadro 48

Práticas × Instituições. "Práticas não devem ser confundidas com instituições. O xadrez, a física e a medicina são práticas; clubes de xadrez, laboratórios, universidades e hospitais são instituições. Instituições ocupam-se típica e necessariamente com o que chamei bens externos. Envolvem-se na obtenção de dinheiro e outros bens materiais; estruturam-se em termos de poder e status e distribuem dinheiro, poder e status como recompensa. Nem poderia ser diferente se têm que manter-se não só a si mesmas como às práticas das quais são as portadoras. Porque nenhuma prática consegue sobreviver por algum tempo sem o apoio de instituições" (MacIntyre, 1984, p. 194). *O direito*, nessa ordem de ideias, é uma prática que conta com instituições próprias: poderes públicos (governo, administração, tribunais) para produzi-lo, modificá-lo e aplicá-lo, bem como escolas para ensiná-lo. Assim como o cuidado da saúde mudou ao longo do tempo afetando as respectivas instituições (asilos, hospitais, cuidados domésticos, treinamento profissional etc.), também mudanças no direito enquanto prática afetam as instituições jurídicas em geral.

Stammler, Hauriou, Santi Romano e Commons situam-se no final do século XIX e nas primeiras décadas do século XX e exibem em suas teorias a insatisfação

---

[85] Sua linha de pensamento foi importante para o "New Deal" de Franklin Roosevelt, nos Estados Unidos, e alguns autores de relevantes estudos sobre as relações entre direito e economia foram tributários de suas ideias, como Adolf Berle e Gardiner C. Means, *A moderna sociedade anônima e a propriedade privada* (São Paulo: Nova Cultural, 1983).

Capítulo 3 · O DIREITO COMO AÇÃO, PRÁTICA E INSTITUIÇÃO | 153

com o esgotamento a que estava chegando o ideal positivista no tratamento das disciplinas da ação, como direito e economia. Não se trata de mera coincidência. Apelavam para o conceito de instituição para combater os que excluíam o direito – e toda a vida institucional – do campo do racional e o abandonavam à esfera da fantasia, da ficção, na companhia das lendas e fábulas. Não, diziam eles: não se trata de fantasia, lenda ou fábula: trata-se de realidade, mas realidade institucional.

Essa percepção permite-nos avançar para a proposta deste livro. Assim como o jogo de futebol existe de certo modo potencial e virtualmente por força de suas regras, e a partida existe de outro modo atual e realmente porque certas pessoas jogam o jogo, e assim como a língua existe de modo virtual em suas regras, e de outro modo nas falas e discursos de seus falantes, um sistema jurídico existe virtualmente de um modo, e existe atualmente de outro: em termos jurídicos, ele é por um lado válido e, por outro, eficaz. Sua validade, contudo, não é uma fantasia. O futebol, a língua portuguesa ou o direito brasileiro não são como o Papai Noel!

> Os fatos institucionais são realmente fatos, mas sua existência (...) pressupõe a existência de certas instituições humanas. É só por causa da instituição matrimônio que certas formas de comportamento constituem o casamento da Sra. Fulana com o Sr. Beltrano. Essas instituições são sistemas de regras constitutivas. Todo fato institucional tem por base uma regra da forma "X funciona como Y n contexto C" (SEARLE, 1969, p. 51).

Assim, o direito tem uma natureza institucional – serve de estrutura e condição de realização de atos concretos. É o jogo dentro do qual os lances, movimentos e jogadas dos cidadãos são possíveis.

Em resumo, perceber o direito como uma prática, aproveitando o que a filosofia do século XX esclareceu sobre o tema, parece muito adequado. Ao percebê-*lo* de tal forma, procedemos a uma verdadeira reviravolta conceitual, pois passamos a ver as ações de outro modo. E vemos que o direito é um campo de ação particular. Como campo de ação particular, o direito se assemelha a um jogo, ou jogo de linguagem, como disse WITTGENSTEIN. De certo modo, falar de jogo e jogo de linguagem é uma analogia (semelhança de família, dizia ele) ou metáfora. Mas apenas até um certo ponto, pois, se tomarmos os jogos por atividades interativas e interpessoais, normativamente definidas, então o direito é isso mesmo, e as fronteiras ou limites do direito, como de qualquer jogo, são conceituais, dependentes de princípios e conceitos elementares (BLOOR, 2002, p. 67). Esses limites estão em conceitos como o de público (vs. Privado), ou de obrigação (vs. Liberalidade). Chamamos de direito um jogo que se joga fora das relações íntimas de amizade ou afeto; não chamamos de direito aquilo que devemos aos outros por generosidade, magnanimidade ou piedade. Esses princípios ou conceitos elementares têm uma normatividade lógica, como diz FERRAJOLI, e se chamam princípios *iuris et de iure*. Não podem ser afastados, como os princípios *iuris tantum*, sob pena de fazerem ruir o encadeamento do pensamento[86].

---

[86] Luigi FERRAJOLI, *La logica del diritto*: dieci aporie nell'opera di Hans Kelsen (Roma/Bari: Laterza, 2016), p. 144. Princípios que sejam *iuris* são aqueles definidos pelo direito positivo de

O direito, portanto, é uma forma de vida entre os seres humanos, mas transcende as relações estreitas da amizade ou do afeto familiar, que se constituem em outras formas de vida. Como as fronteiras dos jogos todos são, conceituais e, por isso mesmo, construções ou conquistas sociais (BLOOR, 2002, p. 67), diferentes sociedades organizam tais campos ou jogos de maneira diversa. Na tradição ocidental, tenta-se separar – e manter separadas – as relações de família das relações políticas. Esse é o tema da *Antígona* de Sófocles, da *Política* de Aristóteles, mas também dos *Princípios da filosofia do direito* de HEGEL[87]. Talvez isso mesmo tenha produzido no Ocidente esse campo especial do saber, a filosofia política, a filosofia moral, as "ciências" humanas que não se escrevem apenas de forma sapiencial, como em outras tradições.

Outro ponto importante para o direito está no esclarecimento da dialética entre o singular e o universal, entre transitório e contingente e o permanente, entre evento e estrutura, ou evento e sentido. Mantendo bem clara essa distinção, fica muito mais fácil aceitar que o contingente é a esfera própria das ações humanas. Assim, a contingência não aparece como defeito, falta, algo a ser eliminado, mas como algo constitutivo, natural e essencial. Na base de cada ação existe um código em que ela se dá, código que existe dentro de cada campo de atividade ou forma de vida. Se a função da filosofia é esclarecer, a filosofia do direito que reconhece essa dialética entre contingente e necessário, entre sistema e evento, entre língua e discurso esclarece melhor o que é viver sob as leis. Não se trata mais de eliminar o contingente, mas de dar-se conta de sua relação necessária com as "regras constitutivas" do nosso campo.

Quadro 49

Como aprendemos uma língua? WITTGENSTEIN × **Santo** AGOSTINHO. "Quem chega a um país estrangeiro aprenderá muitas vezes a língua dos nacionais por meio de elucidações ostensivas que estes lhe dão. (...) Creio que Santo Agostinho descreve o aprendizado da língua humana como se a criança chegasse a um país estrangeiro e não compreendesse a língua desse país; isto é, como se ela já tivesse uma linguagem, só que não essa. Ou também: como se a criança já pudesse *pensar*, e apenas não pudesse falar" (WITTGENSTEIN, 1991, p. 23) (*IF*, § 32). WITTGENSTEIN chama nossa atenção para o fato de que aprender uma língua pela primeira vez, ou seja, aprender a falar, não é a mesma coisa que aprender uma segunda língua, ou aprender a traduzir. Por isso o individualismo ou o solipsismo metodológico não explica como aprendemos a pensar.

---

maneira local e contingente. Princípios *de iure* são os que não podem ser afastados pela lei e são lógicos, como o princípio da não contradição ou da pura e simples implicação. David RICHARDS, *A theory of reasons for acion* (Oxford: Oxford – Clarendon Press, 1971). Myles BRAND, *Intending and acting*: toward a naturalized action theory (Cambridge: MIT Press, 1984).

[87] HEGEL fala da formação do sujeito pela transição entre três esferas sociais: a família, a sociedade civil e o Estado. Na família, somos dependentes de nossos pais, as relações são desiguais. Na sociedade civil, as relações de troca material com nossos semelhantes são voluntárias. No Estado, estabelecemos relações com quaisquer outros cidadãos: estas são universais e políticas. G. F. HEGEL, *Princípios da filosofia do direito*, trad. O. Vitorino (Lisboa: Guimarães Editores, 1990). Em cada um dos casos estamos inseridos em "estruturas" logicamente anteriores.

Capítulo 3 · O DIREITO COMO AÇÃO, PRÁTICA E INSTITUIÇÃO | 155

> A imagem vulgar que temos é que vamos "dando nome às coisas" e que poderíamos fazer isso sozinhos, ou combinando um código com um vizinho. Mas como aprender palavras como "não", "talvez", "um", número", "todos", "nenhum", "alguns"? (WITTGENSTEIN, 2008, p. 22). Dar nomes e combinar um código pressupõe que já sabemos falar. Aprendemos a falar e a pensar como seres humanos apenas no meio de outros seres humanos.

Tudo isso nos permite abandonar a imagem de Robinson Crusoé, que muitas vezes domina certas ideias solipsistas e individualistas. Um Tarzan ou um Mogli não podem falar uma língua, e um Robinson Crusoé *não pode jogar uma partida de tênis. Um sujeito que pretende realizar um negócio, tomar posse de um cargo, casar-se, emitir uma portaria, não pode fazer isso senão interagindo com outros. A interação com os outros não é combinada, concertada, convencionada a cada caso. Todos sabem simultaneamente as mesmas coisas: têm um sentido compartilhado do que fazer. Presume-se mesmo que tenham esse sentido. Isso explica o art. 3º do* Decreto-lei nº 4.657/1942: "Ninguém se escusa de cumprir a lei, alegando que não a conhece". Ou seja, pode-se presumir que o "agente capaz" entenda o que se passa a seu redor. Naturalmente que o direito reconhece diferentes graus de conhecimento: de um profissional de certa área esperam-se (pode-se presumir) certos conhecimentos, que de outros não se podem esperar. Como vimos na frase de Anscombe: se alguém que já atingiu a "idade da razão" entrasse na sala e a visse escrevendo algo e não soubesse dizer o que ela estava fazendo, estaríamos diante de um problemão. Essa "idade da razão", para o direito, é o "agente capaz". Um ser humano adulto e formado é independente de outro como organismo[88]: cada um tem suas próprias funções vitais, metabólicas, orgânicas e constitui um corpo autônomo. O mesmo não se dá quando pensamos o ser humano para além da vida orgânica: quem fala, pensa e decide não é autônomo da mesma maneira, pois fala, pensa e decide valendo-se da linguagem comum a todos os outros membros de sua sociedade, cultura e civilização, fazendo uso de instituições compartilhadas e vivendo num mundo não apenas físico e material, senão também cultural e institucional. A autonomia orgânica é, pois, distinta da autonomia pessoal ou moral, que sempre pressupõe o contexto social compartilhado e comum.

---

[88] Cf. Charles TAYLOR, "Introduction", em *Human agency and language* (Cambridge: Cambridge University Press, 1993). Para distinguir o *homem* da *sociedade* como dois sistemas distintos, Luhmann concebe o homem justamente como organismo, nestes termos: "O homem vive como um organismo comandado por um sistema psíquico (personalidade). As possibilidades estruturalmente permitidas para esse sistema psíquico-orgânico não são idênticas às da sociedade enquanto sistema social". Já a sociedade é um "sistema social (...) capaz de manter relações constantes entre as ações. (...) A complexidade de um sistema é regulada, essencialmente, por meio de sua estrutura, ou seja, pela seleção prévia dos possíveis estados que o sistema pode assumir em relação ao seu ambiente. Por isso as questões estruturais, entre elas as questões jurídicas, são a chave para as relações sistema/ambiente...". Niklas LUHMANN, *Sociologia do direito*, trad. G. Bayer (Rio de Janeiro: Tempo Brasileiro, 1983), p. 168-170. Nesses termos, homem, para LUHMANN, é o organismo, não a pessoa da qual se ocupa a filosofia política, a filosofia moral e a filosofia do direito que aqui nos interessa.

Capítulo 4

O USO PRÁTICO DA RAZÃO: COMPREENDER, INTERPRETAR E APLICAR

"O sentido de um texto não está por detrás do texto, mas à sua frente. Não é algo de oculto, mas de descoberto. O que importa compreender não é a situação inicial do discurso, mas o que aponta para um mundo possível, graças à referência não ostensiva do texto. A compreensão tem menos do que nunca a ver com o autor e a sua situação."

(Paul RICOEUR, *Teoria da interpretação*, 2019, p. 122)

"Nada foi mais prejudicial à teoria da interpretação do que a identificação, central em DILTHEY, entre *compreensão* e *compreensão de outrem*, como se fosse sempre o caso de primeiramente apreender uma vida psicológica alheia por trás do texto. O que se há de compreender em uma narrativa não é em primeiro lugar alguém que fala por trás do texto, mas aquilo de que se fala, a *coisa do texto*, nomeadamente, a espécie de mundo que a obra como que descortina diante do texto."

(Paul RICOEUR, *From text to action*, 1991, p. 131)

4.1. O OBJETO DA RAZÃO PRÁTICA

4.1.1. Pensar, agir, produzir

O que pretendo agora é sugerir que a interpretação do direito deve ser compreendida do ponto de vista do uso prático da razão. Essa perspectiva ganhou relevância na segunda metade do século XX, mas não se tornou comum na teoria do direito brasileira[1]. Convém, por isso, empregar este capítulo na reconstrução do tema, uma vez que a visão mais popular e divulgada entre nós é de que a interpretação é um processo cognitivo teórico, e não um processo cognitivo prático. Em

---

[1] Entre as exceções que podem ser lembradas estão Luis Fernando BARZOTTO, *Filosofia do direito – os conceitos fundamentais e a tradição jusnaturalista* (Porto Alegre: Livraria do Advogado, 2010), Ronaldo Porto MACEDO JUNIOR, *Do xadrez à cortesia*: Dworkin e a teoria do direito contemporânea (São Paulo: Saraiva, 2013), Claudio MICHELON JR., *Aceitação e objetividade* (São Paulo: Revista dos Tribunais, 2004) e Wladimir Barreto LISBOA, "As novas sofísticas jurídicas: Chaim Perelman e Stanley Fish", em *Norma, moralidade e interpretação* (Porto Alegre: Linus Editores, 2009), p. 167-192.

outras palavras, pensa-se que a interpretação equivale a passar de uma proposição para outra e não do entendimento de uma norma ou sentido para uma decisão.

Como foi visto antes, há muitos *jogos de linguagem* (WITTGENSTEIN *IF*, § 23), pois todas as nossas atividades se realizam de forma regrada e podem ser expressas linguisticamente. Cada uma delas é sensata e racional dentro de suas regras. Aprender a agir dentro de cada uma delas é possível, e dentro de cada uma há o certo e o errado. Tanto resolvemos problemas matemáticos, especulativos e teóricos como resolvemos problemas jurídicos. Nos dois casos estamos usando a razão. O fato de a mesma expressão, "resolver um problema", ser usada nos dois casos não quer dizer que estejamos fazendo a mesma coisa, ou que num caso estejamos fazendo a coisa certa e no outro a coisa errada, ou que num caso estejamos usando a razão e no outro não. Para reconstruir o tema é necessário, portanto, compreender o que é a razão prática, ou o uso prático da razão, e para isso vale a pena voltar aos clássicos.

A razão prática, para a filosofia clássica, abrangia o exercício da razão sobre aquilo que depende da ação humana. Daí seu nome "prática", pois significa relativo ao *agir* (em grego πρᾶττω, πρᾶξις). Pode-se agir sobre o mundo de maneiras distintas, e cada uma delas exige um emprego determinado da razão, como vimos sumariamente no capítulo 1 (*os diferentes objetos do pensamento*).

Quadro 50

ARISTÓTELES no século XX. Com este título Enrico BERTI (1997) faz a síntese das correntes contemporâneas devedoras do estagirita, particularmente de sua filosofia prática, e alinha variedade enorme de filósofos interessados no tema, provenientes das mais distintas tradições e de inclinações políticas e ideológicas muito variadas. Marco ZINGANO também organizou uma valiosíssima antologia de comentários e interpretações contemporâneos da filosofia prática aristotélica (ZINGANO, 2010).

Primeiro (a) pode-se agir sobre as coisas que existem fora de nós, como *natureza*, coisas que não são iguais a nós, ou seja, não são nem animadas nem dotadas de capacidade de falar. Sobre essas coisas exercemos uma atividade como *fabricar* (em grego ποιέω). No inglês, essas atividades em geral caem sob o uso do verbo *make,* no latim o verbo *facere.* Trata-se de uso da razão, sem dúvida, mas o objeto pode ser conhecido como uma coisa externa e exterior, independente do sujeito. Existe ação, mas recai sobre uma coisa. Aqui estamos no campo da *arte* ou da *técnica* de alterar o mundo exterior. Para muitos o pensamento jurídico se parece com o pensamento tecnológico, e a dogmática jurídica seria, assim, saber tecnológico. Essa razão tecnológica teria duas características: (i) estaria fechada à problematização de seus pressupostos; (ii) teria por fim criar condições para a ação (FERRAZ JR., 1988, p. 86)[2]. Assim como, para pôr em funcionamento certo aparelho,

---

[2] Tercio Sampaio FERRAZ JR. concebe o direito dessa forma, mais como técnica de fabricação do que exercício da razão para agir: "De saber eminentemente ético, nos termos da prudência romana, foi atingindo as formas próximas do que se poderia chamar hoje de um saber

Capítulo 4 · O USO PRÁTICO DA RAZÃO: COMPREENDER, INTERPRETAR E APLICAR | **159**

eu sigo as regras do manual de instruções sem questioná-las, assim também eu sigo o direito se quiser atingir certos objetivos. De uma impostação como essa tira-se a conclusão geral de que o "racional" na esfera da ação (prática) é uma espécie de cálculo de relações meio-fim. Esse cálculo, uma vez que se aceite o *fim* como um *dado*, leva mais ou menos necessariamente aos meios adequados a tal fim[3]. Tal função calculadora seria o racional possível na vida prática. Para alguns, seria a única forma de racionalidade prática: racionalidade calculadora e tecnológica.

Quadro 51

> **Operar, fazer, agir.** A diferença entre produzir e agir é bem marcada na língua inglesa, na qual *make* significa *o produzir* e *do* significa *agir*. Em latim usa-se o *operar* como termo geral, daí falarmos no campo dos *operabilia*. Usa-se o *fazer* como termo particular para a produção material (daí *factibilia*), esfera da *técnica*, e *agir* para o campo da produção da vida e da convivência (daí *agibilia*), esfera da *prudência*.

Podemos ainda (b) agir também sobre nós mesmos ou sobre a vida que levamos com os outros, e o agir sobre si mesmo e sobre as condições sociais e institucionais da vida humana é o objeto da ética e da política. Quanto a isso, muitos se desesperaram e terminaram por dizer que aí não haveria racionalidade propriamente. Na falta de um "mundo lá fora" não haveria como falar de

---

tecnológico. (...) A ciência dogmática, na atualidade, não deixa de ser um saber prático. Mas com uma diferença importante. Enquanto para os antigos o saber prático, por exemplo a *jurisprudentia* romana, não estava apartado do verdadeiro (...) a tecnologia moderna deixa de nascer de uma verdade contemplada pela ciência, surgindo antes, como diz HEIDEGGER, de uma exigência posta pelo homem à natureza para esta entregar-lhe sua energia acumulada. (...) O saber dogmático contemporâneo, nesse sentido de uma tecnologia em princípio semelhante às tecnologias industriais, é um saber em que a influência da visão econômica (capitalista) das coisas é bastante visível. A ideia do *cálculo* em termos de relação custo/benefício está presente no saber jurídico-dogmático da atualidade". Tercio Sampaio FERRAZ JR., *Introdução ao estudo do direito*, 6. ed. (São Paulo: Atlas, 2008), p. 85-87. Essa concepção terá importantes consequências no restante de sua teoria do direito e da interpretação.

[3] Contra essa interpretação muito popular de ARISTÓTELES, ver David WIGGINS, "Deliberação e razão prática", em *Sobre a Ética Nicomaqueia de Aristóteles - textos selecionados*, trad. A. M. da Rocha Barros Neto (São Paulo: Odysseus, 2010), p. 126-154, já referido anteriormente. Em Tomás de AQUINO o tema é esclarecido nas questões iniciais da *Suma teológica* dedicadas à ação humana em geral (*ST*, Ia. IIae. Q. I-XVI): existem fins pressupostos em certas atividades, de modo que aquele que escolhe certa atividade escolhe necessariamente aqueles fins. O médico, por exemplo, pelo fato de ser médico escolheu "produzir saúde". Esse "produzir saúde" é um fim pressuposto. Essa pessoa escolheu ser médica e, portanto, não precisou escolher a saúde como fim. Uma vez escolhida a medicina, terá de escolher outros fins intermediários. Essa primeira "escolha" é *intentio,* e as "secundárias", *electio.* "Intentio est finis, electio ist eorum quae sunt ad finem" [A intenção diz respeito aos fins, a escolha àquilo que se dirige ao fim]. Tomás de AQUINO, *Suma teológica,* 2. ed., ed. Carlos-Josaphat Pinto de Oliveira, trad. Aldo Vannucchi *et al.* (São Paulo: Loyola, 2003, v. 3), p. 191 (Ia, IIae, Q. XIII, a. 3).

razão ou de objetividade[4]. Isso gerou grande desconfiança a respeito da razão prática, visto que a ciência e a filosofia modernas tenderam a restringir o uso da razão a seu aspecto calculador ou sua função cognitiva de explicação causal dos fenômenos empíricos como foi visto. Em resumo, a racionalidade prática, para alguns, reduziu-se à tecnologia.

Modos de agir	
Operar em geral, razão prática em geral *Operabilia*	Sobre o mundo (campo da técnica), sobre si e suas escolhas (campo da moral individual), sobre a vida em comum (campo da moral pública).
Produzir (razão tecnológica, manipuladora) *Factibilia*	Aplicar a razão para ter um resultado externo; técnica. O resultado pretendido determina o que fazer. Atitude de manipulação do mundo.
Agir (razão prática, moral individual) *Agibilia monastica*	Aplicar a razão para dar direção a sua vida; o resultado não é externo. Não posso manipular a mim mesmo. Não sou externo a mim mesmo. Posso me transformar.
Agir (razão prática, moral política) *Agibilia politica*	Aplicar a razão para dar direção à vida comum; o resultado não me pertence nem como coisa externa nem como transformação de mim mesmo, mas como condição comum de vida com outros. Atitudes possíveis: a) manipular os outros (atitude do gestor ou administrador) – neste caso voltamos para a razão tecnológica, manipuladora; ou b) convencer os outros no mesmo processo (atitude do participante).

Uma maneira de compreender melhor o que está em jogo é perceber o que fazemos quando aplicamos nossa consciência e pensamento sobre o nosso *"que-fazer"*. Isso determina o "uso da razão" em funções diferentes, que a filosofia clássica chamava de *razão especulativa* e *razão prática*, respectivamente. Comentando a Ética a *Nicômaco* de ARISTÓTELES, Tomás de AQUINO dizia que aplicamos nossa razão a três *objetos* distintos, de modo que temos três grandes ramos ou disciplinas intelectuais.

Se a aplicarmos *sobre os conceitos* e estruturas de nosso próprio pensamento (a) estamos no campo da (ciência) da *lógica*, isto é, compreendemos nosso uso da palavra e, implicitamente, da razão. Podemos também aplicar nossa atenção e pensamento sobre *o mundo que aí está*. Nesse caso nosso pensamento precisa corresponder ou *espelhar* em conceitos e proposições o mundo lá fora. Por isso

---

[4]   Cf. Thomas NAGEL, *A última palavra* (Lisboa: Gradiva, 1999), p. 121.

Capítulo 4 · O USO PRÁTICO DA RAZÃO: COMPREENDER, INTERPRETAR E APLICAR | **161**

a correção do pensar especulativo/teórico depende de sua "correspondência" com o mundo externo. Devemos ser capazes de "descobrir" a ordem desse mundo, que não depende de nós. Esse uso correspondia (b) à *filosofia natural*, que se transformou na *ciência em sentido estrito* (v. capítulo 1). Trata-se do uso *especulativo* da mente. Podemos, contudo, aplicar ainda nossa atenção *ao que só virá a existir se o fizermos*. Este é (c) o uso da razão em sua função prática. Quais as coisas que podem vir a existir dependendo de nossa ação? São de duas espécies. Em primeiro lugar, *artefatos* e *utensílios*: um programa de computador e uma mesa são exemplos desses artefatos. Em segundo lugar, "coisas" menos materiais: o rumo de minha vida, ou a forma e rumo da comunidade política, ou, se quisermos, condições e formas de vida. Em ambos os casos estamos na *esfera do possível* em função de nossas ações.

Aristóteles e Tomás de Aquino distinguiam uma *esfera do produzir* (ποιῶ, ποιειν, em grego, *facio/facere*, em latim), na qual o resultado da ação separa-se do agente e gera produtos, da esfera do *agir*. A capacidade racional no primeiro campo, chamavam-na *arte ou técnica* (*ars,* latim; τεχνή, grego), como já referido. Não se trata de talento ou capacidade inata. Deve-se desenvolvê-la por meios adequados. Tal capacidade pode existir em mim de modo virtual ou potencial, mas para usá-la adequadamente preciso tê-la de modo habitual, permanente. A técnica ou arte produz coisas que se separam do agente: uma ponte, um vaso, uma obra de arte podem existir sem o agente que as criou. Uma vez feitas, existem por si. Qualquer um pode passar por uma ponte sem saber quem a fez.

Ao lado do produzir tratavam da *esfera do agir*. A capacidade de agir sobre o mundo fazendo "coisas" que não se separam de mim, como minha própria vida, chamava-se de *prudência,* e hoje *sabedoria prática* (Michelon Jr., 2004; 2010). Ela também consiste em capacidade virtual, a desenvolver-se para tê-la de forma habitual. Nessa esfera da ação o resultado do agir não é separado do agente. "Ao passo que *o produzir* tem uma finalidade diferente de si mesmo, isso não acontece com o *agir*", diz Aristóteles no Livro VI da Ética a *Nicômaco,* ao tratar das virtudes intelectuais (no caso, da *arte-técnica* e da *prudência-sabedoria prática*).

Na esfera do agir o *resultado* não se separa do agente. Quando observamos as instituições, que são de certo modo *produtos,* nota-se perfeita e claramente que não se distinguem de seus próprios agentes. Diferentemente de uma ponte, que uma vez construída existe independentemente das pessoas, um tribunal, uma escola, um hospital, uma cidade, um Estado, uma república e mesmo uma língua não existem independentemente de seus membros. Por isso o direito, instituição básica e elementar da vida em comum, não existe como um *artefato* qualquer: só pode existir enquanto os membros da comunidade política (e jurídica) o mantiverem. Assim como um tribunal ou hospital só podem existir enquanto seus membros tiverem uma ideia do que são essas instituições, para que servem e como se atualizam, um ordenamento ou sistema jurídico é dependente do que pensam seus agentes ou, a bem dizer, do que pensam todos os que vivem ou deveriam viver sob as leis. Uma comunidade política depende completamente do que pensam seus membros: sua existência nunca é independente do que pensam os que a compõem.

Quadro 52

Prudência × **astúcia**. "Na cultura inglesa a pessoa prudente é aquela astuta, não romântica, o oposto da pessoa magnânima, de espírito livre, aberta a arriscar-se, que 'não mede os custos' quando algo vale a pena e assim por diante. O homem prudente é essencialmente o homem de negócios pragmático, que sempre mede os custos. Isso não é absolutamente o que *prudentia* significa. Ter a virtude da prudência (...) é de fato não ser romântico no sentido de evitar alguns dos vícios do romantismo: o prudente, por exemplo, não sacrifica a verdade em nome do sentimento. Mas ao mesmo tempo ele ou ela está perfeitamente consciente do caráter fugidio da verdade na prática e da dificuldade de ter certeza a seu respeito. Ser prudente é, em parte, ser bom no *consilium* – deliberação, na reflexão sobre os meios relativos aos fins – e a pessoa prudente tipicamente diz, quando parece que se chegou a uma conclusão: 'Sim, mas o que aconteceria com a tia fulana se eu fizesse isso?' Ser prudente muitas vezes é adiar uma decisão – dado o princípio tradicional de que a deliberação deve ser lenta e demorada, enquanto a ação deve ser rápida e decidida. E ambas características pertencem à prudência. (...) O vício que AQUINO opõe à *prudentia* é *astutia*, uma espécie de falsa prudência, a busca cuidadosa e racional de um mau propósito. (...) A prudência é uma virtude intelectual. Ela se opõe pelo menos a certa espécie de estupidez" (MCCABE, 2008, p. 104-105).

Quando atuamos em qualquer das duas dimensões, não o fazemos a esmo, sem direção, sem reflexão ou por mero acaso ou impulso. Agimos pensando; nosso pensamento é parte de nossa ação. Nossa ação é tipicamente intencional. Aliás, os ordenamentos jurídicos reconhecem que a ação por impulso, espasmódica, não deve ser considerada da mesma forma que a ação intencional. Assemelha-se ao simples movimento. Tanto assim que, em direito penal, "é isento de pena o agente que, por doença mental ou desenvolvimento mental incompleto ou retardado, era, ao tempo da ação ou omissão, inteiramente incapaz de entender o caráter ilícito do fato..." (Código Penal, art. 26, *caput*). Se o crime foi cometido em circunstâncias que retiram parcialmente a capacidade do agente de "pensar", a pena pode ser atenuada (Código Penal, art. 65, III, *c, e*). Igualmente, no direito privado não se considera o ato praticado pelo agente quando alguma circunstância o impede de "pensar" adequadamente sobre o negócio. Assim, estabelecem-se condições de *capacidade* para agir (Código Civil, arts. 3º e 4º) e condições em que se pode presumir que o agente não teve escolha ou capacidade de deliberar, como nos casos de erro ou coação (Código Civil, arts. 138, 152 e 166). Nessas circunstâncias, admite-se que entre o gesto (o movimento físico) e a intenção não havia relação adequada e, portanto, não houve *ação* propriamente[5].

---

[5] Sobre o assunto debruçou-se Herbert HART, "The ascription of responsibility and rights", *Proceedings of the Aristotelian Society* 49 (1948-1949), p. 171-194, esclarecendo que a atribuição ou imputação de responsabilidade a um sujeito requer um prévio esclarecimento filosófico do conceito de ação. Parte importante da ideia desenvolvida ali era que movimento e ação precisam ser mais claramente distinguidos. Igualmente importante Paul RICOEUR, "Le concept de responsabilité: essai d'analyse sémantique", *Le juste* (Paris: Esprit, 1995), p. 41-70. Para ele também o conceito de ação é a chave para se compreender as regras de capacidade e imputabilidade. Partindo da ideia kantiana de que existe uma "causalidade espontânea" que

Capítulo 4 · O USO PRÁTICO DA RAZÃO: COMPREENDER, INTERPRETAR E APLICAR | 163

Técnica e *prudência* correspondem, portanto, a capacidades de pensamento que desenvolvemos em âmbitos diferentes da prática. São as duas grandes formas de usar a razão para introduzir no mundo o que ainda não está lá. Os dois casos são, porém, diferentes entre si: num deles trata-se de fabricar coisas, no segundo trata-se de agir. Daí falarmos de duas *virtudes intelectuais* diferentes: técnica e prudência. Teremos uma ideia melhor desse uso da razão se completarmos o quadro das virtudes intelectuais dentro do qual essas duas, a *técnica* e a *prudência*, se inserem.

Quadro 53

Prudência × cautela. "A palavra prudência foi vítima também desta desqualificação. Quando se recomenda alguém que seja prudente, quer-se dizer: aja com moderação, comedimento, cautela, precaução, esquecendo-se completamente do traço complementar da ousadia, do risco, da lucidez nas decisões. É-nos totalmente estranha a ideia de que a representação da prudência requeira dois rostos – o da velhice e o da juventude – ou até mesmo três – o da juventude, o da idade madura e o da velhice. Ela ficou reduzida à sisudez e cautela da velhice" (NASCIMENTO, 1993, p. 366).

4.1.2. Virtudes intelectuais: pensar também se aprende

Primeiro é preciso esclarecer por que se fala de *virtudes* intelectuais[6]. Uma virtude, como a etimologia do termo latino (*virtus*) indica, é uma espécie de força ou potência. Algo que tem *potencialidade* tem *virtualidade*. Quando falamos de mundo virtual, indicamos, de certa forma, isso: quando convocado, ligado, conectado, o que é *virtual* em um computador aparece, torna-se atual. Pode ser posto em funcionamento e enquanto não o é, é apenas virtual. Assim também nos seres humanos existem potencialidades, vindas de sua própria existência como organismos e como membros de uma espécie. Nossa existência como organismos é dependente de nossa interação com outros de nossa espécie. E isso tanto do ponto de vista *corporal* (nascemos de outros seres humanos e precisamos fisicamente de outros seres humanos), quanto do ponto de vista *mental*. Não quero aqui elaborar essa dicotomia. Gostaria apenas de chamar a atenção para o fato de que nossa *mente* não existe fora ou além de nosso corpo. Nossas mentes existem em função e pelos nossos corpos e, assim como estes, dependem de outros corpos humanos, nossas mentes dependem de outras mentes humanas. Nosso pensamento é social. Não pensamos nem falamos sozinhos. Deixados no meio de lobos ou macacos, os

---

consiste na liberdade, é possível compreender uma ação como aquilo a que um agente dá causa, em contraste com aquilo que simplesmente acontece ou cuja causalidade é cósmica. Ele vai chamar essa causalidade de "capacidade originária de iniciativa" (Id., p. 49).

[6] Como diz Carlos Arthur do NASCIMENTO, a palavra *virtude* vem acompanhada, no vocabulário cotidiano, de "ressonâncias pouco respeitosas", em parte devido à "descrença ética total de nosso tempo". Carlos Arthur R. NASCIMENTO, "A prudência segundo Santo Tomás de Aquino", *Síntese Nova Fase* 20, n. 62 (1993), p. 365.

bebês humanos não se desenvolvem como seres humanos, não desenvolvem a fala e não desenvolvem pensamentos como os outros seres humanos.

Algumas potencialidades são, portanto, físicas, e nós as desenvolvemos por meios físicos e biológicos: alimentação, repouso, exercícios. Nessa esfera nossas potencialidades dependem da carga genética da espécie, dos grupos familiares a que pertencemos, e do ambiente em que nos encontramos (o *ecossistema*, para usar a linguagem corrente). Sem alimentação e sem exercícios não desenvolvemos essas potencialidades de crescimento e maturação. Como seres sociais e gregários que somos, temos também potencialidades que se desenvolvem na interação com outros: processos de socialização e aculturação. Entramos no mundo físico, mas também entramos num mundo cultural e institucional. Nesse processo aprendemos a falar e usar certa língua, e por meio dela passamos a pensar. Falar e pensar só existem em nós *potencialmente, virtualmente*. Adquirimos essas capacidades desenvolvendo *virtudes intelectuais*. Elas diferem tanto das virtudes físicas – as dos atletas – quanto das virtudes morais – as das pessoas honestas e boas[7].

Essas virtudes intelectuais, para os clássicos, dividiam-se em: 1) inteligência, intelecção ou apreensão de conceitos (*intellectus, habitus principiorum*)[8]; 2) ciência; 3) sabedoria; 4) arte ou técnica; 5) prudência. Trata-se de cinco *habilidades* apenas potenciais, que precisam ser desenvolvidas pelo exercício. Se não as usarmos ou desenvolvermos, não as teremos. Por isso os bebês humanos deixados a si em meio a lobos ou macacos não as desenvolvem. Não se deve dizer que eles não pensam, pois os animais pensam à sua maneira. O que esses bebês não fazem é pensar como nós pensamos.

A primeira virtude intelectual é a intelecção ou inteligência, em latim *intellectus* ou *habitus principiorum*[9]. Esta segunda expressão é bem significativa: indica

---

[7]   A vida meramente orgânica (vegetativa), que compartilhamos com animais e plantas, não tem nenhuma importância para a discussão das virtudes. A vida sensitiva, que compartilhamos com os animais, começa a ter relevância, pois nos seres humanos ela se manifesta em desejos. Entretanto, devido a nossa vida racional, esses desejos se transformam em vontade. É nesse nível que se pode falar das virtudes, diz ARISTÓTELES. Elas se distinguem em *virtudes intelectuais* (a *sabedoria*, o *entendimento* – compreensão ou apreensão de conceitos –, a *sabedoria prática* ou prudência ou *frônesis*) e *virtudes morais* (de caráter, como *coragem, temperança, justiça, amizade, magnanimidade* etc.). Das virtudes morais algumas são individuais (temperança, coragem, *v.g.*), outras são sociais (justiça, *v.g.*). ARISTÓTELES., *Ética a Nicômaco*, trad. L. Valandro e G. Bornheim (São Paulo: Abril Cultural, 1973), p. 264 (*EN*, L. I, 13, 1103 a).

[8]   Vale a pena repetir o trecho já citado de KANT: "A faculdade do conhecimento a partir de princípios *a priori* pode ser chamada razão pura e a investigação de sua possibilidade e de seus limites em geral, crítica da razão pura. (...) [Ela] concerne então simplesmente à nossa faculdade de conhecer *a priori* coisas e ocupa-se, portanto, só com a *faculdade* do conhecimento (...) e entre as faculdades de conhecimento ocupa-se com o *entendimento*... Nenhuma outra faculdade do conhecimento, além do *entendimento*, pode fornecer *a priori* princípios de conhecimento constitutivos". Immanuel KANT, *Crítica da faculdade do juízo*, 2. ed., trad. V. Rohden e A. Marques (Rio de Janeiro: Forense Universitária, 1995).

[9]   "Há uma diferença entre os argumentos que procedem dos primeiros princípios e os que se voltam para eles. (...) Eis aí porque, a fim de ouvir inteligentemente as preleções sobre o que é

que essa virtude consiste em ser capaz *habitualmente*[10] de pensar *por* (e não sobre) princípios. Mais coloquialmente, trata-se de *capacidade de abstrair* e de *formar conceitos*[11]. Pode parecer banal, mas sem formarmos conceitos e sem sermos capazes de *apreender* ou *conceber* ideias abstratamente, não seremos capazes de falar, isso porque "existem mais coisas do que palavras no mundo"[12]. Tendo a capacidade de formar conceitos, teremos em seguida a *faculdade de julgar* (*faculdade do juízo*), isto é, de usar (aplicar) conceitos ao mundo dos singulares que nos cercam. Como diz Hannah ARENDT:

> O juízo, o misterioso dom da mente pelo qual o geral, sempre um construto mental, e o particular, sempre um dado para a experiência sensorial, são reunidos, é uma faculdade "peculiar" e de modo algum inerente ao intelecto, nem mesmo no caso dos "juízos determinantes" – em que o particular é subsumido a regras gerais na forma do silogismo – porque não há regra disponível para as aplicações da regra. Saber aplicar o geral ao particular é um "dom natural" adicional, cuja falta, conforme KANT, é "normalmente chamada estupidez, e para a qual não existe remédio" (ARENDT, 1978, p. 69).

Usaremos as palavras, os conceitos e os princípios para muitas "coisas" e "atividades". Num exemplo banal: sem a capacidade de abstrair das situações imediatas e concretas como seríamos capazes de aprender as regras de um jogo de futebol? Como

---

nobre e justo, e em geral sobre temas de ciência política, é preciso ter sido educado nos bons hábitos. Porquanto o fato é o ponto de partida, e se for suficientemente claro para o ouvinte, não haverá necessidade de explicar por que é assim; e o homem que foi bem educado já possui esses pontos de partida ou pode adquiri-los com facilidade" (*EN*, 1095 a 30, 1095 b, 5).

[10] Como diz WITTGENSTEIN, "a compreensão é um estado, *de onde* nasce o emprego correto" (da regra) (*IF*, § 146). Ou seja, a compreensão (que bem pode ser equiparada a esse domínio dos "primeiros princípios" de um campo ou de uma prática, é demonstrada quando alguém (um aluno que aprende a contar, *v.g.*) é capaz de fazê-lo de forma correta frequentemente (*IF*, § 145), ou, digo eu, habitualmente.

[11] "Judgment, the mysterious endowment of the mind by which the general, always a mental construction, and the particular, always a given to the sense experience, are brought together, is a 'peculiar faculty' and in no way inherent in the intellect, not even in the case of 'determinant judgments' – where the particulars are subsumed under the general rules in the form of a syllogism – because no rule is available for the *applications* of the rule. To know how to apply the general to the particular is an additional 'natural gift', the want of which, according to Kant, is 'ordinarily called stupidity, and for such a failing there is no remedy'". Hannah ARENDT, *The life of the mind* (San Diego: Harcourt Brace Jovanovich, 1978), p. 69.

[12] "É impossível introduzir numa discussão as próprias coisas discutidas: em lugar delas usamos os seus nomes como símbolos e, por conseguinte, supomos que as consequências que decorrem dos nomes também decorrem das próprias coisas, assim como aqueles que fazem cálculos supõem o mesmo em relação às pedrinhas que usam para esse fim. Mas os dois casos (nomes e coisas) não são semelhantes, pois os nomes são finitos, como também o é a soma total das fórmulas, enquanto as coisas são infinitas em número. É inevitável, portanto, que a mesma fórmula e um nome só tenham diferentes significados". ARISTÓTELES, "Dos argumentos sofísticos", em *Aristóteles*, trad. Leonel Vallandro e Gerd Bornheim (São Paulo: Abril Cultural, 1973), p. 161.

seriamos capazes de aprender uma receita de comida? Como seriamos capazes de identificar um cavalo como cavalo? (ANSCOMBE; GEACH, 1961, p. 75-79). E depois dizer a alguém que vimos um cavalo? A visão clássica nos chama a atenção para o fato de que essa capacidade de abstração precisa ser desenvolvida, exercitada, de modo semelhante aos exercícios físicos. Quem se exercita para se tornar um atleta é capaz de fazer muito mais do que a maioria de nós, alunos e professores de uma disciplina como o direito. Entretanto, essa nossa disciplina, o direito, exige exercício da capacidade de abstração intelectual. Essa capacidade desenvolvida nos permite "adquirir" os princípios, ou seja, os termos e premissas fundamentais de um campo.

Ela vale tanto para o uso teórico e especulativo da mente quanto para seu uso prático. E precisa ser desenvolvida para ambos. Quantas pessoas não conhecemos que desenvolveram mais a capacidade de apreender princípios teóricos e menos a dos princípios práticos?[13] Sim, porque cada campo ou esfera tem seus princípios, assim como os tem cada ciência em particular. Essa capacidade de apreender princípios, essa virtude intelectual da inteligência, da abstração e da conceituação precisa ser desenvolvida também pelos juristas. Tudo isso é relevante para inserir adequadamente o processo de pensamento do jurista nesse quadro, pois ele precisa dessa capacidade para "apreender os conceitos" e "abstrair", apreender os conceitos de sua prática, de seu campo. Sem isso não pensa como jurista. E os conceitos não se aprendem isoladamente, ou seja, uns separados dos outros, mas como um complexo, um todo: formam um "campo". Como não se podem apreender todos os princípios de uma só vez, o processo tem algo de cumulativo: a cada vez vai sendo ampliada a "inteligência" e, com ela, a habilidade.

Vamos encontrar autores que se dão conta disso, mesmo quando não usam a linguagem da filosofia das virtudes, como fizemos aqui. Tullio ASCARELLI, jurista do século XX, por exemplo, dizia que cada sistema jurídico tem suas "premissas implícitas" (ASCARELLI, 1949). O que significa isso? Que existem esses pontos de partida que, se quisermos operar dentro daquele sistema ou ordenamento, temos que apreender. Muitas vezes, esse é o ponto de ASCARELLI, esses princípios não são expressamente mencionados, mas são *usados* por quem está imerso naquele ambiente. Assim como ao falar usamos sempre o princípio da identidade e da não contradição, sem precisar invocá-lo, usamos princípios práticos sem precisar dizer que os estamos usando, por exemplo o de que o bem se faz e o mal se evita, ou o de que falamos a verdade e somos sinceros (GRISEZ, 1965)[14].

A prudência e a arte são igualmente *virtudes intelectuais,* o que significa que (1) sem as exercitarmos, não se desenvolverão em nós e que (2) se referem ao pensar adequadamente sobre o que fazer (produzir ou agir). Elas se ensinam e se aprendem e exigem, como condição prévia, a capacidade de abstração. A arte de

---

[13] Quando diz respeito à apreensão dos primeiros princípios da ação, ou do "que fazer", essa habilidade intelectual foi chamada de *sindérese*. Cf. Carlos Arthur R. NASCIMENTO, "A prudência segundo Santo Tomás de Aquino", *Síntese Nova Fase* 20, n. 62 (1993), p. 373.

[14] Cf. Germain GRISEZ, "The first principle of practical reason: a commentary on the Summa Theologiae 1, 2, question 94, article 2", *Natural Law Forum* (1965), p. 168-201.

Capítulo 4 · O USO PRÁTICO DA RAZÃO: COMPREENDER, INTERPRETAR E APLICAR | 167

construir uma casa, por exemplo, não seria ensinável, nem aprendível sem que as pessoas pudessem saber que estão aprendendo a construir não aquela casa em particular, mas casas em geral, ou seja, que estão aprendendo uma *"regra* técnica" para produzir casas. Igualmente, aprender a tomar decisões a respeito de cursos de ação ou a seguir "regras de convivência" exige a capacidade de abstração, realizada pela aquisição da linguagem. A pessoa não está sendo ensinada a agir naqueles casos particulares, mas a seguir regras em geral. Ela precisa ser capaz de abstrair. Isso faz a diferença do treinamento ou adestramento dos animais em contraste com os seres humanos. Animais não humanos aprendem certas coisas, não outras.

> O cão acredita que seu dono está atrás da porta. Mas pode também acreditar que seu dono chegará depois de amanhã? (WITTGENSTEIN, 1991, p. 173) (*IF*, parte II, i).

AS VIRTUDES INTELECTUAIS EM ARISTÓTELES

Intelecção, intelecto, entendimento	Capacidade de apreender conceitos e princípios, abstrair, formar ideias abstratas, retirar-se do mundo empírico.
Ciência, raciocínio	Capacidade de formar juízos e articular conceitos e princípios em unidades complexas, enunciar, concluir, inferir.
Técnica e arte	Capacidade de agir refletidamente sobre o mundo exterior, manipular a natureza, os objetos, conferindo-lhes unidade e sentido, forma, propósito, utilidade etc.
Prudência	Capacidade de fazer escolhas e conduzir a vida, individual ou comum.
Sabedoria	Capacidade geral de deter todas as virtudes intelectuais.

No caso do aprendizado humano, o que se adquire não é a reação automática a uma situação determinada, mas a compreensão (apreensão abstrata) que se estende aos casos e situações não vistos antes. Por isso, diz WINCH, quando me pedem para contar até 100 e depois ir além não estou simplesmente reagindo a uma situação conhecida[15]. Quando conto, não estou apenas tirando da minha cabeça os números que já estavam lá, não estou me lembrando dos números, nem das contas que fiz. Estou

---

[15] "Whereas a dog's acquisition of a habit does not involve it in any understanding of what is meant by 'doing the same thing on the same kind of occasion', this is precisely what a human being has to understand before he can be said to have acquired a rule and this too is involved in the acquisition of those forms of activity which Oakeshott wants to describe in terms of the notion of habit. (...) The dog responds to N's commands now in a certain way because of what has happened to him in the past; if I am told to continue the series of natural numbers beyond 100, I continue in a certain way because of my past training. The phrase 'because of', however, is used differently of these two situations: the dog has been *conditioned* to respond in a certain way, whereas I know the right way to go on the basis of

propriamente seguindo uma regra, quer dizer, fazendo *essencialmente* a mesma coisa, mas *numericamente* uma coisa diferente. A regra me insere numa série, que é, por definição, *infinita*, enquanto os *casos* que vi ou que verei são, por definição, finitos:

> "(...) Quando *eu* digo que compreendo a lei de uma série, não o digo absolutamente em virtude da experiência de minha aplicação, até agora, da expressão algébrica, de tal e tal maneira! Bem sei, em todo caso, por mim próprio, que me refiro a tal e tal série: é indiferente até onde a desenvolvi." Você acha, portanto, que sabe a aplicação da lei da série também independentemente da recordação das aplicações efetivas a números determinados. E você dirá, talvez: "Evidentemente! Pois a série é infinita e a parte da série que pude desenvolver é finita" (WITTGENSTEIN, 1991, p. 65) (*IF*, § 147).

E seguir a regra (seja a regra algébrica, seja a regra jurídica) exige a capacidade de abstração, a *intelecção,* a virtude intelectual do entendimento.

Postas as coisas assim, pode-se falar de razão prática ou de uso prático da razão sem receio de ferir os ouvidos acostumados à ideia restrita e cognitivista de razão, segundo a qual usar a razão é calcular, deduzir e demonstrar[16]. Uma das melhores explicações desse exercício da razão prática encontra-se em Tomás de AQUINO, ao discriminar *dedução* e *determinação,* mostrando que a razão humana – nossa capacidade de falar e pensar sobre o mundo por meio da linguagem – exercita-se de maneiras diferentes conforme seu objeto. A passagem encontra-se no esclarecimento das implicações entre direito natural e direito positivo. Que espécie de juízo fazemos quando relacionamos os dois? No uso da razão, em geral, diz ele, tanto tiramos *conclusões,* quanto fazemos *determinações*. Vale a pena transcrever o trecho todo:

> Ora, deve-se saber que algo pode *derivar* da lei natural de dois modos: *como conclusões dos princípios*, e *como algumas determinações* do que é geral. O primeiro modo é semelhante àquele no qual nas ciências se produzem *conclusões demonstrativas* dos princípios [*ex principiis*]. O segundo modo, contudo, é semelhante àquele segundo o qual *nas artes as formas comuns são determinadas para algo especial*. Por exemplo, é necessário que o artífice *determine* a forma comum da casa para essa ou aquela figura de casa (AQUINO, *ST*, Ia IIae, q. 95, a.2, resp.) (grifos meus).

Em outras palavras: quando fazemos o uso prático da razão, seja pela prudência (ações que não fabricam coisas fora de nós), seja pela técnica (ações que geram *produtos*), não deduzimos simplesmente, porque nossas conclusões não são exclusivamente mentais, necessárias ou universais. Nossas conclusões são singulares,

---

what I have been taught". Peter WINCH, *The idea of a social science and its relation to philosophy*, 2. ed. (London: Routledge, 2008), p 56-57.

[16] O uso que fazemos do termo razão é "restrito, indevido e unilateral", diz Luiz ROHDEN, *O poder da linguagem*: a *Arte Retórica* de Aristóteles (Porto Alegre: PUCRS, 1997), p. 129, seguindo Enrico BERTI, *As razões de Aristóteles* (São Paulo: Loyola, 1998).

porque são ações e, como vimos, as ações são sempre singulares, existem no tempo e no espaço. Um engenheiro que constrói uma ponte ou sistema de saneamento não tira esses objetos de sua cabeça por dedução de fórmulas. Naturalmente ele tem uma "ideia" do que é uma ponte ou um sistema de saneamento, e usa de ciências auxiliares, como o cálculo e a resistência dos materiais, para fazer suas obras. Mas ele as "determina", isto é, ele as concretiza de um certo modo. Os juristas igualmente: seja como legisladores, julgadores ou advogados não *deduzem* suas criações do sistema jurídico. Um contrato não é deduzido da lei: ele é criado, feito, a partir da ideia de contrato dada pela lei e pela doutrina.

Quadro 54

Ciência prática × **ciência teórica**. "Embora os moços possam tornar-se geômetras, matemáticos e sábios em matérias tais, não se acredita que exista um jovem dotado de sabedoria prática. O motivo é que essa espécie de sabedoria diz respeito não só aos universais mas também aos particulares, que se tornam conhecidos pela experiência. Ora, um jovem carece de experiência, que só o tempo pode dar" (ARISTÓTELES, 1973, p. 347) (*EN*, 1142 a, 10).

Tomás diz que nas *artes* (como no exemplo que dei do *fazer uma* ponte) é mais fácil ver essa relação, e, contudo, ela existe também nas obras da *prudência*. Se alguém perguntar ao engenheiro por que fez uma ponte de um jeito e não de outro, ele não responderia simploriamente: "construo caso a caso, porque cada ponte é uma ponte". Nem poderia dar uma razão exclusivamente pessoal ("porque acho bonito"), ou desligada totalmente das regras da engenharia ("porque queria gastar dinheiro", ou "porque queria economizar dinheiro"). Ele teria que justificar suas escolhas. Sua justificativa se valeria tanto de razões gerais da obra (limites orçamentários, natureza do terreno, força dos ventos, estética, resistência) quanto dos limites das ciências auxiliares, ou seja, do conhecimento (o cálculo, por exemplo). Se a razão prática é *determinativa* mais do que *demonstrativa*, então os juristas procedem de modo análogo ao dos *artistas ou artesãos*. Tomam suas decisões valendo-se tanto de justificativas dependentes de conceitos e normas gerais quanto da adequação às circunstâncias.

Quadro 55

WITTGENSTEIN, **ação e razão prática**. É comum considerar a filosofia de WITTGENSTEIN em dois momentos. O primeiro é marcado pelo *Tratado lógico-filosófico*, publicado em 1921, cujo tema central é a *proposição* e, portanto, a linguagem e o pensamento, a lógica, enfim. A segunda fase, iniciada nos anos 1930, foi assinalada pelos seminários que conduziu na Universidade de Cambridge, Inglaterra. Os trabalhos dessa fase foram publicados postumamente apenas (WITTGENSTEIN morreu em 1951) por seus testamenteiros e têm a forma de anotações para aulas, discussões etc. São diversos textos, destacando-se *Investigações filosóficas*, o *Caderno azul*, o *Caderno castanho* e *Da certeza*. Essa segunda fase concebe a linguagem como fenômeno público e social por natureza, não como instrumento do pensar solitário. O chamado "segundo WITTGENSTEIN" esteve particularmente atento a essa racionalidade da ação e pode-se

> dizer que de sua obra tenham resultado os estudos de G. E. Anscombe (*Intention*, 2000 [1957]), G. Von Wright (*Norm and action*, 1971), Peter Winch (*Philosophy and the idea of a social science*, 1958), Anthony Kenny (*Action, emotion and will*, 1963) e tantos outros.

Voltemos ao texto de Wittgenstein citado acima a respeito da aplicação de uma lei a uma série, no qual afirma que não aprendemos a regra da série por experiência, e vejamos como isso se aplica ao pensamento jurídico. Os casos jurídicos são como os números numa sequência aritmética. Não temos todos os casos, assim como não temos todos os números na cabeça. O que temos é a regra, que aplicamos a "infinitos casos"[17]. Se temos o conceito de compra e venda e se sabemos quais as regras, obrigações, direitos e efeitos de um contrato de compra e venda, seremos capazes de reconhecer o caso e de aplicar as regras ao caso. Podemos ocasionalmente entrar em dúvida, mas para ter dúvida devemos apresentar um motivo. Por exemplo, dizer que certas cláusulas que aparecem naquele contrato em particular não parecem ser propriamente de uma compra e venda. Ou que o objeto vendido talvez não se preste a ser vendido porque ainda não existe. Algumas dessas dúvidas não são sobre o significado ou sentido da lei da compra e venda: são dúvidas sobre se o caso se enquadra ou não no tipo "compra e venda". Não são dúvidas de caráter empírico sobre um fato (se existiu ou não), mas sobre o que MacCormick chama de classificação (MacCormick, 1995, p. 93 e ss.). O que está em jogo não é "saber o que a lei diz" (interpretação), nem se determinado fato ocorreu ou não, mas saber se o que ocorreu é ou não o tipo previsto em lei (classificação).

Quadro 56

> **Juízo determinante e reflexivo**. Para Kant o juízo é a "faculdade de pensar o particular como contido no universal", ou seja, ter do particular um conhecimento que não seja simples sensação. Pensamos o particular de duas maneiras, diz ele: (a) ou temos a "regra, princípio ou lei" e neles enquadramos o particular, ou (b) nos deparamos com o singular sem dispormos ainda do universal e precisamos, portanto, conceituá-lo. No primeiro caso, trata-se de "juízo determinante", a subsunção, enquanto no segundo, trata-se de "juízo reflexivo", pois precisamos formular o conceito e o princípio (Kant, 1995, p. 23-24).

---

[17] "Por que se pode sempre entender mal? E por que não temos que resolver todas essas questões potenciais antes de nos entendermos? A resposta a essas duas questões é a mesma. Entender acontece sempre sobre um pano de fundo que se dá por certo, no qual simplesmente confiamos. Pode sempre aparecer alguém que não possui esse pano de fundo e por isso as coisas mais óbvias podem ser ignoradas, especialmente se deixarmos nossa imaginação à solta, e imaginar pessoas que nunca nem ouviram falar de flechas [exemplo dado por Wittgenstein]. Contudo, o pano de fundo, como aquilo em que simplesmente confiamos, não é o *lócus* das questões resolvidas. Quando o mal-entendido tem origem numa diferença de pano de fundo, o que se precisa dizer para esclarecê-lo articula um pouco do pano de fundo de quem dá a explicação, que talvez nunca tivesse sido esclarecido antes. Wittgenstein ressalta a natureza inarticulada – em alguns casos inarticulável mesmo – desse entendimento: 'obedecer uma regra é uma prática' (*IF* 202)". Charles Taylor, "To follow a rule", em *Philosophical arguments*, Cambridge: Harvard University Press, 1995, p. 167.

4.1.3. Pensar, articular, falar: razão, linguagem e discurso

Para que se produza a linguagem, é preciso que o animal capaz de falar reúna as condições gerais de qualquer animal e seja *animado, tenha alma*. Os seres animados, ao contrário de pedras e plantas, possuem certa *animação* que se reflete em consciência, intencionalidade e pensamento. A consciência é uma função biológica do animal: sente o exterior e sabe que sente o exterior; a intencionalidade é a função pela qual se dirige ao mundo e o apreende; o pensamento é a sequência articulada e relacionada de estados intencionais. Todos os animais têm isso. Um carneiro, quando acordado, percebe a presença de um lobo (consciência); toma o lobo como um perigo (intencionalidade); foge do lobo (pensa na fuga). Os carneiros, no entanto, não podem articular esse processo em forma verbal, o que dificulta muito que acumulem essas experiências, que as transformem em memórias transmissíveis, compartilháveis, ensináveis entre carneiros ausentes e gerações passadas de carneiros. O que fazem resulta de seu contato imediato com o mundo. Isso limita o aprendizado de cada um de seus membros, dificulta que manipulem o mundo a seu redor da forma como a espécie humana o faz (Searle, 2010, p. 93 e ss.). Por não disporem da linguagem, dessa habilidade de sair do imediato, não conseguem ir para o passado e o futuro como nós.

Essa capacidade (sair do imediato) é exercício da razão. E a razão prática é a faculdade de abstração (de inteligência, de uso de conceitos linguisticamente formulados) aplicada sobre a *ação,* a *práxis,* o "agir" ou o "produzir". Dizia-se, antigamente, que uma era a razão especulativa, outra a razão prática. A razão especulativa (ou teórica) visava "espelhar" o mundo em conceitos e ideias. A razão prática visava escolher o que fazer. A razão prática não pode "espelhar" o mundo pelo simples fato de a ação, seu produto final, não existir antes de o agente executá-la. Nestes termos, quando existe no sujeito, existe como "fim", "ideal" ou "projeto": algo que está para ser feito, não dado, apenas como possibilidade.

Esta consideração remete-nos diretamente para a expressão de Wittgenstein: jogos de linguagem. Os "jogos de linguagem" são, para ele, em primeiro lugar a maneira como as crianças aprendem sua língua materna (*IF,* § 7). Aprendem do zero: portanto não aprendem um vocabulário que traduza algo que elas já sabem, mas aprendem mesmo a falar, a usar a linguagem (*IF,* § 32), ou seja, a pensar. Em segundo lugar, de maneira mais ampla, os jogos de linguagem são para ele o conjunto das atividades e das respectivas linguagens (*IF,* § 7), pois as atividades estão sempre ligadas a alguma linguagem. Justamente por isso os seres humanos podem aprender a agir de um modo que os animais não podem: porque pela linguagem podem tornar presente o que está de fato ausente.

A linguagem descritiva é apenas um modo da linguagem: quando aprendemos gramática, aprendemos que os verbos podem estar no modo indicativo ou no modo imperativo, portanto nem tudo o que faz sentido é inteligível ou sensato se expressa no modo indicativo. Também no modo imperativo podemos falar sensatamente. E embora ao modo imperativo possa não se aplicar o critério de verdade como correspondência (um apontar para uma coisa existente, indicar, mostrar, *ostendere*),

CURSO DE FILOSOFIA DO DIREITO – *José Reinaldo de Lima Lopes*

isso não torna o uso do imperativo algo irracional, ou mesmo não lógico. Existem formas diversas de sensatez e inteligibilidade, além das dominantes na matemática. Em *IF*, § 23, WITTGENSTEIN[18] dá vários exemplos do que ele chamada de jogos de linguagem, entre os quais menciona "resolver um problema de cálculo aplicado" e, a seu lado, "relatar um acontecimento", "descrever um objeto", "cantar uma cantiga de roda". As atividades, os jogos têm condições próprias de realização, de prática, se quisermos. Não se deve aplicar a regra de um ao outro, sob pena de *nonsense*, de inconsistência e de ininteligibilidade[19]. Nos dois casos existem critérios, padrões ou princípios, a apreender e usar. Nesses termos, podemos dizer: resolver um problema jurídico é possível, mas é diferente de "resolver um problema de cálculo". Uns resolvem-se usando-se certa linguagem e certa capacidade, outros resolvem-se usando-se outra linguagem e outra capacidade.

Quadro 57

> **Roubar no jogo (uma forma de sofisma).** Tentar usar as regras de um jogo de linguagem-atividade quando estamos envolvidos em outra linguagem-atividade é sinal de ignorância ou de deslealdade, um roubar no jogo. A linguagem, disse WITTGENSTEIN, não "funciona sempre de *um* modo", nem "serve sempre ao mesmo objetivo: transmitir pensamentos – sejam estes pensamentos sobre casas, dores, bem e mal, ou o que seja" (*IF*, § 304). Não só WITTGENSTEIN nos ensinou isso: a ideia já se encontrava em ARISTÓTELES, para quem os princípios de cada ciência particular (ciência = saber/atividade) não se transmitiam para outra. KELSEN se esforçou para mostrar que os princípios (regras do jogo) das ciências empíricas não se aplicavam ao direito porque seu objeto (as normas) não era empírico como o objeto destas outras ciências. Entretanto, continuou distinguindo conhecimento de ação de modo que ignorava o caráter racional e inteligível do uso prático da razão. VON WRIGHT lembrou que alguém pode errar no jogo porque não tem a habilidade ou inteligência necessárias, mas também pode apenas "fingir" que joga para enganar os outros. Ao fazer de conta que joga de fato não joga, porque não faz uso da racionalidade do jogo, nem deseja atingir o *telos*, o bem do próprio jogo (VON WRIGHT, 1971, p. 5). A insensatez consiste na confusão das atividades.

Contudo, se é possível ensinar e aprender padrões e critérios, é possível também que eles não passem de hábitos, isto é, de repetições sem reflexão ou pensamento[20]. Se hábitos forem apenas reações inculcadas nas pessoas por um certo treinamento por meio de recompensas e ameaças, como se dá com o adestramento de animais não

---

[18] Ludwig WITTGENSTEIN, *Investigações filosóficas*, trad. João C. Bruni (São Paulo: Nova Cultural, 1991).

[19] Herbert McCABE, *On Aquinas*, ed. Brian Davies (London: Burns & Oates Continuum, 2008).

[20] Peter WINCH, como visto antes, elabora detidamente a diferença entre o hábito, como comportamento regular e repetitivo, e a prática de uma atividade segundo regras, que exigem aquilo que antigamente em direito se chamava a "consciência da obrigatoriedade". Cf. Peter WINCH, *The idea of a social science and its relation to philosophy*, 2. ed. (London: Routledge, 2008), *passim*. Foi baseado na obra de WINCH que HART propôs examinar o direito de um "ponto de vista interno", o ponto de vista do agente.

Capítulo 4 · O USO PRÁTICO DA RAZÃO: COMPREENDER, INTERPRETAR E APLICAR | 173

humanos, estaríamos então diante apenas de reações emocionais repetitivas, quase movimentos reflexos. Diríamos que alguém aprende quando reage a certos estímulos de certa forma de maneira constante e *regular*. Seria como um cachorro bem treinado. Neste último caso, para saber o que é a razão prática bastaria a psicologia experimental, dispensando-se a investigação filosófica propriamente dita[21], negando haver no processo de escolha deliberação que ultrapasse a simples busca de satisfações. No direito essa satisfação seria *interesse*. Nesse sentido, as deliberações dentro do direito não passariam de manifestação de inclinações, interesses, paixões. Seria assim mesmo?

A ideia de razão é mais ampla do que a ideia moderna de racionalidade, reduzida à faculdade calculadora, especulativa, e restrita à linguagem descritiva[22]. Em outras palavras, acompanhando a direção de algumas correntes filosóficas, vamos propor que a linguagem racional não é apenas a linguagem descritiva, não é apenas a que fala *de* alguma coisa externa. A linguagem prática, ou como diz o próprio RICOEUR, "o discurso da ação", reúne condições de racionalidade e de *inteligibilidade* (RICOEUR, 2012, *passim*).

O mundo do direito é o mundo da deliberação a partir de um conjunto ou sistema normativo especial, o sistema jurídico e seus fundamentos gerais. Trata-se, pois, do uso prático da razão. Deliberar dentro do sistema jurídico significa várias coisas. Pode ser a deliberação do indivíduo comum que deseja saber como se comportar. Pode ser a deliberação do delinquente, que precisa saber como safar-se das sanções. Pode ser a deliberação de quem é chamado a dirimir conflitos ou punir os ilícitos (o juiz ou árbitro). Pode ser a deliberação de quem pretende criar regras gerais (o legislador). Deliberar implica pelo menos dois processos complementares: o *da justificação dos critérios* (dizer por que se elege um critério e não outro como princípio) e o da justificação das escolhas nos casos particulares, *justificação da aplicação* (dizer porque se elege em particular um critério determinado em um caso concreto). Entre as alternativas que levaram em consideração esse uso prático da razão vamos encontrar a "nova retórica" e as teorias da argumentação. Foi nessa ordem de ideias, como resposta ao ceticismo generalizado e ao positivismo naturalista, que se consolidaram as teorias da argumentação jurídica (Robert ALEXY, Manuel ATIENZA e Neil MACCORMICK), teorias retóricas (PERELMAN e OLBRECHTS-TYTECA) e do interpretativismo (Ronald DWORKIN), sem falar nas teorias propriamente da razão prática (Joseph RAZ e John FINNIS). E assim foi que o debate contemporâneo no direito foi se afastando das escolas mais tradicionais.

Na filosofia contemporânea, H.-G. GADAMER (1900-2002), inserido na tradição da qual também procede Paul RICOEUR (1913-2005), e Ludwig WITTGENS-TEIN(1889-1951) podem bem ser caracterizados como autores que romperam com

---

[21] A psicologia tem por objeto a atividade mental dos indivíduos, enquanto a lógica tem por objeto o raciocínio mesmo, sua validade, as conexões entre eles e entre seus termos, sua coerência e suas consequências. Cf. Chaim PERELMAN, *La lógica jurídica y la nueva retórica*, trad. Luiz Díez-Picazo (Madrid: Civitas, 1979), p. 9.

[22] Uma excelente introdução ao conceito moderno e restritivo de razão encontra-se em Enrico BERTI, *As razões de Aristóteles* (São Paulo: Loyola, 1998).

174 | CURSO DE FILOSOFIA DO DIREITO – *José Reinaldo de Lima Lopes*

a limitação cognitivista da filosofia moderna e abriram as portas para voltarmos a pensar no direito de modo *prático*. Ambos rejeitaram a filosofia como simples auxiliar na solução dos problemas da ciência moderna (ciência positiva) e de sua linguagem. Abandonaram uma filosofia que se preocupava exclusivamente com proposições lógicas, dedutivas, matemáticas (Rohden, 2005, p. 138).

4.1.4. Os limites da razão prática

Com a exposição anterior podemos concluir que há um âmbito de racionalidade chamado de razão prática. Podemos dizer também que o direito é um campo por excelência dessa forma de racionalidade, já que nele se trata de deliberar sobre coisas variáveis (que podem ser ou não ser) e que versam sobre alguma finalidade (algum bem), a qual só se pode alcançar pela ação (Aristóteles, 1973, p. 346) (*EN*, 1141 b, 10). Veremos em outro capítulo como essa racionalidade depende de algum sentido que atribuímos ao direito, uma finalidade geral. Antes, porém, podemos perguntar pelos limites da razão prática: do que ela é capaz?

O problema mais importante nesse aspecto, continuamente enfatizado ao longo da história do pensamento ocidental, é saber se a existência da razão prática permite que se reconheça para cada problema prático uma só solução correta, e se esta solução se *descobre*, como se já existisse "lá fora", pelo *raciocínio*. Se imaginarmos que as soluções estão lá fora para serem descobertas, o pensamento jurídico se ocuparia de descrever ou espelhar um mundo dado. Se imaginarmos que as soluções jurídicas se parecem com soluções de problemas matemáticos, nosso pensamento seria dedutivo, "raciocinativo", com o perdão do neologismo. Desde sempre essa hipótese foi problemática, pois a maneira de formulá-la trai a premissa oculta: a de que existe "ali" uma solução a ser "descoberta", ou de que existe uma solução a que se chega por dedução.

Ora, quando se fala em razão prática, vimos acima, essa maneira de pensar não é adequada. Não se chega a uma solução jurídica dedutivamente: chega-se a ela deliberativamente, de modo que a solução certa é, na verdade, a melhor solução, a que se justifica melhor. A solução "certa" para os problemas da razão prática são as soluções "boas" ou "melhores" nas circunstâncias singulares[23]. Esse é, pois, um limite da razão prática – não uma falha ou deficiência, mas uma fronteira constitutiva. Como no caso do engenheiro que, ao fazer uma ponte, a faz da melhor maneira possível nas circunstâncias que lhe são dadas, assim quem faz um negócio jurídico, uma lei ou uma sentença judicial faz o melhor possível. Cada agente dentro de uma prática a vê da melhor maneira possível. Um jogador de futebol joga tendo em vista um padrão de jogo e de bom jogo; um flautista toca sua flauta da maneira como pensa que se deve tocar flauta, dentro de suas limitações naturais. Igualmente quem está dentro do campo jurídico[24].

---

[23] Ver, nessa linha, a contundente crítica de John Finnis à tentativa de Ronald Dworkin de afirmar a tese da única resposta correta em John Finnis, "On reason and authority in *Law's Empire*", *Law and Philosophy* 6, n. 3 (1987), p. 357-380.

[24] Creio que é assim que se pode compreender a pretensão de Dworkin de que um participante em uma prática propõe um valor para a prática, descrevendo "algum esquema de interesses, ou finalidades (*goals*) ou princípios que se pode entender que a prática serve, expressa ou

Capítulo 4 • O USO PRÁTICO DA RAZÃO: COMPREENDER, INTERPRETAR E APLICAR | **175**

Diante disso, alguns diriam que estamos perante o subjetivismo puro e simples e que bastaria qualquer justificação mais ou menos bonita para dizer que encontramos a melhor solução. Como diz com ironia o ditado popular, "dê-me a solução que eu facilmente chegarei às premissas", forma coloquial do fundamento *ex post facto*: subjetivismo e irracionalismo[25]. Aqui precisamos distinguir a empiria da racionalidade propriamente dita. Naturalmente, qualquer um pode, a qualquer momento, decidir de certo modo e sair atrás de justificativas que mascarem suas razões. Isso se faz porque as razões aceitáveis e compartilhadas não justificariam a decisão: é preciso ocultar as verdadeiras razões e motivos. Trata-se de algo que acontece e que pode acontecer, sem dúvida. Mas isso só acontece porque sabemos que há razões bastante fortes para justificar outra decisão. É que as razões jurídicas constrangem e limitam apenas juridicamente, não empiricamente.

O desafio do irracionalismo e do ceticismo moral (ou jurídico) não é novo, embora pareça hoje o pensamento mais popular, mesmo entre pessoas cultas[26]. Foi em boa parte o problema dos sofistas, que na Grécia realizaram uma verdadeira revolução filosófica. Esse problema sugere que entre conhecer e fazer há um abismo e o fazer não é um processo racional, mas instintivo, mecânico ou orgânico. Para esse pensamento, a psicologia empírica é o saber competente para falar do processo decisório. A filosofia ou fenomenologia da mente não é levada em consideração. Para lembrar o exemplo histórico mais evidente, TRASÍMACO, *em* A República (*Politeia*) de PLATÃO[27], lança contra SÓCRATES o desafio dos céticos, ou dos sofistas. Para ele não há racionalidade nas matérias políticas das relações entre seres humanos, mas simples jogo de poder, em que vencerá o mais forte. Corre assim parte do diálogo entre eles no Livro I:

> TRASÍMACO – Ignoras, porventura, continuou, que as cidades ora são governadas por tiranos, ora pelo povo e ora por aristocratas?

---

exemplifica". Ronald DWORKIN, *Law's empire* (Cambridge: Harvard University Press, 1986), p. 52. Quando comparado com o que o naturalismo empirista propunha para o direito é uma novidade, mas quando nos voltamos para o que ARISTÓTELES e Tomás de AQUINO defendiam vê-se que é a retomada de uma linha anteriormente existente.

[25] Falando do direito no Renascimento, diz MACLEAN: "The law, as well as being a practice is a discipline: it is taught, and its teachers choose not to characterize it as an arbitrary or politically biased practice which has recourse to linguistics only to veil the naked application of interest. There is, moreover, a strong presumption, if not of the rationality, then at least of the reasonableness of the law, which implies that the law can be described according to quasi-objective canons and, above all else, be discussed and argued over, as is only appropriate to an adversarial system. Finally, explanations of language use which are offered and systems of interpretation which are sketched out are testimony to the conceptual parameters of those who proffer them: and one might venture to claim that they are testimony not only to the general problematics of a period but also of the specific problematics of the legal profession at that time". Ian MACLEAN, *Interpretation and meaning in the Renaissance*: the case of law (Cambridge: Cambridge University Press, 1992), p. 7.

[26] Ver Martha NUSSBAUM, "Skepticism about practical reason in literature and the law", *Harvard Law Review* 107, n. 3 (1994), p. 714-744.

[27] Os textos foram extraídos de PLATÃO, *A República* (ou: sobre a Justiça, Gênero Político), trad. Carlos Alberto NUNES, 3. ed. rev. (Belém: UFPA, 2000).

CURSO DE FILOSOFIA DO DIREITO – *José Reinaldo de Lima Lopes*

Sócrates – Como poderei ignorar isto?

Trasímaco – E que em cada cidade quem tem o poder é o governo?

Sócrates – Perfeitamente.

Trasímaco – Cada governo promulga leis com vistas à vantagem própria: a democracia, leis democráticas; a tirania, leis tirânicas, e assim com as demais formas de governo. Uma vez promulgadas as leis, declaram ser de justiça fazerem os governados o que é vantajoso para os outros e punem os que as violam, como transgressores da lei e praticantes de ato injusto. Eis a razão, meu caro, de eu afirmar que em todas as cidades o princípio da justiça é sempre o mesmo: o que é vantajoso para o governo constituído. Este, porém, tem o poder, de forma que, bem considerado, será certo concluir que o justo é sempre e em toda parte a mesma coisa: a vantagem do mais forte (PLATÃO, 2000, p. 66-67) (L. I, 338 e).

O argumento de TRASÍMACO continua no Livro II:

Dizem que, por natureza, praticar injustiça é um bem e ser vítima de injustiça, um mal, porém que há mais mal em ser vítima de injustiça do que bem em praticá-la. Por isso, quando os homens cometem reciprocamente injustiça e dela são vítimas, vindo, portanto, a experimentar ambas coisas, os que não podem esquivar-se de uma nem alcançar a outra consideram mais vantajoso firmar um acordo para não mais serem vítimas de injustiça nem virem a cometê-la. Desse ponto foi que nasceram as leis e os contratos entre os homens, passando, então, o que é determinado por lei a ser chamado legalidade e justiça. Tal é a origem e a essência da justiça: uma espécie de compromisso entre o maior bem, ou seja, a impunidade para todas as malfeitorias, e o maior mal, isto é, a impotência de vingar-se quem foi vítima de injustiça. Na qualidade de um meio termo entre ambas não é amada a justiça como um bem, mas apenas tolerada, por serem impotentes os homens para cometer a injustiça. Pois quem pudesse cometê-la, no caso de ser homem na verdadeira acepção do vocábulo, em nenhum tempo iria firmar com ninguém um contrato, para não ser vítima de injustiça nem vir a praticá-la, a menos que fosse louco. Eis aí, SÓCRATES, a natureza da justiça, como é em si mesma, segundo dizem, e como se originou (PLATÃO, 2000, p. 95) (L. II, 358 e).

Entendamos bem: o desafio de TRASÍMACO não é discutir sobre a melhor forma de cidade, mas desqualificar a discussão da melhor forma de cidade, visto que as cidades sempre se constituirão por simples atos de força. Diante disso, devemos nos limitar a duas ou três opções: simples resignação, aliança com os mais fortes, ou revolta, quando possível, para ganhar o lugar dos mais fortes. SÓCRATES concede, no plano empírico, que os mais fortes podem sair-se melhor. Mesmo assim quer dizer que a atitude e as crenças de TRASÍMACO não têm sentido, não são inteligíveis se levadas às suas consequências. Os que a elas aderem fazem-no por muitos motivos, mas tais motivos não resistem a um exame crítico de ordem racional. Contra TRASÍMACO, SÓCRATES avança o argumento que hoje chamaríamos, segundo a teoria dos jogos, de "jogo de soma não zero", jogo cooperativo: existem situações de interação social em que a única via racional possível é a cooperação.

Capítulo 4 · O USO PRÁTICO DA RAZÃO: COMPREENDER, INTERPRETAR E APLICAR | 177

Quem governa para si ou para um grupo instaura um regime de não cooperação. É irracional, do ponto de vista da permanência da vida social. A irracionalidade do cético se demonstra na prática porque leva à dissolução da vida civil:

> Agora responde-me o seguinte: se é consequência inevitável da injustiça insuflar ódio onde quer que se encontre, não ocasionará também ódio recíproco e dissensões em cidadãos livres ou em escravos a que porventura se agregue, deixando-os, por isso mesmo, incapazes de levar a cabo qualquer ação conjunta? (...) E no caso de manifestar-se em duas pessoas, tornando-se inimigas uma da outra, como inimigas já são dos indivíduos justos? (...) estabelecida em qualquer lugar, cidade, família, acampamento militar, deixa a pessoa incapaz de agir com harmonia de vistas, em virtude de dissensões e inimizades que suscita (PLATÃO, 2000, p. 86-87) (L. I, 351).

O argumento de TRASÍMACO, a despeito de sua aparência crítica, é conformista e insufla conformismo, que se revela pela confusão entre a empiria – as coisas como são – e o normativo – as coisas como deveriam ser. O argumento de SÓCRATES vai em outra direção: a injustiça prova seus efeitos na destruição da cooperação, logo, para manter a cooperação, é preciso buscar seu contrário. E seu contrário se encontra nas formas de vida que todos valorizam e que podem ser justificadas como formas de vida melhores do que as da dissensão contínua.

Quadro 58

Ceticismo interno e ceticismo externo. DWORKIN distingue um ceticismo interno de um ceticismo externo. No primeiro caso, o participante da atividade levanta dúvidas sobre certa solução. No segundo caso, o participante levanta dúvidas sobre qualquer possibilidade de solução, ou sobre a prática mesma (DWORKIN, 1986, p. 78-85). A rigor, portanto, o "ceticismo externo" impede a participação na atividade. Trata-se do caso indicado por ARISTÓTELES no Livro IV da *Metafísica*: o interlocutor que de fato se recusa a entrar no diálogo, "trate-o como um vegetal" (*Metafísica*, 1006 a, 10 – L. IV, 4). Por quê? Porque, de fato, está apenas "fazendo de conta", recusa-se a raciocinar dentro das regras do jogo. Ele se comporta como a tartaruga do conto de Lewis CARROLL que pede a AQUILES que lhe dê razões para aceitar a ideia de inferência. Ora, conceitos e definições não se demonstram (*EN*, 1140 b, 30-1141 a 5), não podemos ir além deles mesmos; logo, AQUILES não pode fazer nada e a tartaruga, como não aceita a inferência porque não entende o conceito, não será persuadida (CARROLL, 1895). WITTGENSTEIN diz que até para duvidar precisamos ter razões: "Duvida-se a partir de certas razões" (*Da certeza*, § 458). O "duvidar por duvidar" é típico da criança ou do aluno que não aceita nada que o professor diz, interrompendo-o continuamente com um "por quê?". Esse aluno não aprenderá nada. Embora possa construir frases com forma de pergunta, suas perguntas não fazem sentido (*Da certeza*, § 310). Assim agem os pseudojuristas que acham que podem a todo momento colocar tudo em dúvida. Não entenderam a diferença entre "poder" no sentido empírico do termo e "poder" no sentido lógico-racional do termo.

Em outras palavras, a discussão travada na filosofia desde sempre é sobre as razões para ser egoísta: são razões finais e únicas, ou há razões também para não sermos egoístas? Se há, é possível ensiná-las e aprendê-las? Quando o espaço público passa a ser o espaço próprio do direito, estas demandas tornam-se as demandas do sistema jurídico. TRASÍMACO, porém, exemplar do ceticismo, tem da razão prática uma ideia que a confunde exclusivamente com a razão tecnológica, com o uso utilitarista da razão. Constituir uma cidade é para ele organizar a exploração de uns pelos outros, porque é isso que empiricamente se vê. Para SÓCRATES (que fala por PLATÃO), ao contrário: constituir uma cidade é organizar a vida civil "contrafaticamente", como se diz hoje. A razão prática aplicada à política (e ao direito, podemos dizer) não consiste em adequar as expectativas dos explorados e dos fracos aos propósitos dos exploradores e fortes: a razão prática não é o exercício apenas da faculdade de calcular os melhores meios, aceitando fins dados. A razão também consiste em criticar os próprios fins e arranjos, coisa que o ceticismo não permite e não deseja.

Quadro 59

> **Implicar, explicar, complicar.** Em latim, "dobra" ou "prega" diz-se *plicatura*. Assim, algo *in plica* é algo que está dentro dessa dobra. Se abrimos a dobra, esse algo vem para fora, *ex plica*. Enquanto não se *explica*, estamos em uma situação *cum plica*. Daí as palavras que hoje usamos: *implicar, explicar, complicar*.

Tratar a ação como resultado da razão prática exige que disponhamos das regras e dos conceitos da prática em que estamos inseridos – como quer Peter WINCH –, regras e conceitos que não entram "pelos sete buracos de nossa cabeça", como se fossem elementos do mundo sensível. Regras e conceitos das práticas são apreendidos pelo *senso comum*, ou *bom senso*[28], aquele que reúne todos os sentidos por meio de um conceito.

4.1.5. Uma visão restrita da racionalidade

Já foi visto no primeiro capítulo como o nascimento da ciência moderna postulou um modelo de racionalidade que excluiu de sua esfera a reflexão não causal e não estritamente descritiva das questões relativas à ação humana. De outro lado, desde o século XVII, certa "filosofia da mente" concentrou seu interesse naquilo que se chama razão especulativa ou razão teórica. A filosofia resultante dessa tradição tendeu a ser exclusivamente, ou quase, epistemologia, filosofia da ciência moderna e das condições de se fazer a ciência moderna[29]. A hermenêutica, por seu lado, deixou de ser apenas técnica ou arte de interpretar textos. A partir do romantismo, mudou, e no século XX constituiu-se em verdadeira filosofia do ser, *filosofia hermenêutica* ou *hermenêutica filosófica*[30]. A deliberação seria exclusivamente ato de *querer*, como

---

[28] Cf. Herbert McCABE, *On Aquinas*, ed. Brian Davies (London: Burns & Oates Continuum, 2008), p. 113-114.

[29] V. o capítulo 1 deste livro.

[30] Luiz ROHDEN, *Hermenêutica filosófica*: entre a linguagem da experiência e a experiência da linguagem (São Leopoldo: Unisinos, 2005); Jean GRONDIN, *Introduction to philosophical*

Capítulo 4 · O USO PRÁTICO DA RAZÃO: COMPREENDER, INTERPRETAR E APLICAR | 179

diz KELSEN, e não ato de razão[31]. Esta é, sem dúvida, uma forma de interpretar os processos de escolha. Neste caso, as únicas racionalidades das quais se pode falar são a da *razão instrumental*, ou seja, daquela que adequa meios e fins, ou da *razão estratégica*, a que leva em conta as ações alheias como obstáculos ou instrumentos possíveis para a própria ação. Mas, no que diz respeito propriamente aos fins, fica sem sentido avaliar a racionalidade das escolhas.

Nesse modelo moderno combinaram-se diversas perspectivas, todas preocupadas com a sistematização e o método *científico* do direito e remontando à ideia mesma de razão e racionalidade que a pouco e pouco tomou conta da Europa Ocidental. Trata-se da concepção estrita e estreita de razão. A razão propriamente dita seria apenas calculadora, uma forma de razão especulativa, como dito antes. A razão calculadora usa-se nas matemáticas, tem caráter demonstrativo e, como disse certa vez Gottfried LEIBNIZ (1646-1716), filósofo e matemático, depende apenas das definições. Dadas as definições, procede-se à conclusão.

Outro importante autor nessa ordem de ideias, mais importante mesmo que LEIBNIZ, foi David HUME (1711-1776). Para ele, são racionais apenas as relações que fazemos em pensamento entre conceitos ou ideias, ou entre eventos e processos empiricamente observáveis. As primeiras formam o objeto das ciências formais (matemática e lógica): relações entre conceitos, ideias e pensamentos são relações lógicas de inferência, de *implicação*. Um pensamento *implica* outro quando *contém* outro. Se você tem o conceito de *ser humano*, sabe que o ser humano é mortal. E se você sabe que Maria é um ser humano, sabe que Maria é mortal. As segundas são relações entre eventos e processos. Se essas relações são constantes e se você percebe que um evento sempre precede outro, você entendeu o princípio de causalidade. Nossa razão, portanto, diria respeito apenas a essas duas ordens de pensamento: implicação e causalidade. Fora disso estaríamos entregues às *paixões*, e por isso mesmo a simples opiniões e crenças.

Terceiro autor fundamental nessa linha foi Immanuel KANT (1724-1804). Instigado tanto pela filosofia de HUME, como ele mesmo confessou, quanto pelo avanço da ciência, KANT propôs uma *crítica* da razão. A crítica em KANT é exame das *condições* de uso da razão e, por isso, dos *limites* da própria razão. Em famosíssima passagem final de sua *Crítica da razão prática*, ele afirma:

> Duas coisas enchem o ânimo de crescente admiração e respeito, veneração sempre renovada quanto com mais frequência e aplicação delas se ocupa a reflexão: por sobre mim o céu estrelado; em mim a lei moral (KANT, sdp, p. 143).

---

hermeneutics (New Haven: Yale University Press, 1994).

[31] Especialmente crítico e certeiro também é Luigi FERRAJOLI, falando de *princípios* próprios do direito – princípio da completude e de implicação, bem como o da coerência e não contradição – que lhe dão lógica (ou inteligibilidade consequente, se quisermos): "São de fato princípios lógicos e simultaneamente normativos, *exatamente como as regras da matemática quanto aos discursos que dela fazem uso* (...)". Luigi FERRAJOLI, *La logica del diritto: dieci aporie nell'opera di Hans Kelsen* (Roma/Bari: Laterza, 2016), p. 196 (grifos meus). Vale dizer: assim como, no campo da matemática, quem dela faz uso deve se submeter a suas próprias regras e sentidos, assim no campo da prática (da qual o direito faz parte) existem regras e sentidos.

É um belo resumo de sua filosofia, que se ocupou dos modos como compreendemos e explicamos o mundo fora de nós (objeto das ciências naturais) e o mundo da liberdade (objeto da filosofia prática ou moral). Com essas inquietações, KANT se debruça sobre nosso modo de *conhecer* o mundo (*Crítica da razão pura*), nosso modo de *deliberar* (*Crítica da razão prática*) e, finalmente, sobre como somos capazes de *pensar* propriamente, ou seja, de unir conceitos abstratos e universais a coisas, eventos e processos singulares, assunto de sua *Crítica da faculdade de julgar*. Seu exame da razão prática concentra-se em nossa capacidade de conhecer as regras do agir, as leis da liberdade ou nossa habilidade para formular princípios de ação que devemos seguir se quisermos viver livres, mas moralmente determinados. O primeiro princípio da vida moral será conhecido como *imperativo categórico*. Categórico porque diferente de imperativos hipotéticos: os imperativos hipotéticos são aqueles que valem (obrigam) *se* quisermos atingir certos fins. Se os fins forem (i) apenas materiais e exteriores a nós, são imperativos *técnicos*. Se os fins disserem respeito a (ii) nosso bem-estar, inclinação, necessidades ou satisfação, são imperativos *prudenciais*. A consciência moral, porém, não diz respeito a fins exteriores a alcançar: diz respeito a uma forma de vivermos livres e submetidos apenas à nossa consciência de seres humanos em meio a outros seres humanos. Como não diz respeito a fins exteriores, o imperativo moral é categórico e se expressa assim: "Age apenas segundo uma máxima tal que possas ao mesmo tempo querer que ela se torne lei universal" (KANT, 1974, p. 223). Assim, a universalidade é o primeiro limite e condição das normas morais[32]. KANT está interessado no *conhecer* as normas, princípios e máximas da liberdade: com isso, abre as portas para uma filosofia moral de caráter mais epistemológico do que propriamente prático.

Por tudo isso, muitos pensaram que o racional seria exclusivamente a lógica ou a ciência empírica e fora disso tudo é apenas paixão, irracionalidade ou, pior, "conversa mole" e "lero-lero". Veja-se, por exemplo, como Hans KELSEN trata do assunto:

> Do ponto de vista da psicologia empírica, a função específica da razão é o conhecimento dos objetos que lhe são dados ou propostos. O que nós designamos como razão é a função cognoscitiva do homem. A normação, a legislação não é, porém, uma função do conhecimento. Com a fixação de uma norma não se conhece um objeto já dado, tal como ele é, mas exige-se algo que deve ser. Neste sentido, a normação é uma função do querer, não do conhecer. Uma razão norma-

---

[32] Ao longo da *Fundamentação da metafísica dos costumes* aparecem ainda outras duas formulações do imperativo categórico: "Age de tal maneira que uses a humanidade, tanto em tua pessoa como na pessoa de qualquer outro, sempre e simultaneamente como fim e nunca simplesmente como meio". Immanuel KANT, *Fundamentação da metafísica dos costumes*, trad. P. Quintela (São Paulo: Abril Cultural, 1974), p. 229; e "Age segundo máximas que possam simultaneamente ter-se a si mesmas por objeto como leis universais da natureza" (Id., p. 236). Cf. Christine KORSGAARD, *Creating the kingdom of ends* (Cambridge: Cambridge University Press, 2000). Onora O'NEILL, *Constructions of reason*: explorations of Kant's practical philosophy (Cambridge: Cambridge University Press, 1989).

Capítulo 4 · O USO PRÁTICO DA RAZÃO: COMPREENDER, INTERPRETAR E APLICAR | **181**

tiva é ao mesmo tempo uma razão cognoscitiva e querente, é, simultaneamente, conhecer e querer. Estamos em face do conceito em si contraditório de razão prática, que desempenha um papel decisivo não só na teoria do direito natural concebida como teoria do direito racional mas ainda na ética. Este conceito de razão prática é de origem teológico-religiosa (KELSEN, 1993, p. 85-86).

KELSEN se refere continuamente à *razão empírica* que se investiga cientificamente pela *psicologia empírica*. Subordina, portanto, a investigação filosófica propriamente, que pergunta "o que é a razão?", aos achados da psicologia empírica (experimental). Esta se ocupa, na verdade, das reações e dos afetos dos indivíduos, das "paixões da alma", e por isso pressupõe, como todas as ciências modernas, relações de causalidade e movimento.

A combinação dessas vertentes filosóficas modernas foi dinamite pura. Os juristas, atordoados, buscaram a pretensa salvação no logicismo e no conceitualismo, ou entregaram-se e conformaram-se à ideia de que, afinal de contas, tudo é mesmo "retórica" no mundo do direito. Entenderam a retórica de um modo muito restrito e amputado[33]. Enquanto a *Retórica* de ARISTÓTELES, e mesmo os diálogos de PLATÃO, como o *Górgias* ou o *Crátilo*, pretendiam opor-se à retórica dos sofistas, a arte de convencer pela beleza do discurso independentemente de sua verdade, os novos retóricos de uns anos para cá passaram a defender o discurso belo em detrimento do discurso verdadeiro[34]. A retórica é confundida com a arte de seduzir, não a arte de convencer.

Outra vertente que desconsidera o uso prático da razão manifesta-se nas abordagens sociologizantes. Aí passa a vingar uma explicação também externalista,

---

[33] Diz PERELMAN que a retórica "degenerou no século XVI para ficar reduzida a um estudo das figuras de estilo e finalmente desapareceu por completo nos programas de ensino secundário". Chaim PERELMAN, *La lógica jurídica y la nueva retórica*, trad. Luiz Díez-Picazo (Madrid: Civitas, 1979), p. 139. De modo semelhante, RICOEUR afirma que a retórica deixou de figurar no *cursus studiorum* dos colégios no século XIX e tornou-se uma disciplina não apenas defunta como também "amputada", pois restrita à teoria das figuras. Perdeu contato com a retórica aristotélica, que englobava o campo da *argumentação* (articulada com a lógica demonstrativa e a filosofia), o campo da *elocução*, e o campo da *composição do discurso*. Só esta última parte sobreviveu até o século XIX, mas mesmo assim como uma "retórica restrita". Paul RICOEUR, *A metáfora viva*, trad. J. Costa e A. Magalhães (Porto: Rés, 1983), p. 13-14. V. também Tercio Sampaio FERRAZ JR., que explica a retórica ter se tornado "simples oratória" pelo fato de a lógica ter se tornado *epistêmica* na modernidade (*Direito, retórica e comunicação*, 2. ed., São Paulo: Saraiva, 1997, p. x).

[34] No Brasil, especialmente lúcido e certeiro, Wladimir Barreto LISBOA, "As novas sofísticas jurídicas: Chaim Perelman e Stanley Fish", em *Norma, moralidade e interpretação* (Porto Alegre: Linus Editores, 2009), p. 167-192. No exterior, a reação à "nova sofística" também é grande. Diz D. PATTERSON: "Professionally speaking, sophists had no interest in truth. (...) This is why Aristotle describes a Sophist as 'one who makes Money by sham wisdom (Aristotle 1985, 165ª22). Sophists taught that, truth not withstanding, one could alter another's perception of the truth through verbal manipulation". PATTERSON, "On rhetoric and truth: a reply to Neil Duxbury", *Ratio Juris*, 13, n. 2 (2000), p. 216. Crítica também é Martha NUSSBAUM, "Sophistry about conventions", em *Love's knowledge*: essays on philosophy and literature (Oxford: Oxford University Press, 1990), p. 220-229; e Martha NUSSBAUM, "Skepticism about practical reason in literature and the law", *Harvard Law Review* 107, n. 3 (1994), p. 714-744.

182 | CURSO DE FILOSOFIA DO DIREITO – *José Reinaldo de Lima Lopes*

cuja linguagem própria parece ser a do poder: ou se fala simplesmente em poder, ou se fala em classes sociais, ou se fala na sociedade. O poder é tomado como um fato e como tal analisado. O poder faz, o poder impede, o poder impele, o poder impõe. O poder é tomado e exercido por alguém. O poder é instrumento, mecanismo, artefato[35]. Toma-se a sociedade por um sujeito, tomam-se os grupos por sujeitos, e muitas vezes na falta de explicação dos processos de deliberação apela-se para a "ideologia" ou para a "retórica". A ideologia significa, no sentido mais vulgar, a simples mentira ou o engano, e a retórica é vista como algo parecido: ela se transforma, de fato, na "oratória", a arte do discurso belo e não a arte (ou técnica) da argumentação propriamente dita. É a "perspectiva externa", a racionalidade do observador, não a do agente ou participante – como se fosse possível observar as ações, as instituições, a vida sob as leis, de fora, sem se valer das normas e sentidos pelos quais as ações, as instituições e a vida acontecem.

4.2. UMA ALTERNATIVA?

O anelo pela cientificidade e pela objetividade mal compreendida levou, portanto, ao ceticismo quanto ao uso da razão nas "coisas humanas". Se não pode haver cálculo e ciência, então não existe racionalidade, concluiu-se. Contra essa perspectiva, duas correntes filosóficas desenvolvidas na segunda metade do século XX se afirmaram e podem ajudar os juristas a se darem conta de sua condição. Trata-se da *filosofia analítica*, cuja origem mais próxima está na obra de WITTGENSTEIN, do período chamado do *segundo* WITTGENSTEIN, e da *hermenêutica filosófica* que, remontando à obra de Edmund HUSSERL e de Martin HEIDEGGER[36], encontrou em

---

[35] Essa maneira de falar é diferente da de Michel FOUCAULT, para quem o poder não tem tal forma empírica e material, não se descreve como algo que alguém tem e outro não. O poder circula. Cf. Michel FOUCAULT, *Microfísica do poder*, trad. Roberto Machado (Rio de Janeiro: Graal, 1979).

[36] Para uma introdução ao papel de HEIDEGGER na origem da filosofia hermenêutica, ver Jean GRONDIN, *Introduction to philosophical hermeneutics* (New Haven: Yale University Press, 1994), que lembra a seguinte passagem de HEIDEGGER, em *Ser e tempo*, parte 1, § 7: "Em seu conteúdo, a fenomenologia é a ciência do ser dos entes – é ontologia. Ao se esclarecer as tarefas de uma ontologia, surgiu a necessidade de uma ontologia fundamental, que possui como tema a pré-sença. Isto é, o ente dotado de um privilégio ôntico-ontológico. Pois somente a ontologia fundamental pode-se colocar diante do problema cardeal, a saber, da questão sobre o sentido do ser em geral. Da própria investigação resulta que o sentido metódico da descrição fenomenológica é *interpretação*. O logoς da fenomenologia da pré-sença possui o caráter de *ermηneuein*. Por meio deste *ermηneuein* proclamam-se o sentido do ser e as estruturas ontológicas fundamentais da pré-sença para a sua compreensão ontológica constitutiva. Fenomenologia da pré-sença é *hermenêutica* no sentido originário da palavra em que se designa o ofício de interpretar. (...) A hermenêutica da pré-sença torna-se também uma 'hermenêutica' no sentido de elaboração das condições de possibilidade de toda investigação ontológica. (...) Trata-se de uma hermenêutica que elabora ontologicamente a historicidade da pré-sença como condição ôntica de possibilidade da história fatual. Por isso é que, radicada na hermenêutica da pré-sença, a metodologia das ciências históricas do espírito só pode receber a denominação de hermenêutica em sentido derivado". Martin HEIDEGGER, *Ser e tempo*, 2. ed., trad. M. S. Cavalcanti (Petrópolis: Vozes, 1988, v. 1), p. 68.

Capítulo 4 · O USO PRÁTICO DA RAZÃO: COMPREENDER, INTERPRETAR E APLICAR | **183**

GADAMER sua exposição mais interessante. Há quem considere as duas abordagens disjuntivas e reciprocamente excludentes: ou se adere à orientação de ordem lógica da filosofia analítica, ou se adere à orientação de ordem ontológica da hermenêutica filosófica. Surgiram, contudo, autores a propor possíveis aproximações, entre eles K.-O. APEL, Paul RICOEUR e de modo peculiar Charles TAYLOR. Esse panorama filosófico foi, de certo modo, paralelo a tentativas de juristas de superar o modelo predominante no século XIX e na primeira metade do século XX. No direito propriamente, pode-se pensar pelo menos em Manuel ATIENZA e Klaus GÜNTHER[37].

4.2.1. A retórica de PERELMAN

Lembremos, primeiro, esforços anteriores a nossos dias feitos por alguns para ultrapassar seja o dedutivismo, seja o empirismo, e dentre estes um que se tornou popular no Brasil, Chaim PERELMAN e sua "Nova Retórica", já mencionada antes[38]. Para muitos a retórica é conveniente porque é a arte de seduzir o auditório. Seduzir seria convencer o auditório independentemente da correção ou da verdade do argumento exposto. A retórica é entendida como arte da prestidigitação conceitual ou verbal, da mágica, pela qual o branco torna-se negro. Como diz Benedito NUNES, "o encantamento mimético, produzido pelo vigor das invenções verbais que atuam como a força de uma revelação misteriosófica para iniciados", com os "sortilégios das palavras de mel"[39]. Advogados que se dizem juristas enaltecem essa retórica, que lhes cai como uma luva na atividade de defender qualquer causa hoje contrária a uma causa que defenderam ontem. Valendo-se de um conceito difundido mas ligeiro de retórica, encontram nela uma tábua de salvação para tudo. Chaim PERELMAN, entretanto, distingue sua Nova Retórica justamente da propaganda. A retórica, diz ele, não se confunde com a propaganda porque ela tenta persuadir pelo discurso,

---

[37] Manuel ATIENZA, "Hermenéutica y filosofía analítica en la intepretación del derecho", em *Cuestiones judiciales* (México: Fontamara, 2001), p. 101-118; Klaus GÜNTHER, *The sense of appropriateness*: application discourses in morality and law, trad. J. Farrell (Albany: SUNY, 1993).

[38] Essas tentativas de mudança referem-se frequentemente à "lógica do razoável", expressão imprecisa usada por Luís Recasens SICHES (1903-1977). Elas se fizeram dentro do direito sem dialogar com a filosofia do século XX, especialmente da segunda metade do século XX. Nesta, o problema é enfrentado, como vem sintetizado no texto, pela consideração global da racionalidade humana, não por sua compartimentalização. As duas correntes aqui tratadas, a analítica e a hermenêutica, consideram a questão do ponto de vista da razão humana em geral. John RAWLS distinguirá, mais tarde, o racional do razoável da seguinte maneira: racional é a faculdade de ajustar meios e fins (digamos, cálculo) e razoável a faculdade de entrar em entendimento com outrem. As pessoas são razoáveis, diz ele, quando estão dispostas a propor princípios e normas como termos justos de cooperação e cumpri-los. Racional é o agente solitariamente considerado, capaz de escolher e perseguir fins em seu próprio interesse. Cf. J. RAWLS, *Liberalismo político*, trad. Madero Baéz (México: Fac. Derecho UNAM/Fondo de Cultura Econômica, 1995), p. 67-69.

[39] Benedito NUNES, "No tempo do niilismo", em *No tempo do niilismo e outros ensaios* (São Paulo: Loyola, 2012), p. 11.

não pela manipulação técnica do raciocínio alheio. É um estudo lógico, enquanto a propaganda é uma técnica da manipulação empírica[40].

Mas de que espécie de lógica estamos falando aqui? Se a lógica for a teoria do pensamento propriamente dito, é preciso distinguir o objeto do pensamento. A que espécie de regras o pensamento se submete quando trata das coisas contingentes e não das necessárias? Que espécies de relações podem ser estabelecidas entre termos e proposições quando sua referência são os singulares e contingentes que há no mundo, cuja existência muitas vezes depende de atos humanos? Esse é o tema da retórica.

Quadro 60

Retórica, discurso belo e oratória: a visão platônica. Foi PLATÃO quem nos legou a imagem da retórica como discurso belo, mas não verdadeiro, e dos sofistas, cultores da retórica, como sábios apenas de aparência. Em dois de seus diálogos, o *Protágoras* e o *Górgias*, essa ideia é bem definida. No primeiro, o sofista é assemelhado a um comerciante, que vende "alimento para a alma", mas não distingue o nocivo e o saudável, pois, afinal, pretende apenas ensinar a "falar bem" sobre qualquer coisa. Seu discurso é bom para as multidões, mas submetido a uma conversa rigorosa com alguém em particular não se sai tão bem. No *Górgias*, cujo tema central é exatamente a retórica ("O que é a retórica? Comparada a outras 'artes' que espécie de 'produto' ela gera?"), a crítica é ainda mais incisiva. PLATÃO (por seu personagem SÓCRATES) leva seu interlocutor a reconhecer que ela é uma "arte de persuasão", usada em assembleias e tribunais, mas "promove a crença, não o conhecimento... não instrui os tribunais e demais assembleias a respeito do justo e do injusto, mas apenas lhes desperta a crença nisso" (PLATÃO, 2002, p. 139) (*Górgias*, IX, 455 a). Ela é um "método de persuasão" que faz alguém, sem conhecimento

---

[40] Diz PERELMAN que sua Nova Retórica "deve englobar todo o campo da argumentação, que é complementar ao da demonstração e da prova inferencial". Chaim PERELMAN, *La lógica jurídica y la nueva retórica*, trad. Luiz Díez-Picazo (Madrid: Civitas, 1979), p. 142. Assim, a seu juízo, ao lado das demonstrações existe uma argumentação que completa a lógica formal. Ambas formas de raciocínio – o raciocínio analítico (das demonstrações e inferências) e o raciocínio dialético (da justificação) –, segundo ele, compõem o campo vasto da lógica. "Um dos fatores essenciais da propaganda (...) é o condicionamento do auditório mercê de numerosas e variadas técnicas que utilizam tudo quanto pode influenciar o comportamento. (...) Esse é mais um ponto de vista que nossa análise deixará de lado: trataremos apenas do condicionamento do auditório mediante o discurso". Chaim PERELMAN e Lucie OLBRECHTS-TYTECA, *Tratado da argumentação*: a nova retórica, trad. Maria E. Galvão (São Paulo: Martins Fontes, 2000), p. 9. Nesses termos, não se pode dizer que a argumentação seja *oposta* à demonstração, conforme a expressão usada por Tercio Sampaio FERRAZ JR., *Introdução ao estudo do direito*, 6. ed. (São Paulo: Atlas, 2008), p. 295. Essa oposição leva a pensar que a argumentação não procura a verdade, tem caráter "meramente" persuasivo e se restringe a persuadir auditórios particulares (id., ib.). Não: a argumentação abrange a demonstração, não se opõe a ela, como diz Tiago TRANJAN, *Demonstração e argumentação* (São Paulo: Martins Fontes, 2015), p. 19. A argumentação abrange o universal e o particular: pode, pois, dirigir-se a um auditório universal, i.e., qualquer pessoa racional, e a um auditório particular, i.e., dos que compartem algum interesse. Chaim PERELMAN e Lucie OLBRECHTS-TYTECA, *Tratado da argumentação*: a nova retórica, trad. Maria E. Galvão (São Paulo: Martins Fontes, 2000), p. 75.

Capítulo 4 · O USO PRÁTICO DA RAZÃO: COMPREENDER, INTERPRETAR E APLICAR | 185

das coisas mesmas, parecer sábio diante dos ignorantes (PLATÃO, 2002, p. 145) (*Górgias*, XIV, 459 d). Como veremos a seguir, ARISTÓTELES tem outra concepção da retórica, e a considera mais positivamente[41].

4.2.2. A diferença da retórica aristotélica

A retórica aristotélica clássica foi concebida como parte da lógica aplicada ao que é contingente, ao que não é necessário, ao que não é "sempre assim"[42]. Por isso a retórica aristotélica e medieval concentrava-se nas *provas*. A prova é o que nos assegura, *provavelmente,* do que aconteceu ou do que pode vir a acontecer. Por isso se diz que a retórica diz respeito ao provável. Mas atenção, o *provável* não se confunde com o *opinável*. O objeto do discurso provável é aquilo que sabemos que existe ou que pode acontecer, mas que não sabemos se realmente aconteceu, ou se acontecerá ou não[43]. A retórica refere-se, portanto, ao que pode ou não acontecer ou existir em determinado momento, e toma como ponto de partida o que acontece no mais das vezes (por isso é *verossímil*)[44]. É uma questão de probabilidade, não de gosto nem de premissas discutíveis e duvidosas. O *opinável* – assunto da *tópica* – é aquilo de que não posso ter *nem demonstração* (como na matemática), *nem prova* (como na retórica)[45]. O contingente pode ser provado, por isso é *provável*. A certeza que podemos ter desses fatos é probabilística.

---

[41] Foi usada a seguinte edição: PLATÃO. *Protágoras – Górgias – Fedão*, 2. ed., trad. Carlos A. Nunes, ed. Benedito Nunes (Belém: UFPA, 2002).

[42] Existe disputa a respeito. Para alguns a *Retórica* de ARISTÓTELES deveria integrar-se à *Poética*. Mas as posições de David Ross, *Aristóteles*, trad. L. F. B. Teixeira (Lisboa: Dom Quixote, 1987), e W. F. R. HARDIE, *Aristotle's ethical theory* (Oxford: Oxford Clarendon Press, 1968), sustentam visão favorável a se incluir a *Retórica* na disciplina do pensamento racional. Mostrando a complexidade da *Retórica*, mas ainda reconhecendo que uma sua parte substancial é lógica, ver Jonathan BARNES, "Retórica e poética", em *Aristóteles*, ed. Jonathan Barnes, trad. Ricardo H. P. Machado (Aparecida: Ideias & Letras, 2009), p. 329-360.

[43] No Brasil, uma boa introdução à retórica aristotélica é de Luiz ROHDEN, *O poder da linguagem*: a *Arte Retórica* de Aristóteles (Porto Alegre: PUCRS, 1997).

[44] O verossímil não é o que parece ser verdade sem razão objetiva, mas o que parece ser verdade porque é assim no mais das vezes. Assim, é verossímil, por exemplo, que crimes possam acontecer por motivos passionais e que crimes passionais sejam resultado de ciúmes que acometem certos tipos de pessoas. Assim, é verossímil em certas circunstâncias pensar que houve crime passional.

[45] Sabemos ou não sabemos que existe Deus? Não há como provar, pois provar que Deus existe seria tratá-lo como contingente. E não há tampouco como provar que Deus não existe, pois a prova negativa pressupõe um estado – provado e provável – diferente. As provas negativas, dizia-se, eram *diabólicas*, porque seriam exigências impossíveis. Não posso provar que não estava em certo lugar num certo momento: se eu não estava lá não existe nenhum vestígio de minha presença naquele lugar. Posso provar que estava em outro lugar (álibi) e neste caso a prova é positiva, não negativa. Por outro lado, não posso "demonstrar" que Deus existe, porque isso exigiria um ponto de partida inicial que não é evidente, por exemplo o de que

Os clássicos – como Aristóteles – estavam à procura de um método para pensar consistente, coerente e consequentemente sobre o possível e provável. Tinham consciência de que o provável são coisas diferentes. A *dedução apodítica*, ou *demonstrativa* propriamente dita, diz respeito ao que é necessário e às relações entre juízos e proposições. Mas a retórica diz respeito à prova do que é contingente. Por isso, diz Aristóteles, o assunto principal da retórica é a *prova* – não a *demonstração*.

E qual a importância do auditório em tudo isso, auditório que na obra de Chaim Perelman e de quem o leu no século XX teve um papel tão determinante? O discurso retórico não se adapta ao auditório, não diz aquilo que o auditório quer ouvir e, portanto, não se afasta da verdade e da objetividade? Não manipula o discurso para manipular o auditório? Na verdade, a adaptação do orador ao auditório está vinculada ao que se pode e deve *provar*. Para um auditório de médicos a prova da gravidez de uma mulher é uma, enquanto para um auditório de leigos a prova é outra. No primeiro caso, um exame laboratorial pode mostrar que a mulher está grávida, mas para o leigo pode haver outros elementos de prova, pois ele não seria capaz de ler e compreender um exame laboratorial. Assim, o orador não se adapta ao auditório para enganá-lo, para despertar-lhe as emoções e induzi-lo em erro. Essa era a forma de agir dos sofistas, que não estavam interessados na verdade, mas na riqueza que ganhariam com seu discurso, e essa pode ser a forma de agir do advogado ou do lobista[46].

O auditório é importante nesses termos: determina como podemos oferecer algo inteligível (mas verdadeiro) para quem detém certas informações ou conceitos. Um juiz que não sabe a diferença entre dinheiro (Código Civil, art. 315) e moeda (Constituição Federal, art. 21, VII) não será convencido por um argumento mais adequado a um economista ou financista. Um economista que não sabe a diferença entre direito e regras técnicas de administração não será convencido por um argumento filosófico-conceitual familiar ao jurista. O discurso ou argumento tem que ser adequado ao auditório nesses termos. Por isso Aristóteles insiste: só a prova diz realmente respeito à retórica. As "paixões da alma", como a aversão, a compaixão e a ira, não dizem respeito ao discurso mesmo, mas ao juiz. Quando se suspeitar que o juiz nutra alguma dessas paixões pela parte ou pelo tema da causa, deve ser afastado, e a parte pode alegar sua suspeição[47].

---

o universo precisa ter um criador. Essa ideia não se impõe por definição, ou seja, a ideia do universo não exige a ideia de criação. As demonstrações ou provas da existência de Deus demonstram ou provam a necessidade de um início, mas para a tradição cristã, em que Deus é em certo sentido pessoal (*verbum caro factum est*), isso não se demonstra: revela-se e revela-se de tal modo que é preciso crer em testemunhas, "os que comeram e beberam com ele", ou os que "o viram".

[46] Pelo menos esta é a imagem negativa que dos sofistas recebemos por Platão e Aristóteles. Os historiadores da filosofia não aceitam uma imagem assim simples, mas não vem ao caso para nós aqui.

[47] O tema é tradicional no direito. Desde sempre o direito a um juiz isento foi considerado direito fundamental, natural, de qualquer parte. Cf. Decretais, L. II, t. XXVIII; D. G. Aboim, *Tractatus de recusationibus omnium judicium officialumque tam justitiae commutativae quam distributivae utriusque fori tam saecularis quam ecclesiastici sive regularis* (Coimbra: Joannis Antunes, 1699); Código de Processo Civil (Lei n. 13.105/2015), arts. 144 e 145.

Capítulo 4 · O USO PRÁTICO DA RAZÃO: COMPREENDER, INTERPRETAR E APLICAR | 187

A retórica é um tratado do raciocínio que prova alguma coisa. Ao lado do auditório, a qualidade ou o caráter de quem argumenta também é importante. Que credibilidade tem um leigo ou imperito diante de um assunto técnico? Que credibilidade tem um leigo para atestar a *causa mortis* e o horário da morte de alguém num caso de homicídio? Que credibilidade tem alguém conhecido por ser indiferente à verdade, como hoje acontece entre nós nesses debates eufemisticamente chamados de "pós-verdade"? O auditório precisa também acreditar no orador, ele precisa ter credibilidade. Mas essa credibilidade não pode ser fruto de um espetáculo ou de uma encenação. É disso que se trata.

4.2.3. Retórica, lógica, tópica: diferentes objetos

Diferentemente da retórica, que diz respeito ao contingente, a lógica, no sentido mais estrito, diz respeito às *demonstrações*. Dadas as premissas verdadeiras e necessárias, segue-se a conclusão. Essas relações entre as premissas e seus termos foi largamente explorada, estudada e explicada pela lógica clássica e medieval. As regras mais gerais do pensamento consequente valem tanto aqui, na lógica formal estrita, quanto no pensamento ordenado em geral. Por exemplo, o *princípio de identidade* é condição para qualquer pensamento consequente. Por ele sei que, quando falamos de A, estamos falando de A, e não de B. Alguns resumiram de forma coloquial esses princípios elementares: "Uma coisa é uma coisa, outra coisa é outra coisa". Se não pensarmos assim não conseguimos avançar. Essa dedução de premissas verdadeiras e primeiras chama-se dedução *apodítica*.

Finalmente, ao lado da retórica e da lógica existe uma outra forma de pensar. Ficou conhecida como *tópica*. Consiste no método para chegar-se a um *ponto de partida comum* – daí seu nome grego, derivado de τοπος, lugar. É usado quando temos dúvidas de caráter conceitual, não de caráter empírico, ou seja, dúvidas que não podem ser resolvidas apresentando-se um indício, um vestígio, uma *prova*. Essas dúvidas nos impedem de ter um ponto de partida comum[48]. Elas não nos permitem aceitar a premissa do raciocínio, e sem premissas não conseguimos pensar. Um dos meios de eliminar a dúvida é levar ao limite a premissa que estamos considerando como nosso ponto de partida. Se chegarmos a uma contradição, teremos que abandoná-la. Nesses casos não se trata nem de demonstração, nem de prova, mas, no limite, de *refutação*. Posso não ter certeza de um ponto de vista, mas se sustentá-lo me leva a contradizer-me, a ser inconsistente, incoerente ou inconsequente, devo abandoná-lo e procurar uma alternativa. Essa forma de raciocínio chama-se dedução *dialética*. As premissas são tomadas como verdadeiras, mas não são evidentes, nem primeiras.

---

[48] Na falta de uma "regra obrigatória" ou em casos de as regras serem ambíguas ou incompletas, procedemos a uma espécie de elaboração da regra *ad hoc*, mas em função de suas consequências gerais previsíveis. As consequências que podem ser levadas em conta não serão as que se refiram às partes do caso, mas aquelas gerais, que advenham do princípio de justiça, o qual nos obrigará, no futuro, a tratar novos casos da mesma maneira. Essa é a explicação de MacCormick para os limites à busca das premissas na falta de lei. V. Neil MacCormick, *Legal reasoning and legal theory* (Oxford: Oxford University Press, 1995), p. 149-150. É o colocar-se no lugar do legislador, que veremos no capítulo 5.

4.2.4. Falácias e retórica

Raciocínios podem estar sujeitos a duas espécies de problemas. Podem ser *questionáveis,* quando tomam por evidentes premissas que não o são. Raciocina-se, mas há um engano de base, engano a respeito do caráter do ponto de partida: não se distingue o evidente do provável ou do opinável. Outro problema é erro em etapas do raciocínio, o raciocínio falacioso: as falácias comprometem o raciocínio mesmo. *Falácias formais* corrompem o raciocínio em sua estrutura: por exemplo, não *distribuem* os termos adequadamente, ou seja, não aplicam os termos de forma rigorosa. Quando se diz que "cães são animais domésticos e ladram, e gatos, como são animais domésticos, também ladram" (tirei o exemplo de Umberto Eco, *O pêndulo de Foucault*), a relação entre ser animal doméstico e ladrar não está adequadamente *distribuída,* porque estou lidando com dois atributos de um mesmo animal, que não precisam estar *implicados* entre si (ser animal doméstico e ladrar), logo não se pode concluir validamente nada. E existem *falácias materiais*, que podem ser de *relevância* ou de *ambiguidade.* Típico argumento falacioso é o *argumento de autoridade.* Não basta que A (um doutrinador, por exemplo) diga que B é assim (que tem cabimento um processo em tal circunstância). No caso do argumento de autoridade, tomamos a verdade das premissas por força de um elemento externo a elas, seu autor, e não pelo seu valor intrínseco. Trata-se de uma *falácia de relevância*: o fato de a premissa ser do autor A ou B não confirma, por si, sua correção ou verdade. Também existe falácia quando se faz um apelo genérico a termos equívocos, como "povo", por exemplo. *Povo* pode ser tomado pelo conjunto dos habitantes e residentes de um certo território, caso em que tem uma referência empírica. Pode também ser tomado pelo conjunto dos cidadãos, como quando se fala "todo poder emana do povo". Mas pode se referir apenas à maioria dentro desse conjunto: o povo elegeu o presidente. Tomar a parte pelo todo é uma falácia: "Os índios estão desaparecendo; este sujeito é um índio, portanto este sujeito está desaparecendo". Ou: "Todos têm direito ao amor. Você é o meu amor, logo, eu tenho direito a você". "Todos têm direito à saúde. Sua cadeira ergométrica faria bem à minha saúde, logo eu tenho direito a sua cadeira ergométrica". O uso descuidado ou propositalmente ambíguo de um termo leva a pensamentos falaciosos. Entre os juristas isso ocorre com alguma frequência e muitas vezes as falácias são tomadas por *retórica.*

A retórica é realmente importante, como método de pensamento. Mas não para persuadir de qualquer coisa. Ela é especialmente importante para aduzir provas a favor de uma decisão que precisa ser tomada. As provas podem dizer respeito ao que provavelmente aconteceu ou sobre o que pode provavelmente acontecer. Daí os dois gêneros principais do uso da retórica: nos casos "judiciais" (quando se delibera sobre o que aconteceu) e nos casos "legislativos" (quando se delibera sobre o que fazer para o futuro). Uso os termos entre aspas porque não precisamos ser juízes nem legisladores para deliberar sobre o que aconteceu ou sobre o que pode vir a acontecer. Fazemos isso todo o tempo. É isso que significa ser capaz de seguir regras, de entrar em práticas, desde o uso elementar da gramática e da lógica, até os usos das regras de aritmética, por exemplo.

Capítulo 4 • O USO PRÁTICO DA RAZÃO: COMPREENDER, INTERPRETAR E APLICAR | 189

Os campos do pensamento consequente segundo Aristóteles

Objeto	Disciplina	Finalidade	Meios	Verdade obtida
Regras gerais do raciocínio – como passo do que sei para o que não sei.	DIALÉTICA (disciplina geral do raciocínio).	Dar regras gerais do raciocínio válido (correto e *verdadeiro*).	Disciplinas particulares.	Depende de cada objeto sobre o qual se aplica.
Raciocínio a partir de premissas evidentes em si ou verdadeiras.	LÓGICA no sentido estrito.	Obter verdades (pela demonstração em primeiro lugar, demonstração positiva – apodítica) sobre os objetos ideais e formais (exemplo: matemáticas, geometria).	Dedução – de uma verdade certa, passar a outra verdade certa.	Verdade – certa sobre objetos necessários (ideais ou relações entre objetos necessários).
Raciocínio a partir de opiniões disputáveis (não evidentes).	TÓPICA.	Obter a verdade (pela refutação em primeiro lugar). É o método da filosofia como disciplina geral (pois as opiniões primeiras são disputáveis, como as opiniões a respeito do ser).	Demonstração dialética.	Verdade – "a contrário", pois mostra a inconsistência de certas opiniões. Dá certeza dos erros, mas não dá uma *verdade*.
Raciocínio a partir do provável (do que pode ou não acontecer, ou seja, fatos e atos).	RETÓRICA.	Procura a verdade sobre o que pode ter sido ou não no passado (saber se aconteceu ou não); procura provar – pelo que se sabe – o que vai acontecer no futuro (coisas contingentes). Finalidade: dar fundamento para a deliberação.	Entimema: silogismo a partir de premissas que são prováveis ou que procurou provar. Exemplos. Passar de particular a particular. Sinais (indícios). Provas. Naturais ou artificiais (uso do sinal para concluir).	Verdade – caráter contingente, pois sobre o contingente sempre se pode aprender ou vir a saber algo. Pode-se contradizer o que se afirmou, se descoberto algo novo. Tem caráter refutável (o irrefutável é o evidente ou o impossível lógica ou empiricamente).

190 | CURSO DE FILOSOFIA DO DIREITO – *José Reinaldo de Lima Lopes*

A proposta de PERELMAN era teorizar alguns campos da ação (direito e moral) valendo-se do conceito de racionalidade possível e adequada ao contingente, ao provável. Com isso, a teoria do pensamento jurídico se afastaria das pretensões de racionalidade científica ainda relevantes em meados do século XX. Entretanto, tal como foi divulgada no Brasil, a Nova Retórica não nos tirou do impasse, pois foi percebida como arte do discurso belo, como "oratória" ou "restrita à teoria da elocução"[49]. Juntou-se às muitas formas de ceticismo e serviu mais aos interesses de certos advogados e lobistas, como dito, do que propriamente ao esclarecimento do direito. Precisamos de um novo ponto de partida. Felizmente ele está sendo explorado e se encontra disponível. Como ficou dito no início do capítulo, foi desenvolvido em mais de uma frente filosófica: em parte na filosofia analítica pós-WITTGENSTEIN, em parte na filosofia hermenêutica pós--GADAMER, em parte na revalorização da razão prática na confluência dessas duas correntes, por meio dos trabalhos de recuperação da tradição clássica.

4.3. O uso da razão prática no direito: excurso histórico

4.3.1. A perspectiva pré-moderna

Se o direito for um guia para a ação, precisamos ser capazes de usá-lo para a direção de ações próprias e alheias. Para isso, é preciso que ele seja *claro* e *igual* para todos. Imagine um sinal de trânsito em uma estrada: se não for claro, não saberemos que caminho tomar, não saberemos se devemos fazer uma curva à direita ou à esquerda. Para que funcione, é preciso ainda que todos o entendam da mesma maneira. Por sua própria finalidade e função, portanto, os juristas vivem preocupados com a questão da clareza e da estabilidade, da objetividade e da certeza. Com a expressão "objetividade" queremos dizer que não basta o que eu penso, a intenção individual: deve ser social e compartilhada. Pela expressão "certeza" queremos dizer que não basta um sinal "apontar" para uma direção determinada. Para "apontar" é preciso que o autor do sinal e seu destinatário compartilhem esse sentido objetivo, que não pertence a cada um individualmente. Se não for objetivo nem certo, o sinal não servirá de guia.

Quem diz interpretação, diz busca dos sentidos. A questão hermenêutica é "o que significa isso?", "o que quer dizer isso?". Essa questão equivale a "o que é isso?" em outras ciências. Equivale também a "como se explica isso?", "de onde vem isso?": são todas questões a respeito do sentido.

Quadro 61

Vontade das partes. Antes de uma teoria geral da interpretação das leis, havia no direito pré--moderno teorias regionais da interpretação dos contratos e dos testamentos. Nesses casos era preciso conhecer a vontade da parte ou do testador, mas sempre se entendia que eles se subordinavam ao que poderíamos chamar de *papéis*, determinados (o de comprador, vendedor, locador,

---

[49] Paul RICOEUR, *A metáfora viva*, trad. J. Costa e A. Magalhães (Porto: Rés, 1983), p. 14.

> pai, marido etc.) e definidos no próprio direito. Assim, a investigação da vontade histórica ou concreta de alguém se combinava com a pressuposição da finalidade atribuível ao papel em que se encontrava. A boa-fé, por exemplo, implicava que a pessoa capaz queria aquilo que o papel exigido no contrato ou no testamento determinava de maneira geral. No caso dos contratos, isso pressupunha que havia os elementos essenciais, constitutivos e definidores do tipo contratual, chamados *essentialia negotii.*

O tema é historicamente recorrente. São clássicas as regras para se determinar objetivamente o sentido de contratos e testamentos e o próprio significado das palavras. O *Digesto,* 50, 16, reunia uma série de fragmentos sobre a "significação das palavras" (*de verborum significatione*), nos quais os juristas diziam como entender certas expressões em determinados contextos, leis, negócios.

São muitos os textos do direito romano que nos chegaram falando do assunto. Alguns diziam respeito à descoberta, ou confirmação, do sentido das expressões de última vontade, dos testamentos, dos cidadãos[50]; outros, sobre a interpretação dos contratos; outros, em menor número, sobre a interpretação das leis, no sentido amplo que a palavra tem. No período medieval o tema apareceu na teologia, pois o cristianismo – como o judaísmo – era uma "religião do livro": suas narrativas, histórias e tradições haviam sido incorporadas em textos e neles aparecia a natural tensão entre o que era permanente e o que era passageiro, entre o que era fundamental e o que era anedótico, entre o que era o exemplar e o que era mero adereço, para não falar na tensão entre o passado e suas circunstâncias e o presente e suas exigências. A filosofia, igualmente, enfrentava problemas semelhantes, pois dedicava-se a recuperar e compreender os textos clássicos, gregos e romanos, que sobreviveram. Assim, três disciplinas intelectuais, formadoras da própria universidade europeia, estavam envolvidas no problema da leitura, aplicação e atualização de textos.

Nas três disciplinas (direito, teologia e filosofia) surgiam *questões relativas à veracidade, exatidão e fixação dos textos,* denominadas questões de *crítica textual* e *filologia.* Num mundo em que não havia técnicas de reprodução mecânica de textos, tudo ficava nas mãos de copistas, que, como o "bom HOMERO", de vez em quando cochilavam (*quantumque bonus dormitat Homerus*). Os textos jurídicos, filosóficos e religiosos vindos da Antiguidade eram fragmentos cuja unidade e totalidade precisava muitas vezes ser reconstruída. Disso se lembrava SAVIGNY em seu merecidamente célebre *Sistema do direito romano atual.*

Também havia *questões de tradução,* pois as línguas dos textos (o grego, para a filosofia e para o Novo Testamento; ou o hebraico, para o Antigo Testamento) não eram as línguas maternas dos docentes das universidades medievais, e mesmo o latim medieval não era o latim clássico, língua dos juristas republicanos ou do império[51].

---

[50]   Emilio BETTI, *Interpretazione della legge e degli atti giuridici* (Milano: Giuffrè, 1971).

[51]   Foram os humanistas e os juristas seus contemporâneos ou sucessores imediatos que tentaram retomar o latim clássico, dito ciceroniano. Criticaram asperamente o latim dos medievais,

CURSO DE FILOSOFIA DO DIREITO – *José Reinaldo de Lima Lopes*

Problemas textuais, portanto, ligados diretamente a problemas de tradução, que não se reduziam a trazer o discurso de uma língua para outra, senão de trazer do passado para o presente, trazer de certo contexto (textual, disciplinar, social e histórico) para outro. Narrando um diálogo entre o jurisconsulto SEXTO CECÍLIO (?-169ca. d.C.) e o filósofo FAVORINO (80-160 d.C.), AULO GÉLIO, nas celebradas *Noites áticas*, põe na boca do filósofo a afirmação de que nas *Leis das doze tábuas* havia pontos "obscuríssimos ou duríssimos", ao que lhe responde o jurista:

> Quanto às obscuridades, disse SEXTO CECÍLIO, não as atribuamos à culpa dos que escreveram, mas à ignorância dos que não alcançam a compreensão, embora estejam livres de culpa estes próprios que menos percebem o que foi escrito. Pois o longo tempo obliterou palavras e costumes antigos, palavras e costumes com que se compreende a sentença das leis (AULO GÉLIO, 2010, p. 657) (*Noites Áticas*, Livro XX, 1)[52].

Nestes termos, a tarefa de *traduzir*, ou seja, de *trazer* para o presente e para a língua dos presentes o que disseram os antigos, foi primordial para tornar compreensíveis velhas leis. Esse traduzir a *sententia* das leis (ou dos textos) constituiu a primeira função dos juristas nos anos de nascimento da "ciência do direito" universitária na Baixa Idade Média Europeia, da qual somos herdeiros. De fato, é sob a denominação de *interpretatio* que se processa o desenvolvimento da doutrina ou dogmática jurídica[53]. Entendia-se autorizada pelo próprio imperador JUSTINIANO. A constituição *Tanta*, promulgando o *Digesto*, proibira os comentários, temendo seu efeito desestabilizador, fazendo uma só ressalva: autorizava traduções κὰτα πόδα, ao pé da letra, uma espécie de tradução "interlinear"[54]. Um olhar atento aos clássicos

---

latim bárbaro, segundo eles. Esses novos juristas tentaram ressuscitar o latim clássico, razão pela qual seus textos se tornaram cada vez mais rebuscados, flamejantes e, afinal, pouco compreensíveis para a maioria. Segundo alguns historiadores, essa postura contribuiu para o abandono progressivo do latim como língua universal da comunidade científica.

[52] "'Obscuritates' inquit Sex Caecilius 'non adsignemus culpae scribentium, sed inscitiae non adsequentium, quamquam hi quoque ipsi, qui, quae scripta sunt, minus percipiunt, culpa vacant. Nam longa aetas verba atque mores veteres oblitteravit, quibus verbis moribusque sententia legum conprehensa est'".

[53] Sobre a doutrina jurídica medieval como *interpretatio* ver Paolo GROSSI, *L'ordine giuridico medievale* (Roma/Bari: Laterza, 1995); Ennio CORTESE, *Il rinascimento giuridico medievale*, 2. ed. (Roma: Bulzoni Editore, 1996), p. 77, 391-392; Ennio CORTESE, *La norma giuridica*: spunti teorici nel diritto comune classico (Milano: Giuffrè, 1962, v. 1), p. 257-271. São ainda relevantes os trabalhos de Walter ULLMANN, como *The medieval idea of law as represented by Lucas de Penna*. London: Methuen & Co., 1946; *A history of political thought – The Middle Ages*, London: Penguin, 1965; *Law and jurisdiction in the Middle Ages*. London: Variorium Reprints, 1988.

[54] "...Ut Nemo neque eorum qui in praesenti iuris peritiam habent, neque (qui) postea fierent, audeat commentarios iisdem adnectere; nisi tantum si velit eas in graecam vocem transformare sub eodem ordinem, eadem que consequentia sub qua, et voce romana positae sunt; hoc quod graeci κατα ποδα dicunt; et si qui forsitan per titulorum subtilitaem adnotare maluerint, et ea quae paratitla nuncupantur, componere" [Que ninguém, nem dos que hoje são peritos em direito nem dos que no futuro venham a sê-lo, ouse acrescentar comentários

Capítulo 4 · O USO PRÁTICO DA RAZÃO: COMPREENDER, INTERPRETAR E APLICAR | 193

mostra ainda um segundo aspecto, tão relevante quanto o da tensão passado-presente: a tensão universal-singular, o problema central da predicação, de pôr em palavras e conceitos os fatos, as ações, os negócios singulares.

Em torno desses pontos desenvolveu-se longa tradição dos juristas, não de todo alheia ao que se passava na teologia cristã e, de certo modo, na filosofia[55]. Nestas duas disciplinas tratava-se também de guardar de forma adequada textos que chegavam do passado: as Escrituras e os diversos livros filosóficos (incluindo os de *filosofia natural*)[56]. Os textos eram conservados em meio aos comentários que em torno deles se faziam, os quais serviam justamente para atualizá-los, isto é, para trazê-los do passado ao presente, e para aplicá-los, ou seja, para ligar seu conteúdo universal aos casos concretos[57]. Até que a modernidade irrompeu com a pretensão de que "*scriptura suis ipsius interpres*", os textos embebiam-se de certa tradição, que ao mesmo tempo lhes dava contexto e os retirava do passado distante.

O fato é que a *interpretatio*, no direito medieval, não fazia ainda uma teoria geral – constituída apenas ao final do século XVIII e início do século XIX. Lembra Schröder que ela se concentrava em alguns textos colecionados no *Digesto*, particularmente no Livro I (*de legibus*), e no Livro L (tit. XVI, *de verborum significatione* e tit. XVII, *de regulis iuris*). Somente no final do século XV começaram a aparecer tratados gerais modernos e autônomos de hermenêutica[58]. E a rigor, só no início do século XIX, com Schleiermacher,

---

a estas leis, a menos que queiram traduzi-las para o grego na mesma ordem e sequência em que se encontram na língua romana, como se diz em grego "ao pé [da letra]", e se por acaso quiser anotar certas dificuldades em certas seções e pode compor o que se chamam *paratitla*]. Const. *Tanta, § 21.*

[55] Cf. Vincenzo Piano Mortari, *Dogmatica e interpretazione*: i giuristi medievali (Napoli: Jovene, 1976); Ian Maclean, *Interpretation and meaning in the Renaissance*: the case of law (Cambridge: Cambridge University Press, 1992); J. Schröder. *Recht als Wissenschaft*: Geschichte der juristischen Methode vom Humanismus bis zur historischen Schule. München: C. H. Beck, 2001.

[56] Essa proximidade entre teologia e jurisprudência foi um dos pontos lembrados e explorados por H.-G. Gadamer, *Truth and method*, trad. Garret Barden e John Cumming (New York: Cross Roads, 1988), p. 275, e para ele tal proximidade provinha do fato de que nem o texto bíblico nem o texto jurídico estavam ali para serem apreciados historicamente. Ambos exigiam aplicação. Aldo Schiavone começa elegantemente sua história do direito dizendo: "Nostro racconto comincia da un libro...", naturalmente o corpo de textos do direito romano, o *Corpus Iuris Civilis*, cf. A. Schiavone, *Ius*: l'invenzione del diritto in Occidente (Torino: Giulio Einaudi, 2005), p. 5.

[57] Daí o desenvolvimento de certos procedimentos que aparecem em Agostinho, *A doutrina cristã*, trad. Nair de Oliveira (São Paulo: Paulus, 2011) e em Tomás de Aquino, *Suma Teológica* (2003). No caso das Escrituras, Tomás adverte que as coisas mesmas podem ser signo de outras coisas, por isso pode-se entrar no texto sagrado pressupondo-lhe um sentido figurado. Em resumo, os textos bíblicos contêm um sentido literal, um sentido alegórico (os paralelismos entre Antigo e Novo Testamento), um senso moral e um sentido anagógico.

[58] J. Schröder (2001, p. 50-53). Sobre a hermenêutica a partir do século XVI, ver Ian Maclean, *Interpretation and meaning in the Renaissance:* the case of law (Cambridge: Cambridge University Press, 1992), p. 6-7. Maclean lembra mesmo que é bastante sabido que os juristas pré-modernos (medievais, renascentistas e mesmo humanistas) tinham bastante consciência dos problemas de sentido e interpretação, bem como de inúmeras questões sintáticas e

194 | CURSO DE FILOSOFIA DO DIREITO – *José Reinaldo de Lima Lopes*

ela ganha o estatuto de uma disciplina geral, básica não apenas para a *critica es textos*, ou para a *filologia*, mas como verdadeira teoria para as humanidades[59].

4.3.2. A perspectiva moderna: direito positivo

O contexto histórico e social, assim como o ambiente intelectual, mudou radicalmente a partir do século XVII. Antes nutrido nas universidades, no berço da filosofia antiga e clássica articulada em torno da ideia de racionalidade prática, o direito foi submetido às exigências crescentes da legislação. E do ponto de vista teórico propriamente, como visto nos capítulos anteriores, o direito foi absorvido pelas preocupações epistemológicas típicas da filosofia da consciência. Incapazes de encontrar no direito a espécie de objetividade, de calculabilidade e certeza das ciências naturais ou matemáticas, os juristas empregaram enorme energia na busca de métodos capazes de compensar essa *falta*. Fazendo uma síntese, pode-se dizer que ao tempo em que cresciam a legislação positiva e o reconhecimento de que o soberano poderia legislar sobre o que quisesse e como quisesse, cresciam também a confusão e a insegurança quanto ao padrão racional do direito. E perdia credibilidade a ideia de que a razão humana pudesse abarcar algo de objetivo no campo da ação. Em resumo, ao tempo em que crescia a abrangência e relevância da "razão especulativa" e da "razão tecnológica", decaía a confiança na "razão prática"[60]. Na Inglaterra, começava a dar sinais de vida o novo empirismo, na obra de Francis BACON (1561-1626), o *Novum organon,* e logo em seguida na de Thomas HOBBES (1588-1679). Na França, Blaise PASCAL (1623-1662), o grande matemático, afirmava essa desconfiança para com as decisões dos juristas na famosa passagem de seus *Pensamentos*:

> Três graus de elevação do polo derrubam a jurisprudência. Um meridiano decide a verdade; em poucos anos de posse, as leis fundamentais mudam; o direito tem suas estações. A entrada de Saturno em Leão marca-nos a origem de um crime. Divertida justiça, que um rio limita! Verdade aquém dos Pirineus, erro além. (...) Dessa confusão resulta que um diz que a essência da justiça é a autoridade do legislador; outro, a comodidade do soberano; outro, o costume presente, e é o mais certo: nada, segundo a sua razão, é justo em si; tudo se abala com o tempo (PASCAL, 1973, p. 294).

---

semânticas. Para o tempo do *ius commune* ver em geral Vincenzo PIANO MORTARI, *Dogmatica e interpretazione:* i giuristi medievali (Napoli: Jovene, 1976).

[59]   Para SCHLEIERMACHER, a hermenêutica, como disciplina filosófica, deveria ser uma "enciclopédia", ou seja, uma introdução abrangente e geral para muitas áreas, como a teologia e o estudo dos clássicos da antiguidade, e seria "qualquer coisa maior", da qual as outras (teologia e estudos clássicos) seriam derivações. Nesse mesmo ponto ele vê, porém, uma diferença específica da hermenêutica jurídica, para a qual a "determinação da extensão da lei" é o problema central, ou seja, para a qual "a relação dos princípios gerais com o que neles não foi concebido claramente" é a tarefa de fundo. Em outras palavras, a hermenêutica jurídica não apenas determina os sentidos de um texto de lei, mas realiza juízos de determinação (aplicação) e de reflexão (busca de princípios gerais). Friedrich SCHLEIERMACHER, Hermenêutica, arte e técnica da interpretação, 10. ed., trad. Celso Braida (Petrópolis: Vozes, 2015), p. 29.

[60]   Célebre a crítica de Ludovico MURATORI, *Dei difetti della giurisprudenza* (Sala Bolognese: Arnaldo Forni, 2001 [1742]), como mencionado no Quadro 62.

Capítulo 4 · O USO PRÁTICO DA RAZÃO: COMPREENDER, INTERPRETAR E APLICAR | 195

Tudo parecia estar desordenado. Perdia-se a confiança na razão prática. Antes dos séculos XVII e XVII, aproximar a razão prática da hermenêutica – da compreensão, aplicação e interpretação do direito – havia sido normal para juristas (MacCormick, 2001). Por muito tempo sua atividade fora explicitamente ligada tanto a uma quanto a outra: se a hermenêutica for a "técnica" (*ars*) de interpretação de textos[61], os juristas foram seus maiores cultivadores. Interpretavam para aplicar, aconselhando quem tomava decisões, oferecendo *consilia* e *opiniones pro veritate*, duas funções ligadas à deliberação: (1) compreender e explicitar o sentido de regras (escritas ou tradicionais) no momento de sua aplicação ou uso; (2) aconselhar quem precisava ou devia criar regras – questões de interpretação de um lado, e de qualificação de outro, como dizem MacCormick (1995) e Atienza (2000, p. 208-209). De um ponto de vista histórico, nada mais evidente do que a união entre hermenêutica e razão prática.

Quadro 62

O **crescimento da legislação** é concomitante ao desenvolvimento da forma do Estado. Antes de sua consolidação, as fontes do direito usadas nos tribunais e pelos juristas, o direito erudito (*droit savant*, como dizem os franceses), eram variadas e plurais: o próprio direito romano (*Digesto, Codex, Novelas, Instituições*), costumes locais, estatutos de corporações (em Portugal, as *cartas forais* das cidades), legislação aprovada em Cortes (na forma de pactos entre o soberano e os diversos "corpos" da república), os costumes dos tribunais (*estilos de julgar*) e as opiniões dos juristas (sua *interpretatio, doutrina*, ou *costumes doutrinais*). Era um imenso aparato de autoridades diversas, harmonizadas pelos juristas. Com o passar do tempo, o direito romano se usava de modo seletivo – foi o chamado *usus modernus pandectarum*. Cf. Birocchi & Mattone (2006). A legislação crescia, e cresciam também a doutrina, os comentários, a atividade dos *grandes tribunais* ou *senados*. Afinal tudo parecia desordenado. A mais interessante crítica desse sistema encontra-se na obra de Ludovico Muratori, *Dei difetti della giurisprudenza* (2001 [1742]).

Todavia, essa evidência não mais existia: a razão prática "saiu de moda", porque o conceito de razão limitou-se e o reconhecimento do pluralismo de valores tornou mais trabalhoso justificar decisões. Sob a influência da epistemologia moderna, a razão prática deixou de ser tematizada, ou só o foi de maneira secundária como razão estratégica[62].

Os juristas, não obstante, interessavam-se cada vez mais pelas controvérsias em torno da legislação positiva, produzida pelos soberanos na esfera do *ius*

---

[61] "Hermeneutics is the theory of the operations of understanding in their relation to the interpretation of texts". Paul Ricoeur, *From text to action – essays in hermeneutics II*, trad. K Blamey e J. Thompson (Evanston: Northwestern University Press, 1991), p. 53.

[62] A razão estratégica é usada exemplarmente na teoria dos jogos. Ela se ocupa da obtenção de resultados em situações de interação social cooperativa ou competitiva. Cf. Shaun P. Hargreaves Heap e Yanis Varoufakis, *Game theory*: a critical introduction (London: Routledge, 1995, *passim*); Otfried Höffe, "Las figuras conceptuales de la teoría de la decisión y la fundamentación del derecho", em *Estudios sobre teoría del derecho y la justicia*, trad. Jorge Seña (Mexico: Fontamara, 1997); Mancur Olson, *The logic of collective action* (Cambridge: Harvard University Press, 1971).

patrium de cada estado. Lembremos que, até o século XVIII, o direito romano – o conjunto dos livros do *Corpus Iuris* – era tratado como parte integrante do direito positivo que se aplicava, e cada um de seus fragmentos – cada trecho da obra de um jurista ou decisão imperial – era chamado de *lex*, lei. O objeto da "interpretação" era esse conjunto heterogêneo de fontes (leis nacionais, costumes locais, direito romano, doutrina). Com o crescimento em quantidade e relevância da legislação "pátria", os problemas de interpretação se estendiam sempre mais a esse domínio. Os juristas pensavam que a interpretação só se fazia necessária em casos de obscuridade da lei (as muitas fontes usadas), que poderia ocorrer ou pela plurivocidade das palavras ou por ambiguidade da frase. A plurivocidade das palavras seria eliminada pelo contexto: dever-se-ia presumir que o sentido era aquele "comumente aceito" (diríamos hoje, compartilhado) naquele campo ou naquela esfera (de atividade, ramo do direito): daí a importância da *filologia* e da *etimologia* em alguns casos. A ambiguidade da frase era mais difícil de ser corrigida, necessitando de uma disciplina especial, a *anfibologia*.

Os juristas também explicitaram diversas "regras de interpretação" que hoje poderíamos chamar de estruturas de compreensão do direito, pois diziam respeito mais à apreensão de sentido como um todo do que a explorações de termos e dispositivos singulares. É o que se encontra, por exemplo, na obra de Jean DOMAT (1625-1696)[63].

Também Pascoal José de Melo FREIRE (1738-1798), o mais importante jurisconsulto do final do Antigo Regime português, admite que há leis claras e leis obscuras. As obscuras devem ser interpretadas seguindo-se os conhecidos métodos: a gramática e a lógica. A primeira dependia dos termos, das regras gramaticais, da linguagem, enfim; é sempre o primeiro e mais elementar recurso. A segunda, preferível, sai em busca da razão da lei (*ratio legis*), que se encontra confrontando-a com outras leis, examinando o "espírito" do legislador, as circunstâncias e os tempos de sua edição (*legis ferandae occasio*), o direito natural, e a tradição legislativa em que se inseria (*legum civilium monumenta et antiquitatum illustratum notitia*): todos meios de descoberta do sentido pela inserção da lei num todo pressuposto (a história, as outras leis – o ordenamento como um todo –, a identidade legislativa do tempo e do legislador etc.).

As técnicas interpretativas *literal, gramatical e lógica* eram bem conhecidas[64]. A *literal* era praticamente filológica, ou seja, investigava-se o uso da palavra na

---

[63] Jean DOMAT, *Les loix civiles dans leur ordre naturel, Le droit public et Legum delectus* (Paris: Nyon Libraire, 1767), p. xxiv e ss. Parte do tratado das leis, parte introdutória do livro, foi traduzida e sintetizada por Candido Mendes de ALMEIDA no seu *Auxiliar Jurídico*, volume complementar de seu *Codigo Philippino ou Ordenações e leis do Reino de Portugal* (Rio de Janeiro: Typographia do Instituto Philomathico, 1870).

[64] "Omnis patrii juris interpretatio (et haec summa divisio est) vel grammatica, vel logica, usualis, authentica vel doctrinalis est. Grammatica legis sensum ex usu loquendi et proprietate verborum declarat. Logica ex scripto id, quod no est scriptum, per ratiotinationem inducit. Usualis ex praxi, seu consuetudine legis dubiae sententiam explicat. Authentica legislatoris, *vel*

linguagem (*ex uso loquendi et proprietate verborum*) – sempre necessária para qualquer um, visto que todos usamos a linguagem, e o jurista mais ainda[65]; a *lógica* consistia no uso das presunções e inferências (*ex scriptum id, quod non est scriptum, per ratiotinationem inducit*) e por ela inseriam-se as palavras em juízos ou proposições. Havia ainda a *costumeira*, que interpretava a lei de acordo com o entendimento constante e pela prática em uso (*ex praxi, seu consuetudine legis dubiae sententiam*), ou seja, tinha como referência não a lei mesma, mas a opinião de juristas e tribunais.

Finalmente, os juristas distinguiam *o processo de aplicação das leis*, em que era possível adaptar a disposição geral ao caso singular e suas circunstâncias, do *processo que chamavam de interpretação autêntica*, em que se dirimiam dúvidas relativas à própria lei, não a sua aplicabilidade *in casu*. Por isso diziam que havia uma interpretação da responsabilidade do juiz e outra da responsabilidade apenas do autor da lei (príncipe, soberano). Esta era "autêntica", ou seja, do próprio legislador (de αυτος, *dele mesmo*), e equivalia a nova lei sobre a mesma matéria[66]. Nem mesmo os grandes tribunais, "supremos e importantíssimos que eram", "parte do próprio corpo do rei", teriam autoridade para interpretar uma lei dando-lhe sentido contrário ao que parecia ter, ou esclarecendo a lei completamente obscura e ambígua (FREIRE, 1860[1788], p. 102 e ss.). Uma vez interpretada autenticamente, a nova disposição valia como lei para todos os casos, e por isso era dita *necessária*. Se a interpretação ocorresse na aplicação a um caso singular por um tribunal, ou na opinião de um jurista (nos seus *consilia* ou *opiniões*, nos seus livros e tratados), era apenas *provável*.

Distinguiam-se, portanto, os efeitos da interpretação conforme a autoridade: a *interpretação geral* pertencia ao Príncipe ou a quem ele a delegasse, como os Grandes Tribunais (que *eram parte do corpo do próprio príncipe*), e estendia-se a todos os casos semelhantes; a *interpretação especial* – específica – aplicava-se

---

cujusvis alterius, cui specialis leges interpretandi facultas data fuit, explicatione nititur. Doctrinalis omnium veluti genus, ea est, quae secundum Hermeneuticae regulas verum legis sensum querendo investigat" [Toda interpretação do direito pátrio, e esta é sua divisão máxima, é ou gramatical, ou lógica, ou usual, ou autêntica, ou doutrinal. A gramatical esclarece o sentido das leis pelo uso da linguagem e propriedades das palavras. A lógica, por meio de raciocínio, vai do que está escrito ao que não está escrito. A usual explica o sentido das leis dúbias pela prática ou costume. A autêntica patenteia a explicação do legislador ou daquele que recebeu a faculdade especial de interpretar as leis. A doutrinal é do gênero das que perquirem o sentido verdadeiro da lei segundo as regras da hermenêutica]. Pascoal José de Melo FREIRE, *Historiae juris civilis lusitani* (Coimbra: Typ. Academicis, 1860 [1788]), p. 102.

[65] FREIRE destaca que o jurista precisa ainda conhecer as expressões antigas. Explica-se: o jurista no século XVIII usa ainda os textos do direito romano, bem como uma variedade de textos históricos. Ora, como se constata do episódio narrado por AULO GÉLIO em *Noites Áticas*, "o tempo oblitera as palavras e os costumes antigos, palavras e costumes com que se compreende a sentença das leis". AULO GÉLIO, *Noites Áticas*, trad. J. R. Seabra Filho (Londrina: UEL, 2010), p. 657.

[66] "Sententia principis quando venit ad declarando aliquod dubium facit ius quo ad omnes". BALDO, *In Tres priores libros codicis praelectiones* (Lugduni, 1564), p. 63.

apenas ao caso concreto e era própria dos juízes. Considerava-se ainda que havia uma interpretação feita pelos doutos, uma *interpretação doutrinal*. Seu valor era apenas *provável,* ou seja, ela poderia ser usada quando não houvesse interpretação *necessária* disponível.

Sempre se admitiu que havia casos em que não era preciso interpretar, casos em que não seria razoável "entrar em dúvida". E se condenava quem levantava dúvidas em casos simples[67]. Poder-se-ia propor uma questão, dizia BALDO, quando o caso fosse novo, ou houvesse muitas opiniões contrárias entre si. Não se deveria, porém, admitir dúvida quando ela se colocasse apenas para transferir o problema para outrem (o que se chama de *dúvida temerária*), ou quando se queria fugir da aplicação da lei de maneira maliciosa (*dúvida maliciosa*) (BALDO, 1564, p. 57). Para quem sabe alguma coisa de seu campo, haverá muita coisa certa. A interpretação fazia-se necessária quando houvesse alguma ambiguidade proveniente das palavras ou da construção da frase[68]. As palavras naturalmente se prestam a ambiguidades, pois, como disse ARISTÓTELES, existem no mundo mais coisas do que palavras para designá-las. Construções de frases também podem ser ambíguas, mas a interpretação, propriamente, entrava em jogo apenas quando houvesse falta de clareza, já que consistia praticamente numa tradução, na substituição de palavras por outras que expressassem o mesmo sentido[69].

---

[67] "Subreptitia interpretatio non valet et puniunt iudice quis referiunt principi ubi referri non debet" [A *interpretatio* ardilosa não vale e pune-se o juiz que leva [a questão] ao príncipe onde não devia fazê-lo]. BALDO, *In Tres priores libros codicis praelectiones* (Lugduni, 1564), p. 57.

[68] Resumindo a longa tradição a respeito, diz FREIRE: "Omnis tamem interpretatio cessat, et interpretis officium, vel quando lex adeo est clara et manifesta, vel quando adeo obscura et difficilis explicatu, ut ejus genuinus sensus nequaquam Possi ex supradictis principiis derivari" [Toda interpretação, bem como a tarefa do intérprete, cessa, porém, quando a lei é completamente clara e manifesta, ou quando é completamente obscura e de difícil explicação de tal modo que seu verdadeiro sentido não pode ser inferido com os princípios acima referidos]. Pascoal José de Melo FREIRE, *Historiae juris civilis lusitani* (Coimbra: Typ. Academicis, 1860 [1788]), p. 113. No caso de impossibilidade de interpretação pelos métodos expostos (v. nota seguinte), o legislador mesmo tem que interpretar, ou seja, editar nova lei.

[69] "Interpretatio est unius verbis aliud, vel unius sententiae per aliam declaratio, et in lege tunc datur quando legis verba obscura et ambígua explicantur, ut multi tradit doctissimus... ubi tradit aliam esse interpretationem generale, id est, ad omnes casus, quae Principis própria est, vel Senatus, aliam especialem in casu de quo lis aliqua vertitur, quae ad iudicem pertinet" [Interpretação é aclaração de uma palavra ou de uma sentença por outra, e na lei isso se dá quando se explicam palavras obscuras e ambíguas da lei, como ensina o mais douto... donde ensina que uma é a interpretação geral, isto é, para todos os casos, que é própria do Príncipe ou do Tribunal, outra a especial do caso versado nalguma lide, que pertence ao juiz]. Manuel Alvarez PEGAS, *Commentaria ad Ordinationes regni Portugalliae* (Lisboa: Typ. Michaelis Rodrigues, 1729), t. II, gl. 9, p. 385. Em sentido semelhante, FREIRE: "Legem enim interpretari nihil aliud est quam ejus vim, sensum, ac potestaem ex ipsius verbis, aut ratione, declarare" [Interpretar a lei nada mais é do que esclarecer seu vigor, sentido e poder a partir de suas próprias palavras ou razão]. Pascoal José de Melo FREIRE, *Historiae juris civilis lusitani* (Coimbra: Typ. Academicis, 1860 [1788]), p. 104.

Capítulo 4 · O USO PRÁTICO DA RAZÃO: COMPREENDER, INTERPRETAR E APLICAR | 199

Quadro 63

Polissemia, ambiguidade, equivocidade. Palavras são *polissêmicas*; frases são *ambíguas*; textos são *plurívocos* (RICOEUR, 2019). As palavras têm *significado* – referem-se a algo, mas a mesma palavra pode referir-se a coisas diferentes (por exemplo, "*onça*": animal × "*onça*": medida de peso). Frases têm *sentido*, formam um juízo e dizem algo, não apenas *apontam* para algo. Conforme sua construção podem gerar dúvida. Tanto as palavras quanto as frases são esclarecidas quando inseridas no nível superior e mais complexo: as palavras nas frases, as frases no texto/discurso.

4.3.3. A hermenêutica romântica

Depois disso, cresceu em popularidade a visão defendida por SAVIGNY (1779-1861) segundo a qual tudo precisa ser interpretado antes de ser aplicado no direito. Para ele, a expressão consagrada pelos juristas que lhe foram anteriores, "in claris cessat interpretatio", não tinha razão de ser. Antes de aplicar o direito, sempre era preciso interpretar, não haveria nada claro no mundo da "cultura". Diferentemente do mundo bruto das coisas físicas e materiais que nos rodeiam, no mundo do "espírito" tudo que é produzido pelo mesmo espírito precisa ser interpretado. Lembremos que SAVIGNY estava imerso na cultura romântica de seu tempo, o que se evidencia em seus laços familiares (sua mulher, KUNEGUNDA, era irmã de Clemens BRENTANO, um dos líderes do movimento romântico na Alemanha) e acadêmicos: foi professor e tornou-se amigo de Jakob GRIMM, outro expoente da cultura romântica alemã, e foi colega de Friedrich SCHLEIERMACHER, o teólogo que, com ele e HUMBOLDT, fundou a Universidade de Berlin em 1810. Se tudo precisa ser interpretado e nada é claro, SAVIGNY teve o importante papel de sistematizar as regras de interpretação e exegese usadas pelos juristas antes dele: interpretação gramatical, lógica, sistemática. Nada disso era, a rigor, novidade para os juristas, que já recorriam a tais métodos ou técnicas. Com SAVIGNY, entretanto, essas técnicas se encontravam num todo de pensamento que presumia uma espécie de dúvida já no ponto de partida.

O que essas grandes correntes determinaram na maneira de pensar dos juristas dos séculos XIX e primeira metade do século XX a respeito da aplicação do direito? Primeiramente, fizeram-nos crer que nada seria claro no direito, que tudo poderia ser interpretado de um modo ou de outro. De certo modo, dissociaram o direito racional do direito positivo: as relações entre um e outro seriam, do ponto de vista *fatual,* apenas contingentes. O resultado, fruto da vulgarização do pensamento desses filósofos, foi uma espécie de subjetivismo e relativismo crescentes. Mais alargado entre nós do que em outras partes justamente porque entre nós o respeito à lei, à igualdade ou à universalidade sempre contrastou com nossa estrutura social (hierarquizada, desigual, particularista, familista)[70] de longa tradição escravista. Num ambiente assim, os juristas,

---

[70] Sobre o "familismo amoral" ver Edward C. BANFIELD, *The moral basis of a backward society* (Glencoe: The Free Press, 1958). No Brasil o assunto foi, de outra maneira, objeto do trabalho de Nestor DUARTE, *A ordem privada e a organização política nacional*, 2. ed. (São Paulo: Nacional, 1966). O caráter predatório das elites econômicas brasileiras é também analisado por

200 | CURSO DE FILOSOFIA DO DIREITO – *José Reinaldo de Lima Lopes*

que serviram justamente a essa elite, acharam muito conveniente uma ideia vulgar de "interpretação" que lhes permitia dizer que qualquer coisa valia e qualquer dúvida podia ser procedente, mesmo a mais tosca ou mal-intencionada[71].

Quadro 64

Os princípios limitam a discricionariedade. O debate DWORKIN × HART, de grande importância na segunda metade do século XX, não significava que DWORKIN estava ao lado da flexibilização geral do direito positivo e da outorga de poderes criativos aos juízes. Essa leitura me parece equivocada. Parece-me que o que estava em jogo era justamente o contrário. DWORKIN estava à procura de critérios que determinassem, mesmo nos casos difíceis, uma resposta correta. De seu ponto de vista, quem permitia a anarquia decisória era a posição positivista, segundo a qual, se não houvesse lei (direito positivado), o juiz estaria em posição de "criar" o direito a partir de suas idiossincrasias pessoais. Segundo DWORKIN, era a isso que levava a posição de HART, cuja teoria anti-imperativista da norma jurídica havia, sim, dado um grande passo na direção correta, mas ficava aquém do necessário no que diz respeito ao momento de aplicação do direito, em sua "teoria da decisão" ou da "adjudicação", como se diz em inglês. Os princípios não explicitados em direito positivo, segundo DWORKIN, deveriam ser explicitados pela teoria e serviriam de limites e controle à atividade judicial. Ele diz, expressamente aliás, que a história e a forma de uma prática ou objeto constrange (limita) as interpretações disponíveis (DWORKIN, 1986, p. 52). No Brasil, em geral, o entendimento divulgado por muita gente foi exatamente o contrário, ampliando e não restringindo a discricionariedade. Para uma exposição brasileira completa da teoria de DWORKIN, ver MACEDO JUNIOR (2013).

No Brasil, a tese de SAVIGNY foi contrariada no primeiro livro a respeito da hermenêutica jurídica publicado entre nós, o *Compêndio* de PAULA BAPTISTA (1811-1881)[72]. Para ele, a tese de SAVIGNY era a um só tempo errada e perigosa. Errada, porque lhe parecia impossível que não houvesse textos claros e evidentes no direito e nas leis; perigosa, porque abria as portas para a falta de limites[73].

> Uma semelhante doutrina, tão vaga e absoluta, pode fascinar o intérprete, de modo a fazê-lo sair dos limites da interpretação para entrar no domínio da for-

---

Warren DEAN, *With broadax and firebrand* (Berkeley: University of California Press, 1995). Os longos séculos da escravidão entre nós mostram não apenas a predação sobre outros seres humanos, mas também sobre outro continente, a África.

[71] Em resumo, as sérias preocupações de SAVIGNY, SCHLEIERMACHER e, mais tarde, Wilhelm DILTHEY, a respeito do caráter "interpretativo" das ciências sociais, resultaram entre nós em um subjetivismo relativista dos mais toscos.

[72] Quem acompanha totalmente SAVIGNY no Brasil é Antonio Joaquim RIBAS, *Direito civil brasileiro* (Rio de Janeiro: Typ. Laemmert, 1865, v. II), p. 272.

[73] Um resultado possível e desastroso foi constatado na Alemanha nazista, quando os juízes, ou porque estavam de acordo com a ideologia do regime, ou porque se sentiram intimidados, adaptaram as leis e o ordenamento jurídico ao *Führerprinzip*. Cf. Christine WEGERICH, *Die Flucht in die Grenzenlosigkeit* (Tübingen: Mohr Siebeck, 2004) e Bernd RÜTHERS, *Die unbegrenzte Auslegung* (Tübingen: Mohr Siebeck, 2005).

mação do direito. Ou existem motivos para duvidar do sentido de uma lei, ou não existem. No primeiro caso, cabe interpretação, pela qual fixamos o verdadeiro sentido da lei, e a extensão do seu pensamento; no segundo, cabe apenas obedecer ao seu preceito literal. No primeiro caso há sempre uma questão de direito a decidir; no segundo, porém, poderá haver, quando muito, alguma questão de fato, cuja decisão depende de apreciação da prova[74]. É verdade que a todo escrito acompanha a condição natural de dever ser entendido segundo o pensamento do seu autor; mas daí se não segue que em todo escrito se dê a necessidade de tornar esta condição efetiva pelo ato positivo da interpretação; pelo que, se a SAVIGNY parece singular o caber interpretação somente nos casos acidentais de obscuridade nas leis, a mim parece mais que extraordinário o não poder haver uma só lei, sequer, clara e precisa em relação aos fatos sujeitos ao seu domínio, de modo que não seja preciso interpretá-la (BAPTISTA, 1890, p. 370).

4.4. A QUESTÃO CONTEMPORÂNEA

O direito moderno é escrito, fixado em leis, regulamentos, instruções, portarias, precedentes judiciais e doutrina (livros, artigos, ensaios acadêmicos, pareceres etc.). Dificilmente temos que nos preocupar, hoje, com a fixação do próprio texto, pois os meios de reprodução quase nunca geram dúvidas a seu respeito. As dúvidas são, portanto, de outra natureza: ou são a respeito do sentido, ou a respeito da aplicabilidade da norma a um caso determinado. Em velha lógica formal, seriam dúvidas a respeito da *intensão* dos textos (sobre o que diz ou quer dizer o texto), ou a respeito de sua *extensão* (se um determinado caso está ou não contido na regra). Trata-se da apreensão do sentido: ou de uma norma geral, ou de um caso particular[75].

Ao longo do século XX, a questão da interpretação apresentou-se sob diversos ângulos. Primeiro perguntava-se como a dogmática ou doutrina jurídica, na sua forma de teoria geral ou *jurisprudência analítica*, podia garantir a *previsibilidade*. Entendia-se por previsibilidade a possibilidade de antecipar os resultados de uma lide quando submetida ao judiciário. Depois estabeleceu-se uma polêmica: se todo direito é positivo e disponível, o que de *racional* pode haver nos atos de vontade que

---

[74] É um modo de pensar semelhante ao de MACCORMICK, para quem o problema da classificação dos fatos em um tipo não é o mesmo que o de fixar o entendimento de um texto. Neil MACCORMICK, *Legal reasoning and legal theory* (Oxford: Oxford University Press, 1995), p. 95 e ss.

[75] SAVIGNY distinguia as duas, dizendo que no primeiro caso estamos realmente diante de um problema de *interpretação (verificação do sentido)* e no segundo caso diante de um problema de simples *aplicação* (Friedrich Karl von SAVIGNY, *Sistema del derecho romano actual*, trad. Jacinto Mesia e Manuel Poley, Granada: Editorial Comares, 2005, p. 145). Era também o que se via na tradição medieval, quando Tomás de AQUINO distinguia os casos de interpretação (que consistem em determinar a intenção do legislador) dos casos de aplicação (em que o juiz apenas julga o caso) (*ST*, IIa IIae, q. 120, respondeo). MACCORMICK chama essa operação de *qualificação* dos fatos (Neil MACCORMICK, *Legal reasoning and legal theory* (Oxford: Oxford University Press, 1995, p. 94-95). A questão parece bem menos simples, pois na aplicação do direito a um caso concreto pode estar em jogo justamente a compreensão do caso concreto, como diz o próprio MACCORMICK em seguida (p. 96-97).

criam o direito: atos de legislação (criação de normas gerais), e atos de julgamento (criação de normas individuais)? Racionalidade aqui significava constrangimento, calculabilidade das decisões, univocidade de resultados. Para KELSEN, o direito positivo não pode fazer mais do que oferecer uma moldura geral, mas não há como constranger legisladores ou juízes. Os atos de criação do direito não são *atos de conhecimento*, mas atos de vontade. KELSEN, fiel a sua epistemologia moderna, não desenvolveu uma teoria da racionalidade decisória[76].

Discutiu-se também a flexibilidade possível ou desejável das leis e dos termos legais nos casos não explicitamente previstos: com as mudanças ocorridas nas relações sociais (por exemplo as relações de trabalho e de consumo, de família, de discriminação racial etc.), ou na tecnologia e na ciência (no diagnóstico e tratamento de doenças, na fertilidade humana, na psiquiatria, na bioengenharia, nas comunicações etc.), colocava-se em dúvida a extensão das velhas leis a novos conflitos. Que fazer? Dar aos juízes, num estado de direito, o poder de manipular lei e institutos irrestritamente? O que fazer nos casos duvidosos, os casos de "penumbra"?

HART afirma que todo uso de regras pressupõe um núcleo claro de sentidos e significações, e uma zona de penumbra. Sugere, contudo, nova forma de abordar o assunto: olhar para o agente e para o seguimento de regras em geral. Quem usa as regras age como participante de uma prática[77]. Insatisfeito com a explicação de HART, Ronald DWORKIN afirma que aos positivistas falta admitir que o direito, nos casos difíceis, não corriqueiros, novos, é tributário do pensamento moral, o pensamento "por princípios": a seu ver, a admissão dos princípios morais coloca a questão em termos mais adequados. Questões morais são evidentemente questões de escolhas, mas diferem de escolhas estéticas, ou de gosto. Uma leitura das primeiras críticas de DWORKIN pode levar-nos a pensar que sua proposta estava ainda situada dentro da teoria geral do direito, e que seus esforços para distinguir princípios de regras era semelhante ao de outros juristas. No curso de sua longa carreira, entretanto, ele foi esclarecendo que os princípios de que falava eram princípios da moral política: juristas estão sempre *em última instância* discutindo moralmente, o que quer dizer que a prática jurídica, por ser argumentativa, é também e sempre interpretativa[78].

---

[76] Faltou a KELSEN dar-se conta de que na jurisdição existe um elemento cognoscitivo verdadeiro e real, que limita o juiz. Em KELSEN, diz ele, houve uma aporia nunca resolvida: de um lado concebe a atividade científica como racional e cognoscitiva; de outro, concebe a aplicação do direito – produzido pela atividade científica – como criação do aplicador. Cf Luigi FERRAJOLI, *La logica del diritto*: dieci aporie nell'opera di Hans Kelsen (Roma/Bari: Laterza, 2016), esp. p. 154-167.

[77] São os seguidores de HART que se debruçam explicitamente sobre o tema da razão prática, com distintas perspectivas: Neil MACCORMICK, *Legal reasoning and legal theory* (Oxford: Oxford University Press, 1995); Neil MACCORMICK, *Practical reason in law and morality* (Oxford: Oxford University Press, 2008); John FINNIS, *Natural law and natural rights* (Oxford: Oxford University Press, 1992); Joseph RAZ, *Practical reason and norms* (Princeton: Princeton University Press, 1990).

[78] Na obra de DWORKIN, vê-se claramente a evolução: de uma perspectiva inicial mais parecida com a de jurisprudência analítica (Ronald DWORKIN, *Taking rights seriously*, Cambridge: Harvard

Esses três autores, Kelsen (1881-1973), Hart (1907-1992) e Dworkin (1931-2013), os mais lembrados na segunda metade do século XX no âmbito da teoria geral do direito, não são os únicos. Foram precedidos de outros porque o século assistira ao desgaste das formas e fórmulas consagradas. O século XIX havia sido o momento das constituições e dos códigos, cujo ideal era oferecer critérios claros e, por meio da clareza e objetividade do direito positivo, limitar o arbítrio dos agentes públicos: governantes, legisladores e juízes[79]. Esse propósito fora, naturalmente, coadjuvado pelo desenvolvimento da doutrina. Com esses dois instrumentos – legislação e doutrina – esperava-se dar segurança, previsibilidade e certeza à produção do direito, tanto das normas gerais quanto das normas particulares. O final do século XIX mostrava, porém, sinais de desgaste e viu surgir novas doutrinas gerais, como o "finalismo" da última fase de Rudolf v. Jhering (1818-1892), a proposta da livre pesquisa científica de François Gény (1861-1959), o movimento pelo direito livre de Hermann Kantorowicz (1877-1940) e Eugen Ehrlich (1862-1922); nos Estados Unidos, a atitude cética de Oliver W. Holmes (1841-1935), as críticas de cunho sociologizante de Roscoe Pound (1870-1964), e o realismo jurídico, primeiro o americano – Karl Llewellyn (1893-1962), Jerome Frank (1889-1957) – e em seguida o escandinavo – Karl Olivecrona (1897-1980), Alf Ross (1889-1979), Axel Hägerström (1868-1939). Insatisfação com o modelo antigo encontra-se também na obra de Georges Ripert (1880-1958).

Embora importantes como sinais do esgotamento teórico do modelo anterior, faltava-lhes a noção mesma de razão prática. Presumiam ainda que a única razão propriamente dita era a razão teórica e especulativa. Insatisfeitos com o método jurídico de seu tempo, apelavam para o "conhecimento da sociedade e suas estruturas", a "sabedoria", a "prudência", a "razoabilidade" ou a "sensibilidade" para confrontar o modelo que lhes havia sido transmitido, mas tratava-se de apelo quase emocional, uma espécie de exortação ou pregação.

Mais recentes e significativas foram as propostas trazidas por juristas europeus a partir dos anos 1950. Tullio Ascarelli (1903-1959) começou a falar de "premissas implícitas" dos sistemas jurídicos (Ascarelli, 1949). Sempre interessado no direito comparado, deu-se conta de que em cada "sistema" os participantes pressupõem certas ideias que um estrangeiro não é capaz de encontrar nos livros, por isso implícitas. Todos as usam, mas ninguém fala delas.

University Press, 1977), para uma filosofia da deliberação (Ronald Dworkin, *Law's empire*, Cambridge: Harvard University Press, 1986) para uma filosofia moral (Ronald Dworkin, *Sovereign virtue*, Cambridge: Harvard University Press, 2000; e Ronald Dworkin, *Justice for hedgehogs*, Cambridge: Harvard University Press, 2011).

[79] Fala-se muito da "escola da exegese" como paradigma desse período. Do ponto de vista dos historiadores do direito, entretanto, a própria existência de uma escola da exegese, pelo menos da maneira simplificada como a apresentam os divulgadores menos sofisticados, é colocada em dúvida. Ver por todos Nader Hakim, *L'autorité de la doctrine civiliste française au XIXe siècle* (Paris: LGDJ, 2002).

É algo que bem pode ser esclarecido pela filosofia. Em toda disciplina, ou na expressão de WITTGENSTEIN, em todo jogo de linguagem existem regras que usamos, sem precisar dizer. Elas são pressupostas. Não preciso dizer a todo momento que estou usando o "princípio da não contradição" cada vez que falo, nem preciso invocar a cada discurso que faço que estou sendo sincero, ou usando o "princípio da sinceridade", ou da "boa-fé", esse modismo entre os juristas brasileiros. Não preciso dizer: agora passo a usar o princípio da sinceridade, e agora passo a usar o princípio da não contradição. Os dois são usados sempre e necessariamente, não se trata de alternativas, não se trata de usar um para obter um resultado e usar outro para obter outro resultado. Josef ESSER (1910-1999), em 1956, publicava *Princípio e norma na elaboração jurisprudencial do direito privado*, trabalho pioneiro sobre o tema e chamava a atenção para o fato de que princípios jurídicos ou princípios gerais do direito, "enquanto princípios são eficazes independentemente do texto legal" (ESSER, 1961, p. 7)[80].

---

[80] Em outra parte do texto, ESSER vincula os princípios à justiça, pois a argumentação jurídica específica tem que referir-se a ela. Cf. Josef ESSER, *Principio y norma en la elaboración jurisprudencial del derecho privado*, trad. Eduardo Valenti F. (Barcelona: Bosch Casa Editorial, 1961), p. 88. Ver também Sergio COTTA, "I principi generali del diritto: considerazioni filosofiche", em *I principi generali del diritto*; Giovanni PUGLIESE, "I principi generali del diritto: l'esperienza romana fino a Diocleziano"; e Rodolfo SACCO, "I principi generali del diritto nei sistemi giuridici europei", todos em *I principi generali del diritto* (Roma: Accademia Nazionale dei Lincei, 1992).

Capítulo 5

INTERPRETAÇÃO, HERMENÊUTICA E ANALÍTICA

"In principio erat verbum." [Ἐν ἀρχῇ ἦν ὁ λόγος]

(Jo 1, 1)

"Daí entendermos que o legislador ou se propõe ao que é justo e equânime, ou, se tratar de instituir coisas úteis e até mesmo de avaliar o direito já constituído, não aceita em caso algum o que seja contra o bom e o equânime."

(H. Donellus, *Commentariorum de jure civilis*, L. I, XIII, 12, p. 102)

"Como as leis são regras gerais, não seriam capazes de regular o futuro de modo a prever todos os eventos, que são infinitos, ou que suas disposições definissem todos os casos possíveis; mas a prudência e dever do legislador podem apenas prever os eventos mais naturais e ordinários, e dar forma a suas disposições de tal maneira que, sem entrar nos detalhes dos casos singulares, estabeleçam-se regras comuns a todos, distinguindo o que merece, ou exceções e dispositivos particulares."

(J. Domat, *Les lois civiles dans leur ordre naturel, Traité des lois*, Cap. XII, p. xxv)

"Seguir uma regra é uma *práxis*. E *acreditar* seguir a regra não é seguir a regra."

(L. Wittgenstein, *IF*, § 202)

5.1. INTERPRETAÇÃO E APLICAÇÃO DO DIREITO

Chegamos a um ponto central da filosofia do direito: a indagação de como se procede diante de uma regra jurídica (lei, jurisprudência ou costume) dotada de autoridade. Temos que lhe atribuir um sentido próprio, ou qualquer sentido que se ajuste ao que pensamos ou queremos? Esses temas se abrigam na *hermenêutica jurídica*, na *interpretação* e na *aplicação do direito*. É uma das áreas mais tradicionais, sempre revisitada por juristas e filósofos. Nela se estabelecem as características mais fundamentais de todo modelo de direito. Neste capítulo, vamos primeiro constatar as diversas atividades que chamamos de interpretação, e em seguida esclarecer duas tarefas da hermenêutica: trazer o passado para o presente, e relacionar o universal

CURSO DE FILOSOFIA DO DIREITO – *José Reinaldo de Lima Lopes*

do pensamento com o singular da situação ou caso. Feito isto, veremos como se desenvolveram as atividades e as teorias interpretativas ao longo da história, para chegarmos ao debate contemporâneo, enfatizando a contribuição dos autores mais importantes do século XX. A partir daí, podemos voltar aos cânones tradicionais, para avaliar sua natureza e relevância.

5.1.1. O que é interpretação: conhecer, reproduzir, aplicar, traduzir, parafrasear?

Alguns esclarecimentos iniciais devem ser feitos em tema de interpretação. Em primeiro lugar, é preciso distinguir o que significa interpretar. Usamos a palavra em mais de uma situação. Pode-se dizer que um artista interpreta uma peça teatral ou uma partitura musical. Nesse caso, interpretar significa atuar ou atualizar, e a interpretação consiste numa *realização*, o que em inglês se diz *performance*. Quando em português falamos de *artes cênicas, dramáticas, musicais*, em inglês falamos de *performing arts*, artes que se realizam por um movimento-ação do intérprete.

Também falamos de interpretar quando um crítico de arte, ou seja, um *leitor profissional* de obras artísticas e literárias, dá-nos conta de uma pintura, uma escultura, um livro ou texto, e o faz primeiro analisando (decompondo) a obra em partes significativas, depois reconstruindo seu *sentido*, inclusive inserindo-o na obra do autor, no gênero literário de sua composição (prosa ou poesia, poesia lírica ou épica, romance, conto, novela, ensaio etc.), no ambiente social e no tempo histórico. Interpretar, nesses casos, inclui o *parafrasear,* quando o intérprete mostra por outras palavras o que o autor disse ou pretendia dizer, mas termina por apresentar uma visão do todo da obra.

No caso das artes dramáticas ou musicais, o intérprete realiza propriamente a obra: seguindo o texto ou a partitura, ele os transforma de entes abstratos, ideais, fora do tempo e do espaço, em algo concreto vivo, temporal, uma *performance,* que se inicia e acaba no tempo e no espaço. No segundo caso, o processo é diferente: o crítico cria seu próprio texto ou discurso, mas a obra original, objeto da crítica, existe independentemente, e a ela podemos ter acesso sem a intermediação do crítico.

Essas diferenças deram a Emilio BETTI a razão para classificar as interpretações em três categorias: (i) *reconhecedoras* (cognitivas); (ii) *normativas*; e (iii) *reprodutoras*/reprodutivas (BETTI, 1955, p. 347-349; 1971, p. 40-41).

Há *interpretações reconhecedoras ou cognitivas*, como a da história e a da crítica literária (a filologia). Nelas o intérprete visa reconhecer algo que estava já dado: o intérprete reconstrói uma obra, uma atividade alheia. A crítica de textos e a filologia são dessa natureza. São históricas, porque seu objetivo é recuperar o passado. As interpretações reconhecedoras e cognitivas têm por escopo "dar conta de" um objeto existente, explicá-lo, conhecê-lo: a filologia ocupa-se da língua e das palavras, enquanto a história, de eventos significativos acontecidos. Posso ter acesso a certa obra de arte sem precisar do crítico, mas pela crítica descubro sentidos e usufruo da obra de um modo diferente e mais qualificado.

Há também *interpretações reprodutivas*, como nas artes dramáticas, musicais e nas traduções. As artes cênicas e a música, artes da execução, são os casos típicos de interpretações reprodutivas. Elas pressupõem obras originais que precisam ser "trazidas à vida". Sem o intérprete, o destinatário não as pode usufruir, ter acesso ao produto do trabalho alheio. Imagine-se uma partitura musical não executada, ou oferecida a alguém que não consegue lê-la. O característico dessa interpretação é a necessária interposição de um intérprete entre o autor e o destinatário. As interpretações reprodutoras recriam no tempo e no espaço um certo objeto: a música e o texto. O intérprete musical e o tradutor estão dando vida a uma criação que não é sua, mas sua *performance* é uma recriação, que chamamos de *execução*. O tradutor realiza uma atividade (executa, desempenha, *performs*) que *reproduz* o discurso alheio. Segundo BETTI, a interpretação reprodutiva *substitui* a forma representada, coloca um *equivalente* no lugar do original.

Há, finalmente, as *interpretações normativas*, das quais os casos mais exemplares são justamente a jurídica e a teológica, embora BETTI acrescente a psicológica. Sua finalidade não é simplesmente reconhecer o que houve, nem tornar certa obra acessível a um terceiro que, sem essa mediação, não teria acesso a ela. O intérprete do direito e da teologia visa aplicar, julgar e qualificar um caso concreto e agir segundo tal qualificação[1]. Na interpretação jurídica e na teológica, não se trata simplesmente de conhecer e explicar um objeto, como fazem o filólogo e o historiador, nem de recriar a obra alheia. A interpretação do direito busca "extrair das leis máximas da ação para o caso concreto". Ela tem um forte acento reconhecedor e cognitivo, mas aplicado. BETTI toma o juiz por intérprete exemplar. E tudo isto é verdade. Fiel à ideia de interpretação como método de conhecimento dos objetos culturais, ele mostra a diferença entre interpretar o direito e "produzir" uma tradução.

Pode-se, contudo, perguntar se as três categorias, tendo em comum o nome e algum elemento (como a ideia de *sentido*) não são, de fato, essencialmente diferentes. Assim, ao trabalho de BETTI, que as diferencia para integrá-las sob um gênero comum – *a atividade interpretativa* –, pode-se contrapor outra perspectiva: antes que agrupá-las, opô-las. Opostas, ficam mais claras algumas peculiaridades de cada uma dessas atitudes interpretativas. Fica também claro que a interpretação jurídica como que engloba as outras formas de interpretar.

De fato, há na interpretação jurídica necessariamente a dimensão reconhecedora, pois o que se visa aplicar é uma lei que, por definição, deve ser anterior ao caso. Visto que a lei precede o caso, é preciso estabelecer seu texto, seu conteúdo, suas palavras (um trabalho de *crítica dos textos*). Depois do advento da imprensa e das formas modernas de legislar, já quase não há dúvidas sobre o texto da lei. Ao longo da história, porém, isso nem sempre foi assim. Desloquemo-nos alguns séculos para trás, quando não havia imprensa, e a cópia dos textos era manuscrita.

---

[1] Emilio BETTI, *Interpretazione della legge e degli atti giuridici* (Milano: Giuffrè, 1971), p. 39-42; também Emilio BETTI, *Teoria generale dell'interpretazione* (Milano: Giuffrè, 1955), especialmente o volume 1.

208 | CURSO DE FILOSOFIA DO DIREITO – *José Reinaldo de Lima Lopes*

Quanta possibilidade de erro, de cochilo dos copistas! Avancemos um pouco, para quando a imprensa já garantia a uniformidade das cópias, mas ainda se aceitava o costume como fonte do direito. Costumes não reduzidos a escrito, como se determinavam? Costumes reduzidos a escrito sem as formalidades de uma chancelaria, como escapavam da dúvida? E o que dizer dos textos mais antigos?

Numa interessante passagem a respeito da interpretação do direito romano, SAVIGNY, em pleno século XIX, não se contentava em falar da *arte* (ou técnica) *da interpretação* do direito em geral, mas chamava nossa atenção para o fato de ser necessária, previamente a qualquer interpretação, a *crítica do texto* (SAVIGNY, 2005, p. 109-117, L. I, Cap. IV, XXXVIII-XLI). Do que falava ele? Da fixação e da determinação do texto a ser usado como lei. Sabendo que o direito romano podia ser invocado nos tribunais alemães, falava da certeza que se deveria ter a respeito dos textos; do expurgo que deveria ser feito das interpolações; de uma espécie de "limpeza" dos livros recebidos do passado, tarefa que havia se iniciado no século XVI com os juristas humanistas[2]. Já o século XIX foi a idade da nova historiografia, romântica quanto a seus propósitos, positivista quanto a suas técnicas: romântica porque em geral nacionalista e idealizadora do passado; positivista porque em busca de uma ciência dos arquivos e dos documentos, capaz de determinar a datação e a autenticidade dos textos.

Para além da crítica do texto, haverá em alguns casos a necessidade de fixação do sentido do texto. Pode haver problemas no sentido por defeito da redação (ambiguidade, anfibologia, construção sintática dúbia etc.). Interpretar a lei nesses casos, nos casos de obscuridade do texto, significa que existe um sentido. E o conhecimento desse sentido faz parte da atividade cognitiva inerente ao direito (FERRAJOLI, 2016, p. 144-210).

BETTI destaca na interpretação jurídica a função *integrativa*. Ela se refere à "reintegração" do objeto a um novo espírito, o espírito do tempo e da sociedade a que se destina. A linguagem de BETTI é eivada de certo idealismo, pois sugere que o objeto é uma elaboração autônoma do espírito, um sentido que se comunica de um a outro, do autor ao intérprete, do intérprete a outro terceiro destinatário.

Tratando-se de textos, é intuitivo assimilar a interpretação à paráfrase. Interpretar um texto seria parafraseá-lo, isto é, dizer a mesma coisa usando distintas expressões, expressar o mesmo sentido (conteúdo de proposições) valendo-se de distintas formas linguísticas. O sentido, como vimos, é o permanente de um discurso, enquanto sua forma é o contingente. O certo é que todas as formas de interpretação estão vinculadas a sentidos. Interpretar implica sempre a atividade cognitiva de apreender sentidos.

---

[2]   Sobre o humanismo existe larga bibliografia. Basta citar aqui Donald KELLEY, "Legal humanism and the sense of history", *Studies in the Renaissance* 13 (1966), p. 184-19; Donald KELLEY, *The beginning of ideology*: consciousness and society in French Reformation (Cambridge: Cambridge University Press, 1981); Donald KELLEY, *The human measure*: social thought in the Western legal tradition (Cambridge: Harvard University Press, 1990); J. G. A. POCOCK, *The ancient constitution and the feudal law*: English historical thought in the seventeenth century (New York: W. W. Norton, 1967).

Capítulo 5 · INTERPRETAÇÃO, HERMENÊUTICA E ANALÍTICA | 209

Quadro 65

Interpretar é parafrasear? Manuel Álvares PEGAS, jurista português do século XVII, ao comentar as *Ordenações do Reino* (L. I, 5, 5) publicadas em 1603, afirmava (glosa IX): "Interpretatio est unius verbis aliud, vel unius sententiae per aliam declaratio, et in lege tunc datur quando legis verba obscura et ambigua explicantur" [Interpretar é esclarecer uma palavra ou uma sentença por meio de outra, e no caso da lei isso se dá quando as palavras obscuras ou ambíguas da lei precisam ser explicadas] (PEGAS, 1729, p. 385). Em sentido semelhante, FREIRE: "Legem enim interpretari nihil aliud est quam ejus vim, sensum, ac potestaem ex ipsius verbis, aut ratione, declarare" [Interpretar a lei nada mais é do que esclarecer seu vigor, sentido e poder a partir de suas próprias palavras ou razão] (FREIRE, 1860 [1788], p. 104). Esclarecer uma palavra, sentença ou discurso por meio de outro é parafrasear: "Interpretação é a explicação de qualquer texto (...) por outras palavras" (TEIXEIRA DE FREITAS, 1883, p. 182); "Cumpre ao jurisconsulto assemelhar-se o pensamento da lei, e para chegar a esse fim torna-se indispensável que ele o reconstrua; é a essa reconstrução que se denomina interpretação" (RIBAS, 1865, p. 271). A paráfrase é adequada quando diz a *mesma coisa* que o texto original, como no caso da tradução, quando *reproduz* o sentido original. Quem parafraseia – ou interpreta – precisa ter *compreendido* o sentido do discurso ou texto original. A compreensão precede a paráfrase, isto é, a compreensão precede a interpretação, como ficará claro no restante deste capítulo. A compreensão, diz RICOEUR, exige ou pressupõe "participação na mesma esfera de sentido" (RICOEUR, 2019, p. 104). O que é essa esfera de sentido senão o que estamos chamando de "campo", "disciplina", "prática", "jogo de linguagem" ou "forma de vida"?

Os seres humanos vivem em um mundo não apenas físico e orgânico, mas em um mundo institucional e de sentidos atribuídos, "aplicados" ou "impostos". Os sentidos, vale a pena repetir, "não dão em árvores". Logo, o conhecimento dos sentidos não se iguala ao conhecimento que temos do mundo natural, orgânico, físico que nos contém e rodeia. O conhecimento e reconhecimento desses sentidos é, para alguns, a interpretação[3]. Interpretar, em termos assim gerais, é reconhecer os sentidos[4]. A interpretação, nesses termos, é como uma forma de conhecimento, o conhecimento dos *sentidos*.

Ora, os sentidos de que se pode falar são sempre sociais, compartilhados[5]. Cada um de nós não pode, por sua conta e sozinho, criar um sentido. A criação

---

[3] É como pensam Wilhelm DILTHEY, *Introduction to the human sciences*, ed. R. Makkreel e F. Rodi, trad. Michael Neville (Princeton: Princeton University Press, 1989, v. 1), p. 56-66, e Emilio BETTI, *Teoria generale dell'interpretazione* (Milano: Giuffrè, 1955), que escreve: "Onde quer que nos encontremos na presença de formas sensíveis, por meio das quais um outro espírito, nelas objetivado, fala ao nosso, apelando a nossa inteligência, aí se põe em movimento nossa atividade interpretativa para compreender que sentido têm aquelas formas, que mensagem nos mandam, o que querem dizer" (p. 59-60).

[4] Certa linguagem idealista penetra em alguns autores, como no caso de BETTI, e os leva a tratar e falar dos sentidos como "objetos ideais", "criações do Espírito" etc. Falar de *sentidos* em vez de *objetos do espírito, objetos ideais*, tem a vantagem de nos afastar dessas formas idealistas.

[5] É uma das contribuições importantes de G. FREGE à filosofia: tratar os sentidos como algo objetivo, público, social, e não algo psicológico, privado, individual. Sentidos são compartilhados

CURSO DE FILOSOFIA DO DIREITO – *José Reinaldo de Lima Lopes*

de sentido individual é "coisa de louco", é a criação de um mundo paralelo e isolado[6]. Interpretar, nesses termos, equivale a compreender, apreender sentidos públicos. É preciso, portanto, tomar certo cuidado: o compreender é prévio ao interpretar. Precisamos ter uma ideia qualquer, uma compreensão, ou pré-compreensão, como dizem alguns[7], para nos aproximarmos de alguma obra, algum texto, alguma norma jurídica. Essa interpretação é uma característica geral do ser humano, dotado de linguagem, que habita uma "floresta de símbolos que ele próprio plantou", como diz NUNES[8].

Finalmente, como advertência introdutória ainda, é bom mencionar uma tendência geral do pensamento contemporâneo, consistente em afastar-se da visão subjetivista e voluntarista mais comum no século XIX, e ainda tentadora. Essa visão se revela sempre que tomamos o que precisa ser compreendido ou interpretado como sendo uma outra pessoa, ou um outro sujeito. No direito, isso se manifesta quando falamos no "legislador" e tentamos pensar nele como um sujeito individual, como alguém identificado ou identificável. Ao longo do século XX, começou-se a pensar mais detidamente nos fatos da linguagem e nos sentidos socialmente disponíveis[9], de maneira que a filosofia deu-se conta de que o processo de interpretação e compreensão não é um fenômeno psicológico entre dois sujeitos (atomizados), mas um processo social, de domínio de sentidos compartilhados entre agentes de uma mesma prática. É só com base em sentidos compartilhados e públicos que os agentes podem começar a entender-se. Se inovarem ou criarem dentro desses sentidos compartilhados, é o pano de fundo comum que permite o início de qualquer compreensão.

5.1.2. Traduzir: do passado ao presente, do universal ao particular

Trazer o passado para o presente e relacionar o universal ao particular são os dois pontos em torno dos quais se desenvolveu longa tradição jurídica, não de

---

e comunicáveis. Cf. G. P. BAKER e P. M. S. HACKER, *Wittgenstein*: understanding and meaning (Malden/Oxford: Blackwell, 2005), p. 39.

[6] Cf. o conto de Peter BISCHEL, "Ein Tisch ist ein Tisch", citado no Capítulo 3, *supra*.

[7] Josef ESSER, *Precomprensione e scelta del metodo nel processo di individuazione del diritto*, trad. S. Patti e G. Zaccaria (s.l.: Edizioni Scientifiche Italiane, 1983): pré-compreensão equivalendo ao *Vorverständniss* do alemão. De certo modo, é a isso que se refere também a palavra *Vorurteil*, pré-juízo ou preconceito, de GADAMER em *Verdade e método*.

[8] Benedito NUNES, "À margem do estruturalismo", em *Ensaios filosóficos* (São Paulo: Martins Fontes, 2010), p. 257-261. A expressão "floresta de símbolos" vem do poema de Charles BAUDELAIRE, "Correspondances": "La Nature est un temple où des vivant pilliers/ Laissent parfois sortir de confuses paroles;/ *L'homme y passe à travers des forêts de symboles*/ Qui l'observent avec des regards familiers". A expressão também serviu de título a uma antologia de textos do antropólogo Victor TURNER, *The forest of symbols*: aspects of Ndembu ritual (Ithaca: Cornell University Press, 1967).

[9] Cf. Charles TAYLOR, "Language and human nature", em *Human agency and language* (Cambridge: Cambridge University Press, 1993), p. 215-247.

Capítulo 5 · INTERPRETAÇÃO, HERMENÊUTICA E ANALÍTICA | 211

todo alheia ao que se passava na teologia e, de certo modo, na filosofia[10]. Nestas duas disciplinas, tratava-se também de guardar de forma adequada textos que chegavam do passado: as Escrituras e os diversos livros filosóficos (incluindo os de *filosofia natural*)[11]. Os textos eram conservados em meio aos comentários que em torno deles se faziam, os quais serviam justamente para atualizá-los, isto é, para trazê-los do passado ao presente, e para aplicá-los, ou seja, para ligar seu conteúdo universal aos casos concretos[12]. Até que a modernidade irrompe com a pretensão de que "scriptura suis ipsius interpres", os textos embebiam-se de certa tradição, que ao mesmo tempo lhes dava contexto e os retirava do passado distante.

A questão coloca-se de forma urgente para nós porque essas atividades – o traduzir, o interpretar, o aplicar ou o seguir uma regra – parecem ser, no discurso jurídico brasileiro, *subjetivas*. O equívoco em comum é ignorar a distinção proposta por John SEARLE: existem no mundo coisas produzidas por sujeitos, como as línguas, as moedas, os contratos. Essas coisas, embora obra de sujeitos humanos – e neste sentido *subjetivas* – existem realmente, são *objetivas*. Existem, pois, "coisas" *ontologicamente subjetivas* e *epistemologicamente objetivas*[13]. Existem como fruto das ações humanas (ontologicamente subjetivas), mas obedecem a certos padrões (epistemologicamente objetivas). A língua portuguesa existe, mas não "nasceu em árvore". Realizo meus discursos em português, mas a língua portuguesa não me pertence individualmente e não posso fazer dela o que eu quero. Pode-se dizer, como disseram os juristas no século XIX, que existe o contrato (instituto) e existe este contrato (singular), existe o casamento e existe este casamento, existe a legislação e existe esta lei. Mas tanto o contrato, quanto o casamento, quanto a lei só existem porque humanamente criados. Isso não os torna subjetivos no sentido vulgar. A confusão em matéria de interpretação vem do fato de falarmos dos sentidos atribuídos a uma lei, a uma instituição ou a um negócio jurídico como sendo subjetivos só porque "não dão em árvores". Pretendo mostrar como a tradição do pensamento jurídico lidou com o tema, percebendo os riscos da epistemologia subjetivista. Ao final, procuro mostrar a falta de atenção dos juristas contemporâneos para esta dimensão.

---

[10] Cf. Vincenzo PIANO MORTARI, *Dogmatica e interpretazione*: i giuristi medievali (Napoli: Jovene, 1976); Ian MacLEAN, *Interpretation and meaning in the Renaissance: the case of law* (Cambridge: Cambridge University Press, 1992); J. SCHRÖDER (2001).

[11] Cf. referências anteriores a H.-G. GADAMER, *Truth and method*, trad. Garret Barden & John Cumming (New York: Cross Roads, 1988), p. 275, e A. SCHIAVONE, *Ius*: l'invenzione del diritto in Occidente (Torino: Giulio Einaudi, 2005), p. 5.

[12] Daí o desenvolvimento de certos procedimentos que aparecem em AGOSTINHO, *A doutrina cristã*, trad. Nair de Oliveira (São Paulo: Paulus, 2011) e em Tomás de AQUINO (2003). No caso das Escrituras, Tomás adverte que as coisas mesmas podem ser signo de outras coisas, por isso pode-se entrar no texto sagrado pressupondo-lhe um sentido figurado. Em resumo, os textos bíblicos contêm um sentido literal, um sentido alegórico (os paralelismos entre Antigo e Novo Testamento), um senso moral e um sentido anagógico.

[13] John SEARLE, *The construction of social reality* (New York: The Free Press, 1995), p. 1-29.

5.1.2.1. Tarefa hermenêutica: trazer o passado para o presente

Quando alguém visita as ruínas de uma civilização antiga, ou faz sua "peregrinação" a Roma, como costumam fazer muitos juristas, e como costumavam fazer os jovens alemães para completar sua formação elementar – a celebrada "Italien Reise" –, esse viajante encontra as ruínas dos edifícios onde se desenvolviam as atividades dos juristas: o foro, as basílicas, algumas das vias que, aos pedaços, ainda estão lá. A atividade mesma dos juristas desapareceu. Podemos recuperar, por meio dos textos, fragmentos dessas atividades e desses sentidos. Mas temos dificuldade de interpretá-los e relacioná-los às atividades, porque delas também não podemos ter senão ideias fragmentadas, algumas procedentes de fragmentos de outros gêneros literários: histórias, narrativas de episódicos cotidianos, diálogos filosóficos, peças de teatro dramático ou cômico, poemas etc. Como não usamos as mesmas categorias, visto que não temos as mesmas formas de vida, não participamos dos mesmos jogos de linguagem, temos enorme trabalho para recuperar os sentidos perdidos. O que fazer de coisas como *stipulatio, confarreatio, matrimonio cum manu, sine manu, negotia per aes et libram*? Esse problema é um aspecto inescapável de nossa condição como seres humanos porque podemos, de certo modo, nos deslocar no tempo: formulamos, linguisticamente, nossas memórias e nossas esperanças. Transitamos entre passado e futuro. Mas transitamos com o auxílio do pensamento e da linguagem.

Trazer o passado para o presente é parte da tarefa interpretativa. Essa dimensão temporal, essa distância entre "nós hoje" e "eles ontem", é também inerente ao direito, pois todos estamos aplicando e usando normas que nos chegam do passado, próximo ou remoto. No século XX, a polêmica a respeito da interpretação como tradução ou fidelidade do intérprete àquilo que outrem disse antes dele apareceu em dois juristas já clássicos – Emilio BETTI (1890-1968) e Herbert HART (1907-1992) –, e foi igualmente elaborada por dois filósofos, Hans-Georg GADAMER (1900-2002) e Paul RICOEUR (1913-2005). Cada um deles colabora para nossa reflexão sobre a natureza e os desafios da intepretação.

Emilio BETTI, como vimos, dividia as interpretações em três categorias: *reconhecedoras* (cognitivas), *normativas* e *reprodutoras*/reprodutivas[14]. Também aqui não é preciso lembrar nem esclarecer o embate de BETTI com GADAMER[15], pois o que interessa neste ponto é a aproximação entre traduzir e interpretar. A tradução, para BETTI, era uma forma de interpretação *reconhecedora*, distinta da interpretação jurídica, ou *normativa*. Nesses termos, tradução e interpretação ou aplicação do direito distanciam-se. Essa diferença precisa ser matizada,

---

[14] Emilio BETTI, *Teoria generale dell'interpretazione* (Milano: Giuffrè, 1955), p. 347-349, e Emilio BETTI, *Interpretazione della legge e degli atti giuridici* (Milano: Giuffrè, 1971), p. 40-41.

[15] Para o debate entre BETTI e GADAMER, ver Leonel C. PESSÔA, *A teoria da interpretação jurídica de Emílio Betti* (Porto Alegre: Sergio Fabris, 2002) e J. GRONDIN, *Hans-Georg Gadamer: una biografia* (Barcelona: Herder, 2000).

Capítulo 5 · INTERPRETAÇÃO, HERMENÊUTICA E ANALÍTICA | **213**

permitindo que tradução e aplicação do direito se aproximem e se iluminem rapidamente. Ao classificar as duas atividades – traduzir e aplicar o direito – em dois grupos distintos, perdem-se alguns elementos importantes.

Primeiro, o ordenamento jurídico – e todos os ordenamentos jurídicos – passa pela mediação dos juristas e de seu discurso próprio, *a doutrina,* e tanto a jurisprudência (que aplica a lei a casos controversos) quanto as atividades dos cidadãos (que realizam seus negócios) dependem desta "ciência" do direito. A lei chega aos seus destinatários mediada por *doutrina* e *conceitos.* Visto que a lei não é uma simples ordem – como "feche a porta", "não atravesse a rua" – seus destinatários valem-se de um conjunto articulado de conceitos que lhes permitem compreendê-la em termos gerais. Como veremos adiante, o jurista faz um papel assemelhado ao do tradutor.

Segundo, cada *aplicação* (pelo juiz ou pelas partes que fazem uso da lei) é ela mesma uma realização ou atualização da lei, assim como cada discurso ou ato de fala é realização e atualização da língua na qual se faz. Para BETTI, contudo, o intérprete é por excelência o juiz, não o *agente* em geral. Ele continua a pensar na interpretação como método de descobrir o pensamento alheio, não a coloca na esfera da prática, do "seguir uma regra".

A primeira tarefa da interpretação jurídica é, pois, trazer para o presente as palavras do passado, e nisso há semelhança com a tradução[16]. Não é possível seguir uma regra inexistente e, se a regra existe, ela de certo modo antecede e precede as circunstâncias em que vai ser aplicada. Antecede logicamente e, no direito positivo, antecede também cronologicamente[17]. Há necessariamente uma distensão no tempo. De fato, como a lei é feita para vigorar para o futuro, vale-se de expressões firmadas no momento atual (ou no passado) para qualificar os fatos futuros. Entre passado e presente, coloca-se a mediação do intérprete como se fosse um tradutor.

Entretanto, trazer para o presente as palavras da lei feita no passado não é simples. Como disse SEXTO CECÍLIO, mencionado no capítulo anterior, o que pode ser estranho aos contemporâneos não é apenas o vocabulário, mas também os costumes (*verba atque mores*), e os costumes são como as "formas de vida", as

---

[16] DENIAU esclarece que *interpretação* hoje não equivale ao sentido grego de *hermeneia* como usado por ARISTÓTELES. A obra aristotélica sobre *hermeneia,* traduzida para o latim por BOÉCIO como *De interpretatione,* diz respeito à enunciação ou à expressão, não à exegese ou explicação dos textos. O tratado refere-se "à proposição declarativa ou enunciado, suas partes (nome, verbo) e seus modos (afirmação, negação). O objeto do tratado de ARISTÓTELES é a expressão verbal, e foi assim que seus comentadores latinos o entenderam: a *interpretatio* é um dito articulado (*vox articulata*) com a intenção de significar, ou um dito significante (*vox significativa*) que significa por si alguma coisa diferente dela mesma". Guy DENIAU, *Qu'est-ce qu'interpréter?* (Paris: Vrin, 2015), p. 7-8.

[17] "Law has to do with the governance of human conduct by rules. To speak of governing or directing conduct today by rules that will be enacted tomorrow is to talk in blank prose." Lon FULLER, *The morality of law* (New Have, CT: Yale University Press, 1964), p. 53. Tomás de AQUINO dirá que é da razão de ser da lei que seja promulgada, isto é, que valha apenas quando feita conhecer publicamente (*ST*, Ia-IIae, 90, a.4 – a lei só pode ser aplicada, ou usada diríamos, quando dela se tem conhecimento [*notitia*], o que ocorre apenas com a promulgação).

práticas e as instituições dentro das quais palavras fazem sentido. Em outros termos, esses "costumes", de que falava SEXTO CECÍLIO, bem podem ser o "pano de fundo", as pressuposições de todos os envolvidos em uma atividade. A tradução das leis para os contemporâneos implicaria, pois, tanto a reconstrução das expressões linguísticas e verbais, quanto a reconstituição dos modos de dizer, ou, como diz WITTGENSTEIN, das formas de vida: em resumo, a cultura institucional em que as palavras e os discursos existiam[18].

Alguém poderia objetar que isso era muito mais importante para as sociedades em que a forma de dominação era tradicional, nas quais as leis duravam por gerações inteiras. Nas sociedades modernas, em que o direito positivo é velozmente mudado, a tensão temporal diminuiria, pois o afastamento temporal entre a lei e a aplicação seria mínima; a distância entre passado e futuro tornar-se-ia secundária, pode-se dizer, porque disporíamos da faculdade generalizada de legislar a torto e a direito, a qualquer momento e praticamente sobre qualquer coisa.

A objeção não convence, porque mesmo no sistema contemporâneo, em que a velocidade da legislação é acelerada, é da essência da lei preceder os fatos. Ou seja, se alguém deve conformar-se a uma norma, é preciso que a norma exista antes da ação, que a anteceda lógica e cronologicamente. No caso do direito positivo, essa antecedência deve forçosamente ser cronológica[19]. É da essência da lei, portanto, que haja tensão entre o passado, do qual ela procede, e o presente no qual se atua. É condição lógica que a regra preceda a ação. E é essencial que a lei se subordine a uma linguagem, como a da *doutrina jurídica*, que não se altera com a velocidade das decisões do legislador. Em outras palavras, não apenas continua a existir uma diferença entre momento de criação da lei e momento de aplicação, como também a lei continua a ser lida e compreendida por uma cultura jurídica que não muda com a velocidade das alterações legislativas.

Temos aqui, portanto, um primeiro tema, o da interpretação como tradução ou ponte do passado para o presente.

5.1.2.2. Tarefa hermenêutica: relacionar o universal e o particular

Existe um segundo tema: a "distância" entre o geral e o particular, entre o universal dos conceitos usados pela lei e o singular das ações que se avaliam segundo a lei, entre os *tipos* e os *casos*. É outra espécie de razão de ser para as teorias ou

---

[18] É o que Elizabeth ANSCOMBE, "On brute facts", *Analysis* 18, n. 3 (jan. 1958), p. 69-72, chama de "the context of our institutions".

[19] Esta é uma das condições morais mínimas da ideia de direito exposta por Lon FULLER, *The morality of law* (New Have: Yale University Press, 1964). Cf. também BARZOTTO, "Direito natural institucional", em *Teoria do direito*. (Porto Alegre: Livraria do Advogado, 2017), p. 56-76. Se fosse exclusivamente *natural*, o direito poderia talvez limitar-se à antecedência lógica de seus *preceitos*. Sendo positivo, porém, deve ser, como dizia Tomás de AQUINO, necessariamente promulgado, ser cronologicamente anterior às ações sobre as quais será aplicado.

Capítulo 5 · INTERPRETAÇÃO, HERMENÊUTICA E ANALÍTICA | 215

doutrinas da hermenêutica jurídica[20]. O tema tornou-se clássico já na filosofia antiga. Na *Retórica,* ARISTÓTELES dá o exemplo paradigmático, o caso do "anel de ferro":

> Ora esta lacuna da lei existe tanto contra a vontade dos legisladores como por vontade dos mesmos. Contra a vontade dos legisladores quando um fato lhes passa despercebido; por vontade dos mesmos quando, não podendo precisar tudo, eles têm de estatuir princípios gerais que não são aplicáveis sempre, mas só as mais das vezes. Verifica-se isto sempre que é difícil precisar, em razão da infinidade dos casos; por exemplo, se se trata de uma ferida com um objeto de ferro, é impossível determinar as dimensões e a forma desse objeto: faltaria o tempo para enumerar tais particularidades. Sendo, pois infinita a matéria sobre a qual se deve legislar, e sendo necessário, apesar de tudo, estabelecer leis, é forçoso falar em geral: por exemplo, se uma pessoa tem no dedo um anel de ferro e levanta a mão e fere, essa pessoa é passível da lei escrita e comete um delito; mas, na verdade, não o comete. Ora, nisto precisamente consiste a equidade (ARISTÓTELES, *Arte retórica*, Livro I, 13, 1374a, 25-32, 35, 1374b, 1-5)[21].

Outro exemplo clássico a mostrar a tensão entre a norma, geral por definição, e a ação ou caso, necessariamente particulares, encontra-se na *República* de Platão:

> Na hipótese de alguém receber para guardar a arma de um amigo que se encontre são do juízo, e este, depois, com manifesta perturbação de espírito exigir que lha restitua, todo o mundo concordará que não se deve devolvê-la e que não andaria direito quem lhe fizesse a vontade ou tudo contasse a um indivíduo em semelhantes condições (PLATÃO, A *República*, 331 a, c, Livro I)[22].

A regra é que se devolvam os depósitos. As circunstâncias particulares, neste caso, o estado mental do depositante no momento, permitem que não se devolva. Muitas vezes essas circunstâncias são elas mesmas objeto de outras normas e se apresentam como tipos universais: no caso do direito penal, as circunstâncias agravantes ou atenuantes de um crime são frequentemente mencionadas de forma genérica também. Exemplo atual se encontra no direito brasileiro: "a impossibilidade de defesa da vítima" como agravante do crime (Código Penal Brasileiro, art. 61, II, *c*). Outras vezes, as circunstâncias são pressupostas ou implícitas, mas igualmente generalizáveis, como a boa-fé: todo o sistema jurídico pressupõe que os agentes se expressam de boa-fé. Se a má-fé fosse pressuposta, não seria possível cooperar, pois não seria possível esperar do outro que fizesse aquilo que nos faz crer que fará. A boa-fé, por isso mesmo, é chamada de um *princípio,* isto é, um

---

[20] Um trabalho recente de jovem jurista (Alejandro ALVAREZ, *Interpretação do direito e* equidade [Porto Alegre: UFRGS, 2015]) trouxe de volta este tema, relacionando o lugar da equidade com a distância entre a generalidade da lei e a singularidade das decisões.

[21] Qualquer semelhança com o exemplo do "veículo no parque", tornado famoso por HART, não é mera coincidência. A longa elaboração de SCHAUER (2002, p. 40-52 e 64-72) é uma reapresentação do tema sem referência à filosofia antiga ou à longa tradição jurídica ocidental.

[22] O exemplo é retomado por Tomás de AQUINO (*ST,* IIa-IIe, 57, a. 2, ad 1).

CURSO DE FILOSOFIA DO DIREITO – *José Reinaldo de Lima Lopes*

sentido pressuposto do sistema[23]. O bom intérprete conhece não apenas as regras explícitas, formuladas como normas, mas as regras implícitas, não formuladas em atos legislativos, embora por eles pressupostas.

Os casos do anel de ferro e do depósito da arma são exemplares da tensão entre o universal de qualquer conceituação e o particular de qualquer ação. A ação é da esfera do contingente e do singular: cada ação é única, e acontece no tempo e no espaço, enquanto o conceito é da esfera do universal: os conceitos não se relacionam com as ações como os nomes próprios se relacionam com os indivíduos. Como existem mais coisas singulares no mundo do que palavras para designá-las, essa distância entre o universal da regra e o singular do caso é irredutível. ARISTÓTE-LES chama a atenção para este fato em *Dos argumentos sofísticos*: quando falamos (ou discutimos), não podemos apresentar a própria coisa, mas trazemos a coisa à discussão por meio de seu *nome*. Por isso, diz ele, pode acontecer de os ouvintes serem manipulados pelo orador, quando eles não conhecem adequadamente o poder das palavras[24].

A consciência do problema posto pela universalidade da norma já se encontrava na tradição jurídica romana. O fragmento de JULIANO (D. 1, 3, 10)[25] afirma que nem a lei nem os senatus-consultos podem tratar de todos os casos: basta que compreendam os que podem acontecer nas mais das vezes. Trata-se de advertência contra a ideia de que a lei escrita deve ser de tal modo redigida que não deixe de fora nenhum caso. No mesmo *Digesto* conservaram-se os fragmentos de POMPÔNIO (D. 1, 3, 3)[26] e CELSO (D.

---

[23] Não por acaso Tullio ASCARELLI fazia reiteradas referências às premissas implícitas das culturas e sistemas jurídicos. Para entender um direito qualquer, dizia ele que era preciso descobrir suas premissas implícitas, justamente as que todos usavam sem que ninguém as expressasse verbalmente. Eram elas as pressuposições necessárias do sistema. Cf. *v.g.* Tullio ASCARELLI (1949, p. 10, 98-99).

[24] "É impossível introduzir numa discussão as próprias coisas discutidas: em lugar delas usamos os seus nomes como símbolos e, por conseguinte, supomos que as consequências que decorrem dos nomes também decorram das próprias coisas, assim como aqueles que fazem cálculos supõem o mesmo em relação às pedrinhas que usam para esse fim. Mas os dois casos (nomes e coisas) não são semelhantes, pois os nomes são finitos, como também o é a soma total das fórmulas, enquanto as coisas são infinitas em número. É inevitável, portanto, que a mesma fórmula e um nome só tenham diferentes significados." ARISTÓTELES, "Dos argumentos sofísticos", em *Aristóteles*, trad. Leonel Vallandro e Gerd Bornheim (São Paulo: Abril Cultural, 1973b), p. 161.

[25] "Julianus, lib. 59, *Digestorum*: Neque leges, neque senatusconsulta ita scribi possunt, ut omnes casus, qui quandoque inciderint, comprehendantur; sed sufficit [et] ea quae plerumque accidunt contineri." ["Nem as leis e nem os senadosconsultos podem ser concebidos de modo a compreender todos os casos possíveis; basta que contenham o que possa acontecer mais frequentemente."]

[26] "Jura constitui oportet, ut dixit Theophrastus, in his quae επι τό πλειστον, id est, ut plurimum, accidunt, no quae εκ παραλογου, id est ex inopinato." ["As leis, como diz Teofrasto, devem ser estatuídas sobre aquelas coisas que *epi to pleiston*, isto é, a maior parte das vezes acontecem, e não sobre as que *ek paralogoy*, isto é, não podem ser previstas."]

Capítulo 5 · INTERPRETAÇÃO, HERMENÊUTICA E ANALÍTICA | 217

1, 3, 4 e 5)[27], indicando que a lei deveria tratar daquilo que é frequente, não daquilo que ocorre excepcionalmente, ou seja, a lei por definição retiraria dos singulares uma disposição geral. Igualmente ULPIANO (D. 1, 3, 8)[28] lembra que a lei não estatui para uma só pessoa, mas em geral. Os textos reconhecem justamente a distância necessária entre a expressão discursiva, por meio de palavras e conceitos, e as "coisas do mundo". Porque a lei é geral, por definição e não por acaso, contém inevitável tensão com os casos.

Seguindo linha semelhante à de ARISTÓTELES e dos juristas romanos, Tomás de AQUINO lembra que "as ações acontecem nos singulares", ou seja, cada ação só pode dar-se uma vez no tempo, no espaço e por meio de um ou vários agentes determinados. A prudência é exatamente o hábito (virtude) pelo qual percebo de modo conceitual (racional/universal) as ações singulares. As ações mesmas não são universais, como podem eventualmente ser os "nomes" – ou conceitos – pelos quais as designamos. Por isso, a distância entre o nome da ação, mencionado na lei, e a ação mesma é inevitável. É a virtude da prudência que supera essa distância[29].

Pode-se dizer que, no ato da aplicação ou no seguimento singular da regra geral, há alguma forma de interpretação da regra, mas isso significa apenas que os agentes conhecem o sentido permanente, e não apenas frases contingentes. No caso do reconhecimento da igualdade das ações humanas, trata-se de uma habilidade que bem poderia chamar-se de a *habilidade de seguir regras*, de reconhecer o igual nas ações e nas suas circunstâncias – de reconhecê-lo, portanto, conceitualmente. Este é o segundo tema que as doutrinas da hermenêutica jurídica não podem ignorar[30].

---

[27] "Celsus, lib. 5, *Digestorum*: Ex his quae forte uno aliquo casu accidere possunt, jura non constituuntur." ["Não se constituem direitos a partir de coisas que podem ocorrer porventura em algum único caso."] E "Celsus, lib. 17, *Digestorum*: Nan ad ea potius debet aptari jus, quae et frequenter et facile quam quae perraro eveniunt". ["Pois o direito deve adaptar-se ao que ocorre mais frequente e facilmente do que ao que ocorre muito raramente"] (traduções de H. Madeira, *Digesto de Justiniano*. 3. ed. (São Paulo: Revista dos Tribunais, 2002), p. 46.

[28] "Ulpianus, lib. 3, *ad Sabinum*: Jura non in singulis personas, sed generaliter constituuntur." ["As leis não devem ser estatuídas para certas pessoas, mas sim para todas em geral."]

[29] "Ad prudentiam pertinet non solum consideratio rationis, sed etiam applicatio ad opus, quae est finis practicae rationis. Nullus autem potest convenienter aliquid alteri applicare nisi utrumque cognoscat, scilicet et id quod applicandum est et id cui applicandum est. Operationis autem sunt in singularibus." ["É próprio da prudência não só a consideração da razão, mas também a aplicação à obra, que é fim da razão prática. Ora, ninguém pode aplicar convenientemente uma coisa a outra sem conhecer ambas; o que é necessário aplicar, e aquilo ao que se deve aplicar. As ações, porém, acontecem nos singulares."] (*ST*, IIa-IIae, q. 47, a.3, *respondeo*). A discussão continua insistindo que "a infinitude dos singulares não pode ser abarcada pela razão humana", sendo, portanto, "reduzida a um número finito de casos mais frequentes".

[30] SCHLEIERMACHER dá-se conta disso, no momento histórico em que a hermenêutica jurídica atravessa profundas mudanças. Diz ele que a hermenêutica jurídica "lida na maior parte das vezes, com a determinação da extensão da lei, isto é, com a relação dos princípios gerais com o que neles não foi concebido claramente". (*Hermenêutica*: arte e técnica da interpretação, 10. ed., trad. Celso Braida [Petrópolis: Vozes, 2015], p. 29).

218 | CURSO DE FILOSOFIA DO DIREITO – *José Reinaldo de Lima Lopes*

Normas (incluídas as leis) existem e se aplicam em todas as atividades humanas, em todas as práticas dentro das quais se pode dizer que há um modo certo e um errado de fazer as coisas. Em todos os casos, as normas servem de *regula et mensura*, regra e medida das ações. A rigor, toda atividade, prática ou "forma de vida" tem suas regras. Algumas constitutivas e implícitas, outras regulativas e explícitas. Tomemos as ações como "jogadas" ou "lances" dentro de uma prática qualquer. Assim, as leis dirigem os agentes para realizarem ações, e estas, porque existem fora da mente (mas não fora dos agentes), são sempre singulares. Tudo o que existe fora da mente, dizia William de OCKHAM, é singular.[31]

5.2. A INTERPRETAÇÃO NA HISTÓRIA DO DIREITO

Uma visão muito breve indica inicialmente, já no direito romano, o papel dos jurisconsultos como intérpretes por excelência, e em seguida a transformação de sua atividade em disciplina regrada, discursiva, infiltrada pela filosofia propriamente dita. No período medieval, igualmente, depois de consolidadas as universidades, os juristas mantiveram sua função de "oráculos do direito", e ao lado de sua atividade docente, ocuparam funções públicas variadas, como membros de tribunais, de conselhos, de procuradores, advogados e embaixadores de reis, príncipes e comunidades políticas. Também nessa fase a filosofia lhes servia de auxílio, e sua carreira de jurisconsultos dependia de cursarem previamente a escola de artes liberais, ou seja, de filosofia. Esses dois períodos têm em comum um fato importante: a legislação, como nós a compreendemos hoje, ocupa um lugar menor no arsenal de fontes de direito. Para nós, uma lei é um ato de autoridade geral produzido pelo poder competente mediante processo especial de modo voluntário e a primeira, quando não a exclusiva, *fonte* do direito. Para os romanos, a legislação não era abundante nem generalizada, e a seu lado havia os atos de autoridade do senado (senatus-consultos) e do príncipe, as *constituições, os rescritos, as respostas* a dúvidas vindas de outras instâncias. Para os medievais, "lex" era termo geral, e compreendia uma variedade de fontes autorizadas, sendo certo que os poderes públicos constituídos tinham por missão mais preservar costumes, tradições e equilíbrios existentes do que inovar e obrigar. Não se esperava que um príncipe legislasse sobre todos os assuntos, nem que o fizesse frequentemente. Assim, a *interpretatio* era a principal tarefa dos juristas, e se consolidava como doutrina com autoridade.

No século XVIII, afirma-se um poder político com pretensões de legislar e centralizar o poder de produção do direito. Aos poucos as diversas fontes (costumes, estilos de julgar dos tribunais, doutrina) se transformam em fontes subsidiárias e auxiliares. É desta perspectiva que se pode compreender a chamada Lei da Boa Razão, editada por D. JOSÉ I de Portugal em 18 de agosto de 1769. O século é também marcado pela queixa generalizada contra os excessos de sutileza e as cavilações dos juristas, levando a uma busca de simplicidade e objetividade bem expressa no movimento

---

[31] "Toda coisa extramental é singular." William de OCKHAM, *Seleção de obras*, trad. Carlos L. Mattos (São Paulo: Abril Cultural, 1979), p. 358.

Capítulo 5 · INTERPRETAÇÃO, HERMENÊUTICA E ANALÍTICA | 219

pela codificação do direito. O aparecimento dos códigos levaria a um reposiciona-
mento do jurista, e é em torno dessa novidade que gira o debate teórico em torno da
codificação. A discussão do novo papel do intérprete permite o surgimento de uma
nova concepção do direito (como objeto de conhecimento) e da disciplina ou ciência
do direito. A controvérsia se identifica com alguns personagens importantíssimos,
como Karl Anton Von Martini (1726-1800), Jean-Étienne-Marie Portalis (1746-
1807), proponente do projeto de código civil francês, Jeremy Bentham (1748-1832),
e Friedrich Carl Von Savigny (1779-1861).

Com a expansão e, finalmente, a predominância da legislação no sentido
estrito como fonte do direito, com o desenvolvimento do ideal de limitação do
arbitrium judicial e legislativo, com a busca de objetividade e segurança assemelhadas às existentes nas ciências naturais, o pensamento jurídico viu-se às voltas
com um paradoxo: o de garantir tudo isso e, ao mesmo tempo, não poder escapar
dos atos de criação de direito. A rigor, o modelo importado das ciências naturais
concebia a ação como acontecimento, evento. Ao fazer isso, ganhava capacidade
de observação, algo semelhante à história natural. De fato, no século XIX, a ciência
foi concebida como história: *história natural* (que veio a ser a biologia) e *história
política e social*, para as quais se procuravam leis gerais. A sociologia nasceu como
essa "história natural da humanidade", que tanto poderia ser biológica quanto bio-
gráfica; tanto aplicada a organismos quanto a sujeitos; tanto poderia dizer respeito
à produção e reprodução da espécie quanto à produção e reprodução da cultura e
do universo simbólico.

Quadro 66

É a história uma ciência? Ao final do século XIX e início do século XX, buscava-se ainda uma
ciência da sociedade, e discutia-se a cientificidade da história e da sociologia diante do "método
positivo". Pedro Lessa (1859-1921), professor da Faculdade de Direito de São Paulo, afirmava que
a história não era ciência, mas fornecia material para a verdadeira ciência social, a sociologia (e
as ciências sociais particulares, como a economia). "A história não tem um conteúdo científico
próprio, (...) generalizações que dela façam uma ciência" (Lessa, 1900, p. 98). As muitas discussões
metodológicas em ciências sociais no século XX foram tentativas de separar a dimensão naturalista e empírica da história e da sociologia, da compreensão teórica e sistematizante de uma teoria da
sociedade: Max Weber, Cliford Geertz ou, a sua maneira, o estruturalismo e a semiótica à *la* Lévi-Strauss significaram isso. Essas disputas encontraram expressão filosófica com Peter Winch,
cuja obra, já citada várias vezes, reverteu a longa preponderância do positivismo nas ciências sociais.

O modelo das ciências naturais transplantado para o direito fez o que lhe era
próprio: concebeu a ação como evento, retirando-lhe a *intencionalidade* como fator
característico, ou melhor, assemelhando a intencionalidade humana às "paixões
irracionais da alma", àquilo que os antigos chamavam de "alma sensível", como visto
no Capítulo 2. Até aí a ciência poderia chegar. Ela não poderia debruçar-se sobre a
"alma racional". Foi apenas com o desenvolvimento da linguística e da filosofia analítica do século passado, o século XX, que o modelo das ciências naturais viu expostas

220 | CURSO DE FILOSOFIA DO DIREITO – *José Reinaldo de Lima Lopes*

suas limitações. As abordagens da linguística, da filosofia analítica da linguagem e da hermenêutica filosófica, lidando com a intencionalidade e a reflexividade, permitiram que se criticasse o modelo anterior.

A concepção de interpretação que vingou entre os juristas no século XX foi a de SAVIGNY, também já mencionada, segundo a qual nada pode ser considerado claro antes de haver interpretação. Essa concepção sofreu abalos sistemáticos ao longo do século XX pelas duas correntes filosóficas mencionadas acima. No Brasil, os juristas continuaram a falar que a interpretação "precede" a compreensão e que não se pode compreender antes de interpretar[32]. Nem a hermenêutica filosófica nem a filosofia analítica penetraram na cultura jurídica brasileira[33]. Ambas as filosofias afirmam que a compreensão – uma ideia do assunto, do campo, do todo – é necessariamente anterior ao uso, aplicação ou interpretação de algo obscuro e ambíguo. Esse todo é sempre pressuposto: dentro de uma atividade, prática, forma de vida, os participantes devem ter apreendido suas "regras constitutivas" antes de participarem, diz a filosofia analítica; para fazer parte de uma forma de vida, ou "tradição", o agente precisa dispor de um "conceito prévio", diz a filosofia hermenêutica. Nos dois casos, a compreensão precede a interpretação, como se verá adiante[34].

5.2.1. Os medievais[35]

Reconhecendo que a distância entre singular e universal não é defeito, mas característica da ordem jurídica, aos juristas coube definir a autoridade competente para interpretar. A questão não era apenas fornecer os critérios para eliminar a distância entre lei e caso, mas também salvar a unidade do sentido por meio da autoridade. Embora a *Constituição Tanta*, já mencionada[36], reconhecesse a possibilidade de tradução entre latim e grego, ou mesmo de aplicação do direito compilado aos casos futuros, o problema era saber quem teria a última palavra nas controvérsias. Como assinala CORTESE, não bastava aos juristas a compreensão geral dos problemas de interpretação, ou a apropriação de categorias filosóficas

---

[32] Veja-se, por exemplo, o que diz Eros GRAU, *Ensaio e discurso sobre a interpretação/aplicação do direito* (São Paulo: Malheiros, 2006), p. 73, em clara oposição ao que as filosofias contemporâneas dão por assentado.

[33] É também a opinião de Lenio STRECK, *Hermenêutica jurídica e(m) crise*: uma exploração hermenêutica da construção do direito, 7. ed. (Porto Alegre: Livraria do Advogado, 2007).

[34] Cf. José Reinaldo de Lima LOPES. "Filosofia analítica e hermenêutica: preliminares a uma teoria do direito como prática", *Revista de Informação Legislativa* 53 (2016), p. 203-226, 212.

[35] Para uma história da hermenêutica em geral, ver Hans-Georg GADAMER, *Truth and method*, trad. Garret Barden e John Cumming (New York: Cross Roads, 1988), p. 153-192, e Wilhelm DILTHEY, *Hermeneutics and the study of history*, ed. R. Makkreel e F. Rodi (Princeton: Princeton University Press, 1996), p. 33-99.

[36] "Si quid vero, ut supra dictum est, ambiguum fuerit visum, hoc ad imperiale culmen per judices referetur, et ex authoritate Augusta manifestetur, cui soli concessum est leges et condere et interpretari." [Mas, como foi dito, se parecer que algo está ambíguo, seja levado pelos juízes ao cimo imperial e seja esclarecido pela Augusta majestade, a quem unicamente se permite criar e interpretar leis.] (*Const. Tanta*, § 21, *in fine*).

Capítulo 5 · INTERPRETAÇÃO, HERMENÊUTICA E ANALÍTICA | 221

(aristotélicas e escolásticas), pois estas, se bem que conhecidas, forneciam um conhecimento "exterior e distante da aplicação a problemas técnicos" (CORTESE, 1962, p. 260). GROSSI também afirma que os juristas viram-se na contingência de determinar os sujeitos da interpretação, dentre os quais eles mesmos (GROSSI, 1995, p. 166). Tratava-se, pois, de fixar competências, na medida em que a interpretação doutrinal ia pouco a pouco ultrapassando a tradução "ao pé da letra" para adaptar as "leis romanas" aos novos costumes (novas práticas, no sentido wittgensteiniano). A via era de mão dupla: o direito romano fornecia o quadro mais elaborado de leis, e os medievais traduziam suas próprias instituições para os vocábulos romanos[37]. Por exemplo, em Portugal os desembargadores eram tidos por *senadores* porque se assemelhavam em função (conselho do príncipe) e estado (vitalícios que eram) aos senadores romanos, ou pelo menos aos senadores do tempo de JUSTINIANO.

Os medievais partiram das disposições do direito romano contidas principalmente no *Digesto*, 1, 3, 10 (título *De legibus*, especialmente o fragmento de ULPIANO, "Nec leges") e no *Código*, Livro 1, 14 e 15 (títulos *De legibus et constitutionibus principum* e *De mandatis principum*). No primeiro, encontravam o conhecido problema das relações entre universal e singular; no segundo, os casos e formas de consulta ao imperador para resolver dúvidas. Nessas passagens, falava-se dos costumes como intérpretes das leis (o uso daquilo que sempre se faz) e de quando se podia passar de um caso a outro (analogia) sem precisar recorrer à opinião do príncipe.

Como as leis não se fazem para pessoas, mas para *categorias* ou classes de pessoas, sua universalidade é de sua essência. E a universalidade tem a ver com o que acontece frequentemente. Eventos extraordinários, como a ressurreição de LÁZARO, disse BÁRTOLO (1317-1357), não podem ser objeto de legislação. As exceções, dizia por sua vez BALDO (1327-1400), acontecem na predicação (ou seja, no uso), mas não são aquilo de que podem tratar as regras enquanto regras. Não é possível, humanamente, dizia ele, prever, de maneira fechada, todos os casos, pois a "natureza e as ações humanas produzem continuamente novas formas"; a natureza como que gera ("quasi ex utero natura") o novo, e, portanto, algumas vezes é preciso consultar o legislador, ou os jurisconsultos, pois "novos casos pedem novos remédios"[38]. O ponto de partida dos medievais é simples: as coisas mesmas são infinitas e variadas, e os seres humanos, entre os quais os legisladores, são mortais que nem pelos sentidos

---

[37]   Cf. Donald KELLEY, *The human measure*: social thought in the Western legal tradition (Cambridge: Harvard University Press, 1990), p. 230. Foi assim que os grandes tribunais passaram a ser chamados de *senados* em várias jurisdições, e seus ministros, de senadores.

[38]   BALDO, *Commentaria in Digestum vetus* (Lugduni, 1562, v. 1), p. 18: "Non potest legislator sigillatum determinare omnes casus quo videmus de novo occurrere quasi ex utero natura, quia natura et hominum actus semper novas producunt formas, et ideo in istis novis casibus consulendum est princeps, vel iurisconsultos, ut decidant quid iuris, nam novis casus desiderant nova remedia". O legislador não pode determinar de modo conclusivo (fechado) todos os casos, pois casos novos se apresentam sempre. O argumento é o mesmo. Note-se, porém, que aqui já consta que se pode recorrer aos jurisconsultos para resolver os casos. Havia se estabelecido a prática da consulta, da chamada "opinio pro veritate" fornecida pelos juristas. Continuava vigente simultaneamente a doutrina segundo a qual a opinião dos juristas não obrigava, era apenas "provável".

(ou seja, pela experiência), nem pela intelecção podem perscrutar tudo. Além disso, diz BALDO, "nossa ciência trata do contingente" (*accidens*) e dos fatos humanos. No mundo em que a tradição tinha papel importante, o primeiro auxiliar do intérprete era o costume, o que sempre se fazia. O segundo, análogo ao costume, era a opinião dos doutores, o que costumeiramente diziam os mais sábios. E se houvesse opiniões doutas divergentes, a decisão caberia ao autor das leis.

Era preciso ainda distinguir as espécies possíveis e plausíveis de dúvidas. Elas teriam diferentes dimensões. Umas apareciam porque a matéria era nova, não tinha antecedentes nem previsão: neste caso recorria-se ao legislador. Outras vezes, a questão tinha origem na obscuridade da redação, e também aqui fazia sentido consultar o autor da lei, porque só pode esclarecer a lei quem pode criá--la. Algumas dúvidas nasciam de contradições da própria lei, outras porque em torno dela formaram-se muitas opiniões divergentes. Mas existiam casos em que era próprio do juiz definir a questão, por meio de argumentos ou dos sentidos das leis em geral. Nestes casos, ele poderia proceder *de similibus ad similia*, e sua determinação seria definitiva entre as partes[39]. Nessa tipologia de dúvidas, não escapavam as *maliciosas*, introduzidas em casos em que não havia razão alguma para duvidar. Era o uso puro e simples da chicana e do sofisma que, com o tempo, criou enorme desprestígio para os juristas e o direito.

Assim como havia variedades de dúvidas, também havia diferentes interpretações. Comentando o *Codex* (I, 14, 1 *inter aequitatem*), BÁRTOLO distinguia a interpretação (a) *necessária em geral*, (b) *necessária entre partes* e (c) *provável*. A primeira procedia do legislador: seria necessária porque obrigaria por si mesma, e geral porque obrigaria a todos para o futuro[40]. A segunda, a interpretação do juiz, obrigaria por autoridade (necessária), mas apenas às partes do processo. A terceira não obrigaria por si, e por

---

[39] BALDO, *Commentaria in Digestum vetus* (Lugduni, 1562, v. 1), p. 18: "Quandoque occurrit nova materia et tunc recurrendum est ad legislatorem. (...) Quandoque est dubia questio propter repugnantias legum et rationum (...) vel propter multiplicitatem opionorum et tunc similiter legislator est consulendus. (...) Quandoque est casus dubius propter legis obscuritatem et idem quia eius est declarare leges qui eas tullit. (...) Et hoc si volumus habere certitudinem necessária et invariabilem". [Quando ocorre matéria nova também se recorre ao legislador (...) Quando a questão é duvidosa em razão da contrariedade das leis e das razões, (...) ou pela multiplicidade de opiniões, também igualmente se deve consultar o legislador. Quando o caso for duvidoso pela obscuridade da lei também, porque a ele pertence esclarecer as leis (...) Isso se quisermos ter uma certeza necessária e invariável.] BALDO ressalta ainda que se a dúvida for apenas "provável", ou seja, suscitada por diferentes opiniões dos doutores, o juiz deve decidir sem recorrer desnecessariamente ao príncipe. Em resumo, quando a dúvida for intrínseca à lei (por sua redação, por exemplo) é que o recurso ao soberano é indispensável. Por isso, as provocações ao príncipe, por meio da *relatio*, classificavam-se em: (a) *necessária* (quando faltava ao oficial/juiz competência para decidir); (b) *provável* (quando havia lei, mas havia também opiniões divergentes); (c) *temerária* (quando o julgador tivesse dúvidas sobre a instrução do processo); e (d) *maliciosa* (quando o julgador criava dúvida onde não havia motivo para tanto). BALDO, *In tres priores libros codices praelectiones* (Lugduni, 1564), sobre C. I, 14,1 e 2.

[40] Assim também BALDO: "Sententia principis quando venit ad declarando aliquod dubium facit ius quo ad omnes." [Sentença do príncipe quando vem esclarecer alguma dúvida faz lei para todos.] BALDO, *In tres priores libros codices praelectiones* (Lugduni, 1564), p. 63.

Capítulo 5 · INTERPRETAÇÃO, HERMENÊUTICA E ANALÍTICA | 223

isso era apenas provável: obrigaria apenas por suas razões intrínsecas, e sua autoridade seria apenas intelectual, por força de ser a interpretação da maior e *melhor parte* dos juristas[41]. Isso quanto à força de obrigar. O juiz, autorizado a julgar por analogia, ou seja, passar de um caso ao caso semelhante, tinha como guia os costumes, a maneira como sempre se fizera e pela qual normalmente as pessoas agiam, *normalmente* no sentido de uma *regra* que podiam expressar[42]. Para BÁRTOLO, as palavras escritas eram um limite à interpretação, pois de outro modo se abriria a porta ao arbítrio.

Os vestígios desta solução e sua razão de ser permaneceram em toda a tradição jurídica ocidental. Tomás de AQUINO mesmo partiu da afirmação conhecida de que o intérprete singular, o juiz ou quem estivesse sujeito à lei, não deveria ultrapassar as palavras da mesma lei[43]. Elas deveriam ser compreendidas dentro do campo – "forma de vida", para usar a expressão de WITTGENSTEIN – no qual se encontravam. A distância entre o geral da lei e o particular do caso exigia capacidade de distinguir o igual do diferente. Apenas se a observância (literal) da lei trouxesse perigo imediato, justificava-se certa liberdade. Isso não devia permitir que qualquer um (*quemlibet*) se colocasse no lugar do legislador para declarar o "fim comum" da república e, portanto, da lei[44]. Essa definição cabia aos "soberanos" (*príncipes*), pois a interpretação que suspendesse a lei (*dispensatio*) consistiria numa interpretação genérica dos fins da lei. Em caso de fundada dúvida, ou bem se seguia a letra, ou se consultava o superior[45].

---

[41] BÁRTOLO (1570b, L. I, t. 14).

[42] Cf. BÁRTOLO, *In primam Pandectae veteris partem* (Venetiis: Ivntas, 1570a), sobre D., 1, 4, 10.

[43] Tomás de AQUINO, *ST*, Ia-IIae, q. 96, a. 6: "Videtur quod non liceat qui subditur legi, praeter verba legis agere". Esse é o ponto de partida do argumento. No *sed contra*, ele oferece os casos em que se pode ir além das palavras.

[44] Tomás de AQUINO, *ST*, Ia-IIae, q. 96, a. 6, *respondeo*: "Quia igitur legislator non potest omnes singulares casus intueri, proponit legem secundum ea quae in pluribus accidunt, ferens intentionem suam ad communem utilitatem. Unde si emergat casus in quo observatio talis legis sit damnosa communi saluti non est observanda. (...) Sed tamen hoc est considerandum, quod si observatio legis secundum verba non habeat subitum periculum, cui oportet statim occurri, non pertinet ad quemlibet ut interpretatur quid sit utile civitati et quid inutile, sed hoc solum pertinet ad princeps, qui propter huiusmodi casus habent auctoritatem in legibus dispensandi." ["Como, portanto, o legislador não pode intuir todos os casos singulares, propõe a lei de acordo com aqueles que acontecem no mais das vezes, dirigindo sua intenção para a utilidade comum. Por isso, se surgir um caso no qual a observação literal da dita lei seja danosa para a salvação comum, não deve ser observada. (...) Deve-se, no entanto, considerar que se o cumprimento literal da lei não representa um perigo imediato, que se deva impedir, não é da competência de qualquer um interpretar o que seja útil ou inútil para a cidade, mas isso é da competência apenas dos príncipes, aos quais, em semelhantes casos, têm autoridade de dispensar das leis."] O ponto de partida é a constatação de que o legislador não pode prever todos os casos, em linha com a advertência de ARISTÓTELES e com a lição conservada no *Digesto*, e que a lei se faz em geral e para os casos que acontecem na maioria das vezes. Apenas em caso extremo pode o juiz afastar-se da lei, pois de outro modo estariam todos autorizados a julgar o que é o bem geral ou comum da república. No caso extremo, diz ele, o juiz não está julgando a lei, mas o caso. O caso precisa ser extremo. Se não o for, deve-se julgar segundo as palavras da lei, ou consultar o superior.

[45] Tomás de AQUINO, *ST*, Ia-IIae, q. 96, a. 6, ad 2. "Ille qui sequitur intentionem legislatoris, non interpretatur legem simpliciter, sed in casu in quo manifestum est per evidentiam nocumenti,

224 | CURSO DE FILOSOFIA DO DIREITO – *José Reinaldo de Lima Lopes*

Empiricamente poderia ocorrer que diferentes agentes atribuíssem sentidos diferentes às mesmas leis. Perder-se-ia, assim, a noção de *igualdade*, de que todos se encontravam sob as mesmas leis. Ora, se é da essência da lei abranger igualmente os casos iguais, é preciso que alguém restabeleça essa igualdade. Se cada um tivesse competência para determinar sua extensão ou abrangência caso a caso, estaria rompida a ideia de generalidade e igualdade. Os juristas, então, afirmavam que a autoridade ou competência para legislar incluía a de interpretar. As divergências seriam resolvidas levando-as ao soberano *a priori,* por meio de uma *consulta,* ou *a posteriori,* por meio de um recurso (apelação, revista, agravo ordinário na tradição portuguesa e brasileira): *interpretare est condere leges,* interpretar é fazer as leis, ou, nas palavras de Baldo, "ei est interpretari cuius est condere"[46].

5.2.2. Modernidade

Apareceram, entretanto, fatores novos a determinar certas mudanças. Em primeiro lugar, o senhorio do príncipe começou a formar as monarquias nacionais. Era preciso garantir a interpretação das leis pátrias (*ius patrium*) contra a tradição, o direito romano (tido por universal) e os costumes (locais). Muitos juristas colocaram-se a serviço desses monarcas e defenderam-lhes as competências[47]. "Cortes soberanas" (os *Grandes Tribunais*) em praticamente todas as jurisdições interpretavam em nome do príncipe, porque, segundo a ideologia da época, faziam parte do corpo do rei[48]. Era o início do longo processo de centralização das fontes do direito. Os juristas desenvolveram, contudo, vasta jurisprudência "flamejante", da qual se poderia facilmente perder o controle pela multiplicação de exceções e detalhes, gerando crescentes críticas à insegurança, excepcionalidade e confusão

---

legislatorem aliud intendisse. *Si enim dubium sit, debet vel secundum verba legis agere, vel superiores consulere."* ["Aquele que segue a intenção do legislador não interpreta a lei de modo absoluto, mas no caso, em que é manifesto pela evidência do prejuízo, que o legislador intencionou outra coisa."]

[46] "Sententia deffinitiva principis lata super causa de qua plene cognovit et eius declaratio, habet vim legis generalis et ei est interpretari cuius est condere." [A sentença e o esclarecimento do príncipe sobre uma causa da qual teve conhecimento pleno, tem força de lei geral, e àquele que compete fazer leis, compete interpretar.] Baldo, *In tres priores libros codicis praelectiones* (Lugduni, 1564).

[47] Sobre o *ius patrium* na passagem para a Idade Moderna e Contemporânea, ver Italo Birocchi e Antonello Mattone, *Il diritto patrio – tra diritto comune e codificazione* (Roma: Viella, 2006).

[48] V. em geral J. Krynen (2009). Em Portugal, a ideia aparece em todos os modernos mais importantes, como Portugal (1699): Livro II – Regalias maiores, cap. VII, da Suprema Jurisdição, n. 46: "Senatus principem repraesentat et eadem cum Príncipe habet potestatem in decisionem causarum" [O Senado representa o príncipe e tem como ele poder de decidir causas.]; n. 47: "Senatores sunt partes Principis et ab eo venerantur, quia pars principis corporis sunt" [Os senadores são partes do Príncipe e por isso respeitáveis, pois são partes do corpo do príncipe.] Semelhante ideia em Aboim, *Tractatus de recusationibus omnium judicium officialumque tam justitiae commutativae quam distributivae utriusque fori tam saecularis quam ecclesiastici sive regularis* (Coimbra: Joannis Antunes, 1699), L. II, Cap. II, quando discute a possibilidade de recusação dos Desembargadores, que são, em Portugal, "parte do corpo do rei".

do regime[49]. Durante esse período, chamado muitas vezes de "Antigo Regime", os juristas tentaram contornar o problema da interpretação equilibrando-se entre direito positivo local (*ius patrium*), direito universal (*direito romano*), direitos locais (*costumes*) e direito racional (*direito natural*).

PEGAS (1635-1696), o respeitado comentador das *Ordenações do Reino* de 1603, expõe seu conceito de interpretação: trata-se de esclarecer (*declaratio*) uma palavra ou uma "sentença" (expressão) por outras[50]. Mas, adverte, isso só se admite quando a lei for obscura ou ambígua, isto é, quando parecer incompreensível ou puder ser compreendida em sentidos diversos, conforme tantos doutores já haviam dito. Esses mesmos doutores haviam ensinado a não confundir uma *interpretação geral*, válida para todos os casos, de uma *interpretação especial* ou aplicação em algum caso concreto. A primeira, na qual a lei em abstrato poderia ser interpretada divergentemente em vários casos, só competia ao soberano, ou ao tribunal que fazia as vezes de soberano[51], tribunal que não deveria alargar nem restringir o sentido, apenas fixá-lo[52]. A virtude da prudência, afinal de contas, era que o tornava capaz de distinguir o bem do mal, moderava os homens e precedia todas as outras virtudes intelectuais, como a ciência, a arte e a sabedoria.

---

[49] "Com o passar do tempo e, de maneira evidentíssima a partir dos séculos XV e XVI, os juristas se acostumaram a procurar *rationes* mais criadas pela sua mente do que cuidadosamente retiradas da letra das 'leis' as quais eles garantiam que buscavam atingir. O entusiasmo pela busca de *rationes* e a cada vez mais descarada infidelidade ao ditado normativo produziram, portanto, um tipo de interpretação extremamente livre, que no direito comum tardio impressiona pela desenvoltura com que a racionalidade subjetiva do jurista costuma pôr-se no lugar da razão objetiva das leis" CORTESE (1999, p. 392).

[50] *Ordenações filipinas*, L. I, V, 5. "(...) quando os desembargadores (...) tiverem alguma dúvida em alguma nossa Ordenação do entendimento dela, vão com a dúvida ao Regedor, o qual na Mesa Grande com os Desembargadores que bem lhe parecer a determinará e segundo o que for aí determinado porá a sentença. (...) E se na dita Mesa forem isso mesmo em dúvida, que ao Regedor pareça que é bem no-lo fazer saber, para a Nós logo determinarmos, no-lo fará saber para nisso provermos."

[51] "Interpretatio est unius verbis aliud, vel unius sententiae per aliam declaratio, et in lege tunc datur quando legis verba obscura et ambígua explicantur, ut multi tradit doctissimus... ubi tradit aliam esse interpretationem generale, id est, ad omnes casus, quae Principis própria est, vel Senatus, aliam especialem in casu de quo lis aliqua vertitur, quae ad iudicem pertinet." Manuel Alvarez PEGAS, *Commentaria ad Ordinationes regni Portugalliae* (Lisboa: Typ. Michaelis Rodrigues, 1729), p. 385.

[52] Nas monarquias modernas, e especialmente em sua forma *sinodal*, esses grandes tribunais eram muitas vezes chamados de cortes soberanas por esse poder que compartilhavam com o príncipe. Poder de interpretar as leis, equivalente, como foi visto, ao de fazer leis. O Parlamento de Paris era mundialmente conhecido, mas praticamente todos os Estados tiveram suas cortes soberanas: o Senado de Milão e o Senado de Turim, a Consulta do Papa como rei de Roma, e a Casa da Suplicação de Lisboa, a cujo Regedor se atribuía papel central, cuja prudência pessoal era considerada razão de ser para sua indicação. Cf. Manuel Alvarez PEGAS, *Commentaria ad Ordinationes regni Portugalliae* (Lisboa: Typ. Michaelis Rodrigues, 1729), p. 375. Um século mais tarde, também Pascoal José de Melo FREIRE: a Casa da Suplicação interpreta a lei em nome do Rei. Pascoal José de Melo FREIRE, *Historiae juris civilis lusitani* (Coimbra: Typ. Academicis, 1860 [1788]), p. 16.

Ao final do século XVIII, depois das severas críticas de repercussão continental, inclusive e especialmente de Ludovico MURATORI (1672-1750), às cavilações dos juristas, procurou-se restringir a interpretação com os recursos tirados do *direito comum*: reforçou-se a necessidade de um intérprete último, de os costumes serem antigos e de as aplicações da lei em casos singulares não serem tomadas por interpretações "necessárias, gerais e universais". Nesse contexto, a obra de Pascoal José de Melo FREIRE (1738-1798) expressou-se ainda na mesma linguagem ao distinguir a interpretação[53] (a) autêntica (necessária), da (b) usual (que se vale dos costumes, ou seja, da forma como normalmente se entende o dispositivo) e da (c) doutrinal (apenas provável). Reafirmou também os procedimentos e técnicas correntes: procedimento *literal ou gramatical,* que explora o sentido da lei por meio do *usu loquendi* ou das palavras (*ex proprietate verborum*); *lógico,* que pelo raciocínio parte do que está escrito para chegar à regra não escrita aplicável ao caso (*ex scriptum per ratiotinationem inducit*)[54]. Conservam-se as diferenças entre a *abrangência* (especial × geral), a *força* ou *autoridade* (necessária × provável), e os procedimentos (literal, gramatical, lógica).

Efeitos e autoridades da interpretação	
Extensão dos efeitos e vigor dos efeitos	Sujeito (autoridade ou fonte)
Necessária, geral (para todos os casos futuros)	Príncipe (soberano)
Provável, especial (para o caso singular e concreto)	Doutrinadores
Usual	A comunidade dos agentes

---

[53] "Legem enim interpretari nihil aliud est quam ejus vim, sensum, ac potestaem ex ipsius verbis, aut ratione, declarare." ["Interpretar a lei nada mais é do que esclarecer sua força, sentido ou vigor, a partir de suas próprias palavras ou sentido."] Pascoal José de Melo FREIRE, *Historiae juris civilis lusitani* (Coimbra: Typ. Academicis, 1860 [1788]), p. 104.

[54] "Omnis patrii juris interpreatio (et haec summa divisio est) vel grammatica, vel logica, usualis, authentica vel doctrinalis est. Grammatica legis sensum ex usu loquendi et proprietate verborum declarat. Logica ex scriptum id, quod no est scriptum, per ratiotinationem inducit. Usualis ex praxi, seu consuetudine legis dubiae sententiam explicat. Authentica legislatoris, *vel cujusvis alteirus, cui specialis leges interpretandi facultas data fuit,* explicatione nititur. Doctrinalis omnium veluti genus, ea est, quae secundum Hermeneuticae regulas verum legis sensum querendo investigat." ["Toda interpretação do direito pátrio, e esta é sua divisão máxima, é ou gramatical, ou lógica, ou usual, ou autêntica, ou doutrinal. A gramatical esclarece o sentido das leis pelo uso da linguagem e propriedades das palavras. A lógica, por meio de raciocínio, vai do que está escrito ao que não está escrito. A usual explica o sentido das leis dúbias pela prática ou costume. A autêntica patenteia a explicação do legislador ou daquele que recebeu a faculdade especial de interpretar as leis. A doutrinal é do gênero das que perquirem o sentido verdadeiro da lei segundo as regras da hermenêutica."] Pascoal José de Melo FREIRE, *Historiae juris civilis lusitani* (Coimbra: Typ. Academicis, 1860 [1788]), p. 104.

Métodos e técnicas	
Literal	Determina os sentidos pelas palavras da lei, uso da filologia (*ex proprietate verborum*)
Gramatical	Determina os sentidos pela gramática das locuções (*usus loquendi*)
Lógica	Raciocínio, presunções, implicações (*ex scriptum per ratiotinationem inducit*)

A interpretação lógica preferia à simples interpretação literal, mas todos, inclusive os juristas, precisavam conhecer as palavras e seu uso. Sem isso, não haveria ponto de partida para a interpretação. Em todo caso, fazia-se necessário procurar a *razão* da lei, inserindo-a num todo coerente (sua analogia com outras leis, sua relação com os costumes aceitos); as circunstâncias que levaram à própria lei (*legis ferendae occasio*); o direito todo (direito natural, os *monumenta legum civilium*); a história (*historia et antiquitatum lusitanarum notitia*). Entretanto, qualquer que fosse o caso, o intérprete deveria guardar-se de chegar a resultado contrário à *intenção legislativa*, ou ambíguo e obscuro. Isso porque se a lei fosse clara não deveria ser recoberta por interpretações cavilosas, e se fosse incompreensível, só aquele autorizado a fazer as leis poderia dar a solução (FREIRE, 1860 [1788], p. 113).

5.2.3. A hermenêutica romântica e sua longevidade no Brasil

Boa parte dessa tradição foi reformulada a partir do século XIX, em primeiro lugar devido a mudanças políticas: quando se adotou a separação dos poderes, a interpretação precisou ser realocada. As monarquias constitucionais, como o Brasil, mantiveram o ideário de que o legislador continuaria a ser o intérprete final das leis (Constituição de 1824, art. 15, VIII). O poder legislativo estava em mãos de dois órgãos: o Parlamento e o Imperador, o que complicava o processo, tornando-o mais lento e sujeito ao controle dos dois representantes do povo: a maioria (a Assembleia Geral) e a nação (a unidade, o Imperador)[55]. Em alguns lugares, os Tribunais Supremos (de *Cassação*), criados para garantir a aplicação uniforme da lei, foram auxiliares do legislativo, como na França. Em vários estados alemães, manteve-se o sistema de *Aktenversendung*: os casos difíceis eram levados a um colegiado de doutos, que opinavam como na *relatio* do *ius commune*[56]. Em resumo, alterações na composição e organização dos poderes alteraram as competências para interpretar.

---

[55] Tratei do assunto em José Reinaldo de Lima LOPES, *O Oráculo de Delfos*: o Conselho de Estado no Brasil-Império (São Paulo: Saraiva, 2010a).

[56] Caso particular foi o dos Estados Unidos, cuja Constituição de 1787 seria "the supreme law of the land", e todos os juízes seriam a ela obrigados (art. VI, 2). Para os federalistas, "A interpretação das leis é o campo próprio e peculiar dos tribunais. Uma constituição é e deve ser vista pelos juízes como lei fundamental. Portanto, pertence-lhes a determinação de seu sentido, bem como o sentido de qualquer ato em particular que provenha do corpo legislativo" (*Federalist*, no. 78, atribuído a HAMILTON). A. HAMILTON, J. MADINSON, J. JAY, *The federalist papers* (New York: Bantam Books, 1982), p. 395.

228 | CURSO DE FILOSOFIA DO DIREITO – *José Reinaldo de Lima Lopes*

Outro fator de reforma da tradição jurídica foi a ameaça sentida pelos juristas diante do novo papel que o direito legislado e constitucionalizado lhes atribuía. Parte deles considerava que o novo direito, na medida em que buscava ser mais claro, sistemático e objetivo, iria afastá-los de suas históricas funções de intérpretes privilegiados, mesmo que apenas como conselheiros dos reis em seus tribunais soberanos.

Finalmente, um fator de ordem intelectual: a renovação dos estudos filosóficos, particularmente da nova hermenêutica romântica. De fato, é no século XIX, com a crescente importância da filologia, a renovação dos estudos clássicos e a filosofia crítica e idealista, que as questões "como posso saber?" e "o que posso saber?" ajudam a transformar a interpretação de disciplina acanhada e regional (isto é, ligada apenas ao direito, à teologia e à literatura) em disciplina geral do discurso e do espírito. O autor paradigmático desse tratamento foi Friedrich SCHLEIERMACHER (1768-1834), que, ao lado de Wilhelm von HUMBOLDT (1767-1835) e Friedrich Carl von SAVIGNY (1779-1861), se empenhou na organização da Universidade de Berlim. Foi nesse ambiente que o jurista SAVIGNY propugnou pela abolição da ideia de que só se interpreta o que é não claro, como visto antes. Para ele, como para SCHLEIERMACHER, a interpretação é a forma geral do conhecimento dos produtos do *espírito*, ou *mente (Geist)*[57].

O que estava aparecendo tanto na proposta de SCHLEIERMACHER quanto na de SAVIGNY era a garantia de que os conhecimentos cujo objeto fosse um produto cultural, como leis e discursos produzidos ao longo da história, teriam seu método próprio. Este lhes garantiria objetividade e autonomia. Objetividade porque o método apoiaria a extração de sentidos do material histórico, e autonomia porque evitaria a confusão das ciências naturais com as ciências do espírito.

Com SAVIGNY, interpretar passou a significar apreender o sentido. Por isso, para ele, qualquer manifestação do espírito ou qualquer lei, precisava ser interpretada: simplesmente porque precisava ser *compreendida*. No *Sistema de direito romano atual*, SAVIGNY falava do "reconhecimento da verdade da lei" e de sua "assimilação e submissão a nossa inteligência", e ressaltava que essa operação era particularmente importante no reconhecimento da lei, e menos relevante no direito consuetudinário e no direito científico. E, lembremos, no contexto em que escrevia, a lei poderia ser tanto o direito romano quanto o direito pátrio legislado. Sua tese: "A interpretação

---

[57] "Esta operação intelectual [a interpretação] tem por objeto o reconhecimento da lei em sua verdade; em outros termos, a lei submetida ao critério de nossa inteligência deve aparecer-nos como verdadeira. Esta operação é indispensável para toda aplicação da lei à vida real e precisamente neste caráter de necessidade se funda sua legitimidade. A interpretação não está restrita, como creem muitos, ao caso episódico de obscuridade da lei." Friedrich Carl von SAVIGNY, *Sistema del derecho romano actual*, trad. Jacinto Mesía e Manuel Poley (Granada: Editorial Comares, 2005), p. 94. Vê-se que ele entende por interpretação a compreensão ou apreensão do sentido. SCHLEIERMACHER havia proposto, em 1829, que a interpretação consistia em "toda compreensão de discurso estranho." (*Hermenêutica, arte e técnica da interpretação*, 10. ed., trad. Celso Braida [Petrópolis: Vozes, 2015], p. 26). Esse o ambiente em que se encontrava SAVIGNY.

não se restringe, como creem muitos, ao caso acidental de obscuridade da lei" (SA-VIGNY, 2005, p. 94, Cap. IV, XXXII). Alguns parágrafos depois, ele voltou ao tema e deixou mais claro o que entendia por interpretar: "consiste em compreender as leis não defeituosas e, portanto, desprovidas de obscuridade" (SAVIGNY, 2005, p. 143, Cap. IV, L). Colocada em seu contexto, a afirmação revela que SAVIGNY ocupava--se de uma espécie de "operação mental" que não fosse a "observação" usada nas ciências naturais, dotada de sua dignidade própria, capaz de manter a disciplina do jurista ao lado das outras disciplinas superiores. A vulgarização do seu pensamento levou, contudo, a versões pouco aceitáveis dessa tese assim geral[58].

Sugerindo que todas as leis, mesmo as mais claras, precisavam de interpretação, SAVIGNY mudava o conceito de intepretação mesmo. Interpretar havia sido, até então, tornar claro o que era difícil. Com ele, passa a ser simplesmente compreender. O preço pago por essa transformação não foi pequeno, porque muitos tiraram dela conclusões subjetivistas e voluntaristas, psicologizantes, mas ela promoveu a sobrevivência da doutrina como instância capaz de controlar a produção legislativa. No Brasil, de uns tempos para cá, a leitura ligeira de SAVIGNY permitiu desenvolver uma tese psicologista, individualista, subjetivista e mesmo cética, presumindo que toda lei é obscura ou pode ter seu sentido questionado por qualquer ponto de vista.

Entenderemos o que preocupava SAVIGNY, quando o colocarmos em seu tempo e contexto: ele estava impressionado pelo esforço de seus contemporâneos e colegas, particularmente SCHLEIERMACHER e HUMBOLDT, cujas filosofias garantiam a independência das ciências do espírito, quando postas lado a lado com as ciências naturais, de um lado, e com a filosofia, de outro. O que eles estavam fornecendo eram as bases filosóficas para a autonomia do conhecimento da sociedade, da história e das coisas humanas. Para SAVIGNY, essas bases eram semelhantes às bases da jurisprudência, ela mesma lidando com objetos históricos e coisas humanas. Esse momento de SAVIGNY, entretanto, não pode ser tomado levianamente, como se quisesse dizer de forma simples e simplória que se deve em princípio considerar obscuras todas as leis, autorizando qualquer um a colocar em dúvida seu sentido.

No século XIX, contudo, os juristas não aderiram unanimemente a essa nova perspectiva. No Brasil, como vimos no capítulo anterior, Paula BAPTISTA[59], do Re-

---

[58] Não é demais lembrar que Karl MARX e Friedrich ENGELS, *A ideologia alemã*, 2. ed., trad. J. C. Bruni e M. A. Nogueira (São Paulo: Livraria Editora Ciências Humanas, 1979), falam dos intelectuais alemães do século XIX dizendo que, à falta de real desenvolvimento histórico e libertação de certas condições materiais, entregam-se a "trivialidades glorificadas e ineficazes" (Id., p. 65), e que fazem do "espírito puro e da ilusão religiosa a força motriz da história" (Id., p. 58). SAVIGNY fazia parte dessa história, por se envolver como intelectual e como agente do governo prussiano na luta pela constituição de uma cultura jurídica alemã livre da dominação francesa.

[59] Contra SAVIGNY, afirma: "Uma semelhante doutrina, tão vaga e absoluta, pode fascinar o intérprete, de modo a fazê-lo sair dos limites da interpretação para entrar no domínio da formação do Direito. Ou existem motivos para duvidar do sentido de uma lei, ou não existem. No primeiro caso cabe interpretação, pela qual fixamos o verdadeiro sentido da lei, e a extensão de seu pensamento; no segundo, cabe apenas obedecer ao seu preceito literal. (...) É verdade que a todo escrito acompanha a condição natural de dever ser entendido segundo

cife, e Antônio Joaquim Ribas[60], de São Paulo, divergiram: o primeiro mantinha a ideia de que interpretar era esclarecer, enquanto o segundo, civilista admirador de Savigny, sustentava a teoria ampliada. Com o tempo, porém, depois de ter passado por Carlos Maximiliano[61], a ideia de que tudo pode sempre ser colocado em dúvida e interpretado disseminou-se entre nós. Instalou-se a confusão entre compreender discursos e interpretar discursos obscuros[62]. Luís Roberto Barroso, por exemplo, fala de interpretação em *Interpretação e aplicação da constituição: fundamentos de uma dogmática constitucional transformadora* (Barroso, 1999) sem dar-nos um conceito, ainda que forneça uma lista de tipos e ideias variadas sobre a interpretação[63], caindo no erro juvenil de Teeteto que, ao ser indagado

---

o pensamento de seu autor; mas daí se não segue que em todo escrito se dê a necessidade de tornar esta condição efetiva pelo ato positivo da interpretação; pelo que, se a Savigny pareceu singular o caber interpretação somente nos casos acidentais de obscuridade nas leis, a mim parece mais que extraordinário o não poder haver uma só lei sequer clara e precisa em relação aos fatos sujeitos ao seu domínio, de modo que não seja preciso interpretá-la. (...) Aos casos de obscuridade acrescentemos aqueles em que as leis, pela concisão com que são escritas, apresentam lacunas e dúvidas a respeito de certos fatos ocorrentes, e desde logo conceberemos facilmente que fora desta tríplice relação não é possível haver interpretação, mas sim ou cavilação, ou usurpação à autoridade legislativa". Francisco de Paula Baptista, *Compêndio de teoria e pratica do processo civil comparado com o commercial e de hermenêutica jurídica* (Rio de Janeiro/Paris: B. L. Garnier Livreiro-Editor, 1890), p. 369-370.

60   A interpretação, diz Ribas, é a reconstrução do pensamento da lei. "Não se estende pois a interpretação somente às leis obscuras ou defeituosas, posto que nestas seja de maior importância, e sim também às leis mais claras e isentas de controvérsia." Antonio Joaquim Ribas, *Direito civil brasileiro* (Rio de Janeiro: Typ. Laemmert, 1865, v. 2), p. 271. E cita Savigny, para quem, se não fosse assim, seria preciso interpretar somente as leis que estão entre a clareza completa e a obscuridade completa, sendo este último caso aquele em que se deveria recorrer ao legislador. "Antigamente se falava apenas de interpretação gramatical e lógica, enquanto o mestre alemão acrescenta a histórica e sistemática, e Paula Baptista reúne as duas em interpretação científica. O histórico consiste em examinar o que havia antes da lei, para 'determinar as mudanças que ela veio trazer' e a sistemática 'estuda o nexo íntimo que une a lei interpretada às demais leis, de modo a constituírem a vasta e harmônica unidade do direito'" (Id., p. 280).

61   "Os domínios da hermenêutica se não estendem só aos textos defeituosos; jamais se limitam ao invólucro verbal: o objetivo daquela disciplina é descobrir o *conteúdo* da norma, o *sentido* e o *alcance* das expressões do Direito. Obscuras ou claras, deficientes ou perfeitas, ambíguas ou isentas de controvérsia, todas as frases jurídicas aparecem aos modernos como suscetíveis de interpretação." Carlos Maximiliano, *Hermenêutica e aplicação do direito*, 9. ed. (Rio de Janeiro: Forense, 1984), p. 35.

62   Tem razão Lenio Streck quando diz que no Brasil não se assimilou bem a virada linguística, ou seja, a filosofia mais recente, que permitiria facilmente discernir entre uma coisa (compreender) e outra (interpretar). Cf. Lenio Streck, *Hermenêutica jurídica e(m) crise*: uma exploração hermenêutica da construção do direito, 7. ed. (Porto Alegre: Livraria do Advogado, 2007), p. 63-89.

63   Luis Roberto Barroso, *Interpretação e aplicação da constituição*: fundamentos de uma dogmática constitucional transformadora, 3. ed. (São Paulo: Saraiva, 1999), p. 3-5, fala ora de "atividade interpretativa", ora de "método", ora de "perspectiva". Pode ser que seu texto seja uma descrição do que se passa empiricamente (ou fenomenologicamente?) ao aplicar-se a constituição, mas não oferece qualquer fundamento teórico. Deixa a impressão de se tratar de um "julgamento de consciência", porque a interpretação é um "método aberto

Capítulo 5 · INTERPRETAÇÃO, HERMENÊUTICA E ANALÍTICA | 231

por SÓCRATES sobre o que era o conhecimento, respondeu de quantas coisas há conhecimento sem dizer o que entendia propriamente por conhecimento. Ora, sem conceitos claros, não há verdadeira teoria. Existem, no seu texto, indicações de como chegar a fins já dados, uma espécie de justificações *prêt-à-porter* para quem já tem decisões tomadas. Há uma confusão entre o ato de interpretar, praticado por um sujeito (e, nestes termos, subjetivo), e os critérios usados pelo sujeito, que devem ser objetivos e universais, ou não são critérios. Não se sabe bem se está tomando "subjetivo" no sentido claro de que toda ação se atribui a um sujeito, ou no sentido vulgar de que o indivíduo é dominado por suas inclinações, gostos e paixões. Todo ato de fala é subjetivo no sentido de que só pode ser realizado por um sujeito. Disso não deriva, porém, que os atos de fala inteligíveis são realizados por critérios subjetivos: não, a língua não pertence aos sujeitos falantes, e é, portanto, objetiva[64]. O ensaio enfatiza, pois, o subjetivismo.

Em linha semelhante e com expressão no mínimo equívoca, Eros GRAU diz que a produção normativa é posterior à produção legislativa – porque *a produção normativa é a produção da norma pelo intérprete*. O direito posto é posto pelo Estado, o direito pressuposto é uma das linguagens do social[65]. A diferença entre lei e norma não é elaborada e sugere que não há normas gerais ou universais – que desapareceram, pois, regra e medida! Alguém pode ler e pensar que é a interpretação que produz a norma. Puro subjetivismo: parece que a cada ato se está criando norma. Falta clareza para distinguir compreensão, interpretação, aplicação, seguimento de regra. Em resumo, tende claramente para o decisionismo incontrolado. Do ponto de vista teórico é, para dizer o mínimo, uma inversão completa da lógica. Para a filosofia, a compreensão antecede a interpretação, pois só podemos explicar aquilo que compreendemos[66]. E só compreendemos a partir dos elementos mínimos de um certo discurso ou "jogo de linguagem" dentro do qual nos encontramos. E no jogo de linguagem do direito, temos que pressupor que o sentido da lei precede sua aplicação. GRAU pensa exatamente o oposto: "A interpretação é antecedente da compreensão"[67].

---

de argumentação, indutivo e não dedutivo" (Id., p. 5), porque a pretensão de objetividade não é capaz de submeter-se à totalidade dos casos (Id., p. 275), ou porque a "*ciência* jurídica [ênfase no original] (...) não lida com fenômenos que se ordenem independentemente da atividade do cientista. E assim, tanto no momento de elaboração quanto no de interpretação da norma, hão de projetar a visão subjetiva, as crenças e os valores do intérprete" (Id., p. 275). O discurso lembra o do *bom juiz Magnaud*.

64 Vale lembrar a expressão de SCHLEIERMACHER: "O particular é compreendido apenas através do universal. Do contrário ele é sempre apenas agregado. Deve sempre dominar a confusão quando o intérprete mesmo não se elevou à hermenêutica". Friedrich SCHLEIERMACHER, *Hermenêutica, arte e técnica da interpretação*, 10. ed., trad. Celso Braida (Petrópolis: Vozes, 2015), p. 67.

65 Eros GRAU, *O direito posto e o direito pressuposto*, 8. ed. (São Paulo: Malheiros, 2011), p. 282.

66 G. P. BAKER, P. M. S. HACKER, *Wittgenstein*: understanding and meaning (Malden/Oxford: Blackwell, 2005), p. 357-385.

67 Eros GRAU, *Ensaio e discurso sobre a interpretação/aplicação do direito* (São Paulo: Malheiros, 2006), p. 73. É exatamente o contrário do que diz a filosofia, como se vê do trecho seguinte de João Vergílio CUTER: "O problema (...) está em pensar que toda compreensão é uma interpretação. Não é, nem poderia ser. (...) A consequência absurda desse regresso infinito é

232 | CURSO DE FILOSOFIA DO DIREITO – *José Reinaldo de Lima Lopes*

O resultado só pode ser desastroso, deixando aos intérpretes a responsabilidade de, mesmo em situações de ignorância, escolherem interpretações "prováveis".

Quadro 67

Legislação e representação popular. Para SAVIGNY, o jurista organizaria o conhecimento dos institutos e instituições, não apenas das leis singulares. Isso é um primeiro nível de abstração. Mais tarde, Rudolf von JHERING sistematizaria as relações dos diversos grupos sociais com o direito: o povo em geral produziria o direito por meio de adágios; o legislador, por meio de comandos; o jurista, por meio de conceitos doutrinários. A lei poderia ser feita pelo soberano ou pelas assembleias de representantes, mas seu sentido deve ser organizado pelo saber jurídico dos professores. Na Alemanha, a importância dos professores se manteve muito tempo, pois os tribunais, diante de casos muito difíceis, eram autorizados a consultar as faculdades de direito para resolver a questão jurídica. Esse instituto processual era conhecido como *Aktenversendung,* "envio dos autos". Na França, a interpretação final da lei foi confiada ao Tribunal de Cassação. Explorei esses temas em diversos textos: *O Oráculo de Delfos: o Conselho de Estado no Brasil- -Império* (LOPES, 2010a), *História da justiça e do processo no Brasil do século XIX* (LOPES, 2017), *O Supremo Tribunal de Justiça do Império (1828-1889)* (LOPES, 2010b), *O direito na história: lições introdutórias* (LOPES, 2000).

Manuel ATIENZA, na Espanha, deu-se conta das diferentes dimensões do que SAVIGNY chamava interpretar (*Auslegen,* interpretação como esclarecimento do que é duvidoso) e do compreender pura e simplesmente (*Verstehen,* apreensão de um sentido), ao dizer que a *interpretação no sentido lato* ou latíssimo equivale ao entender ou *compreender* algo, enquanto no *sentido estrito* refere-se ao que se tornou duvidoso (ATIENZA, 2001, p. 77-81).

Estamos, pois, vagarosamente superando a expressão equívoca de Savigny naquele momento cultural e histórico específico.

5.3. A HERMENÊUTICA CONTEMPORÂNEA

A partir da segunda metade do século passado as coisas mudaram radicalmente, tanto na filosofia quanto no direito. Em 1961, publica-se na Inglaterra *O conceito de direito*, de Herbert L. HART (1907-1992), gestado no ambiente da florescente filosofia analítica de Oxford e Cambridge, onde também se desenvolviam estudos sobre a obra de ARISTÓTELES. No ano anterior, 1960, viera a público na Alemanha *Verdade e método*, de Hans-Georg GADAMER (1900-2002), no meio acadêmico da fenomenologia, na esteira de Edmund HUSSERL (1859-1938) e Martin HEIDEGGER

---

que jamais poderíamos realmente interpretar um texto, já que, para compreendê-lo definitivamente deveríamos ser capazes de interpretá-lo definitivamente, e toda interpretação é um novo texto que deve ser compreendido e, portanto interpretado. (...) Longe de supor a necessidade de uma interpretação a cada passo, a ideia de interpretação supõe o contrário disso. Supõe que haja textos que podem ser compreendidos sem a necessidade de qualquer interpretação". João Vergílio CUTER, "Interpretação e objetividade", em *Direito e interpretação*, (São Paulo: Saraiva/ Direito FGV, 2011), p. 91-102, 95-96.

(1889-1976). Em ambos os livros, o tema da interpretação se destaca, e questões herdadas do positivismo e da filosofia do conhecimento do século XIX se veem transformadas.

As duas correntes filosóficas nas quais se inserem respectivamente (analítica e hermenêutica) permitem-nos compreender melhor o que está em jogo na interpretação jurídica. A primeira elaborou a ideia do seguir uma regra. A segunda concentrou-se na capacidade humana de apreender sentidos. Para muitos, as duas são reciprocamente excludentes. De fato, há diferenças importantes entre elas. BOUVERESSE acredita que a filosofia de WITTGENSTEIN (origem da filosofia analítica) é filosofia do *conceito*, enquanto a de HUSSERL (fonte da filosofia hermenêutica) é filosofia da consciência (BOUVERESSE, 1987, p. 26). Outros, contudo, como Karl--Otto APEL e Paul RICOEUR, perceberam o potencial de diálogo entre elas[68].

É certo que a filosofia analítica tem uma dimensão primariamente lógica. Chega ao problema das regras pelo exame de nossas habilidades intelectuais, mas ilumina também nossas atividades cotidianas, como contar histórias, fazer música, brincar, jogar etc. A hermenêutica filosófica coloca-se da perspectiva do ser humano que tem com o mundo uma relação intencional, para constatar que essa relação é mediada pela linguagem e pelos sentidos das ações. As duas, no entanto, convergem nisso: levam-nos a pensar na linguagem como capacidade específica (da espécie humana) e veem na reflexão sobre a linguagem a chave para a filosofia[69]. Não é difícil perceber que isso faz parte da longa tradição da filosofia ocidental, desde a irrupção dos sofistas no debate e sua controvérsia com PLATÃO e ARISTÓTELES. Os diálogos platônicos e os livros aristotélicos levavam a sério o discurso: esclarecer termos e formas do discurso era fundamental para ambos.

---

[68] Karl-Otto APEL, "A teoria da linguagem de Noam Chomsky", em *Transformação da Filosofia – o a priori* da comunidade de comunicação, trad. P. A. Soethe (São Paulo: Loyola, 2000, v. 2). Karl–Otto APEL, "Regulative ideas or sense events: an attempt to determine the logos of hermeneutics", em *From a transcendental point of view* (Manchester: Manchester University Press, 1998), p. 160-162. Karl-Otto APEL, "A comunidade de comunicação como pressuposto transcendental das ciências sociais", em *Transformação da filosofia*: o a priori da comunidade de comunicação, trad. P. A. Soethe (São Paulo: Loyola, 2000, v. 2). Paul RICOEUR, "Lógica hermenêutica?", em *Escritos e conferências – hermenêutica*, trad. Lúcia P. Souza (São Paulo: Loyola, 2011, v. 2). Paul RICOEUR, *O Discurso da ação*, trad. Artur Morão (Lisboa: Edições 70, 2012). Paul RICOEUR, *Teoria da interpretação*: o discurso e o excesso de significação, trad. Artur Morão (Lisboa: Edições 70, 2019). No Brasil ainda se pode ver a aproximação das duas em Luiz ROHDEN, *Hermenêutica filosófica*: entre a linguagem da experiência e a experiência da linguagem (São Leopoldo: Unisinos, 2005). Outro autor que reconhece a convergência de temas entre a tradição analítica e a hermenêutica é Charles TAYLOR, "Lichtung or Lebensform: parallels between Heidegger and Wittgenstein", em *Philosophical arguments* (Cambridge: Harvard University Press, 1995). No Brasil, ainda se pode ver a aproximação das duas correntes em Luiz ROHDEN, *Hermenêutica filosófica*: entre a linguagem da experiência e a experiência da linguagem (São Leopoldo: Unisinos, 2005). No Brasil pode-se ver em linha semelhante a obra de Luiz ROHDEN, Hermenêutica filosófica: entre a linguagem da experiência e a experiência da linguagem. São Leopoldo: Unisinos, 2005.

[69] Ver, a respeito da importância da linguagem na filosofia do século XX, Charles TAYLOR, "Language and human nature", em *Human agency and language* (Cambridge: Cambridge University Press, 1993), p. 215-247.

CURSO DE FILOSOFIA DO DIREITO – *José Reinaldo de Lima Lopes*

A teoria da interpretação e a hermenêutica jurídicas dependem da teoria do direito que se adote. Se for uma *teoria das normas* (Capítulos 2 e 3), pressupõe-se que podemos conhecer normas como se conhecem outros objetos: o sujeito separa-se do objeto a ser conhecido, é um observador externo. Esse positivismo tenderá para o idealismo, que pode ser o das *normas,* do *poder,* ou das *relações sociais,* da *vontade alheia,* e mesmo dos *valores.* São sempre objetos. E esse idealismo tenderá para o ponto de vista *empírico- -comportamental.* Se, ao contrário, a marca da teoria for prática, isto é, se o direito for concebido como campo da ação e forma de vida, o compreender não pode ser observar (normas, vontades, valores ou poder), e a interpretação não se separa de aplicação ou uso. Ou seja, o ponto de vista do "observador" não será externo ao objeto. Interpretar equivalerá a aplicar, e a prova (confirmação) do entendimento (da compreensão) será a aplicação, o uso adequado, inteligível.

Tanto a filosofia hermenêutica quanto a filosofia analítica reconhecem que a aplicação das regras é da essência de qualquer prática; nisso elas se afastam dos positivismos.

5.3.1. A virada hermenêutica (GADAMER)

Para GADAMER, isso – a experiência permanente da aplicação de padrões, conceitos, princípios em toda experiência humana – explica-se por uma antropologia em que a história ou historicidade – o decurso do tempo – desempenha papel central. Cada ser humano individual entra no mundo já pronto: um mundo material, um mundo social, um mundo institucional. Nada é mais evidente do que o fato de que nascemos em um ambiente em que já se fala uma língua. O neonato não negocia essa língua com ninguém. Deve aprendê-la. Assim como a língua, muita coisa que compõe o mundo social está aí e já é dada. Entramos, quanto ao mundo social, em uma tradição em andamento. Cada um deverá ser capaz de dominar essa tradição, e cada um colaborará para que essa tradição mude ou cresça, ou mesmo desapareça.

O direito existe e, como existe no tempo, é ele mesmo uma tradição. Como sistema de regras, parece-se com um jogo; mas como forma de vida, é inserido no tempo e equivale a uma tradição. Ora, todas as tradições existem por meio da língua (GADAMER, 1988, p. 351). Sem a língua, elas não poderiam ser transmitidas de uns para outros, de uma geração para a outra. O caráter da vida humana é, portanto, sempre linguístico (*sprachlich*). Isso faz que o fenômeno da linguagem seja colocado no centro da própria filosofia[70], como, aliás, havia sido no começo da filosofia clássica, de PLATÃO e ARISTÓTELES, cujos textos se voltavam para o esclarecimento de mal -entendidos devidos ao uso da linguagem, personificados, para eles, nas manipulações e falácias dos sofistas (por isso, *sofisticadas*). GADAMER dirá que o fato de as tradições serem inerentemente linguísticas faz com que o entendimento da tradição linguística tenha prioridade sobre toda outra tradição[71].

---

[70] "A relação interpretar e compreender trouxe o problema da língua de uma posição periférica e incidental para o centro da filosofia", Hans-Georg GADAMER, *Truth and method*, trad. Garret Barden e John Cumming (New York: Cross Roads, 1988), p. 274.

[71] Como diz GRONDIN, a hermenêutica trouxe a linguagem para dentro da filosofia, de modo que até a "crítica das ideologias", que HABERMAS opunha a GADAMER, transformou-se, na obra

A entrada nesse mundo é a aquisição de um hábito, em primeiro lugar. É também a aquisição de certos conceitos já dados, os preconceitos, que permitem uma primeira aproximação com a realidade. Ora, a aproximação com a realidade dá-se de forma meramente sensorial quando nos deparamos com o mundo físico. Mas o mundo social não tem a mesma realidade física; portanto, o contato com esse mundo será de natureza diferente. Embora os seres humanos que habitam comigo esse mundo social sejam empírica e materialmente distintos, o que nos une é uma espécie de criação comum, os sentidos com os quais conduzimos nossas vidas. Ora, esses sentidos são percebidos historicamente, são percebidos no tempo. Cada um de nós que entra no mundo recebe-o pronto naquele estágio e dá continuidade a ele. Esse dar continuidade chama-se tradição. Não se dá continuidade pela simples repetição: há algo de repetitivo no dar continuidade, mas, como se trata de um mundo social, em que outros participam e ao qual também devem dar continuidade, trata-se de uma tarefa comum e simultânea. Há, pois, uma dimensão temporal inescapável. E como é temporal, não há garantias de que venha a se realizar no futuro da mesma forma. Entramos, pois, numa tradição da qual nos tornamos não apenas encarregados, mas também autores.

Quadro 68

> **Tradição e práticas.** "Uma característica essencial da sociedade é a tradição – a transmissão de modos formados de agir, um modo de vida formado aos que iniciam ou desenvolvem sua pertença social – e o transmissor da mensagem não pode dispensar alguma imagem da mensagem que ele recebeu e do modo como a recebeu. Ambas serão, de um modo ou de outro, conceitualizações da forma da atividade a ser transmitida e serão entendidas como tendo sido recebidas pelo transmissor de outros antes dele. (...) Uma tradição, em sua forma mais simples, pode ser pensada como uma série indefinida de repetições de certa ação, que em cada caso se realiza supondo-se que foi praticada antes; sua execução tem autoridade (...) pelo conhecimento, ou presunção, de ter sido realizada antes" (POCOCK, 1989, p. 233-234). A continuidade das tradições não é simples repetição, pois o que "se realiza em cada caso" é uma nova ação, singular e diferente de qualquer outra. A tradição move-se sempre com diferenças. A maneira de usar e aplicar as "formas tradicionais de agir" faz parte também de toda ciência, arte ou ofício. "Cada arte (*craft*) tem sua história e uma história caracteristicamente ainda incompleta. E durante essa história os materiais a que essa arte dá forma, diferenças nos meios pelos quais a forma se impõe à matéria, e diferenças nas concepções das formas a serem alcançadas requerem não só novas maneiras de aplicar essas distinções [o que é bom em si e o que é bom nas circunstâncias concretas], mas elas mesmas são o resultado das novas maneiras como essas distinções são aplicadas" (MACINTYRE, 1990b, p. 127). Entrar para o campo jurídico é entrar em um ofício, arte ou ciência em andamento. Pressupõe um aprendizado do estado em que se encontra, mas leva o participante a agir autonomamente dentro do quadro recebido, o qual, por sua vez, é modificado pela ação de tal participante.

---

do próprio HABERMAS, em "ética do discurso orientada pelo modelo hermenêutico do entendimento"; a crítica da ideologia se tornou totalmente hermenêutica. Jean GRONDIN, *Hans-Georg Gadamer*: una biografía (Barcelona: Herder, 2000), p. 409.

236 | CURSO DE FILOSOFIA DO DIREITO – *José Reinaldo de Lima Lopes*

Nestes termos, compreender a tradição em que nos inserimos significa refazê-la a todo momento, significa que a tradição não se faz por si. Há necessariamente um quê de ação humana, de decisão: o que conservar, o que reformar, o que abandonar? Essas decisões têm certa dimensão individual, e outra social: indivíduos tomam decisões, mas grupos sociais inteiros também assumem responsabilidades por sentidos partilhados, "comunidades ideais de comunicação", na expressão de Karl-Otto APEL. Nascemos em um mundo no qual uma língua é falada: nossa maneira de falá-la mantê-la-á e mudá-la-á simultaneamente. Nascemos em uma sociedade que confere certos sentidos à vida humana. A maneira como nos apropriarmos desses sentidos servirá para mantê-los e ao mesmo tempo alterá-los. Nisto consiste a tradição. Até o direito positivo, aparentemente criado por *fiat* do legislador, depende dessa tradição, dessa cultura em que emerge.

A proposta de GADAMER consistia em levar adiante as preocupações de alguns dos fundadores das ciências sociais ou humanas, como DILTHEY e WEBER, mas também mostrar que a questão é muito mais fundamental do que se poderia imaginar. Para ele, a hermenêutica não é apenas técnica para conhecer ou interpretar (*método*): é antes de tudo a forma de existir do ser humano (*verdade*)[72]. Existir humanamente implica consciência, e esta é *hermenêutica*. Essa forma de existir temporal, local, histórica, dá-se dentro de uma tradição. Nascemos num mundo que nos precede: a história já está em andamento, por isso de certo modo "começamos pelo meio". Isso afasta a concepção fácil, que muitos recebem das faculdades de direito, de que a sociedade é fruto de um contrato e de que antes de haver sociedade há os indivíduos[73]. Com isso, a hermenêutica filosófica provoca uma reviravolta na concepção herdada da filosofia política liberal. Esse é um primeiro ponto a destacar.

O livro não é, portanto, sobre técnicas de interpretação. Em carta dirigida a Emilio BETTI, GADAMER afirma: "Não estou *propondo um método*, mas descrevendo *o que se dá*" (GADAMER, 1988, p. 465). Para isso, ele se refere aos processos já empregados tradicionalmente na historiografia, na crítica literária, na teologia e no direito, os campos exemplares da hermenêutica, para oferecer sua teoria filosófica, a qual implica que "a interpretação de um texto não começa no grau zero da escrita, ou num patamar de sentido nulo a ser preenchido", como diz Benedito NUNES.

> Ela começa "in media res" (...) numa determinada perspectiva. O preconceito nada mais é do que o correspondente histórico da antecipação da experiência

---

[72] Benedito NUNES lembra que Paul RICOEUR sugerira que lêssemos *Verdade e método* de GADAMER como se fosse *Verdade ou método*, uma vez que "a verdade da experiência hermenêutica vai de encontro ao método nas duas grandes verificações feitas por Gadamer: primeiramente, sua crítica à cultura estética – cultura das aparências (...) e em seguida (...) sua crítica à hermenêutica romântica de Schleiermacher, à 'Aufklärung' (Ilustração) e ao historicismo de Droysen, Ranke, Dilthey e Hegel". Benedito NUNES, "Nós somos um diálogo", *Jornal de Resenhas – Folha de São Paulo* (Discurso Editorial/USP/UNESP/Folha de São Paulo, ago. 1998), p. 10.

[73] Esse caráter histórico e tradicional seria objeto de discussão e crítica, particularmente no final dos anos 60 e pela pena de HABERMAS. Cf. Jean GRONDIN, *Hermenêutica*, trad. Marcos Marciolino (São Paulo: Parábola Editorial, 2012a), esp. p. 86-91.

humana. *Mas constitui a única entrada possível na matéria – entrada a que necessariamente não ficaremos presos* (NUNES, 1998, p. 273, grifo meu).

GADAMER afirma que a hermenêutica jurídica é "exemplar", porque seu objetivo não é compreender textos, mas "ser uma medida prática que ajuda a preencher uma espécie de lacuna no sistema da dogmática" (GADAMER, 1988, p. 289). É exemplar porque seu objetivo não é impostar-se *como se observasse*, mas *compreender praticamente, aplicando*. Isso, diz ele, aponta para o verdadeiro procedimento das "ciências humanas", para a relação entre passado e presente, aquela "tradução" de que falamos antes:

> O juiz, que *adapta a lei recebida* às necessidades do presente, está sem dúvida tentando realizar uma tarefa prática, mas sua interpretação da lei não é absolutamente, por causa disso, uma reinterpretação arbitrária. Aqui, novamente, compreender e interpretar significam descobrir e reconhecer um sentido válido. (...) *É o significado jurídico* da lei – e não o significado histórico de sua promulgação ou de certos casos particulares de sua aplicação – que ele está tentando compreender (GADAMER, 1988, p. 293, grifo meu).

Como a compreensão não se confunde com uma conversa, o jurista não entende a lei como se estivesse conversando com o legislador, nem como se estivesse traduzindo um texto. Compreender não consiste em "entrar numa pessoa e reviver suas experiências", mas é "pôr-se de acordo sobre um objeto" (GADAMER, 1988, p. 345). Quando compreendemos não estamos traduzindo, mas discorrendo:

> Compreender uma língua estrangeira significa que não precisamos traduzi-la para a nossa. Se realmente dominamos uma língua, então não é preciso traduzir. (...) A compreensão de uma língua não (...) inclui um processo interpretativo, mas é uma conquista vital. Pois alguém entende uma língua ao viver nela (...) *Logo, o problema hermenêutico não é o do domínio correto de uma língua, mas a compreensão adequada do que acontece por meio da língua.* (...) Para que duas pessoas sejam capazes de se compreenderem numa conversa esse domínio da língua é uma condição prévia necessária (GADAMER, 1988, p. 347, grifo meu).

A compreensão não pode ser, pois, uma interpretação contínua. É como um "estado", um domínio "do que acontece" por meio da língua. O que permite a compreensão não é um "entrar na cabeça do outro", mas compartilhar esse objeto.

> Compreender é uma atitude mais primária do que o conhecimento científico (...). Podemos compreender sem conhecer cientificamente, mas não podemos conhecer cientificamente sem antes termos compreendido a coisa de que se trata (NUNES, 2010, p. 270).

No caso do direito, o que chama a atenção de Gadamer é precisamente a aplicação, o trabalho de concretizar a lei e ultrapassar a distância entre passado e presente, entre sua generalidade e a singularidade do caso. A aplicação, tarefa própria da prática jurídica, não pode ser considerada uma escolha *second best*, como se fosse possível passar diretamente da lei para o caso. Há uma diferença necessária entre a proclamação da lei (conceitual e verbal) e o reconhecimento e aplicação do caso concreto.

> A distância entre a lei e o caso individual parece ser absolutamente indissociável. (...) Não é apenas uma imperfeição do processo de codificação que deixa liberdade para sua aplicação em casos concretos, de modo que essa liberdade poderia, em princípio, ser dirigida para qualquer área à vontade. Parece antes ser da natureza da regulamentação jurídica como tal, de fato de todo ordenamento jurídico em geral, ser suficientemente elástico para permitir essa espécie de liberdade. Se não me engano, Aristóteles foi muito claro a esse respeito quando atribuiu uma função simplesmente crítica, e não positiva e dogmática, ao direito natural (GADAMER 1988, 471)[74].

Esse problema, diz GADAMER, não se origina da codificação, ou da positivação do direito escrito, mas do fato de que as leis existem pela linguagem e por isso apresentam universalidade de sentido: não é a codificação que cria o problema, mas a natureza mesma das leis. Ao contrário, por serem "intrinsecamente" universais é que as leis puderam e podem ser codificadas (GADAMER, 1988, p. 471).

Mas atenção: liberdade e elasticidade não se confundem com arbítrio, pois o aplicador (intérprete) já encontra um ponto de vista no próprio direito. Assim como num quadro existe um "ponto de fuga" da perspectiva e esse ponto já está dado para o observador, no direito já existe um ponto de vista: para que haja hermenêutica jurídica, é preciso que as leis obriguem a todos igualmente. Se isso não for assim, se houver quem possa mudar o "ponto de vista" do direito a seu talante, não pode haver hermenêutica, "pois um governante absoluto pode explicar suas palavras num sentido que vai contra as regras da interpretação geral" (GADAMER, 1988, p. 294). De outro lado, "o requisito geral da hermenêutica é que todo texto deve ser compreendido a partir de um ponto de vista que lhe seja apropriado" (GADAMER, 1988, p. 299).

Interpretar (determinar ou atribuir sentidos) não é um acréscimo ao compreender. "A interpretação é a forma explícita do compreender" (GADAMER, 1988, p. 274). O domínio da língua (sua sintaxe, sua gramática, a própria semântica) é condição necessária da compreensão: compreender assemelha-se ao saber falar uma língua. A língua, por sua vez, serve para nos inserir numa "comunidade de sentidos" porque é meio e veículo de sentidos. Falar sem sentido é *gibberish,* é apenas produzir sons vocais, não é falar propriamente. Estar na comunidade de sentidos é ser capaz de interpretar. Interpretar só é possível se houver compreensão, e a compreensão é simultânea à "descoberta" dos sentidos. Se a língua está, como diz WITTGENSTEIN, implicada na forma de vida ou prática, então o domínio da língua

---

[74] Sobre o direito natural em ARISTÓTELES, ver Richard BODÉÜS, "Os fundamentos naturais do direito e da filosofia aristotélica", em *Sobre a Ética Nicomaqueia*: textos selecionados, trad. Paulo B. C. MacDonald (São Paulo: Odysseus, 2010), p. 339-378, explicando que o direito natural joga para um papel parecido ao de uma *racionalidade interna* ao campo jurídico e de reação a certas injustiças nas relações entre os cidadãos.

é também o domínio "do que acontece por meio da língua". O jurista, portanto, deve estar e entrar num campo, na forma de vida, no direito.

Se a proposta de GADAMER não é metodológica, e seu interesse não é fazer o que fez Emilio BETTI (1955), discriminação e classificação de todos os processos hermenêuticos existentes[75], então o que aprendemos da filosofia hermenêutica é a darmo-nos conta do que fazemos quando aplicamos as leis, um darmo-nos conta de que antes de interpretar temos de compreender: não existe um "grau zero" de interpretação, e não se pode interpretar tudo todo o tempo. GADAMER não está escancarando as portas para um vale-tudo ou para o lero-lero. Existe a pré-compreensão, ou seja, a ideia da prática na qual estamos ou entramos.

Essa pré-compreensão equivale ao domínio, ainda que elementar, das regras constitutivas da prática ou campo. Trata-se de uma ideia concebida previamente (o *Vorurteil*), mas não a ideia subjetiva e pessoal de qualquer coisa. A ideia concebida previamente não pertence individualmente ao intérprete: faz parte de uma "tradição", diz GADAMER, à qual se tem acesso por integração. Entrar no mundo é entrar nessas tradições em andamento. Entrar no direito é começar a participar dessa esfera da prática social. GADAMER admite que todo ato de aplicação ou uso – de normas em particular, ou de uma tradição em geral – é guiado por uma compreensão prévia, uma compreensão dentro de um quadro traçado. Mas, para ele, esse ato de aplicação é uma novidade dentro de uma linha tradicional.

5.3.2. O direito como discurso (PAUL RICOEUR)

Vimos, no Capítulo 3, a distinção entre língua e discurso (*langue* e *parole*), proveniente da linguística e capaz de iluminar, por analogia, a relação entre lei (ou ordenamento) e decisão. Se admitimos que o direito-ordenamento (direito objetivo, direito-sistema, direito-campo de atividade, ou forma de vida) é comparável à língua e só se realiza em ações, comparáveis a discursos, podemos também explorar as relações entre os discursos (realizados na história, isto é, no tempo e no espaço) e os textos (sentidos fixados). Também as ações e decisões jurídicas (leis, negócios, contratos) fixam-se por escrito na legislação, nos instrumentos contratuais, nos repertórios de jurisprudência, na doutrina, e, como nos discursos e textos em geral, uma vez fixados, separam-se de seus autores: estão aí para serem *compreendidos*. Podemos sensatamente perguntar "o que disse fulano?" e sensatamente responder. Igualmente, podemos perguntar e responder sensatamente a perguntas como "o

---

[75] No Brasil, existem textos cuja função é expor técnicas de interpretação, a começar do manual de Francisco de Paula BAPTISTA, *Compêndio de teoria e pratica do processo civil comparado com o commercial e de hermenêutica jurídica* (Rio de Janeiro/Paris: B. L. Garnier Livreiro-Editor, 1890), o primeiro volume de Eduardo ESPÍNOLA, *Systema de direito civil brasileiro* (Bahia-Salvador: LythoTyp. e Encad. Reis, 1908), até o ainda hoje popular Carlos MAXIMILIANO, *Hermenêutica e aplicação do direito*, 9. ed. (Rio de Janeiro: Forense, 1984), sem esquecer de Daniel Coelho de SOUZA, *Interpretação e democracia* (Belém: Tese, 1946) e Alípio SILVEIRA, *Hermenêutica no direito brasileiro* (São Paulo: Revista dos Tribunais, 1968, 2 v.).

que você leu nesse texto?", ou "o que *diz* esse texto?", ou ainda "o que quer dizer, o que significa esse texto?". E isso se aplica claramente aos textos jurídicos.

Essa separação do discurso e do texto de seus autores foi destacada por Paul RICOEUR[76]. Ele se vale tanto da tradição clássica, ao apropriar-se de ARISTÓTELES, quanto da tradição reflexiva, ao servir-se de DESCARTES, KANT e HEGEL, bem como dos analíticos e estruturalistas, pelo seu diálogo com a linguística e com a teoria do discurso. Sua *filosofia do discurso* insere-se na filosofia da ação humana[77], essencial para o direito, relativa ao sentido e significado das ações dos seres humanos voltadas para outrem e para a cooperação[78]. Sua obra lança uma ponte de grande interesse para os juristas da tradição continental em direção à filosofia analítica justamente no tema da objetividade dos discursos[79].

Da filosofia hermenêutica, Ricoeur aproveita a *historicidade, a inserção no tempo* (de HEIDEGGER) e a *linguisticidade* (de GADAMER), dimensões *necessariamente* implicadas na existência humana e em qualquer "seguimento de regras". Regras precedem lógica e cronologicamente as ações que pretendem guiar ou regular: elas vêm do passado, mas definem ações no presente e no futuro. A ação não se entenderia a não ser referida a um tipo, e os tipos são estabelecidos conceitual e linguisticamente. Ninguém descreve ações de maneira mecânica: "mastiguei coisas na presença de outros seres humanos". Antes, descreve-a como "jantei com amigos". Ninguém diz: "passei os olhos sobre um pedaço de papel"; diz "li um texto". Nestes termos, é preciso dispor do *tipo* da ação *antes* de executá-la, é preciso *atualizar* uma regra preexistente. O tipo é *regular*, dado por um padrão (*standard*, medida).

---

[76] Como esclarece DOSSE, RICOEUR conviveu e dialogou com todas as "modas" filosóficas francesas sem se deixar aprisionar por nenhuma delas. Foi também um precursor, porque um transeunte, entre a filosofia continental e a filosofia analítica anglófona. E, sendo um filósofo do sentido, foi sobretudo um filósofo da ação. cf. François DOSSE, *Paul Ricoeur: le sens d'une vie* (Paris: La Découverte, 1997), p. 11. No mesmo sentido Johann MICHEL, *Paul Ricoeur: une philosophie de l'agir humaine* (Paris: Cerf, 2006), p. 10. RICOEUR, como diz KAPLAN, é um autor difícil, mas útil, cf. David M. KAPLAN, *Ricoeur's critical theory* (Albany: SUNY Press, 2003), p. 1.

[77] Exemplarmente em Paul RICOEUR, *O discurso da ação*, trad. Artur Morão (Lisboa: Edições 70, 2012).

[78] Hilton JAPIASSU chamou Paul RICOEUR de *filósofo do sentido*: "Paul Ricoeur: filósofo do sentido", em Paul RICOEUR, *Hermenêutica e ideologias*, trad. Hilton Japiassu (Petrópolis: Vozes, 2011). Para uma introdução à filosofia de Paul RICOEUR existem diversos trabalhos, dos quais destaco: Scott DAVIDSON, *Ricoeur across the disciplines*, ed. Scott Davidson (New York/London: Continuum, 2010); François DOSSE, *Paul Ricoeur: le sens d'une vie* (Paris: La Découverte, 1997); François DOSSE, *Paul Ricoeur*: um filósofo em seu século (Rio de Janeiro: Editora FGV, 2017); Jean GRONDIN, *Paul Ricoeur* (Paris: Presses Universitaires de France – PUF, 2013); David M. KAPLAN, *Ricoeur's critical theory* (Albany: SUNY Press, 2003); Johann MICHEL, *Paul Ricoeur*: une philosophie de l'agir *humaine* (Paris: Cerf, 2006).

[79] De interesse especial, mas não exclusivo, são Paul RICOEUR, *From text to action – essays in hermeneutics II*, trad. K. Blamey e J. Thompson (Evanston: Northwestern University Press, 1991); Paul RICOEUR, *O discurso da ação*, trad. Artur Morão (Lisboa: Edições 70, 2012); Paul RICOEUR, *Teoria da interpretação*: o discurso e o excesso de significação, trad. Artur Morão (Lisboa: Edições 70, 2019).

Capítulo 5 · INTERPRETAÇÃO, HERMENÊUTICA E ANALÍTICA | 241

Da filosofia da linguagem RICOEUR traz a ideia de que sentidos existem dentro de contextos (*contextualismo*) e atividades, formas de vida, jogos ou práticas (*pragmatismo*). De fato, por distantes que possam parecer da filosofia analítica, as teses desenvolvidas em *A metáfora viva* (RICOEUR, 1983) dependem da análise da predicação. A metáfora é uma "predicação impertinente", um desvio, cujo resultado é o estranhamento e a modificação de algum sentido corriqueiro. A metáfora se compreende no contexto do discurso; de outra maneira, pareceria um sem sentido ou erro. De certo modo, a metáfora "rouba no jogo" para criar novo sentido, não para enganar ou mistificar.

RICOEUR compartilha também o conceito ampliado de racionalidade. Alia--se, pois, aos que resistem à limitação das pretensões de sentido às "línguas bem formadas". O sentido e a verdade encontram-se igualmente nas linguagens não formais. A narrativa, de ficção ou histórica, não é formalizada como a lógica ou a matemática, mas é sensata. A narrativa tem sentido, e tudo o que se conta ocorre no tempo, leva tempo, desdobra-se temporalmente. Tudo o que se desdobra no tempo pode ser contado (RICOEUR, 1991, p. 2). Contar e entender histórias não é a mesma coisa que fazer contas, mas exige racionalidade (RICOEUR, 1991, p. 141).

Quadro 69

> **Tempo e narrativa na experiência jurídica.** A dimensão narrativa e temporal – de um contrato ou de uma lei – não é um luxo, ou um acessório. Valer-se de narrativas é absolutamente necessário no direito. Dessa perspectiva, a arte de interpretar que manda pensar um caso de forma sistemática e histórica (inserido num *todo* e numa *narração*) mostra sua natureza essencial. Não são formas de interpretação que possamos escolher, nem formas alternativas (ou uma interpretação sistemática, ou uma interpretação histórica). Ambas devem ser usadas para se chegar a uma interpretação defensável[81]. A importância atribuída por RICOEUR ao ato de narrar, como tipicamente humano e racional, mostra que os métodos de interpretação não se reduzem a recursos de sedução do auditório, ao "se colar, colou". Esclarece por que elas estão aí. Há nelas uma espécie de necessidade lógica. Necessidade compreensível dentro do discurso prático, o discurso que articula a decisão.

Para RICOEUR, o sujeito humano não apenas está no mundo, mas sua forma de estar no mundo consiste na *intencionalidade*, ponto de partida da ação[81]. A intencionalidade é a forma de consciência dos animais em geral, que *dirigem sua atenção* para o mundo que os cerca. No caso da espécie humana, essa consciência é exponenciada

---

80   Esta, aliás, a posição de SAVIGNY. Cf. Friedrich Carl von SAVIGNY, *Sistema del derecho romano actual*, trad. Jacinto Mesia e Manuel Poley (Granada: Editorial Comares, 2005).

81   Luiz ROHDEN chama a hermenêutica filosófica de um discurso "indiretamente ontológico". Luiz ROHDEN, *Hermenêutica filosófica*: entre a linguagem da experiência e a experiência da linguagem (São Leopoldo: Unisinos, 2005), p. 111. Continua, porém, afirmando: "A hermenêutica filosófica, na verdade, por possuir a pretensão de articular lógica e ontologia, historicidade e cientificidade, verdade e método, é que é, sob nosso ponto de vista, o pensamento autenticamente 'forte' dada sua amplitude e coerência entre ser e pensar" (Id., p. 112).

pela linguagem, que nos permite tornar presente o que é ausente (passado ou futuro) e pelo caráter necessariamente social da linguagem. Estamos no mundo não apenas de coisas, mas de outros sujeitos agentes, eles mesmos capazes de intenção, linguagem e ação. Cada um de nós participa nesse universo de intencionalidade e consciência geral compartilhada.

RICOEUR entrelaça ação e discurso diretamente: a ação humana não é *muda* nem *incomunicável*[82]. Isso quer dizer que é intrinsecamente *articulada e compreensível*, pode ser expressa. O agente pode explicar-se, dar razões de agir, e sua ação é compreensível para os outros que o veem, os seus *próximos*, os participantes na *forma de vida*. Sendo compreensível, comunicável e articulável, pode ser tanto discurso quanto texto. As ações na esfera do direito, todas elas, apresentam essas mesmas características.

5.3.2.1. A objetividade do discurso

Discurso é ação, é da ordem dos singulares. Dizer alguma coisa é agir[83]. Dizer é agir: antes de falarmos, o que tínhamos a dizer não existia, não estava no mundo que compartilhamos com os outros. De certo modo, o dizer é um evento. O discurso, diferentemente da língua, tem tempo, sujeito, mundo e mensagem, como vimos no Capítulo 3[84]. Nesses termos, é um *evento* (episódico, portanto). Contudo, o que transforma nosso dizer em discurso não são seus sinais (orais ou escritos), mas seu *sentido*, "o permanente do discurso"[85]. O ato discursivo acontece e passa, mas seu sentido permanece: não preciso estar presente no ato de fala do outro para captar seus sentidos. O sentido pode ser transmitido. Diz Agostinho:

> Suprimi a palavra, o que se torna a voz? Esvaziada de sentido é apenas um ruído. A voz sem palavra ressoa ao ouvido, mas não alimenta o coração. (...) O som da voz te comunica minha palavra e seu sentido; e depois o fazer esse som desaparece, mas a palavra que ele te transmitiu permanece em teu coração, sem haver deixado o meu.[86] (Santo Agostinho de Hipona, Sermão da natividade de João Batista, sermão 293, 3, PL 38, 1328-1329)

---

[82] Paul RICOEUR, "Practical reason", em *From text to action* – essays in hermeneutics II, trad. K. Blamey e J. Thompson (Evanston: Northwestern University Press, 1991), p. 190.

[83] Não apenas no sentido mencionado por John L. AUSTIN, quando se refere aos atos linguísticos *performativos* (como prometer, dar nome etc.). Cf. J. L. AUSTIN, *How to do things with words* (Cambridge: Harvard University Press, 1975).

[84] Explorei essa ideia de RICOEUR pela primeira vez em José Reinaldo de Lima LOPES, "Hermenêutica e completude do ordenamento", Senado Federal, XXVI, n. 104 (out.-dez. 1989), p. 237-246.

[85] "Não é o evento, enquanto transitório, que queremos compreender, mas a sua significação." Paul RICOEUR, *Teoria da interpretação*: o discurso e o excesso de significação, trad. Artur Morão (Lisboa: Edições 70, 2019), p. 25.

[86] "Tolle verbum, quid est vox? Ubi nullus est intellectus, inanis est strepitus. Vox sine verbo aurem pulsat, cor non aedificat.(...) Sonus vocis ducit ad te intellectum verbi: et cum ad te duxit sonus vocis intellectum verbi, sonus quidem ipse pertransit; verbum autem quod ad te sonus perduxit, iam est in corde tuo, nec recessit a meo." (https://www.augustinus.it/latino/discorsi/index2.htm, acesso em 11/10/2021)

Uma vez pronunciado, o discurso não precisa se repetir para que seu sentido seja transmitido, repetido ou compreendido. O que sobrevive do episódico é seu sentido (o permanente do discurso). Alguém pode me transmitir o sentido do discurso alheio: tanto aquilo *de que* falou (o assunto, a referência), quanto *o que* falou propriamente. Posso saber, por exemplo, que o tribunal decidiu sobre uma cláusula contratual (*sobre o que* decidiu) e também se decidiu que ela é inválida ou não (*o que* decidiu).

Quadro 70

> **Língua, norma e fala.** A distinção língua/discurso provém da linguística estrutural de SAUSSURE e de HJELMSLEV, elaborada em seguida por Émile BENVENISTE como uma linguística da língua e uma linguística do discurso (RICOEUR, 1991, p. 77). Ferdinand de SAUSSURE propôs que distinguíssemos língua (*langue,* o código estruturado ou sistema, que todos usam), de fala ou discurso (*parole,* o que cada um fala) (SAUSSURE, 1972 [1916]). Segundo LEROY, HJELMSLEV distingue o *esquema* (a língua), a *norma* (uma indução ou generalização a partir do uso) e o *uso* (conjunto de hábitos concretizado em atos), e COSERIU separa *língua* (esquema ou sistema) de *fala* (realização concreta), mas acrescenta uma classe intermediária, a *norma,* que "compreende a fala menos as variantes individuais e ocasionais" (LEROY, 1971, p. 117-118). A língua, diz LEROY, "não é um dado ao qual possamos aceder de maneira sensível; somente considerando os fatos de fala como atualizações da língua é que chegamos a representar-nos essa abstração; por outro lado, a fala só é compreensível na medida em que possamos referir-nos à língua, fato que Saussure punha bem em evidência ao dizer que a língua é, a uma só vez, o instrumento e o produto da fala" (LEROY, 1971, p. 118). Destaco a semelhança entre essas dimensões e as dimensões do ordenamento jurídico, ou melhor, entre o *direito objetivo* e suas realizações singulares (legislação, sentenças, negócios).

Discurso é obra, ele é *elaborado* pelo seu autor. A decisão de um tribunal, de um corpo legislativo, ou da diretoria de uma sociedade anônima são discursos compostos dentro de códigos (formas) e se individualizam em estilos. Seja qual for sua forma ou estilo, têm a pretensão de sentido e por isso ligam frases num todo. Esse todo pertence a certo *gênero literário*: no foro judicial, pode ser o despacho, a sentença, o acórdão, a petição, o memorial; na doutrina, pode ser o tratado, o comentário de lei, o parecer, o manual; na "legislação", pode ser a exposição de motivos de lei ou de veto, o corpo da lei ordinária, complementar, do código; na administração, pode ser decreto, portaria, resolução etc. Todas são formas codificadas.

O discurso cria sentido, mas ao mesmo tempo cria distâncias: entre língua (sistema) e discurso (ação), e entre fala e texto. Em todo ato de produção de discurso e sentido (legislação, julgamento, contratação) aparece esse *distanciamento*. Ele é inerente a nossa condição humana. A isso RICOEUR chama de *distanciamento primitivo*. O distanciamento primitivo existe no salto entre língua e fala, entre língua e discurso, entre sistema-código (língua) e atuação e atribuição de sentido (discurso).

O discurso atualiza a língua, mas é ele propriamente o portador de sentido[87]. O discurso usa, aplica, apropria-se da língua. O sujeito que profere um discurso

---

[87] A linguística propriamente não se interessa pelo sentido, apenas pela língua como código ou sistema. A relevância do *Curso de linguística geral* de SAUSSURE foi justamente separar o

apropria-se da língua e realiza o discurso da mesma maneira que o sujeito que entendeu um jogo aplica a si as regras ao jogar. Quem aprendeu uma atividade aprendeu a aplicar um *esquema* (língua, gramática ou ordenamento jurídico). Esse esquema não lhe pertence individualmente. Por isso o discurso é objetivo, embora realizado por um sujeito. Existe objetividade em qualquer jogada ou ação dentro de certo jogo, embora cada jogada ou movimento seja realizado por um ou vários jogadores em concreto.

O sentido permanente, de que fala RICOEUR, lembra a indagação de WITTGENSTEIN: como posso dizer que faço sempre a mesma coisa, se a cada vez faço algo "numericamente" ou "empiricamente" distinto[88]? O fazer sempre a mesma coisa é ser capaz de dominar uma atividade que tenha sentido. Esse domínio é ser capaz de seguir regras, tanto constitutivas quanto regulativas daquele campo. Tanto assim, que

> A gramática da palavra "saber", está claro, é estreitamente aparentada com a de "poder", "ser capaz de". Mas também estreitamente aparentada com a da palavra "compreender" (Dominar uma técnica) (WITTGENSTEIN, *IF*, § 150).

Quem é "capaz de" controla um esquema e o aplica. Domina um sistema abstrato na prática. "A própria compreensão é um *estado, de onde* nasce o emprego correto" (WITTGENSTEIN, *IF*, § 146).

O que o conceito de discurso traz de importante para nós juristas? Creio que se trata de deslocar o foco do código ou sistema (da teoria das normas) para a realização desse código por meio da prática (teoria da ação), ou, como disse MACCORMICK, dirigir-se de uma teoria do direito que o vê como um objeto entre outros, para uma teoria do direito que o vê como exercício da razão prática (MACCORMICK, 1983). Afasta-nos da ideia mais ou menos pressuposta por muitos de que o sentido só é atribuído no momento da interpretação (aplicação da lei). A objetividade do discurso é real. Na falta dela, haveria apenas lerolero, sons, *flatus vocis*. Não nos entenderíamos.

---

sistema da língua dos discursos e seus sentidos propriamente ditos. Ferdinand de SAUSSURE, *Curso de linguística geral*, 4. ed. (São Paulo: Cultrix, 1972 [1916]). É algo semelhante ao que LUHMANN fez com relação à sociologia: "Formulando de outra maneira: a relação de sentido que une as ações no sistema da sociedade é diferente da relação também de sentido, mas organicamente fundamentada, das ações reais e possíveis de um homem. A identidade das ações que constituem ambos os sistemas não permite concluir que os próprios sistemas sejam idênticos...". Niklas LUHMANN, *Sociologia do direito*, trad. G. Bayer (Rio de Janeiro: Tempo Brasileiro, 1983), p. 169. Daí LUHMANN ser um *estruturalista*, herdeiro da tradição iniciada por SAUSSURE.

[88] Não por acaso RICOEUR busca autores da tradição analítica. Todos eles de certo modo preocupam-se com essa dialética do episódico e permanente. AUSTIN, por exemplo, ao falar do *nível locucionário*, refere-se ao que se diz, ou seja, ao *sentido*, embora o que se diz encontre-se em *situação ilocucionária* (o *modo* do discurso) e *perlocucionária* (o que acontece fora do discurso: uma reação do leitor, *v.g.*). Cf. J. L. AUSTIN, *How to do things with words* (Cambridge: Harvard University Press, 1975). Também Richard HARE elabora a diferença entre o *frástico* (o que se diz) e a *nêustica*, o modo que se diz (indicativo ou imperativo), que somados resultam no *sentido*. Cf. Richard HARE, *A linguagem da moral* (São Paulo: Martins Fontes, 1996 [1956]), p. 19-21.

5.3.2.2. O texto

Na teoria do texto que RICOEUR desenvolve, encontramos mais elementos para tratar do direito, porque os comandos e imperativos jurídicos não são ordens pessoais e singulares dadas a pessoas determinadas (como mandamentos, digamos) e são, hoje mais do que nunca, fixados por escrito. Assumem forma de texto. O texto fornece a RICOEUR o exemplo mais claro das condições de compreensão e explicação: (i) ele é objetivo; (ii) ele nos vem do passado (como leitores, nós o encontramos); (iii) ele se apresenta como um todo; (iv) ele necessariamente distancia autor e leitor, e ao distanciá-los exige *compreensão e explicação*. Não houvesse distância, não haveria compreensão. O texto não aparece de repente no mundo, não é um evento: é resultado de ação (RICOEUR, 1991). O texto "é qualquer discurso fixado por escrito" (RICOEUR, 1991, p. 106). O texto como o discurso, criado em algum lugar e momento, é *eventual,* embora seu sentido seja permanente.

No caso do direito, isso é evidente: a lei escrita é criada por ato de autoridade, conforme as instituições vigentes em certo momento e lugar: seu sentido, no entanto, ultrapassa o momento de sua criação. Ao longo do tempo, seu sentido é *recebido* pela nova ordem: dá-se a "recepção" da lei antiga num quadro normativo novo. Essa convivência de negócios, leis e instituições antigas com atos, leis e instituições novas desenvolveu uma área especializada do direito, o *direito intertemporal.* Trata-se de um tema clássico na teoria jurídica. O sentido da lei permanece mesmo que a ordem jurídica, digamos, a constituição e os poderes institucionalizados que editaram a lei, tenha desaparecido[89].

Quando o discurso se converte em texto, o distanciamento hermenêutico se amplia, mas não impossibilita a compreensão, porque, assim como o discurso, o texto está preso a certas formas, é obra estruturada, composta, codificada. Para compreendê-lo, precisamos do contexto não apenas do mundo em que ele foi elaborado, mas do seu contexto formal, discursivo. Que espécie de texto é? A qual gênero literário pertence? Quem domina essas formas é capaz de apreender seu sentido. Como texto, ele terá características que o distinguem do discurso presencial, da relação de conversa ou diálogo. Ler não é o mesmo que conversar, e entre escritor/leitor somem as perguntas e respostas. "O escritor não responde ao leitor" (RICOEUR, 1991, p. 107). Ler um livro é quase como considerar o autor morto,

> pois é quando um autor morre que a relação com o livro se torna completa e como que se torna intacta. O escritor já não pode responder: só resta ler seu trabalho (RICOEUR, 1991, p. 107).

---

[89] No caso do Brasil, o livro de referência é Rubens Limongi FRANÇA, *Direito intertemporal brasileiro,* 2. ed. (São Paulo: Revista dos Tribunais, 1968); também Rubens Limongi FRANÇA, *Hermenêutica jurídica,* 10. ed., ed. Antonio S. Limongi França (São Paulo: Revista dos Tribunais, 2010), p. 80-108. Para a tradição romano-germânica, ver Paul ROUBIER, *Conflits des lois dans le temps* (Paris: Sirey, 1929).

A lei, como texto, é por excelência o objeto da interpretação e permite-nos escapar da imagem da interpretação como um "entrar na cabeça alheia", como trabalho psicológico. O texto não está mais na cabeça do autor (ou legislador): tornou-se algo "objetivo"[90], foi transformado em algo objetivo pelo próprio autor, e é algo objetivo para o leitor. Assim, a hermenêutica não é psicologia experimental. A distância entre autor e leitor, por isso, é a condição necessária da possibilidade de toda hermenêutica, não uma falta, não um defeito. A tensão existente entre *pertença* e *distância* – que, ao ver de RICOEUR, GADAMER trata como uma dificuldade – é, na verdade, a condição mesma da existência da hermenêutica filosófica.

Considerado autonomamente, o texto permite afastarmo-nos de certos equívocos: *aporia da intencionalidade* (intenção da lei ou do legislador?) e armadilha do *modelo conversacional*, como se o leitor estivesse conversando com o autor. O texto determina a distância entre autor e leitor e não permite mais perguntas e respostas entre eles. Ao mesmo tempo, o autor não controla quem o lerá: desaparece a situação conversacional e dialogal. No caso da prosa de ficção, o texto deixa de ser uma história narrada para um ouvinte ou auditório presente.

Também no direito isso se dá: a lei não é mandamento de Fulano dirigido a Beltrano, para realizar a ação X. Ela é, por definição, geral e impessoal e, uma vez fixada em texto, permite que a compreendamos sem fazer perguntas ao legislador, como quando lemos um romance sem conversar com o romancista. Quando os juristas antigos falavam da interpretação autêntica, em que se pedia ao Soberano o esclarecimento da lei, sua resposta era recebida como nova lei. Não é possível transformar o processo de aplicação da lei em conversa permanente.

Na conversa, a língua e os interlocutores dispõem de mecanismos para irem dissipando os mal-entendidos, eles podem "ancorar a conversa" no mundo (RICOEUR, 1991, p. 108). Isso não pode ser feito da mesma maneira com o texto. Ler torna-se um exercício de "preencher as referências" (RICOEUR, 1991, p. 109). O texto passa a fazer parte de um universo de outros textos, seja na bibliografia de um autor, seja na bibliografia de um campo, seja no *sistema jurídico*. Também por isso, o texto subverte as relações das *subjetividades*. O autor pode ser entendido como o primeiro leitor do próprio texto. O texto, ou seja, o discurso por escrito, ganha uma objetividade que impede o psicologismo puro[91].

---

[90] RICOEUR dá continuidade à "despsicologização" do entendimento dos sentidos iniciada por FREGE, como dizem BAKER e HACKER, pois a refutação do psicologismo, por FREGE, apoiava-se na ideia de que o sentido é objetivo, público e comunicável. Cf. G. P. BAKER e P. M. S. HACKER, *Wittgenstein*: understanding and meaning (Malden/Oxford: Blackwell, 2005), p. 39.

[91] Celso R. BRAIDA afirma que a obra de SCHLEIERMACHER não precisa ser lida em chave psicologizante e pode ser recebida quase como teoria da linguagem: "A compreensão do pensamento do outro (...) se realiza através da compreensão da linguagem em que ele expressou o seu pensamento. (...) O que se pressupõe e o que se encontra na hermenêutica é apenas linguagem (*doch am Ende alles vorauszusetzende und alles zu finden Sprache ist*). Mais ainda, 'o resultado da operação hermenêutica é novamente linguagem. (...) Isto significa estabelecer a linguagem enquanto discurso como o objeto, o instrumento e o resultado da hermenêutica". Celso R.

Capítulo 5 · INTERPRETAÇÃO, HERMENÊUTICA E ANALÍTICA | 247

Quadro 71

Modelo conversacional é insuficiente para os textos. Como GADAMER, RICOEUR não aceita que o modelo da conversa, ou dialogal, seja adequado para esclarecer o que se passa nos "processos" hermenêuticos. O modelo dialogal não contempla o que há de mais objetivo e peculiar na hermenêutica, que é a impossibilidade de esclarecimento imediato dos mal-entendidos. Compreender um texto, um autor, uma lei ou a ação alheia quando autor ou agente não está presente é o que abre a questão da objetividade e a situação própria da hermenêutica. Ora, essa ausência do autor e do agente é a experiência cotidiana própria dos juristas. Esse também é um aspecto notado por DWORKIN, para quem não se pode transplantar com facilidade o "modelo conversacional" para obras prontas (DWORKIN, 1986, p. 51-53).

Para que surja um texto, seu autor precisa ter algo a dizer (o *quê* do texto) e dizê-lo de forma *codificada ou regrada*, isto é, dizê-lo dentro de formas estruturadas: em primeiro lugar, dentro das línguas disponíveis, que lhe oferecem a sintaxe e o léxico. Em segundo lugar, deve valer-se do *gênero literário* adequado à atividade ou prática dentro da qual o texto se insere: se for um texto de literatura em prosa, supõe-se que seja crônica, conto, novela ou romance. Naturalmente, o autor pode inovar dentro desses gêneros, até mesmo criando novo gênero – como se deu quando foi criada a crônica, quando se criou o "realismo fantástico", ou quando Guimarães ROSA criou essa mistura de realismo fantástico com saga épica, em *Grande Sertão: veredas*; quando James JOYCE e Virginia WOLF revolucionaram a narrativa com o "fluxo de consciência", e assim por diante. SCHLEIERMACHER, fundador da hermenêutica como disciplina abrangente de todas as formas de compreensão dos sentidos, dizia com razão que

> Esta percepção da relação de um autor com *as formas já estabelecidas na sua literatura* é um momento tão importante da interpretação que sem ele nem o conjunto nem o detalhe podem ser compreendidos corretamente (SCHLEIERMACHER, 2015, p. 40, grifo meu).

A inserção da obra (discurso ou texto) dentro das estruturas correntes no campo jurídico (na prática, jogo ou forma de vida) é desde sempre pressuposta pelo tipo de interpretação que os juristas chamam tradicionalmente de *sistemática* ou *lógica*, mas também, no nível superior, de *compreensão da prática em si mesma*. Isso porque também no direito os campos e os gêneros foram fixados: campos como o direito privado e o direito público, por exemplo, ou o direito civil e o direito do trabalho, e gêneros literários como comentários de lei, comentários de acórdãos, pareceres, tratados, decisões judiciais, decisões legislativas e assim por diante. A própria forma literária da lei mudou: para os medievais, a *Lex* era o fragmento conservado no *Digesto* ou no *Codex*, reflexões de um jurista ou ordens do imperador a

---

BRAIDA, "Apresentação", em Friedrich SCHLEIERMACHER, *Hermenêutica, arte e técnica da interpretação*, 10. ed., trad. Celso Braida (Petrópolis: Vozes, 2015), p. 19.

um agente respectivamente. Na Idade Média, as decisões das *Cortes,* cuja forma se assemelhava a sentenças arbitrais lavradas entre o rei e os *corpos* políticos, ou entre os diversos corpos políticos com a supervisão do rei, foram assumindo a função de legislação local (direito pátrio)[92].

Quadro 72

Gêneros literários no direito. Apenas a título de ilustração, vemos como o *gênero literário* da legislação mudou: se observarmos as leis régias formuladas até a primeira modernidade, notamos que elas se escrevem num longo texto em que a razão da lei, aquilo que hoje chamamos *exposição de motivos,* integra o corpo da mesma lei. Quando se adotam os modelos de legislação codificada, o estilo passa a ser exclusivamente imperativo (essa mudança de fato começara antes). Hoje começamos a ver o surgimento de outras formas literárias no campo do direito, como, por exemplo, os estudos de caráter empírico ou pseudoempírico, conforme sejamos mais críticos do que se faz, ou os textos de aspecto interdisciplinar. O autor cria o texto. Há uma *poética* de qualquer texto. Mesmo uma sentença judicial tem um elemento de *poética,* de narrativa, organização e elaboração de um texto que não existe antes dessa narrativa, organização ou elaboração[93]. Para que o texto se realize, aconteça como texto, é preciso que tanto a língua natural quanto os códigos (os *gêneros literários* da prática a que pertence o texto) sejam comuns ao autor e aos leitores.

O texto se emancipa de suas condições históricas, e por isso mesmo sua função referencial, seu apontar para o mundo, complica-se: justamente porque fixado e separado do ato de sua criação, perde a referência imediata. Ele continua a dizer alguma coisa – um texto sempre quer dizer alguma coisa, sempre tem um *sentido* –, mas perdeu seu berço, por assim dizer, perdeu algo de sua referência concreta. O leitor/intérprete precisa superar essa distância. E ele o faz valendo-se do que já sabe – ou compreende – do contexto, do jogo, da prática a que pertence. No caso do direito, o jurista dispõe de diversos elementos: a forma da lei (lei ordinária? Código? Lei complementar?), o assunto, o campo a que a lei pertence (direito público ou privado? Direito financeiro ou tributário? Direito civil ou empresarial?), e assim por diante. A Lei Complementar n. 95, de 26 de fevereiro de 1998, é muito sugestiva a esse respeito, pois manda que as leis, no Brasil, contenham uma ementa a indicar "de modo conciso e sob a forma de título, *o objeto da lei*" (art. 5º), e que, "excetuadas as codificações, cada lei tratará de um único objeto" (art. 7º, I). Assim, o destinatário da lei começa a entendê-la por esse objeto.

O intérprete, portanto, *torna seu* o sentido do texto, *supera a distância* entre o discurso do autor e seu próprio entendimento e *atualiza* o sentido (RICOEUR, 1991, p. 118-119).

---

[92] Ver sobre o assunto José Reinaldo de Lima LOPES, *O direito na história, lições introdutórias,* 1. ed. (São Paulo: Max Limonad, 2000) e José Reinaldo de Lima LOPES, Rafael M. R. QUEIROZ e Thiago dos S. ACCA, *Curso de história do direito* (São Paulo: Método, 2006).

[93] Cf. o excelente texto de Carlos Magno de Abreu NEIVA, *A formação do juízo sobre os fatos na decisão judicial* (São Paulo: Tese: Faculdade de Direito da USP, 2012), em que mostra como a decisão judicial tem um caráter "poético e narrativo", isto é, precisa narrar os fatos de sua própria maneira (cf. esp. p. 120-152).

Logo, para entender um texto, não basta entender um autor *psicologicamente* (seria como entender o evento, do qual o autor faz parte), nem entender a ordem ou estrutura do discurso (dizer que a frase está bem construída). É preciso acrescentar a dimensão do sentido objetivo (que o autor compartilha com o leitor, *v.g.*) e que ultrapassa relações internas dos elementos do texto ou do discurso.

Em termos jurídicos, isso significa que a boa interpretação não se resume a interpretar a intenção subjetiva dos autores da lei ou do contrato, nem a analisar as frases e partes articuladas do texto. É preciso propor um sentido objetivo e material. Por isso, interpreta-se o contrato não pelo que as pessoas envolvidas pensavam (psicologia), mas pelo que um "agente capaz", que sabe o que é uma compra e venda, ou um mútuo, ou uma locação etc., poderia pensar. Os contratos, diz nosso Código Civil, pressupõem a boa-fé (art. 422), ou seja, que os contratantes não fizeram o negócio com reserva mental, com intenções ocultas, enganando a contraparte etc. Os papéis de "comprador", "mutuário", "locador" etc. garantem essa objetividade na interpretação. Cada um deles, como os negócios a que pertencem, permitem atribuir sentido aos atos das partes. Se houver fraude, engano, erro etc., pode-se então dizer que o negócio não foi realizado a contento, e para isso é preciso haver provas.

O texto, uma vez fixado, passa a fazer parte de um todo independente de seu autor, tal como a legislação ou ordenamento jurídico. O leitor não precisa conversar com o autor do romance, não precisa conhecer o indivíduo concreto que escreveu o romance para entendê-lo. A *obra* pode ser lida por qualquer um que saiba o que é um romance. O texto jurídico é recebido como parte de um complexo chamado *direito*, seja como lei (inserido na legislação), seja como decisão (inserido na jurisprudência), seja como teoria jurídica (inserido na doutrina). Sem esse todo que o circunda, seu contexto intelectual ou disciplinar, perde o sentido. Como na literatura, o destinatário da lei não precisa conversar com o legislador.

Quadro 73

Obedecer ao sentido da lei, não ao soberano. Quando HART (1997, p. 50-78) pretende mostrar que a obediência às leis e aos poderes não pode ser tratada de forma exclusivamente empírica, ele analisa o que se passa quando o sujeito ou a instituição que encarna o soberano desaparece. A explicação empírica da continuidade da obediência, que ele rejeita, diria que continuamos a obedecer por hábito. Contudo, diz ele, não temos nenhum hábito ou costume de obedecer a esse novo soberano. Seria preciso esperar que adquiríssemos o hábito de obedecê-lo, para exigir de nós alguma obediência, para que nos sentíssemos obrigados (tivéssemos a obrigação) a obedecê-lo. Mas não é isso que se passa. Por quê? Na linguagem de HART – e dos juristas desde sempre –, porque obedecemos à lei, não aos homens; obedecemos ao regime jurídico impessoalmente. Obedecemos a instituições, não a pessoas. Na linguagem da hermenêutica: o que nos vincula é o sentido da lei, que permanece para além do evento da sua sanção. Os atos de promulgação e sanção são os veículos para o permanente da lei, seu sentido, que existe no presente e para o futuro. Com isso, percebemos como a reflexão de HART pressupunha uma ideia de sentido, vinda da filosofia analítica, explorada por RICOEUR de uma perspectiva hermenêutica.

A busca da objetividade no texto (como no discurso) pode conduzir a um problema: pode-se pensar que objetiva seria uma interpretação psicológica, científico-experimental, ou uma interpretação estrutural-formal, como a da linguística e seus descendentes intelectuais. A primeira consolida-se na perspectiva romântica, de compreender o gênio individual, tornando difícil explicar cientificamente (metodicamente) um texto (RICOEUR, 1991, p. 111). A segunda apresenta-se nos diversos estruturalismos. A primeira corre o risco de converter-se em exercício de psicologia; a segunda, o de perder a noção de sentido como conteúdo do que se diz. O sentido, diz RICOEUR, é imanente ao dizer: se dizemos algo, *queremos dizer* algo. É isso que o estruturalismo perde, nas suas combinações "quase algébricas" (RICOEUR, 2019, p. 14). O estruturalismo, diz ele, para na análise da forma do discurso, no nível da língua (código ou sistema). Essa análise é fundamental, uma vez que a língua é o meio pelo qual se realizam discurso e texto, mas insuficiente.

Quadro 74

> **Referência e sentido**. A referência é aquilo *sobre o que* se fala. O sentido é *aquilo que* se fala. Uma lei se refere à compra e venda de bens imóveis: essa a sua referência. A lei permite que a compra e venda se faça sem escritura pública, ou que um contrato particular valha como escritura pública: esse é o seu sentido. A referência é a relação de um *significante* ou palavra a algo, o *significado*. O sentido é a relação dos signos a um todo significativo. No discurso, a frase é a unidade de sentido; as palavras isoladas, não. A palavra isolada pode referir-se a algo, mas só a frase tem um sentido. A unidade de sentido "não é uma palavra mais longa ou complexa: ela se destaca de uma outra ordem de noções, é uma frase. A frase se realiza em palavras, mas as palavras não são apenas segmentos. Uma frase constitui um todo que não se reduz à soma de suas partes" (BENVENISTE, 1976, p. 123). ARISTÓTELES, no *De interpretatione* (Περι ερμενειασ) diz que "todo discurso (λόγος) tem sentido (significado), mas nem todo discurso é afirmativo, só aqueles em que existe verdade ou falsidade. Não existe verdade e falsidade em todos os discursos: uma oração é discurso, mas não é verdadeira nem falsa" (ARISTÓTELES, 1995, p. 26 – De interpretatione 4, 17a, 1). Separa, portanto, o falar com sentido do falar sobre o que se pode chamar de verdadeiro e falso. Ver ainda NUNES (2012, p. 83).

O sentido, deve-se ter em mente, realiza-se apenas em discursos contextualizados que *querem dizer* alguma coisa. A análise estrutural não nos revela o sentido: em sua crítica a LÉVI-STRAUSS, RICOEUR afirma que na antropologia estrutural "explica-se" o mito pelas suas partes e conexões entre elas, mas realmente não se "interpreta", ou seja, não se apresenta ao leitor/ouvinte o "sentido", o que significa ou o que quer dizer o mito explicado (RICOEUR, 1991, p. 116).

O sentido é aquilo que se *quer dizer*, e só o contexto (o mundo do texto) permite defini-lo, porque todas as línguas naturais são compostas por palavras polissêmicas. Palavras polissêmicas tornam o sentido manipulável ou duvidoso. O contexto, no entanto, permite a referência e, por isso, a delimitação do sentido. O contexto ele mesmo precisa ser inteligível e "inteligido", precisa ser entendido. Esse entender o

Capítulo 5 · INTERPRETAÇÃO, HERMENÊUTICA E ANALÍTICA | 251

contexto é que exige, diz Ricoeur, uma virtude "dianoética", ou seja, a capacidade de intelecção, virtude intelectual (Ricoeur, 1991, p. 14).

No direito, encontramos alternativas metodológicas semelhantes à romântica e à estruturalista: a tentativa de reconstruir a *vontade do legislador*, entendida como vontade manifestada na história, recorrendo às ciências empíricas (psicologia, sociologia etc.); a análise estrutural das regras, subestimando seus sentidos, isto é, o que a norma *diz propriamente*. A primeira alternativa gerou uma equivocada escola norte-americana conhecida como *originalismo*. A segunda gerou formalismos como o de Kelsen e ou Luhmann[94].

Essa longa reflexão de Ricoeur esclarece, portanto, muito do que é a atividade de viver segundo leis e de encarregar-se de oferecer uma interpretação da lei, pois, no direito, podemos ver no "ordenamento" ("sistema", "ciência") a esfera do *código-sistema*, e nas decisões (negócios, sentenças, legislação), percebemos *discurso e texto*.

5.3.3. Compreensão precede interpretação (Wittgenstein)

O "estar no mundo" ou "estar na história", de Gadamer, seria o equivalente ao participar de um jogo de linguagem de Wittgenstein? Entrar no círculo hermenêutico, numa forma de vida, e dominar uma técnica podem ser aproximados? Creio que a aproximação pode ser feita e é produtiva[95].

Wittgenstein diz que não podemos viver pedindo sempre uma interpretação depois de outra (*IF*, §§ 201 e 202). A cada vez que pedimos uma interpretação, achando que não entendemos, damos um passo no esclarecimento, mas isso não pode durar para sempre, pois, se assim fosse, não chegaríamos nunca a nos entender. Então, diz ele, é preciso haver um momento em que interpretar não seja "colocar uma expressão no lugar de outra", não seja fazer uma paráfrase. Quando não precisamos mais da paráfrase e simplesmente agimos, mostramos nossa compreensão. A compreensão está na base de qualquer passo posterior. *A compreensão*, portanto, é

---

[94] Sobre as ciências, ver o Capítulo 1. Sobre o originalismo estadunidense, ver Francis J. Mootz III, "Getting over the originalist fixation", em *The nature of legal interpretation* (Chicago: The University of Chicago Press, 2017), p. 156-190. Sobre o formalismo de Kelsen e os problemas dele resultantes para a interpretação, ver Luigi Ferrajoli, *La logica del diritto*: dieci aporie nell'opera di Hans Kelsen (Roma/Bari: Laterza, 2016). Luhmann deve ser tratado com certa reserva, pois sua obra é mais uma teoria da sociedade do que uma teoria do direito propriamente dita.

[95] Karl-Otto Apel ousou fazê-la ("Wittgenstein and Heidegger: language games and life forms", em *From a transcendental point of view* [Manchester: Manchester University Press, 1998], p. 122-159). Cf. ainda Paul Ricoeur, "Lógica hermenêutica?", em *Escritos e conferências – hermenêutica*, trad. Lúcia P. Souza (São Paulo: Loyola, 2011, v. 2). Ver também Manuel Atienza, "Hermenéutica y filosofía analítica en la intepretación del derecho", em *Cuestiones judiciales*, 101-118 (México: Fontamara, 2001), p. 101-118, que a despeito de contrastar as duas escolas, pelas figuras de Ricardo Guastini e Ronald Dworkin, conclui pela necessidade de integrar seus achados. Contra a aproximação entre as duas escolas, que considera superficial, Jacques Bouveresse, *Le mythe de l'intériorité* – expérience, signification et langage privé chez Wittgenstein (Paris: Editions de Minuit, 1987), p. 23-32.

252 | CURSO DE FILOSOFIA DO DIREITO – *José Reinaldo de Lima Lopes*

um estado: e *antecede logicamente qualquer interpretação*. A interpretação só se faz necessária quando surge um problema de compreensão. Quando a compreensão não acontece, aí precisamos da explicação, paráfrase ou interpretação. Por isso, diz PATTERSON, a interpretação é uma atividade parasitária e secundária (PATTERSON, 1996; 2006). A intuição de WITTGENSTEIN, assemelhando o mundo da ação e da inteligência humanas com um mundo de jogos e formas de vida, transforma nossa visão do direito e seus problemas.

Estar no mundo é sempre encontrar-se num *jogo de linguagem* ou numa *forma de vida*[96]. Nenhum dos dois existe no espaço, fora dos agentes humanos. Existem objetivamente como atividade, mas sua existência é potencial e virtual. As regras do jogo ou da forma de vida *determinam a constituição* do jogo, mas *não seus resultados*. Todos conhecem a expressão "jogada ensaiada": alguns jogadores combinam séries de lances antes de uma partida. Para que a jogada seja posta em prática, é preciso que surjam as circunstâncias previamente determinadas. A jogada acontece, mas seu resultado é incerto. Conta-se, como uma espécie de lenda no futebol brasileiro, que na Copa do Mundo de 1958 o técnico tentara ensaiar algumas jogadas com seu time, ao que um dos maiores talentos da história futebolística do Brasil, Mané GARRINCHA, perguntou: "Mas o senhor já combinou com os adversários?". Sem a colaboração do adversário, o sucesso da jogada era incerto, para dizer o mínimo. Além disso, alguém pode errar, pode não entender a jogada de um companheiro, ou pode interpretar mal o movimento do adversário. Tudo isso afeta o jogo e seu resultado, mas não invalida a regra do jogo. O resultado empírico do jogo não se confunde com o resultado "lógico" do jogo. Apesar de não gostarmos do resultado, ele continua sendo inteligível, corresponde à regra do jogo. O que a "jogada ensaiada" nos revela é algo iluminador para o debate a respeito da certeza do direito, da possibilidade de haver uma resposta correta para os casos, e do controle que um ordenamento jurídico exerce sobre os que dele participam.

Para entrar no jogo, é preciso, antes de mais nada, ter *uma ideia do jogo*, mesmo que incompleta. Para iniciar qualquer prática, um agente precisa formar uma ideia, antes de dominá-la perfeita e corretamente. Assim como a ideia do jogo é "antecipada" pelo jogador, a ideia da prática é antecipada pelo agente. Ele precisa dos conceitos elementares para poder entrar na atividade. E precisa estar aberto a ser corrigido. O agente/jogador precisa ter uma perspectiva "interna" do jogo, o "ponto de vista de alguém que se submete às regras do jogo", não pode submeter-se ou mesmo descrever o jogo sem que assuma o ponto de vista de quem aceita a regra do jogo e a entende.

Se na filosofia hermenêutica uma ideia-chave é a de "círculo hermenêutico", como veremos adiante, na filosofia da linguagem de tradição wittgensteiniana a

---

[96] Para introduções breves, mas precisas ao tema dos jogos de linguagem e formas de vida em WITTGENSTEIN, ver Mark ADDIS, *Wittgenstein*: a guide for the perplexed (London: Continuum, 2006). Gerson Francisco ARRUDA JÚNIOR, *Dez lições sobre Wittgenstein* (Petrópolis: Vozes, 2017). David BLOOR, *Wittgenstein, rules and institutions* (London: Routledge, 2002). Anthony KENNY, *Wittgenstein* (Harmondsworth: Penguin Books, 1973). Mary MCGINN, *Wittgenstein and the Philosophical Investigations* (London: Routledge, 1997).

Capítulo 5 · INTERPRETAÇÃO, HERMENÊUTICA E ANALÍTICA | 253

palavra-chave é "jogo de linguagem". A ideia aparece no famoso § 23 das *Investigações filosóficas* de Wittgenstein, em que se encontram exemplos de variados jogos de linguagem, distintas atividades ou *práticas*. A transcrição é longa, mas merece ser lida na íntegra:

> Quantas espécies de frases existem? Afirmação, pergunta e comando, talvez? – Há inúmeras de tais espécies: inúmeras espécies diferentes de emprego daquilo que chamamos "signo", "palavra", "frases". E essa pluralidade não é nada fixo, um dado para sempre, mas novos tipos de linguagem, novos jogos de linguagem, como poderíamos dizer, nascem e outros envelhecem e são esquecidos (uma imagem aproximada disto pode [sic] nos dar as modificações da matemática) O termo *"jogo de linguagem"* deve aqui salientar que o falar da linguagem é uma parte de uma atividade ou forma de vida. Imagine a multiplicidade dos jogos de linguagem por meio desses exemplos e outros:
> Comandar, e agir segundo comandos –
> Descrever um objeto conforme a aparência ou conforme medidas –
> Produzir um objeto segundo uma descrição (desenho) –
> Conjecturar sobre o acontecimento –
> Expor uma hipótese e prová-la –
> Apresentar os resultados de um experimento por meio de tabelas e diagramas –
> Inventar uma história; ler –
> Representar teatro –
> Cantar uma cantiga de roda –
> Resolver enigmas –
> Fazer uma anedota; contar –
> Resolver um problema de cálculo aplicado –
> Traduzir de uma língua para outra –
> Pedir, agradecer, maldizer, saudar, orar.
>
> (Wittgenstein, 1991, p. 18) (*IF*, § 23)

Atividades não são manifestações espontâneas. Quando Wittgenstein diz que alguém pode cantar uma canção, está indicando que outros podem saber que se trata de uma canção de ninar e podem, portanto, entender o que está acontecendo. Se cantar a canção e resolver um problema de cálculo aplicado são atividades distintas, o que se faz em uma e o que se faz em outra são coisas muito diferentes. Em cada uma delas o agente (participante) está seguindo uma regra de como fazer aquilo, e outros, para entenderem o que está acontecendo, precisam dominar as mesmas regras.

O observador da atividade (de uma prática ou de uma ação) não pode ser um observador completamente externo: ele não vê apenas *movimentos*, ele detecta os *sentidos*. Ele pode observar, como se estivesse de fora, mas a regra que constitui aquela ação não lhe é estranha: ele a compreende por dentro, como regra. Um espectador de uma partida de futebol precisa conhecer as regras do jogo: ele não apenas vê os jogadores, juízes, bola e gramado; ele vê o *jogo*, embora ele mesmo não esteja jogando. Um jurista não precisa ser parte de um contrato de depósito, para falar adequadamente do assunto. Mas não pode perceber as regras do contrato como se fossem coisas: seu papel de jurista permite-lhe e obriga-o a colocar-se no lugar de um participante. Conhecer as regras é conhecer seu *sentido* e, se for o caso, ser capaz de usá-las. Assim, todas as práticas podem ser assemelhadas a jogos, isto é, a atividades desenvolvidas segundo regras e em espaços limitados. Quem resolve um problema de cálculo não vive a vida resolvendo problemas de cálculo, mas fazendo outras coisas também. Entretanto, ao resolver problemas de cálculo, usa as regras do "jogo" do cálculo.

Existe outra consequência importante nessa ideia. Trata-se da relação entre a "jogada" em particular e o "jogo" visto por inteiro. Cada jogada adquire seu sentido se estiver dentro de um jogo[97]. Um movimento qualquer de peças de xadrez, por exemplo, por alguém que está apenas escovando ou limpando as peças ou os tabuleiros, não constitui uma jogada. Esse movimento está desvinculado do jogo propriamente dito. Da mesma forma que uma frase isolada não mostra seu verdadeiro sentido. É comum falarmos que alguém colocou nossa frase *fora de contexto* e com isso provocou *um mal-entendido*. É dentro do todo, ou do jogo, que as ações ou jogadas adquirem sentido. O jogador que não entra no jogo todo, que não joga conforme a regra, é um desmancha-prazeres se o faz de propósito. Mas se o fizer porque não entendeu o *sentido* do jogo, ele será apenas um mau jogador, ou talvez, com o tempo, seus companheiros percebam que ele simplesmente não é capaz, é um estúpido. Ele não apreendeu o sentido, ou seja, a *racionalidade* desse jogo. Entender o sentido e a semântica do jogo são condições necessárias. Sabendo o sentido, sei qual a "lógica" de aplicação das regras. Um jurista deve ser capaz de apreender esse sentido tanto para o jogo inteiro do direito (o *viver sob as* leis), quanto para partes do jogo: os princípios das diversas disciplinas, por exemplo, as diferenças entre os princípios do direito tributário ou penal – onde está proibida a analogia –, do direito processual ou civil – onde ela pode ter algum lugar. Precisa ser capaz de ver um negócio societário na sua inteireza durante o processo de reorganização empresarial, e antecipar sentidos de cada cláusula negocial.

Assim, o sentido das palavras, a *semântica,* a determinação conceitual, é o começo da lógica. A semântica, nestes termos, é também normativa, como a forma mesma do raciocínio. É o que expressa Luis Fernando SCHUARTZ:

> Usar um termo com um determinado sentido, aplicar um determinado conceito a um caso particular sob a forma de um juízo ('classificar' o particular sob o conceito) é vincular-se a uma regra (uma norma) que governa o uso correto deste termo ou a aplicação correta desse conceito (SCHUARTZ, 2009, p. 7).

---

[97] É a motivação, ou a *razão para agir* que dá generalidade à ação e por isso a insere num todo significativo, numa classe, num tipo: o motivo, diz RICOEUR, precisa entrar numa classe de motivos (que pode ser definida, nomeada) e permite ver a ação singular dentro de uma classe de disposições. Cf. Paul RICOEUR, "Practical reason", em *From text to action* – essays in hermeneutics II, trad. K. Blamey e J. Thompson (Evanston: Northwestern University Press, 1991), p. 190.

Quadro 75

Lógica dos termos, das proposições, dos juízos. Os antigos dividiam a lógica formal em três níveis: (1) a lógica dos termos; (2) a lógica das proposições; (3) a lógica dos juízos. No primeiro nível, o dos termos, estamos na esfera tanto da semântica quanto da morfologia: precisamos distinguir verbos de nomes, de adjetivos e de advérbios, porque cada espécie de termo pode jogar um papel diferente na elaboração da frase ou proposição. E o sentido de cada termo definirá, afinal, a sensatez ou não da conclusão (do juízo). Cf. MARITAIN (1958). Os sentidos dos termos não são disponíveis para cada falante, isto é, cada falante individualmente não pode atribuir ao termo o sentido que quiser. Assim, aprender os sentidos dos termos é aprender a seguir uma regra, a regra de uso do termo (e do conceito). Por isso a semântica é o início de toda a lógica formal e tem um caráter nitidamente normativo.

A apreensão dos princípios – inteligência ou capacidade de conceber conceitos e abstrair – é o que WITTGENSTEIN chama de *compreensão* nas *Investigações filosóficas*. Falando do aprendizado de uma regra ou um sistema de contagem simples – contar de um a 100, digamos – ele diz que

> assimilar (ou também) compreender o sistema não pode consistir no fato de se continuar a série até *este* ou *aquele* número. Isto é apenas a aplicação da compreensão. A própria compreensão é um estado, *de onde* nasce o emprego correto (*IF,* § 146).

Mais adiante, no § 156, ele dá o exemplo da leitura, imaginando que pudéssemos ler sem compreender o sentido do que lemos: "atividade de transformar em sons algo escrito". Um principiante tem dificuldades, e um aluno nunca treinado pode até proferir "sons quaisquer" e com isso talvez acertar em algum caso. Mas o professor sabe que ele parece ter acertado apenas por acaso. O aluno que aprende a ler é diferente de uma pianola, porque o que ele tem é uma "vivência da passagem do signo para o som falado", não se trata de um "mecanismo psíquico", mas de uma nova forma de comportamento. Em outras palavras, quem compreende tem habitualmente – *um estado,* diz ele – o sistema. Por isso, *saber* é "estreitamente ligado a 'poder', 'ser capaz de'. Mas também estreitamente aparentada com a palavra 'compreender'. ('Dominar uma técnica')" (*IF,* § 150). Esse compreender corresponde ao "inteligir" (virtude intelectual, *v.* Capítulo 4): quem tem o *intellectus* aprendeu os princípios elementares e pode continuar o *jogo*. Esses princípios ou conceitos não se aprendem por dedução, pois eles não se deduzem de lugar nenhum, ou não seriam princípios. Eles podem apenas ser mostrados (não deduzidos) por meio de exemplos e repetições. Nesses casos, o aprendiz está sendo levado, por *exemplos e exercícios,* diz WITTGENSTEIN (*IF,* § 208), a aprender os conceitos.

> Como elucido a alguém o significado de "regular", "uniforme", "igual"? – A alguém que, digamos, só fala francês, elucidarei essas palavras pelas palavras francesas correspondentes. Mas, a quem ainda não possui estes *conceitos,* ensinarei a empregar as palavras por meio de *exemplos* e de *exercícios.* – E, ao fazê-lo, não lhe transmito menos do que eu próprio sei (WITTGENSTEIN, *IF,* § 208, grifo no original).

256 | CURSO DE FILOSOFIA DO DIREITO – *José Reinaldo de Lima Lopes*

Quando se apreende um conceito fundamental de um campo (um princípio), parece que apreendemos tudo de uma só vez, de repente, porque na verdade apreendemos o princípio de todas as operações daquele campo e começamos a nos tornar autônomos. Não precisamos mais que alguém nos diga o que fazer a cada passo, a cada nova situação. Temos a sensação de que aprendemos tudo num instante:

> *A* anota séries de números; *B* observa e procura encontrar uma lei na sequência dos números. Se consegue, exclama: "Agora posso continuar!" – Assim, essa capacidade, essa compreensão, é algo que surge num instante (WITTGENSTEIN, *IF*, § 151)[98].

Quem afirma que tudo precisa ser interpretado, que antes de aplicar qualquer norma é preciso interpretá-la, está confundindo as coisas. Se a interpretação consiste em dizer com outras palavras aquilo que está dito (WITTGENSTEIN, *IF*, § 201), como se fosse uma tradução, é necessário que antes de fazer a paráfrase o intérprete tenha compreendido o sentido do texto ou discurso a interpretar. Da mesma maneira que para traduzir eu preciso já ter o conceito adequado, fazendo apenas a transposição para outras palavras[99], assim também para interpretar uma lei ou norma eu preciso ter os conceitos anteriores, primeiros e necessários, vale dizer, eu preciso ter a compreensão antes da interpretação.

A interpretação é um esclarecimento no caso de dúvida, mas a dúvida sobre os pontos de partida ou sobre os conceitos elementares não é, propriamente falando, uma dúvida: é simplesmente ignorância. Como esclarecem BAKER e HACKER, interpretação pressupõe a compreensão porque "não se pode ensinar uma língua a uma criança por meio de explicações. Explicações somente explicam dentro de uma língua. Elas dão um arranjo de articulações intralinguísticas" (BAKER & HACKER, 2005, p. 31). Vale dizer, qualquer jurista, se é jurista, precisa deter inicialmente alguma compreensão do seu campo, e só depois pode tentar "explicar", ou seja, "interpretar" alguma parte, como uma lei ou dispositivo. "Para que uma pessoa erre, ela já deve julgar de conformidade com a humanidade" (WITTGENSTEIN, 2012, p. 167) (*Da certeza*, § 156), ou seja, precisa ter alguma coisa em comum com os outros. Ou ainda: "As perguntas que fazemos e as nossas dúvidas apoiam-se em certas proposições que são excluídas da dúvida, como dobradiças sobre as quais aquelas se movem" (WITTGENSTEIN, 2012, p. 231) (*Da certeza*, § 342).

Por isso, o contexto de aprendizagem e ensino "ressalta os pressupostos de uma competência linguística, bem como sua contingência. Explicações gramaticais pressupõem um fundo anterior de compreensão" (BAKER & HACKER, 2005, p. 30).

---

[98] Em passagem anterior ele já dissera o seguinte: "Compreendemos a significação de uma palavra quando a ouvimos ou pronunciamos; nós a aprendemos de golpe; e o que aprendemos assim é algo realmente diferente do 'uso' que se estende no tempo" (*IF*, § 138).

[99] V. o exemplo dado no Capítulo 1 sobre a tradução do livro de Neil MACCORMICK. O tradutor não dispunha do conceito jurídico, embora dispusesse das palavras em português e inglês.

Para traduzir do português para o francês, preciso primeiro ter compreendido o texto em português mesmo. E essa compreensão não é uma tradução de mim para mim. É simplesmente o fato originário. Para explicar o sentido (conteúdo) de uma norma para alguém, posso parafrasear, como se estivesse traduzindo, mas a paráfrase não surtirá nenhum efeito se o outro não tiver já os conceitos elementares nem o sentido do todo, ou seja, se já não tiver alguma *compreensão*. Por isso a compreensão antecede a interpretação. Como percebeu SCHLEIERMACHER, a compreensão não pode ser de algo absolutamente estranho, porque seria impossível, nem algo completamente familiar, pois seria inútil:

> Se o que é para ser compreendido fosse completamente estranho àquele que deve compreender (...) então não haveria ponto de contato para a compreensão. (...) Quando nada fosse estranho entre aquele que fala e aquele que ouve, ela não precisaria ser entabulada (SCHLEIERMACHER, 2015, p. 31).

O que muitas vezes ocorre é que se levantam dúvidas onde não deveria havê-las. Pode ser que as dúvidas surjam devido ao despreparo, uma ignorância do campo, ou uma ignorância pontual de quem as levanta. Na medida em que se deteriora o conhecimento do direito, as dúvidas se multiplicam: quanto mais ignorante, mais dúvidas. Outras vezes, dúvidas são levantadas de má-fé, como parte da chicana dos advogados ou de juízes. Seriam artificialmente criadas, pois servem de pretexto para a não aplicação da lei, para inverter ou distorcer o sentido claro. Também isso contribui para solapar a prática, pois quando um tribunal ou doutrinador abre mão do sentido claro e incontroverso de uma disposição para colocar em seu lugar seu interesse, estamos nos afastando da ideia mesma de direito como medida comum na vida civil. Pode ser que as dúvidas sejam reais, por mudanças havidas na vida mesma. Nesse momento entramos na elaboração de novos institutos e conceitos[100].

5.3.4. O ponto de vista do agente (HART)

O livro de HART, *O conceito de direito*, assinala uma espécie de virada hermenêutica, ao se apropriar da ideia de agente e de ação segundo regras oriundas da filosofia analítica de seu tempo. Muitos autores notaram essa virada. MACCORMICK entende que HART experimentou essa nova via, hermenêutica, antes de ela se tornar moda. Por que denomina hermenêutica essa via tentada por HART? Porque a hermenêutica seria uma explicação das práticas e ações humanas pelo sentido que têm para os que nelas participam (MACCORMICK, 1981, p. 29). Essa "virada hermenêutica" consiste na introdução do famosíssimo "ponto de vista interno", o ponto de vista do agente. Destaco essa palavra *agente*: ela se opõe a *paciente*. O ponto de vista interno é o ponto de vista de quem deve decidir, de quem deve agir. E a ação que interessa é a ação de alguém livre, pessoa capaz, como se diz em direito.

---

[100] Ver no capítulo anterior a seção sobre as dúvidas no direito medieval, em que se fala das interpretações maliciosas e temerárias.

Se a pessoa não é livre, não age no sentido próprio da palavra: *reage*. Esse aspecto marca uma importante diferença entre sua teoria do direito e a de Hans KELSEN.

Para KELSEN, o direito é primeiramente ordem coercitiva. As normas de direito essencialmente impõem sanção. Logo, o sujeito que se submete às regras jurídicas submete-se para evitar a sanção. Naturalmente ele está decidindo alguma coisa, mas sua decisão é constrangida "de fora". Trata-se mais propriamente de uma reação. Ao reduzir o direito a uma ordem coercitiva, KELSEN tomou como ponto de partida um agente que usa sua compreensão do direito, sua *racionalidade*, para escapar das sanções. Digamos que se trata de um tipo ideal de ação, a ação que visa a evitar as sanções. Neste caso, estaríamos dentro do âmbito da razão? Sim, mas se trata da *razão estratégica*. Ela é limitada por um único objetivo, o escapar das sanções. O *homo juridicus* kelseniano seria aquele que escapa da ação. Trata-se de uma perspectiva da reação. O direito seria uma ordem coercitiva, e o exercício do poder jurídico seria por excelência o exercício da coerção. As normas, neste caso, são percebidas como limitação da ação, não como condição de possibilidade da ação. De certa forma, esse *homo juridicus* é o delinquente potencial, é o "homem mau" de que falava Oliver HOLMES no célebre texto "The path of the law"[101].

Contra essa ideia de que a forma básica da norma jurídica é a da imposição de sanções e de que o direito pode ser bem descrito por esse modelo, HART faz duas importantes objeções (HART, 1997). Primeiro, o direito não proíbe ações singulares a pessoas singulares: as normas jurídicas não são simples ordens (na forma de comandos ou imperativos individuais), mas regras, e como tal são por definição gerais. São gerais porque (a) proíbem *tipos* de ação; e (b) se dirigem a qualquer um. Segundo, o direito é permanente. As normas jurídicas oferecem uma orientação constante a todos quantos se encontram sob um ordenamento. As duas características distinguem o direito de um simples regime de proibições: sua generalidade e sua permanência. A unidade que dá conta desse regime não pode, pois, ser a unidade simples da ordem acompanhada de sanções, e o modelo de racionalidade não pode ser o da pessoa que só age para escapar da sanção, ou, nas palavras de HOLMES, o do homem mau que quer evitar um encontro com a força pública.

Por isso tudo, Brian BIX (1999) também vê na obra de HART, como MACCOR-MICK, um elemento de hermenêutica, pois o conceito de regra permite-lhe tratar o agente como aquele que segue a regra, e é diferente do simples observador. O observador externo, que não tem a noção de regra e muito menos a noção da regra que se aplica à atividade que pretende observar, não consegue explicar o que vê.

> Quando seguimos uma regra, a regra é a explicação ou a justificação que damos de nosso comportamento quando nos perguntam, e quando há um descumprimento a regra é também a base que se oferece como crítica (BIX, 1999, p. 173).

---

[101] Oliver W. HOLMES JR., "The path of the law", *Harvard Law Review* X, n. 8 (1897), p. 457. Discuti essa perspectiva de KELSEN em José Reinaldo de Lima LOPES, "Raciocínio jurídico e economia", *Revista de Direito Público da Economia* 8 (out.-dez. 2004b), p. 137-170.

Capítulo 5 · INTERPRETAÇÃO, HERMENÊUTICA E ANALÍTICA | **259**

De opinião semelhante é Scott SHAPIRO (2000, p. 197-210). SHAPIRO destaca que o direito, na perspectiva de HART, é propriamente um guia para a ação. Ele guia a ação não apenas impondo sanções, mas de outras maneiras também, de modo que o agente a ser considerado não pode ser exclusivamente o "homem mau", ou seja, aquele que pretende fazer coisas que o direito proíbe sem pagar o preço da sanção. O direito guia a ação de todos os que pretendem também pertencer ou participar de uma comunidade cívica[102], digamos.

HART interessou-se também por saber em que consistia a atividade do jurista, a dogmática jurídica[103]. O jurista não é simplesmente um entre outros sujeitos submetidos ao direito, razão pela qual seu papel de organizador ou *intérprete* ("explicador") do direito é diferente daquele do indivíduo que cumpre a lei. Sua primeira impressão do que dizia KELSEN a esse respeito era de que a lei (o legislador, digamos) *faz uso* da linguagem normativa, seu discurso é imperativo, enquanto o jurista *menciona* a linguagem normativa, como se falasse *de fora*, num *discurso indireto* (*reported speech*). KELSEN negava que fosse esse seu ponto de vista. Anos mais tarde, HART percebeu que a melhor maneira de compreender a natureza da ciência do direito seria tratá-la como tradução:

> Para compreender a relação [entre direito e ciência do direito] deveríamos tomar em consideração a que existe entre o falante de uma língua estrangeira e o seu intérprete... (HART, 1983, p. 292).

Quando transmite uma ordem, o intérprete não está apenas falando a respeito da ordem dada. Ele "representa" (as aspas são de HART) a ordem original, não a menciona (HART, 1983, p. 294). Se esta é ou não a melhor leitura da obra de KELSEN, não precisamos discutir aqui. O importante é que, para dar-se conta do que é a ciência do direito, HART a toma por tradução: *interpretatio* no sentido primeiramente usado pelos juristas, segundo o qual eles estavam traduzindo para seu tempo e sua língua as mesmíssimas leis romanas, *kata poda,* ao pé da letra. Para fazê-lo deviam ser capazes de falar como falou o emissor original da ordem, deviam colocar-se de um *ponto de vista interno,* usar das mesmas suposições contidas na linguagem, na prática ou na instituição a que pretendiam dar "voz"[104].

HART, portanto, leva em conta um tipo de ação da parte de quem se encontra sob o ordenamento jurídico: não é um simples observador, nem "faz de conta" que se submete. Não é apenas uma ação estratégica. O agente também não pode ser

---

[102] Tomo aqui a expressão de OAKESHOTT, "On the civil condition", em *On human conduct* (Oxford: Oxford University Press, 2003), p. 108-184.

[103] Ele lembra a discussão com KELSEN, na qual se concentraram em torno do que poderia significar um uso *descritivo* de uma *linguagem normativa.* Herbert HART, "KELSEN visited", em *Essays in jurisprudence and philosophy* (Oxford: Oxford University Press, 1983), p. 286-308.

[104] Em muitos textos latinos, a palavra *vox* poderia bem ser traduzida por aquilo que hoje se designa por *evento do discurso*, ou *parole* na linguagem de SAUSSURE. Existem as palavras (*verba*) como signos, existe o discurso (*vox dicentis*), e existe o sentido do discurso (*mens dicentis*). Cf. Emilio BETTI, *Interpretazione della legge e degli atti giuridici* (Milano: Giuffrè, 1971), p. 3-56.

simples *reagente*. Deve ser aquele capaz de *entender* o direito e tomá-lo como guia para sua vida em sociedade. A orientação que o direito lhe dá não é apenas negativa. A esse respeito, significativo é o exemplo de um pai que pretende ensinar a seu filho que homens devem tirar o chapéu quando entram na Igreja (HART, 1997, p. 124). O interessante no exemplo é que as regras – que podem ser transmitidas por exemplos (os precedentes) ou por formulação expressa (as leis) – devem *ensinar* às pessoas o que fazer em qualquer circunstância semelhante. "Faça como eu faço", diz um pai a seu filho; "tire o chapéu quando entrar na igreja", diz o outro. Em ambos os casos, trata-se de ensinar: o filho deve aprender o que fazer não apenas naquele momento, mas em todos os momentos em que as circunstâncias relevantes se apresentarem. O que se pretende ensinar é uma forma de agir, uma capacidade de tomar a decisão certa nas circunstâncias certas. Lembremos que uma das características de uma regra é sua generalidade, como HART já havia dito no capítulo 2: não há como uma regra ser expressa senão de forma geral. A teoria de HART, que pretende ser positivista e levar a sério o caráter normativo do direito, coloca no centro do debate a própria ideia de ação reflexiva de acordo com critérios.

Essa nova perspectiva distingue a ação de quem quer entrar ou fazer parte de uma comunidade, da simples sujeição, ou rotina. A diferença entre regra e hábito (ou *rotina*) é o objeto dos capítulos 3 e 4 do livro, e especialmente no capítulo 4 ("Soberano e súdito") HART elabora a diferença entre regra e hábito, baseando-se em Peter WINCH: hábito é simples generalidade *de fato,* enquanto na regra existe um *padrão* usado *reflexivamente* como guia de ação (HART, 1997, p. 56-57). Esse uso reflexivo para guiar uma ação chama-se *ponto de vista interno,* ponto de vista de um agente. Daí seu caráter hermenêutico, segundo MACCORMICK.

Quadro 76

> **Ponto de vista interno e externo**. "O ponto de vista externo pode reproduzir bem aproximadamente o modo pelo qual as regras funcionam nas vidas de certos membros do grupo, a saber, os que rejeitam suas regras e se preocupam com elas apenas quando e porque pensam que consequências desagradáveis seguir-se-ão de seu descumprimento. (...) O que o ponto de vista externo, que se limita às regularidades observáveis do comportamento, não consegue reproduzir é o modo pelo qual as regras funcionam como regras nas vidas dos que normalmente são a maioria da sociedade. Eles são as autoridades, advogados ou indivíduos que as usam, em casos seguidos, como guias para levarem sua vida social, como fundamento de pretensões, demandas, aceitação, crítica ou punição diante, etc., em todas as interações da vida submetidas a regras" (HART, 1997, p. 90).

Nestes termos, HART, com seu claro débito para com Ludwig WITTGENSTEIN e Peter WINCH, dá início ao grande debate teórico na filosofia do direito da segunda metade do século XX. A ciência do direito não pode ter pretensões empíricas, pois não consiste num saber a respeito de coisas que não têm dimensão "interna". A descrição do direito, como se estivéssemos diante de regularidades empíricas e como se ações fossem tratadas como eventos naturais, seria inadequada. Uma teoria do direito que não levasse a sério seu caráter normativo seria errada, porque ignoraria de seu objeto aquilo que faz dele o que ele é. Ela também não poderia tomar como modelo apenas as normas sancionadoras, pois o direito guia as ações.

Trazendo de volta uma filosofia da ação, HART admite que em certos casos cabe ao intérprete tomar decisões guiadas pelo direito sem que haja leis expressas, ou sem que as leis deem adequada orientação. A lei pode faltar, ou a especificidade do caso pode ser tal que mais de um enquadramento pareceria adequado. Nestes casos existe discrição, mas não arbítrio ou capricho. O juiz dá continuidade ao direito legislado, mas não há como antecipar de maneira exata o que pode decidir. Existe controle, mas não derivação automática de uma decisão.

Por mais inovador que possa parecer, o tema é conhecido da tradição jurídica, como visto antes no exemplo do anel de ferro (ARISTÓTELES), ou do depósito de arma (PLATÃO).[105] O mérito de HART consiste em tê-lo trazido de perspectiva nova, dialogando com a filosofia de seu tempo, realizando aquilo que LIMA VAZ considera o próprio da filosofia, a rememoração. Seu exemplo é o de uma lei que proíba a entrada de veículos num parque[106]. De fato, pode haver uma norma a respeito de "veículos no parque", mas ela não parece adequada para certos casos; sua generalidade ("veículos em geral") a torna um pouco sem sentido (insensata) em certas situações. Imagine que é preciso socorrer alguém com uma ambulância, ou que seja necessário entrar com um caminhão para fazer um reparo, ou um carro de polícia para pacificar um conflito. O caso tratado por HART é semelhante ao que se chama de *lacuna* da lei, talvez uma lacuna não autêntica, ou seja, aquela em que o tipo é previsto pela lei, mas a solução é considerada indesejável.

A doutrina sobre lacunas sempre foi abundante[107]. Muitas são as classificações (lacunas ideológicas, lacunas de previsão, lacunas autênticas e não autênticas etc.). Em todos os casos, trata-se de uma espécie de incompletude constatada no momento de aplicação da lei a um caso concreto, no momento do uso do ordenamento. A legislação, mesmo a legislação codificada, sempre reconheceu que seria impossível prever os casos singularmente, de modo que haveria oportunidades em que deveria

---

[105] "Essencialmente, o pensamento filosófico consiste na rememoração de um passado de pensamento e no esforço, como diria Hegel, de uma retranscrição sempre renovada no conceito, levado a cabo segundo as condições intelectuais de determinado tempo histórico, de seus problemas e desafios, isto é, da experiência e do saber dos séculos depositados nessa tradição de pensamento que denominamos justamente Filosofia." (H. C. Lima VAZ, Introdução à Ética filosófica. S. Paulo: Loyola, 2015, p. 8)

[106] Herbert L. A. HART, "Positivism and the separation of law and morals", *Harvard Law Review* 71, n. 4 (1958), p. 607.

[107] Cf. Norberto BOBBIO, *Teoria do ordenamento jurídico*, trad. Cláudio de Cicco e M. C. Santos (São Paulo/Brasília: Polis/UnB, 1989), p. 115-160; Miguel REALE, *Lições preliminares de direito*, 26. ed. (São Paulo: Saraiva, 2002), p. 297-304; Tercio Sampaio FERRAZ JR., *Introdução ao estudo do direito* (São Paulo: Atlas, 1988), p. 195-200; José Reinaldo de Lima LOPES, "Hermenêutica e completude do ordenamento", Senado Federal, XXVI, n. 104 (out.-dez. 1989), p. 237-246.

haver decisões mesmo diante da insuficiência do dispositivo legal. Assim, o *Código Civil* austríaco de 1811 previa (e prevê) no seu § 7[108]:

> Se um caso não puder ser decidido pelas palavras ou pelo sentido natural de uma lei, deve ser subsumido a casos semelhantes definidos pela lei e com base em casos análogos de leis semelhantes. Se ainda assim permanecer sujeito a dúvida deve ser decidido, tendo em vista as circunstâncias cuidadosamente examinadas, segundo os princípios do direito natural.

O *Código Civil* suíço de 1907 reconheceu igualmente a possibilidade:
Art. 1º.

1. A lei rege todas as matérias a que se referem a letra ou o espírito de uma de suas disposições.

2. Na falta de uma disposição legal aplicável, o juiz se pronuncia segundo o direito costumeiro e, na falta de um costume, segundo as regras que ele mesmo estabeleceria se tivesse que agir como legislador.

3. Ele deve inspirar-se nas soluções consagradas pela doutrina e pela jurisprudência.

O codificador por antonomásia, Jean-Étienne-Marie PORTALIS (1746-1807), responsável pela redação e aprovação final do Código Civil francês de 1804, dizia ao Corpo Legislativo em defesa do projeto:

> Por mais que se tente, as leis positivas não poderiam nunca substituir o uso da razão natural nos assuntos da vida. As necessidades da sociedade são tão variadas, a comunicação dos homens é tão ativa, seus interesses são tão numerosos, e suas relações tão extensas, que é impossível, para o legislador, prover a tudo. Mesmo nas matérias às quais ele se dedica especialmente, muitos detalhes lhe escapam, ou são demasiadamente contenciosos e móveis para se tornarem objeto de um texto de lei. Aliás, como deter a ação do tempo? Como se opor ao curso dos acontecimentos, ou à gradual mudança dos costumes? *Como conhecer e calcular de antemão aquilo que somente a experiência pode nos revelar?* Poderia a previsão estender-se a objetos que o pensamento não pode atingir? Qualquer código, por mais completo que pareça, mal fica pronto e mil inesperadas questões se impõem aos magistrados. Pois as leis, uma vez redigidas, permanecem tal como foram escritas. Os homens, ao contrário, não descansam jamais; eles agem sempre: e esse movimento, que nunca para e cujos efeitos são diversamente modificados pelas circunstâncias, produz, a cada instante, alguma combinação nova, algum novo fato, algum resultado novo. Muitas coisas são, portanto, necessariamente

---

[108] Parágrafos nos textos e na técnica legislativa de língua alemã são equivalentes aos artigos na técnica brasileira.

Capítulo 5 · INTERPRETAÇÃO, HERMENÊUTICA E ANALÍTICA | 263

deixadas ao domínio da prática, discussão dos homens letrados, à arbitragem do juiz (grifos meus)[109].

ARISTÓTELES, como vimos acima, já mencionara o problema. Basta substituir o "veículo no parque", exemplo de HART, pelo caso do "anel de ferro" relatado na *Retórica* e mencionado acima[110].

Quadro 77

Equidade e liberdade do aplicador da lei. Atento ao caráter universal da lei, que se refere ao que "acontece na maioria das vezes" e não ao que acontece raramente – como reconhecerão mais tarde os juristas romanos (D. I, 3, 3-6) –, ARISTÓTELES afirma que a equidade distingue os delitos puníveis e os erros e acidentes desculpáveis (*Retórica* I, 13, 1374 b, 1) quando a lei (genérica, universal) não consegue fazê-lo. Exatamente a mesma ideia aparece na Ética a *Nicômaco* (L. V, 10), em que vincula a equidade à necessidade de suprir um caso não previsto por causa da generalidade da lei. O intérprete (aplicador) deve "corrigir a omissão e dizer o que o legislador, ele mesmo, diria se estivesse presente ou se tivesse conhecimento de um caso semelhante" (*EN*, 1137 b, 20). Não se trata, para ele, de liberdade criativa, mas de dar continuidade ao *sentido* já encontrado na lei.

Diante dessas dificuldades, sempre e tradicionalmente reconhecidas, os juristas viam-se numa encruzilhada. De um lado, deviam afirmar que o aplicador do direito (o intérprete, que inclui qualquer um que vive sob as leis) estava submetido à estrita legalidade, ao cumprimento estrito da lei. De outro, se a lei contivesse ambiguidades ou obscuridades, ou o intérprete estaria livre (caso de discricionariedade), ou deveria encontrar e elaborar critérios de decisão compatíveis com a lei já existente.

Em qualquer dos casos, deveria, de certo modo, "continuar a série", dar seguimento ao que a lei existente permite conceber como sendo sua solução. Como disse ARISTÓTELES na Ética a Nicômaco a respeito da equidade: o aplicador da lei corrige-a "como se o legislador estivesse presente". É isso que diz o dispositivo do Código Civil suíço citado acima: *o intérprete coloca-se no lugar do legislador*. Mas atenção! Assim como se supõe que o legislador não age nem pode agir por mero capricho numa sociedade ordenada constitucional e legalmente, também o intérprete não vai agir como um legislador arbitrário e caprichoso. Colocar-se no lugar do legislador não equivale a decidir qualquer coisa. Equivale a decidir *como o legislador decidiria*, e pressupõe que o legislador tenha também critérios, também compreenda o todo dentro do qual uma nova lei vai ser inserida. O que provoca equívocos é imaginar que o legislador pode legislar como lhe "dá na telha".

---

[109] Trata-se do famosíssimo *Discurso preliminar ao primeiro projeto de Código Civil*. Vali-me da tradução de Gabriela Nunes FERREIRA, apud José Reinaldo de Lima LOPES; Rafael Mafei Rabelo QUEIROZ; Thiago dos Santos ACCA, *Curso de história do direito*, 4. ed. (São Paulo: Método, 2013), p. 196.

[110] *Retórica*, I, 13, 1374a, p. 25-35.

Quadro 78

> **Colocar-se no lugar do legislador para aplicar a lei ou para modificar a lei?** Ao lado da "continuação" do trabalho do legislador, pode surgir a necessidade de corrigir o sentido de um instituto ou regime jurídico. Nesse caso, a questão é diferente e deve ser abordada com aquilo que Agnes HELLER chamou de "justiça dinâmica". Segundo HELLER, podemos conceber a justiça de forma estática, como seria o caso de aplicação da lei, aquilo que havia chamado de justiça legal, o viver segundo a lei; ou como, segundo os *iura precepta*: viver honestamente, não lesar a ninguém, dar a cada um o que é seu – segundo a lei. Existem situações, contudo, em que a própria lei consolidou estruturas de desigualdade, desprezo, opressão e exploração. Nesses casos, não se trata apenas de seguir a lei: ao contrário, "o que é de justiça", nesses casos, é alterar a lei.
>
> A isso ela chama de "justiça dinâmica". O que a justiça dinâmica coloca em jogo então é muito mais parecido com o que Tomás de AQUINO chamou de "justiça geral ou justiça legal", pois se trata da ordem social mesma, ou do sentido de áreas e campos da vida humana. Esse tema será tratado no capítulo seguinte. Existe considerável diferença entre a função supletiva do juiz e sua função substitutiva do legislador, origem de muitos problemas políticos (HELLER, 1991, p. 116-152).

5.4. COMPREENDER

5.4.1. Círculo hermenêutico e formas de vida

Apreensão conceitual (e linguística), ou elaboração de sentido – de termos, sentenças, discursos e campos inteiros de ação – não é invenção de cada um[111]. Daí a ideia do círculo: somos capazes de prosseguir neste mundo, mas precisamos primeiro dispor dos conceitos. E cada conceito que apreendemos é "concebido", não apenas recebido sem esforço intelectual[112]. Para cada um de nós, "tudo começa pelo meio", "*in media res*". Isso significa que há um ir e vir contínuo entre *todo e parte*. Cada ser humano pertence a um todo: o seu tempo, o seu mundo, a sua história. Essa história e esse tempo, porém, estão sujeitos às suas próprias ações. A história é um todo; cada ser humano, uma parte. Essa interação faz surgir *tradição* e *narrativa*. Cada vida humana pode ser narrada e ligada a outras vidas humanas.

---

[111] A "extensão" de um termo, diz PUTNAM, é determinada socialmente, ou seja, não compete ao indivíduo (falante individual) estipulá-la. "We have now seen that the extension of a term is not fixed by a concept that the individual speaker has in his head, and this is true both because extension is, in general, determined *socially* (...) and because extension is, in part, determined *indexically*. The extension of our terms depends upon the actual nature of the particular things that serve as paradigms." Hilary PUTNAM, "The meaning of 'meaning'", em *Philosophy of mind*: classical and contemporary readings (New York/Oxford: Oxford University Press, 2002), p. 593.

[112] Outra vez pode-se citar o filósofo contemporâneo: "Extension may be determined socially, in many cases, but we don't assign the standard extension to the tokens of a word *W* uttered by Jones *no matter how* Jones uses *W*. Jones has to have some particular ideas and skills in connection with *W* in order to play his part in the linguistic division of labor". Hilary PUTNAM, "The meaning of 'meaning'", in *Philosophy of mind*: classical and contemporary readings (New York/Oxford: Oxford University Press, 2002), p. 581-596, 594. Essas habilidades (*skills*) de que fala PUTNAM são precisamente as virtudes intelectuais de que tratamos no Capítulo 4.

Capítulo 5 · INTERPRETAÇÃO, HERMENÊUTICA E ANALÍTICA | **265**

Para entender a narrativa, é preciso pressupor que o texto, não a frase, é a unidade completa de sentido.

Aqui aparece o elemento constante na hermenêutica: a relação todo-parte. A ideia de "círculo hermenêutico" indica que o sujeito agente deve compreender o que precisa ser compreendido e esclarecido, embora de certo modo deva já estar de posse daquilo que vai compreender. Como assinala ROHDEN, citando HERÁCLITO, "no círculo o princípio e o fim são comuns" (ROHDEN, 2005, p. 151). RICOEUR, por seu lado, ressalta que *nascemos num mundo que nos precede*[113]. Quando cada um de nós entra na vida, o mundo já está pronto: tanto o mundo natural quanto o cultural, o mundo das coisas e o mundo das instituições, a "floresta de símbolos" em que vivemos. Não obstante, esses mundos, que recebemos e que precisamos compreender, são também os mundos sobre os quais agiremos. Eles não serão os mesmos depois de nossa ação, embora não sejamos capazes de agir sem que "façamos alguma ideia" do que são. Como visto, os seres humanos, por sua capacidade linguística, ou capacidade de razão, apreendem o mundo de forma conceitual. O mundo do direito também parece estar pronto: existe o ordenamento jurídico, as leis, e as fontes do direito. Ao mesmo tempo, eles se conservam e modificam pelas nossas ações e uso que deles fazemos.

Existe ainda um aspecto lógico do círculo hermenêutico: para compreender, é preciso antecipar um todo[114]. Uma frase – unidade mínima de sentido – só se compreende dentro de um discurso. E este só adquire sentido dentro de uma prática, ou campo. Quem deseja entender a unidade (a frase) tem que antecipar o todo (o discurso e a prática) dentro do qual se insere[115]. É isso que evita o mal-entendido. Essa antecipação chama-se "pré-compreensão", "juízo prévio" (*Vorurteil*)[116]. A in-

---

[113] "Em que sentido o desenvolvimento de toda compreensão na interpretação se opõe ao projeto husserliano de uma fundamentação última? Essencialmente no sentido de que toda interpretação coloca o intérprete *in media res* e jamais no início ou no fim. Chegamos como se fosse de repente, no meio de uma conversação que já começou e na qual procuramos orientarnos para sermos capazes de contribuir para ela." Paul RICOEUR, *From text to action* – essays em hermeneutics II, trad. K. Blamey e J. Thompson (Evanston: Northwestern University Press, 1991), p. 33.

[114] Talvez seja esta também a ideia de Ronald DWORKIN, expressa ainda com o vocabulário da interpretação e não da compreensão. Cf. Ronald DWORKIN, "Interpretation in general" e "Conceptual interpretation", em *Justice for hedgehogs* (Cambridge: Harvard University Press, 2011).

[115] É isso também o que se encontra na teoria de Emilio BETTI, ainda que com uma linguagem embebida em termos idealistas: "Ma il criterio della illuminazione reciproca fra parti e tutto importa uno sviluppo ulteriore nel senso che ogni discorso, ogni opera espressiva si può e si deve considerare a sua volta come una parte da subordinare e da inquadrare in una totalità più elevata e comprensiva. La quale totalità va intesa, con Schleiermacher, sia in riferimento soggettivo alla vita dell'autore (...), sia in riferimento oggettivo alla sfera di spiritualità cui l'opera in questione appartiene". Emilio BETTI, *Interpretazione della legge e degli atti giuridici* (Milano: Giuffrè, 1971), p. 17.

[116] Foi dessa perspectiva que GADAMER reabilitou a *tradição*, gerando enorme controvérsia. Cf. Jean GRONDIN, *Hans-Georg Gadamer: una biografía* (Barcelona: Herder, 2000). Jean GRONDIN, *Hermenêutica*, trad. Marcos Marcionilo (São Paulo: Parábola Editorial, 2012).

terpretação/compreensão começa pelo *todo*. Daí a grande dificuldade do ensino no primeiro ano do curso de direito (ou de qualquer curso), pois o estudante não dispõe ainda dos diversos princípios ou pontos de partida que se usam simultaneamente no campo.

Trata-se de um começo lógico (qualquer agente precisa *antecipar* esse todo), mas também cronológico: um agente precisa aceitar inicialmente certas regras e condições do discurso. Essa antecipação ou compreensão do todo é *condição lógica*: "Não são axiomas isolados que são evidentes para mim, mas *um sistema* no qual conclusões e premissas *se apoiam mutuamente*" (Wittgenstein, 2012, p. 161) (*Da certeza*, § 142, grifos meus). *Condição inicial ou cronológica*: "A criança aprende ao acreditar no adulto. A dúvida vem depois da crença" (Wittgenstein, 2012, p. 169) (*Da certeza*, § 160); "A minha vida se funda no fato de me conformar com muita coisa" (Wittgenstein, 2012, p. 231) (*Da certeza*, § 344). Em outras palavras, qualquer um precisa começar em algum ponto no tempo e pressupondo alguma coisa. O aluno de primeiro ano de direito (mas não só) encontra muita dificuldade porque se sente jogado no *meio do discurso*. Não consegue enquadrar "tudo" nos seus respectivos lugares porque não viu ainda o "todo", isto é, não apreendeu o que chamamos de "a lógica do sistema":

> Um aluno e um professor. O aluno não deixa que nada seja explicado, pois ele interrompe continuamente o professor, com dúvidas como, por exemplo, sobre a existência das coisas, sobre o significado das palavras, etc. O professor diz: "não me interrompas mais e faz o que te digo; as tuas dúvidas ainda não fazem qualquer sentido" (Wittgenstein, 2012, p. 219) (*Da certeza*, § 310).

No direito, como em qualquer prática, não compreendemos palavras, mas leis inteiras, e as compreendemos dentro de campos (direito civil, direito financeiro etc.) e ordenamentos inteiros (o direito brasileiro). Como juristas, vamos à lei, mas vamos também ao ordenamento pressupondo que se trata de um todo, como um texto, de uma unidade. Não quer dizer que constatamos uma harmonia, depois de fazer um estudo empírico ou histórico[117]. Essa unidade não é o resultado de uma constatação ou de uma investigação empírica. Essa unidade é uma necessidade lógica que pressupomos, da mesma forma que pressupomos a unidade lógica (de sentido) das frases num texto. Necessidade lógica *se quisermos tratar o direito como um todo*.

Pressupomos, pois, que um texto legal está ligado a outros textos, como fazemos em outros campos também: por exemplo, a obra de um autor, um gênero literário, e assim por diante. A unidade de sentido é pressuposta e é sempre atribuída ao todo:

---

[117] Uma excelente ilustração disso encontra-se no estudo de Brian Tierney sobre o princípio do "princeps legibus solutus est". Nele, Tierney mostra como os medievais dominavam o todo do *corpus iuris* e o tratavam como conjunto de dispositivos "interligados" que "se consideravam inteligíveis apenas em virtude dessa interconexão". Para compreender a passagem pela qual o príncipe era "legibus solutus", era preciso tomar os textos relevantes do direito romano como um todo. Cf. Brian Tierney, "The prince is not bound by the laws: Accursio and the origins of the modern state", *Comparative Studies in Society and History* 5, n. 4 (1963), p. 386.

dá início ao nosso trabalho e à nossa compreensão[118]. Podemos bem concluir que havíamos começado pensando que a unidade de sentido era uma, mas chegamos à conclusão de que era outra. Isso não invalida que exista uma necessidade lógica de pressupor a unidade do sentido. Se não fosse assim, poderíamos bem imaginar que tudo é fragmentado. Mas se for assim, não saberíamos bem como nos comportar em nenhum contexto: tudo seria continuamente surpresa e criação.

Quadro 79

A parte e o todo na interpretação das leis. "Celso, *livro 9 do Digesto*. É contra as regras do direito civil julgar ou dar consultas em vista de um fragmento de lei, sem examiná-la em todo o seu contexto" (D. 1, 3, 24). Cf. a edição brasileira do *Digesto* traduzida por Manoel da Cunha Lopes e Vasconcellos e curada por Eduardo C. S. Marchi, Bernardo B. Queiroz e Dárcio M. Rodrigues (2017).

Interpretar uma lei, um ato ou um negócio jurídico exige, pois, que este seja colocado no todo maior[119]. Trata-se de um cânon da interpretação das leis, chamado por vezes de interpretação *lógica* ou *sistemática*[120]. Assim como as palavras se enquadram na frase, e as frases na lei, esta deve ser enquadrada no todo das leis (o ordenamento, como se diz).

As leis se inserem em campos, áreas ou ramos do direito, como chamamos, e alguns desses campos englobam outros. A divisão maior a que estamos acostumados, embora nem sempre seja suficiente para operarmos o direito, é a que distingue direito público e direito privado. A área mais abrangente acima delas é a teoria geral do direito, acima da qual está a filosofia do direito. O direito financeiro,

---

[118] A unidade de sentido é fundamental para a filosofia hermenêutica e para os autores de que estamos tratando. A unidade de sentido também é pressuposta na hermenêutica jurídica desde o período clássico do direito romano, como visto no fragmento de Celso, no Digesto: "Celso, *Livro 9 do Digesto*. É contra as regras do direito civil julgar ou dar consultas em vista de um fragmento da lei, sem examiná-la em todo o seu contexto." (D. I, 3, 24) ["Incivile est, nisi tota lege perspecta, una aliqua partícula ejus proposita judicare, vel responder"]. Talvez seja a isso que Dworkin se refere quando diz, em sua própria linguagem, que a interpretação é holística, e para ser bem-sucedida deve primeiro identificar como pano de fundo a prática a que se refere, seus pressupostos e a pretensão de que a interpretação proposta é a que melhor efetua os "pressupostos de intencionalidade". Ronald Dworkin, *Justice for hedgehogs* (Cambridge: Harvard University Press, 2011), p. 134.

[119] A inserção da parte é o que Ronald Dworkin, *Law's empire* (Cambridge: Harvard University Press, 1986), p. 49 e s., vai chamar de inserção conceitual numa "ordem superior" (*higher order*).

[120] Betti o chama de *cânone da totalidade e coerência*. Figura ao lado de outros cânones: o da autonomia do objeto (interpreta-se alguma coisa que existe e está dada e interpreta-se suprindo, adaptando e adequando as normas nos casos singulares); o da *atualidade* da intepretação (o intérprete deve apropriar-se do processo criativo que deu origem ao objeto da interpretação); o da consonância hermenêutica (o intérprete esforça-se por colocar-se no lugar do autor). Emilio Betti, *Interpretazione della legge e degli atti giuridici* (Milano: Giuffrè, 1971), p. 13-30.

que disciplina os meios de manutenção do Estado e suas formas de financiamento, é mais abrangente do que o direito tributário, que disciplina apenas a forma de arrecadação de tributos e, portanto, define as relações entre contribuintes e fisco. No direito financeiro, a relação não é apenas entre contribuinte e fisco, mas entre todos os cidadãos e os fundos públicos. Mais abrangente ainda é o direito administrativo, porque tanto o Estado que impõe e cobra tributos quanto o Estado que emite moeda e administra o patrimônio público subordina-se a algumas regras de direito administrativo, o qual, por sua vez, depende do direito constitucional, que em última instância dá forma à vida política de uma república. No início do século XIX, falava-se mais ou menos indiscriminadamente de direito público, e só no início do século XX vai se constituir o campo do direito tributário, tratado até então como parte do direito administrativo geral.

Quanto menos "teoria" ou "filosofia" se conhece, mais difícil subir nesses degraus de generalização e universalidade, porque eles já não são os das normas como mandamentos ou imperativos, mas os das normas definidoras, isto é, normas constitutivas e lógicas. Na lógica não somos ensinados a fazer coisas particulares, mas a conhecer os limites e as condições do pensamento consequente. Na teoria geral ou na filosofia do direito também não operamos apenas com mandamentos, mas com as condições de sentido e de possibilidade do direito em geral.

Do mesmo modo, a cláusula do contrato deve ser inserida no todo do contrato, e algumas não são aceitáveis em certos contratos, não se enquadram no *tipo* do contrato. Por exemplo, a *cláusula leonina* não é aceitável no contrato de sociedade (Código Civil, art. 1.008); *cláusulas potestativas*, que submetem uma parte ao arbítrio ou capricho da outra (Código Civil, art. 122), não são aceitáveis em contratos em geral. Se inseridas, oferecem um exemplo de "ilogicidade". A cláusula leonina viola o *conceito* de sociedade, pois é da definição de sociedade que haja repartição de custos e benefícios. A cláusula potestativa viola a ideia de contrato, pois é da definição de contrato que as partes se tratem como sujeitos autônomos.

Qualquer cláusula contratual que suscite dúvida deve ser inserida no todo, primeiro do contrato (seu tipo, suas outras cláusulas), depois da prática (ramo de atividade, por exemplo), ou na história da execução do contrato (os atos dos contratantes), além de no ordenamento. O Código Comercial de 1850 (*ver quadro*) dizia sabiamente que os contratos deveriam ser interpretados na maneira como vinham sendo executados, ou, conforme "o fato dos contraentes posterior ao contrato".

Quadro 80

O uso interpreta os contratos. "Sendo necessário interpretar as cláusulas do contrato, a interpretação, além das regras sobreditas, será regulada sobre as seguintes bases: 1. A inteligência simples e adequada, que for mais conforme à boa-fé, e ao verdadeiro espírito e natureza do contrato, deverá sempre prevalecer à rigorosa e restrita significação das palavras; 2. As cláusulas duvidosas serão entendidas pelas que o não forem, e que as partes tiverem admitido; e as antecedentes e subsequentes, que estiverem em harmonia, explicarão as ambíguas;

> 3. O fato dos contratantes posterior ao contrato, que tiver relação com o objeto principal, será a melhor explicação da vontade que as partes tiverem no ato de celebração do mesmo contrato; 4. O uso e prática geralmente observada no comércio no casos da mesma natureza e especialmente o costume do lugar onde o contrato deva ter execução, prevalecerá a qualquer inteligência em contrário que se pretenda dar às palavras; 5. Nos casos duvidosos, que não possam resolver-se segundo as bases estabelecidas, decidir-se-á a favor do devedor" (Código Comercial de 1850, art. 131). Nota-se que (1) e (4) falam dos usos corriqueiros das palavras e da prática; (1) também fala da natureza do contrato (uma cláusula se subordina ao todo do contrato); (2) impõe a inserção de uma parte (a cláusula duvidosa) no todo (as outras cláusulas).

O art. 113 do Código Civil calha bem com a explicação de RICOEUR e de WITTGENSTEIN: "Os negócios jurídicos devem ser interpretados conforme a boa-fé e os usos do lugar de sua celebração." É lógico? Como? Bem, parece-me que a alternativa seria "os negócios se interpretam segundo a má-fé", ou seja, logicamente tomaríamos como presumida a má-fé das partes. Elas entram em um negócio jurídico, mas entram de má-fé. Portanto, em caso de dúvida, o intérprete, o terceiro chamado a arbitrar a disputa, presumiria que as partes estariam de má-fé. Isso daria ao terceiro o arbítrio total de interpretar o que quisesse, pois significaria que o que foi dito pelas partes não pode ter sido dito com a intenção que normalmente se atribui àquele dizer.

E em seguida o art. 113 diz que são os usos do lugar que determinam o sentido. Ou seja, não se podem determinar os usos como se fossem uma linguagem privada. Há um contexto não apenas referencial, ou seja, empírico, mas há também um contexto discursivo, linguístico, institucional e jurídico. Contexto discursivo: o que se disse foi dito em uma determinada língua natural, mas também em uma língua institucional, ou seja, dentro de um jogo de linguagem. Este jogo está à disposição das partes para jogá-lo, mas não a sua disposição para "inventá-lo" do zero.

O problema da invenção nos levaria longe, porque ela é, sim, possível, mas para ser possível, seria preciso que fosse uma invenção coletiva. Lembremo-nos do exemplo de WINCH: não seria possível que alguém brincasse de cabo de guerra sozinho (WINCH, 2008, p. 34). Portanto, um jogo como cabo de guerra, para ser inventado, precisa da cooperação de alguém. O exemplo era dado por WINCH para reforçar o caráter público, e não privado, da linguagem: a linguagem não pode ser inventada por ADÃO sozinho. Robinson CRUSOÉ só poderia inventar uma linguagem a partir da linguagem que já conhecia, mas ADÃO, sozinho, não poderia inventá-la. Ele só poderia "dar nome" às coisas num contexto social e cooperativo. Assim, quem quer inventar um novo negócio ou uma nova instituição precisa fazê-lo cooperativamente. Alguém pode dizer: mas a autoridade poderia criar algo, como, por exemplo, um novo tributo. Concedamos isso, mas a autoridade, para existir como autoridade, precisa existir num contexto empírico e institucional. Não há autoridade por si. E para fazer-se compreender, precisa, ao definir um novo tributo, valer-se de algo já existente antes: sua competência, algum outro instituto, uma separação de meu e seu etc. E nada disso existe fora de um contexto.

No direito tributário, estabeleceu-se uma regra de interpretação muito interessante nos arts. 109 e 110 do CTN. Dizem eles:

> Art. 109 – Os princípios gerais do direito privado utilizam-se para *pesquisa da definição, do conteúdo e do alcance de seus institutos,* conceitos e formas, mas não para a definição dos respectivos efeitos tributários.
>
> Art. 110 – *A lei tributária não pode alterar a definição, o conteúdo e o alcance de institutos, conceitos e formas de direito privado,* utilizados, expressa ou implicitamente, pela Constituição Federal, pelas Constituições dos Estados, ou pelas Leis Orgânicas do Distrito Federal ou dos Municípios, para definir ou limitar competências tributárias.

Estes dois artigos dão ao direito tributário um contexto. O art. 108 havia determinado que, na ausência de disposição expressa, a aplicação da lei deveria proceder da seguinte maneira: primeiro por *analogia,* isto é, procurando as disposições aplicáveis a casos expressamente previstos e que sejam, portanto, semelhantes de modo relevante ao caso em exame[121]. Se não for encontrado um caso semelhante e a dúvida persistir, o agente procura os *princípios gerais* do direito tributário, sejam eles regras gerais, sejam os conceitos aplicáveis ao direito tributário. Por exemplo, verificando se se trata de taxa, contribuição ou imposto estritamente falando. Essa distinção é de caráter geral no direito tributário e, portanto, pode ser tomada como um princípio geral. Tudo o que se arrecada e se paga ao Estado, se não for derivado de direitos patrimoniais ou direitos contratuais do próprio Estado, deve ser enquadrado em um dos casos. Se mesmo assim a questão continuar inexcedível, apela-se ao *direito público em geral,* ou seja, a conceitos e princípios de *direito administrativo, direito financeiro* (de onde originalmente surgiu o direito tributário) ou *direito constitucional,* e finalmente, diz o texto, à *equidade.* É duvidoso que a equidade própria e filosoficamente falando se distinga muito da analogia, como já vimos antes[122]. Deixando esta questão de lado, o art. 109 especifica que também se pode esclarecer o texto de lei tributária apelando-se para o direito privado, quando o que está em jogo é a definição dos institutos do direito privado. São dois contextos diferentes. Os institutos de direito privado definem-se pelo contexto do direito privado, não de direito público. O art. 109 separa, pois, os ramos do direito. Já o art. 110 separa as esferas de governo segundo a hierarquia própria do direito público brasileiro, a federativa.

---

[121] A analogia consiste em raciocinar (argumentar) passando de um particular para outro. Sobre a analogia no direito, ver Lloyd Weinreb, *A razão jurídica,* trad. B. C. Simões (São Paulo: Martins Fontes, 2008) e Luis Duarte D'Almeida e Claudio Michelon, *The structure of arguments by analogy in law* (2016), *Edinburgh School of Law Research,* n. 6/2017, DOI 10.1007/s10503-016-9409-3, disponível em: https://papers.ssrn.com/sol3/papers.cfm?abstract_id=2948558##.

[122] Sobre a equidade, ver Lawrence Joseph Riley, *The history, nature and use of epikeia in moral theology,* reprint (s.l.: Saint Pius X Press, 2012), *passim,* e Richard Bodéüs, "Os fundamentos naturais do direito e da filosofia aristotélica", em Marcos Zingago (org.) *Sobre a* Ética *Nicomaqueia:* textos selecionados, trad. Paulo B. C. MacDonald (São Paulo: Odysseus, 2010), especialmente p. 344-352

Capítulo 5 · INTERPRETAÇÃO, HERMENÊUTICA E ANALÍTICA | **271**

Precisamos ser capazes de enquadrar o problema ou questão em algum ramo do direito. Moeda, por exemplo, é um instituto jurídico. Podemos falar de moeda do ponto de vista do direito público e do direito financeiro, quando tratamos da emissão (art. 21, VII, Constituição Federal), ou do ponto de vista do direito privado, como meio de pagamento entre partes de um negócio (art. 947 do Código Civil). Num caso (emissão), estamos na perspectiva do direito financeiro. No outro (pagamento), estamos diante de um problema contratual. Essa compreensão geral do contexto é indispensável para a interpretação jurídica. E isso é o primeiro passo, o passo intelectivo consistente no próprio contexto.

A ciência do direito reconhece que essas dimensões são de sua própria natureza. Resolvemos casos jurídicos particulares com base em um saber que nos permite justificar geralmente (universalmente) a decisão singular. Visto que essa justificativa apela para sentidos permanentes, ela pode ser repetida. A resolução do caso particular não é aleatória, nem pessoal, nem arbitrária[123].

Aprendemos a interpretar usando mais de um critério, os "elementos da interpretação". Inserimos a lei, o negócio ou a decisão jurídica num todo, tanto na interpretação histórica (entendendo por que surgiu uma norma e o que ela poderia significar no seu tempo de edição), quanto na sistemática. Esse todo em que a inserimos não é uma *res extensa*: é uma tradição, que continua a ser produzida, e, por isso mesmo, pode modificar-se seu campo de aplicação. Esse todo é *unidade de ordem,* não *unidade natural.* Unidade de ordem é a disposição de coisas para a consecução de um fim humanamente atribuído ao todo. No direito, conhecemos muito bem essas unidades de ordem: uma companhia comercial, a empresa, o estabelecimento etc. Todos eles são compostos de coisas muito diversas: a empresa é o conjunto das mercadorias, dos contratos e negócios, dos recursos materiais e humanos, organizados para realizar um fim. Cada um desses elementos pode existir *naturalmente* sem os outros. Cada empregado, cada móvel, cada item de mercadoria tem uma existência natural em si. Organizados, tornam-se uma *unidade,* unidade de ordem. Podemos pensar no ordenamento jurídico dessa maneira: cada ato, cada instituição, cada lei podem ser vistos como se fossem coisas separadas. Mas não é a maneira adequada de vê-las. Para serem adequadamente percebidas, para serem percebidas em seu *sentido,* ou seja, para

---

[123] *"An official's discretion means not that he is free to decide without recourse to standards of sense and fairness,* but only that his decision is not controlled by a standard furnished by the particular authority we have in mind when we raise the question of discretion. (…) *The strong sense of discretion is not tantamount to license, and does not exclude criticism.* Almost any situation in which a person acts (including those in which there is no question of decision under special authority, and so no question of discretion) makes relevant certain standards of rationality, fairness, and effectiveness. We criticize each other's acts in terms of these standards, and there is no reason not to do so when the acts are within the center rather than beyond the perimeter of the doughnut of special authority. (…) *The proposition that when no clear rule is available discretion in the sense of judgment must be used is a tautology."* Ronald Dworkin, "The model of rules I", em *Taking rights seriously* (Cambridge: Harvard University Press, 1977), p. 33-34 (grifos meus).

serem percebidas sensatamente, necessitam de uma unidade intelectual, que lhes é dada pela doutrina jurídica, pelo saber jurídico.

A hermenêutica jurídica, entendida como *procedimento e técnica* de interpretação das leis e, mais ainda, como *técnica de aplicação e uso das leis* – e categorias e institutos jurídicos –, pressupõe essa unidade e vale-se desse conjunto doutrinário. Por isso desenvolveu seus cânones, que funcionam como preceitos ou regras constitutivos da atividade. Não se trata de mandamentos singulares endereçados aos aplicadores do direito, mas de normas de uso simultâneo. Vejamos, por exemplo, os cânones apresentados por Emilio Betti. Quanto ao objeto, o primeiro deles é a *submissão ao sentido*, não à letra. A letra deve ser considerada veículo do sentido, e o sentido deve ser extraído, não introduzido na lei (*sensus non est inferendus, sed efferendus*). Diz ele que a "fórmula representativa do sentido" deve ser entendida segundo sua própria lei de formação. Deve ser, dizemos nós, entendida dentro das regras de seu próprio jogo de linguagem. O segundo cânon é o da *totalidade*: dele deriva também o cânon da *coerência*. O sentido a ser preferido é o sentido que abranja mais partes de um todo. Finalmente, menciona o caráter supletivo da interpretação, o que significa *integrar normativamente os fatos*, de modo que se possa tirar consequências da aplicação, estendendo-a aos casos em que a integração seja possível, restringindo-a quando a consequência se mostre irracional. Quanto ao sujeito, ou à atividade propriamente dita, o intérprete/aplicador vale-se da *atualidade da compreensão*: ele deve ser capaz de abrir-se a um sentido que não é o seu pensamento solipsista, individual, caprichoso.

5.4.2. Ações inteligíveis e sentidos

A ação, vimos antes, é "da ordem do singular", é histórica, acontece no tempo e no espaço, mas, uma vez realizada, não pertence exclusivamente ao agente, torna-se pública. A ela podemos atribuir sentido, e pode ser compreendida pelos outros. Essa compreensão pelos outros é atividade: atividade de explicar e compreender. *A explicação* faz-se por meio das estruturas disponíveis (os códigos, as regras da prática, os gêneros etc.), os elementos estruturais da ação. Sua *compreensão* faz-se por meio dos sentidos possíveis e disponíveis dentro daqueles códigos. No âmbito da linguagem, os falantes precisam ter capacidade sintática e capacidade semântica para aquela língua. Devem dominar as regras de articulação formal (sintática) das frases e, ao mesmo tempo, as regras de referência (semântica). As duas capacidades somadas tornam possível falar dentro daquela língua. Se o agente é capaz de falar, ele também é capaz de antecipar o que pode ser falado. Essa antecipação é uma forma de previsão, mas não se confunde com a previsão empírica de eventos. Ela antecipa possibilidades de discursos, de ações e de sentidos e os compreende dentro de tais possibilidades.

Ora, se a ação se compreende nesse quadro teórico, ela deve ter sempre alguma intencionalidade. Não é por acaso que essa intencionalidade é muitas vezes chamada de voluntariedade. Ações propriamente ditas são voluntárias. Aquilo que um agente faz sem que seja de forma voluntária, sem que seja intencional, não é propriamente ação sua. O direito conhece bem essa dimensão, tanto que trata de

Capítulo 5 · INTERPRETAÇÃO, HERMENÊUTICA E ANALÍTICA | 273

forma distinta o dano provocado intencionalmente (dolo) e o dano provocado não intencionalmente (culpa). Muito embora a ação seja de responsabilidade do agente no caso de culpa, o direito costuma dispensar a tal ação um tratamento diferente do tratamento dos casos em que há a intenção de causar algum dano.

A ação depende do "uso da razão"; não se trata da razão especulativa, ou seja, da razão que apreende e explica fatos brutos, dados, coisas que existem por si, independentes da ação humana, como visto no Capítulo 4. Também não se confunde com a razão aplicada tecnologicamente, para produzir coisas. Não se trata simplesmente do cálculo de meios e fins. Embora o artesão use a razão para produzir coisas, o exercício prático da razão não se limita e não pode ser confundido com isso. O jurista e o político só analogicamente podem ser considerados artesãos, porque seus *produtos*, instituições, institutos ou sentidos normativos não são coisas que existam fora das ações humanas. Assim como um hospital (instituição) não se confunde com o prédio que *abriga* o hospital (construção material), um tribunal tampouco se confunde com a construção que o *abriga*, e a comunidade política, da qual o direito depende e que ao mesmo tempo organiza, não se confunde com as pessoas singulares que dela *participam,* nem com o espaço (território) que ocupam. Pode bem haver pessoas ocupando fisicamente um território que não componham uma comunidade política (estrangeiros ou refugiados, por exemplo). São as instituições o objeto dos juristas.

5.4.3. Interpretação ou compreensão?

A ideia popularizada entre os juristas de que toda lei depende de interpretação, de que tudo pode ser colocado em dúvida e de que, por isso, tudo é subjetivo, não se sustenta e põe em xeque essas afirmativas, cuja ascendência mais remota encontra-se em SAVIGNY.[124] Compreender é entrar no sentido de um todo, é ter a ideia do todo, do campo, da prática ou do jogo. Está na esfera da *inteligência, intelecção, apreensão dos primeiros princípios,* como vimos no Capítulo 4. É ter noção, e por isso uma pessoa que não compreende suas circunstâncias é chamada popularmente de uma pessoa "sem noção". A compreensão é o oposto de "uma certa estupidez", como vimos antes também. Nela entramos como quem entra numa língua, ou numa tradição.

Pode-se perguntar se aceitar a compreensão que nos foi legada por outras gerações como ponto de partida não levaria ao engessamento, ao esclerosamento do direito. Que remédio teríamos contra isso? Os remédios são os velhos conhecidos da teoria das fontes do direito, e entre elas, a legislação e a doutrina são capazes, por vezes, de realizar as mudanças, verdadeiras reconceitualizações de formas de vida e relação social. Todas as tradições, enquanto não se esclerosam e não dão nascimento aos fundamentalismos, vivem, isto é, adaptam-se ao se transmitirem,

---

[124] Uma leitura mais atenta de Savigny revela que ele está chamando de interpretação aquilo que chamamos de compreensão, isto é, a forma de conhecer os objetos cuja existência não se apreende pelos órgãos sensoriais de nosso corpo, mas pela razão e pelos conceitos. Trata--se do conhecimento de sentidos.

da mesma maneira que as línguas naturais. No caso do direito, existe a diferença de que ele é positivado, ou seja, conscientemente posto, e por isso a legislação e a doutrina fazem parte dos instrumentos de mudança consciente do próprio direito.

Primeiro, pode-se mudar a lei naquilo que ela tem de mutável. Como admitia ARISTÓTELES, as leis têm algo de convencional[125], e como dizia Tomás de AQUINO, as leis humanas (o *direito positivo*, diríamos) podem ser mudadas por dois motivos. Primeiro, porque passamos a conhecer melhor algum aspecto da realidade, e isso nos dá motivos para mudar as leis. Trata-se de um motivo racional, que esclarecemos pelo pensamento: aprendemos que o encarceramento pode não ser a melhor pena para certos delitos, e então mudamos o direito penal. Também podemos mudar as leis em função da "mudança das condições dos homens, aos quais convêm, segundo suas condições, coisas diversas" (*ST*, Ia-IIae, q. 97, 1.). Pensemos na medicina, que alterou nossas condições de nascimento, tratamento e morte[126]. Em função disso, muitos dispositivos do direito civil, que consideravam esses eventos como fenômenos naturais e incontroláveis, devem ser revistos. Essa tarefa incumbe ao legislador.

Pode-se também mudar certos conceitos ou institutos jurídicos, criando alguns novos, ou modificando os já existentes. Exemplos históricos não faltam. A *doutrina* ajudou na mudança, como ajudou a criar a figura do *abuso de direito,* de tal modo que a liberdade do proprietário foi reconfigurada e se afastou da ideia de *liberdade natural* para terminar na de *liberdade civil.* Outro exemplo histórico de mudança foi a criação da *moeda fiduciária.* A partir do final do século XVII, a moeda, até então fundamentalmente uma espécie de mercadoria, começou a transformar-se. Em 1693, criou-se o Banco da Inglaterra com o privilégio (monopólio) de conceder empréstimos ao Rei e de em seu nome emitir os títulos de sua dívida. Em trezentos anos, esse privilégio transformou-se no fundamento da emissão e da transformação da natureza da moeda – de mercadoria para medida de crédito. Também mudou o conceito de *cidadão*, que passou de ser *votante* nas democracias liberais do século XIX, para *participante* universal nas deliberações e proveitos da vida política em geral. O conceito foi mudando por causa da pressão dos que estavam fora da cidadania, mas precisou da colaboração dos teóricos para lhe dar suas características novas. No século XX, no Brasil, admitiu-se que todas as sociedades contratuais, civis ou comerciais, adquirem personalidade, superando as teorias anteriores, que só reconheciam personalidade a corporações de direito público. O instituto da *responsabilidade civil* da mesma forma: a uma responsabilidade primariamente subjetiva, acrescentamos mais formas de responsabilidade objetiva (sem culpa). No direito dos contratos, forjou-se o instituto do *contrato de adesão,* com suas respectivas interpretações. De modo semelhante, o conceito de *casamento* ou *matrimônio*: de natureza estamental (ato pelo qual se cria um estado vitalício), passou a natureza contratual, podendo ser dissolvido pelas partes, e de

---

[125] Cf. Richard BODÉÜS, "Os fundamentos naturais do direito e da filosofia aristotélica", em *Sobre a Ética Nicomaqueia*: textos selecionados, trad. Paulo B. C. MacDonald (São Paulo: Odysseus, 2010), p. 339-378.

[126] Cf. Stefano RODOTÁ, *La vita e le regole*: tra diritto e non diritto, 3. ed. (Milano: Feltrinelli, 2006).

finalidade primariamente reprodutiva para a finalidade afetiva e de apoio mútuo dos cônjuges. Tudo isso são mudanças em nosso entendimento dos institutos, elaboradas na doutrina e na cultura, não apenas em dispositivos legais.

As mudanças nas práticas encontram seu caminho no direito pelos novos conceitos. O conceito de racismo, que entrou na legislação brasileira, e o conceito de homofobia, finalmente admitido jurisprudencialmente em nosso direito, foram primeiro forjados na prática social. O movimento negro e o movimento das mulheres, por mais de duzentos anos, esclareceram a exclusão e opressão que havia, com isso mostrando novas maneiras de ver o tratamento discriminatório que constituía a base da relação entre as raças e os sexos. O movimento de formação de consciências deixou claro que certos grupos sociais eram excluídos do bem da vida pública por preconceitos sobre sua capacidade, respeitabilidade ou humanidade. Assim como a personalidade jurídica, a moeda, a coisa julgada, e tantos outros institutos, a discriminação, o racismo, o sexismo e a homofobia, para ficar em alguns exemplos, transformaram-se em conceitos utilizáveis e inovadores.

5.4.4. A objetividade

Que espécie de objetividade existe ou pode existir na aplicação do direito? Por tudo o que foi visto antes, pode-se dizer que a objetividade consiste na possibilidade de certa aplicação ou uso de um instituto ou lei serem questionados por outrem com base em alguma razão aceita e incontroversa. No processo de justificação – não de explicação causal – haverá um momento em que as razões serão comuns. Essas razões comuns são a base da objetividade. Elas são objetivas porque intersubjetivas. E são intersubjetivas não porque atendem a algum interesse ou fim que alguns ou vários desejam alcançar, mas porque constituem a própria atividade, prática ou disciplina comum.

As razões comuns funcionam como princípios definidores, como, por exemplo, nos contratos: para ser contrato, precisa de algum elemento de voluntariedade e de liberdade, sem o que não será um contrato. Esse elemento comum, compartilhado e público é uma *regra constitutiva* dos contratos. Séculos atrás, por exemplo, o casamento não era tido como um contrato porque, embora fosse necessário o consentimento para que ele fosse celebrado (*consensus fit nuptias*), não havia saída voluntária das partes: era perpétuo e indissolúvel. Foi preciso modificar a concepção de casamento e aproximá-la, senão mesmo igualá-la a um contrato, para que o casamento deixasse de ser o que era. Assim como o casamento, outros institutos foram alterados e, apesar de podermos dizer que o foram para atender a algum fim ou interesse geral, foram alterados mesmo, isto é, foram concebidos de maneira nova, e suas regras passaram a fazer sentido de um modo diferente. O contrato é um caso exemplar: limitado a certos aspectos da vida, expandiu-se para praticamente todos eles na medida da expansão da concepção moderna de pessoa humana individual.

A objetividade está, portanto, nessa dimensão compartilhada dos sentidos. Esse compartilhamento não consiste em adesão voluntária, como se fosse a entrada num contrato particular. Essa dimensão é compartilhada como condição necessária de vida e prática em comum.

276 | CURSO DE FILOSOFIA DO DIREITO – *José Reinaldo de Lima Lopes*

Por isso, a objetividade de que falamos quando se trata de aplicar ou interpretar a lei baseia-se num modo de pensar em comum, a partir de sentidos e conceitos usados em comum. A objetividade jurídica depende da capacidade de usarmos esses conceitos e institutos de maneira compartilhada, e de não *precisarmos* a todo momento perguntar "o que é?", nem *podermos* a todo momento pôr em dúvida o que todos deveríamos saber. Assim como aprendemos uma língua apenas quando adotamos o uso compartilhado de seus símbolos, estruturas e significados, assim também aprendemos direito quando adotamos o uso compartilhado de seus sentidos.

> A aplicação das palavras aos casos particulares concretos não é suscetível de prova dedutiva nem de verificação indutiva; é muito mais uma questão de perceber as semelhanças e diferenças e de distinguir o relevante do irrelevante (WEINREB, 2005, p. 725).

Assim, não é porque uma decisão só existe se for decisão de alguém que ela é "subjetiva". Como qualquer discurso, a decisão no direito terá sentido e será objetiva por fazer uso desse repertório comum. De outro lado, não é porque se pode empiricamente colocar em dúvida qualquer coisa, que a dúvida é sensata, compreensível ou procedente.

5.5. OS MÉTODOS REVISITADOS: GRAMATICAL, LÓGICO, SISTEMÁTICO, HISTÓRICO E TELEOLÓGICO

5.5.1. O desafio de SAVIGNY

Em 1840, com a publicação do *Sistema de direito romano atual*, SAVIGNY consolida os cânones já longamente conhecidos entre os juristas e, ao mesmo tempo, apoia a mudança na perspectiva até então largamente aceita de que só onde houvesse obscuridade seria preciso interpretar[127]. Ele o faz, porém, dentro de um projeto mais abrangente da própria *ciência jurídica*. Constatando o crescimento secular da legislação, presenciando a imposição dos códigos franceses aos territórios alemães submetidos por NAPOLEÃO, e percebendo na sua Alemanha a importância crescente de técnicos legisladores, SAVIGNY preocupa-se com a tarefa de organizar o conhecimento jurídico. Quem e como faria a abstração dos casos e leis particulares para um todo organizado e compreensível do conhecimento jurídico? Passar do conhecimento das leis para o conhecimento do direito é o tema recorrente de sua obra. Embora dissesse que o direito emanava ou se destilava do espírito do povo, esse espírito precisava de um intérprete. Sem ele, esse espírito falaria desordenadamente, ou não falaria. Esse intérprete, para ele, não era o legislador, não era o agregado dos representantes políticos do povo, não era a maioria vitoriosa na feitura de uma lei. Esse intérprete do espírito do povo eram os juristas.

---

[127] O tema ocupa o capítulo VI, §§ 32 a 51, do Livro Primeiro do *Sistema del derecho romano actual*. Os §§ 38 a 41 dizem respeito à interpretação das "leis de Justiniano", isto é, ao direito romano.

Quadro 81

Metodologia do direito de SAVIGNY. Antes de aparecerem no *Sistema de direito romano atual*, as ideias sobre a interpretação já haviam sido expostas por SAVIGNY no seu curso sobre metodologia jurídica proferido em Marburgo em 1802, anotado por Jacob GRIMM, cujo texto só foi descoberto em 1951. O curso estava organizado em três partes: normas de elaboração absoluta da ciência do direito; metodologia do estudo literário da jurisprudência; metodologia do estudo acadêmico do direito. Na primeira parte encontra-se já *in nuce* o que será desenvolvido mais tarde: o caráter histórico e sistemático da ciência do direito, e os traços elementares da interpretação. A ciência do direito é histórica, segundo SAVIGNY, não porque se confunda com a ciência histórica, mas porque diz respeito a um dado, um direito que está aí: "Chama-se saber histórico todo saber de algo objetivamente dado" (SAVIGNY, 2004, p. 19). Sobre esse dado, a filosofia impõe uma unidade. Por isso a ciência do direito é igualmente histórica e filosófica. Quanto à interpretação, sua tarefa consiste em fixar o texto do direito romano, corrigindo os problemas encontrados. Para tanto, usa-se do procedimento lógico, gramatical e histórico: trata-se de reconstituir um texto (SAVIGNY, 2004, p. 26). Depois de reconstituído o texto, deve-se "amoldá-lo" ao todo, pois "cada parte individual não se entende senão pelo todo" (SAVIGNY, 2004, p. 33). Mas a concepção do todo não pertence a essa primeira tarefa interpretativa, de estabelecimento do texto, senão à tarefa filosófica propriamente dita, pois "a exposição do todo pertence ao sistema" (SAVIGNY, 2004, p. 32).

Não só na Alemanha, mas em toda parte da Europa ocidental crescia a atividade legislativa dos Estados e, dado o movimento constitucional e liberal, assentava-se também a ideia de que o direito era disponível (positivado) e feito por alguns em nome do "povo". Organicidade e racionalidade, contudo, segundo SAVIGNY, viriam apenas com a contribuição dos juristas, não dos legisladores, pois os primeiros poriam ordem e dariam os conceitos com os quais os legisladores poderiam trabalhar. Sua velha e boa ciência, desenvolvida por tantos séculos na Universidade, passava agora a ter outra função e destaque. Das duas tarefas que tradicionalmente competiram ao jurista, *fixar o texto* da lei (*crítica diplomática*) e *fixar o sentido* da lei, a primeira ia desvanecendo, pois os meios de reprodução textual tornavam-na menos importante; a segunda, no entanto, ia crescendo. E é no bojo dessa segunda tarefa que SAVIGNY consolida regras e procedimentos intelectuais da hermenêutica jurídica, vindos desde os juristas medievais, passando pelos jusnaturalistas racionalistas e definindo-se no *usus modernus pandectarum*.

A interpretação da lei – e lei, para ele, inclui a parte do direito romano vigente na Alemanha, o *usus modernus pandectarum* – é semelhante à interpretação de "qualquer outro pensamento expresso pela linguagem" (SAVIGNY, 2005, p. 96), e tem por objetivo apropriar-se da "verdade" da lei. Trata-se, insiste ele, de uma atividade intelectual. No caso da interpretação das leis singulares (as leis tomadas isoladamente), ele resume os temas tradicionais do direito culto: interpreta-se tendo em vista o "elemento gramatical" (voltado para as *palavras* da lei), o "elemento lógico" (voltado para a espécie de *unidade* que existe entre as *partes* da lei), o "elemento histórico" (interessado na *modificação* introduzida pela lei) e, finalmente, o "elemento sistemático" (que insere a lei "numa vasta unidade de instituições e regras jurídicas"). Não se trata de quatro interpretações, adverte ele, mas de quatro operações necessariamente unidas afinal. Ele sistematiza também as espécies de "defeitos" das leis: o primeiro seria a "expressão indeterminada", e o segundo, a "expressão imprópria", expressão "cujo sentido está em contradição com o verdadeiro pensamento da lei" (SAVIGNY, 2005, p. 100). Os elementos por ele organizados não eram novidade, pois vimos acima que os juristas sempre se deram conta de que, sendo o direito expresso em linguagem, seria sempre necessário valer-se da linguagem para compreendê-lo, e a filologia, a gramática e o sentido geral de um discurso estavam presentes em todos os juristas que antecederam SAVIGNY.

Para interpretar a lei "defeituosa", é preciso examinar o conjunto da legislação, referir a lei a seu motivo (*ratio legis*)[128] e, finalmente, apreciar o resultado da interpretação. A *ratio legis* é tanto "a norma superior da qual a lei é uma dedução" relativa ao *fim*, à intenção, ou o que atribui sentido geral a um campo ou área do direito (o que chamaríamos hoje de *princípio*), quanto a *causa final*. Examinada a lei no conjunto da legislação, podem constatar-se as contradições (*antinomias*), isto é, defeitos na ideia de *unidade*, e as insuficiências (*lacunas*), isto é, um defeito da *universalidade*. No primeiro caso, constata-se que não se pode cumprir uma lei sem infringir outra; no segundo, constata-se que não há lei sobre o assunto, ou que a lei existente mal se adapta às circunstâncias. Só depois de examinar esses casos SAVIGNY defende seu ponto de vista de que a interpretação é sempre necessária. Para isso, apresenta dois motivos: (a) primeiro, só podemos saber se a lei é "defeituosa" se temos a ideia do que seja a lei não defeituosa; (b) segundo, a parte "mais nobre" da atividade interpretativa – atividade do jurisconsulto – "consiste em compreender as leis não defeituosas", que para ele é também interpretar. Assim, a compreensão das leis não defeituosas, as que não têm expressões indeterminadas nem contraditórias, seria o fundamento da interpretação. Por aí vê-se que a interpretação de que está falando é mais próxima à compreensão de que tratamos antes do que a de determinação de sentido de leis defeituosas em particular.

---

[128] Intenção, objeto de grande discussão e aprofundamento na segunda metade do século XX depois da publicação da obra de G. E. M. ANSCOMBE, *Intention*, 2. ed. (Cambridge: Harvard University Press, 2000 [1957]), não se pode separar de *fim*, como vimos antes. RAZ defende que "a ideia mesma de instituições legislativas é a de instituições que podem fazer as leis que têm a intenção de fazer. Nenhuma justificativa para instituições legislativas que não inclua essa pressuposição faz sentido. Nenhuma seria crível". Joseph RAZ, "Intention in interpretation", em *The autonomy of law*: essays on legal positivism, ed. Robert P. George (Oxford, 1999), p. 249-286, 259. Não se trata de pressupor uma finalidade específica para cada lei ou norma em particular, como parece sugerir Tercio Sampaio FERRAZ JR., *Introdução ao estudo do direito*, 6. ed. (São Paulo: Atlas, 2008), p. 265, mas assumir que as leis e os ordenamentos em geral não existem despropositadamente. Como diz RAZ, não faz sentido aproximar-se do ordenamento, ou de qualquer criação humana, sem pressupor que tem alguma finalidade, ou razão de ser. Mas tem razão FERRAZ JR. quando diz que isso exige do intérprete "participar na configuração do sentido" (Id., p. 266).

Capítulo 5 · INTERPRETAÇÃO, HERMENÊUTICA E ANALÍTICA | 279

Depois do percurso feito neste capítulo, podemos ver que a compilação ou sistematização dos passos da boa interpretação realizada por Savigny estava disseminada entre os juristas havia tempo. Tendo consciência de que lidavam com textos, os juristas assumiam que o começo da *interpretatio* (como tradução, e como elaboração doutrinária) não poderia ser outro senão o das palavras (filologia) e em seguida das frases (gramática), e sua compreensão integral só poderia dar-se num todo sistematizado (lógica). A dimensão sistemática e lógica passava a ser, em Savigny, uma teoria geral do direito e das categorias jurídicas a justificar o caráter superior da ciência do direito, seu caráter, como ele diz, filosófico, e não apenas empírico (de coleta de informações contidas nos arquivos e nos textos).

No Brasil, essa classificação dos procedimentos (da parte ao todo, das palavras ao sistema) aparecia na obra de Francisco de Paula Baptista (Baptista, 1890, p. 378-385), na de Antônio Joaquim Ribas (Ribas, 1865, p. 279-281), na de Clóvis Beviláqua (Beviláqua, 1976, p. 45-54), de Eduardo Espínola (Espínola, 1908, p. 149-188) como "processos" ou "elementos", e em Carlos Maximiliano como "processo filológico, processo lógico, processo sistemático e elemento histórico", ao qual ele acrescenta o "teleológico". (Maximiliano, 1984, p. 106-156). E continuou em Miguel Reale (2002, p. 279-296) e Tercio Sampaio Ferraz Jr. (2008, p. 251-267). É uma classificação aceita por todos.

5.5.2 Savigny revisitado

Nota-se que Savigny tomava por interpretação a faculdade ou capacidade de apreender os sentidos. Para ele, portanto, interpretar é apreender o sentido, o que, na linguagem contemporânea, é propriamente compreender[129]. Isso porque, nos casos claros, a paráfrase é fácil. E paráfrase é o que Wittgenstein chama de interpretação, ou seja, substituir uma expressão verbal da regra por outra expressão verbal da regra. Essa ideia leva a um mal-entendido, se tendemos a dizer que cada vez que usamos ou aplicamos a regra estamos a interpretá-la. Isso não é assim: seguir uma regra não é precedido de um "ato mental de interpretação". Há um "conhecer a regra" que consiste num hábito, uma instituição (Wittgenstein, *IF*, § 199), algo que se faz "sem pensar" porque já se sabe e já se domina.

> Compreender uma frase significa compreender uma linguagem, e compreender uma linguagem significa dominar uma técnica (Wittgenstein, *IF*, § 199).

Se for preciso pensar sempre, se for necessário interpretar sempre, temos um sinal de que a pessoa não conhece o elementar do campo em que está inserida.

---

[129] Uma fonte de mal-entendidos da obra de Savigny é a linguagem e o anacronismo. Para bem compreendê-lo, é necessário colocá-lo em seu tempo, quando os juízes não eram independentes no sentido em que são hoje, quando o direito romano ainda não era recepcionado como se fosse código, e a ciência do direito fragmentada nos campos que hoje a compõem. Joachim Rückert, "Methode und Zivilrecht beim Klassiker Savigny", em *Methodik des Zivilrechts von Savigny bis Teubner* (Baden-Baden: Nomos Verlag, 2012), p. 59.

Diante de um ignorante, não temos por onde começar, faltam os pontos de partida comuns. O ignorante comporta-se como a criança que nada sabe.

> Como elucido a alguém o significado de "regular", "uniforme", "igual"? – A alguém que, digamos, só fala francês, elucidarei estas palavras pelas palavras francesas correspondentes. Mas, a quem ainda não possui estes *conceitos,* ensinarei a empregar as palavras por meio de *exemplos* e de *exercícios.* – E ao fazê-lo, não lhe transmito menos do que eu próprio sei (WITTGENSTEIN, *IF,* § 208)[130].

A pessoa precisa ter os conceitos mínimos e essenciais, senão precisamos voltar para o começo a cada vez que interagimos com ela. Um segundanista da faculdade de direito deve já ter o conceito de "trânsito em julgado" e de "direito adquirido", necessários para se avançar em qualquer direção no campo jurídico. Naturalmente, esses conceitos são *institucionais,* isto é, referem-se a institutos jurídicos criados pela prática e pela linguagem jurídicas. Em todos os sistemas modernos eles existem, embora conformados de formas um pouco diferentes. No Brasil, eles se acham definidos no Decreto-lei. 4.657/1942 (antiga "Lei de Introdução ao Código Civil", hoje chamada "Lei de Introdução às Normas do Direito Brasileiro").

> *Direito adquirido* – Art. 6º, § 2º – Consideram-se adquiridos assim os direitos que o seu titular, ou alguém por ele, possa exercer, como aqueles cujo começo do exercício tenha termo prefixo, ou condição preestabelecida inalterável, a arbítrio de outrem.
>
> *Trânsito em julgado* – Art. 6º, § 3º – Chama-se coisa julgada ou caso julgado a decisão judicial de que já não caiba recurso.

Se não possui tais conceitos, o aluno não consegue usar outras disposições legais que deles dependem, por exemplo, o art. 5º, XXXVI, ou o mesmo o art. 5º, LVII, da Constituição Federal. Um segundanista de direito não pode desconhecer o conceito de direito adquirido ou de trânsito em julgado. Se entra em dúvida, pode-se presumir tratar-se de um ignorante, ou de alguém agindo de má-fé. Ou

---

[130] Essa situação das crianças, que devem simultaneamente apreender "a atividade do pensamento para a reproduzir, ou reproduzi-la para apreendê-la", foi notada também por F. SCHLEIERMACHER, *Hermenêutica, arte e técnica da interpretação,* 10. ed., trad. Celso Braida (Petrópolis: Vozes, 2015), p. 44-45. Quando não compreendemos, diz ele, estamos na situação de crianças *em grau menor.* Elas não têm a linguagem, e só a adquirem progressivamente, mas como um todo. Nós, quando compreendemos mesmo parcialmente, temos já um todo, "Mesmo no conhecido, é de fato o estranho que a nós se manifesta na língua" (Id., p. 45). Conhecemos a língua, mas não o discurso futuramente produzido naquela língua. A situação das crianças coloca-as diante de um desafio "gigantesco". O nosso é bem menor. E, no entanto, "esta empreitada da compreensão e da interpretação é, ao contrário, um todo continuamente desenvolvido pouco a pouco", conclui SCHLEIERMACHER (Id., p. 45). Igualmente, Anthony KENNY esclarece que a interpretação, sendo um estado, assemelha-se ao das crianças depois de aprenderem: "the training of children to learn words is analogous to training of animals by examples. Rules are for repeated application in a number of instances – it is not something for only one man only once (*PI* 199, 202)". Anthony KENNY, *Wittgenstein* (Harmondsworth: Penguin Books, 1973), p. 173.

Capítulo 5 · INTERPRETAÇÃO, HERMENÊUTICA E ANALÍTICA | 281

seja, nem tudo está sujeito a interpretação, a não ser para os ignorantes, para os quais tudo é incerto e duvidoso, como dizia DUARENUS[131].

No discurso jurídico brasileiro, a versão superficial da proposta de SAVIGNY parece ter-se saído vencedora, e passaram a dizer que mesmo a lei clara precisa de interpretação. Isso está na origem do regime em que atualmente vivemos, quando todos falam de interpretação, e cada um pode interpretar como quiser, como se a interpretação fosse um problema da consciência individual. Este processo leva-nos a desconsiderar aquilo que a tradição jurídica havia fixado: que pode haver *dúvidas puramente maliciosas*, ou seja, lançadas não porque haja dificuldade, mas para criar dificuldade onde não há. A filosofia do direito mais recente, em diálogo com a tradição analítica e hermenêutica, vem se opondo ao irracionalismo, relativismo e desespero herdeiros do positivismo[132].

5.6. O ANTISSUBJETIVISMO CONTEMPORÂNEO E A INTENCIONALIDADE

Correntes contemporâneas antissubjetivistas são a ética do discurso e a teoria da argumentação. Em ambas aparece o dever fundamental de justificar adequadamente as dúvidas[133]. É preciso mostrar as razões para uma dúvida. "Duvida-se a partir de certas razões" (WITTGENSTEIN, 2012, p. 277) (*Da certeza*, § 458). Um agente qualquer dentro de uma comunidade de comunicação não pode a todo momento pôr em dúvida todos os princípios da comunidade. Se ocorrer a dúvida, não pode basear-se no "ponto de vista subjetivo de sua consciência" (APEL, 1991, p. 162), ou em sua "idiossincrasia", mas em algum padrão aceito e pressuposto. Para ser lógico,

---

[131] "Omne ius aut certum aut dubium est, ut Fabius ait, Lib. 1, 2, c. 3. Certis iuris nulla interpretatio desideratur, nisi apud imperitos, apud quos omnia sunt incerta; sed illud omnino sequendum est iudicando, licet forte ratio nobis cognita non sit. Non enim omnium quae a maioribus constitutus sunt, ratio reddi potest: & rationes inquirere eius iuris quod certum est. (...) Tunc enim ratio inquirenda est, cum de iuris dubii interpretatione agitur." [Todo direito é certo ou duvidoso, como diz Fabius, Liv. 1, 2, c. 3. O que é certo não requer interpretação, exceto para os ignorantes, para os quais tudo é incerto] Franciscus DUARENUS, *Opera omnia*, (Luca: Typ. Josephi Rocchii, 1765, v. 1), p. 10, *Pl*.

[132] Ver Martha NUSSBAUM, "Skepticism about practical reason in literature and the law", *Harvard Law Review* 107, n. 3 (jan. 1994), p. 714-744. Martha NUSSBAUM, "Sophistry about conventions", em *Love's knowledge*: essays on philosophy and literature (Oxford: Oxford University Press, 1990), p. 220-229. No Brasil, Wladimir Barreto LISBOA, "As novas sofísticas jurídicas: Chaïm Perelman e Stanley Fish", em *Norma, moralidade e interpretação* (Porto Alegre: Linus Editores, 2009), p. 167-192, e João Vergílio CUTER, "Interpretação e objetividade", em *Direito e interpretação* (São Paulo: Saraiva/ Direito FGV, 2011), p. 91-102.

[133] Para a ética do discurso, ver especialmente Karl-Otto APEL, *Transformação da filosofia*: o *a priori* da comunidade de comunicação, trad. P. A. Soethe (São Paulo: Loyola, 2000, v. 2), p. 449-451, e Karl-Otto APEL, *Teoría de la verdad y ética del discurso* (Barcelona: Paidós, 1991), *passim*. Para os requisitos lógicos da comunidade comunicativa, ver Robert ALEXY, *Teoría de la argumentación* (Madrid: Centro de Estudios Constitucionales, 1989). Entre os princípios dos argumentos, ALEXY inclui o de sinceridade (só afirmar aquilo em que se crê) e o de fundamentação (dar razões para tudo o que se afirma).

diz Apel, preciso aceitar as regras da lógica, o que é já um viver segundo regras e em comunidade de comunicação. Não é porque posso empiricamente pronunciar uma frase qualquer que essa frase tem sentido.

Uma dúvida pode ser falada sem que tenha nenhum sentido, ou seja, pode-se expressar *de facto* qualquer dúvida, mas ela pode não fazer sentido algum. Por isso, toda manifestação deve ser fundamentada e justificada na lei, mas não na "minha versão da lei". Isso se encontra na Constituição (art. 93, IX, combinado com o art. 5º, II), e em outros diplomas legais, como o Código de Processo Civil, que exige fundamento tanto para o pedido inicial (art. 319, III) quanto para as decisões do juiz (art. 489, II). Não deve haver dúvidas infundadas, originadas apenas da ignorância ou má-fé de quem as suscita[134]. Caso de ignorância é o de quem não domina o "jogo de linguagem" em que se encontra, que não conhece os termos do campo (Duarenus, 1598, L. I, Cap. VI).

Ludwig Wittgenstein (*IF*, §§ 143-184 e 198-225) trata do captar um sentido e "seguir uma regra"[135]. Para ele, a interpretação é uma tradução, é substituir uma expressão por outra. Compreensão é a capacidade de apreender sentidos. Quando sou capaz de seguir uma regra, ajo: posso justificar a ação invocando a regra, e posso dizer que agi seguindo a regra. Pressuponho, pois, que o outro entende o que eu quero dizer porque nos encontramos na mesma forma de vida. Para quem não tem os conceitos elementares e não compreende aquela forma de vida, só posso ensinar o emprego das palavras por meio de exemplos e exercícios (*IF*, § 208). A forma de vida mesma, o pano de fundo ou contexto do discurso devem ser apreendidos, compreendidos primeiro[136]. Essa compreensão do "pano de fundo", dos conceitos mais elementares, não é um caso de interpretação, mas simplesmente de apreensão dos conceitos.

No Código Comercial de 1850, era isso que se achava no art. 130:

> As palavras dos contratos e convenções mercantis devem inteiramente entender-se *segundo o costume e uso recebido no comércio*, e pelo mesmo modo e sentido por que os negociantes se costumam explicar, posto que entendidas de outra sorte possam significar coisa diversa (grifo meu).

---

[134] Exemplar o caso tratado por Lewis Carroll, "What the turtoise said to Achilles", *Mind* 4, n°. 14 (Apr. 1895). A tartaruga espera que Aquiles *demonstre* a noção de inferência na lógica. A noção não pode ser demonstrada, apenas ilustrada e mostrada. A tartaruga põe para Aquiles uma dúvida ilegítima, que procede de sua incapacidade, ou de sua má-fé.

[135] O antissubjetivismo de Wittgenstein depende de sua superação da dicotomia "corpo-mente", típica da epistemologia moderna. Para ele, não temos conceitos em nossa mente separados dos conceitos das mentes dos outros (todos estamos mergulhados em práticas sociais e sentidos compartilhados) e pensamos corporalmente, quer dizer, somos seres pensantes porque temos uma forma *corporis* também, e não "a despeito de" termos corpos. Essa explicação do anti-intelectualismo de Wittgenstein foi dada por Charles Taylor, "To follow a rule", em *Philosophical arguments* (Cambridge: Harvard University Press, 1995), p. 165-180.

[136] cf. Ludwig Wittgenstein, *Da certeza*, trad. Maria Elisa Costa (Lisboa: Edições 70, 2012), § 458: "Duvida-se a partir de certas razões", e § 509: "No fundo quero dizer que um jogo de linguagem só é possível quando se confia em algo".

Ou ainda:

> Art. 133 – Omitindo-se na redação do contrato cláusulas necessárias à sua execução, deverá *presumir-se que as partes se sujeitaram ao que é de uso e prática em tais casos* entre os comerciantes, no lugar da execução do contrato.

Presume-se que as partes se sujeitaram ao que é de uso... Seria preciso algo mais claro? Pode-se presumir, porque a rigor quem está dentro daquele campo (*comerciantes*) sabe e deve saber o que e como se faz. O pano de fundo comum, as "pressuposições comuns" também se encontram na regra do art. 113 do Código Civil, já mencionada, que refere a interpretação dos negócios aos *usos do lugar de sua celebração*. O que são esses usos senão o "pano de fundo" e as "pressuposições comuns"?

Hoje parece dominar entre os juristas brasileiros a ideia equivocada, segundo a qual a capacidade de *apreender sentidos* se confunde com a de *esclarecer* sentidos em caso de dúvida. Trata-se, porém, de duas habilidades diferentes.

Se for verdade que toda prática tem um sentido, e que a compreensão de atos específicos dentro da prática precisa em última instância enquadrar-se dentro desse sentido, a interpretação das leis, algumas vezes, vai além da busca de sua finalidade ou de sua intencionalidade particulares. É preciso determinar a finalidade geral daquela prática ou daquele campo, e, no caso do direito, essa finalidade geral, abrangente e totalizante encontra-se na justiça.

Capítulo 6
A JUSTIÇA É O SENTIDO DO DIREITO

"Opina-se que é injusto tanto quem age contra a lei quanto quem é ganancioso e fomenta a desigualdade, de sorte que, de toda evidência, o justo será, consequentemente, tanto quem se ampara na lei quanto quem pugna pela igualdade. (...) Visto que o injusto é ganancioso, ele girará em torno dos bens, não de todos, mas dos que são objeto de boa ou má fortuna."

(ARISTÓTELES, *EN*, L. V, 2, 1129a30-1129b1)

"Aqueles que possuem em excesso os bens proporcionados pela sorte (...) relutam em ser governados e não sabem obedecer (...), enquanto os excessivamente carentes desses bens são excessivamente humildes. Tal situação está muito longe da amizade e da comunidade, já que a amizade é um elemento constituinte da comunidade."

(ARISTÓTELES, *Política*, 1296a, L. IV, 9).

"As outras virtudes morais, além da justiça, são exaltadas somente pelo bem que realizam no homem virtuoso, ao passo que a justiça é enaltecida pelo bem que o homem virtuoso realiza em suas relações com outrem, de tal sorte que ela é, de certa maneira, o bem de outrem."

(Tomás de AQUINO, *ST,* IIa-IIae, q. 58, a. 12, *respondeo*)

"Let us suppose, that nature has bestowed on the human race such profuse abundance of all external conveniences, that (...) every individual finds himself fully provided with whatever his most voracious appetites can want (...) It seems evident that in such a happy state, every other social virtue would flourish, and receive tenfold increase; but the cautious, jealous virtue of justice would never once have been dreamed of."

(David HUME, "On justice", em
An enquiry concerning the principles of morals, S. 3, 1)

6.1. A QUESTÃO FUNDAMENTAL

Que relação pode haver entre *justiça* e *direito*? Em que consiste a justiça? Essas são as duas perguntas clássicas da filosofia do direito. A pergunta pela natureza da justiça aparece desde o início da experiência romana. Ela se encontra no repositório mais importante da tradição jurídica do mundo clássico, o *Digesto*. Seria um mero acaso que o primeiro livro do *Digesto* seja intitulado, precisamente, "Sobre a justiça e o direito"? Foi uma escolha meramente acidental, arbitrária? A resposta prevalente na história sempre considerou que entre direito – o direito positivo e a ciência do direito – e a virtude moral da justiça havia um vínculo estreito, verdadeira implicação, isto é, que uma coisa – a justiça – estivesse contida na outra – o direito, e vice-versa, que o direito (*ius*) era o que a justiça visava.

Este capítulo pretende afirmar que a relação existe, é necessária e depende da concepção de direito apresentada nos capítulos anteriores, isto é, do direito como prática social com sentido necessário para se compreender seu todo e para inserir cada ação, discurso, ou ato normativo numa unidade. O sentido define uma prática, é sua "razão de ser". Em outras palavras, se admitimos que o direito é prática social, e que práticas sociais são dotadas de sentido, também ele precisa de um sentido que o defina e unifique. Esse sentido é a justiça.

Pensemos, por exemplo, nos problemas que surgem quando não identificamos o sentido da prática do direito. Na sua falta, certos dispositivos ficam obscuros. O que significa que os contratos se fazem e se cumprem em *boa-fé* (art. 113, Código Civil), senão que as partes sabem quais são as condições normais, regulares, habituais, institucionais de certos negócios e se expressam consciente, verdadeira, leal e informadamente? A boa-fé está entranhada na ideia de contrato: não se pressupõe, não se pode pressupor nem instituir um contrato, senão admitindo que as partes que nele entram sabem quais são suas condições e como se cumprem. O que significa o "agir com lealdade" de um administrador de sociedade ou companhia (art. 155, Lei 6.404/1976)? Que ele está envolvido numa rede de relações nas quais se entende que seus poderes como administrador de algo comum, de patrimônio alheio (da pessoa jurídica e os sócios ou acionistas), impõem-lhe certa responsabilidade, certo dever para com os outros. Essas condições de realização de negócios são elementos constitutivos dos próprios negócios. Trata-se de condições *institucionais*, e ao mesmo tempo princípios morais[1]. Trata-se de mais uma evidência da relação necessária entre direito e moral. Ora, as virtudes de que falamos acima, como a lealdade, são virtudes sociais: elas se referem não a um ideal de excelência que possa ser buscado pelo sujeito individualmente, mas de ideal relativo a relações entre pessoas. A virtude totalizante dessas relações sociais chama-se justiça. Também ela só pode realizar-se nas relações entre pessoas.

---

[1] É assim que ALEXANDER e KRESS dizem que "a metodologia jurídica requer apenas dois tipos de norma: *princípios morais* corretos e *regras jurídicas* postuladas". L. ALEXANDER e K. KRESS, "Contra os princípios jurídicos", em A. MARMOR (org.), *Direito e interpretação*, trad. L. C. Borges (São Paulo: Martins Fontes, 2009), p. 491. Ou seja, os chamados princípios jurídicos são, na verdade, princípios morais, mas, acrescento eu, princípios de moral social, ou, como veremos ao longo deste capítulo, de justiça, a virtude moral social por excelência.

Capítulo 6 · A JUSTIÇA É O SENTIDO DO DIREITO | **287**

6.1.1. Resposta cética

Alguns afirmam expressamente que a relação entre justiça e direito, se existe, é contingente, não necessária. Ensinam que, do ponto de vista conceitual, filosófico, portanto, pode-se formular o conceito de direito sem apelo ao conceito de justiça. Diz BOBBIO:

> A norma fundamental está na base do direito como ele é (o Direito positivo), não do Direito como deveria ser (o Direito justo). (...) Ela dá uma legitimação jurídica, não moral, do poder. O Direito, como ele é, é expressão dos mais fortes, não dos mais justos. Tanto melhor, então, se os mais fortes forem também os mais justos (BOBBIO, 1989, p. 67).

Ou seja, a relação entre direito e justiça pode ou não acontecer. Posso entender o direito como um fato que aí está e posso entendê-lo e estudá-lo sem precisar do conceito de justiça[2]. Essa distinção aparece na medida em que se coloca em dúvida o próprio conceito de justiça, quando a tratamos como ilusão, palavra vazia, ou quando se afirma que o termo é tão polissêmico e tem tantos significados que não se pode adequadamente determinar o que seja. Abandona-se a própria ideia. Trata-se de afirmação recorrente, mas muito pouco aprofundada, e em geral esconde o desconhecimento da teoria da justiça, do conceito mesmo de justiça. Essa é a perspectiva que permitirá afirmar que as relações entre o ordenamento positivo e a justiça são contingentes: um ordenamento, como a conduta humana, tem existência empírica. Ser justo ou injusto é algo que pode ou não acontecer, e se trata de um fenômeno do dever ser. Aquilo que vimos nos capítulos anteriores, que a ação não é simples movimento ou simples empiria, mas sempre referida a um fim, propósito, intenção e regra, não é considerado por BOBBIO, que se mantém alheio à filosofia da ação propriamente dita.

O ceticismo e o relativismo com relação à moral não são exclusividade de nosso tempo. A ideia, apresentada como crítica, perspicaz, esclarecida, moderna e iluminada, é bem antiga e se encontra no primeiro tratado filosófico sobre a justiça, *A República* de PLATÃO. Ali o ceticismo e a desconfiança encarnam-se em TRASÍMACO, que, provocado por SÓCRATES, diz: "O justo é sempre e em toda parte a mesma coisa: a vantagem do mais forte" (339a, p. 67). A justiça, dirá mais tarde o mesmo TRASÍMACO, certamente não é um vício, mas "generosa ingenuidade" (348d, p. 81).

Encontramos formulação semelhante no ensaio "O problema da justiça", de Hans KELSEN, publicado em 1960 como apêndice à segunda edição da *Teoria pura do direito*. "A justiça", diz ele, "é a qualidade de uma conduta humana", e a conduta humana é "um fato da ordem do ser", enquanto a "norma da justiça", com a qual a conduta é confrontada, pertence ao mundo do dever ser (KELSEN, 1993, p. 4). A justiça seria uma espécie de medida para julgamento *a posteriori*, não finalidade.

---

[2] Cf. Tercio Sampaio FERRAZ JR., *Introdução ao estudo do direito*, 6. ed. (São Paulo: Atlas, 2008), p. 327-332. A justiça pode doar sentido ao direito, mas é seu limite. "Ao criar normas, interpretá-las, fazê-las cumprir, a justiça (em seu aspecto material) é o *problema* que deve ser enfrentado, como num jogo de futebol, em que o objetivo é atingir o gol" (Id., p. 331).

O ponto de vista do qual Kelsen fala é o do juiz ou do tribunal, ou seja, o do terceiro, não o do agente. Isso, naturalmente, harmoniza-se com sua própria noção de direito: sendo o direito um ordenamento que impõe sanções, a racionalidade do agente consiste em evitá-las. As normas guiam a ação negativamente: são obstáculos a contornar[3]. Por isso, a apreciação moral das instituições e das próprias regras lhe parece um equívoco[4]. O que interessa são os "atos legislativos" a serem confrontados com regras de justiça.

> A justiça ou injustiça consistem nesta correspondência ou não correspondência dos atos legiferantes (Kelsen, 1993, p. 8).

A justiça, para Kelsen, não é um princípio de inteligibilidade do direito, mas relação de correspondência (lógica, semântica?) entre normas inferiores e superiores. Sua perspectiva é a da linguagem "designativa" (Taylor, 1985, p. 218). Kelsen transformou a justiça em objeto externo ao pensamento jurídico. Ela seria elemento de crítica ou de legitimação de um ordenamento, mas não faria parte dele. Emprestada da moral ou da política, não é necessária para compreender o próprio direito: o agente racional dentro do campo do direito precisa saber se houve ato de autoridade, nada mais. Pelo reconhecimento da autoridade, seria capaz de dar conta da sanção: pelo reconhecimento da sanção, saberia o que fazer. Age, portanto, como comandado: ele é empurrado pela sanção, mas não tem critérios para decidir em situações de dúvida. A justiça não seria intrínseca, não faria parte da lógica do sistema jurídico. Mesmo a justiça formal ou justiça natural ("tratar igualmente os casos iguais", "ouvir a outra parte"), isto é, aquela em que as regras se aplicam universalmente a todos os casos a que possam se referir (igualdade), não levanta o problema da justiça. Curiosamente, Kelsen mesmo, quando colocado na posição de agente do ordenamento – como juiz da Corte Constitucional austríaca – não conseguiu agir senão com vistas a um fim[5].

Outro jurista cético do século passado, bastante divulgado no Brasil, foi Alf Ross. Também em sua obra não aparece praticamente nada das teorias da ação desenvolvidas na segunda metade do século XX. O que diz ele sobre a justiça?

Invocar a justiça é como dar um golpe na mesa: uma expressão emocional que faz da própria exigência um postulado absoluto. Esta não é a maneira adequada de ganhar uma compreensão mútua. É impossível ter uma discussão racional com quem apela para a "justiça", porque nada diz que possa receber argumentação a favor ou contra (Ross, 1974, p. 267).

---

[3] Note-se que esta perspectiva está plenamente inserida no discurso da doutrina moral dos deveres e completamente alheia ao discurso da doutrina moral das virtudes.

[4] Essa radical separação de *ser* e *dever ser* torna sua teoria incomunicável com a teoria clássica, que não era uma teoria moral das normas, mas uma doutrina das ações humanas. A unidade de análise e a unidade conceitual da doutrina clássica era a ação, não a norma.

[5] Ari Marcelo Solon mostra isso: ele age, como juiz da Corte Constitucional austríaca, guiado por princípios que – observada sua teoria pura – não seriam jurídicos propriamente. Ari Marcelo Solon, *Hermenêutica jurídica radical* (São Paulo: Marcial Pons, 2017), p. 75-88.

Capítulo 6 · A JUSTIÇA É O SENTIDO DO DIREITO | 289

Diante de tais posições, é preciso recuperar, em primeiro lugar, o que significa a justiça e sua relação com o direito, relação lógica e, portanto, conceitualmente necessária; por isso, os agentes dentro do ordenamento não conseguem escapar dela. Seriam como os jogadores de futebol que não procurassem, em princípio, fazer gols. Se agissem assim, seriam considerados insensatos, a menos, naturalmente, que o objetivo que têm em vista seja externo ao próprio jogo, como, por exemplo, situar-se melhor na classificação do campeonato. Mas nesse caso, seria preciso considerar o jogo singular apenas como parte de um todo maior, o campeonato, ele também com sua própria razão de ser.

6.1.2. A justiça como *princípio* de inteligibilidade do direito

Vou propor uma leitura do problema por outro ângulo, que não o da discussão empírica, e tentar situá-lo no plano lógico. A proposta não tem nada de original: a rigor trata-se da explicitação do ponto de vista manifesto nos textos clássicos, como em Tomás de AQUINO, quando diz que a lei é uma "ordenação da razão" (*ST*, Ia-IIae, q. 90, a. 4, *respondeo*). Em outras palavras, se o direito é *inteligível*, não apenas *observável* ou *memorizável*, sugiro que a justiça é o elemento inteligível do direito positivo. Desse ponto de vista, a lei é um critério para agir e para comparar (ou *medir*) as ações humanas entre si, e pressupõe que o agente pode apreender uma unidade sensata para os diversos critérios[6]. Como visto no capítulo anterior, em cada caso de dúvida sobre o que fazer ou como compreender algum discurso ou ação singulares, vamos progredindo de todos menores (a frase, por exemplo) para todos maiores (o discurso, o campo ou disciplina do discurso etc.), até chegarmos, nos casos mais difíceis, ao sentido maior de todo o campo ou prática. É nesse último nível que um jurista vai encontrar a justiça. Minha reflexão vai, portanto, na linha daqueles para quem falar de direito implica *logicamente* falar de justiça.

Pensemos no que significa usar os primeiros princípios da lógica: identidade, não contradição e terceiro excluído. Toda vez que falamos e pensamos, usamo-los naturalmente, não precisamos invocá-los, nem dizer que os estamos usando. São intrínsecos ao ato de falar e pensar. Mas se surgir alguma dúvida sobre o que estamos falando, se aparecer algum mal-entendido, talvez precisemos esclarecer melhor nosso discurso e nossa ação. Apenas ao final de uma cadeia de justificações e argumentos vamos chegar ao princípio de identidade, quando nosso interlocutor se der por esclarecido ou nos apontar para uma contradição. Assim é a justiça no direito: ela está apenas no fim de uma cadeia de justificativas, embora seja pressuposta sempre, a começar, como já foi dito, pela ideia de justiça natural ou formal.

---

[6] Como diz ALVAREZ, fundado em AQUINO e ALVERNIA, "a comunidade política é fundada na lei, pois é essa que estabelece o objeto daquilo que é comum. Assim, o homem se desenvolve em função de sua finalidade apenas sob a lei – a lei é condição de sua natureza". Alejandro ALVAREZ, *Interpretação do direito e equidade* (Porto Alegre: UFRGS, 2015), p. 165.

CURSO DE FILOSOFIA DO DIREITO – *José Reinaldo de Lima Lopes*

Quadro 82

Princípios evidentes e menos evidentes. Evidentes são os princípios cujos significados são imediatamente compreensíveis por qualquer falante competente de uma língua, lembra MacIntyre. Alguns deles se expressam nas *palavras lógicas*: tudo, todos, algum, alguns, igual etc. Um falante competente sabe usar essas palavras. Outros princípios são compreensíveis apenas dentro de alguma "moldura conceitual" de certa teoria e por isso requerem uma "apreensão intelectual do quadro teórico em que estão imersos" (MacIntyre, 1990a, p. 10). A justiça é um princípio nesses termos: não é evidente como os conceitos lógicos em geral, mas apenas para quem domina a linguagem normativa: é um princípio de um campo e para quem usa a linguagem desse campo.

Primeiro é preciso reconhecer o direito como prática social, que se pode aprender e ensinar, como visto no Capítulo 3[7]. Condição do aprendizado é haver *sentido*. Práticas permitem aos agentes, se perguntados, darem razões próprias do campo em que se inserem. Quando inseridos em uma prática, suas razões referem-se à correção segundo as regras constitutivas – ou *princípios* – do campo. Se perguntarem as razões de uma sentença, a resposta sempre conterá uma justificação pela qual a decisão é *juridicamente* inteligível e, dadas as circunstâncias, a melhor decisão ou a única *logicamente* possível, a única correta[8]. Claro que seria *possível empiricamente* o juiz escrever qualquer coisa. Mas, para ser defensável *logicamente*, o leque de possibilidades se estreita. Tudo isso foi visto nos capítulos anteriores.

Pergunta-se, então: é possível falar em direito sem que se pense simultaneamente em justiça, sabendo-se que justiça implica logicamente igualdade? Pode o jurista operar o direito, ou pode o teórico analisar um ordenamento, sem pressupor alguma ideia de justiça? Pode-se conceber um ordenamento sem atribuir-lhe algum sentido, finalidade, intenção?

---

[7] H. Hart é o autor que traz essa perspectiva de volta à teoria do direito contemporânea. Quando distingue a obediência cega (habitual) da obediência fundada em razões (normas) no seu *O conceito de direito*, Hart insiste que a obediência a uma ordem jurídica é uma prática social semelhante à prática dos jogos. Depois da exposição absolutamente clara de Hart, todo o rumo da teoria do direito começou a mudar. Cf. Herbert L. A. Hart, *The concept of law*, 2. ed. (Oxford: Oxford University Press, 1997), esp. p. 56-61.

[8] Posso ter muitas razões para decidir, mas no papel de juiz elas não podem entrar como justificativa. Na vida civil e política, o enquadramento mais geral, a regra constitutiva abrangente, como já foi dito antes, é o direito. Por isso invoca-se, como último critério de decisão, a Constituição e sua carta de direitos fundamentais. Nesta, a proibição da condenação ou sacrifício do inocente é o elemento mais básico, razão pela qual todas as outras razões, inclusive de eficiência econômica, calam-se. A distinção entre razões jurídicas e outros motivos era fundamental para distinguir direitos de simples interesse, diferença que vem se esfumando a pouco e pouco. Um interesse fornece um motivo para a ação, mas não um motivo jurídico. O exemplo clássico nas salas de aula é o interesse (não jurídico) que os pais de um dos cônjuges podem ter na dissolução do casamento de um filho seu. Mas como lhes falta o interesse jurídico, não têm legitimidade (direito) para propor a separação judicial.

Capítulo 6 · A JUSTIÇA É O SENTIDO DO DIREITO | **291**

A pergunta não é "pode-se constatar", ou "pode-se ver" ou "pode-se descrever um ordenamento *jurídico* sem sentido?", mas "pode-se concebê-lo?", e conceber é ter uma ideia da coisa. Como podemos pensar num hospital, sem ter ideia de para que serve um hospital? Ou um tribunal, sem pressupor sua finalidade? Seria possível conceber um ordenamento sem atribuir-lhe uma finalidade? Essa finalidade pode ser apenas a força, o poder, *potentia* para comandar os mais fracos? Para isso seria preciso mesmo um ordenamento? Ou, ao contrário, o ordenamento, nesses casos mais patéticos e grosseiros de exercício da força, não tentaria revestir de "justiça" e "legalidade" o puro arbítrio, como fazem as ditaduras e totalitarismos em toda parte? Se a ideia de justiça[9] é necessária para operar ou para analisar o ordenamento, pode ela ser alheia ao direito mesmo? Não estaria na base mesma dessa prática como sua *regra constitutiva*[10]?

Christine KORSGAARD define *princípios constitutivos* como *padrões aplicáveis* a alguma *atividade*, e estes dependem da finalidade da atividade em geral. Os princípios da atividade do construtor dependem também da natureza (padrões constitutivos) dos objetos a construir. Uma casa, por exemplo, é uma forma de abrigo. Construir uma casa depende logicamente de saber o que é uma casa. Se alguém pergunta "por que uma casa deve ser um abrigo?", mostra que não entendeu o que é uma casa, e sem isso não é capaz de construir uma: a atividade (de construir casas) tira seu *princípio* dos *padrões* constitutivos do que é uma casa.[11]

Nesses termos, o direito, como atividade, precisa de um princípio ou sentido (finalidade) que se realiza no seu resultado (leis, decisões, negócios), subordinado à constituição de uma comunidade política, capaz de abrigar todas as formas de vida humana. A natureza lógica da justiça como interna ao direito é expressa elegantemente por MACCORMICK:

> Sem uma aspiração interna à justiça, nada é inteligível enquanto atividade orientada pelo direito. O direito possui uma orientação implícita à justiça, de

---

[9] Pode-se adotar aqui a distinção usada por CAMPBELL entre conceito e concepções de justiça (derivada de John Rawls, é verdade). O que chamo de ideia de justiça é o conceito, indicando, em termos clássicos, a virtude que rege a relação com os outros em uma comunidade, especialmente em uma comunidade política. As concepções referem-se aos arranjos institucionais (portanto, legais) segundo os quais se realizam igualdades entre os que vivem debaixo da mesma lei (portanto, na mesma comunidade política). Cf. Tom CAMPBELL, *La justicia*: los principales debates contemporâneos, trad. Silvina Alvarez (Barcelona: Gedisa, 2002), p. 21-24.

[10] FERRAZ JR. apresenta o problema em termos semelhantes: "a justiça é ao mesmo tempo o princípio racional do sentido do jogo jurídico e seu problema significativo permanente". Tercio Sampaio FERRAZ JR., *Introdução ao estudo do direito* (São Paulo: Atlas, 1988), p. 325. No entanto, ao contrário do que afirmo, diz que "não pertence ao jogo" por ser o "limite do jogo" (Ibid.). Essa diferença provém de dois pontos. Primeiro, de conceber a justiça como "um princípio regulativo do direito, mas não constitutivo" (Id., p. 327). Segundo, de concebê-la como o sentido que permite estimar o ordenamento como legítimo ou ilegítimo, ou seja, com um critério usado *sobre* o ordenamento e não *dentro* do ordenamento para operá-lo (cf. Ib., p. 321).

[11] Christine KORSGAARD, *Self-constitution*: agency, identity and integrity (Oxford: Oxford University Press, 2013), p. 28-29.

acordo com alguma concepção razoavelmente declarável dessa virtude. Por essa razão, a doutrina positivista da separação conceitual entre direito e moral é indefensável, e sua indefensabilidade é revelada através de uma análise meticulosa e desapaixonada do direito enquanto ordenamento normativo institucional (MacCormick, 2011, p. 33).

A pergunta cética, ou mesmo cínica, "mas o que afinal é a justiça?", revela que nosso interlocutor: (a) não tem ideia do que seja a justiça, nem das discussões filosóficas em torno do tema; ou (b) tem das discussões morais e práticas uma concepção subjetivista e relativista; ou, afinal, (c) está apenas se fazendo de desentendido[12]. Nos dois primeiros casos, ele não está familiarizado com o campo, no terceiro, não quer entrar na discussão e, por isso, não precisa ser levado a sério, basta tratá-lo como um vegetal, como sugere Aristóteles na famosa passagem do Livro IV da *Metafísica*. Os dois primeiros casos não são de surpreender. Basta olhar os currículos das faculdades de direito para ver que o tema foi delas expulso faz alguns anos. Continua sendo tratado na filosofia e, em nível mais institucional do que filosófico, nas ciências políticas. No direito, de onde surgiu, foi totalmente banido. O resultado é a simplicidade em que os juristas se encontram, esgrimindo lugares comuns sobre a relatividade da justiça e a impossibilidade de defini-la.

Por isso a tarefa dos juristas é mal compreendida como manipulação de palavras, sem responsabilidade pela consistência e coerência da forma de argumentar. Estabeleceu-se entre nós a identidade entre retórica e sofística ou arte oratória, como já foi esclarecido antes. O jurista esperto e falastrão é paradigma de sucesso, é *sofistica*do, aquele orador sem compromisso com a verdade de seu discurso[13]. Basta-lhe agradar e receber seu pagamento[14]. Com esse afastamento do rigor e da análise da justiça, formamos o jurista-sofista, o qual afirma que não há certo e errado no direito, que a justiça consiste no interesse dos mais fortes, dos mais espertos, e assim por diante. Repete-se, assim, a postura de Hermógenes, no *Crátilo* de Platão: perguntado a respeito dos nomes das coisas, respondeu que alguém poderia

---

[12] Contra o relativismo na moral e no direito, ver, entre outros, Martha Nussbaum, "Skepticism about practical reason in literature and the law", *Harvard Law Review* 107, n. 3 (Jan. 1994), p. 714-744; e Martha Nussbaum, "Why practice needs ethical theory: particularism, principle and bad behavior", em *The path of the Law*: the legacy of Oliver Wendell Holmes Jr. (Cambridge: Cambridge University Press, 2007), p. 50-86; Thomas Nagel, *A última palavra* (Lisboa: Gradiva, 1999). Thomas Nagel, *The view from nowhere* (New York: Oxford University Press, 1986).

[13] Sobre o confronto de Aristóteles com os sofistas, ver em geral Barbara Cassin, *Aristóteles e o lógos*, trad. Luis Paulo Rouanet (São Paulo: Loyola, 1999). O sofista era o que falava por falar. E a falta de compromisso com o sentido (e a ética) na fala fazia deles pseudo-homens, pois não levavam a sério aquilo que define o ser humano: o *lógos*, a capacidade de falar com sentido, de usar as palavras de certo modo e não como simples *flatus vocis*.

[14] Essa é a imagem que nos deixaram Platão e Aristóteles, imagem controversa e quase caricatural. Afinal, Sócrates, Platão e Aristóteles são de certo modo herdeiros da revolução no pensamento realizada pelos sofistas. Com estes, a filosofia voltou-se para as coisas humanas, a ação política e a linguagem mesma.

Capítulo 6 · A JUSTIÇA É O SENTIDO DO DIREITO | 293

chamar um cavalo de homem e estaria certo, porque, afinal, nomes são impostos às coisas pelas pessoas, e cada uma pode impor a cada coisa o nome que quiser[15].

Nas circunstâncias brasileiras, a ideia de justiça e de sua necessidade é contraintuitiva por dois motivos. Primeiro, porque a vida cotidiana e a estrutura da sociedade parecem demonstrar que é possível viver em um regime organizado pela lei, e ao mesmo tempo encontrar-se permanentemente em situação de injustiça e violência. Trata-se de uma questão de fato. Segundo, de tanto se repetir entre nós a frase "a relação entre direito e justiça é contingente e externa", não percebemos o problema contido na afirmação, pois não se distingue a relação lógica e necessária entre os termos da relação empírica e contingente entre o ordenamento e as condições materiais da sociedade.

A diferença no tratamento mais recente do tema está na consciência do caráter lógico das práticas sociais nas quais se acham as seguintes características: a) são propriamente sociais (não se trata de justaposição de ações individuais); e b) são compreensíveis em termos de certo e errado[16]. Por isso, nem estão à disposição de cada um individualmente, nem se realizam sem uma linguagem avaliativa e prescritiva, que pressuponha o certo e o errado.

A vinculação conceitual é lógica porque a determinação de um sentido (determinação semântica) é o elemento mais básico de qualquer pensamento consequente[17]. Se postularmos que a justiça nada tem a ver com o direito, ou que as relações entre direito e justiça são apenas contingentes, claro que a desvinculação conceitual impõe que o tratamento de um, o direito, seja distinto e independente do tratamento de outro, a justiça.

Quem pretende viver segundo o direito, seguir um sistema jurídico, ou obedecer a um ordenamento, precisa da noção geral dessa forma de vida. Sem ela, a pessoa fica perdida e precisa continuamente de alguém que a supervisione e lhe

---

[15] A discussão se estende entre 384 d e 385 a. A certa altura, HERMÓGENES diz que já discutira o assunto "... sem que chegasse a convencer-[se] de que a justeza dos nomes se baseia em outra coisa que não seja a convenção e acordo. (...) Nenhum nome é dado por natureza a qualquer coisa, mas pela lei e o costume dos que se habituaram a chamá-la dessa maneira" (384 d). Em seguida é confrontado por SÓCRATES: "Sócrates – Se eu dou nome a uma coisa qualquer, digamos, se, ao que hoje chamamos homem, eu der o nome de cavalo, a mesma coisa passará a ser denominada por homem por todos, e cavalo por mim particularmente, e, na outra hipótese, homem apenas para mim e cavalo para todos os outros? Foi isso o que disseste? Hermógenes – Sim". PLATÃO, *Diálogos. Teeteto/Crátilo*. 3. ed., trad. Carlos A. Nunes (Belém: UFPA, 2001).

[16] Como visto antes, no Capítulo 3: "Por prática quero dizer qualquer forma coerente e complexa de atividade humana cooperativa instituída socialmente por meio da qual bens internos àquela forma de atividade se atualizam no processo de tentar atingir os padrões de excelência apropriados e em parte definidores daquela forma de atividade, de forma que as capacidades humanas de atingir excelência e as concepções humanas dos fins e objetivos envolvidos são sistematicamente ampliados". Alasdair MACINTYRE, *After virtue* (Notre Dame: Notre Dame University Press, 1984), p. 197.

[17] Em outras palavras, o princípio de identidade (A = A) exige que se compreenda o que é A. A lógica antiga, por isso, dividia-se em lógica dos *termos*, lógica das *proposições* e lógica dos *juízos*. A lógica dos termos é uma semântica.

indique a cada caso o que fazer. Fica tão perdida quanto alguém que fosse colocado numa quadra de voleibol sem saber do que se tratava e lhe dissessem: agora joga! A pessoa precisa receber alguma instrução, perceber do que se trata; em seguida, precisa de um tutor ou professor. No começo, vai depender de muitas instruções diretas, como sempre que estamos sendo iniciados em alguma atividade. Quando se *habilitar*, ou quando adquirir o hábito daquela prática e o adquirir compreendendo "o que está em jogo" como *um todo*, pode ser deixada a si e continuar sozinha.

Quadro 83

Sentido, razão e razão de ser (inclusive de práticas). "(...) Nesse contexto, como em muitos outros, S. Tomás faz uso da noção de *ratio*. Esta talvez seja a palavra mais difícil de traduzir em seu vocabulário lógico. Esta palavra incorpora a maioria das dificuldades de *logos* em grego. Pode significar 'razão' e também 'argumento', mas seu uso mais frequente é o que se traduziu [aqui] por alguma forma da palavra 'descrição' em inglês. Esta descrição deve ser entendida como a descrição mental de algo, que pode ou não ser o equivalente de sua definição. Uma coisa tem apenas uma definição, mas diversas descrições e pode ser referida ou pensada por meio de qualquer uma delas. (...) O leitor vai encontrar muitas passagens em que o contexto exige em inglês uma palavra como 'sentido'" (MARTIN, 1988, p. 14). SOUZA NETO traduz *ratio* como "'determinação' ou conjunto de determinações constituintes do ente", de modo que *ratio* é aquilo que faz que uma coisa seja aquilo que ela é, "sua quididade". Cf. sua introdução em AQUINO (1997, p. 30). No *Curso de história do direito* (LOPES; QUEIROZ; ACCA, 2006), escolhi traduzir *ratio* por *sentido* em expressões como *ratio legis* ou *ratio juris*, abandonando a tradução mais literal de *razão de lei* ou *razão de direito* em favor de *sentido de lei, sentido de direito*.

Os iniciantes comportam-se às vezes como "sem-noção" porque não apreenderam o todo. Pensemos na pessoa que aprende a dirigir um automóvel. No início, o instrutor precisa corrigi-la repetidas vezes, e precisa transmitir-lhe as diferentes regras mais básicas ("regras constitutivas"), pois não se trata apenas de pôr o motor em funcionamento: é também observar sinais de trânsito, regras de circulação, respeitar prioridades e saber decidir quando fazer cada uma dessas coisas. Enquanto não são capazes de fazer tudo isso sozinhos e de uma vez só, aprendizes precisam de supervisores. Uma vez dominando a prática, podem ser deixados a si mesmos.

Sem adquirir a ideia central, o sentido[18], não se sabe o que fazer em cada caso novo e particular, em cada "jogada" ou "circunstância". As pessoas precisam compreender a racionalidade, a lógica da prática. O ensino do direito, se realmente pretender formar profissionais com capacidade de deliberar seguindo a lei, deve ter espaço para que os estudantes reflitam sobre essa inteligibilidade. Ao retirarmos do currículo jurídico a questão da justiça, roubamos-lhes aquilo que dá sentido a

---

[18] Como visto no Capítulo 4, essa capacidade intelectual aplicada à prática chama-se "arte" ou "técnica" quando a ação gera um "produto", e chama-se "prudência" quando o resultado não é completamente exterior ao agente. Essas *virtudes* são intelectuais e especificamente relacionadas ao *fazer* e ao *agir*, por isso são também práticas.

Capítulo 6 · A JUSTIÇA É O SENTIDO DO DIREITO | 295

seu aprendizado. Uma vez que a virtude da justiça tem um caráter intelectual e não sentimental, o ensino da justiça não se confunde com pregação ou proselitismo, nem com disciplina sentimental, pois justiça não é caridade nem misericórdia[19].

Quadro 84

> **O sentido é o bem de cada prática.** Uma prática ou atividade tem sempre um propósito, pelo qual a explicamos e pelo qual organizamos os atos singulares que a compõem. É o que esclarece ARISTÓTELES no Livro I, 7 (1095a) da Ética a Nicômaco: "Voltemos novamente ao bem que estamos procurando e indaguemos o que é ele, pois não se afigura igual nas distintas ações e artes; é diferente na medicina e na estratégia, e em todas as demais artes do mesmo modo. Que é, pois, o bem de cada uma delas? Evidentemente, aquilo em cujo interesse se fazem todas as outras coisas. Na medicina é a saúde, na estratégia a vitória, na arquitetura uma casa, em qualquer outra esfera uma coisa diferente, e em todas as ações e propósitos é ele a finalidade; pois é tendo-o em vista que os homens realizam o resto. Por conseguinte, se existe uma finalidade para tudo que fazemos, essa será o bem realizável mediante a ação; e se há mais de uma, serão os bens realizáveis através dela" (ARISTÓTELES, 1973a, p. 254). Sem esse fim geral, que chamo de sentido, não haveria como compreender mais nada. A medicina tem um fim, a saúde. Qual o fim do direito?

Alguns dirão que o direito não passa do jogo do comando, da ordem e da autoridade. O problema dessa concepção consiste em que, levada a seu limite, ela significa que se trata de algo parecido com o jogo infantil chamado "faça tudo o que seu mestre mandar". Ela reduz os jogadores a servirem ao arbítrio do mestre, retira-lhes o controle do jogo. Tanto é assim que as crianças que fazem o mestre divertem-se porque vão pedindo aos outros coisas cada vez mais difíceis até chegar àquelas absurdas ou impossíveis, e o jogo termina com a vitória do mestre que pediu a coisa mais insensata ou impossível. Seria o direito algo parecido?

Creio que não e, portanto, creio que tem um sentido que pode ser dominado por todos que dele participam. O sentido do direito, pela sua própria natureza, não é definido como o dos jogos lúdicos. Primeiro ele não tem um objetivo fechado, nem um tempo de duração determinado. O direito é abrangente[20], aberto, e a adesão a ele não é voluntária. Seu sentido, portanto, não consiste em chegar a um determinado ponto ou momento em que o jogo acaba. Seu sentido aberto consiste na manutenção ordenada da vida social. Alguns concebem essa manutenção como algo que se impõe de fora: a sociedade seria uma coisa de existência independente desta ordem imposta. Essa ideia aparece em expressões como "direito e sociedade". Sugiro uma concepção diferente, pela qual a sociedade é ela mesma uma interação contínua de indivíduos, e nestes termos ela não é algo diferente das regras e da

---

[19] Adam SMITH, *Teoria dos sentimentos morais*, trad. Lya Luft (São Paulo: Martins Fontes, 1999).

[20] É também o que diz Joseph RAZ, *Practical reason and norms* (Princeton: Princeton University Press, 1990), como vimos no Capítulo 2.

ordem que a constituem.[21] Assim como não se pode conceber uma língua que exista fora ou para além de suas regras gramaticais, também não se pode conceber uma sociedade fora ou para além de suas formas normativas.

6.2. O CONCEITO DE JUSTIÇA

Afinal de contas, o que é a justiça? Que espécie de "coisa" é a justiça? Ao longo de todos os capítulos anteriores, viemos insistindo que a *ontologia* (a concepção do objeto) possível e necessária para o direito afasta-se da *reificação* ou *coisificação*, seja ela modelo empírico – "a sociedade", "o poder" etc. – seja ela um modelo idealista – "os valores", "as normas", os objetos ideais. Essa linguagem reifica a justiça, sugerindo que se trata de uma coisa a alcançar e, uma vez alcançada, deixa aquele que a procura gozar de um tranquilo repouso, ou a situa como um atributo de coisas existentes, um acréscimo ao que existe, eventualmente um acidente não substancial a algum outro ser. O valor é um "tipo de objeto", diz Miguel REALE, ao lado dos *objetos naturais* (do "mundo do ser") e dos *objetos ideais*, e, continua, como é impossível defini-lo "segundo as exigências lógico--formais de gênero próximo e de diferença específica (...) pode-se dizer apenas que vale"[22]. Essa "teoria dos valores" coloca-se, expressamente, dentro de uma "teoria dos objetos" e transforma esses valores em objetos. Visto, porém, que na obra de REALE não se vê nenhum diálogo com os desdobramentos da filosofia na segunda metade do século XX (WITTGENSTEIN é mencionado apenas na sua primeira fase, o *Tractatus*), e nenhum de seus herdeiros intelectuais é referido, a proposta de tratar a justiça como um sentido não aparece. Ora, os sentidos, como vimos antes, não são objetos que existam como os objetos físicos, é certo, mas tampouco são objetos ideais, indefiníveis. São razões para ação. Só se concebem para ações: ações têm sentido, mas "o mundo", não.

Concebida a justiça como o (i) sentido de certas práticas, particularmente do direito, sendo necessário que (ii) haja *finalidades* e *bens* para conceber-se a ação humana, uma vez que (iii) a ação "começa pelo seu fim", considerando-se que (iv) o fim de uma ação pode ser a forma de vida individual ou social e pública, e que, portanto, (v) seja necessário conceber a ação dentro de um "jogo", forma de cooperação ou *prática,* pode-se abandonar a coisificação do conceito. A justiça se deixa analisar como um sentido das ações.

6.2.1. A igualdade

Se toda prática tem o seu sentido, e o direito é uma das práticas sociais em que nos envolvemos, qual seria o seu? Esse sentido unificador é a justiça. Trata-se agora de justificar mais longamente essa afirmação, o que envolve apresentar o conceito de justiça.

---

[21] Sobre essa natureza institucional do direito ver o capítulo 3. Ver também leitura semelhante que John GARDNER faz da teoria de Herbert Hart, em *Law as a leap of faith*, Oxford: Oxford, 2012, p. 280.

[22] Miguel REALE, *Filosofia do direito*, 17. ed. (São Paulo: Saraiva, 1996), p. 187 e ss.

Capítulo 6 · A JUSTIÇA É O SENTIDO DO DIREITO | **297**

Quadro 85

O fim da política é a justiça, e a justiça é igualdade. "Em todas as ciências e artes o fim é um bem, e o maior dos bens e bem no mais alto grau se acha na ciência todo-poderosa; esta ciência é a política, e o bem em política é a justiça, ou seja o interesse comum; todos os homens pensam, por isso, que a justiça é uma espécie de igualdade, e até certo ponto eles concordam de um modo geral com as distinções de ordem filosófica estabelecidas por nós a propósito dos princípios éticos; elas explicam o que é a justiça e a quem ela se aplica, e que ela deve ser igual para pessoas iguais, mas ainda resta uma dúvida: igual em que, e desigual em quê? Eis uma dificuldade que requer o auxílio da filosofia política" (ARISTÓTELES, 1988, p. 101, *Política*, Livro III, 7, 1283a).

O que fazem as regras que constituem o grande jogo da sociedade? Distribuem os ônus e os benefícios da cooperação social, entre os quais o próprio exercício dos poderes relativos à vida comum, qual seja, a autoridade[23]. São essas relações (interações sociais) de troca ou de partilha de coisas que se chamam relações de justiça. O direito refere-se necessariamente a essas relações, seja entre indivíduos como particulares, seja entre indivíduos como membros de grupos, seja nas relações com a sociedade inteira, relações políticas. Podem ser *relações comutativas*, de troca, de retribuição ou de compensação entre indivíduos singulares. Podem ser também *relações de partilha* entre indivíduos que têm entre si alguma sociedade ou cooperação. E podem ser as relações de pessoas com os recursos comuns, *relações políticas*. A grande tradição dava a essas relações respectivamente os nomes de relações de justiça comutativa, justiça distributiva e justiça geral ou justiça legal.

Em todas elas, ensinava e continua a ensinar a tradição filosófica, a primeira função das regras consiste em comparar, medir, igualar e guiar as ações individuais[24].

---

[23] É o que diz RAWLS: a sociedade é um empreendimento cooperativo para vantagem mútua. J. RAWLS, *A theory of justice* (Oxford: Oxford University Press, 1992), p. 4. De outra maneira, é também o que diz OAKESHOTT: viver em sociedade é viver num "estado civil". M. OAKESHOTT, *On human conduct* (Oxford: Oxford University Press, 1975), p. 108 e ss. Deve-se notar que, para OAKESHOTT, essa espécie de relação social, que ele propriamente denomina prática, não se assemelha a uma sociedade empreendedora, e, por isso, não pode ser compreendida em bases contratualistas. Viver em sociedade civil não é o mesmo que viver em sociedade com fim determinado para obter uma vantagem para si. A vida civil é uma forma de vida. Os homens aderem a uma prática (vida civil ou língua) sem que isso equivalha a entrar num contrato com objeto social amplo ou restrito. Nisso, sua visão difere bastante da de RAWLS, influenciado pelas teorias de escolha racional. Aqui também fica evidente a filiação contratualista da teoria de RAWLS.

[24] "No campo da filosofia jurídica, a teoria da justiça é uma imposição lógica. Referindo-se-lhe a regra de direito, como seu valor peculiar, ela é insuscetível de ser compreendida, interpretada e aplicada, senão em referência à justiça. Se indagarmos, porém, o que é a justiça, logo veremos que o seu entendimento é polêmico. (...) No entanto, observa Luis Recasens Siches, um levantamento dessas teorias demonstra, por trás de sua aparente contradição, alguma identidade. A similitude está em que a noção de justiça vem sempre ligada à de igualdade. O símbolo desse entrelaçamento é também o da justiça: a balança de pratos nivelados e fiel vertical". Daniel Coelho de SOUZA, *Introdução à ciência do direito* (Rio de Janeiro: FGV/UFPA, 1972), p. 12-13.

As regras ou normas do jogo social geral chamam-se leis. A lei, por definição, cria a comensurabilidade das ações. Cria, pois, igualdade.

Quadro 86

> **Quem diz regra, diz igualdade.** Assim pode entender-se a afirmação de Wittgenstein: "A palavra 'conformidade' e a palavra 'regra' são *aparentadas,* são primas. Se ensino a alguém o uso de uma delas, ele aprenderá também o uso da outra. O emprego da palavra 'regra' está entrelaçado com o da palavra 'igual'. (Como o emprego de 'proposição' está entrelaçado com o de 'verdadeiro')" (*IF* §§ 224 e 225). De maneira semelhante Tomás de Aquino: "Lex quaedam regula est et mensura actuum" [A lei é certa regra e medida dos atos]. (*ST*, Ia IIae, 90, a 1, respondeo).

Cada um pode querer dos outros qualquer coisa, mas essa "vontade de poder" não é lei, não tem generalidade e não tem autoridade. Caso se imponha porque dispõe de força para submeter os outros, estaremos diante de um tirano[25]. Ora, diante de um tirano não sabemos o que fazer, senão agradá-lo. Obedecemos sem motivo ou razão geral, apenas por medo, e sem razão geral, a obediência dependerá apenas de nosso conhecimento empírico caso a caso: tentamos adivinhar o que o agradará em função do que já fez. Em termos modernos, faltar-lhe-ia legitimidade. O tirano tem força, mas não tem razão; pode mesmo travestir-se de tribunal, porque se não julga conforme a lei, ou com clareza, de modo que possamos racionalmente compreendê-lo, julga como tirano, de maneira oracular. Santo Agostinho, ao dizer que um reino sem justiça não passa de um bando de salteadores, e que bandos de salteadores são pequenos reinos, ilustra a razão da diferença no diálogo entre Alexandre, o Grande, e um pirata por ele capturado. Perguntado o que ele, pirata, pretendia nos mares, o cativo respondeu: "a mesma coisa que tu, na terra" (Agostinho, 1987, p. 139). O pirata se apropria das naves alheias, de seus tripulantes e carregamento sem justificativa. E isso mesmo seria um soberano sem leis e sem justiça.

Diferentemente disso, a lei ou o direito precisam – no aspecto lógico, não no psicológico – oferecer a razão que o tornará inteligível como "um todo" e, por isso, passível de ser obedecido e seguido por cada um de forma autônoma, sem necessidade de um guarda ou tutor atrás de cada pessoa. Como vimos no capítulo anterior, essa *razão, finalidade* ou propósito não precisa expressar-se em cada lei

---

[25] Esse é o ponto de partida de Hart, para se desfazer da ideia de Austin de que a lei é a imposição de uma vontade. Se assim fosse, não saberíamos distinguir a ordem de uma autoridade da ordem de um delinquente. A tirania típica, diz Aristóteles, é aquela em que o governante exerce o poder irresponsavelmente, "visando aos interesses particulares do governante e não ao interesse comum dos governados, e portanto imposta a súditos relutantes, porquanto nenhum homem livre suporta voluntariamente um poder desse tipo". Aristóteles, *Política*, 2. ed., trad. Mario da G. Kury (Brasília: UnB, 1988), p. 141. O tirano tem força, mas não oferece uma boa razão para ser obedecido.

Capítulo 6 · A JUSTIÇA É O SENTIDO DO DIREITO | **299**

particular; deve, entretanto, encontrar-se no todo, deve ser constitutiva da prática, do campo, ou do *sistema*.

Para que haja essa razão, é preciso que conheçamos os critérios que igualam uma ação ou uma situação a outra. Cada ser humano e cada ação existem ou acontecem num tempo e num espaço determinados, mas podem ser comparados, equiparados, igualados e medidos se para tanto dispusermos de regras (réguas, medidas) ou leis. A medida chama-se justiça nas relações (entre seres humanos). Por meio do conceito de justiça, damos sentido a regras que permitam intercâmbios entre seres humanos distintos e entre suas respectivas ações. Daí por que se chama de justiça natural o puro e simples seguimento de regras: "tratar os casos iguais de maneira igual". É natural porque expressa simplesmente a regra da justiça em geral, o princípio da igualdade.

Do ponto de vista lógico, portanto, não é inócuo ou irrelevante dizer que as regras do direito se orientam para a igualdade, pois isso impõe que se definam os critérios de igualdade e que se justifiquem as aplicações das regras. Parece, mas não é pouca coisa. Existe, portanto, pelo menos uma perspectiva segundo a qual quase todos concedem que a justiça é implícita ao direito. Mesmo alguém como Alf Ross, autor da frase "a justiça não é um argumento mas uma pancada na mesa" (Ross, 1974, p. 267), afirma (i) que o sentido *formal* de justiça (isto é, a exigência de igualdade) confere racionalidade ao direito por distinguir-se da arbitrariedade, e percebe (ii) que pelo menos nestes termos o direito está *vinculado* à justiça (Ross, 1974, p. 272-274). HART também viu claramente essa espécie de implicação: a ideia mais simples de justiça consiste na aplicação da mesma regra geral a uma variedade de pessoas, é "justiça natural" e, nesses termos, uma conexão necessária entre direito e moral é admissível (HART, 1997, p. 206-207). Sem falar em implicação lógica, ele admite uma "óbvia e estreita conexão entre a aplicação da lei e a própria noção de regra" (HART, 1997, p. 161)[26].

Essa noção fundamental de igualdade é já por si de grande relevância, pois vincula um sistema positivo não apenas a comandos singulares, mas a uma prática de aplicação com consistência. *Ser consistente*, isto é, ser capaz de compreender a noção de igualdade e guiar-se por ela, é uma forma de *ser justo*, e sem essa forma de justiça não se pode falar em direito, pois não se pode falar propriamente em regra[27].

A igualdade é criada e reconhecida por regras ou, dito de outra maneira, toda regra é constitutiva (definidora ou determinadora) de igualdade. Encontramos o equivalente dessa afirmação em WITTGENSTEIN: quem sabe o que é uma regra sabe o que é o igual, e vice-versa; quem tem o conceito de igual tem o conceito de regra, como já mencionado.

---

[26] Os argumentos de HART expressos nos dois capítulos de *O conceito de direito* utilizados neste artigo foram expressos de forma mais sucinta no seu Herbert HART, "Positivism and the separation of law and morals", *Harvard Law Review* 71, n. 4 (1958), p. 607.

[27] É uma característica elementar do direito ressaltada por Lon FULLER, *The morality of law* (New Have: Yale University Press, 1964), e no artigo que esteve na origem do livro, "Positivism and fidelity to law: a reply to professor Hart", *Harvard Law Review* 71 (1957), p. 630-672. A consistência, ou a não aleatoriedade, é o que faz das ordens de um soberano regras, antes que puros comandos singulares e individuais.

A igualdade não é uma coisa, mas *uma relação entre "coisas" ou termos*. E a relação é apreendida intelectualmente. O importante é que qualquer sistema jurídico exige que o participante da respectiva sociedade, o jogador desse jogo, por assim dizer, (i) tenha o *conceito* de igualdade e (ii) saiba o que é *o igual nessa esfera*. Se igualdades não são propriedades intrínsecas das coisas e indivíduos, mas relações entre eles, é necessário que sejam estabelecidas, definidas, reconhecidas ou criadas. Esta é a função de qualquer regra. Por isso a noção fundamental apresentada no tratado da lei da *Summa Teologiae* de Tomás de AQUINO, como mencionado antes, é que a lei é *régua* e medida dos atos humanos[28]. Se estes podem ou necessitam ser comparados entre si (a) ao longo da vida de alguém, ou (b) nas diferentes esferas em que esse indivíduo atua, ou (c) se precisam ser comparados com os atos de outros indivíduos, é necessário um *termo de comparação*, um *tertium comparationis*. Em sociedades políticas, a esfera em que essa igualdade se aplica é a mais geral das relações interpessoais públicas, e o termo de comparação chama-se lei[29].

Não é por acaso que esse lado do problema, o da *medida* de comparação, seja tratado em ARISTÓTELES no Livro V da *Ética a Nicômaco* (1133a, 15) sob o tema da moeda. Moeda, em grego *nomisma*, deriva de *nomos*, a regra, "porque todas as coisas que são objeto de troca devem ser comparáveis de um modo ou de outro". Ora, o *igual* é o *equivalente* (vale a mesma coisa), que pode ser substituído e, portanto, pode ficar no lugar de outro. No plano das mercadorias, o dinheiro dá essa comensurabilidade; no plano das ações, a equivalência é dada pela lei. Contudo, é bom lembrar que, embora sempre e em toda parte onde haja agrupamentos humanos encontremos regras, medidas e termos de comparação, isto não implica que sempre e em toda parte os termos de comparação sejam os mesmos. E esta última afirmação também não implica que não se possa criar entre esses agrupamentos algum termo de comparação ou medida. Do fato de ser difícil, porque muito mais explicitamente convencional, não resulta que seja impensável (logicamente impossível) ou indesejável (ou praticamente impossível).

Dado esse caráter *convencional* ou *nômico* da igualdade, pode-se entrar em dúvida sobre se *A* é ou não igual a *B*, mas não se pode pôr em dúvida o *conceito* de igual. Nestes termos, a prática de seguir regras equivale à capacidade de predicar igualdades. Fazer a mesma coisa (a coisa igual) em situações iguais consiste em seguir regras. O aprendizado do direito é o aprendizado de seguir certas regras: nestes termos, saber direito – o que equivale a viver sob o direito, isto é, estar dentro da prática do direito – é o mesmo que saber o que é a igualdade. É jogar o jogo do seguimento das regras, ou seja, o jogo da aplicação do critério de igualdade na esfera política, na esfera da vida pública.

Quem pode dizer, quem deve dizer, ou quem necessariamente diz o que é o igual juridicamente? Aqui há variedades de soluções: diferentes regimes políticos,

---

[28] Explorei esse tema, fazendo referência à bibliografia relevante, em José Reinaldo de Lima LOPES, *As palavras e a lei*: direito, ordem e justiça no pensamento jurídico moderno (São Paulo: Editora 34/FGV, 2004a).

[29] Podem ser excluídas dessas relações públicas e impessoais, por exemplo, as amizades pessoais. Estas, por seu lado, dependem de suas próprias regras, mas não equivalem à amizade política que a tradição aristotélica atribui à solidariedade entre cidadãos.

Capítulo 6 · A JUSTIÇA É O SENTIDO DO DIREITO | 301

experimentados ao longo da história, são variedades de soluções para determinar-se a igualdade em razão da variedade de definições de quem determina o igual. A democracia contemporânea é um meio, embora não seja o único. Defendê-la, contra outras experiências já tentadas, é possível, mas não é o objeto de minha reflexão neste momento.

Quem entra na prática do direito entra, pois, num jogo de igualdades e precisa aprender a distinguir o igual do diferente. No sistema jurídico, há inúmeras regras elementares que permitem diferenciar e igualar. Assim, o direito civil nos diz: "toda pessoa é capaz de direito e deveres na ordem civil" (Código Civil, art. 1º), mas o direito constitucional nos diz que nem todos os seres humanos ou pessoas são cidadãos brasileiros (Constituição Federal, art. 12). O mesmo direito civil nos diz que todos os seres humanos são pessoas, mas nem todos podem exercer por si os seus direitos (Código Civil, art. 3º). Diz também que se pode atribuir direitos de pessoa às fundações (art. 44, III), que não são seres humanos. Há, portanto, inúmeras regras que constituem o jogo em seus elementos mais básicos. Sendo assim, viver sob o direito só pode ser viver sob a igualdade. O raciocínio seria já bastante fácil nessa altura: se aceitamos que o sistema jurídico é um sistema normativo, que a norma consiste no estabelecimento da igualdade, e que a justiça é uma espécie de igualdade, conclui-se que o sistema jurídico tem por objeto ou finalidade o estabelecimento da justiça. Do ponto de vista das definições, o círculo está fechado.

6.2.2. A teoria clássica da justiça como igualdade

A justiça, portanto, tem um aspecto intelectual muito especial[30]. Ela é a virtude das medidas e das regras. Para fazer justiça, preciso ser capaz de aplicar medidas e regras. Trata-se de coisas que só podem ser feitas objetivamente. Não se pode fazer uma conta sem que haja uma medida, um número, uma quantidade, um padrão. Não se pode aplicar uma regra sem que haja um padrão. Tanto o número quanto o padrão não podem estar apenas "na cabeça" de uma pessoa. A justiça, portanto, tem esse elemento objetivo. Ela permite e exige cálculo, coisa que outras virtudes não permitem[31]. Foi por isso, com razão, chamada de virtude fria e calculista, como sugere David HUME[32].

---

[30] A necessidade de "relacionar uma coisa a outra" só se cumpre por meio da razão e da intelecção. É preciso apreender essas relações racionalmente, o que torna a justiça uma virtude particularmente sensível ao racional, ou, como diz Tomás de AQUINO, à vontade, isto é, uma inclinação racionalizada. Cf. Tomás de AQUINO, *ST*, IIa IIae, q. 58, 4.

[31] Como esclarece ZINGANO: "A justiça é também um meio termo, a saber, aquele que se situa entre o ter mais e o ter menos, entre o cometer um ato injusto e o sofrer uma injustiça. Contudo, e aqui está a novidade filosoficamente importante, enquanto as outras virtudes morais repelem toda geometria moral que pudesse se aplicar a elas [*por causa do particularismo aristotélico*], a justiça se amolda muito mais a um padrão de análise matemática e permite, deste modo, a aplicação de um cálculo para a descoberta de seu termo médio, ao passo que as outras virtudes estavam inteiramente privadas de um cálculo matemático". Marco ZINGANO, "Introdução", em ARISTÓTELES, *Ethica Nicomachea V, 1-15*: Tratado da justiça, ed. Marco Zingano (São Paulo: Odysseus, 2017), p. 21-22.

[32] Cf. David HUME, *A treatise of human nature*, 2. ed., ed. P. H. Niddithc (Oxford: Oxford – Clarendon Press, 1978 [1739]), p. 496; David HUME, *An enquiry concerning human understanding* (New York:

Virtude do cálculo, do uso das regras, de instrumentos conceituais objetivos, a teoria clássica distingue justiça de outras virtudes em que o padrão é definido e diz respeito ao próprio agente e a seu próprio bem. O vício do injusto é uma espécie de ganância: "Visto que o injusto é ganancioso, ele girará em torno dos bens, não de todos, mas dos que são objeto de boa ou má fortuna..." (ARISTÓTELES, 2017, p. 88-89) (*EN*, V. 2, 1129b, 1). O injusto quer mais do que é bom e menos do que é ruim, mas esse mais ou menos se mede em detrimento de outros. Trata-se de ter mais de algum bem em prejuízo dos outros.

A justiça é a virtude da igualdade:

> Se o injusto é o desigual, o justo é o igual – o que justamente é a opinião de todos, mesmo na ausência de argumento. O igual requer ao menos dois termos. O justo, então, é necessariamente um meio termo e igual, isto é, é relativo a algo e envolve pessoas, a saber: enquanto é meio termo, o é de coisas (estas são o mais e o menos); enquanto é igual, envolve dois itens; enquanto é justo, refere-se às pessoas (ARISTÓTELES, 2017, p. 99) (*EN*, V. 6, 1131a, a 15-20).

E outra vez, na *Política*:

> Pensa-se, por exemplo, que a justiça é igualdade – e de fato é, embora não o seja para todos, mas somente para aqueles que são iguais entre si: e também se pensa que a desigualdade pode ser justa, e de fato pode, embora não para todos, mas somente para aqueles que são desiguais entre si; os defensores dos dois princípios, todavia, omitem a qualificação das pessoas às quais eles se aplicam, e por isto julgam mal; a causa disto é que eles julgam tomando-se a si mesmos como exemplo, e quase sempre se é um mau juiz em causa própria. Disto resulta que, enquanto "justo" significa justo para certas pessoas e é distinguido de maneira em relação às coisas a serem distribuídas e às pessoas que as recebem, como já dissemos na Ética (ARISTÓTELES, 1988, p. 92-93) (*Política*, L. III, V, 1280a).

Trata-se, portanto, primeiro de reunir as pessoas em grupos de iguais, que vão desde a *humanidade*, que implica uma igualdade universal, até unidades políticas (nas quais todos são cidadãos) e divisões ditadas pela biologia (sexo, idade etc.). No direito, esses grupos frequentemente dão origens a *estados*: estado civil, naturalidade, cidadania, capacidade etc. Além disso, é preciso levar em conta os objetos (as coisas a distribuir), e aqui entra explicitamente o cálculo, a geometria e a aritmética. Não se fala de justiça a não ser quando se fala de algo que se possa dar, distribuir ou atribuir às pessoas que têm relações entre si, sejam relações anônimas (como cidadãos, *v.g.*), sejam relações singulares (como partes em um contrato, *v.g.*).

Anchor Books Doubleday, 1990), p. 83. No mesmo sentido, J. R. LUCAS: "Justice is not fraternity, because fraternity is a warm virtue, concerned with fellow-feeling, whereas justice is a cold virtue which can be manifested without feeling, and is concerned to emphasize that the other chap is not merely a human being like myself, but a separate individual, with his own point of view and own interests that are distinct from mine". J. R. LUCAS, *On justice* (Oxford: Oxford University Press, 1989), p. 4.

6.3. A VIRTUDE DA JUSTIÇA

6.3.1. A justiça como resposta à injustiça

Alguns de nossos problemas com a ideia e conceito de justiça procedem de imaginarmos que a justiça é alguma espécie de objeto, porque designada por um substantivo. Sendo assim, deveríamos ser capazes de *apontar* para alguma coisa. Se não for uma coisa, uma *res extensa*, deve então ser um ideal ou valor. Falando em valores e ideais, continuamos à procura de um objeto e caímos no *idealismo,* na tentativa de achar esse objeto ideal "lá fora". Pode ser então que a justiça não seja isso e possamos falar de outra maneira. Alguns sugerem que devemos começar a pensar no assunto da justiça a partir das situações de injustiça.

Essa é a proposta de Barrington MOORE JR. (1987), de uma perspectiva de ciência social e política, mas também a de Elizabeth WOLGAST (1987), de perspectiva filosófica propriamente dita. Para ela, é importante nos aproximarmos do termo, conceito ou ideia de justiça deixando de lado a pretensão de concebê-la como objeto, ou um estado de coisas ideal. Melhor seria, diz, abordá-la da maneira proposta por WITTGENSTEIN, percebendo como se usa a palavra justiça (*a gramática da palavra*), a qual se usa sempre como reação a algo mau, mas nem sempre como pretensão a algo específico. Pedir justiça não é o mesmo que pedir um abacaxi ou uma alcachofra (WOLGAST, 1987, p. 135). Essa indeterminação é da natureza do uso coerente do termo. A proposta de WOLGAST chama a atenção para uma importante dimensão do problema: não podemos realmente apontar para a justiça como uma "coisa lá fora". E não podemos conceber um estado de coisas justo *por definição*, como estado ideal, à maneira da linguagem matemática. Para o jurista, a resposta de WOLGAST não satisfaz totalmente, pois falamos de justiça também em reivindicações precisas e determinadas, que podemos exigir, quando pedimos, sim, ações ou coisas *devidas*. A rigor, WOLGAST está se referindo, como ela mesma diz, ao fundamento da vida moral:

> Proponho que a rejeição do malfeito é uma noção fundamental para a moral, mas não implica que haja uma respectiva resposta justa. A própria expressão é parte do que se exige; é *um aspecto crucial da moralidade*, não uma demonstração de sentimentos sem consequências (WOLGAST, 1987, p. 146) (grifo meu).

Essa maneira de falar sugere que WOLGAST está primariamente tratando da *justiça como virtude geral,* não como uma das virtudes em particular (como veremos adiante). De qualquer modo, dissipa a forma mais corrente de pensar e algumas das mais frequentes objeções que se fazem a quem fala da justiça: "mostre-me onde está!", "que coisa é esta de que está falando?", "nunca se viu a justiça em lugar algum!", "chamamos de justiça coisas muito diferentes!", "há mais de um critério de justiça: a qual devemos nos ater?", e assim por diante.

6.3.2. Uma virtude para os outros, não para si

A pergunta o *que é a justiça* começa a ser respondida dizendo-se que se trata de uma *virtude moral* específica. Diferentemente das outras virtudes morais, cujo propósito é fazer a pessoa atingir uma certa excelência pessoal, ela não contribui imediatamente para que a pessoa que a possui seja mais feliz, ou alcance um objetivo seu. A pessoa justa não aumenta seu próprio prazer, bem-estar ou felicidade, mas o bem de outrem em particular (*justiça particular*) ou de qualquer um (*justiça geral*). Por isso ela é diferente das outras virtudes. Isso permite distinguir entre a vida e os ideais morais das pessoas singulares (as *virtudes monásticas*, de *mono*, um só), e a vida e os ideais morais de uma comunidade política, de caráter necessariamente público e objetivo (*virtudes sociais e políticas*) diferente da esfera da moral privada. A justiça não se desenvolve em função do que fazemos para atingir nossa perfeição individual, mas pelo resultado social e exterior: *a justiça não é virtude para si, mas para os outros*. Não se confunde, porém, com a generosidade, a magnanimidade, o altruísmo em geral, porque, de um lado ela é *medida e limitada*, e de outro *dá a outro o que já lhe pertence*. Como diz a fórmula consagrada, ela é "a vontade constante – habitual – de dar o seu de cada um"[33]. A justiça conta, mede e distribui.

Sem a concepção de igualdade, que permite a cooperação social, não conseguimos entender a razão de ser do direito, dessa forma de vida que distribui obrigações e direitos entre os seres humanos, uns com relação aos outros, segundo regras inteligíveis. A isso chamamos justiça: pela lei espera-se a distribuição *igual ou proporcional* de bens entre os membros de uma comunidade política, capaz de manter cooperação. O direito, por isso, é o essencial de um regime político, isto é, de relações de cooperação que não se devem ao afeto ou ao sangue, como seria o caso da família. O direito permite a criação da ordem e estrutura social, e da cooperação para além de laços tradicionais, biológicos, afetivos, das comunidades fechadas.

Ora, a cooperação com os não familiares poderia ser imposta pela força. Neste caso, as leis serviriam de veículo de ameaças. Esta é uma ideia comum ainda, como vimos nos primeiros capítulos: o direito como comandos apoiados em ameaças. Talvez seja mesmo dominante, mas assim não se desenvolve a racionalidade autônoma. Já vimos que o participante de um sistema semelhante conserva-se como a criança que joga "faça tudo que seu mestre mandar". Se não há uma razão que permita compreender o jogo, também não haverá como ensiná-lo. O participante espera sempre que alguém lhe diga o que fazer: um presidente, um tribunal, uma autoridade ou potentado qualquer. Um jogo assim, cuja razão última de ser não passa do exercício da força, não se pode seguir de forma autônoma, não se pode propriamente aprender, a não ser submetendo-se integralmente ao mais forte. A submissão como fato bruto é fenômeno psicológico, não lógico. É a ideia de justiça que agrega racionalidade ao direito. Com ela podemos seguir autonomamente as regras.

---

[33] D. 1, 1, 10: "Ulpianus, lib. 1, Regularum. Justitia est constans et perpetua voluntas jus suum cuique tribuendi. § 1 Juris praecepta sunt haec: honeste vivere, alterum non laedere, suum cuique tribuere" ["A justiça é a vontade constante e perpétua de dar o seu a cada um. Os preceitos do direito são os seguintes: viver honestamente, não lesar ao outro, dar o seu de cada um"].

Em *Ética a Nicômaco*, ARISTÓTELES chamou nossa atenção para a diferença específica da virtude da justiça. Nas outras virtudes – chamadas individuais ou monásticas – o meiotermo consiste no equilíbrio entre dois vícios, duas faltas do caráter. O corajoso não é timorato nem temerário: ele é capaz de recuar ou avançar conforme a situação exija. Os dois vícios, a covardia e a temeridade, opõem-se à coragem e estão na própria pessoa. No caso da justiça, porém, existe um complicador. É certo que na pessoa, a virtude da justiça consiste em não querer excessivamente do que é bom *em detrimento de outrem*. Ou seja, o vício da *pleonexia*, do desejo excessivo de ter as coisas boas, é visto do ponto de vista da *perda que impõe a outros*. Esses outros tanto podem ser os que têm relação direta conosco, por meio de um negócio ou contrato, quanto os que podem ser afetados por nossas ações mesmo sem essa relação direta. Por isso mesmo encontramos no direito regras que restringem cláusulas contratuais que provocam injustiça (excesso de benefícios para alguém), como a proibição geral das cláusulas leoninas, das cláusulas potestativas, das formas de abuso de direito.

O abuso de direito é um bom exemplo para entendermos do que trata a justiça. A doutrina do abuso de direito aceita que uma pessoa tenha certo direito, como, por exemplo, o de construir sobre seu terreno, ou de exercer livremente uma atividade empresarial. Contudo, esse direito pode afetar outros de maneira que o titular do direito – o proprietário, o empresário – passa a ter algo em detrimento de alguém: passa a ter uma vista mais bonita de sua casa, em detrimento do sossego ou da iluminação da casa do vizinho, passa a ter uma vantagem competitiva artificial sobre seu concorrente, e assim por diante. A doutrina jurídica reconheceu que esse excesso de vantagem, essa *pleonexia*, não se admite. O que se encontra por trás dessas doutrinas é uma ideia de justiça. Depois de elaborada a doutrina, ela foi recebida na legislação. O Código Civil brasileiro determina:

> Art. 187 – Também comete ato ilícito o titular de um direito que, ao exercê-lo, excede manifestamente os limites impostos pelo seu fim econômico ou social, pela boa-fé ou pelos bons costumes.

Igualmente a Lei 12.529/2011, contra o *abuso do poder econômico*, refere-se ao excesso ou abuso de forma expressa em seu art. 36, definindo como infração da ordem econômica tanto o "aumentar arbitrariamente os lucros", quanto o "exercer de forma *abusiva* posição dominante" (grifo meu).

6.3.3. O justo e o conceito de justiça

Outro problema consiste na confusão entre o conceito de justiça e a predicação do justo em casos particulares: como é possível saber o que é a justiça, ou seja, ter *o conceito de justiça*, sem saber o que é justo em cada caso particular? Como posso ter a ideia da justiça e entrar em dúvida a respeito do que devo a alguém que me fez ou cedeu alguma coisa? Ou, ainda, como posso ter a ideia de justiça e não ser capaz de dizer se alguém agiu justa ou injustamente sem antes examinar os detalhes, as circunstâncias e as razões do caso? Será que a ideia de justiça não fornece claramente a medida certa, que poderia ser aplicada sempre e sem qualquer margem de dúvida? Não proveria um algoritmo? A razão de ser dessa espécie de dúvida tem origens diferentes. Uma delas já vimos antes, quando tratamos do uso prático da razão (Capítulos 3 e 4). Outras duas são ou de caráter empírico e/ou de caráter conceitual.

De caráter empírico é a dúvida sobre por que se veem diariamente situações reputadas injustas e, mesmo assim, a sociedade continua a existir. A falta da justiça parece não afetar a existência da sociedade ou das interações sociais. Tampouco afeta a sobrevivência do sistema jurídico. Veem-se diariamente casos de injustiça, mas alguns, ou muitos, não os percebem como injustiça. Será que lhes falta a ideia de justiça? Será que essas divergências são a prova de que realmente não há justiça, de que a ideia é desnecessária, é ilusão, nada de substancial? Esse questionamento conduz à dúvida conceitual propriamente dita, ou confusão conceitual. Dá-se quando, embora se possa ter a ideia e sobre ela sensatamente discorrer e discutir, têm-se dúvidas sobre sua aplicação ao caso singular. Seria como ter-se a ideia do que é uma mesa ou um automóvel, mas ao mesmo tempo entrar-se em dúvida se determinada coisa é realmente uma mesa (não seria um balcão? Ou um aparador?), ou um automóvel (não seria uma réplica, um outro veículo?).

É preciso, pois, distinguir dois níveis de análise. No primeiro nível está a ideia de justiça. A ela fazem necessariamente referência todos os que argumentam e agem dentro do campo do direito, mesmo quando o fazem cínica e mentirosamente. Sentem-se obrigados a fazer isso porque é da lógica do campo referir-se à justiça, como é da lógica das ciências naturais referir-se a causas. Nesses termos a justiça não pode ser algo externo ou contingente no sistema legal. Ela desempenha um papel logicamente necessário, como em qualquer sistema de inteligibilidade, digamos de certa orientação, que lhe dê limites dentro dos quais pode ser compreendido. Nesse nível a justiça é o sentido do "jogo do direito", ou, a "lógica" do jogo. Nesse nível a justiça se confunde com o princípio da igualdade e é primeiramente formal: *tratar a todos igualmente*. Embora pareça vazia, a fórmula exige que toda decisão jurídica, aplicando, criando, ou vivendo sob a lei, possa ser explicada e justificada em termos de igualdade. Esse princípio de igualdade se explicita nas diversas relações estruturadas: (1) de troca ou comutação; (2) de partilha ou cooperação. Para cada uma delas, uma forma de igualdade, uma justiça: igualdade aritmética na justiça comutativa (ou retributiva), igualdade proporcional na justiça distributiva. Uma vez de posse do conceito de justiça como igualdade, entra-se no segundo nível de análise: pode-se dizer que algo é justo em tal ou qual situação? É uma questão diferente da primeira.

Ora, a ideia de justiça dá os elementos conceituais necessários para analisar o caso de sua perspectiva, mas não dá por *dedução pura* e simples a resposta do que é justo no caso concreto[34]. Assim como o conceito de ponte não dá ao enge-

---

[34] Ver o que foi dito sobre dedução e determinação nos Capítulos 3 e 4 sobre determinação e sua diferença em relação à dedução.

Capítulo 6 · A JUSTIÇA É O SENTIDO DO DIREITO | 307

nheiro, por dedução, o projeto da ponte, a ideia de justiça não dá ao julgador a decisão singular. Se uma lei é justa, se um negócio é justo, se um ato é justo em particular, só se sabe dispondo da ideia clara de justiça, mas mesmo dispondo da ideia, pode-se de boa-fé ter dúvidas sobre a justiça de uma lei, de um negócio ou de um ato.

A confusão atual, que se presta a toda espécie de engano, é dizer (de má-fé ou por ignorância?) que uma dúvida sobre caso específico afeta a noção mesma de justiça. Num dos mais célebres livros sobre o assunto no século passado, *Uma teoria da justiça*, Rawls (1992) dá um exemplo da diferença desses dois níveis de discussão: uma coisa é o conceito de justiça, outra coisa é saber se algo é justo. No livro, mais do que perguntar pelo conceito (*o que é a justiça?*), ele pergunta pela qualificação da sociedade: uma sociedade em que respeito (à autoestima, à autonomia moral) e acesso a bens primários da vida fossem muito desigualmente distribuídos poderia ainda ser chamada de justa? A sociedade injusta daria motivos a seus membros para continuarem a cooperar entre si?

De posse desses elementos, podemos enfrentar os equívocos de certos discursos. Primeiramente, a equivocada ideia de que mesmo em situação enormemente injusta ainda existe Estado de direito. Se os casos reais de injustiça são tantos e mesmo assim somos capazes de nos referirmos a tais sociedades como dispondo de direito, ficaria demonstrado que o direito e a justiça são conceitos totalmente independentes. Resposta: devemos distinguir *a justiça*, conceito, do *justo ou do injusto* predicados, da mesma maneira que distinguimos o conceito de *bem* do predicado *bom* aplicado a alguma coisa. A existência dos casos ou circunstâncias históricas e concretas de injustiça não invalida a necessidade do conceito, razão pela qual, aliás, mesmo os tiranos fazem apelo a leis e justiça, leis tirânicas e justiça tirânica. Nenhum deles diz que vai legislar para ampliar desigualdades, ou para exercer o poder arbitrariamente. Dão forma de lei ao seu arbítrio[35]. Da mesma forma que uma gramática é necessária para a existência de uma língua, mas seu uso inadequado por alguns falantes é apenas um evento que não exclui a necessidade de relações certas entre os termos da língua. Não é porque as pessoas cometem erros ao usar a língua que a língua deixa de ter gramática e formas de expressão corretas. Um erro não é um critério. Para que se converta em critério, ele precisa deixar de ser *acaso* para se transformar em *regra*, para *corrigir*. A gramática permite a compreensão recíproca dentro da comunidade dos que falam a língua.

---

[35] Basta ver o que foi no Brasil a ditadura de 1964 a 1985. Editava frequentemente atos para dar forma de lei ao arbítrio: periodicamente cassava os direitos dos opositores políticos, impedia o acesso aos meios judiciais de defesa de direitos civis, legislava por decreto, isto é, por atos de vontade monocrática do general-presidente. E este, junto com um conselho, dizia-se detentor do poder de fazer leis, de instituir e constituir o regime. Mas um regime que se constitui assim é um governo de homens, não de leis, não importando a forma que se dê.

Quadro 87

Sentido e teorias sistêmicas. Teorias sistêmicas suspendem a análise do sentido nos termos em que a hermenêutica o propõe ("o que se diz"). Herdaram da linguística de Saussure a metodologia da suspensão do exame do sentido para concentrar-se na estrutura do sistema de signos. Sentido, para elas, converte-se nas relações estruturais e funcionais dos elementos entre si. Interessam-se pela língua, mas não pelo discurso, pela estrutura, mas não pelo significado. O sistema, que em Kant é todo articulado e finalisticamente organizado (*Crítica da faculdade de julgar*), converte-se em qualquer todo organizado de qualquer modo. Cf. MAUTNER (1999), ABBAGNO (2000). Tais filosofias foram de grande moda nos anos 1960, especialmente na França (estruturalismo). Uma análise do discurso sem interessar-se pelo "que é dito", concentrada apenas no "como é dito", situa-se, segundo RICOEUR, na esfera da explicação, mas não permite compreender o que se passa efetivamente (RICOEUR, 1991, p. 111-117; 127-132). De certo modo, abandona-se a semântica a favor da sintática. Ver o Quadro 19.

A objeção empirista diria: mas os muitos erros que as pessoas cometem podem levar a uma transformação da língua, podem transformar o errado em certo. Sim, mas ao transformar o errado em certo, a língua modificada tem seu critério de certo e errado. O critério mudou, mas não desaparece a necessidade de um critério. O problema do relativismo e da sofística em que infelizmente nos encontramos consiste nesse erro elementar de afirmar que podemos ter simultaneamente, na mesma língua, ou no mesmo sistema jurídico, critérios diferentes de correção, ou de justiça. Essa sofística confunde a presença do erro com a presença de critérios. Embora se possa empiricamente fazer certos discursos insensatos, o uso da linguagem pressupõe o seguimento de certas regras. Os erros dos falantes não invalidam a necessidade do sistema linguístico[36].

6.4. AS FORMAS DA JUSTIÇA

Depois de ver o conceito de justiça como igualdade, convém sumariar a outrora conhecida separação dos tipos ou formas de justiça. Virtude que se volta para os outros e para a medida das coisas devidas aos outros, ela nos remete à distinção aristotélica entre uma virtude *geral* e uma virtude *particular* da justiça, e essas distinções dizem respeito à espécie de relação que se estabelece com os outros, e ao outro a quem se deve algo em termos de justiça.

6.4.1. A justiça geral

Para ARISTÓTELES, a *justiça geral* confunde-se (i) com a honestidade, com o ser um bom cidadão e uma boa pessoa de maneira geral, ou (ii) com a submissão

---

[36] Explorei essa mesma ideia anos atrás em "Hermenêutica e completude do ordenamento", *Revista de Informação Legislativa (Senado Federal)* XXVI, n. 104 (out./dez. 1989), p. 237-246. Naquela altura baseava-me no texto de Paul RICOEUR sobre acontecimento e sentido. Uma série completa de conferências de RICOEUR veio mais tarde esclarecer e reforçar-me esse ponto de vista. Cf. Paul RICOEUR, *Teoria da interpretação*: o discurso e o excesso de significação, trad. Artur Morão (Lisboa: Edições 70, 2019).

à lei, também de modo geral. No primeiro caso (i), trata-se de um uso *analógico* da palavra, quase como uma figura geral da bondade moral. Essa justiça não é aquela de que vai se ocupar no Livro V da Ética a *Nicômaco*. Ele conclui que "esta justiça não é parte da virtude, mas a virtude inteira" (ARISTÓTELES, 2017, p. 91, *EN*, V, 1129b, 25).

No segundo caso (ii), trata-se de uso mais próprio, porque a lei é a medida comum e publicamente reconhecida da espécie de relação que posso e devo ter com os outros membros da sociedade. Por isso, diz ele, "tudo o que se ampara na lei é justo *em algum sentido*" (ARISTÓTELES, 2017, p. 89, *EN*, V, 1129b, 12). A lei visa o

> interesse comum, ou de todos, ou dos melhores, ou dos que comandam, seja com base na virtude, seja segundo algum outro modo quejando, de sorte que há um sentido em que dizemos que são justas as prescrições que promovem e preservam a felicidade ou suas partes *em prol da comunidade política* (ARISTÓTELES, 2017, *EN*, V, 1129b, 24).

A lei "ordena a fazer os feitos segundo as outras virtudes e proíbe os vícios". Essa virtude é geral, porque "completa", mas sempre em relação a outrem. Ou seja, seguir a lei é, de certo modo, ser justo, porque a lei dá a medida do que devemos fazer com relação ao outro na esfera pública.

Quadro 88

> **Justiça e legitimidade**. Embora expulsa da discussão de ciência política institucional ou do direito, a justiça voltou por uma fresta: a ideia de legitimidade. Perguntar pela *legitimidade* é perguntar por *razões para obedecer*. Como obedecer a uma autoridade política, ou como pertencer a uma comunidade se delas só obtemos *desprezo, exploração ou opressão*? Em outras palavras, por que obedecer quando não obtemos nada de volta ou quando o que obtemos não parece proporcional a nossa contribuição? Trata-se, neste caso, de indagar sobre a justiça geral, justiça legal ou justiça política, como veremos mais adiante neste capítulo, ao falar da obra de John RAWLS. Tratado com desprezo e explorado, que razão resta a alguém para obedecer?

Não se trata, portanto, de ser bom no sentido absoluto, ou seja, ser excelente em tudo com relação a um padrão aplicável a si, a uma atividade ou a um estado em particular (como ser um bom aluno, um bom motorista, uma pessoa temperante, sóbria, magnânima, piedosa etc.). Trata-se de ser bom com relação aos outros. Outras virtudes, como a coragem, por exemplo, podem ser realizadas por causa do outro e assim podem ser praticadas ou desenvolvidas por causa da justiça. Se vejo alguém ser injustamente agredido, posso defendê-lo não porque sou bravo ou valente *para mim*, mas porque minha relação com qualquer inocente se impõe: neste caso ajo corajosamente por causa do outro. Como a lei positiva diz respeito a essas relações com os outros, ela se torna a espécie de medida dessas mesmas relações. Nesses termos, cumprir a lei é reconhecer que certos atos bons (como os atos de bravura) são atos de justiça também. Esta é a justiça geral. Por ela, praticamos "o que é vantajoso para outra pessoa" (ARISTÓTELES, 2017, p. 91, *EN*, V, 1130a, 5) por definição, determinação e instituição legal. Ao participar de uma comunidade política (ou cidade), participo não de uma unidade orgânica, mas de uma unidade institucional, ou *unidade de ordem*. Minhas relações para com essa unidade e seus membros (cidadãos) têm origem em determinações legais (são institucionais)[37].

Há outra explicação da justiça geral na obra de Tomás de AQUINO[38] e divide-se em duas considerações. *A primeira* (i) diz respeito a quem é o "outro" na relação de justiça. A justiça é a virtude das relações com os outros, mas essas relações podem dar-se com um outro definido e identificável, ou um outro "em geral", o outro anônimo. A justiça pode orientar-nos para o outro "considerado singularmente" (*ad alium singulariter consideratum*) ou para o "o outro em geral" (*ad alium in comuni*). Neste último caso, considera-se justo o que se faz à comunidade, dentro da qual o outro está inserido. Assim a justiça atinge *mediatamente* alguém em particular, e *imediatamente* a comunidade (ou grupo, digamos) à qual este alguém pertence. Nesse sentido, a justiça é geral, porque o beneficiário das ações justas é *qualquer um* que esteja no grupo (comunidade). O outro da justiça particular é identificado; o da justiça geral é qualquer um que se coloque na minha frente. Ela não é voltada para ninguém em particular (*ST*, IIa, IIae, q. 58, art. 5, *respondeo*). É a virtude do cidadão enquanto cidadão.

A *segunda* consideração (ii) refere-se não ao sujeito, mas ao *bem* devido, e explica por que a pessoa honesta, que segue e cumpre a lei, pode ser também considerada *justa em geral*, e por que o *justo* (quem possui a virtude especial, a justiça) pode também ser chamado de *bom* (como se possuísse as virtudes *em geral*). O objeto da justiça geral é o *bem comum*[39]. A justiça sempre diz respeito a *algo* que as pessoas trocam, distribuem, partilham ou criam entre si.

No caso da justiça geral ou legal, seu objeto próprio é o bem comum. Não se trata de *um* bem comum, como por exemplo o objeto social de uma sociedade comercial.

---

[37] Posso igualmente ser temperante por causa dos outros: se estou casado, posso conter meus desejos por outra pessoa em função de meus deveres de fidelidade com minha mulher ou meu marido. Cumpro certa temperança por causa do outro e, nestes termos, sou justo. Posso exercer qualquer virtude por causa do outro e, nestes termos, essas virtudes se exercem por justiça.

[38] Encontra-se na *ST*, IIa., IIae, q. 57 e 58 especialmente, embora o tratado se estenda até a q. 80 (pois trata ainda do julgamento, das injustiças etc.). Tomás de AQUINO, *Suma teológica*, ed. Carlos-Josaphat Pinto de Oliveira OP, trad. Aldo et al. Vannucchi (São Paulo: Loyola, 2004, v. 5).

[39] Não tenho aqui o tempo para esclarecer o conceito de bem comum, conceito hoje praticamente esquecido e mal compreendido. Basta dizer que o bem comum não é uma *res extensa* disputada por indivíduos (como seria uma coisa valiosa e indivisível), nem uma coisa valiosa e escassa apropriável de uma vez por todas por quem chegar primeiro (como um lugar num teatro), nem algo que todos queiram necessariamente, pois diferentes pessoas querem coisas diferentes (um diploma de uma faculdade de direito, por exemplo), como reconhece Tomás de AQUINO (*ST* IIa IIae, q. 58, a 9, ad 3: "Bonum autem unius personae singularis non est finis alterius"). Os economistas hoje estão mais sensíveis ao problema do bem comum e têm uma ideia mais clara dele do que os juristas. Eles se aproximam da ideia de bem comum ao tratar dos *bens públicos*. É significativo que alguns trabalhos de economistas sobre os bens comuns lhes renderam o Prêmio Nobel de economia, como foi o caso de Elinor OSTROM em 2009, cuja obra de síntese é *Governing the commons*: the evolution of institutions for collective action, 22nd printing (Cambridge: Cambridge University Press, 1990).

Capítulo 6 · A JUSTIÇA É O SENTIDO DO DIREITO | 311

Trata-se *do* bem comum da sociedade em geral, ou, melhor dizendo, da sociedade política. Trata-se das condições que permitem a convivência entre os cidadãos. Esse bem comum não é um estoque, depósito ou acervo de coisas, nem um fim ou objeto comum que se possa realizar por meio de uma associação particular e específica, como bem esclarecem FINNIS (1992, p. 168), OAKESHOTT (1975, p. 118-124) e RAWLS (1995, p. 60-63)[40]. Se fosse assim, o bem comum da política coincidiria, em sua natureza, com os bens indivisíveis do nosso Código Civil e continuaria a ser "estimável economicamente". Ou transformaria a sociedade como um todo (a comunidade política) em um empreendimento com um fim específico que se poderia alcançar um dia, ou que uma vez alcançado extinguiria a razão de ser da comunidade, como uma sociedade por prazo determinado, um grupo de consórcio que consegue contemplar todos os seus membros com o bem de consumo para cuja aquisição se reuniram, ou o consórcio dos arts. 278 e 279 da Lei de Sociedades Anônimas (Lei 6.404/1976).

Podemos ter ideias parciais do que é um bem comum sempre que observamos os grupos em seus potenciais conflitos. Imaginemos uma sociedade anônima cujo objeto social seja a produção de uma espécie de mercadoria. Os fundadores e primeiros investidores na companhia têm um fim comum bem determinado, aquela atividade concreta. Além desses primeiros investidores, aparecem outros que respondem ao pedido público de subscrição de ações e aportam capital ao empreendimento, sem nenhum interesse no objeto social, mas apenas como investidores. Sua finalidade não é produzir nada, mas obter um lucro. À medida que a companhia cresce, os fundadores resolvem transferir a administração a profissionais, que talvez não tenham nunca investido na corporação, mas de repente passam a ter algum interesse nos resultados positivos do empreendimento, uma vez que recebem bônus em função do desempenho financeiro de cada ano. Temos vários interessados no sucesso da companhia, mas cada um deles distante do objetivo ou objeto social. De certo modo, existe um bem comum entre eles: que a companhia não vá à falência, que tenha sucesso comercial. Esses interessados todos têm um bem comum que é mais geral do que o bem definido inicialmente como objeto social.

O bem comum da justiça geral, ou da vida política, é de certo modo semelhante a esse bem comum entre acionistas, investidores, gerentes e até trabalhadores, pois é uma forma de manter a convivência pacífica entre os membros da comunidade: *opus justitiae, pax.* A paz é obra da justiça. O contrário do bem

---

[40] "Uma sociedade democrática bem ordenada não é uma comunidade nem, de maneira mais geral, uma associação. Existem duas diferenças entre uma sociedade democrática e uma associação: a primeira é que pressupusemos que uma sociedade democrática, como qualquer sociedade política, deve ser considerada um sistema social completo e fechado. É completo no sentido de que é autossuficiente e dá lugar a todos os propósitos primordiais da vida humana. Também é fechado este sistema, como foi dito, pois só se entra pelo nascimento e sai-se pela morte. Não temos uma identidade anterior, antes de estar nessa sociedade; não é como se procedêssemos de outro lugar, mas nos deparamos com o fato de crescermos nessa sociedade, nessa posição social, com suas vantagens e desvantagens latentes, como nos atribui nossa boa ou má sorte" (J. RAWLS, *Liberalismo político* [México: Fondo de Cultura Econômica, 1975], p. 60-61).

comum é um mal comum: uma epidemia ou a dissolução da vida civil, a guerra civil e fratricida, por exemplo. Nos dois casos, o que acontece é o fim das condições, materiais ou institucionais, de viver em comum. E o mal é comum não porque atinge igualmente a todos: alguns podem escapar da peste ou da guerra. O mal é comum porque atinge a qualquer um *indiscriminada e aleatoriamente*. Na guerra civil, qualquer um pode ser morto, mesmo que não seja um soldado; qualquer um pode ser vítima da delação caluniosa e interessada de seu vizinho. Na guerra civil, o que desaparece em primeiro lugar é o ambiente de confiança geral: feita a primeira sua vítima (a confiança mútua), desaparece a comunidade.[41] O bem comum, sendo o reverso do mal comum, sustenta a confiança mútua, impessoal e anônima entre os cidadãos, para não dizer entre os seres humanos (a humanidade concebida como comunidade universal). Justamente por isso, ele não é uma coisa que se possa atingir e distribuir definitivamente, como qualquer objeto, coisa ou mercadoria. Não pode ser consumido ou exaurido como os bens singulares, mas pode ser destruído.

Para os modernos, esse bem comum pode ser assimilado às condições de manutenção da sociedade, ou, para usar sua linguagem, a *legitimidade*. A legitimidade é a qualidade das instituições que simultaneamente lhes garante confiabilidade e oferece boas razões para a obediência. Quando Rawls, na sua teoria da justiça, debruça-se sobre os princípios de uma sociedade justa, está interessado particularmente nessas condições que "qualquer um aceitaria" em condições de incerteza: (i) primeiro, que algumas coisas que qualquer um pode desejar estariam garantidas igualmente a todos (qualquer um), independentemente de seus opositores e das maiorias (as liberdades básicas); (ii) segundo, que as diferenças nas condições materiais da vida seriam estritamente as necessárias para fazer com que as piores condições naquela sociedade fossem sempre melhores do que as piores condições materialmente possíveis em uma sociedade organizada de outra forma. Em resumo, trata-se de uma teoria da justiça geral que recobre uma teoria da legitimidade.

Ora, justamente essa *convivência* harmônica e regrada é *o fim próprio da legislação*. A lei não se esgota estatuindo: "Fulano, não mate beltrano"! Ela é geral e não manda ou ordena somente para fins imediatos: manda e ordena para a manutenção do "bem comum", desta situação de convivência generalizada e anônima. *Contratos* de sociedade, de compra e venda, de locação, de mútuo ou de depósito beneficiam alguém em particular, têm objetos e são feitos com propósitos determinados e singulares. *A lei que institui os contratos* ou as regras contratuais em geral não é assim. A lei institui *regimes jurídicos*, não situações jurídicas particulares. A lei visa a ordem geral. Logo, a justiça da lei é adequadamente chamada de *justiça legal ou geral*, e o seguimento das leis é uma forma de justiça.

---

[41] "Se é consequência inevitável da injustiça insuflar ódio onde quer que se encontre, não ocasionará também ódio recíproco e dissensões em cidadãos livres ou em escravos a que porventura se agregue, deixando-os, por isso mesmo, incapazes de levar a cabo qualquer ação conjunta?" (Platão, *República*, L. I, 23, 351e, na tradução de Carlos Alberto Nunes de 2000, p. 87)

Capítulo 6 · A JUSTIÇA É O SENTIDO DO DIREITO | **313**

Quem observa a lei cumpre *em geral* seu dever para com os outros (isto é, universalmente, não personalizadamente), quer haja relação individualizada (alguém que cumpre um contrato feito segundo a lei), quer não haja relação individualizada (alguém que cumpre as leis de trânsito e circulação nos lugares públicos). Quem não se embriaga antes de dirigir não apenas é temperante para si, mas temperante para os outros. Neste caso em particular, a temperança confunde-se *de certo modo* com a justiça. O bom seguimento das regras de trânsito orienta-nos para o *bem comum* do bom andamento da circulação na cidade. Não devo esse seguimento das leis de trânsito a ninguém em especial, e não estou fazendo um bem a ninguém em particular. Devo-o a todos os cidadãos que circulam na cidade (motoristas e pedestres) e promovo o bem comum (a ordenada e não perigosa situação das ruas). De modo semelhante, a tolerância, a paciência e o controle da ira, que a temperança desenvolve e podem ser bons em si e para o próprio agente, fazem que a pessoa trate os outros *em geral* com respeito, e mantenha um ambiente de paz. Nestes termos, conclui Tomás, "os atos de todas as virtudes podem pertencer à justiça" (*ST*, IIa, IIae, q. 58, *respondeo*).

Quadro 89

O bem comum. O bem comum não é uma *coisa* que todos querem e podem eventualmente obter cada um por si. Algo assim pode ser um bem fundamental e essencial – como a comida –, mas cada um pode obtê-lo e usufruí-lo sozinho. O bem comum são as condições necessárias para que uma comunidade possa existir e continuar a existir. Num jogo de futebol, cada time quer ganhar a partida, mas só pode haver partida se os dois times estiverem em campo. O prêmio, que é externo ao jogo, será dado ao vencedor, mas o jogo mesmo não pode ser dado a ninguém. Numa sala de aula, cada aluno pode estar presente por um motivo diferente, mas a aula só pode acontecer se houver cooperação entre alunos e professores, e para isso haverá coisas que todos querem *em comum*: que a sala não pegue fogo, que não haja uma inundação etc. Essas condições que todos querem para que a aula aconteça são o bem comum daquela classe, pois não podem ser coisas que cada um pode ter independentemente dos outros. Não posso querer que a sala não pegue fogo para mim, mas que possa pegar fogo para os outros! Posso querer escapar sozinho, mas então retirei-me daquela comunidade (a classe) e nosso bem comum desapareceu porque a classe se dissolveu. Veremos ao longo deste capítulo como a ideia de justiça exige uma teoria dos bens que os juristas nem sempre fazem adequadamente.

A lei é o que define o seu de cada um: define as regras de trânsito e, portanto, o espaço de cada um na mobilidade urbana; as regras de acesso à justiça no processo civil e na administração da máquina judiciária; as regras contratuais (um regime jurídico) e, portanto, as obrigações e faculdades das partes, e assim por diante. Por isso o legislador – por definição, *embora não empiricamente* – deve ser capaz de legislar distribuindo adequadamente espaços, acessos, faculdades e obrigações. *A justiça geral, legal ou política, é, portanto, a virtude do soberano por excelência*[42]. Nos súditos

---

[42] Como para fazer justiça é preciso intervir nos bens alheios, em certos casos importa que isso seja feito por uma autoridade (política), não pelo cidadão particular. "O homem é

ela também se encontra, diz Tomás, "de forma secundária e como que executiva" (*secundario et quasi ministrative*). Troquemos a palavra "súdito" pela palavra "cidadão", já que em nossa organização política não se fala mais de súditos. No cidadão essa virtude da justiça geral, a virtude da lei, se realiza diferentemente porque o cidadão não tem responsabilidade imediata pelo bem comum, pela coisa pública. Sua responsabilidade é apenas, diz Tomás, executiva. No cidadão ou agente privado, a virtude geral realiza-se no comportar-se segundo a lei, ao ter esse cuidado geral, anônimo e indiferente para com qualquer outro membro da comunidade: esse agente privado cumpre regras de trânsito, horários de funcionamento do comércio na cidade, faz seus negócios na forma prescrita pela lei, e assim por diante. Mas o cidadão cumpre as regras do trânsito, não as cria nem as administra. Não é próprio do transeunte ou do condutor de um veículo tomar a si a responsabilidade de determinar a mão de direção das vias da cidade, ou impor sanções aos seus concidadãos caso descumpram diante dele as regras do código de trânsito. Tomás de AQUINO afirma que essa justiça, dirigida a qualquer um e tendo por fim o bem comum é

> chamada virtude geral, enquanto, precisamente, ela ordena os atos das outras virtudes ao fim que é o dela (*inquantum scilicet ordinat actus aliarum virtutum ad suum finem* – *ST*, IIa, IIae, q. 58, art. 6, *respondeo*).

A pergunta inicial de Tomás de AQUINO era "se a justiça, como virtude geral, se identifica essencialmente com toda a virtude" ("Videtur quod iustitia, secundum quod est generalis, sit idem per essentiam cum omni virtute") (*ST*, q. 58, a 5). Sua resposta foi negativa: as virtudes particulares continuam autônomas, e a justiça geral ou legal continua sendo justiça, porque desenvolve propriamente, isto é, como algo seu mesmo, apenas a relação com os outros.

6.4.2. JOHN RAWLS: *Justice as fairness*, a justiça do legislador e o bem político

A ciência ou filosofia política contemporânea, ao tratar da justiça, coloca-se no nível da análise da justiça legal ou geral de que falavam os clássicos, pois interessa-se pelas formas justificáveis (legítimas) das instituições ou regras fundamentais da organização política, exatamente aquilo que no passado compreendia-se por *bem comum*. Basta ver como o conceito de *justiça política e não metafísica*, como queria John RAWLS, fica mais claro quando retomamos a teoria clássica da justiça. RAWLS combate os que definem a política exclusivamente como campo das conveniências, e não de princípios – os utilitaristas, segundo ele. O utilitarismo põe em risco a pessoa humana, pois (i) de um lado, o critério utilitarista pode confundir-se com

---

senhor do que lhe pertence, não do que pertence a outrem", por isso, "em matéria de justiça se requer além disso [o juízo virtuoso] o julgamento de uma autoridade superior, que possa arguir as duas partes e pôr sua mão sobre as duas". Essa é a razão pela qual "no príncipe a justiça é uma virtude arquitetônica, manda e prescreve o que é justo; ao passo que nos súditos é virtude de execução e de serviço" (Tomás de AQUINO, *ST*, q. 60, a. 1, *ad* 3 e *ad* 4).

Capítulo 6 · A JUSTIÇA É O SENTIDO DO DIREITO | 315

eficiência, e (ii) de outro, subordina os indivíduos ao agregado dos resultados, pode impor sacrifícios aos indivíduos em nome de um agregado de benefícios. A isso alguns chamam de princípio *sacrificial* do utilitarismo[43]. Nesse sentido, algumas formas de utilitarismo desprezam a pessoa. Se a vida política for concebida como garantia da pessoa, de sua liberdade e de sua igualdade moral com todos os outros, esse princípio parece inaceitável. O utilitarismo, por causa do julgamento pelo agregado e pelo princípio da eficiência, pode facilmente confundir a comunidade política com uma associação comercial. Seus defeitos básicos seriam, portanto: (a) justificar o sacrifício de uma pessoa para gerar um benefício agregado, sem que o sacrificado também se beneficie igualmente; (b) transformar a sociedade política, como esquema de cooperação aberto e capaz de permitir todos os projetos de vida individuais, em algo semelhante a uma associação comercial que tenha um fim meramente econômico.

Logo, ao falar de justiça política, RAWLS não pode estar falando de política no sentido de conveniências e, ao falar de justiça não metafísica, não pode colocar interesses acima de princípios morais. Seu assunto é a justiça geral ou política, a virtude do legislador por excelência. Tanto assim que seus princípios de justiça aplicam-se ao momento de se *criarem* as "instituições básicas". RAWLS explica essa dimensão no célebre ensaio "Justice as fairness: political, not metaphysical" (RAWLS, 1985), quando afirma que pretende oferecer uma concepção "elaborada para uma espécie específica de matéria, nomeadamente para instituições políticas, sociais e econômicas", que se deve aplicar à estrutura básica da sociedade. Se o "legislador" de um estado moderno na posição original assemelhar-se ao "príncipe" da teoria clássica, a justiça de que trata RAWLS é a justiça institucional, do "sistema" como um todo. Para ser justo, o legislador não pode privar os cidadãos de suas liberdades, de seus bens primários. Preservá-los é o primeiro princípio de justiça. Legislar dentro desses limites é o início da justiça, é subordinar-se ao bem comum, ao bem de qualquer um dentro da comunidade política. Ele está pensando na sociedade institucionalizada, organizada, política, constitucional e dotada de leis, uma "democracia constitucional moderna" (RAWLS, 1985, p. 224). Nestes termos, ele está preocupado exatamente com a espécie de questão que diz respeito à legislação em geral, não a leis em particular[44]. E o objeto da "legislação

---

[43] A condenação do inocente, em processo judicial, ou o sacrifício dos interesses dos interessados apenas em nome de um benefício agregado do qual não participarão no futuro são os casos mais exemplares de mecanismos do *bode expiatório*. Sobre esse mecanismo social, ver o clássico de René GIRARD, *A violência e o sagrado* (São Paulo: Paz e Terra, 1990). Sobre o princípio sacrificial, ver Paul RICOEUR, "É possível uma teoria puramente procedimental da justiça? A propósito de 'Uma teoria da justiça' de John Rawls", em *O justo*, trad. Ivone Benedetti (São Paulo: Martins Fontes, 2008, v. 1), esp. p. 83.

[44] É claro que o objeto da justiça que interessa a RAWLS é, em termos clássicos, o da justiça geral ou legal: "Our topic, however, is that of social justice. For us the primary subject of justice is the basic structure of society, or more exactly, the way in which the major social institutions distribute fundamental rights and duties and determine the division of advantages from social cooperation. By major institutions I understand the political constitution and

CURSO DE FILOSOFIA DO DIREITO – *José Reinaldo de Lima Lopes*

em geral" não pode ser outro senão, como ele mesmo diz, o arranjo mais básico da sociedade, o que permite a forma de convivência política. Por isso ele só pode e só quer oferecer os princípios capazes de estabelecer limites e permitir a crítica de qualquer legislação.

No artigo citado, RAWLS esclarece que existe em sua teoria uma "ideia intuitiva fundamental e abrangente", a da sociedade como "um sistema justo de cooperação entre pessoas livres e iguais" (RAWLS, 1985, p. 231). Outra vez, ele pressupõe um "bem comum", pois sustenta que as pessoas não apenas estão justapostas, mas cooperam, fazem e produzem coisas em interação. Três elementos compõem a ideia: a) a cooperação não é simples coordenação, mas aceitação de regras e procedimentos que regulam suas ações (condutas); b) a cooperação envolve (pressupõe?) a ideia de termos justos de reciprocidade *ou* mutualidade; c) a cooperação exige a ideia de vantagem ou *bem* para todos os participantes (RAWLS, 1985, p. 231-232)[45].

Quadro 90

As teorias da justiça depois de RAWLS. Thomas NAGEL dedicou seu livro *Equality and partiality* (NAGEL, 1991) a John RAWLS porque ele "mudou o assunto". E de fato isso foi assim. O que RAWLS ofereceu na sua obra *Uma teoria da justiça*, publicada em 1972 depois de duas décadas de elaboração, foi um instrumento crítico do regime político do Estado de bem-estar social e suas premissas liberais. A crítica baseia-se na premissa de que é pela justiça que se legitima qualquer arranjo social (político). A justiça está para a política como a verdade está para a ciência, diz ele na primeira página da obra. E a justiça consiste na igualdade, razão pela qual são as desigualdades que precisam ser discutidas e justificadas. A partir da publicação da obra, foi em torno dela que passou a girar boa parte da ciência política ocidental, retomando com vigor a ideia de uma ciência política normativa. Ciência normativa era, aliás, o que pressupunha a abordagem clássica, ao chamar a ciência política de ciência prática, isto é, aquela que se estuda não para saber como são as coisas, mas para saber como agir. A teoria de RAWLS faz isso: estuda para saber como criar instituições mais justas. As respostas a RAWLS vieram de muitos campos. Entre os que aceitaram, mesmo com reservas ou correções, suas premissas liberais e contratualistas estavam o próprio Thomas NAGEL, Herbert HART, Ronald DWORKIN, Brian BARRY, entre outros. Entre os que as criticaram estavam Alasdair MACINTYRE, Michael SANDEL, Gerald COHEN, Joshua COHEN.

---

the principal economic and social arrangements". John RAWLS, *A theory of justice* (Oxford: Oxford University Press, 1992), p. 7. "A conception of social justice, then, is to be regarded as providing in the first instance a standard whereby the distributive aspects of the basic structure of society are to be assessed" (Id., p. 9).

[45] É provavelmente devido a essa perspectiva que alguns objetam que a teoria da justiça de RAWLS ainda concede demais ao utilitarismo, tentando transformar o bem comum político em algo que se possa analisar e determinar por meios da racionalidade estratégica. Essa é a crítica de Otfried HÖFFE, "Las figuras conceptuales de la teoría de la decisión y la fundamentación del derecho", em *Estudios sobre teoría del derecho y la justicia*, trad. Jorge Seña (México: Fontamara, 1997).

> Entre os que aceitaram ou rejeitaram com matizes estavam (e estão ainda) Charles TAYLOR e Martha NUSSBAUM. Entre filósofos europeus não anglófonos encontram-se críticos como Otfried HÖFFE[46], Axel HONNETH, Jürgen HABERMAS e Paul RICOEUR. Em resumo, tinha razão NAGEL ao dizer que RAWLS mudou os rumos da conversa[47].

RAWLS diz ainda que está à procura de "um ponto de vista distante e não distorcido pelas características e circunstâncias particulares do pano de fundo abrangente, a partir do qual se pudesse atingir um acordo decente entre pessoas livres e iguais" (RAWLS, 1985, p. 235). É justamente o ponto de vista do "bem comum". Se aceitarmos a ideia de que o soberano não se identifica com uma pessoa física, mas com uma função institucional, RAWLS está buscando o ponto de vista comum ou universal (KANT, ROUSSEAU), desinteressado (não individual).

Não seria este propriamente o ponto de vista da justiça política, geral ou legal? Não seria este o ponto de vista do "bem comum"? Todo o esforço de RAWLS para mostrar que sua teoria da justiça é uma teoria política, e não metafísica, é compatível com a percepção clássica de que existe realmente uma virtude propriamente chamada de justiça no campo da política: na organização da comunidade que vive debaixo de leis, na feitura das leis, na manutenção de um sistema jurídico etc. Essa virtude da justiça política é, a meu juízo, a virtude da justiça geral, ou da justiça política.

Cada um na posição original e sob o véu de ignorância deve assumir o ponto de vista do legislador sabendo que vai se encontrar depois na posição de simples cidadão. O que RAWLS propõe é a figura daquele que manda e obedece em diferentes momentos, exatamente como havia dito ARISTÓTELES. A virtude do cidadão, para ARISTÓTELES, é sua capacidade de saber mandar e obedecer[48]. E para Tomás de AQUINO, o legislador

---

[46] Segundo HÖFFE, a teoria de RAWLS não discute o conceito de justiça, mas o pressupõe, e por isso sua teoria "não pode assumir a tarefa fundamentalmente normativa: a justificação das perspectivas normativas contidas nos juízos da justiça. A competência normativa ou legitimatória que falta mostra-se no fato de RAWLS pressupor, na fundamentação dos princípios da justiça, um sentido de justiça, mas, neste sentido de justiça já está condito um princípio condutor normativo, a imparcialidade (equidade). A pressuposição do sentido de justiça se esconde nas qualidades pelas quais RAWLS define os bem refletidos juízos de justiça e o competente julgador moral". Otfried HÖFFE, Justiça política: fundamentação de uma filosofia crítica do direito e do Estado, trad. Ernildo Stein (Petrópolis: Vozes, 1991), p. 42. Paul RICOEUR também constata essa espécie de circularidade no pensamento de RAWLS, embora de maneira mais simpática a seu argumento. Segundo ele, "um sentido moral da justiça baseado na Regra de Ouro (...) está desde sempre pressuposto pela justificação puramente procedimental do princípio da justiça". Paul RICOEUR, "É possível uma teoria puramente procedimental da justiça? A propósito de 'Uma teoria da justiça' de John RAWLS", em O justo, trad. Ivone BENEDETTI (São Paulo: Martins Fontes, 2008, v. 1), p. 65.

[47] Uma introdução ao debate de RAWLS acha-se em Stephen MULHALL e Adam SWIFT, Liberals & communitarians (Oxford: Blackwell Publishers, 1995); Roberto GARGARELLA, Las teorías de la justicia después de RAWLS – un breve manual de filosofía política (Barcelona: Paidós, 1999), edição brasileira Roberto GARGARELLA, As teorias da justiça depois de Rawls: um breve manual de filosofia política, trad. Alonso R. FREIRE (São Paulo: Martins Fontes, 2008).

[48] "Costumamos elogiar os homens que tanto sabem mandar quanto obedecer, e parece que a excelência do cidadão consiste em ser capaz de mandar e obedecer igualmente bem". ARISTÓTELES, Política, 2. ed., trad. Mário da G. Kury (Brasília: UnB, 1988), p. 84, (L. III, 2, 1277a).

subordina-se aos outros "sobretudo em razão do bem comum" ("praecipue quantum ad bonum commune"), e justamente por isto essa justiça geral (ou política) "se encontrará no Príncipe como princípio [*principalmente, na forma de princípio*] e como que de maneira arquitetônica" ("est in principe principaliter et quasi architetonice"). Se tomarmos *o príncipe* pelo *legislador* (*ordinário ou constituinte*), ou as pessoas na condição de legisladores na posição original, como diz Rawls, nesse agente a justiça legal (política) é virtude principal e arquitetônica, que estrutura sua função. Assim como a habilidade de tocar violão é, no violonista, uma habilidade principal, assim o fazer justiça pela legislação, fazer *justiça geral*, é habilidade principal da autoridade política e pública. O legislador, para ser legislador, deve ser justo, assim como o violonista para ser violonista deve ser capaz de tocar o violão.

Trata-se de entender que o legislador é o primeiro responsável pelo estabelecimento da convivência harmoniosa e do respeito do seu de cada um (bem comum). É uma questão conceitual, não empírica. Assim como pode haver maus violonistas, pode haver maus legisladores. O que define o *papel* e a *função* do legislador é a *justiça geral*, a *justiça política* de Rawls. Um cidadão privado não é responsável nem por legislar nem por fiscalizar o cumprimento das leis. Basta-lhe observar a lei. O caso é diferente para alguém que exerça função pública e, no caso da teoria de Rawls, para quem se encontra na posição original, ou seja, no momento de criar as regras. A justiça geral (legal, política) é a virtude do "bom cidadão" segundo Tomás de Aquino (*ST,* IIa IIae, 58, art. 6), pois ela permite à pessoa levar sua vida como membro da comunidade política. Quando falamos de "cidadania", estamos falando disso. Enquanto no legislador a justiça geral é arquitetônica, no cidadão ela é apenas executiva, porque o cidadão pode exercê-la fazendo suas coisas individuais. Isso, de certa forma, ajuda a esclarecer a afirmação de Rawls de que a justiça é a "primeira virtude das instituições" (Rawls, 1992, p. 3).

Em resumo, e em termos conceituais, estamos navegando nas mesmas águas, quer falemos de justiça geral, quer falemos de justiça política. Estamos tratando, como diz Rawls, das instituições políticas, das instituições que configuram a sociedade política. A justiça geral ou legal é a justiça das instituições. Mais ainda, é a justiça das pessoas encaradas institucionalmente, na vida política: como dissemos antes, acompanhando o pensamento de Aquino, é a virtude do príncipe, do legislador, do juiz, enquanto príncipes, legisladores ou juízes. É a *virtude arquitetônica* das autoridades públicas. E é a *virtude executiva* do cidadão enquanto cidadão, não enquanto indivíduo particular, com interesses particulares, vale dizer, é a virtude de um agente na qualidade de membro do espaço público. Essa virtude exige um desenvolvimento específico: ela se adquire pelo convívio no espaço público, não no âmbito da família, nem no âmbito das relações meramente econômicas (mercado ou sociedade civil). Para lembrar o exemplo de Hegel, ela exige que a pessoa adquira um ponto de vista que não é o de membro de uma família, nem o de participante num negócio privado, da esfera econômica ou da sociedade civil, mas o ponto de vista político, da associação política por excelência, diz ele, que é o do Estado[49].

---

[49] Particularmente evidente no plano mesmo da obra que vai do Espírito natural, família, para o Espírito dividido e fenomênico, sociedade civil, até realizar-se plenamente no "Estado como

Capítulo 6 · A JUSTIÇA É O SENTIDO DO DIREITO | **319**

Se estamos falando de justiça nesses termos, estamos falando de relações humanas em geral, e o lugar das relações humanas *em geral* é a comunidade política, ou o *espaço público*. Ela diz respeito à organização da vida entre cidadãos. Os cidadãos não são nem nossos familiares, consanguíneos, amigos pessoais, nem partes de contratos particulares conosco. Em outras palavras, se quiséssemos nos valer da sugestão feita por HEGEL em seus *Princípios de filosofia do direito*: *cidadãos são os que partilham* – fazem parte – *da mesma comunidade política, não da mesma família, nem de grupos mais estreitos da sociedade civil* (nossos sócios em companhias ou sociedades comerciais ou associações culturais, desportivas etc., ou participantes conosco de contratos civis ou comerciais específicos). Estão ligados a nós por laços institucionais, os laços da república ou da lei. Tais laços nos fazem anonimamente partes de um certo espaço público, comum, espaço social e político. Com estes todos temos deveres, devemos-lhes de certa forma alguma vantagem, algum benefício, algum respeito. Quando transitamos na rua, devemos deixar-lhes espaço para transitar na rua também: quando moramos em certo bairro ou cidade, devemos respeitar regras mínimas de convivência adequadas à natureza do local, conforme o bairro seja comercial, residencial, misto etc.

6.4.3. A justiça particular – comutativa e distributiva: trocas e partilhas

Fizemos até aqui uma análise *da justiça geral, legal ou política*. A seu lado, reconhece-se uma justiça particular, que tanto é uma virtude particular (distinta da temperança, da bravura etc.), quanto tem bens próprios (*particulares*) a mediar as relações entre os sujeitos definidos (e, por isso, *particulares*)[50]. Essa justiça divide-se em *distributiva* e *comutativa*.

A distinção é baseada na espécie de relação que os sujeitos podem ter entre si e pretende ser exaustiva das que podemos ter com estranhos, membros de uma *comunidade política* ou membros da *sociedade civil*, mas não com quem nossa relação é exclusivamente de afeto. É exaustiva porque nossas relações – de justiça – com os outros são ou de troca (comutação e retribuição) ou de partilha (relações de comunhão, se quisermos), relações *mediadas por bens ou coisas*.

Retomando as palavras do Aquinate:

> A matéria da justiça é a ação exterior, enquanto ela mesma ou o objeto que por ela utilizamos, estão proporcionados a uma outra pessoa, com quem a justiça nos coloca em relação (*ST,* IIa. IIae., q. 58, a. 11, *respondeo*).

Note-se: a matéria da justiça não é nossa consciência (ou paixão interior), mas nossa *ação exterior*: *nossa ação* mesma, ou *o objeto* que utilizamos por nossa ação. Nossa ação mesma pode tirar de alguém algo que lhe é proporcionado: por exemplo, quando a ofendemos, quando lhe negamos reconhecimento e respeito, pois nestes casos o "objeto" a que o outro tem direito é inseparável de nossa ação mesma. Mas há

---

liberdade". G. F. HEGEL, *Princípios da filosofia do direito*, trad. O. Vitorino (Lisboa: Guimarães Editores, 1990), p. 54.

[50] A justiça particular diz respeito a nossas relações com "outras pessoas singulares", pessoas identificadas pelas relações contratuais ou extracontratuais em que nos encontramos diretamente com alguém. Cf. Tomás de AQUINO, *ST,* IIa IIae, q. 58, a. 7, *respondeo*.

casos em que o objeto é exterior a nossa ação, como nos casos de apropriação indébita de algo, particular do outro (um ilícito civil, um furto, um não pagamento de uma prestação contratual etc.) ou comum a nós e ao outro ou aos outros (por exemplo, na poluição de um rio, na falta de integralização do capital de uma sociedade, no não pagamento de um tributo que mantém a limpeza urbana etc.).

A estrutura da *troca* aparece em toda sua clareza nos contratos sinalagmáticos, mas também em outros cujo caráter sinalagmático não é tão evidente, como nos contratos unilaterais (mútuo, depósito etc.). São unilaterais porque uma das partes torna-se devedora imediatamente: a unilateralidade não diz respeito ao consentimento – que deve existir sempre em todos os contratos – mas à prestação, claro está. E também não afeta a bilateralidade da relação propriamente dita: no mútuo ou no depósito existem dois envolvidos, quem dá e quem recebe o empréstimo. Além dessas comutações e trocas voluntárias, existem também as comutações "involuntárias", oriundas dos ilícitos (civis, administrativos e criminais). Entende-se que nessas "trocas involuntárias" houve alguém perdendo alguma coisa (o dano, o prejuízo) e alguém que provoca essa perda. Daí se origina a necessidade de recompor o equilíbrio ou a igualdade anterior ao ilícito[51].

A estrutura da troca usa um modelo de quantificação relativamente simples, que vai se chamar *aritmético*. A compra e venda é o caso mais exemplar: troca-se a mercadoria X por dinheiro que *equivale* a X. A estrutura da partilha tem modelo mais complexo, que vai se chamar *proporcional*: quem tiver mais anos de pesquisa e dedicação na comunidade vai receber ou uma parte maior dos frutos da comunidade, ou vai recebê-los com prioridade. Não vai poder faltar para ninguém, mas as quotas serão diferentes.

A *partilha ou comunhão* pode dar-se tanto no *uso* de algo que já existe, quanto na sua manutenção. O mais relevante é que a justiça distributiva diz respeito "às coisas que são divididas ou compartilhadas", como "a honra, o dinheiro, ou outras", diz ARISTÓTELES (*EN*, V, 2, 1130b, 30). A honra não pode ser igual para todos, senão não seria honra: não se pode considerar todos vencedores, se um concurso ou competição pretende "honrar" ou distinguir os melhores atletas, os melhores músicos, os melhores alunos. O relevante está na afirmação de que é necessária alguma medida (proporcional) para que "todos aqueles que têm parte na constituição" gozem dos bens criados ou mantidos pela sociedade (constituída). Encontra-se ainda na criação de algo comum, como tipicamente se dá nas sociedades comerciais ou civis, nas associações e nas associações culturais, em que esse bem comum aparece sob a forma de objeto social (Código Civil, art. 997, II). Existem, portanto, *formas de comunhão meramente estáticas*, de uso comum das coisas, como as diversas formas de condomínio (condomínio edilício, co-propriedades da herança a ser partilhada, participação como credor na massa falida etc.). E existem formas dinâmicas de

---

[51] O Código Civil disciplina os contratos unilaterais e bilaterais em distintos dispositivos, justamente atendendo a essa "lógica" ou sentido das relações, como, por exemplo, no art. 476 (exceção de contrato não cumprido, que vale para os contratos bilaterais) e no art. 480 (a resolução por onerosidade excessiva, que vale para os contratos unilaterais). Cf. ainda o art. 441 (contratos comutativos).

Capítulo 6 · A JUSTIÇA É O SENTIDO DO DIREITO | **321**

comunhão, como nas sociedades comerciais ou civis, no casamento, nos consórcios, e assim por diante. Seja nas formas meramente passivas da comunhão – como no condomínio ou na herança jacente.

A teoria clássica da justiça entende, pois, que cada uma dessas formas de relação, a troca e a partilha, tem sua lógica e sentido[52]. Se concebermos certa relação como troca, seguem-se certas consequências, e se a concebermos como comunhão, seguem-se outras. A concepção da estrutura da relação é importante: os acionistas minoritários de uma sociedade anônima estão em relação de comunhão e partilha com os acionistas majoritários ou controladores, ou estão em relação de troca e comutação? Quando investem na companhia são acionistas, como os outros, ou são depositários de seus valores? Em caso de falência, devem ser pagos como investidores ou devem aguardar a existência de saldo para reaverem o capital investido? O acionista-investidor, que adquiriu suas ações no mercado secundário, é tão acionista como o que subscreveu diretamente o capital da companhia? A Lei das Sociedades Anônimas (Lei 6.404/1976) é exemplar dessas relações: os acionistas têm certos direitos, mas são investidores, enquanto os debenturistas, com toda a especificidade, são credores (art. 52). Credores podem, no entanto, estar em relações distributivas (de comunhão e partilha) entre si, como acontece na falência (Lei 11.101/2005, arts. 115 e ss.) e na sucessão (Código Civil, art. 1.791, parágrafo único). Esses são os temas da justiça particular, que diz respeito a relações entre pessoas individuais, não entre cidadãos anônimos[53].

Aliás, justamente porque existe algo comum (bem indivisível, Código Civil, arts. 88 e 89), pode-se chegar à "tragédia dos bens comuns" (*tragedy of the commons*)[54]. A tragédia que consiste no esgotamento de um recurso comum pela falta de cooperação entre os beneficiários do mesmo bem. Regras para evitar ou minimizar essa tragédia são regras de justiça distributiva. Na teoria da escolha

---

[52] WEINRIB chama a atenção para o caráter exaustivo dessas duas formas de relação (troca e partilha) para a teoria aristotélica e mostra como isso é estruturante na teoria aristotélica, e como muitos não se dão conta disso e tomam a teoria por meramente formal e vazia. Cf. Ernest WEINRIB, "Corrective justice", *Iowa Law Review* 77 (1992), p. 403-425 e "Corrective justice in a nutshell", *University of Toronto Law Journal* 52 (2002), p. 349-356.

[53] Uma das importantes implicações conceituais dos tratados clássicos da justiça consiste justamente em distinguir os indivíduos (que têm interesses pessoais) dos cidadãos que visam o bem comum. A teoria moderna, exemplarmente em KANT (*ponto de vista universal*) e em ROUSSEAU (ponto de vista *da vontade geral*), encontraria na distinção entre *justiça geral* e *justiça particular* poderoso auxiliar: a justiça particular, na medida em que estrutura as relações entre os indivíduos, tem por objeto seus interesses pessoais, mas a justiça geral-legal, enquanto regula relações entre os cidadãos, tem por objeto o bem e a direção da "coisa comum", a "república".

[54] Expressão tornada célebre por Garret HARDIN, "The tragedy of the commons", *Science*, 162 (Dec. 1968), p. 1243-1248. Sobre esse problema da manutenção dos bens comuns, debruçou-se a já mencionada ganhadora do Prêmio Nobel de 2009 Elinor OSTROM em seu *Governing the commons*: the evolution of institutions for collective action, 22nd printing (Cambridge: Cambridge University Press, 1990). Para o direito civil, ver a explícita abordagem de Béatrice PARANCE e Jacques de SAINT VICTOR, *Repenser les biens communs* (Paris: CNRS Éditions, 2014). Na continuidade do capítulo será considerada essa questão.

CURSO DE FILOSOFIA DO DIREITO – *José Reinaldo de Lima Lopes*

racional e dos jogos, as relações de justiça comutativa equivalem a "jogos de soma zero", em que cada um dos participantes apenas troca seus haveres; e as relações distributivas ou de partilha, a "jogos de soma não zero", em que vem à tona o problema da *partilha proporcional* do resultado positivo ou negativo.

6.4.3.1. Critérios de distribuição

A existência de diferentes critérios de distribuição é o que gera muitas dúvidas entre as pessoas. Afinal, é mais justo distribuir segundo o talento, ou segundo a necessidade? É mais justo distribuir segundo a capacidade produtiva de cada um, ou segundo a necessidade de cada um? É melhor servir a quem chegou primeiro, ou a quem pagou mais caro? Expressa de maneira assim geral, a dúvida serve para alimentar o ceticismo e o relativismo. Os critérios podem ser de igualdade absoluta (a todos a mesma coisa), ou proporcional segundo o mérito, segundo sua obra, segundo sua necessidade, segundo sua capacidade, segundo sua posição social, e assim por diante. Como há muitos critérios, alguns podem pensar que não há como decidir. Mas isso não se sustenta. É preciso considerar que a distribuição é constitutiva de qualquer grupo e depende da espécie de finalidade do grupo e de bem que o reúne. Além da finalidade, a distribuição deve ser decidida sempre que houver mais pessoas interessadas do que bens a distribuir, situações de escassez ou, quando não houver escassez, de impossibilidade de suprimento ou satisfação simultânea.

Pode bem ser que haja bens suficientes para todos, mas nem todos conseguem ser atendidos ao mesmo tempo, pois faltam pessoas para atender, ou porque a porta de entrada é pequena. Formam-se filas, e as filas são ordenadas por algum critério, o mais simples sendo a ordem de chegada (*prius in tempore, prius in iure*). Começam a aparecer critérios: quem chegou primeiro é atendido primeiro, simples. A fila é uma maneira de organizar o acesso universal quando o bem pode satisfazer a todos, mas no tempo. O uso que alguém fizer do bem não o exaure ou consome, mas o exercício não pode ser simultâneo.

Imagine-se uma orquestra sinfônica que tem um número limitado de empregos e cargos. Anuncia que precisa de um primeiro violino. Basta abrir suas portas e dar o cargo ao primeiro da fila? Qual sua finalidade? Executar peças musicais, em geral difíceis e para a experiência estética, cultural e pedagógica de uma cidade inteira. Qual critério seria melhor para compor um grupo assim? A riqueza? Neste caso, os cargos de músico seriam vendidos, e os mais ricos ficariam com as posições mais importantes, como a de primeiro violino, por exemplo.

A diversidade de critérios não implica que não se pode adotar algum que seja melhor que os outros, mas isso dependerá do que e para quem se pretende distribuir[55]. E isso é feito constantemente pelo ordenamento jurídico. Assim, por exemplo, os cargos profissionais do Estado são distribuídos com base na aprovação em exames que procuram determinar a capacidade e habilidade para o cargo,

---

[55] Este o argumento do livro de Michael WALZER, *Spheres of justice* (New York: Basic Books, 1983).

Capítulo 6 · A JUSTIÇA É O SENTIDO DO DIREITO | **323**

da mesma maneira que as posições de músico da orquestra se distribuem entre os melhores músicos. Em outros casos o ordenamento ordena e prioriza de modos mais complexos. No caso da falência, por exemplo, primeiro organizam-se classes de credores (privilegiados, com privilégio geral, com privilégio especial, quirografários), e se prioriza também entre os privilegiados: primeiro recebem os credores de dívidas trabalhistas. Esses critérios podem ser mudados e podem ser aperfeiçoados, mas sempre se compreendem em função do grupo dentro do qual se distribui o bem e da natureza do bem.

Às vezes a distribuição é limitada, como nos concursos públicos em que só podem concorrer os que provarem certa habilitação profissional, ou no pagamento de tributos, em que só estão obrigados os que exercem certa atividade ou têm renda acima de um valor definido.

Outras vezes, o grupo é inicialmente universal. Assim, quando a Constituição Federal estabelece que *todos* têm direito à saúde ou *todos* têm direito à educação, constitui-se uma universalidade. Mesmo aí, porém, como não existe um leito de hospital para cada pessoa, nem uma vaga em curso de medicina para cada cidadão brasileiro, é preciso haver seleções. Quando alguém procura um serviço hospitalar de emergência, vê a distribuição se realizando concretamente: quem chegou primeiro é atendido primeiro, mas pode ser invertida a ordem caso quem tenha chegado primeiro esteja em situação menos grave do que alguém que chegou mais tarde. Estamos sempre diante de processos semelhantes.

O ordenamento jurídico distribui direitos também dessa forma, e por isso é, globalmente, um sistema inerentemente de justiça distributiva. A justiça distributiva é, afinal de contas, logicamente anterior à justiça comutativa. Não teríamos o que trocar se não tivéssemos algo que nos fosse atribuído por algum esquema distributivo prévio.

6.5. A JUSTIÇA DO JUIZ E A JUSTIÇA DO LEGISLADOR

Em resumo, pode-se entender o direito como sistema de justiça nestes termos lógicos, e encontrar por todo o ordenamento dispositivos cuja compreensão depende do conceito de justiça. Nesses termos, legislador e juiz – sem falar no cidadão comum – estão sempre envolvidos na definição ou aplicação de regras de justiça. A justiça do legislador e a justiça do juiz podem ser associadas às duas espécies de justiça vistas até aqui: a (a) *justiça geral*, ou legal, e a (b) *justiça particular*, dividida em justiça (b1) comutativa e justiça (b2) distributiva. Essas divisões tradicionais não perderam ainda sua capacidade explicativa, porque por trás delas estão formas estruturais das relações sociais ou políticas[56]. Pode-se, com base nesta distinção, afirmar que a *justiça do legislador* é fundamentalmente a justiça geral ou legal, e a *justiça do juiz*, a justiça particular.

---

[56] Nessa linha, a explicação proposta por Ernest Weinrib, "Corrective justice", *Iowa Law Review* 77 (1992), p. 403-425 e Ernest Weinrib, "Corrective justice in a nutshell", *University of Toronto Law Journal* 52 (2002), p. 349-356.

6.5.1. A justiça do juiz

Caso singular e passado

A justiça do juiz é, em primeiro lugar, a justiça na aplicação da lei: sua atividade pressupõe, portanto, que ele está submetido à lei e executa bem seu papel a cumprir. Mas e se o juiz não for apenas um aplicador da lei, mas também um criador? Não é isso que muitos pensam e dizem? Não é essa controvérsia recorrente entre juristas? Precisamos então enfrentar algumas questões para falar da justiça do juiz, a começar por esta: ao decidir um caso, o juiz cria direito? Em que situações pode-se dizer que cria direito, em que situações apenas o aplica? Outra questão é distinguir a relação da decisão com o tempo. É declaratória (reconhece uma situação que já existia), ou constitutiva (fixa um estado que antes dela não se dava)? Pode o juiz julgar geralmente ou deve julgar sempre concretamente? Pode o fundamento da sentença ser *consequencialista,* ou seja, justificá-la pelos efeitos incertos e futuros que se esperam? Como se vê, algumas das questões dizem respeito à legitimidade da decisão ou da atividade mesma.

Quadro 91

Consequencialismo foi termo tornado corrente na filosofia moral contemporânea a partir do artigo de ANSCOMBE, "Modern moral philosophy" (ANSCOMBE, 1958a). Chamam-se consequencialistas as *teorias morais* que definem o moralmente bom, ou a ação moralmente boa, aceitável ou devida, segundo as consequências que dela se esperam. O termo surgiu, portanto, na teoria moral, como "a ideia de que nossos julgamentos de valor deveriam pesar resultados, estados de coisa. Não deveriam ocupar-se, como o fazem outros modos de raciocínio moral, com a qualidade moral intrínseca dos atos" (TAYLOR, 1995, p. 127). Como teoria moral, o consequencialismo é uma forma de utilitarismo e com ele divide a ideia de que os bens que se deve aumentar por meio da ação são todos comensuráveis, ou redutíveis a um só denominador comum (GRISEZ, 1978, p. 21). O consequencialismo é objeto de várias críticas. A primeira afirma que não é aceitável que o bem de uma ação se defina apenas *a posteriori,* pois se for assim o agente, no momento da decisão mesma, não tem como escolher moralmente entre alternativas. Visto que o resultado é apenas esperado e pode falhar (é empírico e contingente), faltaria ao agente um critério propriamente dito para escolher. Nesses termos, o consequencialismo não serve como fundamento de escolhas morais, ou normativas. A segunda diz respeito à natureza incomensurável dos bens. O consequencialismo funcionaria apenas se a natureza dos resultados diferisse somente em quantidade, sendo aceitável, então, fazer-se um cálculo de custo e benefício. Entretanto, se as escolhas que se oferecem são de bens de natureza diferente, então não é possível fazer um cálculo, pois os bens são incomensuráveis. Ao escolher entre comprar um automóvel ou passar mais tempo com meu filho, não existe comensurabilidade. Uma brincadeira que se fazia no meu tempo de jovem mostrava a incomensurabilidade dos bens: perguntados sobre o que "queriam da vida", os jovens respondiam: "Não sei se caso, ou se compro uma bicicleta". Respondiam com dois bens possíveis, mas totalmente incomensuráveis. Não se trata apenas de dinheiro a ser alocado aqui ou ali. Para uma visão geral do debate, ver Germain GRISEZ (1978), John FINNIS (1992, p. 112-118) e Ruth CHANG (1997, *passim*). O uso de raciocínio consequencialista por juízes é questionável pelos dois motivos. Primeiro, se a decisão é tomada *em função* (ou seja, *com fundamento*) em resultados futuros, o processo todo tem que ser instruído (coletar provas)

Capítulo 6 · A JUSTIÇA É O SENTIDO DO DIREITO | 325

> sobre os efeitos futuros de uma decisão em um sentido ou no outro. O juiz transforma-se, assim, num árbitro de questões técnicas, não necessariamente de direito. Em alguns casos é isso que a lei autoriza, mas na maioria das vezes não é assim. Segundo, para que o raciocínio consequencialista funcione, é preciso que os pedidos e a controvérsia digam respeito a bens de mesma natureza, o que também nem sempre é o que acontece. Se os bens forem distintos, então será necessário um julgamento normativo e moral prévio, que os elementos empíricos – como resultados esperados – não ajudam a dirimir.[57]

Essa legitimidade, contudo, é um outro nome para a justiça, ou para o sentido da sentença. A falta de fundamento adequado significa que a decisão perde sentido dentro do quadro de referência, porque a distribuição de poderes e competências, a definição mesma de jurisdição (dizer o direito, *ius dicere*) requer uma ideia do que é *dizer o direito*. Dizer o direito para o futuro e para todos os casos é uma coisa, dizer o direito sobre o passado num caso só é outra. Essas distinções definem a forma de Estado e de regime em que se vive, e pressupõem formas de *racionalidade* diferentes: uma coisa é legislar, outra é julgar. Podem ambas ser exercidas pela mesma instituição ou pessoa? Empiricamente sim, não há dúvida. Um breve e superficial olhar sobre a história do direito mostra isso. No Antigo Regime todos os poderes – governar, legislar e julgar – estavam no Príncipe, e o poder de legislar era exercido como se fosse julgamento: a legislação era fruto da arbitragem de conflitos entre corpos sociais. Mesmo então distinguia-se se a decisão tomada valeria para o futuro, de forma geral, ou apenas para o caso singular e passado. Uma das diferenças entre os gêneros da retórica, detectada por ARISTÓTELES, baseava-se na distinção entre legislar e julgar: o *gênero deliberativo* referia a decisões legislativas; o *judicial*, às decisões judiciárias.

Quadro 92

> **Consequencialismo jurídico?** A noção elementar de razão prática, ou uso prático da razão, é prévia para falarmos de ação ou decisão. Toda ação começa pelo fim, e o medir consequências é elemento de crítica necessário em qualquer doutrina moral, como dizem John RAWLS (1992, p. 30) e John DEWEY (1924, p. 23). Ninguém que pense moralmente deixa de pensar nas consequências de sua ação. Às vezes age a *despeito de* consequências previsíveis precisamente por razões morais, não de conveniência ou estratégia. Assim, levar as consequências a sério é sempre necessário. Os juristas, porém, enredam-se em confusão quando usam um só e mesmo termo, "consequência", para se referirem às (i) "consequências lógicas", que se chamam *implicações*;

---

[57] Ver também sobre o assunto Humberto ÁVILA, *Constituição, liberdade e interpretação* (São Paulo: Malheiros, 2019), p. 52-62. ÁVILA não esclarece a confusão conceitual entre os juristas a respeito do tema. Primeiro porque identifica o consequencialista com quem deseja uma decisão, que já tem, e "premeditadamente" muda o conteúdo do direito. Naturalmente, quem assim procede não é consequencialista: é desonesto, pois tendo uma decisão ou consequência que deseja alcançar, sai em busca de fundamentos *a posteriori*. O consequencialista, como o utilitarista, pode estar errado na sua maneira de conceber o que é bom, mas não é imoral por princípio.

às (ii) consequências jurídicas, que se chamam *efeitos*; e (iii) às consequências empíricas, os *estados de coisa*. Essa confusão aparece exemplarmente no art. 20 da Lei de Introdução às Normas do Direito Brasileiro (Decreto-lei 4.657/1942), incluído pela Lei 13.655/2018). O artigo fala de "valores jurídicos abstratos", fazendo supor que haveria "valores jurídicos concretos",o que parece um contrassenso. Mas prossegue na falta de rigor necessário a qualquer texto legislativo ao falar de "consequências práticas", querendo, talvez, referir-se às consequências empíricas. Apliquemos à lei o princípio da caridade e façamos de seu texto o melhor que se pode fazer: pode o juiz decidir sem pensar em "consequências práticas"? O que são elas? Que o condenado deverá cumprir a pena? Pagar uma indenização? Praticar um ato? Consequências para as partes ou para terceiros? Consequências imediatas ou mediatas? O que dizer do chamado "duplo efeito"? Difícil dizer: o legislador confundiu as coisas: se "consequências práticas" forem "consequências empíricas", trata-se dos efeitos contingentes ou da escolha política[58]. É nisso que o juiz deve pensar? A lei foi feita com desconhecimento completo do que significa realmente decidir. Para uma compreensão mais adequada, vale a pena ler o que diz Neil MacCormick em "Direito, interpretação e razoabilidade", quando claramente explica que não se deve exigir dos tribunais que façam previsões causais de consequências, mas apenas as de implicações jurídicas, ou "efeitos", como as estou chamando aqui (MacCormick, 2011).

A justiça do juiz diz respeito ao passado, seu olhar é retrospectivo. As provas que se colhem no processo devem ser evidências do que aconteceu, não são especulações sobre o que acontecerá. Podemos "especular" ou "conjecturar" sobre o que acontecerá de modo mais ou menos provável, mas essa esfera de probabilidades não é da competência do juiz: não é porque a condenação de um inocente terá um efeito pacificador na turba e, portanto, no preço da governabilidade de um Estado, que o juiz poderá condenar o inocente; nem porque ele supõe que sua decisão afetará o preço de uma mercadoria, ele deixará de condenar alguém ao pagamento de uma dívida. Há tentativas de previsão de toda espécie mais ou menos prováveis, mais ou menos bem fundamentadas e que podem perfeitamente justificar decisões. Podemos ter boas razões para pensar que vai chover e levar um guarda-chuva, ou que os preços dos alimentos vão subir e nos precavermos disso antecipando nossas compras ou mudando nossos hábitos alimentares, interferindo de forma direta ou indireta no mercado de produção ou comercialização dos alimentos. Mas o juiz não pode julgar nesses termos, que, veremos, são compatíveis com a decisão legislativa.

No processo judicial, portanto, as provas que trazemos são relativas ao passado, ao que já ocorreu. Um exemplo que todos conhecemos é o "julgamento de SALOMÃO" (I Reis, 3:16-28). SALOMÃO é apresentado como um julgador sábio

---

[58] O pensamento sobre as consequências dos atos é inerente ao processo de decisão. Alguns dos textos mais importantes sobre o assunto nas últimas décadas, no âmbito da teoria do direito, podem ser o de Herbert Hart, "The ascription of responsibility and rights", *Proceedings of the Aristotelian Society* 49 (1948-1949), p. 171-194; Philippa Foot, "The problem of abortion and the doctrine of double effect", *Oxford Review*, n. 5 (1967); John Finnis, *Fundamentals of ethics* (Washington: Georgetown University Press, 1983); e Anthony Kenny, "Intention and purpose", *The Journal of Philosophy* 63, n. 20 (1966), p. 642-651.

Capítulo 6 · A JUSTIÇA É O SENTIDO DO DIREITO | **327**

não porque criou *ad hoc* a lei segundo a qual a criança deve ficar com a mãe. Seu julgamento é perspicaz no âmbito da prova: a dúvida não dizia respeito à lei. Todos concordavam que a mãe deveria ficar com o filho. A dúvida era relativa aos fatos: quem era a mãe verdadeira? Ele tenta descobrir quem é quem presumindo que a mãe verdadeira jamais aceitaria que se fizesse mal a seu filho: ele provoca uma confissão, prova de fato, prova a respeito de algo ocorrido.

Encarregado de julgar um caso, o juiz olha para o que houve, não para o que vai haver. Existem exceções a isso, e são essas exceções que merecem análise. Esses casos excepcionais são frequentemente aqueles em que o conflito começa com aparência de disputa comutativa, mas termina se tornando uma disputa distributiva: a decisão perde seu caráter retrospectivo e se transforma em administração continuada do conflito. A lei os define. Quando um juiz julga um caso de alimentos, está autorizado a levar em consideração os efeitos previsíveis de sua decisão sobre a vida das partes, mas nesse caso a natureza da disputa e a função do juiz, convertido num administrador e supervisor de certas relações, estão delineados na lei. Por essa razão, admite-se que suas decisões, nesses casos, saiam do quadro de justificativas legais para justificativas gerenciais e, por isso, dirão alguns, *consequencialistas*.

Pensemos na falência. Pode começar pelo pedido de um dos credores: o atraso ou o inadimplemento legitimam o pedido de um só credor (Lei 11.101/2005, art. 94). Se o pedido for aceito, o caso se transforma: de execução ou cobrança individual passa-se a *concurso de credores*. O juiz transforma-se no supervisor da distribuição dos resultados da execução. Naturalmente, vai fazê-lo segundo os critérios que a lei define, mas em alguns momentos a lei permite que ele defina a controvérsia em função dos resultados esperados, como na fixação de honorários, na venda antecipada de bens da massa, ou na realização do ativo. Trata-se de decisões autorizadas, mas cujos critérios são de conveniência não apenas de legalidade em termos estritos. A justificativa para praticar o ato permitido pode ser a conveniência. Vamos encontrar essa mesma racionalidade na legislação a respeito da concorrência e da concentração econômica, e mesmo num campo tão pessoal quanto o da fixação de alimentos (Código Civil, art. 1.694, § 1º). Nesses e em outros casos, processados como se fossem controvérsias tipicamente judiciárias, infiltram-se elementos de administração. Por isso, por exemplo, nos casos de alimentos não acontece a coisa julgada material (art. 1.699, do Código Civil, combinado com o art. 502 do Código de Processo Civil).

Submissão à lei e imparcialidade

O ato de julgar, por ser retrospectivo, subordina-se ao que já é lei. Não faria sentido julgar e condenar alguém por lei inexistente na época dos fatos. A irretroatividade da lei e das decisões não é um "dogma arbitrário" que poderia ser diferente. Significa apenas que ninguém pode orientar sua ação a não ser que haja um critério. No que diz respeito ao direito positivo, não faz sentido que o critério para a ação de hoje só venha a existir amanhã. Por isso não se pode aplicar ao ato praticado ontem um critério que só veio a existir hoje. A justiça do ato de julgar só pode ser justiça conforme a lei, e lei existente previamente[59]. O ato de julgar está limitado pelas *regras de justiça natural,* que são em boa parte procedimentais: ouça-se a parte contrária, ninguém seja julgado por juiz suspeito ou interessado no desfecho da causa etc.[60]. Assim é que princípios como o do *contraditório (audi alteram partem),* da *imparcialidade,* do tratamento igual das partes e muitos outros são realmente princípios de justiça devidos pelo juiz.

De diversas formas isso se reconhece na história do pensamento jurídico[61]. Em primeiro lugar, sempre se afirmou como da essência e natureza da lei sua publicidade, conhecimento por todos os que a ela se submetem e, por isso, que seja *promulgada.* A promulgação-publicidade é da essência da lei. Segundo Tomás de Aquino, essa é uma das quatro exigências para que a lei seja lei, tenha *ratio legis, sentido de lei.* Exige-se justamente porque só assim pode alguém ser julgado segundo a lei. Publicidade, promulgação, irretroatividade compõem uma unidade. Lon Fuller, em *A moralidade do direito,* aponta a mesma ideia, como parte da moralidade que torna possível a existência do direito. Uma das oito maneiras de impedir que exista direito é a retroatividade das leis, e outra delas é o segredo (Fuller, 1964, p. 33-95). O juiz julga conforme a lei e assim faz justiça.

O julgar conforme a lei é reconhecer que o poder de julgar, a competência e a jurisdição propriamente dita, não é poder de fato (*potentia*), mas institucional (*potestas*), que vem da lei mesma: *Lex facit regem,* a lei faz o rei, diziam os medievais, e do mesmo modo a lei faz o juiz. Ele é parte do sistema institucional, de um regime público de autoridade. Sua autoridade deriva da lei e mantém-se por sua conformidade à lei. Seu papel é estar fora do conflito para poder julgar. As regras de suspeição e impedimento existentes nos Códigos de Processo Civil (arts. 144-148) e de Processo Penal (arts. 95-111) visam garantir que a motivação do julgador seja o mais possível restrita à conformidade com a lei. Por isso ele está impedido quando tiver alguma relação institucional (presente ou passada) com o objeto da lide, e é suspeito quando tiver alguma relação pessoal (Código de Processo Civil, art. 145, I, e Código de Processo Penal, art. 254, I-IV) ou de interesse (Código de Processo Civil, art. 145, II-IV, e Código de Processo Penal, art. 254, V-VI) econômico ou outro. Esses casos presumem que o juiz estará afetado na sua imparcialidade. Seu papel institucional é, portanto, não julgar em causa própria, não ter envolvimento com as partes, com o objeto, nem ter interesse em certo resultado do processo, porque afinal de contas esse resultado será criado por ele mesmo. Essa aplicação da lei deve estar desinteressada do resultado caso a caso. Ela é "simplesmente

---

[59]   Cf. Tomás de Aquino, *ST,* IIa, IIae, q. 60, art. 5.

[60]   A recusa do juiz, mesmo dos juízes mais elevados e de maior confiança do próprio soberano, sempre foi considerada um *direito natural* de qualquer acusado e poderia ser sempre invocada "porque o príncipe tem jurisdição sobre o direito positivo, mas não sobre o direito natural", dizia Diogo Guerreiro Camacho Aboim no *Tractatus de recusationibus omnium judicium officialumque tam justitiae commutativae quam distributivae utriusque fori tam saecularis quam ecclesiastici sive regularis* (Coimbra: Joannis Antunes, 1699), p. 3.

[61]   Cf. J. R. Lucas, *On justice* (Oxford: Oxford University Press, 1989), especialmente o capítulo 4 ("Natural justice and process values").

Capítulo 6 · A JUSTIÇA É O SENTIDO DO DIREITO | **329**

um aspecto do estado de direito", diz Rawls. "Uma espécie de injustiça é, continua ele, os juízes e outras autoridades não aderirem às regras adequadas de interpretação da lei na decisão dos casos" (Rawls, 1992, p. 59).

Alguns, superficial e rapidamente, falam que o juiz não pode nunca ser imparcial. Estamos, como acontece frequentemente, diante de uma confusão. Justamente porque se reconhece que a imparcialidade é uma virtude a ser cultivada é que a lei cria limitações ao juiz, para facilitar-lhe o cultivo da imparcialidade. A imparcialidade judicial não significa que o julgador não seja uma pessoa humana. Significa que, com relação ao caso concreto e às partes envolvidas, é seu dever não ter interesse. É seu dever também não tratar aquele caso – individual e concreto – como se fosse um *tipo geral* ao qual ele possa impor suas preferências gerais, de caráter moral, por exemplo. Se assim fizesse, estaria aplicando ao réu, diante de si, a função de *bode expiatório,* de inocente que se sacrifica porque alguém precisa ser sacrificado[62]. É o contrário da justiça, cuja regra primordial é dar a cada um o seu, e a punição do inocente é punição que não é sua.

A imparcialidade não é um fato, mas uma virtude a ser desenvolvida ou um "ideal regulador", uma condição de inteligibilidade da própria função de juiz. Dizer que os juízes não são imparciais pode ser afirmação de fato, uma constatação. Prova-se apontando para um juiz em particular, mostrando que esteve conluiado e de conversas privadas com uma das partes do processo, por exemplo, ou "prova-se" sociologicamente trazendo evidências e pesquisas apontando que em determinado país as pessoas que ocupam cargos de juízes normalmente não se mostram imparciais porque pertencem a certa classe ou grupo social, frequentam certos círculos etc. Dizer, porém, que os juízes por definição devem ser imparciais é como dizer que o jogador de futebol deve saber jogar futebol, e o matemático deve conhecer matemática.

Existe, ainda, uma forte e tradicional objeção à ideia de que o juiz aplica a lei preexistente. Diz-se que, na verdade, o juiz cria o direito ao aplicar a lei, ou apenas faz de conta que aplica a lei. As várias facetas dessa objeção são muitas, mas podemos nos ater a duas delas, lembrando que algo já foi dito sobre o assunto nos Capítulos 4 e 5.

A primeira objeção é uma forma de irracionalismo. Já vimos no capítulo anterior como Kelsen mistura dois planos independentes na sua análise da decisão judicial: o plano empírico e o plano lógico. Como a lógica sozinha não é capaz de impor um limite empírico às decisões judiciais, ele concede que seria preciso em toda a honestidade admitir que, em última instância, os juízes criam direito. Ferrajoli, contrapondo-se a essa tendência, afirma que a lógica se aplica e constrange o juiz: não o constrange fisicamente, mas discursivamente. O juiz, ao raciocinar, afirma necessariamente a verdade da premissa maior e a verdade da premissa menor. *A verdade da maior,* que consiste na atribuição de significado à lei ou ao ato jurídico, é *opinável,* isto é, pode não ser evidente. Para afirmar a verdade de certa interpretação da lei, o juiz precisa desenvolver um argumento, caso não haja clareza na lei ou no ato mesmo. *A verdade da menor* (sobre os fatos) é, como toda

---

[62] É o tema de René Girard, *A violência e o sagrado* (São Paulo: Paz e Terra, 1990).

verdade sobre coisas contingentes, apenas probabilística (*provável*). Por isso, para firmar a premissa menor, o juiz também precisa argumentar[63].

Esse estabelecimento das premissas é a tarefa própria do processo civil ou penal.

> É preciso distinguir claramente a questão do caráter probabilístico da verificação probatória e do caráter opinável da interpretação (...) da questão da aplicação da lógica ao juízo (FERRAJOLI, 2016, p. 153).

O problema, continua FERRAJOLI, é que KELSEN termina por negar a importância do aspecto cognoscitivo (ou reconhecedor) da atividade do juiz com respeito à lei. Naturalmente que na prática jurídica o juiz decide sobre as premissas que comporão o juízo, mas essa decisão é uma "decisão sobre a verdade, mesmo que não absoluta, mas apenas argumentada". Mas no caso do juiz, diferentemente de outros (administrador, legislador), seu pronunciamento pressupõe e exige um ato "cognoscitivo ou reconhecedor" das leis e dos pronunciamentos judiciários anteriores (FERRAJOLI, 2016, p. 169). Da maneira como se expressa KELSEN, parece não haver diferença entre legislar e julgar, exatamente porque ele termina por desconsiderar a exigência de "reconhecer o que está na lei"[64].

A segunda objeção é uma falta de clareza a respeito do dar uma sentença. Como foi dito nos capítulos anteriores, proferir uma sentença é uma ação, como um discurso. Podemos dizer que cada falante de uma língua realiza um ato de criação da língua a cada discurso que pronuncia? Podemos dizer que a língua, afinal, não passa da soma e da sucessão contínua de discursos? O que estaríamos dizendo com isso? É evidente, e já vimos isso nos capítulos anteriores, que cada ato de discurso reafirma a própria existência da língua dentro da qual ocorre. Mas dificilmente diríamos que os falantes estão livres para falar qualquer coisa, ou para exprimir-se como as abelhas e os asnos apenas por emissões sonoras de suas gargantas, o *flatus vocis*. Ninguém diria isso. Por que faria sentido, então, dizer que o direito só é realmente o direito nos atos singulares de juízes e administradores? Essa é uma forma de pensar que contamina alguns. Colocada em perspectiva, percebem-se os seus limites, cujo maior mérito talvez seja sua capacidade de "épater les (juristes) naïves".

---

[63] Remeto o leitor para o excelente trabalho de Carlos Magno de Abreu NEIVA, *A formação do juízo sobre os fatos na decisão judicial* (São Paulo: Tese: Faculdade de Direito da USP, 2012).

[64] Essas formas de negar a racionalidade e o constrangimento lógico do direito sobre quem decide aparecem também nos realistas e nos neorrealistas, como os adeptos do estudos jurídicos críticos, na medida em que suas observações de caráter empírico-psicológico sobre a decisão são tomadas como a própria gramática das decisões. Exemplo dessa mistura e confusão está em Duncan KENNEDY, "Freedom and constraint in adjudication: a critical phenomenology", *Journal of Legal Education* 36 (1986), p. 518-562, e Duncan KENNEDY, "Form and substance in private law adjudication", *Harvard Law Review* 89 (1976), p. 1685-1778. Para o "decisionismo" de KELSEN, ou sua semelhança com escolas de interpretação livre do direito, ver, no Brasil, Ari Marcelo SOLON, *Hermenêutica jurídica radical* (São Paulo: Marcial Pons, 2017), p. 76-85.

Capítulo 6 · A JUSTIÇA É O SENTIDO DO DIREITO | 331

Equidade

Se a justiça exige do juiz a aplicação da lei, o que dizer da equidade? O que dizer da função criativa da decisão judicial? Nesses casos estaríamos ainda diante da aplicação da lei? Não seria melhor reconhecer que a cada nova decisão o juiz inova? Um dos sentidos de equidade nos vem da teologia moral. Ali ela foi desenvolvida dentro do espírito da correção fraterna, pelo qual a punição é substituída por uma espécie de admoestação ou de remédio. Na teologia ela serve para mitigar a pena, para compatibilizar o julgamento de um juiz eclesiástico com a advertência de Jesus, "não julgueis, para não serdes julgados, pois com o julgamento com que julgais sereis julgados" (*Mt*, 7:1-2). No direito e na filosofia moral seu sentido é outro[65].

Em primeiro lugar é preciso esclarecer em que consiste a equidade. Propriamente falando, ela é a concretização da lei. A *epieikeia* (ἐπιείκεια), de que tratou ARISTÓTELES no Livro V, 10, da Ética a *Nicômaco* e no Livro I, 13, da *Retórica*, é um remédio para a generalidade. Como a lei, por definição, trata de seus objetos de forma abstrata, universal, a cada caso é necessário um juízo de aplicação. Ela é uma particularização da lei, um *colocar a lei em situação*, como diz ZINGANO:

> O tratamento *more geométrico* que ela [a justiça] recebe não dispensa quem arbitra uma situação, em certas ocasiões, de ter de repor a decisão na análise particularista que caracteriza as outras virtudes. Como veremos, a equidade, que é justamente esta reposição da lei em seu domínio circunstancial e indefinido quando a lei falha, é um elemento importante da decisão legal. Porém, a lei falha não porque é insuficientemente geral, mas precisamente porque não pode ser senão uma generalização (...) (ZINGANO, 2017, p. 22-23).

Esse juízo de adequação, juízo reflexivo (KANT), ocupa um lugar intermediário entre a *apreensão do conceito* (*Verstand*), entendimento abstrato, e a predicação ou *conhecimento* de um singular. A equidade, portanto, não é um afastamento da lei, mas sua realização. É que uma lei, boa por muitos motivos, por causa da generalidade de seus termos, pode parecer inaplicável em algum caso concreto. Essa inadequação viola a razão de ser da própria lei ou do direito como um todo. Nesses casos, o aparente afastamento da lei é uma forma de aplicá-la.

Ser capaz de equidade, na aplicação particular de uma regra geral, é como ser capaz de usar um mapa. De nada adianta um mapa na escala 1:1, como de nada adianta ter leis singulares para cada caso, como se fossem mandamentos para cada pessoa e relativos a cada ato seu. O mapa deixaria de ser mapa, a lei deixaria de ser lei. Quem usa mapas sabe que são úteis apenas porque reduzem e traduzem a realidade

---

[65] O melhor trabalho sobre a equidade disponível hoje no Brasil é o de Alejandro ALVAREZ, *Interpretação do direito e equidade* (Porto Alegre: UFRGS, 2015). Importante a obra de Klaus GÜNTHER, *The sense of appropriateness*: application discourse in morality and law, trad. John Farrell (Albany: SUNY, 1993) (disponível em português com o estranho título de *Teoria da argumentação no direito e na moral*: justificação e aplicação, trad. C. Molz (São Paulo: Landy, 2004).

da geografia a níveis que possamos dominar. Para usá-los, a pessoa deve ser hábil o suficiente para saber o que significam suas legendas e sinais, para orientar-se pelos pontos cardeais, para saber onde se encontra. Sem essas capacidades, mapas são inúteis. A lei, de forma semelhante, só é útil se for geral e, para ser aplicada, exige capacidades que se desenvolvem pela experiência. Por isso, um jovem pode ser bom geômetra, mas nem sempre é um bom interlocutor na ciência política (ciência das relações sociais), diz ARISTÓTELES, porque "não tem experiência dos fatos da vida em torno dos quais giram essas discussões" (ARISTÓTELES, *EN*, 1095a)[66]. Em outras palavras, não dispõe, por falta de experiência, de todas as habilidades necessárias.

A travessia da lei geral, o "mapa jurídico", para o caso singular é precisamente o que se exige do juiz, e todos os juristas estão familiarizados com ela. A regra geral, ou melhor, a generalização do critério e da regra da decisão deve necessariamente aparecer nos *fundamentos*, e o mandamento particular deve aparecer no *dispositivo* (*v.g.*, Código de Processo Civil, art. 489, II e III) de uma decisão. A sentença consiste exatamente nessa passagem do universal ao singular (o dispositivo) e do entendimento do singular pelo universal (fundamento). A falta ou defeito do fundamento (o universal) impede que a decisão seja usada em outro caso, isto é, que possa servir de precedente ou de termo de comparação (analogia) para outras decisões.

De equidade fala-se também quando se vê uma lacuna, quando os termos da lei parecem indicar que o caso não foi contemplado. O juiz deve proceder então como o legislador procederia, diz o Código Civil suíço de 1907, citado no Capítulo 5 deste livro. É precisamente o que diz Aristóteles, para quem a equidade exige que o julgador diga "o que o próprio legislador teria dito se estivesse presente" (ARISTÓTELES, *EN*, V, 10, 1137b, 20). O que significa isso? Que o juiz não tira a solução para o caso da sua cabeça, do nada ou arbitrariamente: ele a retira – ou elabora – com os recursos disponíveis no todo do ordenamento, sondando as razões possíveis que *qualquer outro* poderia usar. Esse outro, o legislador, faria algo semelhante, ou seja, usaria a mesma maneira de pensar.

Como o legislador, ele teria que fazer um teste de universalização: a solução para este caso poderia ser generalizada ou universalizada para todos os casos semelhantes? Esse teste o obriga a pensar nas *implicações* da decisão. Ao colocar-se no lugar do legislador para fazer o teste da universalidade, precisa pensar nas consequências lógicas (implicações), jurídicas (efeitos) e na extensão de seu exercício de equidade[67]. Ao pensar nas consequências lógicas, o juiz estará elaborando um *conceito* e uma *regra* para todos os casos futuros semelhantes, definindo ou redefinindo uma classe, um tipo. A consequência equivale à *implicação*: atribuindo-se à norma ou ao conceito certo sentido, eles carregarão consigo certa implicação para os casos futuros. Trata-se de aplicar o "teste" da universalização: estamos

---

[66] O reconhecimento de que toda regra é universal e toda decisão é singular constitui o próprio particularismo aristotélico. Cf. Marco ZINGANO, "Lei moral e escolha singular na ética aristotélica", em *Estudos de ética antiga* (São Paulo: Paulus, 2009).

[67] MacCORMICK chama a atenção para isso. Cf. Neil MacCORMICK, *Legal reasoning and legal theory* (Oxford: Oxford University Press, 1995), especialmente p. 108-119 e 129-151.

Capítulo 6 · A JUSTIÇA É O SENTIDO DO DIREITO | **333**

preparados para aceitar essas consequências, ou seja, essa implicação para qualquer caso semelhante no futuro?

Entre a lei geral e universal e a decisão do caso singular encontra-se, portanto, a equidade toda vez que o tipo legalmente esboçado não tem correspondente óbvio e claro, seja pela novidade do caso (inusitado, incomum), seja porque se nota o absurdo a que levaria a aplicação da letra da lei ao caso.

Novidades podem surgir quando situações de fato novas aparecem, como, por exemplo, quando se pode prestar um serviço à distância e entramos em dúvida sobre o local do fato gerador, ou quando novas técnicas médicas – a transfusão de sangue, o transplante de órgãos, a inseminação artificial etc. – não se enquadram na legislação feita para outras eras. Absurdos podem surgir quando estrangeiros, contra a letra da lei, assumem a defesa de uma cidade de modo inusitado, e tal defesa havia sido limitada aos nacionais[68]: deveriam eles ser punidos? Ou quando na leitura e interpretação da lei se comete alguma falácia material, como tomar o indivíduo pela espécie ou gênero, ou vice-versa.

A equidade consiste ainda em "benevolência"[69], isto é, numa espécie de mitigação do rigor da lei. Essa dimensão não pode nem deve ser supervalorizada, porque a mitigação do rigor da lei situa-se na tênue linha entre a aplicação da lei levando em conta circunstâncias atenuantes e a não aplicação da lei simplesmente. Uma atenuação, tendo em vista as circunstâncias, obedece a uma lógica da exceção, ou seja, oferece uma justificação universal para qualquer caso semelhante. Isso se acha hoje em nossos sistemas de direito penal com o nome de circunstâncias atenuantes de cada crime, excludentes de ilicitude (Código Penal, arts. 24-25), redução de pena por inimputabilidade (Código Penal, arts. 26 e ss.), e foi estendido aos casos de "insignificância" do delito. Uma não aplicação da lei pode significar anistia, ou "dispensa", e nesses casos ultrapassa a simples aplicação, e por isso a tradição jurídica devolve essa competência para o legislador[70].

Tudo seria muito diferente se o juiz tivesse como critério uma consequência empírica, incerta, contingente, apenas possível. O critério seria não apenas utilitarista, mas incerto[71]. Se a razão para decidir for uma consequência esperada, então se a consequência não se realizar, a decisão não se sustenta mais. Aliás, é justamente isso que as leis costumam determinar quando aceitam que o juiz decida em função

---

[68] Exemplo tirado de Tomás de Aquino e referido por Alejandro Alvarez, *Interpretação do direito e equidade* (Porto Alegre: UFRGS, 2015), p. 70.

[69] V. Alejandro Alvarez, *Interpretação do direito e equidade* (Porto Alegre: UFRGS, 2015), p. 154.

[70] V. Lawrence Joseph Riley, *The history, nature and use of epikeia in moral theology*, reprint (s.l.: Saint Pius X Press, 2012), *passim*.

[71] Como diz Taylor, o "consequencialismo moral" é uma forma de utilitarismo que qualifica as ações e decisões em função do resultado ou do estado de coisas que provoca, sem ocupar-se com sua qualidade moral intrínseca. O problema com essa maneira de pensar é que a regra a ser usada para avaliar o que se deve fazer depende de um resultado futuro, incerto e contingente. Charles Taylor, "Irreducibly social goods", em *Philosophical arguments*. (Cambridge: Harvard University Press, 1995), p. 127-128.

de uma consequência esperada. Ele se converte num administrador do conflito. Como a consequência prevista pode alterar-se – o alimentando pode deixar de precisar dos alimentos, e o alimentante pode passar a precisar deles, por exemplo – a lei prevê que a decisão não faz coisa julgada material (Código Civil, art. 1.699).

Algo semelhante passa-se nos casos de concentração de poder econômico, quando o tribunal pode impor condições para aprovar a concentração e, caso as condições não se cumpram, a decisão pode ser revista (Lei 12.529/2011, arts. 61 e 91). Nestes últimos exemplos, a própria lei estabelece uma espécie de efeito condicional e provisório às decisões, e considera legítimos os argumentos utilitaristas. Exatamente por isso, nesses casos não ocorre a coisa julgada material, mas simples coisa julgada formal. Materialmente a decisão pode ser revista.

O problema da equidade coloca-se hoje particularmente na esfera do direito constitucional e dos direitos fundamentais. Pode-se questionar a constitucionalidade de uma lei em função das consequências empíricas que produz? Pode uma lei ser inconstitucional porque gera certo estado de coisas incompatível com a constituição, ou melhor dito, com os projetos e aspirações constitucionais? Seria isso uma forma adequada de raciocinar juridicamente? Seria isso consequencialismo velado?

Nem sempre. No campo do direito da antidiscriminação, *parece* que podemos levar em conta consequências, pois a diferença entre *discriminação direta* e *discriminação indireta* depende de avaliarmos os efeitos da lei. A discriminação direta

> se configura quando há um tratamento desigual, menos favorável e endereçado ao indivíduo ou grupo, motivado por um critério de diferenciação juridicamente proibido (Rios, 2008, p. 89).

Ela é explícita e se reconhece pelos critérios estabelecidos claramente. Equivale ao tratamento desigual (*disparate treatment*). Existe, porém, uma discriminação indireta,

> fruto de medidas (...) aparentemente neutras (...) cujos resultados, no entanto, têm impacto diferenciado perante diversos indivíduos ou grupos, gerando e fomentando preconceitos e estereótipos inadmissíveis do ponto de vista constitucional (Rios, 2008, p. 117).

Neste caso, o juiz julga os resultados, mas *não justifica sua decisão por resultados previstos da própria decisão* que profere. A justificação de sua decisão não se assenta nas consequências esperadas da própria decisão. Ele remove do ordenamento uma lei, ato administrativo ou conjunto de atos (plano, política) porque os resultados desses atos e normas são *comprovadamente* inconstitucionais, ou seja, seus resultados – permanentes e não episódicos – são discriminatórios. Pensar sobre as consequências nesses termos não é inadequado. Note-se que precisa mostrar que o efeito da lei (não de sua decisão) ou da medida discriminatória é o impedimento ou a restrição a um exercício de direito por parte dos indivíduos, e mais ainda por parte de vários ou de qualquer indivíduo, pelo simples fato de pertencer ao grupo discriminado, vale dizer, ao qual são negados direitos.

Capítulo 6 · A JUSTIÇA É O SENTIDO DO DIREITO | 335

6.5.2. Entre a justiça do juiz e a do legislador: a justiça constitucional

Pela natureza de seu objeto, a justiça constitucional ocupa lugar clássico entre a *justiça do juiz* e a *justiça do legislador*. Quando um tribunal é encarregado de determinar se os atos de legislação são ou não válidos diante de uma constituição (escrita ou não), estaríamos diante de um órgão que julga a lei e está acima dela? Estaria esse tribunal exercendo o papel de legislador? Seria uma instituição que diz o direito no caso concreto e contenciosamente aplica a lei (órgão jurisdicional no sentido moderno), ou seria um órgão auxiliar do legislativo, uma espécie de "legislador negativo" com poder de veto, verdadeira câmara legislativa de última instância?

Para pôr limites a esse órgão, a doutrina constitucional desenvolveu a doutrina de "presunção de constitucionalidade das leis". Embora o tribunal possa julgar a lei inconstitucional e, portanto, não aplicável – ao caso concreto se o controle for difuso, ou a todos os casos se o controle for concentrado –, deve fazê-lo quando houver boas e fortes razões para tanto. E deve fazê-lo apenas quando provocado (princípio da inércia da jurisdição – *toda jurisdição é provocada*), ou seja, é preciso que haja um *caso* diante de si, que haja um objeto contencioso.

Várias dessas discussões foram tradicionalmente colocadas na história. Ao final do *Antigo Regime,* quando se gestava o novo Estado liberal e constitucional, os antigos tribunais de justiça repetidamente se colocaram contra o poder monárquico, afirmando que o soberano legislador devia obediência às *leis fundamentais* do respectivo Reino. Nesse âmbito deram-se históricos confrontos entre os reis e seus *grandes tribunais, parlamentos e cortes.* Trata-se de uma oposição tradicional entre o legislador soberano e os limites de seu poder em termos de justiça[72].

Contemporaneamente, o caráter de tribunal atribuído aos órgãos que julgam a constitucionalidade das leis foi colocado em dúvida por ninguém menos do que Hans KELSEN, ativo participante na redação da Constituição Austríaca de 1920, instituidora do primeiro tribunal constitucional da Europa[73]. Para ele, um tribunal

---

[72] V. António Manuel HESPANHA, *Como os juristas viam o mundo 1550-1750* (Lisboa: s.c.p., 2015), p. 35-201; António Manuel HESPANHA, *História das instituições*: época medieval e moderna (Coimbra: Almedina, 1982), p. 310-332; Antonio Pedro Barbas HOMEM, *Judex perfectus* – função jurisdicional e estatuto judicial em Portugal, 1640-1820 (Coimbra: Almedina, 2003); Italo BIROCCHI, "Leggi fondamentali e costituzionalismo moderno", em *La Carta Autonomistica della Sardegna tra antico e moderno* (Torino: Giappichelli, 1992).

[73] A Constituição republicana portuguesa de 1911 havia criado um tribunal com poderes de controle difuso (art. 63), inspirada na Constituição brasileira de 1891, que por sua vez adaptara o dispositivo constitucional norte-americano ao que já havia no Brasil, seja pelo agravo ordinário português, seja pelo recurso de cassação, seja pelo poder difuso dos juízes de não aplicarem leis não editadas adequadamente – no procedimento ou na substância –, seja, finalmente, pela anulação de leis inconstitucionais pela Assembleia Geral. Sobre o poder de os juízes do Império recusarem a aplicação de leis inconstitucionais, ver José Reinaldo de Lima LOPES, *O Oráculo de Delfos*: o Conselho de Estado no Brasil-Império (São Paulo: Saraiva, 2010a).

336 | CURSO DE FILOSOFIA DO DIREITO – *José Reinaldo de Lima Lopes*

que exerce veto sobre leis emanadas do Legislativo equivale ao desdobramento do próprio legislativo[74]. Contudo, comporta-se como tribunal na medida em que toma a Constituição por lei ou norma a que está subordinado e deve julgar, portanto, "segundo a lei", não por oportunidade ou conveniência, como faz um administrador ou o próprio legislativo em muitos casos. Pode-se dizer que um tribunal constitucional julga as leis ordinárias, mas não a constituição: julga *pela* constituição e não está autorizado a fazer escolhas em nome da conveniência (*expediency*). Essa doutrina se encontra no *Federalist* n. 78:

> A interpretação das leis é o campo próprio e peculiar dos tribunais. Uma constituição é de fato, e deve ser, concebida pelos juízes como uma lei fundamental. Pertence-lhes, portanto, determinar seu sentido assim como o de qualquer ato procedente do corpo legislativo (HAMILTON; JAY, 1982, p. 395).

É possível, no entanto, pensar de maneira diferente caso se considere que julgamentos não são limitados por qualquer norma, e sejam simples atos de vontade, "pura decisão" ou "decisionismo", como quer SCHMITT (2007, p. 67). Nesse caso, o tribunal constitucional termina sendo ele mesmo o soberano, e sua função de "guardião da constituição" converte-se em "guardião do Estado e da vida dos cidadãos" sem limites.

A jurisdição constitucional coloca, portanto, um desafio à separação de poderes, e isso se deve ao desenvolvimento do próprio constitucionalismo, nascido como meio de enfraquecimento do poder político, dividindo-o em ramos (legislativo, executivo, judicial, por exemplo) e esferas (poderes centrais e poderes locais, federalismo). Evoluiu rapidamente para a contenção de poderes do Estado em relação aos cidadãos, desenvolvendo a doutrina dos direitos fundamentais (primeiro civis e políticos, e logo sociais e de reconhecimento)[75]. Ao longo do século XIX, as questões constitucionais mais importantes foram, muitas vezes, as de separação de poderes, jurisdições e competências, e os tribunais e conselhos constitucionais procuravam ser deferentes com relação aos outros poderes. Com

---

[74] "E um tribunal que tenha o poder de anular as leis é, por conseguinte, um órgão do poder legislativo. Portanto poder-se-ia interpretar a anulação das leis por um tribunal tanto como uma repartição do poder legislativo entre dois órgãos, quanto como uma intromissão no poder legislativo". Hans KELSEN, "A garantia jurisdicional da Constituição", em *Jurisdição constitucional*, trad. Maria Ermantina Galvão (São Paulo: Martins Fontes, 2003), p. 121-186, 152. KELSEN, contudo, distingue: o controle concentrado deve pertencer a um tribunal constitucional, como órgão paralelo ao legislativo, enquanto o controle difuso deve ser deixado aos tribunais ordinários de primeira e segunda instância (Id., p. 161-163).

[75] Esse desenvolvimento é exemplar no caso dos Estados Unidos da América: sua Constituição de 1787 apenas organizava a gestão da federação, dividindo-a em três poderes (*departments*) e em duas esferas (estados e União). Em 1791, acrescenta-se, por meio de emendas, uma declaração de direitos dos cidadãos frente à União. Somente ao final da guerra civil, a Constituição federal estende à relação entre os cidadãos e seus respectivos estados as garantias de direitos fundamentais (Emenda XIV, de 1868). Na França, a primeira Constituição, de 1791, trazia no seu primeiro título uma declaração de direitos.

Capítulo 6 · A JUSTIÇA É O SENTIDO DO DIREITO | **337**

o passar do tempo, a pauta de questões constitucionais expandiu-se na direção da defesa de direitos humanos, em função de sua dimensão de justiça em diversos níveis. Essa linha dinâmica atribuiu aos tribunais constitucionais uma tarefa de examinar não apenas a forma e o procedimento da feitura das leis, mas também seu conteúdo e, como no caso da discriminação indireta mencionado acima, também seu efeito na promoção ou na manutenção de situações de injustiça social (geral e política). Nesses termos, os princípios básicos da justiça que guiam o legislador podem guiar o tribunal constitucional. A existência da jurisdição constitucional afirma no Estado moderno que o legislador está, ele mesmo, sujeito a certas condições para legislar, condições hoje reconhecidas como conteúdo das *constituições políticas* em seus vários modelos (rígidas ou flexíveis, escritas ou costumeiras)[76].

Quadro 93

Programas e aspirações constitucionais. Quando as constituições incorporam direitos a estados futuros de bem-estar e de distribuição de bens coletivos ou comuns, como acontece com os direitos sociais, os tribunais constitucionais podem ser chamados a exercer tarefas muito mais complexas do que a tradição liberal lhes havia reservado. Os direitos sociais acrescentam às constituições uma dimensão "aspiracional" (GARCIA VILLEGAS, 2013) que pode levar os tribunais, mal equipados institucional e conceitualmente para isso, a deliberar sobre projetos e programas de governo ou sobre programas de manutenção de situações de exploração ou opressão implícitos nas leis. Fazer justiça, nesses casos, torna-se muito mais delicado quando o regime constitucional do Estado permite, como no Brasil, que demandas individuais se confundam com demandas por bens comuns.

6.5.3. A justiça do legislador

Tendo em vista a justiça do juiz, que parece um caso exemplar de justiça, pois funda-se em regras e leis que a antecedem, pode-se perguntar se o legislador está também sujeito a regras para que se possa falar de uma justiça que o orienta e limita. Pode-se imaginar que o legislador, porque faz a lei, não estaria sujeito à justiça. O abandono da teoria da justiça pelos juristas levara-os a afirmar que "uma faculdade de direito não é uma faculdade de justiça" e afastou-os da reflexão mais importante da filosofia política do século XX, para não falar da teoria do direito propriamente ao longo da história. Reflexão mais cuidadosa permite entender

---

[76] Embora tenha hoje perfil determinado, esses limites ao poder do legislador são desde sempre, pode-se dizer, objeto de atenção dos juristas. Sínteses históricas preciosas podem ser indicadas em dois trabalhos de referência sobre as maneiras pelas quais, ao longo da história, sempre se entendeu que os soberanos (legisladores) estavam submetidos a regras jurídicas (como no ditado *lex facit regem*). Para ficar em apenas dois exemplos, tirados de uma multidão imensa de estudos, ver Brian TIERNEY, "The prince is not bound by the laws: Accursio and the origins of the modern state", *Comparative Studies in Society and History* 5, n. 4 (1963), p. 378-400; Jacques KRYNEN, *L'ideologie de la magistrature ancienne* (Paris: Gallimard, 2009).

que a *justiça política*, de que falava John Rawls, como vimos antes, é semelhante à *justiça legal* ou *geral* de que tratava a filosofia clássica, e à *justiça do legislador*. O legislador pode, sim, legislar de forma injusta, isto é *um fato*. Ao fazê-lo, no entanto, multiplica embaraços para quem deseja seguir a lei e torna confusa sua aplicação. O jurista, por seu lado, necessita transformar essa legislação em algo compreensível, e vai fazê-lo pressupondo que o legislador deve ter usado um princípio de racionalidade. Qual seria? O jurista pressupõe necessária e logicamente a justiça do legislador. É preciso falar dela. Vejamos, então, como a justiça é condição de inteligibilidade da atividade de legislar.

A justiça limita e determina os atos de legislação

Legislar é ato de justiça, não de simples oportunidade, conveniência, governo, administração ou utilidade. Assim como, na aplicação da lei, a justiça formal (tratar igualmente os iguais, ser imparcial, ouvir os interessados etc.) limita a tarefa dos juízes e administradores, assim ela limita o ato de legislar por critérios semelhantes, vinculando-o à igualdade de tratamento, à não discriminação, à impessoalidade e à universalidade. O desrespeito a essas regras invalida a lei tanto em sua dimensão positiva, uma vez que esses princípios de justiça natural encontram-se escritos no direito constitucional (igualdade perante a lei, art. 5º, *caput*; igualdade de tratamento entre homens e mulheres, art. 5º, I; legalidade e, por implicação, universalidade das leis, art. 5º, II; proibição de discriminação e desigualdade de tratamento, art. 3º, IV, e art. 5º, XLI; direito de ser ouvido, art. 5º, XXXV; irretroatividade das leis, art. 5º, XXXVI, XXXIX, XL, e a lista poderia continuar para incluir o art. 145, § 1º, sobre a capacidade contributiva, dispositivos do art. 150, e os arts. 196, 201 e 205, referentes aos direitos sociais, todos da Constituição Federal, e assim por diante), quanto do ponto de vista lógico, já que leis se entendem sempre como mandamentos gerais.

O legislador é também constrangido pelo próprio objeto da justiça geral, o qual consiste na criação e manutenção do *bem comum*. Veremos adiante o que é o bem comum, mas basta por ora entender que o legislador só se ocupa das *condições gerais* que permitem a convivência e a sobrevivência da sociedade política. Sua justiça não é aplicar retrospectivamente a lei existente a fatos ocorridos. Visando o futuro e sendo geral, sua justiça é propriamente justiça porque é medida, regrada e se refere a um *bem* externo, de *qualquer um* que participe da comunidade política, ou da própria comunidade política. Nesses termos, sua justiça faz as regras, mas não as faz do nada, nem caprichosamente. O capricho, a imprevisibilidade, a inconsistência, a falta de motivos universais ao legislar são defeitos da legislação e sinais de *tirania*, sinais de contrariedade à própria racionalidade do campo jurídico. Por isso, historicamente, desenvolveram-se categorias que invalidassem leis por violação de formalidades e de adequação hierárquica entre normas jurídicas por inconsistência, contrariedade, contradição entre o que foi determinado por normas anteriores ou superiores. Também se invalidam atos legislativos contrários

Capítulo 6 · A JUSTIÇA É O SENTIDO DO DIREITO | **339**

ao bem comum, praticados com desvio ou abuso de poder, favorecendo a alguém em particular, começando pelos atos em benefício próprio, a legislação em causa própria, algo semelhante ao "julgar em causa própria". Em todos esses casos, o que está implícito é a noção de justiça formal.

Essa limitação nem sempre parece evidente para aqueles que ignoram o que é a justiça[77]. Apoiados nas tradições vindas do século XIX, afirmam a desvinculação conceitual – e, portanto, lógica – entre o campo jurídico e a justiça[78]. Veem nessas regras constitucionais apenas direito positivo, e não um todo lógico referido à justiça. De outro lado, os que intuem a vinculação entre direito e justiça nem sempre lhe dão expressão teórica: dão a seu discurso tom de indignação e protesto contra violência e desigualdade, tão estruturantes e típicas da sociedade brasileira, até comovem alguns, mas não mostram o erro lógico da posição contrária. Às vezes aproximam justiça de caridade ou misericórdia para com as vítimas da desigualdade e da violência, mas caridade, generosidade e misericórdia são virtudes diferentes da justiça, que é fria, calculista, social e política[79].

Voluntarismo e gerencialismo legislativo

A primeira pergunta a enfrentar é a seguinte: pode o legislador decidir o que quiser, a seu bel-prazer, ou está ele também sujeito à justiça? Pela explicação das seções anteriores, pode parecer que a justiça existe na aplicação da lei posta, a justiça conforme a lei, mas que a legislação seria livre, sujeita apenas a conveniência ou a interesses. É uma ideia plausível quando dominam no discurso jurídico duas correntes: o voluntarismo e o gerencialismo. Pelo voluntarismo, admite-se que a lei é a expressão de um comando ou mandamento, simples imposição da vontade de alguém. O gerencialismo concebe o direito como instrumento de administração da vida social, cuja finalidade e sentido não estão sujeitos a nenhum critério que não o da eficiência utilitarista.

---

[77] As exposições mais claras nestes termos são as de Norberto Bobbio em *El problema del positivismo giuridico*, trad. Ernesto Garzón Valdez (Buenos Aires: Editorial Universitaria de Buenos Aires, 1965) e *Teoria do ordenamento jurídico*, trad. C. de Cicco e M. C. J. Santos (Brasília: UnB/Polis, 1989). Entre nós também Dimitri Dimoulis, *Positivismo jurídico*: introdução a uma teoria do direito e defesa do pragmatismo jurídico-político (São Paulo: Método, 2006).

[78] Para uma cartografia dos positivismos, ver Dimitri Dimoulis, *Positivismo jurídico*: introdução a uma teoria do direito e defesa do pragmatismo jurídico-político (São Paulo: Método, 2006); Norberto Bobbio, *El problema del positivismo giuridico*, trad. Ernesto Garzón Valdez (Buenos Aires: Editorial Universitaria de Buenos Aires, 1965); Carlos Santiago Nino, *Introducción al análisis del derecho*, 2. ed. (Buenos Aires: Astrea, 1984); José R. de L. Lopes, *Naturalismo jurídico no pensamento brasileiro* (São Paulo: Saraiva, 2014).

[79] Já tratei do assunto em outros textos: José Reinaldo de Lima Lopes, "Aula inaugural", *Revista da Faculdade de Direito da Universidade de São Paulo* 110 (2015), p. 907-917 e José Reinaldo de Lima Lopes, "A justiça é o sentido do direito", em Alfredo C. Storck e Wladimir B. Lisboa, *Normatividade e argumentação* – ensaios de filosofia política e direito (Porto Alegre: Linus Editores, 2013), p. 9-47.

Quadro 94

Legislar e gerenciar a sociedade. A ciência da administração, em contraste com a filosofia política, interessa-se pela ação dos homens com o propósito de manipulá-los. O administrador quer atingir resultados que não consegue senão dirigindo a ação alheia, e a moderna ciência da administração, saída da antiga filosofia política, é uma ciência da manipulação dos homens. Modernamente, a legislação rendeu-se, no modo de pensar dos juristas, a essa perspectiva. MACINTYRE esclarece: "O funcionário público tem um equivalente e um oposto no reformador social: Saint-Simoneanos, Comteanos, utilitaristas, reformadores ingleses como Chrales Booth, os primeiros socialistas fabianos. *Sua* queixa característica é: se pelo menos o governo pudesse ser científico! E a resposta de longo prazo é que ele de fato se tornou científico exatamente no sentido que os reformadores pediam. O governo insiste sempre mais que seus próprios servidores tenham a espécie de educação que os qualifique como peritos. Cada vez mais recruta os que se dizem peritos para seu funcionalismo. E recruta tipicamente os herdeiros dos reformadores do século XIX. O governo mesmo se converte numa hierarquia de gerentes burocráticos e a mais importante justificativa para a intervenção do governo na sociedade é a afirmação de que o governo tem os recursos e a competência que a maioria dos cidadãos não têm. As sociedades anônimas privadas justificam igualmente suas atividades referindo-se a sua detenção de recursos e competências semelhantes. O conhecimento técnico (*expertise*) converte-se na mercadoria pela qual competem órgãos governamentais e sociedades anônimas privadas concorrentes. Tanto funcionários públicos quanto administradores justificam-se a si e a suas pretensões de autoridade, poder e dinheiro invocando sua competência de gerentes científicos da mudança social. Assim emerge uma ideologia que encontra expressão em sua forma clássica numa teoria social preexistente, a teoria da burocracia de WEBER. A explicação da burocracia de WEBER tem muitas falhas notórias. Mas em sua insistência em que a racionalidade de adequar meios a fins da maneira mais econômica e eficiente é a tarefa central da burocracia e, portanto, o modo adequado de justificar sua atividade baseia-se na invocação de sua habilidade em empregar um corpo de conhecimento científico, e acima de tudo científico-social, organizado em termos de, e incluindo um conjunto de generalizações universais como se fossem leis, WEBER forneceu a chave para muito da era moderna" (MACINTYRE, 1984, p. 85-86).

O ponto a defender é que também na legislação há justiça. Para isso é necessário aclarar no que consiste a legislação, e ter em mente que se trata de exercício filosófico, cujo propósito é entender, e não descrever. O ponto de partida é dar-se conta da cultura e da prática atuais dominadas por voluntarismo e gerencialismo. Faz-se necessário mostrar que só faz sentido pensar no direito como sistema objetivo, acima e além dos agentes individuais, admitindo-se que, mesmo na criação das leis, a justiça está pressuposta.

Legislar: declarar ou instituir a justiça?

Podemos pensar em duas tarefas do legislador: (i) esclarecer e declarar, com força de autoridade pública, alguma prática já existente; ou (ii) estabelecer regras completamente novas.

No primeiro caso, as formas de justiça particular (comutativa e distributiva) têm um papel relevante, porque classificam as espécies de relação que os seres humanos podem ter entre si. O legislador precisa, para legislar adequadamente, saber

Capítulo 6 · A JUSTIÇA É O SENTIDO DO DIREITO | 341

que espécie de relação ou interação está em jogo. Isso determinará – do ponto de vista racional – qual a melhor forma da legislação. Não determinará a melhor lei em concreto, mas as formas adequadas de relação a ser regulada.

Igualmente ele pode criar certa regulação nova, criar instituições anteriormente inexistentes. Mesmo aí a classificação aristotélica é relevante, pois é relevante saber se o que está sendo criado é de natureza comutativa ou distributiva. Assim, por exemplo, na regulamentação da copropriedade horizontal (Lei 4.591/1964) havia o interesse, à época, de incentivar a indústria da construção civil e a criação de residências coletivas financiáveis pelo Sistema Financeiro da Habitação, criado na mesma época (Lei 4.380/1964). De um lado, era preciso regulamentar a vida dos condôminos entre si (Código Civil, arts. 1.331 e ss.), matéria de justiça distributiva, e de outro, as relações entre a construtora, que pedia financiamento à instituição financeira para seu empreendimento, e o comprador de uma unidade autônoma do condomínio e que obtinha o mútuo em troca de garantia hipotecária – ambas as relações matéria de justiça comutativa complicada, porém, pelo caráter indivisível da coisa. O mesmo se pode ver na regulamentação de consórcios para a aquisição de bens de consumo duráveis (outra forma de crédito ao consumo), surgida também nos anos 1960, quando a indústria de bens de consumo precisava que o crédito ao consumidor ampliasse o escoamento de sua produção (Lei 5.768/1971, arts. 7º e ss.; atualmente Lei 11.795/2008). Igualmente, nos anos 2000, os regimes de concessão de serviços telefônicos móveis precisavam determinar aspectos de competição entre fornecedores de serviço (matéria de justiça distributiva), de prestação de serviços aos consumidores (justiça contratual e comutativa), de relação com a autoridade pública (justiça legal) e assim por diante. Saber quando se está diante de uma relação comutativa e quando diante de uma relação distributiva é sempre necessário.

A implicação entre legislar e fazer justiça mostrou-se na própria história do processo legislativo, que, durante muito tempo, associou as duas funções. No período medieval, o soberano legislava decidindo casos, arbitrando conflitos. Os conflitos chegavam-lhe em seu conselho (de onde surgiram os grandes tribunais do Antigo Regime), ou em Cortes (Portugal e Espanha) ou Parlamentos (como Inglaterra e territórios franceses), e ali, ouvidos os interessados (*Audi alteram partem*), pessoas, grupos, corporações, cidades, senhores, promulgava-se a decisão, que servia de lei para os casos futuros. A lei era fruto de um conflito de justiça. A partir do século XVIII, o processo legislativo tomou outra forma, mais dependente da iniciativa do soberano, e passou a ter uma feição de governo e direção: era a *polícia,* ou política, impondo-se. Esse novo legislador, sendo em primeiro lugar administrador do espaço público, parece distanciar-se da justiça, e sua tarefa começou a ser percebida como diferente da tarefa de arbitrar conflitos. Além da forma, mudou também sua extensão. O direito privado, que se aplicava às relações privadas e por isso era criado pelos particulares, passou a ser legislado, criado pelo Estado. O direito dos particulares converteu-se no direito tolerado pelo Estado, *ex patientia principis.* Em seguida, tornou-se estatal propriamente, inclusive a matéria de família e sucessões. Essa mudança progrediu do século XVI ao XVIII.

CURSO DE FILOSOFIA DO DIREITO – *José Reinaldo de Lima Lopes*

A partir de então, começou a ser imaginada uma *ciência da legislação*. De jurisprudência, o saber jurídico encaminhou-se para uma jurisciência. O caminho foi longo e complexo: inicialmente em MONTESQUIEU, depois nos cientistas políticos do século XVIII, em seguida em Jeremias BENTHAM, finalmente nos administradores dos séculos XIX e XX[80]. Nesse percurso, a ciência da legislação converteu-se em administração social e, supunha-se, cada vez mais diferia da justiça propriamente dita. Multiplicaram-se os casos em que a legislação tinha por propósito provocar um resultado agregado na economia, no mercado, no PIB etc.

Estrutura das relações sociais

O primeiro princípio já foi visto acima: trata-se de saber para qual espécie de relação ou estrutura de relação se está legislando. Por exemplo: não se pode pensar em uma sociedade em que não haja participação proporcional dos sócios nos lucros e prejuízos da atividade (Código Civil, art. 1.008). Se houvesse a imposição de uma forma de sociedade em que um dos sócios fosse excluído, não estaríamos diante de uma sociedade propriamente dita. Seria preciso dar outro conceito ao que se criou. Pode ser uma forma de negócio indireto ou de uma confusão entre sociedade e outro negócio. Essa limitação para o legislador é conceitual e lógica. Ele não pode ignorar a relação, sob pena de torná-la outra coisa, ou de torná-la incompreensível. Em casos como os de consórcio, condomínio, sociedade ou concurso de credores, como visto antes, o ordenamento parte da estrutura distributiva da relação. Reconhece tanto que as prestações podem ser desiguais aritmeticamente, ou seja, proporcionais, quanto que há limites para o estabelecimento das relações, e esses limites são os da participação. Pode ser que as prestações sejam muito diferentes, mas não podem ser de tal maneira que cheguem a tirar de qualquer dos membros do grupo um direito mínimo à participação. Isso explica a vedação absoluta da cláusula leonina nas sociedades, por exemplo. Portanto, não é apenas para satisfazer interesses que o legislador impõe a todos os sócios proporcionalmente perdas e benefícios: é porque se trata da estrutura mesma da relação social. De forma semelhante, nas relações bilaterais e comutativas, certas regras se impõem "evidentemente".

Entretanto, é compreensível também que se notem certos "vícios" nas interações sociais, de modo que o legislador se vê obrigado a não apenas declarar e aceitar suas formas, mas também a intervir nelas. Nas últimas décadas, isso ficou claro nos casos em que, sob a forma de contratos bilaterais e singulares, encontravam-se pessoas não exatamente iguais quanto a seu poder de barganha e negociação. Isso levou a formas

---

[80] As palavras de BENTHAM são muito esclarecedoras: "A missão dos governantes consiste em promover a felicidade da sociedade, punindo e recompensando", daí a necessidade de estudar o que pode causar o quê, medir as consequências etc. E ainda: "A arte da legislação ensina como uma coletividade de pessoas, que integram uma comunidade, pode dispor--se a empreender o caminho que, no seu conjunto, conduz com maior eficácia à felicidade da comunidade inteira, e isto através de motivos a serem aplicados pelo legislador. Jeremy BENTHAM, *Uma introdução aos princípios da moral e da legislação*, 3. ed., trad. Luiz J. Baraúna (São Paulo: Abril Cultural, 1984), p. 19 e 68, respectivamente.

de proteção do "vulnerável". O que aconteceu foi o reconhecimento da incapacidade de disputa. Aqui também o legislador reconhece essa incapacidade e a trata de forma genérica, constrangido por princípios de justiça (ou seja, de igualdade). Assim se deu em campos inteiros do direito, como no *direito do trabalho*, no *do consumidor*, nos *contratos de adesão*, na *responsabilidade civil objetiva*. As cláusulas que preveem renegociação dos termos contratuais em caso de onerosidade excessiva superveniente (Código Civil, arts. 478-480), ou as que permitem a exceção de contrato não cumprido (Código Civil, arts. 476 e 477) são típicas de situações comutativas. O princípio de proteção de uma classe de contratantes já se encontra nas regras de capacidade, pelas quais se proíbem os menores (justamente incapazes) de realizarem certos atos, quando se interditam adultos, quando se proíbem certos regimes de bens no casamento (Código Civil, art. 1.641, I, por exemplo).

Conceitos elementares do campo

Há limites conceituais e racionais para a atividade do legislador. Embora ele possa muito, e empiricamente possa impor pela força e pelo medo muitas coisas, não consegue impô-las de modo permanente e sensato. Como disse Lon FULLER, existe uma "moralidade interna ao direito" que não depende de convicções pessoais, mas da lógica do seguir uma regra[81]. Entre as condições da moralidade interna do direito, está a da anterioridade e publicidade das leis. Se as regras forem posteriores ao ato, ou se forem secretas, como se pode pensar que alguém poderia segui-las? Mas essa lógica vai além quando pensamos que a lei, por definição, deve atingir igualmente a todos que se encontram sob ela. Isso não quer dizer que todas as leis são universais e gerais: pode perfeitamente haver leis que se dirijam apenas aos médicos, ou aos pilotos de avião, ou a maiores de 60 anos, ou a pessoas casadas, e assim por diante. Mas, uma vez configurada uma classe e podendo essa configuração ser sustentada adequadamente, a lei atinge a todos. O legislador, portanto, precisa dar a público suas leis e fazê-las universais. Em ambos os casos, a ideia de igualdade, essencial à justiça, constrange o legislador.

A concepção do legislador que pode tudo e pode impor sua vontade qualquer que seja é contrariada pela ideia de que o legislador pode dispor apenas de parte do ordenamento jurídico. É isso que se chamava "direito natural", limites lógicos para a legislação[82]. O legislador, inclusive do direito privado, está limitado lógica e estruturalmente por certas fronteiras conceituais, não empíricas. Pelo temor e pela força pode muito, ou seja, empiricamente pode impor-se. Mas não pode tudo conceitualmente. O tirano que deseja fazer-se obedecer em geral e não apenas episodicamente, ou enquanto houver um delator ou um capanga seu ao lado de cada cidadão, precisa que suas ordens sejam minimamente previsíveis e inteligíveis. Ora, a inteligibilidade de suas ordens depende de as pessoas entenderem seus comandos, e o entendimento

---

[81] Esse é o argumento de Lon FULLER, *The morality of law* (New Have: Yale University Press, 1964).

[82] Direito natural, portanto, não quer dizer direito sobrenatural (ou seja, ordem de um ser divino ou superior), nem regularidade natural (orgânica, zoológica etc.).

de comandos exige conceitos. O conceito de troca, por exemplo, pressupõe (exige logicamente) a ideia de igualdade. O conceito de sociedade exige que todos participem, proporcionalmente, no ganho e na perda da sociedade. E assim por diante.

Quando estamos diante de mudanças sociais profundas, colocam-se em discussão os termos em que nos entendemos. Não foi fácil, por exemplo, passar da ideia de *sociedade comercial* que se aplicava apenas a sociedades pessoais, para a ideia de *sociedade anônima*, como corporação. Foi necessária criação conceitual para integrarmos essas duas formas de ação empresária. Foi preciso passar de propriedade como fonte legítima da acumulação (renda) para a ideia de trabalho como origem do valor para organizar o Estado social e democrático. Foi preciso que a ciência desvinculasse a reprodução da sexualidade para que mudasse o regime do casamento. Uma vez estabelecido o novo conceito, ele limita a esfera de atuação do legislador.

Por isso ocorre muitas vezes uma disputa conceitual em torno de definições primeiras, princípios ou pontos de partida. Por exemplo: no direito privado, uma definição de mercado, preço, das coisas que podem ou não ser compradas e vendidas[83]; no direito constitucional, a definição de democracia, liberdade individual etc. Assistimos hoje a disputas sobre conceitos como o de casamento: podem pessoas do mesmo sexo estabelecer formas de relação afetivas e institucionais equivalentes às formas de relação entre pessoas de sexo diferente? Há limites para isso? São os fetos pessoas, pessoas humanas, e, como tais, estão protegidas? Ou são apenas *pars viscerum matris*? As redefinições conceituais, que não são obra exclusiva do legislador, impõem-lhe limites.

Visão prospectiva, generalidade das leis, consequências

Considerando-se que o legislador determina para o futuro, estabelece as medidas pelas quais se julgarão casos futuros, sua atividade é marcada por um olhar prospectivo tanto a respeito das *implicações* quanto das *consequências*. Ele pode e deve valer-se do que se sabe probabilisticamente sobre o futuro, mas está constrangido, para manter a racionalidade do sistema, a incorporar entre os bens visados pela legislação aqueles que não se medem nem quantificam como mercadorias. Assim, deve legislar para permitir a convivência das liberdades, o tratamento igualitário entre os cidadãos, o não extermínio dos dissidentes ou diferentes etc. Estamos falando, como o próprio RAWLS dizia, em uma sociedade política que já fez uma escolha básica e fundamental por uma certa moral universal. Os bens visados pela legislação são estados de coisas (*states of affairs*) que incluem o ambiente político e bens como liberdades públicas, respeito e autoestima de todos.

---

[83] KANT pensava que a primeira coisa que não se compra nem se vende são as pessoas (Immanuel KANT, *Fundamentação da metafísica dos costumes*, trad. P. Quintela. São Paulo: Abril Cultural, 1974), embora no século XVIII e inícios do século XIX as potências coloniais estivessem envolvidas no próspero comércio de escravos. Mais recentemente, dois autores se dedicaram a refletir sobre as coisas que não se compram: Michael WALZER, *Spheres of justice* (New York: Basic Books, 1983) e Michael SANDEL, *O que o dinheiro não compra*, trad. Clovis Marques (Rio de Janeiro: Civilização Brasileira, 2012).

Não basta dizer que sua racionalidade é semelhante à do administrador ou financista. De fato, administrador e financista têm racionalidade, mas determinada previamente por um certo tipo de bem. O bem do administrador é limitado e definido: o administrador de uma companhia aérea, ou de uma fabricante de computadores, ou de um fundo de pensão, tem uma missão concreta, a de buscar maior lucro possível, e seu cuidado se resume àquele interesse. Ora, o legislador "administra" algo de natureza aberta: a comunidade política não tem objetivo fixo, limitado, fechado e determinado como uma empresa. Seu "objetivo" é abrangente (*comprehensive*, diz-se em inglês) e aberto. O legislador, portanto, não planeja como planeja um administrador de negócio empresarial. Lida com muitos e diferentes bens, inclusive imateriais e não monetizáveis.

É da essência da justiça do legislador aplicar a chamada *justiça formal*, o primeiro critério de justiça, ou seja, o tratamento igual dos casos iguais, a própria definição de igualdade. É o que diz ARISTÓTELES (2017, p. 122, *EN*, V, 10, 1135a):

> As coisas justas por convenção e por conveniência são similares às unidades de medida. Não são, pois, iguais em todos os lugares as unidades de medida de vinho e de trigo, mas são maiores onde são vendidas ao atacado, ao passo que são menores lá onde são vendidas a varejo.

O legislador atua nessa esfera com maior liberdade, podendo criar as medidas, embora reconhecendo que o adequado para medir volume é diferente do adequado para medir massa, ou superfície, e as medidas para grandes extensões, volumes ou massa podem ser diferentes das unidades de medida para as pequenas coisas. Há, porém, coisas justas por natureza.

Diferentemente do juiz, que aplica regras existentes a casos já acontecidos, o legislador terá com algumas disciplinas e ciências sociais uma relação diferente. Um caso exemplar de autor moderno dedicado à teoria da legislação foi Jeremias BENTHAM (1748-1832), que começa a usar mais frequentemente que outros a linguagem de uma "engenharia social" com vistas a reformar a sociedade. Nesses termos, em *Uma introdução aos princípios da moral e da legislação* (BENTHAM, 1780), apresenta os meios de que deve valer-se o legislador, tendo em vista os fins (o modelo de sociedade) que deseja alcançar e sustentar, o que exige recurso à economia política, à psicologia e à filosofia. Ele precisará de elementos trazidos por essas disciplinas para realizar bem sua tarefa, não apenas em questões de direito público, como o planejamento das cidades, a elaboração de projetos de legislação tributária, e assim por diante, mas também a respeito de matérias tradicionais de direito privado, como o direito dos contratos. Introduzir figuras contratuais novas ou regulamentar contratos já conhecidos pode ter consequências que o legislador, diferentemente do juiz, deve levar em conta. Por meio de algumas dessas alterações, o legislador estará pretendendo redistribuir certos custos entre os particulares. Como fazer isso sem pensar simultaneamente naquilo que as ciências sociais já sabem e podem nos oferecer de conhecimento a respeito do assunto, e sem ignorar a questão mais fundamental ainda sobre a justiça ou injustiça da distribuição ou redistribuição que se provocará[84]? Não se deve pensar nessa justiça do legislador como uma previsão empírica simplesmente, mas é claro que o legislador legisla pensando não apenas no princípio e no tipo, mas também nas consequências. Ele pode aprender com a experiência. Bem considerado, uma forma de consequencialismo tem cabimento na esfera da legislação[85].

Quadro 95

Direito e economia no século XX. Falar de consequencialismo hoje traz à memória a disciplina, ou método, *direito e economia*. Tendo a economia se autonomizado da filosofia moral no século XVIII, foi aos poucos ganhando preeminência entre as humanidades. Passou em seguida a formalizar-se e matematizar-se, o que lhe foi possível pela concentração de suas análises no campo das finanças, no qual a existência da moeda permite quantificação e comensurabilidade. A forma de racionalidade que pressupõe, estratégica e unidimensional, distingue-a das outras ciências sociais. Relativamente cedo no século XX, juristas e economistas tentaram dialogar. Já a obra de Rudolf STAMMLER (1856-1938), *Wirtschaft und Recht nach der materialistischen Geschichtsauffassung* (STAMMLER, 1896), apontava o caminho. Em 1917, Wilhelm Justus HEDEMANN (1878-1963) criou em Viena o *Instituto de Direito Econômico,* e em 1927, no seu *Einführung in die Rechtswissenschaft,* mencionava esforços ainda anteriores ao seu, como a organização da *Associação de Direito Econômico* (1911) e a edição de uma *Revista Direito e Economia.* Para ele, o direito econômico não era propriamente um ramo da ciência jurídica, mas um ponto de vista, um método, uma maneira de abordar o direito, como outrora havia sido o direito natural (HEDEMANN, 1927, p. 201, 259). No outro lado do Atlântico Norte, iniciava-se também o diálogo por volta dos anos 1920. Karl N. LLEWELYN (1893-1962), que viria a ser um dos expoentes do "realismo norte-americano", publicava em 1925 seu "The effect of legal institutions upon economics" (LLEWELYN, 1925), chamando a atenção para o trabalho de John R. COMMONS (1862-1945), em particular *Legal foundations of capitalism,* de 1924 (COMMONS, 1968). Em 1937, Ronald H. COASE (1910-2013), professor de economia, publicava o influente artigo "The nature of the firm", no qual abordava um tema que já vinha sendo tratado pelos comercialistas sob o nome de "empresa" e "estabelecimento" (COASE, 1937), e mais tarde publicou também um texto que lhe valeu o prêmio Nobel de economia (COASE, 1960), no *The Journal of Law and Economics,* que começara a ser editado em 1958. Pouco tempo depois, Guido CALABRESI (*1932) trouxe a público seu primeiro estudo sobre o custo dos acidentes (CALABRESI, 1961), seguido de um

---

[84] Essa perspectiva está bem analisada num dos livros fundadores da disciplina direito e economia: Guido CALABRESI, *The cost of accidents* (New Haven: Yale University Press, 1970). Nesses termos, tanto "direito e economia" quanto o "realismo jurídico" norte-americano ajudam a mostrar que o jurista e o direito não se interessam apenas pela justiça do juiz, mas também pela justiça do legislador.

[85] Justamente porque em *Uma teoria da justiça* RAWLS está claramente mais preocupado com a justiça do legislador do que com a justiça do juiz, ele afirma com razão que se pode pensar nas consequências, e que o pensamento moral sensato pensa também nas consequências da decisão (e da decisão legislativa). John RAWLS, *A theory of justice* (Oxford: Oxford University Press, 1992), p. 30. Nada disso, porém, implica consequencialismo, pois não se trata nem de dizer se uma decisão singular é devida ou não em função de consequências contingentes e incertas que possa ter, nem que a legislação propriamente esteja a serviço de outra coisa que não a justiça.

Capítulo 6 · A JUSTIÇA É O SENTIDO DO DIREITO | **347**

livro que se tornou clássico (Calabresi, 1970), e do influente artigo "Property rules, liability rules and inalienability: one view of the cathedral", em coautoria com A. Douglas Melamed (Calabresi; Melamed, 1972). Os estudos de Coase e Calabresi aplicaram ao direito a análise de microeconomia (teoria dos preços), de racionalidade estratégica e, no caso de Calabresi, aproximaram-se de certa concepção finalista e funcional do direito, reconhecendo o papel essencial que a distribuição e a justiça desempenham na disciplina. Regras de propriedade e responsabilidade, disse ele, explicam-se e compreendem-se por razões de eficiência, preferências distributivas e "outras considerações de justiça" (Calabresi; Melamed, 1972, p. 1093). Pelo exame da racionalidade, a "escola" de direito e economia jogou luz sobre muitas questões teóricas gerais. O problema de alguns de seus epígonos está em não perceber os limites, claramente vistos pelos pioneiros, como o próprio Calabresi. Questões atinentes a bens que não sejam comensuráveis, a bens públicos e a bens próprios da política (*bem comum*) nem sempre podem ser adequadamente tratadas com os instrumentos teóricos vindos da análise microeconômica. Como disse com acerto Coase (1996), direito e economia pode ser tanto a análise de instituições jurídicas com recursos da teoria econômica, quanto a análise do impacto do direito (leis, instituições) no funcionamento do mercado (economia).[86]

A justiça do legislador, visando ao futuro e postulando a generalidade das leis, constrange-o racionalmente e introduz a distância entre o "tipo universal" e o "caso singular". Se o legislador legisla por tipos e classes e para o que acontece no mais das vezes, não pode prever tudo. A distância entre lei e caso não é uma condição, um estado de coisas que não se pode evitar. O caráter universal da lei é traço de sua justiça: assim como a justiça natural requer do juiz indiferença à sorte pessoal de cada uma das partes, a justiça do legislador constrange-o a legislar por tipos e classes, não para pessoas particulares. Legisla adequadamente se legisla pelo que acontece genericamente, informado pelo que se pode saber sobre a generalidade dos casos, mesmo que probabilisticamente. Ao legislar para casos, a lei não está "prevendo" o que vai acontecer, razão pela qual necessariamente existe um hiato entre o estabelecido genérica e conceitualmente na lei e o que ocorre atualmente nos casos concretos e contingentes. Nem as leis, nem os senatus-consultos, dizia Juliano, podem ser redigidos de modo a abranger qualquer caso que possa ocorrer. Basta que abranjam os que acontecem frequentemente[87].

---

[86] Para uma crítica, ver também Martha Nussbaum, Flawed foundations: the philosophical critique of (a particular type of) economics. *The University of Chicago Law Review*, v. 64, n. 4, p. 1.197-1.214.

[87] Nessa direção, inúmeros fragmentos do *Digesto* de Justiniano. D. 1, 3, 10 "Juliano, lib. 59, *Digestorum*: Neque leges, neque senatusconsulta ita scribi possunt, ut omnes casus, qui quandoque inciderint, comprehendantur; sed sufficit [et] ea quae plerumque accidunt contineri" ["Nem as leis e nem os senatusconsultos podem ser concebidos de modo a compreender todos os casos possíveis; basta que contenham o que possa acontecer mais frequentemente"]; D. 1, 3, 3 – "Pompônio, lib. 25, *ad Sabinum*: Jura constitui oportet, ut dixit Theophrastus, in his quae epi to pleiston, id est, ut plurimum, accidunt, in quae ex paralogou, id est ex inopinato" ["As leis, como diz Teofrasto, devem ser estatuídas sobre aquelas coisas que *epi to pleiston,* isto é, a maior parte das vezes acontecem, e não sobre as que *ek paralogoy,* isto é, não podem ser previstas"]; D. 1, 3, 4. "Celso, lib. 5, *Digestorum*: Ex his

348 | CURSO DE FILOSOFIA DO DIREITO – *José Reinaldo de Lima Lopes*

Quadro 96

Justiça e ensino do direito. Um dos problemas mal diagnosticados pelas reformas do ensino jurídico reside nessa falta de perspectiva abrangente do papel da justiça no direito. Ignora-se, em geral, que a legislação está sujeita a uma racionalidade que implica simultaneamente a justiça e a conveniência. O legislador não é, ou melhor, não pode ser – do ponto de vista da racionalidade e da lógica da decisão – nem um agente arbitrário, um "busca-pé sem vareta", como se diz popularmente, como querem os que propõem a desvinculação do direito da justiça, nem simples administrador de mercado, como querem os proponentes de sua submissão à racionalidade da conveniência, da economia (entendida como mercado) ou da "responsabilidade". Responsabilidade perante quem? Responsabilidade perante qual critério ou qual finalidade? Nas faculdades de direito brasileiras, o ensino, obedecendo ao modelo de separação de poderes imaginado no século XVIII, assumiu como racionalidade típica a justiça do juiz, ignorando a justiça do legislador. Tendemos, por isso, a pensar que toda a lógica da legislação está fora do direito, quando na verdade está na sua base. Se um jurista, para aplicar a lei, precisa compreendê-la, como compreendê-la sem ter acesso à *ratio* de sua criação? Essa é a origem de diversos mal-entendidos. Essa é a origem de certa impermeabilidade com relação a outras teorias e abordagens. É um custo colateral do abandono da ideia central do pensamento jurídico, a ideia de justiça. Uma faculdade de direito deveria formar juristas capazes de julgar e de legislar, assim como cria advogados capazes não apenas de ler contratos, mas de redigir contratos.

6.6. A TEORIA DOS BENS E A TEORIA DA JUSTIÇA: DIREITO, ECONOMIA E FILOSOFIA MORAL

A justiça disciplina as *relações* entre os seres humanos *mediadas* por *bens*, diz respeito à troca, distribuição, manutenção, produção de algum bem para os seres humanos. O direito desenvolveu uma longa reflexão sobre os bens, assim como a filosofia, e a economia. Na filosofia, o bem é conceito fundamental para o campo da filosofia prática, tanto na *técnica* quanto na *ética*, na filosofia política: assim como o conceito de *ser* é o primeiro na ordem do pensamento, o conceito de bem é o primeiro na ordem da ação[88]. Quando começamos a falar sobre o que existe, usamos o conceito de *ser*: que o que é, é, e o que não é, não é. Na esfera da prática – no *reino dos fins* ou da *liberdade*, como disse KANT –, não somos capazes de agir nem de pensar no que fazer sem a noção de fim ou de bem. Sem ela ficamos

---

quae forte uno aliquo casu accidere possunt, jura non constituuntur" ["Não se estatuem leis sobre o que, por acaso, pode acontecer em uma ou outra instância"]; D. 1, 3, 5 – "CELSO, lib. 17, *Digestorum*: Nan ad ea potius debet aptari jus, quae et frequenter et facile quam quae perraro eveniunt" ["Porque o direito deve ser aplicado, com preferência, sobre o que acontece com mais frequência do que raras vezes"]; D. 1, 3, 8 – "ULPIANO, lib. 3, *ad Sabinum*: Jura non in singulis personas, sed generaliter constituuntur" ["As leis não devem ser estatuídas para certas e determinadas pessoas, mas sim para todas em geral"].

[88]   Já vimos antes, no Capítulo 3, que toda ação começa pelo seu fim, chamado *bem* (*telos,* em grego), e disso tiramos diversas consequências para o direito.

Capítulo 6 · A JUSTIÇA É O SENTIDO DO DIREITO | **349**

paralisados: pois agir é sempre um movimento em direção àquilo que consideramos um bem. Estamos aqui no campo conceitual e formal, naturalmente.

No campo da economia, uma das ciências ou disciplinas da ação, que estuda a produção pelos seres humanos e a circulação de mercadorias e utilidade entre eles, seus distintos ramos (economia política, microeconomia, teoria dos preços, e assim por diante) tratam dos bens ora como coletivos ou públicos, ora como privados e particulares, ora como bens de produção e de consumo.

No campo do direito, usamos o conceito de bem e o definimos para nossos propósitos. Na linha de pensamento aqui proposta, não poderia ser diferente: uma vez que o direito disciplina as relações dos seres humanos entre si, interessa-se naturalmente pelos bens que medeiam essas relações. O direito, nestes termos, é uma disciplina das mesmas interações que dizem respeito à justiça. TEIXEIRA DE FREITAS, o jurista brasileiro por antonomásia, passou sua vida em busca da melhor organização dos institutos e conceitos jurídicos, e não achou nada mais adequado do que a divisão das relações jurídicas entre direitos pessoais e direitos reais, estes últimos a forma particular que assumem as relações entre pessoas determinadas unicamente por suas relações com os bens. Já o Código Civil francês, acompanhando a estrutura bem visível na obra de Jean DOMAT, e também nas *Instituta* de GAIO (1, 8) e de JUSTINIANO (I, 1, 2, 12), assentou-se na tripartição clássica: todo direito diz respeito a pessoas, coisas e ações. Desse modo, ao lado de um livro (Livro I) sobre as pessoas (que inclui a disciplina da nacionalidade e das relações familiares), apresenta um segundo livro (Livro II) sobre os bens e as formas de se limitar a propriedade, e um terceiro (Livro III) sobre as formas de os bens circularem (entre vivos e/ou por causa da morte).

Todo direito, como toda a justiça, trata de bens. É preciso examinar a teoria dos bens para perceber a espécie de relação que guarda com a teoria da justiça. Uma teoria dos bens insuficientemente explorada resulta em entendimento insuficiente do campo. E desde o início é bom lembrar as advertências de Michael WALZER. Em primeiro lugar, os bens são o que são porque os seres humanos os concebem e criam. Nada é um bem a não ser do ponto de vista dos seres humanos. Concebidos e produzidos, são depois distribuídos.

> A concepção e criação dos bens antecede seu controle e distribuição. Os bens não aparecem simplesmente nas mãos dos agentes distributivos que fazem deles o que quiserem ou os distribuem de acordo com um princípio geral. Ao contrário, os bens e seus significados – por causa de seus significados – são o *medium* crucial das relações sociais; eles alcançam as mentes das pessoas antes de alcançarem as suas mãos; as distribuições têm padrões conforme concepções de quais são os bens e para que servem. Os agentes distributivos são limitados pelos bens que detêm; pode-se quase dizer que os bens se distribuem por si entre as pessoas (WALZER, 1983, p. 6).

Por isso, prossegue WALZER, (i) todos os bens que interessam à justiça (distributiva) são bens sociais, e todos eles "têm um significado compartilhado porque sua concepção e produção são processos sociais"; (ii) "as pessoas assumem identidades concretas em função de como detêm e empregam os bens sociais"; (iii) "não existe apenas um conjunto concebível de bens básicos e primários em todos os mundos morais e sociais"; (iv) "os critérios de distribuição e os arranjos são intrínsecos não aos bens em si, mas ao bem social"; (v) "significados sociais têm um caráter histórico, de modo que distribuições, e distribuições justas e injustas mudam ao longo do tempo"; (vi) "quando os significados são diversos, as distribuições precisam ser autônomas. Cada bem ou conjunto de bens sociais constitui (...) uma esfera de distribuição dentro da qual são adequados apenas alguns critérios e arranjos distributivos" (WALZER, 1983, p. 7-10).

6.6.1. A teoria dos bens no direito

Bens, coisas apropriáveis e preço

Por razões históricas, a teoria dos bens, que deveria ser parte da teoria geral do direito – como intuíra TEIXEIRA DE FREITAS ao propor um Código Geral –, foi dominada pelo direito privado por influência da parte geral do Código Civil, que definiu e classificou os bens. Não encontramos uma teoria dos bens autônoma no direito público. Ao nos valermos apenas da classificação dos códigos civis, perdemos de vista muitas distinções relevantes. O objetivo desta seção é analisar a prevalência desse modelo privatista de teoria, mostrando-lhe os limites.

O primeiro tema a enfrentar é a definição de bem no direito em geral, e não apenas no direito privado. Não a encontramos em uma lei específica. Como em muitos outros casos, o conceito é pressuposto pela lei. Quem dá o conceito e a definição é a doutrina jurídica. Nos códigos vamos encontrar a classificação dos bens, mas o conceito mesmo é doutrinário. Na doutrina dominam comentários ao Código Civil, de maneira que, de partida, o conceito será limitado.

Como notava Washington de Barros MONTEIRO, o conceito de bem era dependente do conceito de coisa, e este era ministrado pela economia (MONTEIRO, 1973, p. 134). Bem, definia ele, "é tudo quanto seja suscetível de posse exclusiva pelo homem, sendo economicamente apreciável" (MONTEIRO, 1973, p. 134), ou ainda, "bens são valores materiais, que podem ser objeto de uma relação de direito", e a noção "abrange coisas corpóreas e incorpóreas, coisas materiais ou imponderáveis, fatos e abstenções humanas" (MONTEIRO, 1973, p. 133). O bem, para ser juridicamente levado em conta, deve ser objeto de apreciação econômica e limitado. Aquilo que não se pode limitar não pode ser objeto de direito, porque não pode ser objeto de apropriação. O exemplo do ar atmosférico mostra o paradoxo: embora seja um bem, e um bem necessário à vida de todos, é inapropriável e inextinguível "por natureza" e, portanto, não conta como bem para efeitos do direito civil (FRANÇA, 1977, p. 443). Rubens Limongi FRANÇA incluía nos bens os objetos dos direitos de personalidade: honra, liberdade, recato etc., reconhecendo-lhes o valor e dizendo que se equiparavam a coisas imateriais (coisas incorpóreas) passíveis de serem avaliadas aproximativamente.

Capítulo 6 · A JUSTIÇA É O SENTIDO DO DIREITO | **351**

J. X. Carvalho de Mendonça, clássico do direito comercial, dizia em seu *Tratado de direito comercial brasileiro* que bem é tudo que, não sendo pessoa, "pode ser objeto de relação jurídica" (Carvalho de Mendonça, 1934, p. 5). Esses *objetos de relação jurídica* não precisam ser coisas extensas ou corpóreas:

> O conceito jurídico de coisa não se extrema, porém, naquilo que se vê ou toca com as mãos; estende-se ao que se percebe com a inteligência (direito, objeto do direito). No primeiro caso é entidade material, no segundo revela-se a sua existência pelo seu conceito, por sua ideia.

Por isso, continua, "coisa no sentido lato é tudo o que, sem ser pessoa, *existe no mundo exterior*" (Carvalho de Mendonça, 1934, p. 7).

A classificação do Código Civil, segundo Carvalho de Mendonça, era das coisas (Carvalho de Mendonça, 1934, p. 7), não dos bens. "Bens [são] as coisas quando apreciadas sob o ponto de vista da *utilidade econômica* que podem prestar ao homem" (Carvalho de Mendonça, 1934, p. 6, nota).

> Por bens se entendem somente aquelas coisas *que podem tornar-se propriedade exclusiva de uma pessoa*. (...) Bens, diz Ulpiano, "quod beant, hoc est, beatos faciunt; beare est prodesse" (D. 49, *de verborum sign.*) (Carvalho de Mendonça, 1934, p. 6).

Um jurista contemporâneo conceitua:

> Sob o aspecto jurídico, bens são coisas materiais ou imateriais, úteis aos homens e de expressão econômica como (...) suscetíveis de apropriação, que podem ser objeto de uma relação de direito. Abrangem coisas corpóreas e incorpóreas, coisas materiais ou imateriais, fatos e abstenções humanas (Maluf; Maluf, 2017, p. 329).

E prossegue:

> Enquanto a noção de coisa está ligada à noção de substância, a noção de bem está intimamente ligada à noção de utilidade (Maluf, 2017, p. 320).

Para a teoria dos bens contida no direito civil, há uma distinção fundamental entre eles: (i) bens que se limitam de acordo com a teoria das trocas econômicas; e (ii) os bens considerados de forma ampla, como "tudo quanto pode proporcionar ao homem qualquer satisfação" (Monteiro, 1973, p. 133). A acepção de bem em termos filosóficos, ou metafísicos, morais e estéticos, era tida como irrelevante (Macedo, 1977).

O tratamento do *bem comum* era distante e alheio. Para Tercio Sampaio Ferraz Jr., o bem comum fora um conceito importante no direito romano e na escolástica, mas entrou em desuso no período moderno, só voltando a aparecer quando se atribui ao Estado o seu cuidado. Em sua opinião, o bem comum é um objeto próprio do Estado e se compreende como sua finalidade. Falar de bem comum, diz ele, é introduzir a teleologia no direito, mas o conceito mesmo não é determinável, é de "textura aberta" (Ferraz Jr., 1977).

Também se mostrava distante da doutrina dos bens contida no código civil a noção de *bem coletivo*, tratado como bem comum propriamente dito: "A justiça se identifica com o bem comum como o *valor* fundante da ordem da convivência" (grifo meu) (Reale, 1977). O bem coletivo distingue-se do bem individual, "o fim a que se deve tender de maneira determinante". O bem social (comum ou coletivo?), diz Reale, é "a condição do bem de cada qual" (Reale, 1977, p. 472).

Mas esse bem social, comum ou coletivo, se não pode ser apropriado nem avaliado monetariamente, não pode interessar ao direito, segundo a doutrina dominante então. Ficava aninhado na teoria política, quiçá na teoria do Estado ou na ciência política, mas não se deixava tratar pelos juristas.

O *bem público*, no discurso jurídico, dizia respeito a coisas de propriedade do Estado, de modo que se subordinava ao conceito de bem pressuposto no direito privado. O Código Civil define como bens públicos "os bens do domínio nacional pertencentes às pessoas jurídicas de direito público interno" (Código Civil, art. 98), bem de propriedade do Estado, seja ele dominical, de uso comum (Código Civil, art. 99, I e III), ou de uso especial (Código Civil, art. 99, II). A doutrina seguia essa definição sem problematizar ou elaborar.

No direito penal, fala-se de *bem jurídico protegido*, ou *bem da vida tutelado*. Embora não apareça no Código Penal uma seção dedicada aos bens, a doutrina a eles sempre se refere, tratando como bens jurídicos os *interesses* protegidos das pessoas. No direito constitucional, aparecem também essas noções no estudo dos direitos fundamentais e dos bens protegidos pela ordem constitucional. Ali não apenas existem bens dos cidadãos a serem protegidos contra usurpação do Estado, mas também os bens em geral, a cujo respeito os cidadãos estão obrigados em suas relações privadas, como os objetos de propriedade, cuja defesa pode ser feita quer contra o Estado, quer contra outros cidadãos[89].

Constituindo relações jurídicas entre cidadãos e Estado, a constituição cria, assim, interesses protegidos. Expressões como "a educação, direito de todos e dever do Estado e da família..." (Constituição Federal, art. 205) transforma a educação em bem, ou melhor, reconhece o bem da educação. O mesmo vale para a saúde: "A saúde é direito de todos e dever do Estado" (art. 196, Constituição Federal). E assim se dá em vários âmbitos.

Nessas esferas, o bem já não se identifica necessariamente com a doutrina predominante no direito civil, mas também nem sempre se elabora de forma muito clara, confundindo objetivos, metas, finalidades com interesses protegidos na forma de bens, ou estados, situações de fato, condições de interação e convivência social.

---

[89] Como advertia Pontes de Miranda, a constituição institui o regime de propriedade privada, logo, os contornos da propriedade, estabelecidos depois em leis ordinárias, dependem dessa configuração. Ver seus *Comentários à Constituição da República dos Estados Unidos do Brasil* (Rio de Janeiro: Editora Guanabara, s.d., t. II), p. 184; e *Os fundamentos actuaes do direito constitucional* (Rio de Janeiro: Emp. Publicações Técnicas, 1932), p. 380-382.

Classificação dos bens no direito civil

Quando nos aproximamos da teoria dos bens dentro do direito civil, expressamente elaborada como teoria jurídica, temos uma vantagem e corremos um risco. A vantagem consiste na sofisticada elaboração das categorias de bens ali exposta. As classificações podem ser muito mais exploradas do que foram, como tentei mostrar acima. O risco consiste na limitação dos bens às mercadorias, em aproximá-los muito diretamente das coisas, e em tratá-los, justamente por isso, como objetos de apropriação individual, ou melhor dizendo, em apropriação por sujeitos de direito individuais. Os riscos, porém, não devem nos afastar da necessária apropriação das categorias ali desenvolvidas.

Por razões de ordem histórica, nosso Código Civil trata dos bens classificando-os em primeiro lugar em *imóveis e móveis* (Código Civil, arts. 79-84). Naturalmente, os imóveis constituem tradicionalmente um dos fatores de produção elementares e, portanto, sua importância sempre foi intuitiva. Mas num mundo em que a produção de alimentos é cada vez mais o trabalho de uns poucos, e a vida em geral se dá em cidades, os imóveis mudaram de figura. Para a maioria das pessoas, os imóveis se transformaram em *bens de consumo*, e não *bens de produção*: suas casas. *Conservaram--se como bens de produção para o agronegócio e para as construtoras, empreiteiras, incorporadoras imobiliárias*. A divisão do Código Civil, entretanto, faz sentido apenas quando se encontra no capítulo "dos bens considerados em si mesmos".

A essa classificação segue-se outra: a dos bens *fungíveis e infungíveis*. Também aqui a classificação parece referir-se a propriedades físicas dos bens e não leva em conta as características dos bens quando usados ou aplicados pelas pessoas, o que naturalmente é muito relevante. Por exemplo: um alimento é certamente um bem fungível, como é um insumo químico ou mineral usado na produção agrícola ou industrial. Mas um alimento, fungível em si mesmo, é um bem de consumo para uma família, enquanto um produto químico ou um mineral é um insumo de produção para uma empresa. Notemos que ser bem de consumo ou ser bem de produção não é uma característica física do bem, mas uma característica, digamos, "funcional". O uso o transforma numa coisa ou noutra.

Não aparece no Código Civil (o de 2002 manteve a mesma classificação do de 1916) a distinção fundamental entre bens de produção e bens de consumo, intuída longinquamente por Clóvis Beviláqua, conforme se vê no texto de Rubens Limongi França. Escrevendo em 1977, este nota uma distinção feita por Clóvis Beviláqua a respeito da consumibilidade do bem: o livro é consumível quando desaparece do estoque de mercadorias do livreiro, mas não se transforma, física, química ou organicamente em outra coisa nas mãos do leitor consumidor (França, 1977, p. 450). Só Orlando Gomes ressalta a necessidade de distinguir bens de consumo de bens de produção, criticando a opinião segundo a qual "a propriedade dos meios de produção, inclusive a propriedade agrária (...) exorbita do quadro de uma codificação de direito civil". Para ele, não tinha "cabimento limitar o livro do direito das coisas, no regime de *jus in re propria*, à organização da propriedade incidente unicamente em *bens de uso* e de *consumo*, duráveis ou não" (Gomes, 1981, p. 34).

CURSO DE FILOSOFIA DO DIREITO – *José Reinaldo de Lima Lopes*

Passemos às classificações seguintes, ainda colocadas no capítulo dos "bens considerados em si mesmos": *bens divisíveis e indivisíveis* (Código Civil, arts. 87-88). De fato, diz o art. 87 que os bens são indivisíveis caso percam sua substância se forem fracionados, mas diz também que o são se perderem *o valor de uso* ("prejuízo do uso a que se destinam"). A indivisibilidade depende, pois, do uso porque certa forma de usá-lo só é útil se ele se mantiver "íntegro". O art. 88 torna a diferença entre divisíveis e indivisíveis ainda mais distante da "natureza do bem em si mesmo", pois permite que a indivisibilidade venha da lei ou da vontade das partes.

Em seguida, o Código classifica-os em *singulares e coletivos* (Código Civil, arts. 89-91). Aqui as propriedades físicas perdem ainda mais relevância, pois o que está em jogo não são os bens em si mesmos, mas uns em relação com os outros: bens singulares podem ser reunidos em um todo, uma universalidade, por causa da função que lhes é atribuída. Ou seja, trata-se de uma classificação dos bens considerada uma finalidade. Ora, finalidades não são intrínsecas aos bens. Se a unidade que torna um bem indivisível, conforme diz o art. 87, pode ser uma *unidade natural* (orgânica, digamos, como a vida de um animal, a integridade química de uma fonte ou um curso de água, *v.g.*), aqui estamos diante de uma *unidade de ordem*. Essa unidade é atribuída aos bens singulares. O art. 91 termina por determinar que essas unidades (universalidades) podem ser compostas de relações jurídicas, desde que imputáveis a uma pessoa, suscetíveis de valor econômico e consideradas em sua finalidade. É o caso do patrimônio. O patrimônio é o todo de bens e direitos de uma pessoa. No caso da morte dessa pessoa, ele se converte no *monte* a ser partilhado, no *espólio*. A *finalidade* também faz a unidade e ordem. Exemplos claros de tais universalidades são os "fundos de comércio" (estabelecimentos) e as empresas. Mas aqui percebe-se bem a distância entre a classificação inicial (móveis/imóveis) e a última (singulares/coletivos). O art. 1.142 do Código Civil diz expressamente:

> Considera-se estabelecimento todo complexo de bens *organizado, para* exercício da empresa, por empresário, ou por sociedade empresária. (grifo meu)

E o art. 1.143 reforça o ponto:

> Pode o estabelecimento ser *objeto unitário* de direitos e de negócios jurídicos, translativos ou constitutivos, que sejam compatíveis com a sua natureza (grifo meu).

Nos dois artigos, estão presentes duas ideias importantes: os bens organizados transformam-se num complexo singular (art. 1.142), tratado como um bem único. De que estamos falando aqui? Seguramente não da unidade orgânica (física) de um "bem", mas da unidade de ordem. Como indicava Tomás de AQUINO em seus *Comentários à Ética de Aristóteles*, de duas unidades podemos falar: a unidade das partes entre si, e da unidade das partes tendo em vista um fim. A primeira é dada; a segunda, atribuída (AQUINO, 1993, p. 1). O art. 87 (bens indivisíveis)

Capítulo 6 · A JUSTIÇA É O SENTIDO DO DIREITO | **355**

refere-se à unidade orgânica ou de ordem, mas o bem universal criado (como a empresa) é uma unidade de ordem (ou de finalidade).

Essas classificações carregam o risco de compreenderem-se os bens de maneira *dominical,* como sendo objetos de propriedade. Nesses termos, uma teoria *dominical* dos bens tende a restringir-se a certos bens, ignorando outros que também são parte da teoria do direito, mesmo que não possam ser objeto de compra e venda, como, por exemplo, um ambiente saudável e seguro que permita a vida em cidades. Isso é ou não é um bem? É ou não é assunto para o direito? Deve ou não ser responsabilidade de alguém criar e manter esse bem? Sem uma boa teoria dos bens, que transcenda a percepção de mercadoria ou utilidade que se pode comprar e vender, não se responde a essa pergunta. A teoria atualmente dominante favorece o entendimento de que o direito pode dizer respeito, no máximo, à justiça comutativa. Mas não é preciso cair nessa cilada. Um diálogo mais profícuo com outros saberes desenvolvidos nos últimos duzentos anos pode nos ajudar. Penso aqui nos conceitos de bem elaborados na esfera da economia e da moral. Para fazer isso, é preciso colocar a teoria dos bens na teoria geral do direito, e, portanto, na filosofia, dando um passo além do lugar onde hoje parece situar-se na dogmática geral. Sua disciplina, mesmo no direito privado, é muito mais bem compreendida quando a percebemos pela lente da filosofia.

Bens comuns: tema tradicional para os juristas

Os juristas conhecem muitos exemplos de bens comuns, mesmo que a expressão hoje soe antiquada e, para alguns, objeto de desprezo. O objeto de qualquer sociedade ou associação, comercial ou civil, é um bem comum, que os sócios só podem alcançar por esforço comum e que os reúne, os atrai e torna associados. Uma finalidade social é um bem comum. Também são comuns os bens em comunhão ou condomínio: quando são indivisíveis, tornam-se essencial, substancial e naturalmente comuns, como as partes comuns de um edifício de propriedades horizontais independentes. Tanto nas sociedades (universais ou particulares, permanentes ou com prazo), quanto nos condomínios, ou nos consórcios (Lei 6.404/1976, arts. 278 e ss.; Lei 11.795/2008), o conceito de bem comum é essencial, inescapável.

Quadro 97

Os bens que o dinheiro não compra. Ao analisar a amizade política, ARISTÓTELES afirma que ela existe, de certo modo, quando entre os cidadãos existe como medir e comensurar suas contribuições para a vida comum, e isso ocorre quando lidamos com coisas que têm uma "medida comum sob a forma de dinheiro, à qual tudo é referido e pela qual tudo se mede". Há, porém, coisas que o dinheiro não compra, e o exemplo dado em seguida é esclarecedor na Ética a *Nicômaco,* Livro IX, I, 1164a: "Mas na amizade entre amantes, por vezes o amante se queixa de que o seu excesso de amor não é recompensado com amor (...) enquanto o amado se queixa com frequência de que o amante, que outrora lhe prometia tudo, agora não cumpre nada. Tais incidentes acontecem

> quando o amante ama o amado com vistas ao prazer, enquanto o amado ama o amante com vistas à utilidade, e nenhum dos dois possui as qualidades que deles se esperam. Se tais são os objetivos da amizade, esta se dissolve quando os dois não obtêm as coisas que constituíam os motivos de seu amor; porquanto nenhum deles amava o outro por si mesmo, mas apenas as suas qualidades, e estas não eram duradouras. Eis aí porque essas amizades também são passageiras" (ARISTÓTELES, 1973a, p. 399). Enquanto nas coisas materiais é possível estabelecer a medida material comum, o dinheiro, no bem da amizade e do amor recíproco isso não acontece. O amante e o amado, se querem amor verdadeiro – "o amor do outro por si mesmo" –, não têm como consegui-lo por nenhum meio externo. O ambiente político propriamente dito, de liberdade, respeito e confiança recíproca, também não é algo externo a cada um dos cidadãos. Tem valor, mas não se compra. Sobre o assunto, ver também SANDEL (2012) e WALZER (1983).

Os bens comuns no direito implicam outra ideia: a de que o exercício dos direitos sobre eles deve ser compatível e simultâneo. Caso o exercício não possa ser simultâneo, torna-se necessário providenciar uma alternância no tempo ou priorizar o atendimento de uns em relação aos outros. Nem todos podem ser atendidos simultaneamente num hospital, nem todos podem simultaneamente ocupar uma rua, nem todos podem fazer simultaneamente uma manifestação em praça pública. Hospitais têm critérios de atendimento, ruas têm mão de direção, praças podem ser destinadas cronológica e alternadamente a usos de manifestações de toda espécie.

Os bens indivisíveis, como já foi visto, também remetem à ideia de coisas reunidas que formam ordem: a empresa, o patrimônio, a massa falida são divisíveis quando vistos como amontoados de elementos individuais (o estoque, a marca, o nome comercial, o estabelecimento ou ponto, os bens de capital fixo, o ativo permanente etc.), mas tornam-se *unidade de ordem* criada pelo empresário, por exemplo (Código Civil, art. 88).

Ao passar do direito privado para o público, ocorre uma dificuldade. De um lado há "bens públicos" como coisas apropriáveis e corpóreas, classificadas como: (i) bens de uso comum; (ii) bens públicos de uso afetado; e (iii) bens dominicais. Bens de uso comum podem ser usados por todos, mas seu cuidado pertence à autoridade. Bens de uso afetado só podem ser usados por alguns: o hospital "público" é aberto apenas aos funcionários e pacientes, e na UTI, no centro cirúrgico, o acesso ainda é mais restrito. Continua sendo público, mas não é uma praça. Bens dominicais são de propriedade de uma pessoa jurídica de direito público.

Se ficarmos no âmbito do direito administrativo, essas categorias talvez possam ser suficientes, mas e se perguntarmos sobre os bens tratados pelo direito penal, ou pelo direito constitucional? Os "bens da vida" de que falam os penalistas, objeto de atenção e proteção pelo direito penal (a integridade moral das pessoas, por exemplo, protegida pelos dispositivos a respeito dos "crimes contra a honra" – Código Penal, arts. 138-143), não se assemelham muito aos bens definidos no Código Civil (embora neste caso possam estar em relação com os chamados "direitos de personalidade"). E a segurança pública? E a ordem urbana? E a liberdade pública? E o regime democrático? Não se parecem com nada no direito privado e por isso foram esquecidos, e o direito dos séculos XIX e XX desinteressou-se deles. Trata-se de reducionismo injustificável, pois são realmente bens. Levados em consideração, muito do que os juristas deveriam saber a seu respeito é hoje preocupação de cientistas políticos, de alguns economistas, de urbanistas, ecólogos, e filósofos morais.

São bens comuns e objeto de disputa, inclusive judicial. Recapitulemos alguns exemplos: um meio ambiente não poluído e saudável; a segurança pública; a paz civil; um ambiente livre de epidemias; a saúde pública; a legalidade e o respeito social às leis; um espaço urbano bem ordenado; um sistema de transportes e de mobilidade. Poderíamos dizer que esses bens são bens comuns? Ou que são os bens indivisíveis do Código Civil? Sim, são bens comuns e indivisíveis, e são necessárias distinções entre eles. Nem todos esses bens comuns são benefícios fornecidos ou "fornecíveis" pelo Estado ou por outra organização. Alguns são naturais, como o meio ambiente, outros são artificiais, como uma boa ordem e convivência social e política. E aqui começa a entrar em jogo a filosofia, com sua função de determinar conceitos e pôr ordem no pensamento.

A teoria dos bens desenvolvida em torno do conceito de coisa e propriedade enfatiza a *utilidade*, a *apreciação econômica* ou preço, a *apropriação* ou possibilidade de algo ser objeto de uso exclusivo de alguém. Mas e as águas do mar ou dos rios, puras e utilizáveis para uso humano? E o ambiente urbano bem ordenado? E um ambiente social não violento nem discriminatório? O que esses bens têm de diferente? Por que vale a pena pensar filosoficamente, conceitualmente sobre eles e pensar de maneira juridicamente relevante?

Bens comuns, públicos e coletivos – confronto com a economia

Fala-se hoje corriqueiramente de bem público, bem coletivo e bem comum. Define-se bem coletivo ou comum como o benefício dado por uma organização a seus membros. Se esta organização for o Estado, os benefícios que o Estado provê chamam-se bens públicos. Note-se a diferença com relação ao Código Civil examinado antes. Neste, o bem público é propriedade do Estado, como aquilo que o Estado pode reter (seja ele bem dominical, seja ele bem público de uso afetado, seja bem de uso comum do povo). O bem é reificado, e o Estado personalizado, clara herança das teorias elaboradas ao longo do século XIX. O Estado de direito seria a encarnação do soberano, constituído e limitado em suas ações pela lei. Uma imagem poderosíssima em nossa tradição.

Entretanto, do ponto da natureza comum, pública ou coletiva do bem mesmo, o Estado é um garante da produção (e manutenção) de um bem que não integra seu patrimônio: são bens para os membros da comunidade política. Os instrumentos para sua produção ou fornecimento podem ser do Estado, mas os bens não lhe pertencem, assim como os bens produzidos por uma unidade produtiva (uma empresa) não são destinados a si mesma: eles podem pertencer a ela transitoriamente, se forem mercadorias, mas sua *natureza* está na finalidade a que se destinam, e não se destinam ao uso ou consumo da própria empresa. Igualmente o Estado: os bens que fornece destinam-se aos cidadãos, isto é, a *qualquer* membro da comunidade política. Assim, seja o acesso a eles, seja o custo de sua produção, são repartidos entre todos, e para cada bem ou encargo será necessário um critério de repartição.

Quadro 98

Bens intrinsecamente comuns. Em "Irreducibly social goods", Charles TAYLOR nota que na economia os bens chamados comuns ainda assim são "decomponíveis" e tendem a ser concebidos como bens que, em última instância, podem ser usufruídos por indivíduos. Ele chama a atenção para certos tipos de bens que não podem ser assim reduzidos. O primeiro é a cultura: existem bens culturais individuais, como as obras de arte, mas a cultura propriamente dita, dentro da qual se produzem, é o "pano de fundo". E o que a cultura, como um todo, tem de bom não se confunde com algum resultado particular que ela possa produzir. A cultura não é como uma represa, que não é boa em si, mas apenas se produz algum benefício, vale dizer, é boa apenas instrumentalmente. A cultura, concebida como campo de significações em geral, não é instrumental para algum bem em particular, mas para todas as atividades humanas: a cultura é boa em si porque é um "traço irredutível" da sociedade e só ela permite "conceber ações, sentimentos e formas de vida apreciadas". O segundo tipo é o de bens que existem apenas quando existem simultaneamente para os indivíduos: trata-se de coisas que não podem existir separadamente para cada um. Exemplo: a compreensão mútua (*common understanding*) ou a amizade. Nossa amizade só existe se existir simultaneamente para nós dois. Não se trata de simples coordenação de ações que convergem (TAYLOR, 1995, p. 139). Em outro texto, TAYLOR oferece outros exemplos de bens comuns, que só podem existir para dois ou mais indivíduos mutuamente: uma dança de salão ou duas pessoas serrando um tronco de madeira. Não se trata de coisas separadas para cada um dos participantes. O casal na dança e os parceiros na serraria não estão apenas coordenando ações que poderiam executar separadamente (TAYLOR, 1995, p. 172). Os bens comuns ou públicos de que falam os economistas são mais convergentes do que radicalmente comuns.

Para os economistas, bens são as coisas, num sentido absolutamente geral da palavra, necessárias ou úteis para a produção e manutenção da vida, incluindo condições de sociabilidade e condições de interação. Sua natureza pública consiste ou no fato de serem produzidos coletivamente, em comum, ou no fato de serem consumidos coletivamente, ou individualmente, mas por *qualquer um*. Por sua natureza, são *não excludentes*: uma vez criados, não se consegue – ou não se consegue facilmente – excluir alguém de seu uso. Também são públicos os que só se podem produzir conjuntamente. Os bens públicos podem ser escassos ou não, ou, na linguagem dos economistas, podem ser de *utilização rival (competitiva)* ou não. Sob o ponto de vista de sua produção ou de seu consumo e uso, os bens têm muito distintas categorias.

Os exemplos de bens públicos fornecidos pelos economistas são muito ilustrativos. Não são as coisas de propriedade do Estado. Sua natureza pública não está no fato de serem parte do patrimônio estatal. Pelo contrário, muitas vezes são atribuídos ao patrimônio ou à fiscalização e gerenciamento do Estado por causa de sua natureza, como as frequências de comunicações. As frequências de rádio são

Capítulo 6 · A JUSTIÇA É O SENTIDO DO DIREITO | **359**

de caráter rival, pois se todos usarem as mesmas frequências, as comunicações se embaralham. O uso simultâneo gera congestionamento, que impede a comunicação: gera um *mal comum*. A teoria econômica olha para a natureza do bem, para suas características próprias, não para sua relação de subordinação à propriedade de alguém.

Alguns desses bens não são apenas mercadorias, mas tudo o que pode ser valioso para a manutenção das interações sociais. São condições de convivência. Algumas dessas condições são da essência do próprio bem. Pensemos numa festa, como nos sugere MacCormick (2008, p. 137 e ss.). Uma festa só existe se for em comum: para haver festa, é preciso que haja convidados, participantes na festa. Não existe festa de um só. A comunalidade é da essência da festa, e a festa é um bem, que precisa ser criado (alguém precisa organizar a festa) e concebido (os participantes precisam saber o que é uma festa). Uma festa sempre tem alguma bebida e comida: os seres humanos transformam essas necessidades elementares da vida material em ocasiões de partilha ritual e simbólica de suas vidas corporais. De repente entram na festa os convidados egoístas, predadores, e antes que cheguem todos os outros convivas, consomem logo toda a comida. Desmancharam o prazer de todos, acabaram com a festa. Acabaram com o próprio bem comum da festa. Valeram-se das condições do bem comum para apropriar-se exclusivamente de tudo o que faria a comunalidade da festa. Isso acontece com alguns bens, gerando tal desigualdade que, afinal, desaparece a comunalidade da própria sociedade política.

O primeiro deles é a segurança pública. O que caracteriza a segurança é que ela é coletiva. Segurança pode referir-se ao estado geral de ordem, que o Estado deve prover. E pode referir-se ao serviço do Estado encarregado de produzir e manter esse estado geral de ordem. A situação de segurança produzida e mantida coletivamente é indivisível: a cidade não pode ser segura apenas para um e não para outros. O *mal comum* da insegurança tem como alternativa o *bem comum* da segurança. Se a cidade é segura, pode ser desfrutada por qualquer um que pertença à comunidade que a produz e mantém, qualquer habitante da cidade.

E aqui entra o carona ou predador: porque ela é produzida coletivamente, alguém pode desfrutá-la escapando do ônus de produzi-la. Em outras palavras, o benefício da segurança pode ser aproveitado por quem não arca com seus custos (Olson, 1971)[90].

---

[90] "The common or collective benefits provided by governments are usually called 'public goods' by economists, and the concept of public goods is one of the oldest and most important ideas in the study of public finance. A common, collective or public good is here defined as any good such that, if any person Xi, in a group X1, ...Xip., Xn consumes it, it cannot feasibly be withheld from the others in that group. In other words, those who do not purchase or pay for any of the public or collective good cannot be excluded or kept from sharing in the consumption of the good, as they can where noncollective goods are concerned. (...) The achievement of any common goal or the satisfaction of any common interest means that a public or collective good has been provided for that group". Mancur Olson, *The logic of collective action* (Cambridge: Harvard University Press, 1971), p. 14-15.

CURSO DE FILOSOFIA DO DIREITO – José Reinaldo de Lima Lopes

Podemos, porém, pensar também em outros bens, como a eletricidade. Embora haja provedores privados (as empresas de distribuição ou mesmo de produção de energia elétrica), a manutenção do serviço e da provisão interessa a toda a população. Por isso o Estado funciona no mínimo como um coordenador de tais atividades, garantindo as normas técnicas nascidas dos próprios atores singulares e privados. Hoje se fala do "estado regulador", nome mais moderno para o tradicional exercício do poder de polícia. Diferentemente da segurança, a eletricidade, como é paga, pode ser provida coletivamente, mas consumida individualmente. No direito administrativo, isso implica regimes diferentes: no caso da segurança, o benefício é fornecido *uti universi*, enquanto no caso da eletricidade é fornecido *uti singuli*.

Convém agora distinguir se não são produzidos por ninguém em particular (as águas, o ar que respiramos) ou se são produzidos apenas por esforço coletivo (a legalidade, a segurança).

Bens comuns que não produzimos

Bens não produzidos por alguém em particular podem ser considerados públicos sem pertencerem ao Estado ou a qualquer "pessoa jurídica de direito público". De certa forma, eles são de "uso comum" de qualquer do povo. Hoje, porém, sabe-se que esses bens não são inesgotáveis e pode haver deles certa forma de apropriação, podem desaparecer, podem esgotar-se. Se alguém polui o ar, de certo modo retira-o dos outros. A capacidade técnica e industrial desenvolvida nos últimos dois séculos levou a isso: retirou porções de ar puro do consumo de outros. O mesmo vale para as águas. O que era uma questão simples de vizinhança no mundo antigo tornou-se um problema "global", "ecológico", no mundo de hoje, pois o uso de tais bens provoca danos de impossível ou longuíssima recuperação. Uma atividade poluidora faz uso de um bem comum, sem que haja como recuperá-lo. Nesse caso, o bem não se enquadra facilmente naqueles que podem ser comprados e vendidos, os bens mais corriqueiros da teoria civilista tradicional, porque não são produtos da humanidade. Nós, como espécie, os encontramos prontos.

O que fazer com eles? Tratá-los como se não fossem juridicamente relevantes ou rever a teoria dos bens? Revisando-a, percebe-se que tais bens naturais e comuns podem ter seu uso regulado. Essa regulação é a típica questão de justiça: trata-se de permitir que todos (os contemporâneos) possam usar e (as novas gerações) continuar usando deles. Trata-se de relações entre sujeitos mediadas pelas coisas. Como esses bens foram encontrados e não produzidos pela nossa sociedade ou pela espécie, são um tipo de *bem comum*. Todos precisam deles, mas não os criam. Pode-se cuidar deles, geri-los. No direito pré-moderno, eles integravam uma espécie de patrimônio comum, e por isso sua exploração, uso ou consumo subordinavam os interessados a uma relação especial com o "gestor" por excelência dos recursos comuns, o Príncipe, o Rei.

Como a teoria dos bens dos juristas dos últimos duzentos anos concentrou--se naquilo que pode ser apropriado e trocado, eles passaram a ser objeto de outras disciplinas. A extraordinária capacidade de apropriação, destruição e desperdício de

Capítulo 6 · A JUSTIÇA É O SENTIDO DO DIREITO | **361**

recursos naturais gerou uma reflexão importante sobre os recursos naturais comuns. Em 1968, Garret HARDIN publicou um texto de grande repercussão, "The tragedy of the commons". A palavra inglesa "commons" significa o que é de uso comum do povo, desde um parque urbano, até um pasto usado por diferentes criadores de animais para alimentar sua criação revezadamente[91]. O texto partia de uma preocupação com o crescimento exponencial da população num mundo de recursos naturais limitados. No fundo, preocupava-se com a possibilidade de sobrevivência da espécie humana. Para o autor, o problema central era a superexploração dos recursos comuns tanto em virtude do crescimento populacional quanto da crescente poluição do meio ambiente. A poluição era entendida como exploração de um recurso comum, a natureza. Não são necessários mais detalhes. Basta dizer que HARDIN teve a fortuna de colocar em discussão o problema central da distribuição (ou, em seus termos, de alocação) de direitos sobre coisas comuns. "É claro que aumentaremos muito o sofrimento humano se não levarmos em consideração que o mundo é finito" (HARDIN, 1968, p. 1243).

HARDIN via que os parques nacionais seriam rapidamente depredados se o direito de neles entrar não fosse distribuído (alocado) adequadamente. Até então, eram tratados como bens comuns do povo, abertos e livres. Sob pena de perecerem por superexploração, era preciso controlar o ingresso: a vida selvagem, o silêncio, "a natureza" que deveriam conter, tudo isso desapareceria. Como distribuir esse direito? HARDIN deu uma lista clássica de critérios distributivos: riqueza, mérito, horário de chegada e assim por diante. Todos eles se justificam, e todos também podem ser contestados (HARDIN, 1968, p. 1245). Ele reconhece que qualquer deles pode valer, desde que se limite o acesso e se ofereça uma boa razão para a forma de limitação. Não se trata de solução puramente técnica[92]: exige uma escolha, é política, no sentido tradicional do termo, pois refere-se a uma comunidade.

Na tradição clássica não atomista, não dominada pelo individualismo metodológico, devido à dialética todo-parte, o bem de cada um era de certo modo o bem do todo, mas o bem do todo era, de certo modo, o bem de cada um. Em outras palavras, o bem comum dos clássicos era relativamente parecido com o bem coletivo dos economistas contemporâneos: era bem do qual se beneficia qualquer um. Os exemplos paradigmáticos dos economistas são a segurança pública, a iluminação pública e outros semelhantes. Ora, todos realmente se beneficiam da segurança pública, quando ela é fornecida. Ao mesmo tempo, a segurança pública não pode ser apropriada, consumida ou esgotada pelo uso que um particular faça dela. Se isso acontecer, ela deixa de existir como segurança pública, deixa de ser bem coletivo. Isso é justamente o que o "bem comum" do pensamento clássico indicava. Ele não poderia se confundir com algo que se alcançasse de uma vez, ou que pudesse ser

---

[91] No antigo direito português e brasileiro, conheciam-se esses espaços como propriedades das Câmaras municipais (que eram corporações de cidadãos, lembremos), e eram usados por qualquer habitante da cidade para apascentar seus animais.

[92] Uma solução técnica, diz o mesmo HARDIN, não exige nada, ou quase nada, de mudança de valores ou moral dos agentes humanos. Exige apenas uma mudança de caráter científico natural. G. HARDIN, "The tragedy of the commons", *Science* 162 (Dec. 1968), p. 1243.

consumido e exaurido por alguém. Isso parece abstrato, mas é parecido com o que a segurança ou a iluminação pública são.

Em 2009, o Prêmio Nobel de economia foi dado a uma economista que dedicou sua vida ao estudo das formas de apropriação dos bens comuns, Elinor Ostrom (1990). Ostrom definia o bem comum (recurso comum) como um

> recurso natural ou produzido pelos seres humanos que seja suficientemente grande para tornar custoso (mas não impossível) excluir beneficiários potenciais de tirarem vantagem/benefícios de seu uso (Ostrom, 1990, p. 30).

Como se vê, o problema é que o recurso comum pode ser "grande", ou, para falar em termos jurídicos, "difuso" o bastante para não se poder, sem grande custo, impedir alguém de usá-lo. O custo pode significar, por exemplo, a montagem de um sistema, aparelho ou serviço de fiscalização, controle e punição dos que o usarem fora dos padrões aceitáveis ou capazes de manter a integridade e renovação do próprio recurso. Ostrom chama de apropriação, como os juristas também chamariam, o processo pelo qual os beneficiários do recurso (visto como um estoque) dele retiram unidades para seu uso (Ostrom, 1990, p. 31). Como o recurso pode ser renovável, essa apropriação dá-se pelo tempo de uso. Ostrom também sugere que os recursos comuns não equivalem completamente aos bens coletivos ou públicos de que trataram outros economistas. Por exemplo, alguns bens comuns não estão sujeitos a esgotamento e, portanto, não geram os problemas (efeitos) de superexploração ou de congestionamento (*crowding*) (Ostrom, 1990, p. 32). Assim, as informações prestadas pelo serviço de meteorologia, embora tenham custado algo para serem produzidas, podem ser usadas por todos sem se esgotarem nem gerarem bloqueio por congestionamento, diferentemente de uma ponte. Entretanto, ela reconhece que os que se apropriam de um recurso comum, quando eles mesmos são responsáveis por disciplinar (*rule*) e gerenciar (*manage*) o acesso a ele, veem-se às voltas com problemas semelhantes aos de produção e provisão de outros bens públicos ou coletivos.

Bens comuns que produzimos: cooperação e predadores

Existem bens comuns produzidos pelos seres humanos: a segurança pública, a iluminação, a mobilidade, o estado democrático, um ambiente político e social tolerante e pacífico. Diferentemente dos bens comuns naturais, nesses bens "artificiais" não se trata apenas de conservá-los e distribuir-lhes o acesso. Trata-se também de distribuir adequadamente sua produção. Aqui aparece o problema da *cooperação,* questão tradicional na filosofia política e jurídica. Pensando sobre a origem e natureza do governo e da política entre os seres humanos, David Hume nos propõe o seguinte caso:

> Dois vizinhos podem bem concordar em drenar um campo que têm em comum, pois é fácil para eles saberem o que o outro pensa. E cada um deles deve perceber que a consequência imediata de sua falta de cooperação é o abandono completo do

Capítulo 6 · A JUSTIÇA É O SENTIDO DO DIREITO | **363**

projeto. Mas é muito difícil, e impossível mesmo, que mil pessoas concordem em semelhante ação; é-lhes difícil entrar em acordo num desígnio tão complicado, e ainda mais difícil executá-lo; enquanto cada um procura um pretexto para livrar-se do trabalho e da despesa, procuraria jogar todo o ônus nos outros. A sociedade política dá facilmente remédio a esses dois inconvenientes (HUME, 1978 [1739], p. 538).[93]

Os vizinhos, quando em número muito limitado, conseguem se organizar para drenar o campo. Têm um bem *em comum* e facilmente percebem que esse bem lhes é comum e que só podem continuar a beneficiar-se dele se o mantiverem. Mas a *multidão* não consegue perceber a comunalidade dos bens e, pior ainda, pretende que alguém se encarregue do serviço (e das despesas) sem que todos dela participem igualmente.

ROUSSEAU se refere a problema semelhante no *Discurso sobre a origem e os fundamentos da desigualdade entre os homens* quando explica o problema da cooperação necessária entre os seres humanos e sua convivência com a desconfiança recíproca. A cooperação, diz ele, durava enquanto a necessidade passageira durasse, e essa necessidade era um "interesse comum". Mas a desconfiança fazia que "cada um procurava obter vantagem do melhor modo, seja abertamente, se acreditava poder agir assim, seja por habilidade e sutileza, caso se sentisse mais fraco". Prossegue:

> Se era o caso de agarrar um veado, cada um sentia que para tanto devia ficar no seu lugar, mas, se uma lebre passava ao alcance de um deles, não há dúvida de que ele a perseguiria sem escrúpulos e, tendo alcançado a sua presa, pouco se lhe dava faltar a dos companheiros (ROUSSEAU, 1973 [1754]).

A presa maior, o veado, só se consegue pela cooperação. A presa menor, que se pode obter sozinho, estimula um dos caçadores a desertar.

O problema da justiça está nos dois casos: existe um bem que se alcança e mantém se houver cooperação. Mas a comunidade dos interessados é ameaçada continuamente pelos *caronas, predadores* ou *desertores*. O injusto, lembrava ARISTÓTELES, é aquele que quer mais benefícios do que deveria ter e menos malefícios do que deveria suportar. O carona é o injusto:

> É injusto tanto quem age contra a lei quanto quem é ganancioso e fomenta a desigualdade. (...) Visto que o injusto é ganancioso, ele girará sempre em torno dos bens, não de todos mas dos que são objeto de boa ou má fortuna (...) Nem sempre o injusto busca o excesso, mas também o menor em relação aos males (...) porque parece ser em certo modo um bem também o mal menor e porque a ganância mira o bem, por esta razão parece ser ganancioso [mesmo quando busca ter menos] (ARISTÓTELES, 2017, p. 87-89) (EN, V. 2, 1129a, 32).

---

93 O problema lembra aquele enfrentado por PLATÃO valendo-se da lenda do anel de Giges. Dispondo de um anel que permitisse tornar-se invisível, a pessoa poderia cometer injustiças sem pagar pelas consequências. Cooperaria com os outros apenas se quisesse. Neste caso, poderia aproveitar-se dos outros sem ajudar em nada (*República,* L. II, 3, 359d, na tradução de Carlos Alberto Nunes de 2000, p. 96 e ss.).

364 | CURSO DE FILOSOFIA DO DIREITO – *José Reinaldo de Lima Lopes*

Há sempre um problema da justiça na distribuição, na consecução ou na produção dos bens comuns, ou do bem comum. O primeiro problema que se coloca quanto aos bens comuns *naturais* é seu uso: deve ser regulado, com *justiça e por meio do direito*, para que não se esgotem e para que todos tenham acesso a eles. Manutenção e acesso. Tarefas da autoridade pública, mas também dos próprios interessados em alguns casos (ver abaixo)[94]. Nos bens comuns artificiais, ou produzidos, o problema se coloca antes, já na sua produção.

6.6.2. A racionalidade individual estratégica *x* cooperação

Como incentivar ou mesmo criar a cooperação? Como fazer que todos cooperem, quando os benefícios são difusos e apenas futuros e potenciais? Como fazer com que os vizinhos colaborem na drenagem do pântano, ou os caçadores não se distraiam com a lebre que passa correndo? A cooperação traz para o centro do debate o tema da ação coletiva, a "lógica da ação coletiva". Um obstáculo a nossa compreensão do problema é o "individualismo metodológico", a ideia de que os resultados coletivos das ações são os resultados esperados de cada ação individual. O problema é conhecido como o "paradoxo da ação coletiva", percebido e explorado por MARX (ELSTER, 1989b, p. 214)[95]. Pensa-se que, se todos fizerem alguma coisa cujo resultado é individualmente benéfico, então o resultado coletivo será geralmente benéfico para todos. Trata-se de pensar que o todo é apenas quantitativamente diferente das partes (*falácia da composição*).

Durante todo o século XIX e inícios do século XX, os economistas, com raríssimas e "imprecisas" exceções, ignoraram o problema dos bens coletivos, mas

---

[94] As pesquisas de OSTROM, que lhe valeram o Prêmio Nobel de economia em 2009, concentravam-se nas formas de manutenção e acesso de recursos comuns pelas próprias comunidades interessadas, e não pelo Estado. Elinor OSTROM, *Governing the commons*: the evolution of institutions for collective action, 22nd printing (Cambridge: Cambridge University Press, 1990).

[95] "Let me begin with an example that was made famous by John Maynard Keynes but is already in Marx. It is a central paradox of capitalism that each capitalist wants his workers to have low wages, because this is good for his profits; yet he wants the workers employed by all other capitalists to have high wages, because this creates a demand for his products. Each capitalist, in other words, wants to be in a position which, for purely logical reasons, not everyone can occupy". Jon ELSTER, *An introduction to Marx* (Cambridge: Cambridge University Press, 1989), p. 37-38. Falando do que permanece vivo até hoje do pensamento de MARX, diz ELSTER: "The dialectical method, or at least one version of it, is certainly alive. (...) What Marx refers to as social contradictions correspond both to a certain type of logical fallacy ('the fallacy of composition') and to the perverse mechanisms whereby individually rational behavior generates collectively disastrous outcomes. Before Keynes, he diagnosed an essential paradox of capitalism in the fact that each employer wants his workers to have low wages and those employed by all other capitalists to have high wages" (id., p. 194). A *falácia de composição* a que se refere ELSTER é o tipo de *falácia de ambiguidade*, isto é, defeito do raciocínio devido à equivocidade de suas premissas (defeito da expressão do sentido, significado ou semântica das premissas, não de sua forma ou sintaxe). A falácia de composição consiste em atribuir ao todo propriedades que são de suas partes, ou vice-versa (cf. Irving COPI, *Introdução à lógica*, 2. ed., trad. A. Cabral (São Paulo: Mestre Jou, 1978), p. 95-96.

as guerras, as crises cíclicas do capitalismo, os problemas de concorrência e as dificuldades de coordenação e direção do mercado aos poucos mudaram o foco de seu interesse (OLSON, 1971, p. 102). A preocupação com os resultados coletivos "inesperados" das decisões individuais "racionais" fez confluir a microeconomia, a teoria dos preços e da racionalidade estratégica individual, com a macroeconomia, em que se analisam e explicam comportamentos do "mercado" como um todo. A teoria dos jogos e da racionalidade estratégica entrou em cena. Diante disso, bens antes tidos como não avaliáveis e não monetarizáveis mostraram-se muito mais importantes para o mercado e a dinâmica do capital do que se suspeitava: os fatores que mantêm a cooperação entre os agentes, tais como confiança recíproca, solidariedade, segurança, paz, deixaram de ser ideias confortadoras, para serem considerados bens propriamente, bens públicos de base.

A partir dos anos 1940, economistas trabalharam intensamente nas questões dos bens comuns e das tomadas de decisão coletiva ou em situações de incerteza. Alguns trabalhos pioneiros foram: o de VON NEUMANN E MORGENSTERN, *Theory of games and economic behavior*, de 1944; o de J. NASH, "The bargaining problem", em *Econometrica*, de 1950; e o de K. ARROW, *Social choice and individual values*, de 1951 (ROEMER, 1996, p. 51-53). Os institucionalistas já vinham se debruçando sobre algumas dessas questões, como John COMMONS em *Legal foundations of capitalism*, de 1924, *Institutional economics*, de 1934, e *The economics of collective action*, de 1950 (publicação póstuma), todos referidos a problemas de decisão em ambientes institucionalizados e articulando profunda compreensão do direito como condicionador dos processos econômicos[96].

6.6.3. Direitos individuais e bens comuns

Na aproximação das análises que OSTROM fez do problema dos recursos comuns[97], podemos ver como termos da tradição de pensamento jurídico são relevantes e significativos: a noção de interesse difuso (Lei 8.078/1990, art. 81, parágrafo único, I), de solidariedade (Código Civil, art. 264), e de apropriação são apenas os mais claros e imediatos. Nas discussões propriamente jurídicas, é importante saber se e como os bens comuns podem ser reivindicados como objeto de direitos subjetivos, de pessoas tomadas em conta individualmente, ou de grupos de pessoas consideradas coletivamente. Em outras palavras, se esses bens podem ser gozados de maneira exclusiva e excludente, transformam-se de bens públicos em bens privados.

No Brasil, o tema começou a aparecer mais claramente na Lei da Ação Civil Pública (Lei 7.347, de 1985), seguida do Código de Defesa do Consumidor (Lei 8.078, de 1990). O Código foi a lei mais explícita a respeito, e os autores do projeto

---

[96] Alguns importantes juristas alemães da primeira metade do século XX já haviam também se debruçado sobre o tema institucional, particularmente Rudolf STAMMLER, como teórico e filósofo do direito propriamente, e W. J. HEDEMANN, como comercialista. HEDEMANN foi o fundador do Instituto de Direito e Economia e da respectiva revista na Alemanha em 1911.

[97] A expressão usada em inglês é "common pool resources", ou seja, "recursos em comum".

explicam-na em termos diretamente relevantes para nosso tema. Diz o Código que se consideram "difusos" os interesses ou direitos "de natureza indivisível, de que sejam titulares pessoas indeterminadas e ligadas por circunstâncias de fato" (Código de Defesa do Consumidor, art. 81, I). Kazuo WATANABE destaca: a *indivisibilidade* é do objeto, e a *indeterminação* é dos sujeitos. Pessoas afetadas ou titulares do interesse ou direito são todos, vítimas atuais ou potenciais, e por isso indeterminados. Interesse ou direito afetado é indivisível, categoria que aparece no Código Civil, como vimos. WATANABE dá dois exemplos: a "informação", que pode ser afetada por publicidade enganosa ou abusiva, e a "saúde pública", que pode ser afetada pela introdução no mercado de produto nocivo ou perigoso. A publicidade enganosa não pode ser decomposta em atos de informação particular, privada e individual: veiculada pelos meios de comunicação de massa, veiculada ao público, não se confunde com uma proposta individual para a conclusão de um contrato. Igualmente, o *perigo público* criado pela introdução de um produto nocivo não pode ser controlado pelos meios tradicionais de limitação de circulação de mercadorias: assemelha-se ao *perigo das epidemias*. Para compreender o conceito de "interesse difuso", é preciso, portanto, ter clareza no conceito de bem indivisível.

O mesmo valerá para o conceito de direito coletivo (Código de Defesa do Consumidor, art. 81, II). A diferença entre direito difuso e coletivo não está no objeto, mas nas pessoas. Em ambos os casos, trata-se de objeto indivisível, mas no caso dos direitos coletivos, é possível determinar o grupo de pessoas titulares, pois ele é constituído pelos que têm com o fornecedor ou produtor uma relação jurídica de base. Assim, os clientes de uma companhia de seguro, ou de uma administradora de consórcio, encontram-se nesta situação. É a situação típica também do concurso de credores: a satisfação de um afetará a satisfação do outro, mas cada um tem seu crédito. A solução jurídica tradicional é tratar a todos simultaneamente como credores de uma só e mesma massa patrimonial. O objeto de disputa é um só, o patrimônio do devedor falido, embora os titulares sejam determinados[98]. É evidente o caráter distributivo que o conflito comporta[99]. Que espécie de bens suscitam questões distributivas e podem ser chamados de comuns?

Primeiro, o bem produzido coletivamente, que não se pode produzir por ninguém em particular: a língua e a moeda, por exemplo. A língua é produzida por todos os falantes, mas não por um falante em particular. Não há línguas de um falante só. A moeda é produzida por todos, mas tem um aspecto especial: um substituto da comunidade é indicado para "emiti-la", e esse substituto é a autoridade política (no caso do Brasil, a União, representada hoje pelo Banco Central: *Constituição Federal*, art. 21, VII, c/c art. 164).

---

[98] Cf. Kazuo WATANABE, "Comentários aos artigos 81-90 do CDC", em *Código Brasileiro de Defesa do Consumidor comentado pelos autores do anteprojeto* (Rio de Janeiro: Forense Universitária, 1992), p. 495-533.

[99] José Reinaldo de Lima LOPES, "A definição do interesse público", em Carlos Alberto de SALLES, *Processo civil e interesse público* (São Paulo: Revista dos Tribunais, 2003a), p. 91-111.

Segundo, o bem que serve para todos, mas que não é produzido por ninguém: a natureza. O direito ambiental trata exclusivamente desse bem, a natureza, mas não pode tratá-la como uma coisa de propriedade de alguém em particular. Como no direito civil tradicional a natureza pode sempre ser apropriada, pode converter-se de coisa de ninguém (*res nullius*) em coisa de alguém (apropriação originária ou especificação), o direito ambiental, se partir dos conceitos tradicionais do direito civil, tem grande dificuldade em se definir.

Terceiro, o bem comum é o fim comum. Para nós, juristas, é fácil de entender isso: toda sociedade tem um objeto social (*Código* Civil, art. 997, I; Lei 6.404/1976, art. 2º, § 2º). O objeto social é o fim comum dos sócios ou, no caso da anônima, dos acionistas. O objeto social ou fim comum determina os direitos e deveres recíprocos dos sócios e dos administradores. O fim comum da sociedade não é o fim totalizante das vidas dos sócios, administradores ou acionistas. É o fim que eles querem e podem alcançar em comum e cujos resultados (perdas ou ganhos) estão dispostos a dividir e, depois de divididos, usar individualmente. A sociedade, portanto, distribui ganhos, benefícios, tarefas e funções entre os sócios, acionistas, administradores (*Código* Civil, art. 981). Essa ideia é também importante quando falamos de sociedade política? Parece que sim: se concebermos a vida política como vida contratual – concepção hegemônica no direito moderno ocidental – claro que a política determina um bem comum. E analogicamente, o bem da política não é o bem de cada pessoa individualmente considerada, nem de cada associação que exista dentro da comunidade política. Na sociedade política concebida contratualmente, não se confunde seu bem comum nem com o bem último da vida pessoal, nem com o bem totalizante. Isso distingue uma sociedade contratual de feitio liberal de sociedades totalitárias ou de sociedades tradicionais. Nas sociedades totalitárias, o bem da política subordina todos os outros bens, de modo que estes, os bens individuais, tornam-se apenas instrumentos para se atingir o bem total. O bem do Estado, digamos, é o bem total. Nas sociedades tradicionais, o bem da política permeia todos os bens individuais: neste caso, as escolhas privadas dos indivíduos legitimam-se enquanto contribuem para um bem político determinado.

Quarto, o bem comum pode ser aquilo de que necessitamos como condição para realizar outras ações coletivas ou comuns e pode não ser visto como um fim comum. A Constituição Federal, art. 1º, III, IV e V, refere-se a ele, pois nem o respeito à dignidade humana, nem o pluralismo político "dão em árvores", e embora cada um de nós precise deles, não pode criá-lo sozinho. O art. 206 da mesma Constituição é outro exemplo: o ensino segundo os princípios ali definidos precisa ser criado para depois ser usufruído, mas não será usufruído de maneira atomizada. Esses bens comuns da Constituição são condições para termos determinada forma de sociedade e convivência. Não são coisas que busquemos isoladamente e por si. Na sociedade política, podemos ter interesses diferentes e mesmo assim queremos, sem explicitar, necessariamente algumas "coisas" comuns. Se vamos ter uma aula, precisamos de condições mínimas para que ela se realize. Temos uma finalidade comum, um bem comum no terceiro sentido indicado acima: todos queremos ter uma aula, eu como professor, meus alunos como alunos. Só podemos produzir uma aula em comum.

Mas para produzi-la, precisamos de condições que não estão diretamente vinculadas ao fim comum a que nos propomos. Precisamos de uma instituição, como a faculdade, ou de uma sala de aula com dispositivos mínimos necessários, como o mobiliário, por exemplo. Queremos essas coisas unanimemente. Não podemos querer uma aula sem querer um lugar e uma instituição onde realizá-la. Alguns filósofos vão chamar isso de *bem comum*. Isso tem grande importância na filosofia moral e política, porque é disso que se trata quando distinguimos o que queremos como sociedade política e o que queremos como sujeitos individuais. A sociedade política se encarrega de produzir e manter esses bens básicos, elementares, sem os quais nada que se queira pode ser realizado. Esses bens básicos podem ser coletivos ou primários. Podem ser coletivos quando produzidos e fruídos coletivamente, podem ser primários quando fruídos individualmente.

Pode-se reivindicar um bem comum de alguma dessas categorias como sujeito individual? Pode algum acionista reivindicar judicialmente o cumprimento dos estatutos sociais e a submissão dos administradores, por exemplo? Sim, mas com diversas condições. Quem decide primeiramente sobre o cumprimento dos estatutos é a assembleia de acionistas, não cada acionista individual, porque o assunto toca a todos, e não só a ele. Se a assembleia decidir responsabilizar os administradores, mas não agir efetivamente, qualquer acionista pode pôr em execução a decisão da assembleia. Caso a assembleia decida não responsabilizar os administradores, acionistas que representem 5% do capital social podem fazê-lo. O acionista só pode agir individualmente se comprovar um prejuízo especial para si (Lei 6.404/1976, art. 159 e §§), ou, em outras palavras, se o prejuízo não for ao bem comum, mas seu bem particular. Por isso a defesa desse bem comum sempre traz em si um problema de representação, e se o assunto ultrapassa um grupo determinado de pessoas (credores de um empresário, membros de um consórcio etc.), surge um problema de representação política propriamente. De maneira acertada, a legislação brasileira a respeito das ações públicas e coletivas começou por um caminho plural, não dando a ninguém o monopólio.

Estamos usando a palavra "bem" num sentido mais fundamental do que o de coisa, ou mercadoria, ou utilidade "apreciável economicamente". Não se trata de uso desconhecido do direito. Estamos usando a palavra no sentido de finalidade, de propósito, daquilo em direção a que agimos, daquilo que desejamos. Na economia clássica, uma das maneiras de entrar no assunto era principiar por falar dos "desejos humanos". São os desejos e necessidades que atribuem "valor" às coisas. Nada vale a não ser para sujeitos agentes intencionais. E isso nos leva à filosofia moral.

6.7. JUSTIÇA E ESTADO DE DIREITO (*RULE OF LAW*)

Os bens comuns da vida política, os bens comuns por excelência da justiça geral, são propiciados pelo Estado de direito na forma de condições gerais da vida social, não na forma de produtos e serviços comercializáveis. Este é o objeto do jogo do direito, a *rule of law*, o *império do direito*, que só pode ser conhecido se lhe

Capítulo 6 · A JUSTIÇA É O SENTIDO DO DIREITO | **369**

atribuirmos a justiça como o sentido geral ou razão de ser[100]. Como virtude social por excelência, a justiça é também o sentido último do Estado de direito.

Parte do argumento necessário para entender isso já foi visto no tratamento da justiça legal ou geral. Sigamos o raciocínio de ARISTÓTELES. Regras determinam igualdades, logo um sistema normativo da sociedade determina igualdades[101]. A lei cria a igualdade na cidade: todos os que estão debaixo da mesma lei são cidadãos, e embora sejam numérica e individualmente distintos, tornam-se iguais diante da lei. Essa virtude da lei é a justiça política, pois "o governante é o guardião do justo" (ARISTÓTELES, 2017, p. 119, *EN, V*, 1134a, 37), e quando positivada, cria a "justiça legal". Pressupõe-se que quem segue a lei admite a igualdade criada por ela; segui-la ou aplicá-la consistentemente é realizar a igualdade legal. Pressupondo que a lei "discrimina" o justo do injusto (ARISTÓTELES, *EN*, V, 1134a, 30), visa dirigir o ser humano para viver em sociedade, sustentar o "bem comum", e ordena adequadamente para "as virtudes" (ARISTÓTELES, 2017, p. 91, *EN*, V, 1, 1129b, 30), seguir a lei é uma forma de justiça. Algo semelhante encontra-se em Tomás de AQUINO. Como virtude social por excelência, a justiça permite-nos viver em comum. No confronto com os outros, nossas paixões precisam ser moderadas e, se a lei for boa, ajudar-nos-á a viver bem em comum, a harmonizar nossas paixões com as paixões alheias. Como foi visto, na autoridade pública, cuja função é fazer e aplicar leis, essa virtude é "princípio arquitetônico", ou seja, tem uma relevância que nos cidadãos comuns não tem, pois a autoridade deve ter em vista a configuração da comunidade política (cf. AQUINO, *ST*, IIa, IIae, q. 58, a. 6, *respondeo*). Nestes, a justiça legal é "secundária", pois a lei será uma espécie de manual para a vida comum.

A filosofia política moderna sugere às vezes que todos somos legisladores, pois a todos é estendida a participação política pelo processo eleitoral, e todos devem comportar-se como sujeitos autônomos no campo moral. O sistema político representativo, entretanto, faz de nós legisladores apenas por representação, e assim nascem os corpos legislativos que imaginamos legislar por representação. Esses corpos dividem-se em duas espécies: corpos ordinários e corpos constituintes. Os últimos são logicamente anteriores aos primeiros. No caso dos corpos constituintes, sua liberdade para criar o desenho geral da organização política é quase irrestrita. É o que os constitucionalistas chamam de *poder constituinte originário*.

Se restrição pode haver ao corpo constituinte originário, é de caráter moral, crítico e lógico. Existe um mínimo de *moralidade interna* ao direito, que funciona como um limite lógico mesmo para o poder constituinte originário, como visto quando se tratou da justiça do legislador[102]. Como esses limites não podem ser legais, são lógicos e morais, e por isso as discussões a respeito dos fundamentos de uma ordem política são discussões morais.

---

[100] Essa afirmação não é ainda uma afirmação sobre o conteúdo da justiça, ou seja, não é uma afirmação a respeito de certa *concepção de justiça*.

[101] "Todos os homens pensam que a justiça é uma espécie de igualdade" (ARISTÓTELES, *Política*, L. III, c. 7, 1283a). "Se o injusto é o desigual, o justo é igual, o que justamente é a opinião de todos" (ARISTÓTELES, 2017, p. 99, *EN*, L. V, 6, 1131a).

[102] É a ideia de Lon FULLER, *The morality of law* (New Have: Yale University Press, 1964).

370 | CURSO DE FILOSOFIA DO DIREITO – *José Reinaldo de Lima Lopes*

Quadro 99

Véu de ignorância e posição original. O artifício do véu de ignorância e da posição original usado por John Rawls na sua merecidamente célebre *Teoria da justiça* serve para realçar o caráter arquitetônico da justiça em qualquer sujeito que se coloque na posição de legislador e juiz: trata-se da posição do *cidadão*, aquele que pensa em *qualquer um*, em contraste com a posição do *indivíduo*, que pensa nos seus próprios *interesses*. O agente, na posição original, encontra-se "além" de toda qualidade pessoal ou social que possa vir a afetá-lo empiricamente: encontra-se, portanto, numa posição *crítica*. Sem saber em que posição social estará, nem que talentos a fortuna lhe dará, decide sob um "véu de ignorância" e por isso decide como se fosse *qualquer um possível*.

O que foi dito não significa que a lei seja *justa por definição* pela sua simples forma de lei. Mas, sendo lei, deve ser entendida como incorporando minimamente alguma ideia de justiça. Por isso é importante a advertência de Tomás de Aquino quanto ao papel diferente que a justiça conforme a lei desempenha para a autoridade e para o cidadão. A boa lei leva em conta certa maneira de se conceber a "cidade" e é boa na medida em que promove o bem da cidade. Avaliar e criticar a justiça da lei é possível. No entanto, enquanto a justiça, a credibilidade ou a legitimidade da lei não estiverem em jogo, segui-la e aplicá-la é uma forma de justiça.

Nesses termos, o Estado de direito, o império das leis, a *rule of law* é uma forma de justiça, forma que se confunde com a própria justiça formal, da qual se deve tratar a seguir.

6.7.1. Justiça formal: o direito cria igualdades institucionais

Seria tudo isso verdade? O enfrentamento da questão hoje se faz com uma distinção importante entre justiça formal e justiça material: justiça formal consiste em aplicar aos casos iguais a mesma regra; justiça material consiste em definir o que é o igual, ou melhor ainda, em promover a igualdade com base em algum critério justificado[103].

A justiça formal é a *justiça natural*, e equivale à ideia de igualdade perante a lei[104]. É justo, por definição, aplicar a mesma regra – critério – a todos os casos

---

[103] Menciono aqui apenas os autores que mais frequentemente são citados nas faculdades de direito do Brasil nessa ordem de ideias: Alf Ross, *Sobre el derecho y la justicia*, 3. ed., trad. Genaro Carrió (Buenos Aires: Editorial Universitaria Buenos Aires, 1974) e Chaïm Perelman (1991). Tributária dessa mesma dicotomia está Agnes Heller, reconhecidamente inspirada na divisão de Perelman (Heller, 1991, p. 1), mas praticamente desconhecida entre os juristas brasileiros. Essa espécie de justiça formal, diz Ross, é vazia e abriga qualquer conteúdo, qualquer postulado material. De certa perspectiva, ele tem razão: mas por si essa justiça formal cria já um dever de justificar as diferenciações e as igualações.

[104] "Formal justice is adherence to principle, or as some have said, obedience to system. (...) Treating similar cases similarly is not a sufficient guarantee of substantive justice. (...) Nevertheless, formal justice, or justice as regularity, excludes significant kinds of injustice. For if it is supposed that institutions are reasonably just, then it is of great importance that the authorities should

semelhantes. Em princípio, portanto, é justo admitir um critério e ser consistente em sua aplicação. Antes de obter esse critério, é preciso discuti-lo e justificá-lo. Nesse momento aparecem as diferenças a serem consideradas: devemos dar as melhores flautas aos melhores flautistas? (critério de mérito); devemos dar mais aos que mais necessitam? (critério da necessidade); devemos medir as necessidades de cada um segundo seus gostos ou urgências pessoais (critério da satisfação), ou segundo um padrão aceitável impessoalmente? (critério do bem-estar); devemos distribuir direitos independentemente do nascimento, religião, ou temperamento das pessoas (critério da impessoalidade), ou, ao contrário, esses seriam fatores importantes para atribuir benefícios (critério da identidade)?; devemos considerar os bens da vida comum, econômica (mercado) ou política, como produto coletivo ou individual? A contingência de ter nascido em uma comunidade pobre ou rica deve determinar todo o percurso da vida de uma pessoa, ou devemos superar esses azares da sorte por mecanismos institucionais? Todas essas são questões de justiça material. E uma vez que os bens em jogo em cada uma dessas situações são diferentes ou *incomensuráveis*[105] – em si mesmos e na forma de sua produção e gozo –, é compreensível que não haja apenas um critério de distribuição, atribuição ou apropriação. "A cada um segundo sua necessidade" vale para certos bens, mas "a cada um segundo sua capacidade" vale para outros. O fato de os dois critérios existirem não significa que não se possa determinar o que é justo. Significa apenas que a justiça depende das relações entre os seres humanos e as coisas[106].

6.7.2. A justiça material ou substantiva

Podemos ter pelo menos esse ponto de partida, que é praticamente universal: "a justiça é uma forma de igualdade". Uma dimensão da justiça consiste no que vimos como "justiça formal". A outra parte, a "justiça material", também ela pertence ao direito? Em que termos?

---

be impartial and not influenced by personal, monetary, or other irrelevant considerations in their handling of particular cases. Formal justice in the case of legal institutions is simply an aspect of the rule of law which supports and secures legitimate expectations. One kind of injustice is the failure of judges and others in authority to adhere to the appropriate rules of interpretations thereof in deciding claims". John Rawls, *A theory of justice* (Oxford: Oxford University Press, 1992), p. 59. Barry desenvolve largamente o tema e aponta os casos mais exemplares em que a justiça se identifica com a imparcialidade: o de um juiz, um burocrata, mas também o de um professor ou de um pai, que devem tratar seus alunos e filhos sem favoritismos. Cf. Brian Barry, *Justice as impartiality* (Oxford: Oxford University Press, 1995).

[105] O debate sobre incomensurabilidade está bem delineado em Ruth Chang, *Incommensurability, incomparability and practical reason*, ed. Ruth Chang (Cambridge: Harvard University Press, 1997). O tema também é básico em Michael Walzer, *Spheres of justice* (New York: Basic Books, 1983) e Martha Nussbaum, "Flawed foundations: the philosophical critique of (a particular type of) law and economics", *University of Chicago Law Review* 64 (1997), p. 1197-1214. É ainda o ponto de partida de Axel Honneth, "Zwischen Aristoteles und Kant", em *Das Andere der Gerechtigkeit* (Frankfurt: Suhrkamp Verlag, 2000), p. 171.

[106] É disso que trata Michael Walzer em *Spheres of justice* (New York: Basic Books, 1983). Cada bem socialmente produzido ou distribuído incorpora um critério de justiça.

O que os autores contemporâneos chamam de justiça material são os princípios da justiça, muito particularmente os princípios da justiça distributiva. Como são várias as coisas a serem distribuídas e diversos os grupos entre os quais precisam ser distribuídas, eles diferem conforme as relações a que se aplicam. Alguns teóricos do século XX, entretanto, parecem compreender que, sendo os princípios assim diferentes, qualquer um deles pode ser usado em qualquer circunstância. Dão, portanto, a impressão de que seria arbitrário (ou caprichoso) escolher qualquer deles. Um caso exemplar, como sempre, é o de KELSEN. Diz ele que o princípio historicamente mais importante da justiça é o da retribuição (KELSEN, 1993, p. 31 e ss.). Ele claramente não fala da justiça distributiva como uma forma de justiça e não percebe aquilo que era claro para os clássicos: que a retribuição (e a comutação), para ser compreendida e aplicada, precisa de um *prius* lógico, qual seja, a atribuição a *cada um* de alguma coisa. Nesses termos, o que KELSEN faz é incorporar-se diretamente numa linha de pensamento jurídico para a qual havia desaparecido a referência à justiça distributiva. Quando passa a fazer a análise e a crítica do "princípio de justiça comunista" na obra de MARX, a lacuna é ainda mais evidente. Falando das propostas de MARX, ele nem sequer menciona que o problema central visualizado pelo filósofo era o de *distribuição* de poderes e bens entre os membros de uma sociedade. KELSEN absolutamente não se dá conta de que o produto do trabalho é social e cooperativo (na unidade produtiva, por exemplo) e que, portanto, aquilo que preocupa MARX é justamente a distribuição desse resultado produzido pela cooperação. Igualmente Alf Ross ignora totalmente o problema da justiça distributiva: para ele, os diversos princípios de distribuição consistem em uma *relativização* da ideia de igualdade. Já há um avanço em sua exposição, pois pelo menos reconhece que os princípios de justiça implicam a constituição de grupos ou classes (ROSS, 1974, p. 263). PERELMAN tampouco parte da divisão elementar das formas de justiça, de modo que, para ele, a determinação concreta da justiça permite que nasça o desacordo e, ao passar em revista diversos princípios de distribuição, não menciona sequer esse caráter prévio que logicamente ele desempenha na análise da virtude social por excelência (PERELMAN, 1991, p. 38-52).

A igualdade da justiça é uma *espécie* de igualdade: igualdade entre seres humanos que habitam a cidade e referida a algo externo a eles mesmos. Não se trata da simples igualdade moral universal, que os torna membros de uma grande espécie ou da humanidade. Trata-se da igualdade no que diz respeito ao acesso a bens, materiais ou imateriais – coisas e riqueza, mas também a voz na assembleia, o respeito recíproco no tratamento, a liberdade de conduzir sua vida. Trata-se da igualdade no acesso e desfrute de coisas comuns, coisas indivisas, que só mediante alguma regra de divisão (distribuição) podem ser objeto de uso/gozo por cada um. Ou coisas produzidas em comum, como a segurança, o respeito recíproco, a autoestima. Em outras palavras, a justiça é a virtude central da política e da vida comum porque se refere a coisas que se produzem na vida comum. A justiça é a igualdade na esfera mais ampla dessa vida pública, e sua forma dá forma (constitui) à esfera comum[107].

---

[107] Visto que a vida social dá-se em mais de uma esfera, em cada uma delas a noção de justiça pode ter lugar. Uma comunidade de intelectuais ou uma de esportistas constitui-se em torno

Capítulo 6 · A JUSTIÇA É O SENTIDO DO DIREITO | 373

É nesse momento que a simples distinção entre justiça formal e justiça material, tão cara aos teóricos antes mencionados, mostra-se insuficiente, e se torna necessário voltar às distinções antigas. Pois elas (justiça geral e particular, por seu turno distributiva e comutativa) não se referiam à diferença entre o *conceito* de igualdade e os *critérios* de estabelecimento da igualdade, mas a diferentes relações de igualdade.

Daí a importância da distinção entre uma justiça geral (ou legal, dirá Tomás de Aquino) e a justiça particular, dividida em justiça distributiva e justiça comutativa. Cada uma delas refere-se a uma espécie de relação: (1) de qualquer um com todos e quaisquer outros (para a justiça geral); (2) de todos com cada um ou de cada um com todos em situações de indivisibilidade dos bens (justiça particular distributiva); (3) de um para um nas relações de troca (justiça particular comutativa). Trata-se da virtude não dos seres humanos individualmente considerados, mas das próprias instituições: a inteligibilidade da justiça aplica-se não só às ações individuais dos seres humanos, mas também às instituições (práticas) nas quais se envolvem. Não apenas os homens podem ser justos (ou seja, repartir, trocar e dar adequadamente os bens entre si), mas também as leis e as próprias "cidades" podem ser feitas de forma tal que permitam relações justas. Aqui a retomada da tradição clássica é indispensável, embora não tenha sido feita por praticamente nenhum jurista até meados do século XX[108]. Foi feita na filosofia política. John Rawls é justamente creditado com a ideia de que sua teoria da justiça pretende falar das instituições, não das ações singulares[109]. E isso corresponde a uma volta importante ao tema caro aos filósofos clássicos da justiça. Isso coloca a justiça como fundamento dos

---

de regras de justiça, respectivamente. Entre os que praticam certo esporte, as regras do esporte definem a igualdade entre eles. Entre os que pertencem a certa religião, igualmente: iguais são os crentes da mesma fé. Entre os membros de uma comunidade de sangue (família), há outras formas de igualdade: iguais são os que partilham os mesmos ancestrais. E assim por diante: iguais são os de dentro, diferentes são os de fora.

[108] Entre as exceções estão Anthony Kronman e John Finnis, cujas orientações políticas são divergentes, mas cuja precisão analítica é convergente. Sobre a retomada da justiça em perspectiva clássica no final do século XX, ver Marco Zingano, "Introdução", em Aristóteles, *Ethica Nicomachea V, 1-15: Tratado da justiça*, ed. Marco Zingano (São Paulo: Odysseus, 2017) e Enrico Berti, *Aristóteles no século XX*, trad. Dion D. Macedo (São Paulo: Loyola, 1997).

[109] "If Rawls had achieved nothing else, he would be important for having taken seriously the idea that the subject of justice is what he calls 'the basic structure of society'. (...) Rawl's incorporation of this notion of a social structure into his theory represents the coming of age of liberal political philosophy. For the first time, a major figure in the broadly individualistic tradition has taken account of the legacy of Marx and Weber by recognizing explicitly that societies have patterns of inequality that persist over time and systematic ways of allocating people to positions within their hierarchies of Power, status and money". Brian Barry, *Justice as impartiality* (Oxford: Oxford University Press, 1995), p. 214. Minha atenção foi chamada para este ponto do livro de Barry pela leitura de Álvaro de Vita (*A justiça igualitária e seus críticos* [São Paulo: Unesp/Fapesp, 2000], p. 35). Lembro também as palavras de Thomas Nagel, que na dedicatória de seu livro *Equality and partiality* oferece-o a John Rawls, "who changed the subject". Thomas Nagel, *Equality and partiality* (Oxford/New York: Oxford University Press, 1991).

arranjos jurídicos da vida social, sejam eles constitucionais ou de direito privado (um código civil pressupõe concepções de justiça). Em outras palavras, isso incorpora a justiça à própria inteligibilidade do ordenamento jurídico.

Na vida política, na cidade, como dizia ARISTÓTELES, na República, como dizia HOBBES, na sociedade, como dirão outros mais recentemente, não há uma comunidade fechada. Ela não tem um objetivo específico – daí o uso cada vez mais corrente de uma sintética expressão inglesa, *open-ended* – mas engloba todas as outras comunidades. Daí seu nome medieval *communitas perfecta*, ou seja, comunidade completa.

> Vemos que toda cidade é uma espécie de comunidade, e toda comunidade se forma com vistas a algum bem, pois todas as ações de todos os homens são praticadas com vistas ao que lhes parece um bem; se todas as comunidades visam a algum bem, é evidente que a mais importante de todas elas e que inclui todas as outras tem, mais que todas, *este objetivo* e *visa ao mais importante de todos os bens*; ela se chama cidade e é a comunidade política (ARISTÓTELES, *Política*, L. I, I, 1252a).

Porque pretende ser completa, seu objeto próprio – o *bem comum* – não pode passar de condições gerais indispensáveis a que cada uma das outras comunidades e cada uma das pessoas individualmente consideradas atinjam seus respectivos fins.

> É óbvio, portanto, que uma cidade não é apenas uma reunião de pessoas num mesmo lugar, com o propósito de evitar ofensas recíprocas e de intercambiar produtos. Esses propósitos são pré-requisitos para a existência de uma cidade, mas isto não obstante, ainda que todas estas condições se apresentem este conjunto de circunstâncias não constitui uma cidade; esta é uma união de famílias e de clãs *para viverem melhor*, com visas a uma vida perfeita e independente. Este objetivo, todavia, não se realizará a não ser que os habitantes vivam num lugar só e se casem entre si. (...) Tudo isto é obra da amizade, pois a amizade é a motivação do convívio; logo, já que o objetivo da cidade é a vida melhor, estas instituições são o meio que leva àquele objetivo final (ARISTÓTELES, *Política*, L. III, V, 1281a).

Estamos aí na esfera da justiça política. E por isso mesmo estamos na esfera daquele conjunto de normas cuja observância não se faz por utilidade, nem por afeto. Não é por utilidade porque a vida política não gera imediatamente coisas que se possam usar individualmente, não produz mercadorias. São coisas de valor, valiosas, mas não mercadorias. Não é por afeto, pois não precisamos sentir atração pelo nosso vizinho, compatriota ou concidadão. A razão para obedecer ao direito – e a razão para fazer o direito, para legislar, digamos – é uma razão de outra ordem. Esta referência ao bem comum – repito, às condições de manutenção de uma forma de vida social – caracteriza a justiça em primeiro lugar.

Ora, se a igualdade que me liga ao meu concidadão não é derivada de uma utilidade produzida por ele, nem pela comunidade de sangue, então que espécie

Capítulo 6 · A JUSTIÇA É O SENTIDO DO DIREITO | 375

de igualdade é? Trata-se da igualdade criada pela pertença a essa comunidade, que é simultaneamente natural, pois ninguém quer viver sozinho, e convencional, pois cidades não são simplesmente um aumento quantitativo de pessoas num grupo[110]. Como lembrava o mesmo ARISTÓTELES, uma comunidade política não é diferente de uma família apenas pelo tamanho. Diferente é a relação (estrutura) que cada uma delas pressupõe. Ora, a cidade compõe-se de cidadãos. Um não parente torna-se meu igual na medida em que eu e ele pertencemos a um só grupo, que não de sangue. Esse é o grupo político.

Essa igualdade, condição da vida comum, chama-se justiça. Por isso, na exposição que ARISTÓTELES faz na *Política,* depois da análise dos elementos que estruturam uma cidade, segue-se a reflexão sobre a distribuição dos encargos, ônus e bônus da vida política. Essa distribuição deve ser adequada às finalidades tanto do todo (da comunidade política) quanto de cada um. Não pode, pois, basear-se em elementos aleatórios (como a altura, o nascimento etc.) e estranhos ao fim da vida política,

> pois se uns homens são mais lentos e outros mais velozes isto não constitui um bom fundamento para que uns mereçam mais e outros menos do ponto de vista político (somente nas competições atléticas tal diferença influiria no mérito). A pretensão ao exercício de altas funções deve fundar-se necessariamente na superioridade das qualidades essenciais à existência da cidade.

Nesses termos, prossegue:

> digamos que o cidadão, como o marinheiro, é de certo modo um parceiro numa comunidade. (...) Da mesma forma, um cidadão difere do outro, mas a preocupação de todos é a segurança de sua comunidade; esta comunidade é estabelecida graças à constituição, e consequentemente a bondade de um cidadão deve relacionar-se necessariamente com a constituição da cidade à qual ele pertence (ARISTÓTELES, *Política,* L. III, 2, 1277a).

O cidadão é um companheiro, a vida política ou a sociedade, como diz RAWLS, é um "empreendimento comum". O que iguala os cidadãos é o fato de serem definidos como cidadãos por uma *constituição,* não por fato da natureza, como é a consanguinidade. E o que os iguala é também o fato de essa igualdade – convencional e normativa – dar-se porque todos estão debaixo da mesma lei. E não estão apenas debaixo da mesma lei no sentido de uma pura submissão: estão debaixo da lei no sentido de que vivem segundo a mesma lei.

---

[110] OAKESHOTT resume as características típicas da *vida civil* em *On human conduct,* entre as quais está preeminentemente a existência de uma espécie de língua comum, *Lex.* Sendo *Lex* essa língua comum, os membros da cidade (*cives*) associam-se não por escolha voluntária para atingir algum fim que, uma vez alcançado, poria termo à associação; não se associam por proximidade, por genética, por família ou por integração social orgânica; associam-se de forma inteligente que só pode ser desfrutada na medida em que aprendida e compreendida. Michael OAKESHOTT, *On human* conduct (Oxford: Oxford University Press, 1975), cap. 2, esp. p. 182-184.

Cidadão é uma pessoa dotada da capacidade e vontade de ser governada e governar com vistas a uma vida conforme com o mérito de cada um (ARISTÓTELES, *Política*, L. III, 7, 1283b).

A cidade é um composto de gente capaz de obedecer e governar. Gente capaz de viver segundo uma regra, não segundo o capricho ou o arbítrio de um poderoso.

Essa noção de uma comunidade política – chamemos hoje isso de *espaço público* – como comunidade abrangente determina que as regras pelas quais se sustenta essa comunidade também tenham um caráter abrangente. "A parte, por tudo que ela é, pertence ao todo e qualquer bem da parte deve se ordenar ao bem do todo", diz Tomás de AQUINO (*ST,* IIa, IIae, q. 57, a 5). Ordenação não quer dizer aqui subordinação, mas *adequação*. A relação entre o todo (a comunidade política) e as partes (as outras comunidades e os indivíduos) deve ser adequada. A justiça regula essa relação entre o todo da comunidade política e as partes que a compõem. O todo tem um propósito, e no caso da política esse propósito é aberto. Esse propósito, se for realmente do todo, é comum – o bem comum. Essa adequação, esse complexo e difícil sistema de igualdades das partes de um todo, é expresso e definido pela lei. "Como compete à lei ordenar o homem ao bem comum", como já foi dito (AQUINO, *ST,* Ia IIae, q. 94, a 2), essa justiça geral é chamada legal; pois na verdade, por ela, o homem se submete à lei "que orienta ao bem comum os atos de todas as virtudes". Pela lei as partes se adequam umas às outras dentro de um todo. Mas a lei não "dá em árvore", não é uma regularidade do mundo físico. A lei – ou se quisermos, o direito – é produto de alguma convenção, de alguma *constituição política*.

O sentido do direito – ou a regra constitutiva desse campo, o direito – implica essa condição comum e a atenção com o outro. O outro tomado em geral, em primeiro lugar, ou seja, o outro que é cidadão, pois o cidadão é o sujeito tomado em geral, quer dizer, na sua qualidade de membro da comunidade mais ampla que existe, qual seja, a comunidade política. Essa é uma distinção importante, feita por Tomás de AQUINO no seu tratado da justiça: "A justiça ordena o homem em suas relações com outrem" (AQUINO, *ST* IIa IIae, 58, 5). Mas essa relação com o outro dá-se ou com o outro em geral ou com o outro singularmente considerado. O outro "em geral" não se designa com um nome próprio, digamos. O outro em geral é "qualquer um". Esse outro em geral é um dos que pertence ao todo. O outro singular sai desse campo geral e entra em relações determinadas com outros, relações de troca (comutativa) ou relações de partilha (distributiva). Essa virtude da relação com o outro em geral é a justiça geral, hoje mais compreensível talvez sob o nome de *justiça política*. Mas nessas relações políticas no âmbito do espaço público não estamos diante de coisas que pertençam a alguém em particular.

> O homem é senhor daquilo que lhe pertence, não porém daquilo que pertence a outrem. Por isso, no domínio das outras virtudes requer-se apenas o julgamento de um homem virtuoso, entendendo o juízo no sentido mais amplo do termo, como já se indicou. *Ao contrário, em matéria de justiça, se requer além disso o*

Capítulo 6 · A JUSTIÇA É O SENTIDO DO DIREITO | **377**

julgamento de uma autoridade superior, que possa arguir as duas partes e pôr sua mão sobre as duas. (...) No príncipe a justiça é uma virtude arquitetônica, manda e prescreve o que é justo; ao passo que nos súditos, é virtude de execução e de serviço. Por isso, o juízo que importa a declaração do que é justo convém à justiça, enquanto se realiza de modo mais eminente naquele que preside (Aquino, *ST,* IIa, IIae, 60, 1).

Uma das *excelências* particulares da justiça em comparação com as outras virtudes (temperança e fortaleza, por exemplo), segundo Tomás de Aquino, é que ela "tem sua sede na parte mais nobre da alma, a saber, o apetite racional, a vontade" (Aquino, *ST,* IIa IIae, q. 58, a. 12, *respondeo*). Quer dizer, a justiça dirige e ordena o querer, não o sentir, é consciente. Ela tem um componente intelectual porque sua medida é objetiva (isto é, encontra-se fora do sujeito) e lhe é dada pela lei e pelo outro (o que se beneficia da ação justa ou que padece pela ação injusta). Sua outra *excelência* está em seu caráter social: ela conduz o sujeito à perfeição própria do ser justo, mas simultaneamente faz bem ao receptor da justiça, que recebe o seu. Esse beneficiário não é apenas o indivíduo singular, mas também, no caso da virtude geral, a comunidade política inteira (porque a ela pertence o bem comum). O exercício da justiça é diferente daquele das outras virtudes (temperança, fortaleza) porque há dois afetados por ela: o agente, que se torna justo, e o paciente da ação justa (ou injusta). Como o agente não pode dispor do outro nem do que lhe pertence, é preciso que a justiça *pertença* de modo especial não a cada um, mas a quem tem o poder social para arbitrar disputas, seja arbitrando-as para o futuro (legislando), seja arbitrando as disputas já ocorridas (julgando). Em outras palavras, a virtude é especial nos governantes (*arquitetônica,* isto é, organizadora de tudo o mais) porque eles estão na posição de mandar (para o futuro) e definir (para o passado) o que é justo. Claro que essa virtude não deixa de estar nos súditos, que *executam.* Em outras palavras, a justiça pertence de um modo a quem governa, e de outro a quem é governado. Como na cidade há, por definição, igualdade entre os cidadãos enquanto cidadãos, quem manda e quem obedece podem trocar de lugar. E podem trocar porque quem manda não é um indivíduo que disponha de coisas suas, mas uma "autoridade" que dispõe sobre coisas alheias (públicas). E quem obedece não obedece ao despotismo ou capricho de uma pessoa singular, mas a uma *razão* que ele foi capaz de compreender e aceitar.

A justiça é sempre uma virtude da igualdade e, portanto, sempre uma virtude moral que pressupõe *virtudes intelectuais* (a *inteligência*, a apreensão dos princípios e a *prudência*, o hábito de decidir sobre a ação não instrumental). E o princípio que a justiça precisa primeiramente apreender é a estrutura da relação que ela deve mediar. Relações entre parte e parte, entre parte e todo, entre todo e partes. Para fazer isso é preciso compreender que o todo não é somatório das partes, mas uma unidade, algo comum.

6.7.3. Bens públicos, coletivos, bens intrinsecamente comuns

Os bens públicos ou coletivos, segundo os economistas, são aqueles não excludentes (uma vez produzidos, torna-se muito custoso excluir alguém de seu benefício) e para cuja produção ou manutenção é necessário esforço comum (cooperação). Muitas vezes são fornecidos por particulares, muitas vezes por autoridade pública. Alguns deles são necessários igualmente para todos os membros da sociedade, e nesse caso podem ser chamados também de bens primários. É o caso da segurança ou da iluminação pública nas cidades.

Charles TAYLOR propõe chamar esses bens de "convergentes", pois seu caráter coletivo ou comum está no fato de só poderem ser convenientemente produzidos e fornecidos por esforço coletivo ou comum. São desejados por todos, mas podem ser fruídos individualmente, e são valorizados justamente enquanto fruíveis individualmente. Existem, entretanto, outros bens "necessariamente, ou intrinsecamente comuns", como visto antes: o exemplo de que se vale TAYLOR é a amizade, que existe apenas enquanto for recíproca (TAYLOR, 1995, p. 139). É possível pensar em outros exemplos de bens intrinsecamente comuns em termos ainda mais amplos. Um ambiente cultural, uma comunidade política, a convivialidade, a solidariedade, a integração em uma comunidade (WALDRON, 1993, p. 358). Trata-se de coisas realmente boas, mas que não podem ser asseguradas a um indivíduo apenas sem serem asseguradas aos outros que integram o círculo em que elas se produzem.

Podem esses bens comuns ser objeto da justiça? Seriam coisas que se poderia distribuir adequadamente? Poderíamos distribuir por meio do direito, por meio de regras e de sanções, a contribuição de cada um para criar ou manter essas coisas todas, como a cultura de um grupo, a solidariedade entre seus membros, a amizade entre os amigos?

Para a filosofia moral clássica, a resposta seria *não* em alguns casos, *sim* em outros. Em todos eles seria preciso fazer distinções. A amizade, como o amor em geral, claramente não pode ser exigida. ARISTÓTELES expressou as ambiguidades da justiça na amizade dizendo que ela é um querer bem recíproco em que os amigos não têm interesses fora da própria amizade. Assim, se duas pessoas se tornam amigas para obter alguma coisa fora da amizade do outro, uma amizade por interesse, como se diz, não se trata de verdadeira amizade, ela não desenvolve a virtude própria da amizade. Mas ele mesmo diz que, para haver uma cidade bem ordenada, era preciso que entre seus membros, ou seja, entre os cidadãos, houvesse algo parecido com a amizade, uma certa benevolência recíproca. Os cidadãos precisariam desenvolver entre si uma forma desse querer bem. A constituição e manutenção da cidade (ou república) depende disso:

> A cidade é uma união de clãs e famílias para viverem melhor, com vistas a uma vida perfeita e independente. Este objetivo, todavia, não se realizará a não ser que os habitantes vivam num lugar só e se casem entre si. Daí se originam as relações entre famílias, as confrarias, as irmandades religiosas e as diversões que

Capítulo 6 · A JUSTIÇA É O SENTIDO DO DIREITO | 379

levam as pessoas ao convívio. Tudo isso é obra da amizade, pois a amizade é a motivação do convívio (ARISTÓTELES, *Política*, L. III, V, 1281a).

A relação entre justiça, amizade e finalidade da vida política já ocorrera na Ética a Nicômaco quando afirmara (*EN*, L. VIII, 9, 1159b, 25):

> a amizade e a justiça parecem dizer respeito aos mesmos objetos e manifestar-se entre as mesmas pessoas. Com efeito, em toda comunidade pensa-se que existe alguma forma de justiça, e igualmente de amizade; pelo menos, os homens dirigem-se como amigos aos seus companheiros de viagem ou camaradas de armas, e da mesma forma aos que se lhes associam em qualquer outra espécie de comunidade. E até onde vai sua associação vai sua amizade, como também a justiça que entre eles existe (ARISTÓTELES, 1973a, p. 388).

Existe, para ele, uma "forma política de amizade", precisamente os laços que unem os "dessemelhantes", os que não têm entre si proximidade afetiva, e se explicam na *Ética a Nicômaco* no Livro IX, 1 (1163b, 31):

> Em todas as amizades entre dessemelhantes é, como dissemos, a proporção que iguala as partes e preserva a amizade. Por exemplo, na forma política de amizade, o sapateiro recebe uma compensação pelos seus produtos na proporção do que eles valem, e o mesmo sucede com o tecelão e outros artífices. Ora, aqui foi estabelecida uma medida comum sob a forma de dinheiro à qual tudo é referido e pela qual tudo se mede (ARISTÓTELES, 1973a, p. 399).

Séculos mais tarde, vamos encontrar em KANT uma perspectiva análoga, quando separa os deveres de direito dos deveres de virtude. Para KANT, o amor visto do ponto de vista do afeto não é algo a que alguém possa estar obrigado juridicamente. Não se pode obrigar àquilo que só por inclinação se pode fazer. Mas a uma certa forma de amor podemos ser obrigados[111]. No amor de afeição, contam as características pessoais, individuais e particulares do ser amado; no respeito, o que conta não são as características pessoais do ser amado e, portanto, não se espera a espontaneidade na reciprocidade. O que se espera, no respeito, é uma espécie de benevolência impessoal, chamada justamente respeito. E ela não se dirige ao outro por suas características pessoais, mas por suas características universais, ou melhor, por sua única característica que conta, sua humanidade,

---

[111] "É sem dúvida também assim que se devem entender os passos das Escrituras em que se ordena que amemos o próximo, mesmo o nosso inimigo. Pois que o amor enquanto inclinação não pode ser ordenado, mas o bem-fazer por dever, mesmo que a isso não sejamos levados por nenhuma inclinação e até se oponha a ele uma aversão natural e invencível, é amor *prático* e não *patológico*, que reside na vontade e não na tendência da sensibilidade, em princípios de ação e não em compaixão lânguida. E só esse amor é que pode ser ordenado". Immanuel KANT, *Fundamentação da metafísica dos costumes*, trad. P. Quintela (São Paulo: Abril Cultural, 1974), p. 208.

sua pertença ao gênero humano. Ora, a essa forma de "benevolência" podemos ser constrangidos. Falando do passo do Evangelho que nos manda amar nossos inimigos, diz ele que isso só pode ser entendido se esse amor não for a *inclinação* ou afeição pura e simples: "o amor enquanto inclinação não pode ser ordenado. Mas o bem-fazer por dever (...) é amor *prático e não patológico,* que reside na vontade e não na tendência da sensibilidade" (KANT, 1974, p. 208). E somos constrangidos de duas formas: no direito público, pelo regime político que nos torna todos participantes da república; no direito privado, pelas diversas modalidades de engajamento legalmente reconhecidas ou instituídas, sobretudo a forma contratual. DOMAT havia dito, aliás, que o contrato é uma forma de expressar as relações entre os seres humanos, relações de cooperação que nada mais são que formas diversificadas de "amor" entre os seres humanos. DOMAT associava, portanto, o "amor" à cooperação, ao respeito recíproco, ao fazer bem aos outros sem envolvimento emocional direito.

Essa forma de respeito universal, não psicológico, não afetivo, é sim garantida pela justiça e pelo direito. Ela constitui parte desse bem da ordem. Nessa chave podemos entender uma diferença importante entre a teoria da justiça de ARISTÓTELES e a de TOMÁS. Para ARISTÓTELES existe uma expressão de justiça, a justiça geral, que talvez não seja propriamente a virtude da justiça. Ele diz que se usa a palavra "justiça" para significar a bondade ou a honestidade em geral, e em seguida passa a considerar a justiça no sentido estrito, a justiça particular ou em particular. Tomás de AQUINO fará uma retificação: para ele, a justiça geral é justiça mesmo, é justiça propriamente dita. Em ambos os casos, pode-se falar da justiça no sentido próprio da palavra (*secundum propriam rationem, ST*, IIa, IIae, q. 58, a. 5, *respondeo*), pois em ambos trata-se de relação com o outro. Na justiça geral, a relação é com qualquer um, com qualquer outro, o outro, diz ele, *ad alium in communi,* pois este outro está na comunidade de todos, regida pela lei, que ordena para o bem comum da comunidade. Diria que é justiça exigível mesmo, mas como diz o Aquinate, é justiça que abrange a todos os que se encontram debaixo da mesma lei, ou, diríamos nós, os que se submetem ao mesmo Estado ou república, e a lei ordena para o bem comum, ou seja, para as condições que tornam possível a vida em comunidade. Por isso, ao contrário do que se poderia entender com ARISTÓTELES, que a justiça geral é um uso apenas metafórico da palavra, para indicar a bondade em geral, ou a honestidade em geral, em Tomás de AQUINO ela é uma virtude especial (*est specialis virtus secundum suam essentiam*). Tem um objeto próprio, que é o bem comum. Ele diz mais, que ela é virtude própria do príncipe. Por quê? Porque o príncipe, e não cada cidadão em particular, é responsável pela manutenção do bem comum, das condições de vida social (*et sic est in principe principaliter et quais architetonice, ST*, IIa IIae 58, a. 6, ad 2). Porque a conservação das relações de respeito entre todos os cidadãos depende de haver um poder que arbitre suas relações, e esse poder é exercido pela autoridade pública, pelo príncipe na linguagem da época de Tomás de AQUINO.

Porque a legislação, ou seja, a constituição de regras gerais para a república, é uma tarefa própria da autoridade pública e deve estabelecer esse respeito entre todos os cidadãos[112].

Há, portanto, uma *benevolência* que não se realiza num fazer o bem apenas espontaneamente, apenas quando se quer ou se pode ou não se incorre em incômodo ou prejuízo próprio. Esse fazer o bem é uma forma de respeito e de solidariedade exigíveis entre os cidadãos.

---

[112] Ver a respeito a interessantíssima análise de Luis Fernando Barzotto, "Justiça", em *Filosofia do direito*: os conceitos fundamentais e a tradição jusnaturalista (Porto Alegre: Livraria do Advogado, 2010). Ele associa a justiça legal de S. Tomás ao conceito moderno de justiça social em termos que acredito semelhantes a estes. Pelo menos foi assim que me appropriei deles na exposição acima.

CONCLUSÃO

1. O PERCURSO: DO DIREITO COMO PRÁTICA À TEORIA DA JUSTIÇA

Assumindo que o direito é uma prática social, como vimos no capítulo sobre práticas sociais, por que então seu sentido precisa ser a justiça? Por que não poderia ser simplesmente a obediência, a legalidade, a autoridade?

Se o sentido do direito consistisse apenas na obediência, e eventualmente na identificação de uma autoridade arbitrária e voluntarista[1], disso não resultaria uma prática social propriamente. Os participantes não teriam critérios para fazer sempre a mesma coisa nas diversas situações. Seu único guia consistiria em olhar para a autoridade e pedir-lhe a cada momento que lhes dissesse o que fazer. Talvez ela lhes pudesse dar instruções, mas na falta de critério inteligível geral essas instruções deveriam ser tão detalhadas ou tão particulares que permitissem apenas uma ação a cada vez. Essa concepção de direito falharia gravemente, pois o participante deveria converter-se num autômato, numa espécie de extensão material da intenção alheia[2]. Se não quisermos ter da prática jurídica uma visão assim, é preciso atribuir-

---

[1] Ou seja, uma combinação de legalidade e validade.

[2] Hart diria que sem essa orientação o julgador estaria confinado ou a agir arbitrariamente (sem razão) ou a deduzir mecanicamente (como autômato, digo eu), alguma solução. Cf. Herbert L. A. Hart, *The concept of law*, 2. ed. (Oxford: Oxford University Press, 1997), p. 204-205. Portanto, para que o julgador escape ao arbítrio e deixe de ser um autômato, precisa exercer algum juízo. Esse juízo não seria simples dedução, mas justificação. O próprio Hart diz que, se é isso que se quer dizer com "relação necessária" entre direito e moral, pode-se bem conceder o ponto, embora tanto a manutenção quanto a violação do direito possam ser justificadas por tal ponto de vista. Naturalmente, pode-se dizer que a regra em certo lugar é simplesmente a seguinte: "faça tudo o que seu mestre mandar". Quando crianças, brincamos disso e o jogo consiste em repetir tudo o que o "mestre" fizer durante um certo período de tempo, ou por tantas jogadas, até que ele peça o impossível ou o inaceitável. Quem errar continua sendo sempre e apenas um imitador, um seguidor do outro. Mas nesse caso, o seguidor é uma espécie de *res animata*, como se dizia dos escravos. E o limite da possibilidade ou da aceitabilidade ensina às crianças o limite da obediência e do mando. Podemos ainda pensar no jogo cuja regra fundamental é "não pense, faça o que a autoridade mandar". É possível pensar nisso, mas nesse caso estaremos diante de uma prática em que não haveria regras de segundo grau, regras sobre a produção das próprias regras. Regimes autoritários ou totalitários parecem-se com isso. Depois de estabelecida a teoria da soberania dos estados, e da soberania dos legisladores estatais, a possibilidade de o jogo do direito converter-se nisso foi uma possibilidade real. Daí as tentativas de se limitar isso por meios institucionais (divisão de poderes, cartas de direitos fundamentais etc.). Mas a desconfiança de que estávamos ou estaríamos jogando o jogo do "faça o que seu mestre mandar", ou o

384 | CURSO DE FILOSOFIA DO DIREITO – *José Reinaldo de Lima Lopes*

-lhe uma inteligibilidade que permita a seus participantes saberem o que fazer na falta de uma instrução para cada caso. Só isso lhes permitiria conceberem-se como praticantes de alguma prática social e só isso lhes permitiria conceberem-se como praticantes autônomos.

2. IMPLICAÇÃO GERAL

O percurso proposto até aqui foi o seguinte: (1) compreendamos o direito como prática humana (como, parece-me, foi o caminho iniciado por Herbert HART), não como coisa exterior. Assim compreendido, (2) é preciso que ele tenha algum sentido objetivo – que não está apenas na cabeça de alguém – para que seus participantes possam exercê-lo (o direito) de forma não arbitrária nem mecânica. Tomado como a prática mais ampla da convivência social e política, (3) o direito é criador de igualdades, é por meio dele que podemos dizer o que é um caso igual a outro, quando há igualdade. (4) A igualdade entre os seres humanos vinculados a uma sociedade política chama-se justiça e diz respeito à distribuição e troca dos bens socialmente produzidos. A compreensão da igualdade permite que os participantes do sistema jurídico tomem suas decisões de forma sensata. Permite que compreendam o sentido da prática. (5) Dessa maneira, o sentido da prática, a justiça, não pode ser tratado como elemento exterior e facultativo da própria prática, mas como seu pressuposto, muito embora sua definição esteja situada em uma disciplina logicamente anterior ao próprio direito, a filosofia moral. Nesse sentido, a reflexão moral sobre a justiça não é dispensável, mas parte integrante do processo de compreensão do direito mesmo.

É preciso dizer muito mais diante de um público ao qual a discussão da justiça foi subtraída ao longo do tempo e que, portanto, ignora a milenar reflexão sobre a vida segundo as regras. É preciso dizer mais diante de um público para quem o direito não é um sistema normativo racional, mas sistema de comandos cujo propósito é impedir a vida e a liberdade dos que estão a ele submetidos. É preciso dizer mais para um público que acredita e pressupõe que os criadores, aplicadores e intérpretes das leis estão acima ou fora das leis.

A ideia que defendo é que o sistema jurídico não dispensa o critério de igualdade ou de justiça. O que está sempre em jogo no uso de um sistema jurídico é uma forma de igualdade. Que essa forma de igualdade possa ser e seja mesmo discutida não invalida a ideia de que o conceito de justiça é o que torna inteligível o direito.

O que não parece ser verdade, portanto, é que o direito positivo (ordenamento) e, portanto, a prática social que ele constitui possam dispensar um critério de igualdade geral que lhes dê inteligibilidade. Sem ele, estaríamos diante de sistemas em que não haveria *razões* para obedecer[3].

---

jogo do "arbítrio do juiz", ou o jogo da "vontade do dono da bola" nunca foi completamente afastada.

[3] Como se sabe, a ideia de razões para obedecer é fundamental para o conceito de direito de HART. Regras não são imperativos simples (como os de um bandido), mas razões que podem

CONCLUSÃO | **385**

A justiça é, portanto, simultaneamente um tema da filosofia moral geral e o pressuposto do direito. Um pressuposto é externo ou exterior à prática? HART, tratando da "regra de reconhecimento não expressamente declarada" (HART, 1997, p. 102), disse que ela não é exterior. O princípio da não contradição – que está sempre presente quando raciocinamos logicamente – é exterior ao silogismo mesmo, uma vez que ele não aparece como uma das premissas do silogismo? A resposta, evidentemente, é negativa. O princípio da não contradição não aparece no silogismo singular, mas é a condição de validade universal para qualquer silogismo. Assim, se o silogismo se pretende ser lógico, ou seja, se pretende ser uma manifestação singular da lógica em geral, o princípio da não contradição é sua condição de existência. A justiça, igualmente: embora um cidadão ou um juiz decidam conforme a lei e não pensem na justiça da lei singular, ou mesmo não a questionem, isso não significa que, ao usar a lei, não estejam fazendo um exercício de justiça.

HART, concebendo o direito como prática social, referia-se à justiça como algo externo a ele. Seu argumento era o seguinte: se a justiça consistir na *virtude* (palavras minhas) da aplicação imparcial e regular das normas, há uma evidente e estreita (*close*) relação entre ela e a noção de seguir uma regra. Mas se a justiça for um *critério* para julgar a própria lei, ela seria um critério externo à lei mesma, fundado em perspectivas morais e políticas mais amplas (HART, 1997, p. 161). A discussão que se seguiu a seu livro *O conceito de direito* encaminhou-se para discutir os critérios de justiça aplicáveis às instituições e, portanto, ao próprio sistema jurídico. A *Teoria da justiça* de RAWLS, publicada uma década depois, coloca em questão justamente a relação entre uma ordem posta (as instituições de uma sociedade bem ordenada, constitucionalizada e democrática) e a justiça mesma.

É nesses termos que um sistema deve ter um critério geral de inteligibilidade, e se esse critério geral é uma *forma de igualdade*, estamos diante de um critério que nada mais é do que um critério de justiça. Por ele reconduzem-se os casos duvidosos e particulares ao campo. Eles não são externos, desvios ou meras exceções, mas ocorrências cujo sentido precisa ser determinado pelo sentido maior e mais amplo daquela prática. Esse critério geral, chamado justiça, ou igualdade, leva do esclarecimento de dúvidas em casos singulares (interpretação) à inserção dos casos no jogo completo (compreensão). É nesses termos que o tema da justiça é inerente ao direito. Sem ele não se pode usar do próprio ordenamento. E é nesses termos que

---

ser compreendidas. O próprio HART chega muito próximo à ideia de que um ordenamento positivo precisa, para ser um ordenamento no sentido por ele imaginado (como um conjunto de razões para uma prática social específica), de razões de justiça. Qualquer sistema, diz ele, para que desperte alguma lealdade, precisa dar razões aceitáveis para seus participantes. Um sistema formal usado apenas para "subjugar e manter um grupo numa posição de inferioridade permanente" não oferece a esse grupo nenhuma razão para obedecer, apenas o temor. Mas obedecer por temor não é seguir uma regra, como ele mesmo dissera antes em seu livro. Logo, para que um sistema normativo (social) apresente-se como racionalmente aceitável, é necessário que ofereça uma ideia de justiça, pela qual os que a ele aderem se vejam como partes de uma prática em andamento. Cf. Herbert HART, *The concept of law*, 2. ed. (Oxford: Oxford University Press, 1997), p. 201.

386 | CURSO DE FILOSOFIA DO DIREITO – *José Reinaldo de Lima Lopes*

sua discussão não pode não ser minimamente dominada por um jurista completo. A falta dessa discussão no âmbito do direito faz os juristas procederem de maneira desordenada, aleatória, *sem sentido*[4].

O caráter aberto[5] do direito, inerente a sua natureza prática, permite-lhe ser simultaneamente um jogo que se joga *em direção à justiça* e no qual a justiça – seu sentido e pressuposto – seja elaborada também por uma disciplina diversa, a moral. Quero dizer que a prática do direito (a) pretende sempre realizar uma forma de igualdade (por exemplo, aplicar sempre a mesma regra às mesmas situações) e (b) tem por objetivo final manter essa igualdade de modo que os participantes da prática continuem a ter razões para aceitá-la. A própria noção de viver sob a lei, ou seja, de ter um ordenamento jurídico, pressupõe o conceito de igualdade. É preciso voltar a associar o conceito de igualdade ao conceito de justiça. Não é descabido lembrar aqui os comentários de BÁRTOLO às *instituições de direito civil*: "Vê-se, pois, que nossa ciência [o direito], na qual o bom e o igual são o objeto, tem por pressuposto a ética"[6].

3. IMPLICAÇÕES PARA O ENSINO DO DIREITO

Se a justiça é o sentido do direito, uma faculdade de direito onde não haja uma discussão sobre o tema falha na formação de seus estudantes. Ela não discute nem lhes apresenta aquilo que poderia ser o elemento-chave para a legislação e para a jurisprudência. Sem discussão teórica e conceitual do tema, ela se expõe a equívocos. Ao *equívoco teórico* de negar a existência do conceito porque seus professores não o

---

4   Creio ser esta a posição de Lon FULLER, "Positivism and fidelity to law: a reply to professor Hart", *Harvard Law* Review, n. 71 (1957), quando critica o argumento de HART sobre a existência de zonas de penumbra no direito. FULLER afirma que o problema do ponto de vista de HART consiste em uma equivocada ideia do que é o sentido. Para HART, as palavras teriam um sentido central (*core*) representado por um "caso padrão" (*standard instance*). Todavia, os problemas de interpretação não se resolvem com atribuição de significado a palavras. O que tem sentido é a lei inteira, não a palavra. Ele se pergunta se seria possível atribuir significado às palavras de uma lei se não se tivesse uma ideia geral do propósito daquela lei. FULLER é categórico: "the theory of meaning implied in Professor Hart's essay seems to me to have been rejected by three men who stand at the very head of modern developments in logical analysis: Wittgenstein, Russell, and Whitehead" (Id., p. 669).

5   O caráter aberto do sistema jurídico não consiste em sua "vagueza" ou "ambiguidade", mas em seu caráter prático. Não há prática que não seja aberta. Na senda de ARISTÓTELES, não há prática sem que haja deliberação e não deliberamos senão sobre o que pode ser diferente. Tomo aqui como relevantes as observações de David WIGGINS a respeito do processo deliberativo (racionalidade prática): (a) a deliberação não técnica refere-se sempre a algo vago (boa vida, *e.g.*) que se especifica aos poucos; (b) o traço incompleto de nossos ideais é constitutivo da própria racionalidade prática. David WIGGINS, "Deliberação e razão prática", trad. A.M. da Rocha Barros, em Marco ZINGANO (org.), *Sobre a Ética Nicomaqueia* (São Paulo: Odysseus, 2010), p. 136 e 145.

6   "Ex hoc apparet, q. scientia nostra supponitur ethice, in qua bonum et aequum subjectum est". BÁRTOLO. *Super Institutionum Iuris Civilis Commentaria*. Lugduni, Sebastianum de Honoratis, 1559 (editada por H. Ferrendat).

compreendem e não o estudam. Ao *equívoco teórico* de tratar a questão conceitual como se fosse empírica, de sensação ou de gosto pessoal, psicológica ou irracional.

Os dois equívocos têm consequências graves para uma universidade em que se pretende produzir e transmitir conhecimento jurídico. Primeiro, a incapacidade de produzir saber. Sem teoria, o saber é no máximo técnica. Ora, já é visível o isolamento intelectual em que a faculdade de direito mergulhou nas últimas décadas, à margem da grande "virada prática" da filosofia e da teoria do direito. De modo geral, o Brasil não entrou no debate filosófico sobre o direito e sua teoria geral, não contribui para ele. Esse isolamento também se revela no limitado diálogo que mantivemos com os outros departamentos da universidade, como o de ciência política, o de filosofia e mesmo o de história, sem falar em ciências mais duras, como a neurociência, a biologia, ou as engenharias e matemáticas, nas quais avança a inteligência artificial. Só por meio de um nível mais alto de preocupação teórica podemos dialogar com outros. Só nesse nível se pode falar de colaboração entre as disciplinas. Pouquíssimas – e para alguns casos até hoje, nenhuma – iniciativas conjuntas de reflexão ou de aproximação. O isolamento restringe enormemente a formação de nossos estudantes e nossos próprios horizontes de juristas. Há esforços isolados e individuais aqui e ali, mas o ambiente de ceticismo ou de cinismo em que fomos mergulhados impede o florescimento de pesquisas institucionalmente articuladas e expansivas. Uma consequência direta dessa ignorância do tema foi, portanto, isolar-nos como juristas e como brasileiros de um debate importantíssimo. Na falta de reflexão teórica propriamente dita, encontramos discursos de pregadores, dizendo o que se deve fazer uma vez que estejamos convertidos a certas ideias. Propostas de reforma de ensino, de currículo etc. perdem-se muitas vezes nessa perspectiva missionária, travestida de discurso crítico.

Outra consequência mais grave está na esfera da própria sociedade e democracia brasileiras. Os juristas, responsáveis por ordenar as instituições básicas do poder – poder público, soberania, relações de cidadãos e autoridade pública, mas também poder privado, relações entre os agentes individuais da vida civil – parecem hoje não dar conta de sua tarefa. Um sinal evidente encontra-se nas decisões dos tribunais, incapazes de distinguir adequadamente conflitos distributivos de conflitos comutativos, ou mais propriamente, incapazes de ver a estrutura distributiva de certas relações e a estrutura comutativa de outras. Sem essa clareza, porém, o resultado são decisões inadequadas para guiar os membros da sociedade, e o estímulo ao comportamento predatório, ao "salve-se quem puder" em que, infelizmente, parece mergulhar o Brasil a cada dia com maior intensidade. Essa atitude tem um custo, um custo social e político além do custo propriamente monetário: a perda de confiança nas instituições. O volume de recursos que não se pagam aos cofres públicos, os números inaceitáveis da violência policial e da violência comum. Se não há critérios, se os critérios dependem de concepções tidas como meramente opinativas de uma autoridade ou outra, como submeter-se a uma regra geral? Melhor escapar dessas opiniões, ou ainda, melhor arriscar e conseguir uma decisão a seu favor. O custo, como se vê, é um rebaixamento contínuo das condições de cooperação social.

Finalmente, consequências que afetam diretamente nosso ensino jurídico. Como as questões de justiça não desaparecem da vida, o fato de não tratá-las adequada e abertamente no período de formação de nossos estudantes faz com que, quando apareçam em suas vidas profissionais, venham a ser percebidas como questão de caridade ou de piedade, ou político-ideológicas, para as quais não haveria enfrentamento racional: emotivismo ou sentimentalismo puro e simples. Ao contrário desse sentimentalismo, a justiça, diziam os clássicos, é virtude fria e calculista, cujo exercício depende de medidas. Essa virtude converteu-se entre nós num discurso de púlpito e de pregadores. Incapazes de impostar a questão em termos analíticos, o discurso justificador das decisões apela para o sentimentalismo, para um vago sentimento de compaixão, transforma uma das partes em vítima e, pela sensibilização emocional do público, faz passar por justiça o que pode ser puro gosto, capricho, arbítrio, graça ou clemência. Um ministro do Supremo Tribunal Federal brasileiro, pressionado por alguns de seus pares a dar a regra pela qual decidia determinado caso, simplesmente alegou que decidia caso a caso[7]. Ora, uma coisa é decidir caso a caso, o que se faz por definição, pois não existem decisões universais ou abstratas. Toda decisão e toda ação acontecem apenas no tempo e no espaço: toda decisão é por isso singular. Outra coisa é decidir cada caso sem um critério de igualação dos casos, sem regra. Critérios são abstratos e universais, por definição também. A resposta, no caso, foi apresentada como se fosse um critério de justiça!

Vale lembrar um comentário de Cujácio, jurista humanista francês do século XVI: "confiamos nossas causas aos juízes porque são peritos em direito, não porque são pessoas boas". O julgamento de qualquer caso exige, em direito, justificação, isto é, fundamento em regra de direito e em última instância fundamento de justiça. O fundamento não pode ser o sentimento do juiz. Como não debatemos nem ensinamos esse debate em nossas escolas, vemo-nos lançados a esse sem sentido de nossa atual cultura jurídica e judicial.

Creio que é tarefa inescapável dos juristas, e especialmente dos professores e alunos do direito, enfrentar outra vez essas questões. Não fazê-lo torna-nos intelectuais inúteis, meros instrutores de técnicas de negociação ou de contencioso, uma espécie perigosa de chicaneiros glorificados.

---

[7] Cf. Thalita Moraes Lima, O direito à saúde revisitado, *Revista de Informação Legislativa,* a. 50, n. 201, p. 181 e ss. Disponível em: http://www2.senado.leg.br/bdsf/bitstream/handle/id/503044/001011326.pdf?sequence=1. Acesso em: 22 fev. 2015.

REFERÊNCIAS

ABBAGNANO, N. *Dicionário de filosofia.* São Paulo: Martins Fontes, 2000.

ABOIM, D. *Tractatus de recusationibus omnium judicium officialumque tam justitiae commutativae quam distributivae utriusque fori tam saecularis quam ecclesiastici sive regularis.* Coimbra: Joannis Antunes, 1699.

ADDIS, Mark. *Wittgenstein*: a guide for the perplexed. London: Continuum, 2006.

AGOSTINHO (de Hipona). *A doutrina cristã.* Trad. Nair de Oliveira. São Paulo: Paulus, 2011.

AGOSTINHO (de Hipona). *City of God.* Trad. H. Bettenson. London: Penguin Books, 1987.

AIDAR, Bruno; SLEMIAN, Andrea; LOPES, José Reinaldo de L. (org.). *Dicionário histórico de conceitos jurídico-econômicos (Brasil, séculos XVIII-XIX).* No prelo.

ALEXANDER, Larry; KRESS, Kenneth. Contra os princípios jurídicos. In: MARMOR, Andrei (org.). *Direito e interpretação.* Trad. L. C. Borges. São Paulo: Martins Fontes, 2009.

ALEXY, Robert. *Teoría de la argumentación.* Madrid: Centro de Estudios Constitucionales, 1989.

ALMEIDA, Cândido Mendes de. *Codigo Philippino ou Ordenações e leis do Reino de Portugal.* Rio de Janeiro: Typographia do Instituto Philomathico, 1870.

ALMEIDA, Cândido Mendes de; ALMEIDA, Fernando Mendes. *Arestos do Supremo Tribunal de Justiça.* Rio de Janeiro: B. L. Garnier Livreiro-Editor, 1885.

ALVAREZ, Alejandro. *Interpretação do direito e equidade.* Porto Alegre: UFRGS, 2015.

ANDREIEV, Leonidas. A conversão do diabo. In: CAMPOS, Maria do Carmo Sepúlveda. *Contos russos eternos.* Trad. José Augusto Carvalho. Rio de Janeiro: Bom Texto, 2004. p. 215-246.

ANSCOMBE, G. E. M. *Intention.* 2. ed. Cambridge: Harvard University Press, 2000.

ANSCOMBE, G. E. M. Modern moral philosophy. *Philosophy*, p. 1-19, January 1958a.

ANSCOMBE, G. E. M. On brute facts. *Analysis*, v. 18, n. 3, p. 69-72, January 1958b.

ANSCOMBE, G. E. M.; GEACH, P. T. *3 Philosophers*: Aristotle, Aquinas, Frege. Oxford: Basil Blackwell, 1961.

APEL, Karl-Otto. A ética do discurso diante da problemática jurídica e política. In: MOREIRA, Luiz (org. e trad.). *Com Habermas, contra Habermas*: direito, discurso e democracia. São Paulo: Landy Editora, 2004.

APEL, Karl-Otto. (1998) Regulative ideas or sense events: an attempt to determine the logos of hermeneutics. In: APEL, Karl-Otto. *From a transcendental point of view.* Manchester: Manchester University Press, 1990. p. 160-182.

APEL, Karl-Otto. *Teoría de la verdad y ética del discurso.* Barcelona: Paidós, 1991.

APEL, Karl-Otto. *Transformação da filosofia II*: o *a priori* da comunidade de comunicação. Trad. P. A. Soethe. São Paulo: Loyola, 2000.

AQUINO, Tomás de. *Commentary on Aristotle's Nicomachean Ethics.* ed. por Ralph McInerny. Trad. C. I. Litzinger. Notre Dame: Dumb Ox, 1993.

AQUINO, Tomás de. *Escritos políticos.* ed. por Francisco Benjamin Souza Neto. Trad. Francisco Benjamin Souza Neto. Petrópolis: Vozes, 1997.

AQUINO, Tomás de. *Suma teológica*. Coord.-geral de Carlos-Josaphat P. de Oliveira, OP. São Paulo: Loyola, 2003. v. 3.

AQUINO, Tomás de. *Suma teológica*. ed. Carlos-Josaphat Pinto de Oliveira, OP. Trad. Aldo Vannucchi et al. São Paulo: Loyola, 2004. v. 5.

ARENDT, Hannah. A mentira na política: considerações sobre os documentos do Pentágono. In: *Crises da República*. Trad. J. Volkman. São Paulo: Perspectiva, 1973.

ARENDT, Hannah. *The life of the mind*. San Diego: Harcourt Brace Jovanovich, 1978.

ARISTÓTELES. De interpretatione. In: *The complete works of Aristotle*. ed. por Jonathan Barnes. Trad. J. L. Ackrill. Princeton: Princeton University Press, 1995.

ARISTÓTELES. Dos argumentos sofísticos. In: *Aristóteles*. Trad. Leonel Vallandro e Gerd Bornheim. São Paulo: Abril Cultural, 1973b.

ARISTÓTELES. *Ethica Nicomachea V 1-15: Tratado da Justiça*. ed. por Marco Zingano. Trad. Marco Zingano. São Paulo: Odysseus, 2017.

ARISTÓTELES. Ética a Nicômaco. Trad. L. Valandro e G. Bornheim. São Paulo: Abril Cultural, 1973a.

ARISTÓTELES. Metafísica. In: *Aristóteles*. Trad. Vinenzo Cocco. São Paulo: Abril Cultural, 1973c.

ARISTÓTELES. *Política*. 2. ed. Trad. Mario da G. Kury. Brasília: UnB, 1988.

ARRUDA JÚNIOR, Gerson Francisco. *Dez lições sobre Wittgenstein*. Petrópolis: Vozes, 2017.

ASCARELLI, Tullio. *Antigone e Porzia*. In: ASCARELLI, Tullio. *Problemi giuridici*, Milano: Giuffrè, 1959. v. 1. p. 5-15.

ASCARELLI, Tullio. *Saggi giuridici*. Milano: Giuffrè, 1949.

ATIENZA, Manuel. *As razões do direito*. Trad. Maria C. G. Cupertino. São Paulo: Landy, 2000.

ATIENZA, Manuel. *Cuestiones judiciales*. México: Fontamara, 2001. p. 101-118.

AULO GÉLIO. *Noites áticas*. Trad. J. R. Seabra Filho. Londrina: UEL, 2010.

AUSTIN, J. L. *How to do things with words*. Cambridge: Harvard University Press, 1975.

ÁVILA, Humberto. *Constituição, liberdade e interpretação*. São Paulo: Malheiros, 2019.

BAKER, G. P.; HACKER, P. M. S. *Wittgenstein*: understanding and meaning. Malden/Oxford: Blackwell, 2005.

BALDO DE UBALDIS (ou Perugino). *Commentaria in Digestum vetus*. Lugduni, 1562. v. 1.

BALDO DE UBALDIS (ou Perugino). *In Tres priores libros codicis praelectiones*. Lugduni, 1564.

BANFIELD, Edward C. *The moral basis of a backward society*. Glencoe: The Free Press, 1958.

BAPTISTA, Francisco de Paula. *Compêndio de theoria e pratica do processo civil comparado com o commercial e de hermenêutica jurídica*. Rio de Janeiro/Paris: B. L. Garnier Livreiro--Editor, 1890.

BARNES, Jonathan. Retórica e poética. In: BARNES, Jonathan (org.). *Aristóteles*. Trad. Ricardo H. P. Machado. Aparecida: Ideias & Letras, 2009.

BARROSO, Luis Roberto. *Interpretação e aplicação da constituição*: fundamentos de uma dogmática constitucional transformadora. 3. ed. São Paulo: Saraiva, 1999.

BARRY, Brian. *Justice as impartiality*. Oxford: Oxford University Press, 1995.

BÁRTOLO (de Sassoferrato). *In primam Codicis partem*. Venetiis: Ivntas, 1570b.

BÁRTOLO (de Sassoferrato). *In primam Pandectae veteris partem*. Venetiis: Ivntas, 1570a.

BÁRTOLO (de Sassoferrato). *Super Institutionum Iuris Civilis Commentaria*. ed. H. Ferrendat. Lugduni, Sebastianum de Honoratis, 1559.

REFERÊNCIAS | 391

BARZOTTO, Luis Fernando. *Filosofia do direito – os conceitos fundamentais e a tradição jusnaturalista*. Porto Alegre: Livraria do Advogado, 2010.

BARZOTTO, Luis Fernando. *O positivismo jurídico contemporâneo*. 2. ed. Porto Alegre: Livraria do Advogado, 2007.

BARZOTTO, Luis Fernando. *Teoria do direito*. Porto Alegre: Livraria do Advogado, 2017.

BARZOTTO, Luis Fernando. *Teoria política*. Porto Alegre: Livraria do Advogado, 2018.

BENTHAM, Jeremy. *Uma introdução aos princípios da moral e da legislação*. 3. ed. Trad. Luiz J. Baraúna. São Paulo: Abril Cultural, 1984.

BENVENISTE, Emile. *Problèmes de linguistique général*. Paris: Gallimard, 1976. v. 1.

BERLE, Adolf; MEANS, Gardiner C. *A moderna sociedade anônima e a propriedade privada*. São Paulo: Nova Cultural, 1983.

BERTI, Enrico. *Aristóteles no século XX*. Trad. Dion D. Macedo. São Paulo: Loyola, 1997.

BERTI, Enrico. *As razões de Aristóteles*. Trad. Dion D. Macedo. São Paulo: Loyola, 1998.

BETTI, Emilio. *Interpretazione della legge e degli atti giuridici*. Milano: Giuffrè, 1971.

BETTI, Emilio. *Teoria generale dell'interpretazione*. Milano: Giuffrè, 1955.

BEVILÁQUA, Clóvis. *Teoria geral do direito civil*. 2. ed. Rio de Janeiro: Francisco Alves, 1976.

BIROCCHI, Italo. *Alla ricerca dell'ordine*. Torino: Giappichelli, 2002.

BIROCCHI, Italo. Leggi fondamentali e costituzionalismo moderno. In: *La Carta Autonomistica della Sardegna tra antico e moderno*. Torino: Giappichelli, 1992.

BIROCCHI, Italo; MATTONE, Antonello. *Il diritto patrio – tra diritto comune e codificazione*. Roma: Viella, 2006.

BIROCCHI, Italo et al. (org.) *Dizionario biografico dei giuristi italiani (XII-XX secolo)*. 2 v. Bologna: Il Mulino, 2013.

BIX, Brian. H. L. A. Hart and the hermeneutic turn in legal theory. *South Methodist University Law Review*, v. 52, p. 167-199, 1999.

BLOOR, David. *Wittgenstein, rules and institutions*. London: Routledge, 2002.

BOBBIO, Norberto. *El problema del positivismo giuridico*. Trad. Ernesto Garzón Valdez. Buenos Aires: Editorial Universitaria de Buenos Aires, 1965.

BOBBIO, Norberto. *Teoria do ordenamento jurídico*. Trad. C. De Cicco e M. C. J. Santos. Brasília: UnB/Polis, 1989.

BOBBIO, Norberto. Tullio Ascarelli. In: *Dalla struttura alla funzione*. Bologna: Edizioni di Comunità, 1977.

BODEÜS, Richard. Os fundamentos naturais do direito e da filosofia aristotélica. In: *Sobre a Ética Nicomaqueia*: textos selecionados. Trad. Paulo B. C. MacDonald. São Paulo: Odysseus, 2010. p. 339-378.

BOUVERESSE, Jaques. *Le mythe de l'intériorité – expérience, signification et langage privé chez Wittgenstein*. Paris: Editions de Minuit, 1987.

BRAND, Myles. *Intending and acting* toward a naturalized action theory. Cambridge: MIT Press, 1984.

CALABRESI, Guido. Some thoughts on risk distribution and the law of torts. *Yale Law Journal*, v. 70, p. 499-553, March 1961.

CALABRESI, Guido. *The cost of accidents*. New Haven: Yale University Press, 1970.

CALABRESI, Guido; MELAMED, A. Douglas. Property rules, liability rules and inalienability: one view of the cathedral. *Harvard Law Review*, v. 85, p. 1089-1128, April 1972.

CAMPBEL, Tom. *La justicia*: los principales debates contemporáneos. Trad. Silvina Alvarez. Barcelona: Gedisa, 2002.

CARROLL, Lewis. What the tortoise said to Achilles. *Mind*, v. 4, n. 14, April 1895.

CARVALHO DE MENDONÇA, J. X. *Tratado de direito commercial brazileiro.* 2. ed. posta em dia por A. Bevilaqua e R. C. de Mendonça. Rio de Janeiro: Freitas Bastos, 1934. v. V.

CARVALHO, Carlos. *Direito civil brazileiro recopilado ou Nova consolidação das leis civis.* Rio de Janeiro/São Paulo/Belo Horizonte: Livraria Francisco Alves, 1899.

CASSIN, Barbara. *Aristóteles e o lógos.* Trad. Luis Paulo Rouanet. São Paulo: Loyola, 1999.

CAVELL, Stanley. Must we mean what we say?. In: *Must we mean what we say? A book of essays.* Cambridge: Cambridge University Press, 1976.

CHANG, Ruth. *Incommensurability, incomparability and practical reason.* ed. Ruth Chang. Cambridge: Harvard University Press, 1997.

CHAUNU, Pierre. *A civilização da Europa clássica.* Trad. Teresa F. Rodrigues. Lisboa: Editorial Estampa, 1987. v. II.

CICERO, M. T. *Opera Omnia.* Paris: N. E. Lemaire Ed., 1828. v. 3. Disponível em: <https://play.google.com/store/books/details?id=ydwIAAAAQAAJ&rdid=book--ydwIAAAAQAAJ&rdot=1>. Acesso em: 1º out. 2020.

COASE, R. H. Law and economics and A. W. Brian Simpson. *Journal of Legal Studies*, v. 25, p. 103-119, 1996.

COASE, R. H. The nature of the firm. *Economica – new series*, v. 4, n. 16, p. 386-405, Nov. 1937.

COASE, R. H. The problem of social cost. *The Journal of Law and Economics* III, p. 1-69, October 1960.

COMMONS, John. Institutional economics. *American Economic Review*, p. 648-657, 1931.

COMMONS, John. Law and economics. *Yale Law Journal*, p. 371-382, 1925.

COMMONS, John. *Legal foundations of capitalism.* Madison: The University of Wisconsin Press, 1968.

COPI, Irving. *Introdução à lógica.* 2. ed. Trad. A. Cabral. São Paulo: Mestre Jou, 1978.

CORTESE, Ennio. *Il Rinascimento giuridico medievale.* 2. ed. Roma: Bulzoni, 1996.

CORTESE, Ennio. *ll diritto nella storia medievale.* Roma: Il Cigno Galileo Galilei, 1999. v. 2.

CORTESE, Ennio. *La norma giuridica*: spunti teorici nel diritto comune classico. Milano: Giuffrè, 1962. v. 1.

COTTA, Sergio. I principi generali del diritto: considerazioni filosofiche. In: ACCADEMIA NAZIONALE DEI LINCEI. *I principi generali del diritto.* Roma: Accademia Nazionale dei Lincei, 1992. p. 31-46.

COURTIS, Christian. El juego de los juristas. In: COURTIS, Christian. *Observar la ley.* Madrid: Trotta, 2006. p. 105-156.

CRETELLA JUNIOR, José. *Bem público.* In: FRANÇA, Rubens Limongi (coord.). *Enciclopédia Saraiva do direito.* São Paulo: Saraiva, 1977. v. 10. p. 476.

CURD, Martin; COVER, J. A.; PINCOCK, Christopher. *Philosophy of science*: the central issues. New York/London: W. W. Norton & Co., 1998.

CUTER, João Vergílio. Interpretação e objetividade. In: *Direito e interpretação.* São Paulo: Saraiva/Direito FGV, 2011. p. 91-102.

REFERÊNCIAS | **393**

DAHN-COHEN, Meir. Listeners and eavesdropper: substantive legal theory and its audience. 63 *University of Colorado Law Review*, p. 569-594 (1992).

D'ALMEIDA, Luis Duarte; MICHELON, Claudio. *The Structure of Arguments by Analogy in Law*. 2016. Disponível em: https://papers.ssrn.com/sol3/papers.cfm?abstract_id=2948558##. Acesso em: 13 set. 2020.

DARWIN, Charles. *The origin of species*. London: Penguin, 1985.

DAVIDSON, Scott. *Ricoeur across the disciplines*. ed. Scott Davidson. New York/London: Continuum, 2010.

DEAN, Warren. *A ferro e fogo*. São Paulo: Cia. das Letras, 1996.

DEAN, Warren. *With broadax and firebrand*. Berkeley: University of California Press, 1995.

DENIAU, Guy. *Qu-ets-ce qu'interpréter?* Paris: Vrin, 2015.

DEWEY, John. Logical method and the law. *Cornell Law Review*, v. 10, n. 1, p. 17-27, 1924.

DILTHEY, Wilhelm. *Hermeneutics and the study of history*. ed. R. Makkreel e F. Rodi. Princeton: Princeton University Press, 1996.

DILTHEY, Wilhelm. *Introduction to the human sciences*. ed. R. Makkreel e F. Rodi. Trad. Michael Neville. Princeton: Princeton University Press, 1989. v. I.

DIMOULIS, Dimitri. *Positivismo jurídico*: introdução a uma teoria do direito e defesa do pragmatismo jurídico-político. São Paulo: Método, 2006.

DOMAT, Jean. *Les loix civiles dans leur ordre naturel, Le droit public et Legum delectus*. Paris: Nyon Libraire, 1767.

DOSSE, François. *Paul Ricoeur*: le sens d'une vie. Paris: La Découverte, 1997.

DOSSE, François. *Paul Ricoeur*: um filósofo em seu século. Rio de Janeiro: FGV, 2017.

DUARENUS, Franciscus. *Opera*. Francoforte: Andreae Wecheli, 1598.

DUARENUS, Franciscus. *Opera omnia*. Luca: Typ. Josephi Rocchii, 1765. v. 1. p. 10.

DUARTE, Nestor. *A ordem privada e a organização política nacional*. 2. ed. São Paulo: Nacional, 1966.

DURKHEIM, Émile. *As regras do método sociológico*. Trad. M. Garrido Esteves. São Paulo: Abril Cultural, 1978.

DWORKIN, Ronald. "Interpretation in general" e "Conceptual interpretation". In: *Justice for hedgehogs*. Cambridge: Harvard University Press, 2011.

DWORKIN, Ronald. *Law's empire*. Cambridge: Harvard University Press, 1986.

DWORKIN, Ronald. *Taking rights seriously*. Cambridge: Harvard University Press, 1977.

ELSTER, Jon. *An introduction to Marx*. Cambridge University Press, 1989a.

ELSTER, Jon. *Marx hoje*. Trad. Plinio Dentzien. Rio de Janeiro: Paz e Terra, 1989b.

ENGISH, Karl. *Introdução ao pensamento jurídico*. 5. ed. Trad. João B. Machado. Lisboa: Fundação Calouste Gulbenkian, 1979.

ESPÍNOLA, Eduardo. *Systema de direito civil brasileio*. Salvador: LythoTyp. e Encad. Reis, 1908.

ESSER, Josef. *Precomprensione e scelta del metodo nel processo di individuazione del diritto*. Trad. S. Patti e G. Zaccaria. S.l.: Edizioni Scientifiche Italiane, 1983.

ESSER, Josef. *Principio y norma en la elaboración jurisprudencial del derecho privado*. Trad. Eduardo Valenti F. Barcelona: Bosch Casa Editorial, 1961.

FERRAJOLI, Luigi. *La logica del diritto*: dieci aporie nell'opera di Hans Kelsen. Roma/Bari: Laterza, 2016.

CURSO DE FILOSOFIA DO DIREITO – *José Reinaldo de Lima Lopes*

FERRAZ JR., Tercio Sampaio. *A ciência do direito.* 2. ed. São Paulo: Atlas, 1980.

FERRAZ JR., Tercio Sampaio. Bem comum. In: FRANÇA, Rubens Limongi (coord.). *Enciclopédia Saraiva do direito.* São Paulo: Saraiva, 1977. v. 10. p. 397-400.

FERRAZ JR., Tercio Sampaio. *Direito, retórica e comunicação.* 2. ed. São Paulo: Saraiva, 1997.

FERRAZ JR., Tercio Sampaio. *Introdução ao estudo do direito.* 6. ed. São Paulo: Atlas, 2008.

FERRAZ JR., Tercio Sampaio. *Introdução ao estudo do direito.* São Paulo: Atlas, 1988.

FILOMENO, José Geraldo Brito. Disposições gerais. In: *Código Brasileiro de Defesa do Consumidor comentado pelos autores do anteprojeto.* Rio de Janeiro: Forense Universitária, 1992. p. 24-27.

FINNIS, John. *Fundamentals of ethics.* Washington: Georgetown University Press, 1983.

FINNIS, John. *Natural law and natural rights.* Oxford: Oxford University Press, 1992.

FINNIS, John. On reason and authority in *Law's empire. Law and Philosophy,* v. 6, n. 3, p. 357-380, Dec. 1987.

FOOT, Philippa. The problem of abortion and the doctrine of double effect. *Oxford Review,* n. 5, 1967.

FOTION, Nick. *John Searle.* Princeton: Princeton University Press, 2000.

FOUCAULT, Michel. *As palavras e as coisas.* Trad. S. T. Muchail. São Paulo: Martins Fontes, 2002.

FOUCAULT, Michel. *Microfísica do poder.* Trad. Roberto Machado. Rio de Janeiro: Graal, 1979.

FRANÇA, Rubens Limongi. Bem jurídico. In: FRANÇA, Rubens Limongi (coord.). *Enciclopédia Saraiva do direito.* São Paulo: Saraiva, 1977. v. 10. p. 442.

FRANÇA, Rubens Limongi. *Direito intertemporal brasileiro.* 2. ed. São Paulo: Revista dos Tribunais, 1968.

FRANÇA, Rubens Limongi. *Hermenêutica jurídica.* 10. ed. por Antonio S. Limongi França. São Paulo: Revista dos Tribunais, 2010.

FRANCO SOBRINHO, Manoel de Oliveira. Bens públicos. In: FRANÇA, Rubens Limongi (coord.). *Enciclopédia Saraiva do direito.* São Paulo: Saraiva, 1977. v. 11. p. 265.

FREEMAN, Derek. The evolutionary theories of Charles Darwin and Herbert Spenser. *Current Anthropology,* v. 15, n. 3, p. 211-237, Set. 1974.

FREIRE, Pascoal José de Melo. *Historiae juris civilis lusitani.* Coimbra: Typ. Academicis, 1860 [1788].

FULLER, Lon. Positivism and fidelity to law: a reply to professor Hart. *Harvard Law Review,* n. 71, 1957.

FULLER, Lon. *The morality of law.* New Have: Yale University Press, 1964.

GADAMER, Hans-Georg. *Truth and method.* Trad. Garret Barden e John Cumming. New York: Cross Roads, 1988.

GARCIA VILLEGAS, Mauricio. Constitucionalismo aspiracional. *Araucária Revista Iberoamericana de Filosofia, Política y Humanidades,* ano 15, n. 29, p. 77-97, 2013.

GARDNER, John. *Law as a leap of faith.* Oxford: Oxford University Press, 2012.

GARGARELLA, Roberto. *As teorias da justiça depois de Rawls:* um breve manual de filosofia política. Trad. Alonso R. Freire. São Paulo: Martins Fontes, 2008.

GARGARELLA, Roberto. *Las teorías de la justicia después de Rawls:* un breve manual de filosofía política. Barcelona: Paidós, 1999.

GIRARD, René. *A violência e o sagrado.* São Paulo: Paz e Terra, 1990.

GOMES, Orlando. *Contratos*. 5. ed. Rio de Janeiro: Forense, 1975.

GOMES, Orlando. Direitos reais no Brasil e em Portugal. In: GOMES, Orlando. *Escritos menores*. São Paulo: Saraiva, 1981.

GOMES, Orlando. *Raízes históricas e sociológicas do Código Civil brasileiro*. São Paulo: Martins Fontes, 2003 [1958].

GOMES, Orlando. *Transformações gerais do direito das obrigações*. 2. ed. São Paulo: Revista dos Tribunais, 1980.

GRANT, Edward. *História da filosofia natural*. Trad. Tiago Attore. São Paulo: Madras, 2009.

GRAU, Eros. *Ensaio e discurso sobre a interpretação/aplicação do direito*. São Paulo: Malheiros, 2006. p. 73.

GRAU, Eros. *O direito posto e o direito pressuposto*. 8. ed. São Paulo: Malheiros, 2011. p. 282.

GRISEZ, Germain. Against consequentialism. *American Journal of Jurisprudence*, v. 23, p. 21-72, 1978.

GRISEZ, Germain. The first principle of practical reason: a commentary on the Summa Theologiae 1, 2, question 94, article 2. *Natural Law Forum*, p. 168-201, 1965.

GRONDIN, Jean. *H.-G. Gadamer*: una biografía. Barcelona: Herder, 2000.

GRONDIN, Jean. *Hermenêutica*. Trad. M. Marciolino. São Paulo: Parábola Editorial, 2012a.

GRONDIN, Jean. *Introduction to philosophical hermeneutics*. New Haven: Yale University Press, 1994.

GRONDIN, Jean. *O pensamento de Gadamer*. Trad. E. P. Giachini. São Paulo: Paulus, 2012b.

GRONDIN, Jean. *Paul Ricoeur*. Paris: PUF, 2013.

GROSSI, Paolo. *L'ordine giuridico medievale*. Roma/Bari: Laterza, 1995.

GÜNTHER, Klaus. *The sense of appropriateness*: application discourse in morality and law. Trad. John Farrell. Albany: SUNY, 1993.

HABERMAS, Jürgen. Struggles for recognition in the democratic constitutional state. In: *Multiculturalism*: examining the politics of recognition. ed. Amy Gutmann. Princeton: Princeton University Press, 1994. p. 107-148.

HACKER, P. M. S. *Wittgenstein sobre a natureza humana*. Trad. João V. G. Cuter. São Paulo: Unesp, 2000.

HAMILTON, A.; MADISON, J.; JAY, J. *The federalist papers*. New York: Bantam Books, 1982.

HARDIE, F. R. *Aristotle's ethical theory*. Oxford: Oxford University Press, 1968.

HARDIN, Garret. The tragedy of the commons. *Science*, p. 1243-1248, December 1968.

HARE, Richard. *A linguagem da moral*. São Paulo: Martins Fontes, 1996.

HARGREAVES HEAP, Shaun P.; VAROUFAKIS, Yanis. *Game theory*: a critical introduction. London: Routledge, 1995.

HART, H. L. A. *Essays in jurisprudence and philosophy*. Oxford: Oxford University Press, 1983.

HART, H. L. A. Positivism and the separation of law and morals. *Harvard Law Review*, v. 71, n. 4, 1958.

HART, H. L. A. The ascription of responsibility and rights. *Proceedings of the Aristotelian Society*, v. 49, p. 171-194, 1948-1949.

HART, H. L. A. *The concept of law*. 2. ed. Oxford: Oxford University Press, 1997.

HAURIOU, Maurice. *Teoría de la institución y de la fundación*. Trad. Arturo E. Sampay. Buenos Aires: Abeledo Perrot, 1968.

396 | CURSO DE FILOSOFIA DO DIREITO – *José Reinaldo de Lima Lopes*

HEAP, Shaun P. Hargreaves; VAROUFAKIS, Yanis. *Game Theory – a critical introduction.* London: Routledge, 1995.

HEDEMANN, Justus Wilhelm. *Einführung in die Rechtswissenschaft.* 2. ed. Berlin/Leipzig: Walter de Gruyter & Co., 1927.

HEGEL, G. F. *Princípios da filosofia do direito.* Trad. O. Vitorino. Lisboa: Guimarães Editores, 1990.

HEIDEGGER, Martin. *Ser e tempo.* 2. ed. Trad. M. S. Cavalcanti. Petrópolis: Vozes, 1988. v. 1.

HELLER, Agnes. *Beyond justice.* Oxford: Basil Blackwell, 1991.

HEMPEL, Carl. *Philosophy of natural science.* Englewood Cliffs: Prentice Hall, 1966.

HESPANHA, A. M. *Como os juristas viam o mundo 1550-1750.* Lisboa, 2015.

HESPANHA, A. M. *Cultura jurídica europeia*: síntese de um milénio. 3. ed. Lisboa: Publicações Europa-América, 2003.

HESPANHA, A. M. *História das instituições*: época medieval e moderna. Coimbra: Almedina, 1982. p. 310-332.

HOBBES, Thomas. *Leviathan.* ed. C. B. MacPherson. London: Penguin Books, 1985.

HÖFFE, Ottfried. *Estudios sobre teoría del derecho y la justicia.* 2. ed. Trad. J. M. Seña. México: Fontamara, 1997.

HÖFFE, Ottfried. *Justiça política*: fundamentação de uma filosofia crítica do direito e do Estado. Trad. E. Stein. Petrópolis: Vozes, 1991.

HÖFFE, Ottfried. Las figuras conceptuales de la teoría de la decisión y la fundamentación del derecho. In: *Estudios sobre teoría del derecho y la justicia.* Trad. Jorge Seña. México: Fontamara, 1997.

HÖFFE, Ottfried. *Vernunft und Recht*: Bausteine zu einem interkulturellen Rechtsdiskurs. Frankfurt: Suhrkamp, 1998.

HOLMES JR., Oliver W. The path of the law. *Harvard Law Review*, v. X, n. 8, p. 457, 1897.

HOMEM, Antonio Pedro Barbas. *Judex perfectus – função jurisdicional e estatuto judicial em Portugal, 1640-1820.* Coimbra: Almedina, 2003.

HONNETH, Axel. Zwischen Aristoteles und Kant. In: *Das Andere der Gerechtigkeit.* Frankfurt: Suhrkamp Verlag, 2000.

HUIZINGA, Johan. *Homo ludens.* 2. ed. Trad. João P. Monteiro. São Paulo: Perspectiva, 1980.

HUME, David. *A treatise of human nature.* 2. ed. por P. H. Niddithc. Oxford: Oxford – Clarendon Press, 1978.

HUME, David. *An enquiry concerning human understanding.* New York: Anchor Books Doubleday, 1990.

INGLEZ DE SOUZA, H. Convém fazer um Codigo Civil?. *Revista Brazileira*, p. 257-275, 1899.

INGLEZ DE SOUZA, H. *Projecto de Codigo Commercial.* Rio de Janeiro: Imprensa Nacional, 1913.

JAPIASSU, Hilton. Paul Ricoeur: filósofo do sentido. In: RICOEUR, Paul. *Hermenêutica e ideologias.* Petrópolis: Vozes, 2011.

JAPIASSU, Hilton; MARCONDES, Danilo. *Dicionário básico de filosofia.* Rio de Janeiro: Jorge Zahar Editor, 1990.

KANT, Immanuel. *Crítica da faculdade do juízo.* 2. ed. Trad. V. Rohden e A. Marques. Rio de Janeiro: Forense Universitária, 1995.

KANT, Immanuel. *Crítica da razão prática.* Trad. A. Bertagnoli. Rio de Janeiro: Tecnoprint, sdp.

REFERÊNCIAS | 397

KANT, Immanuel. *Critique of pure reason.* Trad. P. Gruyer e A. Wood. Cambridge: Cambridge University Press, 2000.

KANT, Immanuel. *Doutrina do direito.* Trad. E. Bini. São Paulo: Ícone, 1993.

KANT, Immanuel. *Fundamentação da metafísica dos costumes.* Trad. P. Quintela. São Paulo: Abril Cultural, 1974.

KAPLAN, David. Preface. In: KAPLAN, David. *Reading Ricoeur.* Albany: SUNY Press, 2008.

KAPLAN, David. *Ricoeur's critical theory.* Albany: SUNY Press, 2003.

KELLEY, Donald. Legal humanism and the sense of history. *Studies in the Renaissance,* v. 13, p. 184-190, 1966.

KELLEY, Donald. *The beginning of ideology:* consciousness and society in French Reformation. Cambridge: Cambridge University Press, 1981.

KELLEY, Donald. *The human measure:* social thought in the Western legal tradition. Cambridge: Harvard University Press, 1990.

KELSEN, Hans. A garantia jurisdicional da Constituição. In: KELSEN, Hans. *Jurisdição constitucional.* Trad. Maria Ermantina Galvão. São Paulo: Martins Fontes, 2003a. p. 121-186.

KELSEN, Hans. *Jurisdição constitucional.* Trad. A. Krug, E. Brandão e M. E. Galvão. São Paulo: Martins Fontes, 2003b.

KELSEN, Hans. *O problema da justiça.* Trad. J. B. Machado. São Paulo: Martins Fontes, 1993.

KELSEN, Hans. *Teoria geral das normas.* Trad. J. F. Duarte. Porto Alegre: Sergio A. Fabris Ed., 1986.

KELSEN, Hans. *Teoria pura do direito.* 4. ed. Trad. J. B. Machado. Coimbra: Arménio Amado, 1979.

KELSEN, Hans. Über die Grenzen zwischen juristischer und soziologischer Methode. In: KLECATSKY, H.; MARCIC, R.; SCHAMBECK, H. (ed.). *Die Wiener rechtstheoretische Schule.* Frankfurt, Zürich, Salzburg, München: EuropaVerlag Universitätsverlag Anton Pustet, 1968.

KENNEDY, Duncan. Form and substance in private law adjudication. *Harvard Law Review,* v. 89, p. 1685-1778, 1976.

KENNEDY, Duncan. Freedom and constraint in adjudication: a critical phenomenology. *Journal of Legal Education,* v. 36, p. 518-562, 1986.

KENNY, Anthony. *Action, emotion and will.* London: Routledge & Keegan Paul, 1963.

KENNY, Anthony. *Aquinas on mind.* London: Routledge, 1994.

KENNY, Anthony. Intention and purpose. *The Journal of Philosophy,* v. 63, n. 20, p. 642-651, 1966.

KENNY, Anthony. The metamorphosis of metaphysics. *Proceedings of the American Philosophical Society,* v. 137, n. 4, p. 669-679, 1993.

KENNY, Anthony. *Uma nova história da filosofia ocidental.* Trad. Carlos A. Barbaro. São Paulo: Loyola, 2008. v. 1.

KENNY, Anthony. *Wittgenstein.* Harmondsworth: Penguin Books, 1973.

KOONS, Robert. Defeasible reasoning. *Stanford Encyclopedia of Philosophy.* Disponível em: https://plato.stanford.edu/entries/reasoning-defeasible/. Acesso em: 20 jan. 2020.

KORSGAARD, Christine. *Creating the kingdom of ends.* Cambridge: Cambridge University Press, 2000.

KORSGAARD, Christine. *Self-constitution:* agency, identity and integrity. Oxford: Oxford University Press, 2013.

KRONMAN, Anthony. Jurisprudence is not just a course: it's the key to liberating the lawyer. *Learning & Law*, n. 4, 1977.

KRYNEN, Jacques. *L'idéologie de la magistrature ancienne*. Paris: Gallimard, 2009.

KUHN, Thomas. *A estrutura das revoluções científicas*. 6. ed. Trad. B. V. Boeira e N. Boeira. São Paulo: Perspectiva, 2001.

LAKATOS, Imre. Science and pseudoscience." In: CURD, Martin; COVER, J. A. *Philosophy of science*: the central issues. New York: W. W. Norton, 1998. p. 20-26.

LAUAND, Jean; SPROVIERO, Bruno. *Tomás de Aquino, verdade e conhecimento*. São Paulo: Martins Fontes, 1999.

LEAR, Jonathan. *Aristotle: the desire to understand*. Cambridge: Cambridge University Press, 1988.

LEIBNIZ, Gottfried W. *Los elementos del derecho natural*. Trad. T. Guillén Vera. Madrid: Tecnos, 1991.

LEROY, Maurice. *As grandes correntes da linguística moderna*. São Paulo: Ed. Cultrix, 1971.

LESSA, Pedro. A arte, a sciencia e a philosophia do direito. *Revista da Faculdade de Direito de São Paulo*, n. 14, 1906.

LESSA, Pedro. É a historia uma sciencia? São Paulo: Typ. da Casa Eclectica, 1900.

LISBOA, Wladimir Barreto. As novas sofísticas jurídicas: Chaïm Perelman e Stanley Fish. In: STORCK, Alfredo; LISBOA, Wladimir Barreto. *Norma, moralidade e interpretação*. Porto Alegre: Linus Editores, 2009. p. 167-192.

LLEWELYN, K. N. The effect of legal institutions upon economics. *The American Economic Review*, v. 15, n. 4, p. 665-683, dez. 1925.

LOPES, José Reinaldo de Lima. A definição do interesse público. In: SALLES, Carlos Alberto de. *Processo civil e interesse público*. São Paulo: Revista dos Tribunais, 2003a. p. 91-111.

LOPES, José Reinaldo de Lima. A justiça é o sentido do direito. In: STORCK, Alfredo C.; LISBOA, Wladimir B. *Normatividade e argumentação – ensaios de filosofia política e direito*. Porto Alegre: Linus Editores, 2013. p. 9-47.

LOPES, José Reinaldo de Lima. *As palavras e a lei*: direito, ordem e justiça no pensamento jurídico moderno. São Paulo: Editora 34/FGV, 2004a.

LOPES, José Reinaldo de Lima. Aula inaugural. *Revista da Faculdade de Direito da Universidade de São Paulo*, v. 110, p. 907-917, 2015.

LOPES, José Reinaldo de Lima. Brazilian Courts and social rights: a case study revisited. In: GARGARELLA, Roberto; DOMINGO, Pilar; ROUX, Theunis. *Courts and social transformation in new democracies*: an institutional voice for the poor? Aldershot: Ashgate, 2006a. p. 185-211.

LOPES, José Reinaldo de Lima. Código Civil e ciência do direito: entre sociologismo e conceitualismo. *Revista do Instituto Histórico e Geográfico Brasileiro*, p. 77-96, 2017.

LOPES, José Reinaldo de Lima. Da *interpretatio* à interpretação: um percurso histórico e teórico. *Revista da Faculdade de Direito da UFRGS*, n. 39, p. 4-24, 2018.

LOPES, José Reinaldo de Lima. Direito e economia: os caminhos do debate. In: LIMA, M. L. P. (ed.). *Direito e economia*: 30 anos de Brasil. São Paulo: Saraiva, 2012. p. 231-260.

LOPES, José Reinaldo de Lima. *Direitos sociais*: teoria e prática. São Paulo: Método, 2006b.

LOPES, José Reinaldo de Lima. Entre a teoria da norma e a teoria da ação. In: STORCK, Alfredo; BARRETO LISBOA, Wladimir. *Norma, moralidade e interpretação – temas de filosofia política e do direito*. Porto Alegre: Linus Editores, 2009. p. 43-80.

REFERÊNCIAS | **399**

LOPES, José Reinaldo de Lima. Filosofia analítica e hermenêutica: preliminares a uma teoria do direito como prática. *Revista de Informação Legislativa*, v. 53, p. 203-226, 2016.

LOPES, José Reinaldo de Lima. Hermenêutica e completude do ordenamento. *Senado Federal*, v. XXVI, n. 104, p. 237-246, out./dez. 1989.

LOPES, José Reinaldo de Lima. *História da justiça e do processo no Brasil do século XIX*. Curitiba: Juruá, 2017.

LOPES, José Reinaldo de Lima. História das ideias, das instituições e teoria do direito. In: SILVA, Cristina N.; XAVIER, Angela B.; CARDIM, Pedro. *António Manuel Hespanha*: entre a história e o direito. Coimbra: Almedina, 2015. p. 199-207.

LOPES, José Reinaldo de Lima. Juízo jurídico e a falsa solução dos princípios e das regras. *Revista de Informação Legislativa do Senado Federal*, v. 40, n. 160, p. 49-64, 2003b.

LOPES, José Reinaldo de Lima. *Naturalismo jurídico no pensamento brasileiro*. São Paulo: Saraiva, 2014.

LOPES, José Reinaldo de Lima. *O direito na história, lições introdutórias*. São Paulo: Max Limonad, 2000.

LOPES, José Reinaldo de Lima. *O Oráculo de Delfos*: o Conselho de Estado no Brasil-Império. São Paulo: Saraiva, 2010a.

LOPES, José Reinaldo de Lima. *O Supremo Tribunal de Justiça do Império (1828-1889)*. São Paulo: Saraiva, 2010b.

LOPES, José Reinaldo de Lima. Raciocínio jurídico e economia. *Revista de Direito Público da Economia*, v. 8, p. 137-170, out.-dez. 2004b.

LOPES, José Reinaldo de Lima. Regla y compás: metodología para un trabajo jurídico sensato. In: COURTIS, Christina. *Observar la ley*: ensayos sobre la metodología de la investigación jurídica. Madrid: Trotta, 2006c. p. 41-67.

LOPES, José Reinaldo de Lima. *Responsabilidade civil do fabricante e a defesa do consumidor*. São Paulo: Revista dos Tribunais, 1992. p. 77-79.

LOPES, José Reinaldo de Lima. Social rights and the courts. In: WHILHELMSSON, Thomas; HURRI, Samuli. *From dissonance to sense*: welfare state expectations, privatization and private law. Aldershot: Ashgate, 1999. p. 567-590.

LOPES, José Reinaldo de Lima; GARCIA NETO, Paulo Macedo. Pensamiento jurídico crítico en Brasil (1920-1940). In: VILLEGAS, Mauricio Garcia; SAFON, Maria Paula. *Crítica jurídica comparada*. Bogotá: Universidad Nacional de Colombia, 2011.

LOPES, José Reinaldo de Lima; QUEIROZ, Rafael M. R.; ACCA, Thiago dos S. *Curso de história do direito*. São Paulo: Método, 2006.

LOPES, José Reinaldo de Lima; QUEIROZ, Rafael M. R.; ACCA, Thiago dos S. *Curso de história do direito*. 4. ed. São Paulo: Método, 2013. p. 196.

LUCAS, J. R. *On justice*. Oxford: Oxford University Press, 1989.

LUHMANN, Niklas. *Sociologia do direito*. Trad. G. Bayer. Rio de Janeiro: Tempo Brasileiro, 1983.

MACCORMICK, Neil. Contemporary legal philosophy: the rediscovery of practical reason. *Journal of Law & Society*, n. 10, 1983.

MACCORMICK, Neil. De iurisprudentia. In: ROBINSON, John; CAIRNS, Olivia. *Critical studies in Ancient Law, comparative law and legal history*. Oxford/Portland: Hart Publishing, 2001. p. 79-81.

MACCORMICK, Neil. Direito, interpretação e razoabilidade. In: MACEDO JR., R. P.; BARBIERI, C. (org.). *Direito e interpretação*: racionalidade e instituições. São Paulo: Saraiva/Direito GV, 2011.

MACCORMICK, Neil. *H. L. A. Hart*. Stanford: Stanford University Press, 1981.

MACCORMICK, Neil. *Institutions of law*: an essay in legal theory. Oxford: Oxford University Press, 2007.

MACCORMICK, Neil. Jurisprudence in the law course. *Journal of the Society of Public Teachers of Law*, p. 359-362, 1975.

MACCORMICK, Neil. Law as institutional fact. In: MACCORMICK, Neil; WEINBERGER, Ota. *An institutional theory of law*. Dordrecht: D. Reidel Publ. Co., 1986. p. 49-76.

MACCORMICK, Neil. *Legal reasoning and legal theory*. Oxford: Oxford University Press, 1995.

MACCORMICK, Neil. *Practical reason in law and morality*. Oxford: Oxford University Press, 2008.

MACEDO, Silvio de. Bem jurídico. In: FRANÇA, Rubens Limongi (coord.). *Enciclopédia Saraiva do direito*. São Paulo: Saraiva, 1977. v. 10. p. 394-397.

MACEDOR JUNIOR, Ronaldo Porto. *Do xadrez à cortesia*: Dworkin e a teoria do direito contemporânea. São Paulo: Saraiva, 2013.

MACINTYRE, Alasdair. *After virtue*. Notre Dame: Notre Dame University Press, 1984.

MACINTYRE, Alasdair. *First principles, final ends and contemporary philosophical issues*. Milwaukee: Marquete University Press, 1990a.

MACINTYRE, Alasdair. *Three rival versions of moral enquiry*: encyclopedia, genealogy and tradition. Notre Dame: Notre Dame University Press, 1990b.

MACLEAN, Ian. *Interpretation and meaning in the Renaissance*: the case of law. Cambridge: Cambridge University Press, 1992.

MADEIRA, Hélcio. *Digesto de Justiniano*. 3. ed. São Paulo: Unifieo/Revista dos Tribunais, 2002.

MALUF, Carlos A.; MALUF, Adriana. *Introdução ao direito civil*. São Paulo: Saraiva, 2017.

MARITAIN, Jacques. *A ordem dos conceitos*: lógica menor. Trad. Ilza Neves. Rio de Janeiro: Livraria Agir, 1958.

MARQUES, Cláudia Lima. *Contratos no Código de Defesa do Consumidor*. 3. ed. São Paulo: Revista dos Tribunais, 1999. p. 140-145.

MARTIN, Christopher. *The Philosophy of Thomas Aquinas*: introductory readings. London/New York: Routledge, 1988.

MARTIN, Christopher. *The philosophy of Thomas Aquinas*: introductory readings. London: Routledge, 1989.

MARX, Karl. *Manuscritos econômico-filosóficos e outros textos*. ed. J. A. Gianotti. Trad. J. C. Bruni et al. São Paulo: Abril Cultural, 1978.

MARX, Karl; ENGELS, Friedrich. *A ideologia alemã*. Trad. J. C. Bruni e M. A. Nogueira. São Paulo: Ciências Humanas, 1979.

MAUTNER, Thomas. *Dictionary of philosophy*. London: Penguin, 1999.

MAXIMILIANO, Carlos. *Hermenêutica e aplicação do direito*. 9. ed. Rio de Janeiro: Forense, 1984.

MCCABE, Herbert. *On Aquinas*. ed. Brian Davies. London: Burns & Oates Continuum, 2008.

MCGINN, Mary. *Wittgenstein and the Philosophical Investigations*. London: Routledge, 1997.

MICHEL, Johann. *Paul Ricoeur*: une philosophie de l'agir humaine. Paris: Cerf, 2006.

REFERÊNCIAS | **401**

MICHELON JR., Claudio. *Aceitação e objetividade*. São Paulo: Revista dos Tribunais, 2004.

MICHELON JR., Claudio. Practical wisdom in legal decision making. *University of Edinburgh – working paper series*, 2010.

MILL, J. S. *A lógica das ciências morais*. Trad. Alexandre B. Massella. São Paulo: Iluminuras, 1999.

MILL, J. S. *Considerations on representative governement*. 1861. Disponível em: https://oll.libertyfund.org/titles/mill-the-collected-works-of-john-stuart-mill-volume-xix-essays--on-politics-and-society-part-2. Acesso em: 13 set. 2020.

MONTEIRO, Washington de Barros. *Curso de direito civil – direito das coisas*. 13. ed. São Paulo: Saraiva. 1974. v. 3.

MONTEIRO, Washington de Barros. *Curso de direito civil – parte geral*. 12. ed. São Paulo: Saraiva, 1973.

MOORE JR., Barrington. *Injustiça*: as bases sociais da obediência e da revolta. Trad. J. R. Martins Filho. São Paulo: Brasiliense, 1987.

MOORE, Michael. Law as a functional kind. In: GEORGE, Robert P. *Natural law theory*: contemporary essays. Oxford: Clarendon Press, 1994. p. 188-242.

MOOTZ III, Francis J. Getting over the originalist fixation. In: *The nature of legal interpretation*. Chicago: The University of Chicago Press, 2017. p. 156-190.

MUKAI, Toshio. Dos direitos do consumidor. In: *Comentários ao Código de Proteção ao Consumidor*. São Paulo: Saraiva, 1991. p. 6-8.

MULHALL, Stephen; SWIFT, Adam. *Liberals & communitarians*. Oxford: Blackwell Publishers, 1995.

MURATORI, Ludovico. *Dei difetti della giurisprudenza*. Sala Bolognese: Arnaldo Forni, 2001.

NAGEL, Thomas. *A última palavra*. Lisboa: Gradiva, 1999.

NAGEL, Thomas. *Equality and partiality*. Oxford/New York: Oxford University Press, 1991.

NAGEL, Thomas. *The view from nowhere*. New York: Oxford University Press, 1986.

NASCIMENTO, Carlos Arthur R. A prudência segundo Santo Tomás de Aquino. *Síntese Nova Fase*, v. 20, n. 62, p. 365-385, 1993.

NEIVA, Carlos Magno de Abreu. *A formação do juízo sobre os fatos na decisão judicial*. 2012. Tese (Doutorado em Direito) – Faculdade de Direito, Universidade de São Paulo, São Paulo, 2012.

NUNES, Benedito. À margem do estruturalismo. In: NUNES, Benedito. *Ensaios filosóficos*. São Paulo: Martins Fontes, 2010. p. 257-261.

NUNES, Benedito. No tempo do niilismo. In: NUNES, Benedito. *No tempo do niilismo e outros ensaios*. São Paulo: Loyola, 2012. p. 11-23.

NUNES, Benedito. Nós somos um diálogo. *Jornal de Resenhas*, São Paulo, p. 10, ago. 1998.

NUNES, Benedito. *Passagem para o poético*. São Paulo: Ática, 1992.

NUSSBAUM, Martha. Flawed foundations: the philosophical critique of (a particular type of) law and economics. *University of Chicago Law Review*, v. 64, p. 1197-1214, 1997.

NUSSBAUM, Martha. Skepticism about practical reason in literature and the law. *Harvard Law Review*, v. 107, n. 3, 1994.

NUSSBAUM, Martha. Sophistry about conventions. In: NUSSBAUM, Martha. *Love's knowledge*: essays on philosophy and literature. Oxford: Oxford University Press, 1990. p. 220-229.

NUSSBAUM, Martha. Why practice needs ethical theory: particularism, principle and bad behavior. In: *The path of the law*: the legacy of Oliver Wendell Holmes Jr. Cambridge: Cambridge University Press, 2007. p. 50-86.

O'NEILL, Onora. *Constructions of reason*: explorations of Kant's practical philosophy. Cambridge: Cambridge University Press, 1989.

O'NEILL, Onora. *Towards justice and virtue*: a constructive account of practical reasoning. Cambridge: Cambridge University Press, 1996.

OAKESHOTT, Michael. *On human conduct*. Oxford: Oxford University Press, 1975.

OAKESHOTT, Michael. The concept of a philosophical jurisprudence. In: OAKESHOTT, Michael. *The concept of a philosophical jurisprudence*. ed. Luke O'Sullivan. Exeter/Charlottesville: Imprint Academic, 2007. p. 154-183.

OCKHAM, William. *Seleção de obras*. Trad. Carlos L. Mattos. São Paulo: Abril Cultural, 1979.

OFFER, John. Introduction. SPENCER, Herbert. *Political writings*. 1994. p. xx.

OLIVECRONA, Karl. *Law as fact*. 2. ed. London: Stevens & Sons, 1971.

OLSON, Mancur. *The logic of collective action*. Cambridge: Harvard University Press, 1971.

OSTROM, Elinor. *Governing the commons*: the evolution of institutions for collective action. 22. Cambridge: Cambridge University Press, 1990.

PARANCE, Béatrice; DE SAINT VITOR, Jacques. *Repenser les biens communs*. Paris: CNRS Editions, 2014.

PASCAL, Blaise. *Pensamentos*. Trad. Sérgio Milliet. São Paulo: Abril Cultural, 1973.

PATTERSON, Dennis. Após a análise conceitual: a ascensão da teoria da prática. In: MACEDO JR., R. P.; BARBIERI, C. *Direito e interpretação*: racionalidades e interpretação. São Paulo: Saraiva/Direito FGV, 2011.

PATTERSON, Dennis. *Law & truth*. New York: Oxford University Press, 1996.

PATTERSON, Dennis. On rhetoric and truth: a reply to Neil Duxbury. *Ratio Juris*, v. 13, n. 2, 2000.

PATTERSON, Dennis. Wittgenstein on understanding and interpretation (comments on the work of Thomas Morawetz. *Philosophical investigations*, v. 29, n. 2, p. 129-139, 2006.

PEGAS, Manuel Alvarez. *Commentaria ad Ordinationes regni Portugalliae*. Lisboa: Typ. Michaelis Rodrigues, 1729.

PEREIRA, Oswaldo Porchat. *Ciência e dialética em Aristóteles*. São Paulo: Unesp, 2001.

PERELMAN, Chaïm. *La giustizia*. Trad. L. Ribet. Torino: Giappichelli, 1991.

PERELMAN, Chaïm. *La lógica jurídica y la nueva retórica*. Trad. Luiz Díez-Picazo. Madrid: Civitas, 1979.

PERELMAN, Chaïm; OLBRECHTS-TYTECA, Lucie. *Tratado da argumentação*: a nova retórica. Trad. Maria E. Galvão. São Paulo: Martins Fontes, 2000.

PERISSIONOTTO, Luigi. *Wittgenstein*: una guida. 3. ed. Milano: Feltrinelli, 2017.

PERRY, Stephen. Holmes versus Hart: the bad man in legal theory. In: BURTON, Steven. *The path of the law and its influence*. Cambridge: Cambridge University Press, 2000.

PESSOA, Fernando. *Obra poética* (volume único). Rio de Janeiro: Nova Aguilar, 1976.

PESSÔA, Leonel C. *A teoria da interpretação jurídica de Emílio Betti*. Porto Alegre: Sergio Fabris, 2002.

PIANO MORTARI, Vicenzo. *Dogmatica e interpretazione*: i giuristi medievali. Napoli: Jovene, 1976.

PIEPER, Josef. *Que é filosofar?* Trad. Francisco de A. P. Machado. São Paulo: Loyola, 2007.

PITKIN, Hanna Fenichel. *Wittgenstein*: el lenguaje, la política y la justicia. Trad. Ricardo Montoro Romero. Madrid: Centro de Estudios Constitucionales, 1984.

REFERÊNCIAS | **403**

PLATÃO. *A República* (ou: sobre a Justiça, Gênero Político). Trad. Carlos Alberto Nunes. 3. ed. rev. Belém: UFPA, 2000.

PLATÃO. *Protágoras – Górgias – Fedão.* 2. ed. Trad. Carlos A. Nunes. Ed. Benedito Nunes. Belém: UFPA, 2002.

PLATÃO. *Teeteto.* Trad. Carlos A. Nunes. Belém: UFPA, 2001.

POCOCK, J. G. A. *The ancient constitution and the feudal law*: English historical thought in the seventeenth century. New York: W. W. Norton, 1967.

POCOCK, J. G. A. Time, institutions and action: an essay on traditions and their understanding. In: POCOCK, J. G. A. *Politics, language and time.* Chicago: University of Chicago Press, 1989. p. 233-272.

PONTES DE MIRANDA, F. C. *Comentários à Constituição da República dos Estados Unidos do Brasil.* Rio de Janeiro: Guanabara, s.d. t. II. p. 184.

PONTES DE MIRANDA, F. C. *Os fundamentos actuaes do direito constitucional.* Rio de Janeiro: Emp. Publicações Técnicas, 1932. p. 380-382.

PORTALIS, Jean-Étienne-Marie de. *Discours préliminaire au premier projet de Code civil.* ed. Michel Massenet. Bordeaux: Éditions Confluences, 1999.

POUIVET, Roger. *Après Wittgenstein, Saint Thomas.* Paris: Vrin, 2014.

PUFENDORF, Samuel. *De jure naturae et gentium libri octo.* Amsterdam: Andrea ab Hoogenhuisen, 1688.

PUGLIESE, Giovanni. I principi generali del diritto: l'esperienza romana fino a Diocleziano. In: ACCADEMIA NAZIONALE DEI LINCEI. *I principi generali del diritto.* Roma: Accademia Nazionale dei Lincei, 1992. p. 68-87.

PUTNAM, Hilary. The meaning of "Meaning". In: CHALMERS, David J. (ed.). *Philosophy of mind*: classical and contemporary readings. New York/Oxford: Oxford University Press, 2002.

RAWLS, J. *A theory of justice.* Oxford: Oxford University Press, 1992.

RAWLS, J. Justice as fairness: political, not metaphysical. *Philosophy and Public Affairs*, v. 14, n. 3, p. 223-251, 1985.

RAWLS, J. *Liberalismo político.* México: Fondo de Cultura Económica, 1975. p. 60-61.

RAWLS, J. *Liberalismo político.* Trad. Madero Baéz. México: Fac. Derecho UNAM/Fondo de Cultura Económica, 1995. p. 67-69.

RAWLS, J. Two concepts of rules. *The Philosophical Review*, v. 64, n. 1, p. 3-32, 1955. Disponível em: https://www.jstor.org/stable/2182230. Acesso em: 23 set. 2008.

RAZ, Joseph. Intention in interpretation. In: GEORGE, Robert P. *The autonomy of law*: essays on legal positivism. Oxford: s.c.p., 1999. p. 249-286.

RAZ, Joseph. *Practical reason and norms.* Princeton: Princeton University Press, 1990.

REALE, Miguel. Bem pessoal e bem coletivo. In: FRANÇA, Rubens Limongi (coord.). *Enciclopédia Saraiva do direito.* São Paulo: Saraiva, 1977. v. 10. p. 470-476.

REALE, Miguel. *Filosofia do direito.* 17. ed. São Paulo: Saraiva, 1996.

REALE, Miguel. *Lições preliminares de direito.* 26. ed. São Paulo: Saraiva, 2002.

REALE, Miguel. *Teoria tridimensional do direito*: preliminares históricas e sistemáticas. São Paulo: Saraiva, 1968.

RECASENS SICHES, Luiz. *Tratado general de filosofía del derecho.* 4. ed. México: Porrua, 1970.

RIBAS, Antonio Joaquim. *Direito civil brasileiro.* Rio de Janeiro: Typ. Laemmert, 1865. v. II.

RICHARDS, David. *A theory of reasons for action.* Oxford: Oxford – Clarendon Press, 1971.

404 | CURSO DE FILOSOFIA DO DIREITO – *José Reinaldo de Lima Lopes*

RICOEUR, Paul. *A memória, a história, o esquecimento*. Trad. A. François et al. Campinas: Unicamp, 2007.

RICOEUR, Paul. *A metáfora viva*. Trad. J Costa e A. Magalhães. Porto: Rés, 1983.

RICOEUR, Paul. Evénement et sens. In: RICOEUR, Paul. *Révélation et histoire*. Paris: Aubier, 1971. p. 15-34.

RICOEUR, Paul. *From text to action – essays in hermeneutics II*. Trad. K. Blamey e J. Thompson. Evanston: Northwestern University Press, 1991.

RICOEUR, Paul. *História e verdade*. Rio de Janeiro: Forense, 1968.

RICOEUR, Paul. Le concept de responsabilité: essai d'analyse sémantique. In: RICOEUR, Paul. *Le juste*. Paris: Esprit, 1995. p. 41-70.

RICOEUR, Paul. *Le juste*. Paris: Editions Esprit, 1995. p. 99-120.

RICOEUR, Paul. Lógica hermenêutica?. In: RICOEUR, Paul. *Escritos e conferências 2 – hermenêutica*. Trad. Lúcia P. Souza. São Paulo: Loyola, 2011.

RICOEUR, Paul. *O discurso da ação*. Trad. Artur Morão. Lisboa: Edições 70, 2012.

RICOEUR, Paul. *O justo*. Trad. Ivone Benedetti. São Paulo: Martins Fontes, 2008. p. 153-173.

RICOEUR, Paul. *O si mesmo como um outro*. Trad. Lucy M. Cesar. Campinas: Papirus, 1991.

RICOEUR, Paul. *Temps et récit*. Paris: Éditions du Seuil, 1983. v. 1.

RICOEUR, Paul. *Teoria da interpretação*: o discurso e o excesso de significação. Trad. Artur Morão. Lisboa: Edições 70, 2019.

RILEY, Lawrence Joseph. *The history, nature and use of epikeia in moral theology*. S.l.: Saint Pius X Press, 2012.

RIOS, Roger Raupp. *Direito da antidiscriminação – discriminação direta, indireta e ações afirmativas*. Porto Alegre: Livraria do Advogado, 2008.

RODOTÁ, Stefano. *La vita e le regole*: tra diritto e non diritto. 3. ed. Milano: Feltrinelli, 2006.

RODRIGUES JUNIOR, Otavio Luiz. Dogmática juridical e crítica da jurisprudência (ou da vocação da doutrina em nosso tempo). *Revista dos Tribunais*, v. 99/891, p. 65-106, 2010.

ROEMER, John E. *Theories of distributive justice*. Cambridge: Harvard University Press, 1996.

ROHDEN, Luiz. *Hermenêutica filosófica*: entre a linguagem da experiência e a experiência da linguagem. São Leopoldo: Unisinos, 2005.

ROHDEN, Luiz. *O poder da linguagem*: a *Arte Retórica* de Aristóteles. Porto Alegre: PUCRS, 1997.

ROMANO, Santi. *L'Ordinamento giuridico*. Macerata: Quodlibet, 2018.

ROSS, David. *Aristóteles*. Trad. L. F. B. Teixeira. Lisboa: Dom Quixote, 1987.

ROUBIER, Paul. *Conflits des lois dans le temps*. Paris: Sirey, 1929.

ROUSSEAU, Jean-Jacques. *Discurso sobre a origem da desigualdade entre os homens*. ed. P. Arbousse-Bastide e L. G. Machado. Trad. L. S. Machado. São Paulo: Abril Cultural, 1973.

RÜCKERT, Joachim. Methode und Zivilrecht beim Klassiker Savigny. In: RÜCKERT, Joachim; SEINECKE, Ralf. *Methodik des Zivilrechts*. Baden-Baden: Nomos Verlag, 2012.

RUSE, Michael. Creation-science is not science. In: CURD, Martin; COVER, J. A. *Philosophy of science*: the central issues. New York: W.W. Norton, 1998. p. 38-47.

RÜTHERS, Bernd. *Die unbegrenzte Auslegung*. Tübingen: Mohr Siebeck, 2005.

RYLE, Gilbert. A linguagem ordinária. In: *Ensaios*. Trad. Balthazar Barbosa Filho. São Paulo: Nova Cultural, 1989.

SALGADO, Joaquim Carlos. *A ideia de justiça em Kant*. Belo Horizonte: UFMG, 1995.

REFERÊNCIAS | **405**

SANDEL, Michael. *O que o dinheiro não compra*. Trad. Clovis Marques. Rio de Janeiro: Civilização Brasileira, 2012.

SANTIAGO NINO, Carlos. *Introducción al análisis del derecho*. 2. ed. Buenos Aires: Astrea, 1984.

SAUSSURE, Ferdinand de. *Curso de linguística geral*. 4. ed. São Paulo: Cultrix, 1972.

SAVIGNY, Friedrich Karl von. *Metodologia jurídica*. Buenos Aires: Valleta Ediciones, 2004.

SAVIGNY, Friedrich Karl von. *Sistema del derecho romano actual*. Trad. Jacinto Mesia e Manuel Poley. Granada: Editorial Comares, 2005.

SCHAUER, Frederick. *Playing by the rules*. Oxford: Oxford University Press, 2002.

SCHIAVONE, Aldo. *Ius*: l'invenzione del diritto in Occidente. Torino: Giulio Einaudi, 2005.

SCHLEIERMACHER, F. *Hermenêutica, arte e técnica da interpretação*. 10. ed. Trad. Celso Braida. Petrópolis: Vozes, 2015.

SCHMITT, Carl. *O guardião da constituição*. Trad. Geraldo de Carvalho. Belo Horizonte: Del Rey, 2007.

SCHRÖDER, Jan. *Recht as Wissenschaft*: Geschichte der juristischen Methode vom Humanismus bis zur historischen Schule. München: C. H. Beck, 2001.

SCHUARTZ, Luis Fernando. A práxis recalcada na teoria da norma de Kelsen. In: *Norma, contingência e racionalidade*. Rio de Janeiro: Renovar, 2009.

SEARLE, John. O problema da consciência. In: SEARLE, John. *Consciência e linguagem*. Trad. Plinio J. Smith. São Paulo: Martins Fontes, 2010. p. 1-19.

SEARLE, John. *Speech acts*: an essay in the philosophy of language. Cambridge: Cambridge University Press, 1969.

SEARLE, John. *The construction of social reality*. New York: The Free Press, 1995.

SHAPIRO, Scott. The bad man and the internal point of view. In: BURTON, Steven. *The path of the law and its influence*. Cambridge: Cambridge University Press, 2000.

SILVA, José A. *Aplicabilidade das normas constitucionais*. 2. ed. São Paulo: Revista dos Tribunais, 1982.

SILVEIRA, Alípio. *Hermenêutica no direito brasileiro*. São Paulo: Revista dos Tribunais. 1968. 2 v.

SINGER, Joseph. Normative methods for lawyers. 56 *UCLA Law Review*, p. 899-982, 2009.

SMITH, Adam. *Teoria dos sentimentos morais*. Trad. Lya Luft. São Paulo: Martins Fontes, 1999.

SOLON, Ari Marcelo. *Hermenêutica jurídica radical*. São Paulo: Marcial Pons, 2017.

SOUZA, Daniel Coelho de. *Interpretação e democracia*. Belém: Tese, 1946.

SOUZA, Daniel Coelho de. *Introdução à ciência do direito*. Rio de Janeiro: FGV/UFPA, 1972.

STAMMLER, Rudolf. *Lehrbuch der Rechtsphilosophie*. Berlin/Leipzig: VWV Walter de Gruyter & Co., 1922.

STAMMLER, Rudolf. *Wirtschaft und Recht nach der materialistischen Geschichtsauffassung*. Leipzig: Verl. von Veit & Co., 1896.

STAMMLER, Rudolph. *Economía y derecho según la concepción materialista de la historia*. Trad. da 4. ed. alemã. Madrid: Reus, 1929. p. 653-656.

STRECK, Lenio. *Hermenêutica jurídica e(m) crise*: uma exploração hermenêutica da construção do direito. 7. ed. Porto Alegre: Livraria do Advogado, 2007.

SUNDFELD, Carlos A. *Direito administrativo para céticos*. São Paulo: Malheiros, 2014.

TAYLOR, Charles. *A secular age*. Cambridge: Harvard University Press, 2007.

TAYLOR, Charles. *Human agency and language*. Cambridge: Cambridge University Press, 1993.

406 | CURSO DE FILOSOFIA DO DIREITO – *José Reinaldo de Lima Lopes*

TAYLOR, Charles. Language and human nature. In: *Human agency and language*. Cambridge: Cambridge University Press, 1993. p. 215-247.

TAYLOR, Charles. *Philosophical arguments*. Cambridge: Harvard University Press, 1995.

TAYLOR, Charles. *Philosophy and the human sciences*. Cambridge: Cambridge University Press, 1985.

TAYLOR, Charles. *The ethics of authenticity*. Cambridge (MA): Harvard University Press, 1991.

TEIXEIRA DE FREITAS, Augusto. *Vocabulário jurídico*. Rio de Janeiro: B. L. Garnier, 1883.

TIERNEY, Brian. The prince is not bound by the laws: Accursio and the origins of the modern state. *Comparative Studies in Society and History*, v. 5, n. 4, 1963.

TRANJAN, Thiago. *Demonstração e argumentação*. São Paulo: Martins Fontes, 2015.

TUGENDHAT, Ernst. *Lições sobre ética*. Trad. Robson Reis et al. Petrópolis: Vozes, 1997.

TULLY, James. Wittgenstein and political philosophy: understanding practices of critical reflection. *Political Theory*, v. 17, n. 2, 1989.

TURNER, Victor. *The forest of symbols*: aspects of Ndembu ritual. Ithaca: Cornell University Press, 1967.

ULLMANN, Walter. *A history of political thought – the Middle Ages*. London: Peguin, 1965.

ULLMANN, Walter. *Law and jurisdiction in the Middle Ages*. London: Variorum Reprints, 1988.

ULLMANN, Walter. *The medieval idea of law*. London: Methuen & CO., 1946.

VAN CAENEGEM, Raoul. *Judges, legislators & professors*. Cambridge: Cambridge University Press, 1987.

VASCONCELLOS, Manoel da Cunha Lopes. *Digesto ou Pandectas do Imperador Justiniano*. ed. E. C. S. Marchi, B. B. Q. Moraes e D. Rodrigues. São Paulo: YK, 2017. v. 1.

VAZ, Henrique C. de Lima. *Introdução à ética filosófica I*. 7. ed. São Paulo: Loyola, 2015.

VEACH, Henry. *O homem racional*. Trad. Eduardo F. Alves. Rio de Janeiro: Topbooks, s.d.

VILANOVA, Lourival. *Causalidade e relação no direito*. 4. ed. São Paulo: Revista dos Tribunais, 2000.

VITA, Álvaro de. *A justiça igualitária e seus críticos*. São Paulo: Unesp/Fapesp, 2000.

VON WRIGHT, Georg Henrik. *Norm and action – a logical enquiry*. London: Routledge & Kegan Paul, 1971.

VON WRIGHT, Georg Henrik. *Normas, verdad y lógica*. Trad. Carlos Alarcon Cabrera. México: Fontamara, 1997.

WALDRON, Jeremy. Can communal goods be human rights?. In: WALDRON, Jeremy. *Liberal rights*: collected papers 1981-1991. Cambridge: Cambridge University Press, 1993. p. 339-369.

WALZER, Michael. *Spheres of justice*. Basic Books, 1983.

WATANABE, Kazuo. Comentários aos artigos 81-90 do CDC. In: *Código Brasileiro de Defesa do Consumidor comentado pelos autores do anteprojeto*. Rio de Janeiro: Forense Universitária, 1992. p. 495-533.

WEBER, Max. R. Stammlers 'Überwindung' der materialistischen Geschichtsauffassung. *Archiv für Sozialwissenschaft un Sozialpolitik*, n. 24, 1907.

WEGERICH, Christine. *Die Flucht in die Grenzenlosigkeit*. Tübingen: Mohr Siebeck, 2004.

WEINREB, Lloyd. *A razão jurídica*. Trad. B. C. Simões. São Paulo: Martins Fontes, 2008.

WEINREB, Lloyd. Law's quest for objectivity. *Catholic University Law Review*, v. 55, p. 711-729, 2005.

REFERÊNCIAS | **407**

WEINRIB, Ernest. Corrective justice in a nutshell. *University of Toronto Law Journal*, v. 52, p. 349-356, 2002.

WEINRIB, Ernest. Corrective justice. *Iowa Law Review*, v. 77, p. 403-425, 1992.

WIEACKER, Franz. *História do direito privado moderno*. Trad. A. M. Hespanha. Lisboa: Fundação Calouste Gulbenkian, 1980.

WIGGINS, David. Deliberação e razão prática. Trad. A. M. da Rocha Barros. In: ZINGANO, Marco (org.). *Sobre a Ética Nicomaqueia*. São Paulo: Odysseus, 2010.

WINCH, Peter. *The idea of a social science and its relation to philosophy*. 2. ed. London: Routledge, 2008.

WITTGENSTEIN, Ludwig. *Da certeza*. Trad. Maria Elisa Costa. Lisboa: Edições 70, 2012.

WITTGENSTEIN, Ludwig. *Investigações filosóficas*. Trad. João C. Bruni. São Paulo: Nova Cultural, 1991.

WITTGENSTEIN, Ludwig. *O livro azul*. Trad. Jorge Mendes. Lisboa: Edições 70, 2008.

WITTGENSTEIN, Ludwig. *Tractatus logico-philosophicus*. Trad. D. F. Pears e B. F. McGuiness. London: Routledge, 2001.

WOLCHER, Louis E. Ronald Dworkin's right answer thesis through the lens of Wittgenstein. *Rutgers Law Journal*, v. 43, p. 43-65, 1997.

WOLGAST, Elizabeth. *The grammar of justice*. Cambridge: Cambridge University Press, 1987.

WRIGHT, Crispin. Critical note (on Colin McGinn, Wittgenstein on meaning). *Oxford University Press*, v. 98, n. 390, p. 289-305, April 1989.

ZINGANO, Marco (ed.). *Ethica Nicomachea V, 1-15: Tratado da justiça*, por Aristóteles. São Paulo: Odysseus, 2017.

ZINGANO, Marco (org.). *Sobre a Ética Nicomaqueia de Aristóteles*. São Paulo: Odysseus/CNPq, 2010.

ZINGANO, Marco. *Estudos de ética antiga*. 2. ed. São Paulo: Paulus/Discurso Editorial, 2009.

ZINGANO, Marco (org.). *Sobre a Metafísica de Aristóteles: textos selecionados*. São Paulo: Odysses, 2009.

ÍNDICE DE QUADROS

Quadro	Título	Página
1	Divisão das ciências segundo Hempel	2
2	Derrotabilidade: exceções do caso concreto	5
3	Causalidade e imputação	8
4	Abstração × idealização	10
5	Virtude significa hábito desenvolvido, habilidade adquirida	12
6	Pensar, conceituar, falar	13
7	Palavras e conceitos	14
8	Filosofia, análise conceitual e dialética	16
9	Opinião, crença, conhecimento em Kant	17
10	Princípios	20
11	Ação é uma novidade no mundo	25
12	Objeto da filosofia do direito	26
13	Metafísica: disciplina dos conceitos fundamentais	30
14	A consciência determina a vida?	31
15	O início da filosofia do direito	32
16	Entendimento, razão, juízo	33
17	Ciência do direito e filosofia: elaboração e uso de conceitos	34
18	Reações contemporâneas ao conceito moderno de ciência	42
19	Estruturalismo, funcionalismo, sistemas e seus limites	52
20	A natureza não tem intencionalidade: pode ser *conhecida* de fora	55
21	Imperativos e preceitos	57
22	Herbert Spencer (1820-1903)	59
23	Teoria (social) crítica × critérios de crítica	61
24	Friedrich Carl von Savigny (1779-1861)	62
25	O administrador, herói da modernidade	63
26	Imperativos hipotéticos e categóricos	66
27	Hábitos, costumes, padrões – a distinção de Peter Winch	75
28	Primeiro pensar (ter pensamentos) e depois falar (expressar o que pensamos)?	77
29	Por que toda prática é social?	80
30	Observar comportamentos e saber o que fazer	85
31	Raciocinar a partir de princípios ou em direção aos princípios	89

32	Razão, discurso e fala	97
33	A ciência moderna e o modelo de David Hume (1711-1776) no Tratado da natureza humana (1739)	101
34	Ação e decisão: economia e ciência política	103
35	Consciência e intencionalidade se implicam	105
36	O que é uma prática?	113
37	O direito e as instituições são produtos humanos	116
38	Ações e jogadas, instituições e institutos	120
39	Jogo, entretenimento e atividade a sério	122
40	Descrever, interpretar ou aplicar?	130
41	Solipsismo	131
42	Compreender um sentido e apreender um conceito	134
43	Viver sob as leis: uma forma de vida	136
44	Gêneros naturais, nominais e funcionais	140
45	Conceitos descritivos × conceitos atributivos (descrição × imputação)	141
46	Conceitos funcionais	141
47	O contrato social	144
48	Práticas × Instituições	152
49	Como aprendemos uma língua? Wittgenstein × Santo Agostinho	154
50	Aristóteles no século XX	158
51	Operar, fazer, agir	159
52	Prudência × astúcia	162
53	Prudência × cautela	163
54	Ciência prática × ciência teórica	169
55	Wittgenstein, ação e razão prática	169
56	Juízo determinante e reflexivo	170
57	Roubar no jogo (uma forma de sofisma)	172
58	Ceticismo interno e ceticismo externo	177
59	Implicar, explicar, complicar	178
60	Retórica, discurso belo e oratória: a visão platônica	184
61	Vontade das partes	190
62	O crescimento da legislação	195
63	Polissemia, ambiguidade, equivocidade	198
64	Os princípios limitam a discricionariedade	199
65	Interpretar é parafrasear?	209
66	É a história uma ciência?	219
67	Legislação e representação popular	232
68	Tradição e práticas	235

69	Tempo e narrativa na experiência jurídica	241
70	Língua, norma e fala	243
71	Modelo conversacional é insuficiente para os textos	247
72	Gêneros literários no direito	248
73	Obedecer ao sentido da lei, não ao soberano	249
74	Referência e sentido	250
75	Lógica dos termos, das proposições, dos juízos	255
76	Ponto de vista interno e externo	260
77	Equidade e liberdade do aplicador da lei	263
78	Colocar-se no lugar do legislador para aplicar a lei ou para modificar a lei?	264
79	A parte e o todo na interpretação das leis	267
80	O uso interpreta os contratos	268
81	Metodologia do direito de Savigny	277
82	Princípios evidentes e menos evidentes	290
83	Sentido, razão e razão de ser (inclusive de práticas)	294
84	O sentido é o bem de cada prática	295
85	O fim da política é a justiça e a justiça é igualdade	297
86	Quem diz regra, diz igualdade	298
87	Sentido e teorias sistêmicas	308
88	Justiça e legitimidade	309
89	O bem comum	313
90	As teorias da justiça depois de Rawls	316
91	Consequencialismo	324
92	Consequencialismo jurídico?	325
93	Programas e aspirações constitucionais	337
94	Legislar e gerenciar a sociedade	340
95	Direito e economia no século XX	346
96	Justiça e ensino do direito	348
97	Os bens que o dinheiro não compra	355
98	Bens intrinsecamente comuns	358
99	Véu de ignorância e posição original	370

ÍNDICE ONOMÁSTICO

A

Abbagnano, N. 308
Acca, Thiago dos S. 248, 263, 294
Adão 269
Addis, Mark 252
Agostinho 131, 134, 154, 193, 211, 242, 298
Alexander, L. 286
Alexandre, o Grande 298
Alexy, Robert 42, 78, 102, 173, 281
Almeida, Candido Mendes de 196
Alvarez, Alejandro 215, 289, 331, 333
Alvernia 289
Andreiev, Leônidas 134
Anscombe, G. E. M. 33, 35, 66, 86, 96, 104, 106, 108, 109, 139, 146, 155, 165, 170, 214, 278, 324
Antígona 126, 154
Apel, Karl-Otto 42, 81, 125, 183, 233, 236, 251, 281, 282
Aquiles 177, 282
Aquino, Tomás de 1, 12, 18, 21, 25, 69, 105, 106, 107, 116, 117, 131, 133, 159, 160, 161, 162, 163, 166, 168, 175, 193, 201, 211, 213, 215, 217, 223, 264, 274, 285, 289, 294, 298, 300, 301, 310, 314, 317, 318, 319, 328, 333, 354, 369, 370, 373, 376, 377, 380
Arendt, Hannah 10, 25, 47, 120, 124, 165
Aristóteles 6, 11, 18, 19, 20, 22, 24, 25, 30, 46, 47, 48, 86, 89, 96, 105, 107, 115, 116, 119, 124, 126, 133, 136, 143, 145, 154, 158, 159, 160, 161, 164, 165, 168, 169, 172, 173, 174, 175, 177, 181, 185, 186, 189, 190, 198, 213, 215, 216, 217, 223, 232, 233, 234, 238, 240, 250, 263, 274, 285, 292, 295, 297, 298, 300, 301, 302, 305, 308, 309, 317, 320, 325, 331, 332, 345, 354, 355, 356, 363, 369, 373, 374, 375, 376, 378, 379, 380, 386, 390, 391, 392, 402, 404, 407, 410
ARISTÓTELES 167
Arrow, Kenneth 103, 365
Arruda Júnior, Gerson Francisco 124, 252
Ascarelli, Tullio 40, 53, 151, 166, 203, 216
Atienza, Manuel 95, 173, 183, 194, 232, 251
Aulo Gélio 192, 196
Austin, John L. 38, 41, 73, 74, 83, 146, 242, 244, 298
Ávila, Humberto 325

B

Bacon, Francis 36, 194
Baker, G. P. 210, 231, 246, 256
Baldo 121, 197, 221, 222, 224
Banfield, Edward C. 199
Baptista, Francisco de Paula 200, 229, 230, 239, 279
Barnes, Jonathan 185
Barreto, Tobias 64
Barroso, Luis Roberto 230
Bártolo 221, 222, 223, 386
Barzotto, Luis Fernando 85, 157, 214, 381
Baudelaire, Charles 210
Benedetti 317
Bentham, Jeremy 38, 73, 219, 342, 345
Benveniste, Émile 243, 250
Berle, Adolf 152
Berti, Enrico 11, 16, 30, 133, 158, 168, 173, 373
Betti, Emilio 130, 191, 206, 207, 208, 209, 212, 213, 236, 239, 259, 265, 267, 272
Beviláqua, Clóvis 279, 353

Bichsel, Peter 144
Birocchi, Italo 38, 39, 195, 224, 335
Bix, Brian 258
Bloor, David 123, 153, 252
Bobbio, Norberto 53, 54, 62, 83, 261, 287, 339
Bodéüs, Richard 238, 270, 274
Boécio 213
Bouveresse, Jacques 103, 122, 123, 131, 233, 251
Braida, Celso R. , 217, 228, 231, 246, 247, 280
Brand, Myles 154
Brentano, Clemens 199

C

Calabresi, Guido 346, 347
Campbell, Tom 291
Carlos Gustavo (rei da Suécia) 32
Carroll, Lewis 177, 282
Carvalho de Mendonça, J. X. 351
Cassin, Barbara 292
Cavell, Stanley 128
Celso , 216, 217, 228, 231, 246, 247, 267, 280, 348, 405
Chang, Ruth 324, 371
Chartres, Bernardo de XVII
Chaunu, Pierre 140
Cícero 136
Coase, Ronald H. 346, 347
Cohen, Joshua 316
Commons, John R. 152, 346
Comte, Auguste 61
Copi, Irving 364
Cortese, Ennio 27, 192, 220, 225
Coseriu, Eugenio 243
Cotta, Sergio 203
Courtis, Christian 29, 41
Cover, Martin 2
Creonte 126
Crusoé 103, 138, 155, 269
Cujácio
Curd, J. A. 2
Cuter, João Vergílio 16, 232, 281

D

D'Almeida, Luis Duarte 270
Dah-Cohen, Meir
Darwin. Charles 4, 58, 59
Davidson, Scott 240
Dean, Warren 199
Deniau, Guy 213
Descartes, Renée 36, 37, 140, 240
De Vita, Álvaro 373
Dewey, John 325
Dilthey, Wilhelm 2, 157, 199, 209, 220, 236
Dimoulis, Dimitri 56, 57, 339
D. José I 218
Domat, Jean 196, 205, 349, 380
Donellus, H. 205
Dosse, François 240
Duarte, Nestor 199
Durkheim, Émile 44, 102
Dworkin, Ronald 32, 42, 53, 70, 79, 96, 118, 157, 173, 174, 177, 199, 202, 247, 251, 265, 267, 271, 316

E

Eco, Umberto 188
Ehrlich, Eugen 203
Elster, Jon 364
Engels, Friedrich 31, 229
Espínola, Eduardo 239, 279
Esser, Josef 102, 203, 210

F

Favorino 192
Ferrajoli, Luigi 74, 76, 153, 179, 201, 208, 251, 329, 330
Ferraz Júnior, Tércio Sampaio 6, 25, 40, 135, 158, 159, 181, 184, 261, 278, 279, 287, 291, 351
Ferreira, Gabriela Nunes 263
Finnis, John 96, 102, 104, 129, 137, 173, 174, 202, 311, 324, 326, 373
Foot, Philippa 326
Foucault, Michel 34, 182
França, Rubens Limongi 245, 350, 353
Frank, Jerome 203

Frege, G. 209, 246
Freire. Pascoal José de Melo 196, 197, 198, 209, 225, 226, 227
Fuller, Lon 102, 129, 213, 214, 299, 328, 343, 369, 386

G

Gadamer, Hans-Georg 66, 173, 182, 190, 193, 210, 211, 212, 220, 233, 234, 236, 237, 238, 239, 240, 246, 247, 251, 265
Gaio 349
Galilei, Galileo 4, 36
Geach, Peter 165
Geertz, Cliford 219
Gény, François 203
Girard, René 315, 329
Gomes, Orlando 353
Gonçalves Dias, Antonio 15
Grant, Edward 24
Grau, Eros 220, 231, 232
Grimm, Jakob 199, 277
Grisez, Germain 105, 166, 324
Grócio, Hugo 36, 140
Grondin, Jean 178, 182, 212, 234, 235, 236, 240, 265
Grossi, Paolo 27, 192, 221
Guastini, Ricardo 251
Guimarães Rosa, João 247
Günther, Klaus 42, 88, 183, 331

H

Habermas, Jürgen 9, 234, 235, 236, 316
Hacker, P.M.S. 15, 16, 210, 231, 246, 256
Hägerström 203
Hakim, Nader 202
Hamilton 228, 336
Hardie, W. F. R. 185
Hardin, Garret , 321, 361
Hare, Richard 42, 83, 244
Hart, Herbert XX, 5, 6, 42, 56, 58, 62, 66, 73, 74, 84, 85, 86, 87, 90, 96, 102, 104, 112, 129, 130, 136, 138, 139, 140, 141, 147, 148, 162, 172, 199, 202, 212, 215, 232, 249, 257, 258, 259, 260, 261,

263, 290, 298, 299, 316, 326, 383, 384, 385, 386
Hauriou, Maurice 150, 151, 152
Heap, Shaun P. Hargreaves 195
Hedemann, Wilhelm Justus 346, 365
Hegel, Georg W. F. 1, 32, 38, 39, 62, 126, 154, 236, 240, 318, 319
Heidegger, Martin 66, 97, 159, 182, 233, 240, 251
Heller, Agnes 264, 370
Hempel Carl 2, 4
Heráclito 265
Hermógenes 144, 292, 293
Hespanha, António Manuel 38, 335
Hjelmslev, Louis 243
Hobbes, Thomas 36, 37, 38, 77, 103, 194, 374
Höffe 317
Höffe, Otfried 103, 195, 316
Holmes Jr., Oliver W. 258, 292
Homem, Antonio Pedro Barbas 335
Honneth, Axel 316, 371
Huizinga, Johan 121, 122, 123
Humboldt, Wilhelm von 199, 228, 229
Hume, David 35, 101, 179, 285, 301, 362, 363
Husserl, Edmund 66, 182, 233

J

Japiassu, Hilton 106, 132, 240
Javoleno 35
Jay 228, 336
Jhering, Rudolf von 64, 203, 232
Joyce, James 247
Juliano 6, 216, 347
Justiniano 39, 192, 217, 221, 276, 347, 349, 400, 406

K

Kant, Emanuel XX, 8, 11, 12, 17, 18, 20, 32, 33, 38, 48, 49, 50, 66, 81, 126, 164, 165, 170, 179, 180, 240, 317, 321, 331, 344, 348, 371, 379
Kant, Immanuel 180
Kantorowicz, Hermann 203

Kaplan, David M. 240
Kelley, Donald 96, 208, 221
Kelsen, Hans 7, 8, 26, 31, 54, 56, 58, 61,
  62, 70, 72, 73, 74, 75, 76, 82, 84, 113,
  128, 130, 153, 172, 179, 180, 181, 201,
  202, 251, 258, 259, 287, 288, 329, 330,
  335, 336, 372
Kennedy, Duncan 330
Kenny, Anthony XVIII, 8, 9, 10, 12, 18,
  21, 109, 170, 252, 280, 326
Kepler, Johanes 36
Koons, Robert 5
Korsgaard, Christine XX, 36, 72, 180, 291
Kress, K. 286
Kronman, Anthony 27, 373
Krynen, Jacques 224, 337
Kuhn, Thomas 4

L

Lakatos, Imre 3
Lauand, Jean 13
Lázaro 221
Lear, Jonathan
Leibniz, Gottfried W. 7, 36, 140, 179
Leroy 243
Lessa, Pedro 4, 219
Lévi-Strauss, Claude 219, 250
Lima, Thalita Moraes 388
Lisboa, Wladimir Barreto V, 157, 181,
  281, 339
Llewelyn, Karl N. 149, 346
Locke, John 77
Lopes, José Reinaldo de Lima XIX, XXI,
  38, 58, 74, 79, 88, 97, 129, 151, 220,
  227, 232, 242, 248, 258, 261, 263, 267,
  294, 300, 336, 339, 366
Lucas, J. R. 301, 328
Luhmann, Niklas 155, 244, 251

M

MacCormick, Neil 1, 14, 26, 42, 47, 71,
  89, 95, 96, 102, 104, 120, 140, 147,
  148, 151, 170, 173, 187, 194, 200, 201,
  202, 244, 256, 257, 258, 260, 291, 292,
  326, 332, 359

Macedo Junior, Ronaldo Porto 157, 200
MacIntyre, Alasdair 2, 20, 63, 102, 110,
  112, 113, 114, 141, 152, 235, 290, 293,
  316, 340
MacLean, Ian 175, 193, 211
Maluf, Carlos A. 351
Mané Garrincha 252
Marcondes, Danilo 106
Martin, Christopher 106
Marx, Karl 31, 60, 103, 143, 144, 229,
  364, 372, 373
Mattone, Antonello 39, 195, 224
Mautner 106
Maximiliano, Carlos 230, 239, 279
McCabe, Herbert 105, 162, 172, 178
McGinn, Mary 252
Means, Gardiner C. 152
Melamed, A. Douglas 347
Michel, Johann 9, 34, 240
Michelon Jr., Claudio 146, 157, 161
Mill, John Stuart 38, 59, 116
Mogli 155
Moisés 85
Molière 40
Monsieur Jourdain (personagem de O
  Burguês Fidalgo, de Molière) 40
Monteiro, Washington de Barros 350, 351
Montesquieu 342
Moore Jr., Barrington 303
Moore, Michael 140
Mootz III, Francis J. 251
Morgenstern, O. 103, 365
Mulhall 317
Muratori, Ludovico 194, 195, 226

N

Nagel, Thomas 120, 160, 292, 316, 373
Napoleão 39, 125, 276
Nascimento, Carlos Arthur do 163, 166
Nash, John 103, 365
Neiva, Carlos Magno de Abreu VI, 330
Neumann, J. von 103, 365
Newton, Isaac 8, 36, 59
Nunes, Benedito 183, 185, 210, 236, 237
Nussbaum, Martha 175, 181, 281, 292,
  316, 371

ÍNDICE ONOMÁSTICO | 417

O

Oakeshott, Michael 26, 95, 136, 138, 167, 259, 297, 311, 375
Ockham, William de 218
Offer, John 59
Olivecrona, Karl 145, 146, 147, 203
Olson, Mancur 195, 359, 365
O'Neill, Onora XX, 10, 180
Ostrom, Elinor 310, 321, 362, 364, 365

P

Pascal, Blaise 36, 37, 194
Patterson, Dennis 129, 133, 181, 252
Pegas, Emanuel Álvares 198, 209, 225
Pereira, Oswaldo Porchat 11
Perelman, Chaim 95, 102, 157, 173, 181, 183, 184, 186, 190, 281, 370, 372
Perissinotto, Luigi 103
Perry, Stephen 85
Pessoa, Fernando 54, 55
Piano Mortari, Vincenzo 193, 211
Pieper, Joseph 10
Pitkin, Hanna Fenichel 127
Platão IX, XIX, 16, 17, 82, 144, 175, 176, 177, 178, 181, 184, 185, 186, 215, 233, 234, 287, 292, 293
Pocock, J. G. A. 208, 235
Pompônio 216, 347
Pontes de Miranda, Francisco Cavalcanti 352
Portalis, Jean-Étienne Maire de 41, 219, 262
Pouivet, Roger 21
Pound, Roscoe 203
Pufendorf, Samuel 7, 32, 36, 140, 142, 146
Pugliese, Giovanni 203
Putnam, Hilary 264

Q

Queiroz, Rafael M. R. 248, 263

R

Rawls 317

Rawls, John 103, 113, 115, 183, 291, 297, 307, 309, 311, 312, 314, 315, 316, 317, 318, 325, 329, 338, 344, 346, 370, 371, 373, 375, 385
Reale, Miguel 9, 28, 29, 31, 64, 65, 66, 261, 279, 296, 352
Ribas, Antonio Joaquim 200, 209, 230, 279
Richards, David 154
Ricoeur XII, XIII, XX, 9, 44, 45, 52, 66, 82, 83, 89, 95, 96, 97, 98, 100, 101, 114, 126, 132, 157, 162, 173, 181, 183, 190, 194, 198, 209, 212, 233, 236, 239, 240, 241, 242, 243, 244, 245, 246, 247, 249, 250, 251, 254, 265, 269, 308, 315, 316, 317, 393, 395, 396, 397, 400
Riley, Lawrence Joseph 270, 333
Ripert, Georges 203
Rodotá, Stefano 274
Rodrigues, Nelson 106
Rodrigues Junior, Otavio Luiz 61
Roemer, John E. 365
Rohden, Luiz 122, 168, 174, 178, 185, 233, 241, 265
Romero, Silvio 61
Rosenberg, Gerald 60
Ross, Alf 58, 70, 71, 130, 145, 146, 185, 203, 288, 299, 370, 372
Roubier, Paul 245
Rousseau, Jean Jacques 317, 321, 363
Rückert, Joachim 279
Ruse, Michael 3
Rüthers, Bernd 200
Ryle, Gilbert 16, 109, 138

S

Sacco, Rodolfo 203
Salgado, Joaquim Carlos 11
Salomão 326
Sandel, Michael 316, 344, 356
Santiago Nino, Carlos 54, 62, 107, 339
Saussure, Ferdinand de 44, 97, 126, 243, 244, 259
Savigny, Friedrich Karl Von 32, 38, 62, 148, 191, 198, 199, 200, 201, 208, 219,

220, 228, 229, 230, 232, 241, 273, 276, 277, 278, 279, 281

Schiavone, Aldo 193, 211

Schleiermacher, F. , 199, 217, 228, 229, 231, 236, 246, 247, 257, 265, 280

Schröder, J. 193, 211

Schuartz, Luis Fernando 8, 254

Searle, John 71, 80, 83, 96, 100, 105, 127, 139, 141, 142, 144, 146, 147, 153, 171, 211

Sexto Cecílio 192, 213, 214

Shapiro, Martin 60, 85, 87

Shapiro, Scott 85, 87, 259

Siches, Luis Recasens 183, 297

Silva, José Afonso da 29

Singer, Joseph 61

Smith, Adam 295

Sócrates 17, 48, 175, 176, 177, 178, 184, 231, 287, 292, 293

Sófocles 154

Solon, Ari Marcelo 288, 330

Souza, Daniel Coelho de 67, 239, 298

Spencer, Herbert 59

Stammler, Rudolph 26, 27, 64, 121, 137, 142, 148, 149, 150, 152, 346, 365

Streck, Lênio 220, 230

Suárez, Francisco 36

Sundfeld, Carlos Ari 146

Swift, Adam 317

T

Taylor, Charles 42, 77, 80, 131, 139, 155, 170, 183, 210, 233, 282, 288, 316, 324, 333, 358, 378

Teeteto 17, 231, 293, 403

Teixeira de Freitas, Augusto 209, 349, 350

Tierney, Brian 266, 337

Tranjan, Tiago 184

Trasímaco 175, 176, 177, 178, 287

Tugendhat, Ernst 42, 61

U

Ullmann, Walter 192

Ulpiano 217, 221, 348, 351

V

Valery, Paul 30

Vanni, Icilio 66

Varoufakis, Yanis 195

Vasconcellos, Manoel da Cunha Lopes 6, 267

Vaz, Henrique C. de Lima 50, 261, 287

Veach, Henry 73

Vilanova, Lourival 65

Von Martini, Karl Anton 219

von Neumann 103, 365

Von Wright, George Henrik 57, 96, 104, 127, 128, 170, 172

W

Waldron, Jeremy 378

Walzer, Michael 322, 344, 349, 350, 356, 371

Watanabe, Kazuo 366

Weber, Max 71, 121, 150, 219, 236, 340, 373

Wegerich, Christine 200

Weinberger, Ota 140

Weinreb, Lloyd 270, 276

Weinrib, Ernest 321, 323

Wieacker, Franz 38

Wiggins, David 46, 159, 386

Williams, Bernard 42

Winch, Peter 2, 10, 15, 42, 75, 96, 104, 112, 138, 139, 150, 167, 170, 172, 178, 219, 260, 269

Wittgenstein, Ludwig 1, 14, 16, 21, 34, 43, 46, 65, 66, 77, 80, 83, 85, 95, 96, 101, 103, 104, 111, 112, 115, 118, 120, 121, 122, 123, 124, 125, 127, 130, 131, 132, 133, 134, 139, 146, 152, 153, 154, 155, 158, 165, 167, 168, 169, 170, 171, 172, 173, 177, 182, 190, 203, 205, 214, 223, 233, 238, 244, 251, 252, 253, 255, 256, 260, 266, 269, 279, 280, 281, 282, 296, 298, 299, 303, 386

Wolcher. Louis E. 118

Wolf, Virginia 247

Wood, Robert 60

Wolgast, Elizabeth 303

Z

Zingano, Marco 96, 158, 301, 331, 332, 373, 386